Mark Helprin

Memoiren aus einem ameisensicheren Kästchen

Roman

Aus dem Amerikanischen
von Heide Steiner

S. Fischer

Die amerikanische Originalausgabe erschien 1995
unter dem Titel ›Memoir from Antproof Case‹
im Verlag Harcourt Brace & Company, New York
© 1995 by Mark Helprin
Deutsche Ausgabe:
© 1996 S. Fischer Verlag GmbH, Frankfurt am Main
Alle Rechte vorbehalten
Satz: Fotosatz Otto Gutfreund GmbH, Darmstadt
Druck und Bindung: Clausen & Bosse, Leck
Printed in Germany 1996
ISBN 3-10-030208-7

Inhalt

9 Ich protestiere gegen die Sexualität der Brasilianer

46 Fräulein Majewska

81 Der erste Mensch, den ich getötet habe

109 Constance

150 Der Himmel über Europa

194 Über die große Wasserscheide

239 Der zweite (Mann, den ich getötet habe)

261 Der sündhafte Funke

299 Champagnervergiftet

373 1914

410 Der Hang in São Conrado

481 Die beste Schule

Für Juan Valdez

Durch einen Umweg auf den Weg zu kommen.
Hamlet, II,1

Ich protestiere gegen
die Sexualität der Brasilianer

Nenn mich Oscar Progresso. Oder nenn mich eigentlich, wie du willst, da ich nicht Oscar Progresso heiße. Auch nicht Baby Supine, Euclid Cherry, Franklyn Nuts oder wie irgendeiner der anderen Decknamen lautet, die ich im Laufe der Jahre gelegentlich annehmen mußte. Niemand kennt mehr meinen richtigen Namen: es ist zu lange her. Und alles, was ich einmal gewußt habe, ist wie ein im Dunkeln glitzerndes Schiff, das davonfährt, während ich in häuslicher Stille zurückbleibe. Meine Zeit geht zu Ende, also habe ich mir gedacht, zum Schluß noch etwas zu sagen.

Und hier ist sie, die Chronik meines Scheiterns und meiner Isolation, wie sie sich im Erfolg darstellen, und meiner Erfolge, wie sie sich in Scheitern und Isolation darstellen: Einsamkeit, fürwahr. Mein Leben ist nicht einfach gewesen, aber meiner Geschichte bin ich mir sicher.

Obgleich du vielleicht nicht halb so eigen bist wie ich, wenn du dich von deinen Eitelkeiten und Illusionen löst, den kleinkarierten Titeln, an denen du festhältst und durch die du bestimmt wirst, dem abstrakten, gefühllosen Geld auf deinen Konten, deinen falschen Theorien und nichtigen Triumphen, was hast du dann noch außer einem Körper, der, auch wenn du jetzt gesund wie ein Rehbock bist, schließlich gegen dich Krieg führen wird, bis dir nur noch Erinnerung und Reue bleiben?

Du magst vierfache Marathons laufen und einarmige Handstände machen, aber du brauchst nur einmal zu blinzeln, und siehe da, schon humpelst du wie ein gekrümmtes, halb unter einem schweren Absatz zertretenes Insekt. Das bin ich, der ich kaum laufen kann und mich doch jeden Tag auf die höchsten Punkte des Parque da Cidade schleppe, dreihundert Meter hinauf in die Stille und die Wolken, auf grüne Plattformen, von denen man aufs Meer hinausblickt.

Die Leute in Niterói kennen mich als einen alten Mann, der auf den Berg hinaufgeht, und sie haben recht. Ich komme hierher, um die Brise zu spüren und mir einen Augenblick lang einzubilden, daß ich auf den kalten Hügeln meiner Kindheit stehe, wo der arktische Wind einem Tränen in die Augen trieb, die zweihundert kristallklare Meilen weit sehen konnten. Das war der Hudson, nördlich von New York; rauhes Land und Schnee. Seit Anbeginn hängt mein inneres Gleichgewicht, so wie es nun mal ist, von anstrengenden Spaziergängen ab, bei denen ich alles vergessen und die Landschaft betrachten kann. Und diesen Hügel erklimme ich auch, damit ich auf Rio, einen prächtigen Bienenstock jenseits der Bucht, zurückblicken und mich an mein Leben dort erinnern kann.

Meine beiden Leben: Norden und Süden, heiß und kalt, wirken vollkommen ausgewogen und gänzlich unzulänglich. Ich frage mich oft, warum ich eigentlich so schwer gekämpft habe, wenn es weiter nichts eingebracht hat, als daß ich hierhergekommen bin, aber der Kampf ergibt sich wohl automatisch, und er hat seinen eigenen Lohn. Selbst jetzt, nachdem ich mich den Hang hinaufgequält habe, spüre ich den Frieden, der mir wie eine zarte Hand über die Stirn streicht.

Hast du gewußt, daß eine ejakulierte Samenzelle über achttausend Körperlängen in der Sekunde zurücklegt, was ganz so ist, wie wenn du oder ich mit 34000 Meilen in der Stunde durch ein Wasserklosett gespült würden? Dieser Urschock mag der Ursprung der Ermahnung sein: »Gehe nicht sachte...«, denn nach den Gesetzen der Physik strömt eine Flüssigkeit mit unterschiedlichen Geschwindigkeiten durch eine Röhre hindurch, wobei sich die Materie in der Mitte schneller bewegt als an den Seiten. Die resultierenden Scherkräfte neigen dazu, die Zellen zu zerreißen. Inzwischen thront das runde Ei da wie ein Laubenvogel und wartet mit geschlossenen Augen darauf, daß eine geschwindigkeitsverrückte Samenzelle anklopft.

Am Anfang und noch davor beginnt der Kampf, und in Ruhe gleicht das Leben in einem Menschen der wie eine Feder gespannten Schnellkraft einer Eidechsenzunge, die, ungefedert, darauf wartet, daß eine Fliege kommt. Selbst wenn du stillhältst, füllen sich im Gehirn die Tanks auf, häufen sich Detonationen, stapeln sich die Pläne und tun sich Tanzsäle auf. Sogar Priester, die sich zu zügeln versuchen, werden von ebender Kraft in exklusive Gefilde getrieben, nicht weniger ekstatisch als die, denen sie abschwören.

Und das ist nun einesteils der Grund, warum ich nach Niterói gezogen bin, aber eben nur einesteils, anderteils bin ich deshalb hier, weil die Wahrscheinlichkeit, daß sie mich hier finden und töten, geringer ist. Seit vielen Jahren schon wälze ich das in meinem Kopf hin und her, und vor langer Zeit bin ich zu dem Schluß gelangt oder habe es jedenfalls darauf ankommen lassen, daß mein Leben in jedem Augenblick enden kann, vielleicht auf einer sehr steilen Treppe in Santa Tereza, nachdem mich ein Schuß in die Schulter getroffen hat, aus einer äußerst kleinkalibrigen Pistole.

Keiner kommt. Das Schießeisen ist so klein, daß es wie ein Knallkörper oder die Fehlzündung eines Motorrads klingt.

»Sie werden doch Marlise nichts tun?« frage ich.

Die Mörder sind schon lange hinter mir her. Sie wissen Bescheid.

»Das ist die, welche...«

»Die Junge mit den rötlichen Haaren.«

»Nicht richtig roten Haaren, wie diese irischen Weiber«, bemerkt einer von ihnen.

»Nein. Sie ist eine Carioca. Ihr Haar hat mehr die Farbe von Lehm.«

»Was ist eine Carioca?« fragt er, er kommt aus Jersey City.

»Jemand, der hier lebt, der von hier kommt.«

»Ich würde nicht auf eine Frau schießen.«

»Sie ist schwanger.«

»*Ihr* Kind?«

»Von einem andern.«

»Pech!« sagt er, »tut mir leid.«

Ich zucke mit der unverletzten Schulter. Da hören sie eine Polizeisirene, und obwohl sie sehr weit weg ist, rennen sie wie die Teufel davon.

Professionelle Killer bevorzugen sehr kleine Schußwaffen, winzige Pistolen, deren Kugeln Kaliber .12 haben, wie sie bei der Hamsterjagd verwendet werden. Doch wer weiß? Vielleicht sind sie mit großkalibrigen Automatics ausgerüstet wie einer 44er Magnum. So eine habe ich im Waffengeschäft in São Paulo gesehen, als ich mir eine Pistole gekauft habe, eine Walther P-88. Sie ist sehr schwer. Wenn ich sie trage, drückt es mir richtig den Rücken heraus, da meine Muskeln dagegenhalten müssen, sonst verliere ich beim Gehen das Gleichgewicht. Um sie zu bekommen, mußte ich ein halbes Dutzend Leute bestechen, und da die gewöhnliche Kriminalität explosionsartig ansteigt, trage ich sie. Ich bin zu alt, um noch einmal verwundet zu werden, und sei es auch nur mit einer Hamsterflinte, und wenn sie aufkreuzen, werde ich sie, falls ich noch nicht gestorben bin, töten.

Nach Niterói bin ich zum Teil also auch deswegen gezogen, weil sie mich, wenn sie mich nicht finden, auch nicht erschießen können, und wenn sie nicht auf mich schießen, muß ich sie nicht erschießen. Zwanzig Leute – den Zeitungsjungen, meinen ehemaligen Friseur, den Hauswirt, sogar die Polizei – habe ich dafür bezahlt, daß sie sagen, ich sei gestorben. Das einzige Problem ist die Marineakademie, wohin ich dreimal die Woche gehe. Obwohl ich nun die Bucht überquere und aus einer unerwarteten Richtung komme, bleibt doch ein gewisses Risiko. Ich bin schon so lange da, daß mich jeder, der mich sucht, auch immer finden wird.

Ich hätte auch ins Landesinnere gehen können oder weiter die Küste hinauf oder hinunter. Bei gehöriger Bestechung und Einsamkeit hätte ich in einer der ruhigen Städte Uruguays verschwinden können, aber dann wäre ich von vielem getrennt, was mich am Leben hält. Und zwar, in aufsteigender Reihenfolge, der Stadt selbst, der Marineakademie, Marlise, bittersüßen Erinnerungen und Funio.

Die Marineakademie liegt auf einer Halbinsel, die einmal eine Insel war und einst die Hauptstadt von *La France Antarctique* darstellte. Daß die Franzosen Rio de Janeiro für *antarctique* hielten, kommt daher, weil hier die ganze Welt auf dem Kopf steht. Wenn man nicht unterhalb des Äquators geboren ist, kann man sich nie richtig zurechtfinden.

In der Marineakademie wimmelt es von jungen Kadetten in den schlecht sitzenden Marineuniformen der nördlichen Hemisphäre. Aus ihren umgekehrten Wurzeln gerissen, müssen sie Taktik, Ballistik, Marinegeschichte, Elektronik und natürlich Englisch lernen, was ich unterrichte.

Wenn man nicht die Tochter eines brasilianischen Admirals ist, und vielleicht nicht einmal dann, hat man womöglich nie bemerkt, daß Brasilien überhaupt eine Marine hat. Und nachdem man nun darüber Bescheid weiß, mag man sich fragen, warum eigentlich.

Man stelle sich eine Landkarte vor. Man denke an Brasiliens ungeheuer lange Küste, an der seine Städte, darunter einige große, sogar in den Augen der gleichgültigen, weit entfernten Welt, aufgereiht sind wie Glühbirnen über der Terrasse eines Strandlokals. Dann sehe man sich Brasiliens Verbindung mit dem übrigen Kontinent an. Von den bedeutenden Städten Südamerikas – Buenos Aires, Santiago, Caracas – ist es durch Flüsse, Dschungel, die Anden und unermeßliche Entfernungen über Landstriche abgeschnitten, die nirgendwohin führen. Brasilien ist in Wirklichkeit eine Insel, und Inseln brauchen eine Kriegsmarine.

Warum? Um eine komplizierte Antwort unzulässig zu vereinfachen, darum, weil die Wirtschaft einer Insel schnell durch eine Seeblockade ruiniert werden kann. So dürfte man also erwarten, daß die brasilianische Marine sich der U-Boot-Abwehr widmet, und so ist es auch. Der einzige Flugzeugträger (Brasilien ist eines von wenigen Ländern, die Flugzeugträger besitzen), die *Minas Gerais*, ist hauptsächlich dafür ausgerichtet, U-Boote zu jagen. Ihre sieben U-Boote dienen gleicherweise dazu, auf Schiffe Jagd zu machen, und haben in erster Linie die Aufgabe, andere U-Boote aufzuspüren und zu zerstören. Nicht weitersagen, aber die Marine plant, drei Atom-U-Boote zu bauen, um ihre Reichweite und Präsenz im Südatlantik zu vergrößern, und hat in São Paulo mit einem Versuchsreaktor begonnen. Das ist ein militärisches Geheimnis, das ich in der Cafeteria aufgeschnappt habe, und daß es stimmt, wird durch andere Beweise untermauert, wie der Tatsache, daß viele meiner ehemaligen Studenten jetzt Physiker und Kraftwerksingenieure sind, die mir gelegentlich von entschieden nichtozeanischen Standorten Postkarten schicken.

Dieses Geheimnis hätte ich auch an Argentinien verkaufen können, doch bin ich Brasilien dankbar und gegenüber der Marine loyal, und außerdem ist mein Bedarf an Mördern schon mehr als gedeckt in meinem Leben, und es würde mir nicht gerade gefallen, wenn mich der brasilianische Geheimdienst in Niterói zu fassen suchte, weil Niterói einer der wenigen Orte auf der Welt ist, wo sie mich finden könnten.

Der Rest der Marine besteht aus fünfzehn U-Boot-Abwehrfregatten und diversen Amphibien- und Patrouillenbooten. Die Patrouillenboote dienen dem Einsatz gegen U-Boote und andere Eindringlinge, die Amphibienfahrzeuge sollen, denke ich, den Gegenangriff auf feindliche, auf brasilianischem Territorium errichtete Basen führen und helfen, Aufstände niederzuschlagen. Es gibt noch jede Menge Vermessungsschiffe, um die ungeheuer komplexe unterseeische Umgebung zu kartieren, die, thermaler Schichten und Strömungen wegen, nicht als klarer Kristall, sondern als sich ständig veränderndes dreidimensionales Relief dargestellt werden muß. Und dann noch U-Boot-Tender, Tanker, Schaluppen usw.

Meine Studenten leben in ständiger Angst, nach Mato Grosso geschickt zu werden, um auf der *Parnaíba* zu dienen. Neunzig Unglückliche der brasilianischen Marine arbeiten unaufhörlich auf diesem »Flußmonitor«, der 1937 gebaut wurde, einem Jahr, das den jungen Kadetten so uralt vorkommt, daß sie schon bei seiner bloßen Erwähnung furchtsam erschaudern. Auch wenn ich es ihnen natürlich nicht sage, aber damals war ich genauso alt wie Jesus, als er ans Kreuz geschlagen wurde.

Doch die *Parnaíba* ist gar nichts im Vergleich zur *Capitan Cabral*, einem paraguayischen Patrouillenboot, das 1907 gebaut wurde und jetzt auf dem oberen Paraná-Fluß kreuzt. Um die Königin der paraguayischen Marine handelt es sich hierbei jedoch nicht, denn diese Ehre gebührt der *Presidente Stroessner*, einem Flußtransporter, der 1900 auf Kiel gelegt wurde, also sogar noch bevor ich geboren wurde. Im Gegensatz zu mir hat er alle seine Zähne verloren und ist jetzt unbewaffnet.

Die Kadetten wollten zum Karneval einen Festwagen bauen, *Presidente Stroessner,* ein Schiff in einem Rollstuhl, wurden aber sofort überstimmt wegen des diplomatischen Zwischenfalls, den das zweifellos ausgelöst hätte. Und überhaupt, die paraguayische Marine, wer kennt die schon, wen interessiert die schon? Paraguay liegt ja nicht einmal am Ozean. Dies sei's ja gerade, behaupteten sie, weswegen der Plan vollkommen zum Karneval tauge, was Ironie und Absurdität alle Ehre macht.

Ich hasse den Karneval, aber ich weiß wenigstens, daß es sich dabei um einen Festzug der Demut handelt, in dem eine riesige Menge Sterblicher in Scham und Trauer vor Gott paradiert, die Verderbnis des Fleisches kundzutun. Als einer, der aus dem Norden kommt und kein Interesse an öffentlicher Demutsbezeigung und Selbstgeißelung hat, verabscheue ich seine Rituale, doch im Gegensatz zu den Idioten, die auf der Suche nach Sex hier herunterfliegen, weiß ich, daß die Zelebranten nicht sexuelle Lust suchen, sondern in ihrer Schwäche aufschreien. Das ist wohl zu demütig für mich, darum tue ich's nicht.

Die Kadetten, die jungen Hunden gleichen, glauben, sie mögen den Karneval. Sie sehen in dem Ganzen weiter nichts als Sex und Tanz, weil sie nicht dazu gekommen sind, über die Bedeutung von Sex und Tanz nachzudenken, zwei Punkte, denen ich mich in meinem Alter nur schwer auf andere Weise nähern kann.

Wie schwer macht es ihnen, in ihrer Unwissenheit, doch zu schaffen, früh um fünf aufzustehen, wenn halb Rio erst noch ins Bett gehen muß. Wie schwer, der militärischen Zucht unterworfen zu sein; teutonische Sprachen zu lernen; zu exerzieren, springen und boxen, bis sie nur noch auf dem Zahnfleisch kriechen. Den Morgen beginnen sie mit Kaffee, einem Keks und ein bißchen Käse. Dann, während ich mich durch die Dunkelheit auf den Weg mache, wobei ich förmlich gegen die Wellen der Nachtschwärmer ankämpfe, die aus Rio nach Niterói zurückkehren, machen sie leichte Gymnastik. Wenn ich ankomme, stelle ich die Klimaanlage an, und dann schwinge ich die Peitsche.

Daß jeder einzelne von ihnen nach Kaffee riecht, bringt mich immer wieder auf. Sie begreifen nicht das Böse des Kaffees, das ganze Grauen und was aus ihnen werden wird, wenn sie welchen trinken. Vor Staunen und Angst bleibt ihnen der Mund offenstehen, während sich meine Augen verengen, mein Gesicht sich strafft und ich sie geistig so scheuche, daß ihnen die peinvolle Kletterei am Tau dagegen wie gemütliches Faulenzen auf einem Sofa vorkommt.

Marlise sagt, ich solle nie über Kaffee reden. Sie sagt, daß ich ihn einfach nicht erwähnen dürfe, daß ich die Welt nicht ändern könne. Ja, schon vor Jahren hat mich der frühere Kommandant beiseite genommen und mir gesagt, wenn ich je wieder davon anfinge oder Lehrern oder Kadetten, die Kaffee trinken, drohte, dann flöge ich raus. *Ich* müßte ja keinen Kaffee trinken, sagte er, aber ich hätte nicht das Recht, andere daran zu hindern. Schließlich sei das hier Brasilien, und wer sei ich denn, daß ich der ganzen brasilianischen Marine verbieten wolle, sich ein so harmloses Vergnügen wie das Kaffeetrinken zu gönnen?

»Es ist aber kein Vergnügen«, fauchte ich. »Es ist Sünde. Das ist der Nektar des Teufels. Er ist widerlich und ungesund und versklavt die halbe Welt.«

Ich machte nicht weiter im Text, wie ich gekonnt hätte. Ich hielt mich zurück, weil ich wußte, daß es hoffnungslos war, doch meine Augen wurden ganz klein vor Zorn, und ich hatte den wirren psychotischen Blick, den ich beim Geruch von gebrühtem Kaffee bekomme, so daß er sagte: »Hören Sie mal gut zu. Die brasilianische Marine wird ihre Kanonen auf Sie richten, wenn Sie weiterhin Kaffeemaschinen umschmeißen und Stewards verprügeln. Wir meinen das ernst. Lassen Sie uns in Ruhe.«

Ein weiterer Grund, warum ich nach Niterói gezogen bin, ist, daß man hier weniger Kaffee antrifft als im eigentlichen Rio. Natürlich ist er auch hier allgegenwärtig, aber Niterói hat von allem weniger. Hinzu kommt, da es mehr offenes Land gibt und die Bevölkerungsdichte viel geringer ist als in, sagen wir, Ipanema, muß ich mich nicht an meine früheren ausgeklügelten Schleichwege halten und wie ein an einer Überfunktion der Schilddrüse leidender Federball kreuz und quer durch die Straßen hüpfen und gewisse Strecken überhaupt meiden, um nicht an Espressobars mit Ventilation zur Straße hin, Röstereien und anderen Lasterhöhlen vorbeizukommen, wo sich Kaffeesympathisanten, Apologeten, Skribenten, Presseagenten und Gaukler tummeln. In Niterói kann man eine Meeresbrise riechen, die weder sonnenöl- noch koffeingeschwängert ist. Du meinst wohl, Koffein sei geruchlos? Dann frage doch mal einen Hund. Aber ich warne dich: die Hunde hier sprechen nur portugiesisch.

Portugiesisch ist nun eine großartige Sprache – intim, sinnlich und lustig. Bei den großen Dichtern klingt es wie eine musikalische Beschwörung gebundener Auslassungen und rhythmischer Überblendungen, und alltäglich, verderbt, lebendig und undiszipliniert, ist es ideal für das zügellose Leben einer modernen Großstadt, obgleich es, was es an Humor und Intimität gewinnt, an Präzision und Entschlossenheit verliert. Ja, verglichen mit dem Englischen, wirkt es beinahe wie die Sprache eines Kleinkindes.

Man verstehe mich bitte nicht falsch. Ich mag Babysprache, bei Babys, aber bei Erwachsenen kann einen das ganz schön aufregen, besonders wenn man schon dreißig Jahre hier ist, ohne daß einem ein Tag Pause vergönnt gewesen wäre, wo man doch als fertiger, reifer Mensch hergekommen ist, noch dazu, wie ich, aus einer Gegend, wo die Sprache keinem Duftkissen gleicht, sondern einem fest gespannten Bogen, der mit scharfen Pfeilen mitten ins Mark trifft.

Die Sprache meiner Kindheit war die Sprache von Eis und Stahl. Sie besaß die starke und liebliche Melodie von Motoren in Trance. Das Lied der Welt in Schnee, es war bestürzend, wie wenig es dazu taugte, sinnliche Ekstase zu transportieren, aber mehr als genug, um geistigen Triumph auszudrücken.

In meinem Unterricht kommen wir nie zu dieser Art Unterscheidung, denn die Kadetten sind weder ausreichend fortgeschritten noch interessiert genug, um über das Pflichtpensum hinauszugelangen. Sie müssen in der Lage sein, an Bord von Schiffen sich zu unterhalten und die einschlägige seemännische Fachliteratur zu lesen. Das ist ein weites Feld, und ich führe sie nur in die Möglichkeiten ein, in der Hoffnung, daß sie mittels eigener Anstrengung oder höherer Eingebung Englisch fließend sprechen und auch schätzenlernen.

Doch es trifft sie wie ein Schock. Eine Gänsehaut überläuft sie, und sie können auf den alten Holzstühlen nicht ruhig und bequem sitzen. Während durchs Fenster die Sonne hereinströmt oder draußen ein tropischer Regen niedergeht, bringe ich sie auf eine Höhe von 450 Meter ins Bergland am Hudson, wo die Märzwinde wehen, so daß ihnen fast die Ohren platzen, es ihnen die Sprache verschlägt und den Mund stopft.

»Ihr, ihr Idioten!« sage ich zu ihnen, »ihr seid im letzten Vorposten des antarktischen Frankreichs gefangen, und ich, ich bin der Eisbär!« Schon lange, ehe ich davon anfing, begannen sie, mich den Eisbär zu nennen. Ich habe weiße Haare, einen weißen Schnurrbart, einen weißen Anzug und blaue Augen. In Rio gehört so etwas wie ich in den klimatisierten Teil des Zoos. Meine Freunde sind die Pinguine. Pinguine trinken keinen Kaffee, das machen Tiere nicht, außer einigen domestizierten Exemplaren, die von ihren degenerierten Haltern süchtig gemacht wurden, entweder aus Jux oder infolge des Bedürfnisses des Süchtigen, seine Sucht weiterzugeben. Lieber würde ich einen Hund auf die Schnauze küssen als die Lippen der allerschönsten Frau, wenn sie Kaffee trinkt, und ich habe einen Hund geküßt. Dieses Opfer sollte die Wahrheit meiner Behauptung beweisen und dadurch eine Gruppe Süchtiger heilen, aber es klappte nicht. Ich küßte den Hund, sie küßten die Frau, sie gingen weg, und der Hund rannte hinterdrein.

Ich bin nicht der einzige Englischlehrer. O nein. Der andere ist ein ägyptischer Kopte, rein körperlich gesehen der schwarze Albert Einstein, der auf den Namen Nestor B. Watoon hört. Englisch hat Nestor B. Watoon in der Berlitz-Schule in Addis Abeba von einem Pakistani gelernt.

Das weiß ich, weil Watoon mir alles erzählen muß, weil er mein Sklave ist. Um nichts in der Welt kann er seinen Job ohne meine ständige Einmischung behalten. Bei seinen Studenten ist er dafür bekannt, daß er zehnmal die Stunde aufs Klo rennt. Sie warten schon darauf, wann immer er aufsteht.

»Ich bin gleich wieder da, Ehrenwort!« sagt er, und fort ist er. Natürlich geht er nichts aufs Klo, er kommt in mein Zimmer gelaufen, um zu erfahren, wie etwas auf englisch heißt. Dann rennt er wieder zurück, nachdem er zum Beispiel gefragt hat: »Wie heißen Mehrzahl von Gans?«

Dafür, daß ich ständig für ihn verfügbar bin, ist er mein Sklave geworden, weswegen ich meinen Unterricht und die Sprechstunden passend zu seinem Stundenplan einrichten muß. Watoon überlebt, indem er tut, was ich ihm sage. Vor Jahren hat er schon aufgehört, Kaffee zu trinken. Er macht Besorgungen. Die leichte kugelsichere Weste hat er mir beschafft. Im Falle seines Todes würde das Leben sehr schwer für mich. Wenn ich zuerst sterbe, muß er ins Armenhaus.

Ohne Nestor B. Watoon wären die Kadetten der brasilianischen Marineakademie nicht der Meinung, daß Popcorn ein Gemüse sei. Sie hätten nicht die Gelegenheit, in die Fußstapfen eines jungen Leutnants zu treten, der anläßlich eines amtlichen Begräbnisses auf die amtliche Witwe zuging, einen traurigen Diener machte und sagte:

»*Bon appetit*.« »Wurm« hielten sie nicht für das Gegenteil von kalt, und sie dächten auch nicht, daß »Turbanmotoren« in verschiedenen »Versen« vorkommen.

Der entscheidende Augenblick in Nestors Leben aber kam, als er eine Gruppe von einem amerikanischen Flugzeugträger für mehrere Tage auf eine Patrouille im Südatlantik begleitete – ich blieb da, weil ich fürchtete, auf hoher See verhaftet zu werden. Es brach mir das Herz, daß ich nicht mit meinen Landsleuten mitfahren konnte, und zu ihrer immerwährenden Schande mußte die brasilianische Marine an meiner Stelle Nestor Watoon schicken.

Die Amerikaner scheinen ihre wahre Freude an ihm gehabt zu haben. Ich weiß zwar nicht, was er gemacht hat, aber ich kann es mir lebhaft vorstellen. Die Fahrt dauerte nicht lange, doch den Schaden hat noch die Nachwelt, denn Nestor nahm ein Notizbuch mit, und ganz gleich, was ich sage, an den Redewendungen, die er aufschnappt, korrigiert oder ändert er nichts. Dieses Buch ist gewissermaßen seine Bibel geworden, und dessen Ausdrücke finden ihren Niederschlag in gemeinsamen Übungen und in der Laufbahn diverser Marineattachés und bleiben vielleicht jahrhundertelang an der brasilianischen Marine wie Teer kleben.

In Watoons heiligem Buch steht zum Beispiel, daß der englische Ausdruck für *russische Admirale* »elende Jämmerlinge« ist. Er wurde von der ganzen Mannschaft herzlich aufgenommen, wie seine Eintragung bezeugt »Ausdruck allgemeiner Zustimmung – yaw mutha«. Und da es hierzulande durchaus nicht ungewöhnlich ist, daß Militärs in hohe politische Ämter aufsteigen, kann ich mir irgendwann in der Zukunft, lange nach meinem Tod, einen Wortwechsel vorstellen, bei dem der amerikanische Außenminister Brasilien ersucht, den Zolltarif zu senken, und sein brasilianisches Gegenüber höflich erwidert: »Leck mich am Arsch.« Watoons Studenten reden ihm alles brav nach, in dem Glauben, es stimme, wenn er ihnen erzählt, daß er Hochenglisch spreche wie der König. Welcher König?

Ich kann nicht so tun, als ob mich die Reinheit und Unschuld der jugendlichen Seekadetten ungerührt ließe. Sie sind die Söhne, die ich nie hatte, so wie Funio. Wenn ich sie beobachte, komme ich mir oft vor, als ob ich in einem verdunkelten Kinosaal einen Film sähe. Wie in einem Traum bewegen sich die Charaktere da lautlos vor mir, lachend oder mit zornfunkelnden Augen. Zuweilen sieht man in Filmen die Personen, ohne zu hören, was sie sagen, wenn die Musik die einzige Untermalung ist. Das finde ich am ergreifendsten, denn in meiner Distanz bin ich ihnen manchmal näher, als ich es im Leben wäre. Die Zuschauer sehen schweigend aus der Dunkelheit zu, wie wenn sie gestorben wären und alles, was sie vom Leben kannten, noch einmal aus einer Perspektive sogar größerer Milde wiedersähen, als sie die Gleichgültigkeit des Alters mit sich bringt. Wenn die Chancen erschöpft und alle Aussichten geschwunden sind und man, alleine im Dunkeln, zurückblickt, dann kostet man das Leben bis zur Neige aus, und dann lernt man, wenn auch verspätet, wirklich die Liebe kennen.

Davon sind meine Kadetten jetzt noch weit entfernt, doch mit den Jahren werden sie ruhiger werden. Scheinbar eine Ewigkeit lang werden sie ganz in der Liebe aufgehen, wie Paolo und Francesca. Sie werden auf den Wellen reiten, Coups landen oder sie abwehren und Kinder aufziehen. Sie werden um das Glück kämpfen, wie Lachse gegen einen vom Schmelzwasser geschwollenen Fluß ankämpfen. Sie werden erfahren, wie Scheitern und Triumph miteinander verwoben sind, umfangen von einem Geflecht aus Leben und Tod. Aber schließlich werden sie sich in einem ruhigen Raum zurücklehnen und begreifen, daß die hellen Tage und heftigen Kämpfe einzig dem Zweck gedient haben, sie zu dieser überwältigenden, zärtlichen Stille zu bringen.

Immer mehr erstaunt mich dabei, daß sogar nach solchen Augenblicken, wenn die menschliche Seele zu ihrer höchsten Reinheit gelangt, das Spiel von neuem beginnt, der Kampf wieder losgeht, die Illusionen zurückkommen. Sogar bei einem alten Mann wie mir.

Noch vor Sonnenaufgang überquere ich die Bucht, um mehreren Klassen starkherziger Jungen gegenüberzutreten, die praktisch nichts wissen, aber vor Energie strotzen wie Säbelzahntiger. Ich bin voll bei der Sache, bin aber auch Zuschauer, der gleichsam aus einem verdunkelten Raum zusieht. Ich bin wütend, und ich bin bewegt. Ich lache, und ich bin zutiefst gerührt.

Ein Bild, das ich immer und immer wieder vor mir sehe, liegt meinem aufrichtigen Bekenntnis zugrunde, und wenn auch nur darum, weil es, irgendwie, die ungeschminkte Wahrheit ist. Ich bin mir nicht ganz sicher, was es bedeutet, aber ich sehe es immer vor mir. Eine Familie geht im Jardim Botânico spazieren, tief unter den Bäumen, langsam gehen sie auf einem langen sandigen Weg dahin, der zwischen Reihen unvorstellbar hoher Königspalmen verläuft. Sie sind allein, halb im Schatten und halb im schwächer werdenden Sonnenlicht. Es ist kein Traum, denn ich habe es gesehen. In einiger Entfernung hinter dem Vater und der Mutter zockelt ein drei- oder vierjähriger Junge, er ist barfuß und trägt nichts als ein Paar Shorts. Er zieht an einem Strick einen Plastikwagen hinter sich her, und alles, was er weiß, ist das, was vor ihm ist. Vielleicht ist es Funio und ich bin der Vater, obwohl ich das nicht glaube, denn der Vater ist jung, und ich bin untröstlich, weil ich sterben werde, solange Funio noch ein Kind ist.

Als ich hierherkam, war ich bereits ein erwachsener Mann. Den Soldaten hatte ich da schon lange an den Nagel gehängt, den Dieb soeben erst. Ich hatte einen Schnurrbart, der war blond, nicht weiß, und ich war stark wie ein Affe im Bronx Zoo. Der Affe ist ein Tier, bei dem man hofft, während man ihm zusieht, wie er an den eisernen Gitterstäben, hinter denen er eingesperrt ist, seine isometrischen Bewegungen vollführt, daß er durchbricht, selbst wenn das heißt, daß er seine Aufmerksamkeit einem selber zuwenden wird, weil einem noch genügend idealistische, von Nonnen, Priestern oder Rabbis eingeimpfte Prinzipien verblieben sind, um sich seine Freiheit zu wünschen. Er verdient die Freiheit. Daß wir ihn in einen Käfig sperren, ist wohl zu unserem Nutzen, aber ein ziemlich offensichtlicher Verstoß gegen die goldene Regel.

Ich bin freigekommen. Ich bin entflohen. Ich habe Gesetze, Erwartungen und Bilanzen Lügen gestraft. Ich war fünfzig Jahre alt. Marlise war zwanzig, aber wir kannten uns noch nicht. Kennengelernt habe ich sie, als sie dreiundzwanzig war. Sie hatte von nichts eine Ahnung, und sie brauchte das auch nicht, so schön war sie. Unser einfaches Verständnis füreinander erzeugte einen Funken, der in seinem weißen Glanz und seiner Atemlosigkeit Rätsel beantwortete, Fragen klärte, uns glücklich machte. Wir gaben uns hin, der eine dem andern, aber unter vier Augen, nach dem Rhythmus von hundert Millionen Jahren, anstatt eine halb öffentliche Erwartung zu befriedigen, wie es bei Männern und Frauen heute so oft der Fall ist.

Als ich hierherkam, war mir, als wäre ich in eine andere Dimension katapultiert worden. Jahrelang hatte ich keine Sehnsucht nach Zuhause, weil ich mich unversehens im Himmel wähnte. Bevor ich mich in den trügerischen Wonnen des Fleisches verlor, verliebte ich mich in eine dreißig Jahre Jüngere und begegnete ihr mit ausgesprochener Zärtlichkeit. Und damals verbrachte ich viel Zeit auf den Felsadern, die nach São Conrado führen, betrachtete die Wellen, die an den Fuß des grauen Blockgletschers schlugen, spürte den Wind und hatte den Strand dahinter im Auge.

Was immer mich hierhergebracht hat, mag dasselbe sein, was einen Menschen dazu befähigt, dem Tod ins Auge zu sehen. Daß ich den Rest meines Lebens leben durfte, war nicht mein Glück, sondern eher meine gewohnte Last, etwas, das mich, so fürchtete ich, nie verlassen würde, weil ich es wollte. Doch kommen wir auf die Einzelheiten zurück: Ich hasse es, zu tief in mich hineinzuschauen, weil man, wenn man zu tief in sich hineinsieht, kurzsichtig wird.

Marlise lernte ich kennen, als sie in einer Filiale des Banco do Brasil am Fuße des Hügels in Santa Tereza arbeitete, wo ich 1957 wohnte. Ich wollte Geld einzahlen und wurde an den Schalter verwiesen, hinter dem Marlise seit einem Jahr gefangensaß. Als ich sie sah, ließ ich meinen Einzahlungsbeleg fallen. Ich wußte nicht, was ich sagen sollte, und so platzte ich mit der Wahrheit heraus. Ich sagte ihr, daß ich sie liebe.

Sie hielt mich für verrückt und beschimpfte mich mit den wirkungsvollen, beleidigenden Ausdrücken, wie sie die Banken schönen Kassiererinnen zum Gebrauch in einer derartigen Situation zur Verfügung stellen.

»Marlise«, sagte ich, denn ihr Name war auf einem Schild vor ihrem Schalter eingraviert, »Marlise, ich liebe Sie. Ich sage das so geradeheraus, weil ich noch fünfundzwanzig oder dreißig Jahre vor mir habe, nach den fünfzig Jahren, in denen ich Soldat und Kriegsgefangener und Gott weiß was alles gewesen bin, in denen ich, wie jeder, verloren habe und geliebt habe, und ich begreife nun, daß ich keine Zeit zu verlieren habe, Marlise, und Sie, obwohl Sie noch jung sind, auch nicht.«

Vielleicht war es die Satzkonstruktion gewesen, vielleicht eine Kirchenglocke, die da läutete und alle im Herzen anrührte, auch wenn sie, wie ich, einfach nur in einer Bank anstanden. Vielleicht lag es an der Stunde oder dem Tag, an Marlises glühender Sehnsucht oder der schlichten Tatsache, daß ich die Wahrheit sagte, aber sie glaubte mir, sie akzeptierte, was ich sagte, die Glocke läutete, sie küßte mich durchs Gitter, der Direktor tauchte auf wie ein Fasan, und wir heirateten, praktisch unmöglich, noch am selben Nachmittag.

Kannst du dir das vorstellen, eine Kassiererin, eine wunderschöne Zwanzigjährige, küßt einen Kunden durch die Gitterstäbe? Genau darin sind die Länder des Nordens groß geworden, sich so etwas vorzustellen und nicht zu haben – doch ich hatte es. Wir küßten uns, und wir erlebten einen Augenblick der Wahrheit, wie beim Glockengeläut oder vielleicht einem Stierkampf, der uns die ganzen folgenden, schwierigen Jahre zusammengehalten hat.

Ich gebe nichts auf Liaisons, geschweige denn Ehen, von Menschen, zwischen denen ein großer Altersunterschied ist, aber ich konnte ihr nicht widerstehen, und ich gelobte mich ihr an, wie es nur wenige junge Männer konnten, die sich selber nicht gut kennen oder zutiefst verletzt worden sind. Wenn sie einen jüngeren Mann geheiratet hätte, abgesehen von einem Jesuiten oder irgendeinem anderen Priester, wer weiß, was aus ihr geworden wäre?

Ich war dreiundfünfzig und so rank und fest wie ein Gewichtheber. Vor mir lagen noch fünfzehn gesunde Jahre, in denen ich hauptsächlich Endiviensalat, Thunfisch, Garnelen und Obst aß. Ich rauchte nicht, trank nicht und nahm keine Drogen, und auf den Teufel zu pfeifen macht mich stark.

Bis sie dreißig war, merkte sie nicht einmal den Unterschied. Vielleicht in puncto Häufigkeit, aber nicht was die halluzinatorische Intensität anging. Was mir an Kraft fehlte, machte ich mit Zärtlichkeit wett, und ich konnte ihr Geschichten erzählen. Wenn wir fertig waren, umarmte ich sie, als ob mein Leben davon abhinge, und so war es ja auch.

Als Marlise ins mittlere Alter kam und ich alt wurde, sahen wir einander scheel an. Diese rothaarige Kassiererin mit gewaltigen Brüsten und Zähnen, die noch immer adrett in einen Bikini paßte, war wie ein ständig brennendes Stück Kohle, während ich der Asche am Ende einer Zigarre glich. Sie fing Affären an. Ich vergab ihr, ich vergebe ihr, denn sie hat mir Funio geschenkt, und Funio ist, wenngleich von einem anderen Mann, wie ein Sohn für mich.

Ungefähr acht Jahre ist es her, daß wir uns auf die Suche nach Marlises Vater machten, der Priester war und der lieber sie aufgab, als aus dem Priesteramt auszuscheiden. Ich habe immer gesagt, daß er eine falsche Entscheidung nach der anderen getroffen hat. Erstens, das Gelübde abzulegen, zweitens, es zu brechen, und drittens, es nicht gänzlich über Bord zu werfen.

Um Gottes willen, was sind denn Engel? Hier war ein Mann, dem das Herz aufging, wie man mit einiger Sicherheit annehmen kann, in Betrachtung von Heiligen und Engeln, und wenn dann tatsächlich ein Engel zu ihm kam – auch wenn es durch seine Indiskretion geschah –, hätte er diesen Engel doch bei sich aufnehmen sollen. So habe ich Funio zu mir genommen, obwohl er nicht von mir war. Nach einer Träne, buchstäblich, einer einzigen Träne, die ich ob Marlises Treulosigkeit und meines Alters vergoß, ließ ich mich von seinem Urschrei ganz mit Leben erfüllen. Aber ich greife vor.

Wir fuhren in den Norden, der einem Land in Afrika gleicht – weit, trocken, heiß und arm. Die Luft riecht nach Mangos, Aas und dem Seewind. Wir hatten gehört, daß Marlises Vater in einer Gemeinde irgendwo bei Natal wohne, und zwei Tage lang waren wir mit dem Bus, dem Schiff und zu Fuß unterwegs zu einem gottverlassenen Küstenstreifen, wo der Atlantik in großen weißen Ballen aus Meeresgischt, die über den offenen Ozean aus der Bucht von Benin herübergetrieben werden, ans Ufer brandet. Der Strand war dreißig Meilen lang, und dahinter erstreckte sich über die ganze Länge eine Meile unberührter weißer Wanderdünen, so weich und trocken wie Talkum.

Wir tranken Wasser aus Flaschen und aßen Obst, das wir in den Wellen wuschen. Kirche und Pfarrhaus lagen zwanzig Meilen strandaufwärts und gleich hinter den Dünen, wo ein Fluß einen weiten Bogen machte, bevor er die Sandwälle durchbrach, um sich ins Meer zu ergießen.

»Wie kommen wir dorthin?« fragten wir in einem Städtchen weit im Norden und westlich von Natal.

Und es hieß: »Zu Fuß.«

24

»Auf der Straße?«

»Es gibt keine Straße.«

»Keine Straße?«

»Nein.«

Die Leute aus ländlichen Gegenden würdigen mich manchmal einer Antwort, vielleicht weil ich wie einer von ihnen aussehe, der alt geworden ist. Und wenn man die Fluren, in denen ich geboren wurde, das flache Land nennt, was sie zwar nicht mehr sind, aber damals waren, so bin ich das wohl auch. Ich kniff ein Auge zu und räusperte mich skeptisch.

»Gar keine Straße«, lautete die Antwort.

»Wie bringen sie ihre Waren zum Markt? Wie kriegen sie Post und werden sie versorgt?« fragte ich.

»Mit dem Boot.«

»Dann fahren wir mit dem Boot.«

»Wenn Sie sechs Wochen warten wollen.«

»Wie steht's mit einem Fischerboot?«

»Da laufen Sie zweimal so schnell, und Laufen kostet nichts.«

»Ein Jeep?«

»Man kommt nicht über den Fluß.«

»Ein Floß.«

»Eins zu bauen dauert zweieinhalb Tage.«

»Und wie *kommen* wir nun über den Fluß?« fragte ich.

»Sie schwimmen.«

»Warum nicht mit einem Kanu?« Inzwischen hatte sich das ganze Dorf um uns versammelt, mehr zahnlose Münder, als ich in Jahren gesehen hatte, und die Leute hatten ihre helle Freude an unserer Unwissenheit.

»Wenn Sie wollen, Großvater, können Sie in einem Kanu hinüber, aber da werden Sie an die hundertmal im Meer schwimmen müssen, um sich abzukühlen, warum also die vergebliche Mühe und nicht gleich schwimmen?«

Wir witterten darin einen ausgeklügelten Scherz, gleich hinter den Dünen wäre vielleicht eine Autobahn, auf der vollklimatisierte Busse verkehrten, oder eine Schweizer Einschienenbahn, wo auf jedem Sitz Schokolade lag, gratis, versteht sich. Aber die Vorstellung, zwanzig

Meilen einen einsamen Strand entlangzuwandern, behagte uns sehr, und so gingen wir unter den Augen des ganzen Dorfes in den Fluß, das Obst und die Wasserflaschen trieben in Plastiknetzen nebenher.

Als wir wieder herauskamen, klebten die Kleider naß und frisch am Körper, und die Herzen schlugen uns höher. Nachdem wir ein paar Minuten am Rande einer donnernden haushohen Brandung dahingegangen waren, befanden wir uns allein an einem Ort, wo wir den ganzen restlichen Tag lang keine Menschenseele oder auch nur das Werk von Menschenhand zu Gesicht bekommen sollten.

Nichts hinderte uns, und keiner hörte uns, also sangen wir. Sogar jetzt noch habe ich eine kräftige Stimme, aber Marlise ist es, die richtig, lieblich und gut singt. Und hundertmal *sind* wir geschwommen. Von Kindheit an hat mir die Vorstellung gefallen, in meinen Sachen zu schwimmen, so daß ich einen Fluß oder einen See überqueren und gleich weitergehen könnte, nachdem ich aus dem Wasser gestiegen war. Ich mag es, wie sich an einem heißen, windigen Tag ein nasses Hemd anfühlt oder Khaki, das von der Sonne und vom Salz steif ist wie eine gestärkte Armeeuniform.

Als ich 1943 über dem Mittelmeer abgestürzt war, bin ich mindestens zehn Meilen an Land geschwommen, und hier, ohne Spiegel, in denen ich mich selber hätte sehen können, und mit einem von Sonne und Brandung beschwingten Herzen, fühlte ich mich beinahe genauso frei, fast genauso triumphierend.

Der Unterschied lag darin, daß ich jetzt alt war und daß es wieder einmal, nicht immer, so unangenehm geworden war, an den Tod zu denken, dem ich entronnen war, außer daß ich Marlise hatte, die, mit zweiundvierzig, auf dem Höhepunkt ihrer Weiblichkeit war. Nie werde ich sie vergessen, wie sie in dem Wind dahinging, barfuß, zerzaust und vollkommen. Nie werde ich die Salzstreifen vergessen, die ihren Rücken hinabliefen und auf den Schultern weiß wurden. Noch ihre tanzähnlichen Bewegungen, während sie durch diese großartigen Stunden dahinschritt. Als der Wind drehte und ihr das Haar ins Gesicht wehte, band sie es zu einem dicken Zopf zusammen, der so rot wie ihre Lippen war, und ich dachte bei mir, daß ich es richtig gemacht hatte, daß ich, wäre ich in Amt und Würden geblieben, nicht ein Hundertstel von dem hätte, was ich hier hatte – die saubere

Meeresluft, die mir in die Lungen drang, als würde ich darin ertrinken, und ein Mittag, so strahlend und heiß wie eine Lampe.

Nachdem wir an den Fluß gekommen waren, hinter dem sich der Strand weiter, gleichsam bis zur Unendlichkeit erstreckte, wendeten wir uns landeinwärts und gingen ein paar Meilen durch bewässerte Felder, die so still waren, daß uns der Ozean noch lange, nachdem wir ihn hinter uns gelassen hatten, in den Ohren klang.

Wir fanden den Priester im Pfarrhaus neben der Holzkirche. Er trank Kaffee und las die Bibel. Ich hielt mir den Magen, machte kehrt und floh nach draußen.

Er stand sogleich auf in der Annahme, ich sei zu ihm gekommen, wie es zweifellos einige taten, um die Sterbesakramente zu empfangen, doch Marlise nahm ihn beiseite und flüsterte ihm etwas zu, wobei sie mit den Händen gestikulierte. Dann schob sie ihm eines der sehr starken Pfefferminzbonbons zu, die sie ständig mithat, um ... na ja, das weißt du inzwischen wohl. Ich höre jeweils nur den Anfang ihrer Erklärung, weil ich mich nach den Worten »Entschuldigen Sie, aber mein Mann ist verrückt« immer verziehe.

Es ist äußerst peinlich, besonders angesichts der Tatsache, daß ich recht habe und sie unrecht. Und ich bin wohl kaum derjenige, der hier verrückt ist. Katharina die Große, die mit Ingrid Bergman auch nicht mehr Ähnlichkeit hatte als ich, ja, die Edward Everett Horton aufs Haar glich, pflegte sich selbst ihren Kaffee zu machen, wenn sie – wie ich auch – morgens sehr früh aufstand. Ihr übliches Rezept brauchte ein Pfund Kaffee auf vier Tassen Wasser. Bekanntlich war sie ein Nervenbündel, und nun weißt du, warum.

Ich wußte sofort, daß der Priester nicht Marlises Vater war. Er war ein Zwerg, und sie ist stattlich. Er war um vieles dunkler als sie, und dabei war sie in der Sonne gewesen und er nicht. Er hatte tief in den Höhlen liegende Glupschaugen und Augenbrauen, die an Raupen erinnerten, ihre Augen hingegen sind groß und beinahe orientalisch, und darüber wölben sich ihre Brauen hoch und fein wie einfache Weidenzweige.

Entweder lag es an der fehlenden Ähnlichkeit oder an der Diplomatie, die sie aufbieten mußte, damit er seinen Kaffee weggoß, jedenfalls war die Frage, deretwegen wir hergekommen waren, zeitweilig wie weggeblasen, aber als ich zurückkam und wir drei im schattig kühlen Wohnzimmer des Pfarrhauses standen, fiel sie Marlise wieder ein, wahrscheinlich ihres starken Pflichtgefühls wegen, möglicherweise aber auch, weil wir von so weither gekommen waren.

»Vater«, rief sie und sank weinend auf die Knie.

»Ja, mein Kind«, antwortete er, mit dem nötigen Erbarmen, doch verdutzt.

»Sind Sie mein Vater?« fragte sie.

»Ja, natürlich.«

»Im wahrsten Sinne des Wortes?«

»Warum fragen Sie?«

»Uns ist da ein Gerücht zu Ohren gekommen.«

»Wo?« fragte er indigniert.

»In Rio.«

»Rio! Ich bin nie in Rio gewesen. Von wem haben Sie denn das Gerücht?«

»Von meiner Mutter.«

»Ich kenne Ihre Mutter nicht, ich habe auch nie mein Gelübde gebrochen, kein einziges Mal, und wenn ich's hätte, dann wäre es höchst unwahrscheinlich, daß das Kind aus einer solchen Verbindung so wie Sie aussähe, es sei denn, die Mutter wäre...«

»Wie wär's mit einer Giraffe?« fragte ich, grausam, aber der Geruch von Kaffee macht mich grausam. Marlise versetzte mir einen Schlag in die Magengrube, mit einer Wucht, die um ein Vielfaches größer war als die einer mörderischen Kugel des Kalibers 0.12 (aber ohne Durchschlagskraft), und ich ging zu Boden. Sie ist empfindlich, was ihre Größe angeht.

Das war das erste Mal, daß ich von Funio eine Vorahnung bekam, weil Marlise aus heiterem Himmel verkündete: »Ich bin eine *schwangere* Giraffe.«

Constance hatte zum Kinderkriegen keine Zeit gehabt, und Marlise hatte eine so miserable Kindheit gehabt, daß sie den Gedanken nicht ertragen konnte, ein Kind in diese Welt zu setzen, bis, ja offenbar bis kurz vor Toresschluß – denn sie war in einem Alter, in dem diese Dinge nur noch rückblickend von Bedeutung sind. Ich hatte mich damit abgefunden, ohne einen Erben zu sterben.

Nun, wie ich zusammengekrümmt auf dem kalten Steinfußboden lag, wurde ich von der anderen Aussicht überwältigt. Ich glaube, einen kurzen Augenblick lang erkannte ich die Gegenwart des Unnennbaren, wie sie ein Vater spürt, wenn sein Kind geboren wird. Niemals soll man die Gottheit wohl deutlicher fühlen als in diesem Augenblick.

Der Priester war mit Recht verwirrt, tat jedoch, was in seiner Natur lag. Er gratulierte mir und begann zu beten, bis Marlise schrie: »Nein, nein, nein! Es ist nicht seins.«

Zum zweiten Mal binnen Sekunden blieb mir die Luft weg. Der kleine Priester hatte ja tagtäglich mit unehelichen Kindern zu tun, ich aber doch nie, jedenfalls nicht auf die schmerzliche Weise, wenn du daran denken mußt, daß deine junge schöne Frau mit dem Kind eines anderen Mannes schwanger ist.

Auch Marlise war untröstlich. Der Priester kniete nieder und versuchte, uns zu beruhigen. »Sie müssen von weither kommen«, sagte er mit Erstaunen. »Wir sehen nicht oft Fremde. Möchten Sie gebratene Bananen?«

Auf diese Art wurde ich mit dem Gedanken an Funio vertraut gemacht, wenngleich nicht mit Funio selber, wußte ich doch nicht, ob das Baby ein Junge, ein Mädchen oder eine Giraffe würde. Eine geraume Weile war ich zu benommen, um irgend etwas zu tun oder zu empfinden, und ich saß da im Dunkeln, aß gebratene Bananen, die ich eigentlich verabscheue, und wunderte mich, warum ich nicht wütend war.

Wäre ich jünger gewesen, hätte ich vielleicht das Dorf verwüstet, denn von meinem zehnten Lebensjahr an waren mir Wutausbrüche bestens vertraut. Einmal habe ich in Brooklyn Heights einen Eselskarren kurz und klein geschlagen, wobei der Esel und der Rest der Welt ungeschoren blieb, nachdem ich in der Joralemon Street in die Küche eines Hauses hineingeguckt hatte. Dort sah ich zwei junge Schulkinder – einen Jungen und ein Mädchen, etwa sechs und acht Jahre alt –, die saßen in Schuluniform, zwei Ranzen neben sich, an einem Frühstückstisch, das Mädchen mit blonden Zöpfen. Ich traute meinen Augen nicht. Sie lasen die Zeitung und tranken aus zwei riesigen Tassen Kaffee. Nichts auf der Welt ärgert mich so sehr wie Kindesmißhandlung, und mit ansehen zu müssen, wie Unschuld so beiläufig und systematisch zerstört wurde, war mehr, als ich ertragen konnte. Am liebsten hätte ich mich ja auf die Eltern gestürzt, aber das hätten die Kinder nicht verstanden, und die Fenster waren mit schweren Eisengittern geschützt, die ich, obgleich mir noch nach einer Woche alles weh tat, nicht verbiegen konnte.

Niemals werde ich den Anblick dieser armen Kinder vergessen, wie sie die kugelförmigen Kaffeegefäße, Mordsdinger, wahre Klobecken, wenige Zentimeter über der Untertasse hielten, wobei ihnen die Kinnlade herunterhing. Sie sahen ein wenig wie der Priester aus, der mir gebratene Bananen zu essen gab. Und der Eselskarren war das erste Gefährt, das ich je kaputtgemacht habe, obgleich ich meine Verspätung mindestens hundertfach wiedergutgemacht habe, indem ich Espressowagen und Kaffeemaschinen zerschmiß.

Nun, da ich achtzig bin und Marlise fünfzig ist, verstehe ich ihre Affären. Wäre ich fünfzig gewesen und hätte eine achtzigjährige Frau gehabt, wäre ich wohl auch versucht gewesen, einen Seitensprung zu machen. Als sie mit Funio schwanger wurde, war ich noch immer rüstig, obgleich ich annehme, daß sie, in ihrer vollen Blüte, keinen glimmenden Stengel, sondern eine brennende Fackel haben wollte.

Als ich merkte, was sie tat, versuchte ich, Vergeltung zu üben. Ich lernte eine Nachtklubtänzerin kennen, eine Frau, die sogar noch jünger war als Marlise, deren Aufgabe es war, Männer (irgendwie) zu erregen, indem sie sich in einem Kostüm aus silbernen Bändern, Federkopfschmuck und purpurgefärbten Spiegeln immerzu drehte und wand. Sie sah nicht sonderlich menschlich aus, sogar ihre Brüste waren stark mit Puder und Rouge bedeckt. Ich fing an, sie zu besuchen, und danach fing ich an, meinen Arzt zu besuchen. Nichts macht einen so frösteln wie Sex als Vergeltungsakt, außer vielleicht, daß diese traurige und verlassene Frau sich mir angeboten hat, weil ich ihr wegen meines Alters leid tat.

Man kann den Gang der Zeit nicht aufhalten, also kehrte ich auf die ruhigen Parkbänke zurück, wo alte Leute ja sitzen sollen, und ich stieg auch wieder auf den Berg hinauf, und dort, in der dämmerigen sexlosen Schönheit, wo die Morgenröte heraufzieht und der Himmel blau erstrahlt, entdeckte ich meine wahren, angemessenen Stärken.

Funio wird sich über seine schwierige Herkunft erheben. Ich bin ihm ein Vater gewesen, und meine größte Sorge besteht darin, daß ich sterben werde, wenn er noch jung ist. Aber obwohl er weinen wird, glaube ich nicht, daß es ihn aus dem Tritt bringen wird, wenigstens hoffe ich das. Ich könnte mir nichts Schöneres denken, als noch vierzig oder fünfzig Jahre zu leben und ihm auf seinem Weg zuzusehen. Seine Genialität ist einfach umwerfend. Ich habe etwas gegen Wunderkinder, und wir versuchen, diesen Teil von ihm zu ignorieren, denn es kann ein geniales Kind kaputtmachen, wenn man es Kunststückchen wie ein Zirkusgaul machen läßt.

Als Funio vier Jahre alt war, hielt er Kfz-Nummernschilder für Preisschilder, und er war erstaunt, daß sie sinnlos zu variieren schienen. Eines Tages, als wir nach São Conrado fuhren, verblüffte er mich mit der Frage, warum der Volkswagen vor uns mehr als dreimal so teuer sei wie ein Rolls Royce. »Das ist er doch gar nicht«, sagte ich. »Aber guck doch mal auf die Preisschilder!« zwitscherte er.

Als ich mitkriegte, daß er sowohl blitzschnell als auch genau lange Divisionsaufgaben lösen konnte, begann ich ihn auszufragen. Kurz bevor wir an den Strand gingen, stellte ich ihm eine Frage, die ich nie vergessen werde. »Funio«, sagte ich, »nehmen wir mal an, die Anzahl der Buchstaben in deinem Namen ist X, die Anzahl der Buchstaben in Mamas Vornamen ist Y, und X plus Y minus Z ist gleich zehn.«

»Z ist gleich zwei«, antwortete er, wie wenn er sagen wollte: »Was denn sonst, du Blödmann?«

Als er fünf Jahre alt war, wollte er das Scheckbuch führen, also unterwiesen wir ihn in doppelter Buchführung, was er problemlos meisterte. Im vergangenen Jahr begann er, einige der Klausuren und Prüfungsarbeiten von der Marineakademie zu korrigieren – da er vollkommen zweisprachig ist.

Was soll aus so einem Kind einmal werden? Wir haben ihm das Versprechen abgenommen, sein Fortkommen in der Schule nicht zu beschleunigen, sich wenigstens so lange zurückzuhalten, bis er studiert, so daß er ein Kind sein kann. Sozial und emotional gesehen, ist er ein Kind, und man wächst ja nicht nur entsprechend dem vom Intellekt vorgegebenen Tempo heran, sondern indem man Herz und Seele gleichermaßen entwickelt. Nicht daß diese zu weit hinter seinem

Geist zurückgefallen wären – nein, aber die Lektionen der Seele brauchen mehr Zeit, und weil sie oft wie Schläge empfangen werden, sind die Schwachen und Feigen versucht sich einzubilden, sie könnten wie eine algebraische Größe manipuliert oder auf die Schnelle erledigt oder gesteuert werden, wo man sie doch nur über sich ergehen lassen kann.

In der Schule ist er einfach großartig, und wenn sie versuchen, sein Tempo zu forcieren, macht er den Mund nicht mehr auf. Im Unterricht gibt er sich Tagträumen hin und löst im Kopf Rechenaufgaben. Zu Hause liest er, Geschichte, Romane, das Konversationslexikon, und neuerdings interessiert er sich für Ökonomie, zu der er durch sein Interesse für Statistik gekommen ist.

Und er ist klein, dunkel wie ein Sizilianer, mit enormen Augen und den Chiclet-großen gletscherweißen Zähnen seiner Mutter, aber seine sind anders geformt, die beiden oberen Vorderzähne sind ungehörig groß, außer vielleicht für ein Backenhörnchen.

Seine Schuluniform wirkt wie ein Teil von ihm, und er zeigt sich nie in etwas anderem als blauen Shorts und einem weißen Hemd. Er schwimmt auch in den kurzen Hosen, wohl weil er sieht, daß ich in meinen kurzen Khakihosen schwimme, und er kennt die Geschichte, wie ich ins Meer abgestürzt bin.

Vielleicht ist es Gerechtigkeit oder ein Wunder, daß er alles, was ich ihm erzähle, aufnehmen kann, denn ich liebe ihn über alles, und ich werde es nicht mehr lange machen. Als er ein Baby war, habe ich ihn auf meinen Spaziergängen mitgenommen, ich habe ihn den Berg hinaufgetragen, und oben sind wir dann dorthin gegangen, wo ich immer hingehe, wo ich ihn auf meinem Schoß hielt, und wir haben das Meer unten betrachtet, wo sich die winzigen Schaumkronen gerade so über dem Vermögen des Lichts bewegten, sie aufzulösen, wenigstens für meine angegriffenen Augen. Ich habe ihm viel erzählt, was er wohl nicht verstehen konnte, aber ich denke, daß er es irgendwie doch verstanden hat.

Eines kann er jedoch nicht wissen, weil er es nicht spüren kann, nämlich die Flüchtigkeit des Augenblicks. Wenn wir an den Strand gehen, habe ich ein offenes Herz für das Meer, wie immer, doch nun, auch wenn wir von den Wellen hin und her geworfen werden und in der Sonne vorwärtsschnellen, löse ich mich von der Szene und sehe mit Wärme auf sie herab, als ob ich weg wäre oder die Geschichte von anderen hörte. Und ich erinnere mich daran, wie mich mein Vater im Meer festgehalten hat, zu einer Zeit, die jetzt vorwiegend der Geschichte angehört und mit dem Dahinscheiden meiner Generation ihr wieder gänzlich anheimfallen wird. Ich würde mich im Zauber dieser Erinnerung verlieren, wenn da nicht das Meer wäre, das mich ständig mit der endlos sich wiegenden Gischt ohrfeigte, und wenn der Wind nicht über dem Wasser heulte. Funio ist noch mehr ein Spielball der Wellen als ich, und wenn er untergeht, schnellt er wie ein Korken wieder nach oben.

Wäre da nicht der Atlantik gewesen, hätte ich es keine Minute hier ausgehalten. Es ist derselbe Ozean, in dem ich 1910, als ich sechs Jahre alt war, in Amagansett auf den Wellen zu reiten lernte. Schon eine geraume Zeit, bevor ich aus den Vereinigten Staaten floh, war diese Gegend in Mode gekommen, die Verlängerung Southamptons gewissermaßen, doch in meiner Kindheit war es noch ein Walfängerdorf, und das Vornehmste weit und breit stellte ein Lager der Angehörigen der US-Marine dar, die die Worte *Belleau Wood* noch nie gehört hatten.

Die Wellen sind ein schwieriger Ort, um Stolz oder Ablenkung zu spüren, denn sie reden vertraulich und tragen die Verheißung der Ewigkeit. Noch immer gehe ich viermal in der Woche schwimmen. Jeden Tag, nachdem mich die leistungsstarke Klimaanlage der Marineakademie gleichsam nach Alaska versetzt hat, bin ich kurz in Flamengo, und sonnabends gehen Marlise, Funio und ich an einen prächtigeren Strand – nach São Conrado oder in eine kleine Bucht an der Küste, wo die Wellen klar sind und das Wasser in der Ferne grün schimmert.

Rio wäre nicht zum Aushalten, gäbe es da nicht die Brandung, und das geht nicht nur mir so. Die *Favelas* würden explodieren, gäbe es da nicht den Strand, wo Arm und Reich gleichermaßen im selben Ozean baden und dieselbe Segnung empfangen kann.

Fremde – und ich bin ein Fremder, wenn ich auch schon lange hier bin – können oft nicht begreifen, daß der Strand Rios Kathedrale und das Meer sein heiligstes Sakrament ist. Die Touristen kommen des Kitzels wegen hierher und merken dabei nicht, daß die große sexuelle Kraft, die diese Stadt erfüllt, am Strand genauso heruntergeschaltet wird, wie einst Cowboys am Eingang zum Saloon ihre Kanonen abgaben.

Bis Marlise mir Einhalt gebot, wollte ich dieses Mißverständnis immer korrigieren, indem ich viele der nordeuropäischen Frauen, die oben ohne herumliefen, zu bereden versuchte, das Oberteil wieder anzuziehen. Um gegen diese barbarische Unsitte einzuschreiten, ging ich auf eine Gruppe Abtrünniger zu (darunter befand sich gewöhnlich ein halbes Dutzend junger Männer, die mich wie ein Streichholz hätten zerknicken können), stieß mit dem Stock in den Sand und deutete damit auf die Stellen, wo Anstand verlangt war.

Manchmal lachten sie, doch dann bemerkten sie meinen drahtigen Körper, meine Narben und meine zusammengekniffenen, entschlossenen Augen. Auch mag ihnen wohl der Schaft meiner Automatic und die Art und Weise, wie meine noch kräftige Hand den Bambusstock schwang, Eindruck gemacht haben. Und wenn ich dann in meinem ungelenken, rätselhaften Deutsch Kommandos bellte, schlug ihre Heiterkeit plötzlich in blanke Furcht um. Den Schlußpunkt setzte ich dann immer auf englisch, denn sie sprechen alle Englisch. Frei nach Watoon sagte ich dann: »Hütet euch, ihr dreckigen Jämmerlinge! Westgotenabschaum! Wie Dreck und Auswurf seid ihr für eure Väter, die tapfere, furchtsame Soldaten waren, aber die von der englischsprechenden Welt und mir in die Flucht geschlagen wurden. Die Macht des Westens ist klar, und die Neue Welt wird die Abtrünnigen der Alten zerschmettern. Wenn ihr nicht wollt, daß ich auf euer zartes, dekadentes Fleisch die geballte Grausamkeit des nordamerikanischen Kontinents loslasse, *bedeckt euch.*«

Es klappte immer wieder, bis sich Marlise heranschlich, als ich gerade einer Gruppe von Leuten gegenüberstand, die sich als sprachlose Kanadier entpuppten. Woher sollte ich das wissen? Vielleicht waren sie teutonischer Abstammung. Marlise führte mich an einen einsamen Teil des Strandes, und während Funio eine Burg baute, kam es zu dem, was sie die endgültige Auseinandersetzung oder ein Erdbeben nennt und ich nichts weiter als eine Veränderung im Gleichgewicht der Kräfte zwischen einem armen würdevollen alten Mann, der nur noch wenige traurige Jahre vor sich hat, und einer riesigen – obgleich noch immer schönen – Harpyie mittleren Alters, die zufällig nun, da der alte Mann ein wenig geschrumpft ist, einen Fuß größer ist als er. Die Unterhaltung fand in Englisch statt, weil ich dann, wenn etwas Ernstes ansteht, nicht mehr portugiesisch sprechen kann. Sie ging ungefähr – nein, genau, so.

»Hör zu, du Schlampe«, sagte sie, die Augen zusammengekniffen, den Zeigefinger wie Onkel Sam erhoben, so mache ich es immer.

»Nein, nein«, sagte ich ihr. »*Schlampe* ist ein vulgärer Ausdruck für eine Frau. Gebrauch das Wort nicht. Es ist genau so dumm wie häßlich.«

»Was sagt man für einen Mann?«

»Scheißkerl.«

»Hör mal, du Scheißkerl«, sagte sie, »das alles aufhören. Das deine Rechnung.«

Dann verfiel sie in Portugiesisch, was ich wirklich nicht verstand, und sie mußte wieder zu Englisch zurückkehren. Immerhin brachte ich ihr Englisch bei.

»Was hältst du mich, eine Antilope?« fragte sie aufgebracht.

»Nein«, sagte ich. Ihr Gesicht hatte, in diesem Augenblick, einen Rotton, der ein wenig den einer Antilope übertraf, aber ihr Fleisch war beinahe genauso seidig glänzend und ihr Ausdruck sehr ähnlich, weshalb ich ihr gelegentlich einmal gesagt hatte, daß sie wie eine Antilope aussehe.

»Warum du erschrecken Leute an Strand? Wie verrückt du sein? Du sie schießen, weil sie nackt?«

»Natürlich würde ich sie nicht erschießen, weil sie nackt sind. Worauf willst du hinaus?«

»Von jetzt an alles anders werden, oder ich gehe, nehme Funio. Wir sehen uns nie wieder. Nächstes Mal, du spazieren herein, Haus still. Du wie Farmer, dem Hühner vom Blitz getroffen.«

»Ich denke, ich verstehe.«

»Numero eins, du lassen Leute an Strand in Ruhe. Numero zwei, du nie mehr reden über Kaffee.«

»Nein.«

»Nein. Du läßt nach.«

»In Ordnung.«

»Du nie erzählen Funio dumme Gedanken von dir.«

»Warum? Er muß es doch erfahren, eines Tages wird er wissen wollen, woher er stammt. Vielleicht möchte er ungeheuer reich sein.«

»Er glücklich, okay?«

»Aber, Marlise, das Glück...«

»Er schon genau wie du. Er gern sehen Mädchen in Bikini.«

»Nein. Sieh ihn dir doch an.« Er war von unglaublicher Schönheit umgeben und ganz und gar mit seiner Sandburg beschäftigt. »Marlise, seine Passion sind Züge. Er hat die Eisenbahnfahrpläne von einem halben Dutzend europäischer Städte auswendig gelernt, ohne viel Mühe. Was reingeht, bleibt drin. Für ihn ist das leicht. Kannst du dir vorstellen, was er anfangen könnte... mit...« Und hier hielt ich einen Augenblick inne, zählte an meinen Fingern ab, murmelte und blickte wie ein blinder Bettler gen Himmel.

Marlise konnte das nicht begreifen, weil sie nichts davon wußte. Sie wußte es nicht, weil ich es ihr nie erzählt hatte. Und erzählt habe ich es ihr nie, weil ich wußte, sie konnte sich von ungeheurem Reichtum keinen Begriff machen. Immer wenn ich an den Fingern abzählte und wie ein Sufi himmelwärts blickte, dachte sie, ich hätte einen Anfall von Kriegsneurose. Sie trat auf mich zu, umarmte mich und weinte.

»Marlise, Marlise«, sagte ich zu ihr, »meine ganzen Hoffnungen ruhen auf Funio. Ich selber werde im Nu sterben.«

Doch sie hatte sich entschlossen, und sie macht nie einen Rückzieher.

»Du sagst ihm nichts. Versprochen.«

»Marlise!«

»Nein, nein. Du versprechen. Kein Zählen. Kein Murmeln. Nichts.«

Sogar ein Nashorn tritt einmal den Rückzug an, nicht aber Marlise. Ich versprach es ihr.

Ich denke, so wie sie ist, das hat wohl mit dem allgemeinen Charakter der Brasilianer zu tun. Sie scheinen immer genug aus dem Tritt zu sein, um sich ein paar derbe Beulen zu holen. Die erste Brasilianerin, der ich je begegnet bin, war mit einem Vizepräsidenten bei Stillman & Chase verheiratet. Sie waren eine großartige Familie, mit drei oder vier Kindern, viel zu natürlich, um mit Stillman & Chase in Verbindung zu stehen, der größten und großspurigsten Privatbank der Welt, und Jack, ihr Mann, war, wie ich, in Harvard gewesen, war Pilot gewesen und verwundet worden.

Ehe er Maria-Bethunia heiratete, hatte er auch mal versucht, geschäftsführender Direktor zu werden. Sein Sturz kam ziemlich schnell, als die Frauen der Vorstandsmitglieder von Stillman & Chase eine Ausstellung konventioneller Porträts veranstalteten, die sie von ihren Gatten in Auftrag gegeben hatten. Ihre Absicht war es, die Ära John Singer Sargents zu kopieren, und sie machten eine sehr schöne Ausstellung.

Im Glauben, allen die Schau zu stehlen, was dann ja auch geschah, flog Maria-Bethunia nach Vallauris und überredete Pablo Picasso, ein lebensgroßes Porträt von Jack zu malen. Sie war eine verrückte Brasilianerin, sie gefiel Picasso, er erklärte sich dazu bereit, und er malte nach einer Fotografie. Der Direktor der Ausstellung war wie elektrisiert und räumte natürlich dem Picasso den Ehrenplatz ein. Er wird wohl erstaunt gewesen sein, daß Picasso wieder zu einem realistischen Stil zurückgekehrt war, doch für Maria-Bethunia war alles möglich. Das Problem dabei war nur, daß es sich um einen lebensgroßen Akt handelte und daß Picasso, der immer ein wenig eigen war, alles in den gehörigen Proportionen gemalt hatte, außer den Genitalien, die fünf- oder sechsfach so groß wie normal und völlig erigiert waren.

Als die Ausstellung eröffnet wurde, war Jack in Boston. Er flog nach Hause, nachdem die Galerie geschlossen hatte, und ging sofort auf einen Empfang für den Finanzminister von Belgisch-Kongo. Alle waren dort, und alle Frauen warfen lange verstohlene Blicke auf Jack. »Jack, waren das wirklich Sie?« fragte eine von ihnen. Da er nicht wußte, welcher Art Maria-Bethunias Überraschung war, und er glaubte, daß er so abkonterfeit worden war wie auf der Fotografie, die Picasso bekommen hatte – im Gesellschaftsanzug, lächelnd, mit einem Ausdruck würdevollen Staunens und übertriebenen Respekts –, antwortete er: »Ich muß wohl an Sie gedacht haben.« Er mußte Stillman & Chase sogar noch vor mir verlassen.

Ganz wie Maria-Bethunia, so ist auch Marlise so bezaubernd, daß eine Karriere, die ruiniert wird, oder Pläne, die umgeworfen werden, ihr nichts bedeuten. Also habe ich es ihr versprochen. Abermals umarmten wir uns. Um uns herum nur Meer und Wind. Und ich war glücklich, denn nichts ist so schön wie ein Versprechen, gleich nachdem es gegeben wurde.

Aber es gibt so manches Hintertürchen, was mich zu dem viel praktischeren Gegenstand führt, weswegen ich das hier geschrieben habe, für wen und wo es aufbewahrt werden soll.

Der wichtigste Grund dafür wird wohl beim Lesen klar werden, aber ich habe auch aus Protest gegen den plötzlichen Schock geschrieben, den ich erlitt, als ich geboren wurde, einen Schock, der sich im Laufe meines Lebens viele Male wiederholte – da ich dreimal von meinem Platz im Himmel geschleudert wurde und entdecken mußte, daß meine erste Frau Kaffee trank, und weit Schlimmeres. Alles, was ich gesehen habe, hat mir schon vor so langer Zeit das Herz gebrochen, daß ich mir wie eine Art Museum vorkomme, das keiner je besucht. Wer wollte es auch besuchen? Die Brasilianer würden meine Sorte gebrochenes Herz doch nicht verstehen. Das würde ich auch gar nicht erwarten.

Ich für mein Teil verstehe ihre widerwärtige öffentliche Tanzerei und ihr gedankenloses Kopulieren nicht, auch wenn ich durchaus etwas von der Freude und der Logik aufblitzen sehe, als wäre ich ein Artillerist in einem Unterstand, der durch die engen Schießscharten die Sonne auf dem Meer unten glitzern sieht.

Das hier ist kein Land für alte Männer, hier, wo sich grüne Edelsteine im Saphirkollier des Meeres finden, wo Fleisch sich an Fleisch drängt, ganz wie Makrelen in einem Netz zusammengepreßt. Wenn Schottland nur keinen Auslieferungsvertrag gehabt hätte, wäre mein Leben nicht ständig von nackten Brüsten und Rum-gefüllten Kokosnüssen bedroht (es sei denn, natürlich, Schottland ist anders geworden). Ich bin nicht geschaffen, die Sinne zu feiern. Ich habe nie irgend etwas feiern können. Noch habe ich es gewollt, da mir Feiern immer wie die rein mechanische Wiederholung eines lebensvollen Augenblicks vorgekommen ist, der vergangen ist. Als der Krieg zu Ende war, zum Beispiel, haben die Leute auf den Straßen getanzt und Kaffee getrunken. Ich nicht. Ich habe um die geweint, die gestorben waren, und um die Familien, die sie hinterlassen hatten, und dann bin ich ins Bett gegangen. Erst am nächsten Tag habe ich mich von neuer Hoffnung beflügeln lassen.

Man kann sich also vorstellen, wie es für mich in einem Land sein muß, wo zehntausend Tänzer im Freudentaumel die Straßen bevölkern, wenn eine Fliege glücklich auf einer Mangofrucht landet, einem Land, wo einer, der in der Lotterie gewinnt, zweimal soviel wie das, was er gewonnen hat, für eine Party ausgibt, um seinen Gewinn zu feiern. Sie sind keine Schotten, diese Brasilianer. Stille Betrachtung kennen sie nur, wenn sie krank sind, und nie können sie etwas unbehelligt lassen. Sie stehen in Gruppen herum, um den Sonnenuntergang zu beobachten, und schwatzen über das Wachstum der Pflanzen. Nicht einmal der Wind darf in Ruhe die Wellen kräuseln; sie singen davon.

Und dennoch haben sie kein Bewußtsein. Es ist, als fehlte ihnen der Teil des Gehirns, der die Zeit in die geometrische Konstruktion einbaut, in der man gefangen ist. Das Leben heißt für sie, in einem warmen Fluß dahinzutreiben. Sie verfügen nicht über die nördlichen Gaben des Vorstellungs- und Wahrnehmungsvermögens, unseren lebhaften Sinn für Feuer, unsere wache Angst vor Eis, doch leben sie ihr Leben, als ob sie auf Regenbogen ritten.

Auch wenn sie es nicht sehen können, selbst das ausschweifende Leben, das sie leben, ist immer noch ein Teil der Wahrheit – ein Kräuseln auf dem Meer, ein Diamantblitz in der Strömung. Das weiß ich und habe ich immer gewußt. Was mir zuweilen entgeht, da ich sie wegen ihrer Zügellosigkeit verabscheue, ihrer widerlichen Kaffeesucht und ihrer schwellenden, schlaffen Nacktheit, ist, daß ihre Existenz nicht nur einen Teil der Wahrheit darstellt, sondern auch ein Mittel, diese herauszufinden, eine Methodik, wenn man so will, wie der Bienentanz oder eine im warmen Wind schwankende Orchidee, ganz ohne Schmerz, ganz kraftvoll, schön und voller Anmut.

An das Jahr 1900 habe ich immer wie an die Öffnung eines großen Spritzbeutels gedacht, aus dem Zuckerglasur kommt, wenn man darauf drückt, und daß sich seit beinahe hundert Jahren die Zivilisationsspirale disharmonisch aufdreht. Obgleich der Rest der Welt die Antipoden hinter sich gelassen hat, stecken wir in einer besseren Zeit. In Montevideo ist alles so alt, daß es auch 1910 sein könnte, und, ach, wenn dem doch so wäre. Ich wünschte, die Welt würde nicht länger so vorwärtsrasen. Ich wünschte, daß die Ruhe nicht länger so durch Aktionismus überwältigt würde. In gewisser Hinsicht ist das Jahrhundert selbst die Erklärung für das, was ich getan habe, obgleich ich mir vorgenommen habe, keine Entschuldigungen zu suchen.

Anfang der fünfziger Jahre – es war im Monat Juni – fuhr ich für Stillman & Chase nach Rom. In den Städten Europas war der Krieg noch zu spüren. Viele Gebäude waren Ruinen, viele andere wiesen Narben und Schäden auf, und Betonbefestigungen übersäten die Felder und Strände wie Reste eines zurückgehenden Gletschers. Ich erinnere mich noch an das Rauschen des Meeres in Ardea am Tyrrhenischen Meer, das durch die Kriegsjahre oder seitdem nicht aus seinem beharrlichen Rhythmus gerissen worden war. Das unwandelbare Meer spülte wie ein Herzschlag über die Steine, genauso wie damals, als ich fast zehn Jahre zuvor an einen Strand desselben Meeres in Nordafrika herausstieg, noch am Leben, nachdem ich mit meinem Flugzeug abgestürzt war.

In diesen zehn Jahren hatte ich etwas zugenommen – ich war Ende Vierzig –, und ich hatte die Anmut verloren, mit der ich einst herumgelaufen und wie ein Hirsch über Hindernisse gesprungen war. Und ich war, abgesehen von den frühen Morgenstunden oder spätabends, wenn ich meine gewohnten Khakishorts, Polohemd und Bergstiefel anhatte, in teure Anzüge eingesperrt.

Ich mußte ein paar Tage in Rom bleiben, einschließlich eines Wochenendes, und hatte nicht genügend Zeit, um die Flugplätze zu besuchen, von denen aus ich gen Deutschland geflogen war, indem ich die Alpen in einer gewaltigen Luftströmung überquerte, die die Tragflächen der P-51 mit solchem Auftrieb hochhob, daß sie sich unter dem Druck bogen. Auch konnte ich keinen Ausflug nach Venedig arrangieren, wie ich gewollt hatte, also blieb ich in der Stadt und besuchte am Samstagabend eine Opernaufführung in der Villa Doria. Ich hatte großes Glück, insofern als die Herren, die sangen, Extraklasse waren. Es handelte sich um die größten Sänger der Welt, und sie wußten es. Der Tatsache zum Trotz, daß sie von außerordentlich ungesunder Blässe und beträchtlichem Umfang waren, sangen sie wie die Engel. Vielleicht hatten sie mit dem Teufel paktiert, oder vielleicht hatten sie, da sie in solch hehren Gefilden agierten, ihre Körper auch einfach immer weniger gebraucht.

Ich war hellauf begeistert, und, wie ein kleiner Junge, stellte ich mir vor, ich wäre an ihrer Stelle. Dann kehrte ich ins Hassler zurück, wo ich an der Bar haltmachte, um eine Flasche Mineralwasser zu holen, ehe ich hinauf auf meine Suite ginge. In der Ecke, beinahe im Dunkeln versteckt, saßen die vier größten Sänger der Welt. Während ich zwischen Räubern und Fahrraddieben durch die Nacht spaziert war, hatten diese vier dicken Riesenkerle ein Taxi genommen. Plötzlich saßen sie da, am Ende des langen grünen Tunnels kühler Nachtluft, der von meiner Erinnerung an ihren Gesang erfüllt gewesen war.

Die Flasche in der Hand, die ich so, wie man eine Angelrute hält, am Hals hielt, starrte ich sie an. Die Gläser auf dem schwarzen Lacktisch, an dem sie saßen, waren außen tropfenartig verziert und funkelten wie Eis. In der Mitte des Tisches stand eine Schale mit Sellerie und Oliven.

Als die Sänger mich sahen, blickten sie einander an, zuckten mit den Schultern und winkten mir, doch näherzutreten. Es war nicht, als ob Zirkusstars ein in Ehrfurcht erstarrtes Kind in ihre Mitte bäten – wir waren ungefähr gleich alt, ich hatte ein sehr lebhaftes Gefühl für Europa, schließlich hatte ich erst vor kurzem meinen kleinen Part in der größten Oper aller Zeiten gespielt, und ich war, zu meinem tiefen Unbehagen, wie ein Finanzminister gekleidet. Dennoch hüpfte mein Herz, und ich war bemüht, nicht in ihrer hehren Betrachtung von Musik und Kunst verlorenzugehen.

Aber da sie Künstler waren, wollten sie natürlich nur über Geld reden, und sie bezeigten mir übertriebenen Respekt, da mein Geschäft Geld war, und zwar von der geheimnisvollsten Sorte. Das mögen die Leute. Ich stellte eine Frage nach der andern, die Struktur einer Arie und die unbeschreiblichen Schönheiten von Harmonie, Rhythmus und Ton betreffend. Sie stellten mir eine Frage nach der andern in bezug auf Wechselkurse, Steuerabkommen und Arbitrage. Und dann, als es immer tiefere Nacht wurde, fingen wir an, von unserer Kindheit zu erzählen, und so habe ich sie kennengelernt, und sie haben mich kennengelernt.

Jetzt sind sie alle tot. Ich habe aus der Ferne beobachtet, wie sie abtraten, einer nach dem andern, und obgleich sie sehr reich waren, erinnerte man sich ihrer, als sie das Zeitliche segneten, nie wegen ihres Geldes.

Damals, in der Bar im Hassler, wußte ich, daß meine Fragen besser und wichtiger waren als ihre, weil ihre Arbeit viel besser und wichtiger war als meine. Ich erinnerte mich daran, wie die Reihe silberner Trompeten (in Italien ist das Blech oft versilbert) von den Gartenmauern der Villa Doria widerhallten, und während wir sprachen – sie davon, wie sie in Dörfern und Städten in Spanien und Norditalien aufgewachsen waren, und ich vom Hudson und dem Privatsanatorium im Château Parfilage (eigentlich war es eine Irrenanstalt) –, beschloß ich, meinen Job an den Nagel zu hängen.

Als ich ihnen das mit großer Überzeugung sagte, dachten sie, ich wäre betrunken, aber ich wies darauf hin, daß ich nur Mineralwasser getrunken hatte. Zuerst waren sie, eine feine, höfliche Geste, dagegen, wie man es sein muß, wenn einem jemand erzählt, daß er im Begriff ist, seinen Beruf aufzugeben, um zum Zirkus zu gehen. Und da sie wohl ihre eigene magnetische Ausstrahlung kannten, mahnten sie Romantiker immer zur Vorsicht, die in ihre ebenso gefährlichen wie glorreichen Fußstapfen treten wollten.

Aber dann, ganz unerklärlich, erwärmten sie sich für den Gedanken. Der Spanier fragte, ob ich so reich sei, daß ich unabhängig sei. Ich schüttelte heftig den Kopf, wie die Marionette eines Bauchredners.

»Du mußt wissen«, fragte er, »wovon leben?«

Die beiden Italiener fielen gleichzeitig ein (diese Leute konnten einen Ton zeitlich so genau abstimmen, wie Robin Hood einen Pfeil abschießen konnte). »Wenn Sie gehen«, sagten sie in C-Dur, »sollten Sie es sehr genau damit nehmen. Vergessen Sie nicht, das Licht auszumachen und das ganze Geld mitzunehmen.«

»Hm, das hat was für sich«, sagte ich. »Da haben Sie wirklich den Nagel auf den Kopf getroffen, wissen Sie das?« Sie könnten eine Million Jahre lang singen und hätten doch nicht ein Hundertstel von dem, was bei Stillman & Chase an einem Tag so durchlief. Und ich, ich könnte entweder nach ein paar weiteren Jahrzehnten, in denen ich fast ersticken würde, in Greenwich einen Herzanfall bekommen und in einem Privatzimmer in einem erstklassigen Krankenhaus sterben, oder ich könnte ein paar großartige, spannende Jahre des Planens verbringen, in denen ich vor unerlaubter Elektrizität noch einmal richtig zum Leben erwachen würde – und mich dann aus dem Staub machen, reich genug, um in Greenwich fünfhundert Häuser zu kaufen und in so vielen erstklassigen Krankenhäusern zu sterben, wie ich wollte.

»Was für eine gute Idee!« sagte ich. »Darauf wäre ich nicht gekommen!«

»Schließlich«, sagte der Österreicher, der – wie könnte es anders sein – ernster war als die anderen, »sind Bankiers die schlimmste Sorte von Hunden.« So hatte ich mich zwar nicht gesehen, aber ich nahm es nicht übel.

Wir machten einen Plan. Sie waren ganz bei der Sache, wie wenn sie sängen, aber ich alberte nur herum, denn als wir die wesentlichen Faktoren durchgingen, stellte ich dabei parallel und heimlich eigene Überlegungen an. Am Ende schien ich meine Begeisterung verloren zu haben, denn unter anderem war der Plan so wenig plausibel, wie man es von einem Komplott erwarten durfte, das in einer Bar des Hotels Hassler von vier Opernsängern und einem Investmentbanker ausgeheckt worden war, der einen Teil seiner Kindheit in einer Nervenheilanstalt zugebracht hatte. Doch obgleich ich es gut verbarg, fieberte ich vor Erregung.

Ich greife aber zu weit vor, was nun höchst seltsam klingt, wenn man von Ereignissen spricht, die beinahe ein halbes Jahrhundert zurückliegen, da wirklich vorzugreifen doch nur heißen kann, die Zukunft vorherzusagen und vom Tod zu berichten. Ist es der nahende Tod, der mich dazu gedrängt hat, diese Memoiren zu schreiben? Gewiß nicht.

Wenn alles gutgeht, dann wirst du genau begreifen, warum ich sie geschrieben habe, obwohl ich die Wörter *geschrieben* und *gesagt* nahezu austauschbar verwende – nicht weil ich mir des Unterschieds nicht bewußt wäre, sondern weil ich von Anfang an gefunden habe, daß die Stärke von Memoiren darin liegt, dem Wort Stimme zu leihen und der Stimme Worte, bis sie genauso glatt zusammengehen wie eine Ölschicht auf einer Eisfläche.

Mein Beweggrund ist, wie du erfahren wirst, wenn du der bist, der du, wie ich hoffe, bist, sehr einfach. Vielleicht sind meine Worte noch zu etwas anderem gut, doch der Zweck, den ich mir vorgesetzt habe, ist so einfach wie der Wunsch eines Maschinenkonstrukteurs, seine Maschine aufzuzeichnen, oder der Drang des Forschers, eine Karte anzulegen. Ich habe eine schlichte Aufgabe zu erfüllen, und das hier ist meine Methode, sie zu erfüllen.

Solltest du ein mir völlig Unbekannter sein, nun ja, dann ist der Pfeil verloren, der Samen durch seinen traurigen, durchsichtigen Fallschirm in ein gänzlich anderes Gefilde abgetrieben, wo er eine Ewigkeit lang in unfruchtbarer Stille funkeln wird. Die Entscheidung liegt nicht bei mir. Sie gehört, wie alles, dem Wind.

Nehmen wir einmal einen Augenblick lang an, ich hätte das Ziel verfehlt und würde niemals erfahren, wer du bist – oder: wer Sie sind? Doch ich will trotzdem beim *Du* bleiben und *du* zu dir sagen. Wenn du ein Mann bist, dann hätten wir vielleicht zusammen fliegen oder eine Bank ausrauben können, zwei Tätigkeiten, die immer aufregend sind und Spaß machen, wenn man sie ordentlich macht. Was das Fliegen betrifft, so ist das Großartige daran, daß man dorthin getragen wird, wo man sich auch in den kühnsten Träumen nicht hingedacht hätte, und lebendig zurückkommt. Was den Bankraub betrifft, so darf natürlich niemand dabei verletzt werden, was tatsächlich genauso schwer oder noch schwerer ist, als das Geld herauszuholen. Im Idealfalle sollte die Umverteilung der Geldmittel nicht zu Lasten rechtschaffener Bürger, Bankorganisationen, der Regierung oder des Gemeinwesens gehen, sondern allein durch einen schnellen Angriff auf das, was korrupt, illegal und verfehlt ist.

Und, falls du eine Frau bist, dann hätte ich dich vielleicht geliebt. Was nicht heißen soll, daß du mich auch geliebt hättest. Das nehme ich nicht an. Ja, ich nehme eher das Gegenteil an. Ich bin schwierig und unausstehlich, manche würden sagen, absolut unmöglich, schon von Geburt an, na schön, seit ich zehn Jahre alt war – und doch hatte ich weit mehr als den erwarteten Anteil an Liebe in mir. Vielleicht weil in einem Leben, das ein Musterbeispiel dessen darstellte, was an Unerwidertem, Unvergoltenem, auch Ungesühntem möglich war, wo so viel investiert und so wenig aufgewendet wurde, die Liebe an sich selbst wuchs und um ein Vielfaches multipliziert wurde.

Wenn du die Wahrheit meiner Geschichte bezweifeln solltest, vergiß nicht, daß bei der Komprimierung von achtzig Jahren in eine so kurze Spanne wie diese Memoiren die Zeit zwischen den Ereignissen verlorengeht, aber nur die sich langsam entfaltende Zeit den schicksalhaften Ereignissen die Illusion des Erwartungsgemäßen verleiht.

Ich hatte vor, chronologisch zu schreiben, doch dann merkte ich, daß ich natürlich nicht chronologisch denke. Memoiren zu schreiben ist wie Angeln. Man wirft seine Angel aus und zieht daran, wenn ein Fisch anbeißt, aber man weiß nie, was am anderen Ende sein wird, denn das Meer ist tief und voller wunderbarer Geschöpfe, die nicht in der erwarteten Reihenfolge an die Oberfläche kommen. Auch unter Wasser schwimmen sie nicht, angeführt von den Walen und die Elritzen am Ende, in langen Geraden. Memoiren, wie Fische, gedeihen nicht unter jeder Ordnung. Anders ausgedrückt, wenn man die Ilias alphabetisch ordnet, erhält man so ungefähr das Telefonbuch Athens. Und wenn ich zurückdenke, so reihen sich die Dinge nicht auf, sie ragen heraus, also nehme ich sie, wie sie kommen, wie ich sie einst genommen habe, wie sie kamen.

Von dem Manuskript existiert nur ein Exemplar, ein einziges nur, weil in dem Kopiergeschäft in Niterói der Selbstbedienungskopierer neben einer Kaffeemaschine steht. Ich habe die Leute dort gebeten, fast auf Knien angefleht, mit einer Wäscheklammer auf der Nase, aber sie wollten sie nicht wegrücken. Darum, um diese Geschichte vor dem zu schützen, was sie zerstören würde, habe ich mir große Mühe gegeben, ein völlig ameisensicheres Kästchen zu beschaffen, in das du, so hoffe ich, diese Seiten auch wieder hineinlegen wirst, eine nach der andern, sowie du sie gelesen hast.

Fräulein Majewska

(Falls du es noch nicht getan hast,
leg bitte die vorhergehenden Seiten wieder
in das ameisensichere Kästchen.)

Woher kann man die Geschichte kennen? Man kann sie sich nur vorstellen. Mag man sich noch so sehr auf Fakten und Dokumente stützen können, eine Chronik zu schreiben heißt, einen Roman mit Kontrollpunkten zu schreiben, denn man muß die wirkliche, absolute Wahrheit – zu weit und vielfältig, als daß sie jemand anders als Gott begreifen könnte – den völlig idiosynkratischen Beschränkungen des eigenen Verstehens unterwerfen. Eine »definitive« Chronik ist nur eine, in der es jemandem gelungen ist, die Vergangenheit nicht wiederzuerschaffen, sondern sie entsprechend den eigenen Einsichten zu formen, sie zu *definieren*. Selbst die lebendigste Schilderung muß von Trauer durchzogen sein, denn sie erhellt das Dunkel der Erinnerung lediglich mit Blitzen und Funken, und worum die Vergangenheit bittet, sind nicht ein paar leuchtende Bilder, sondern die völlige Wiederherstellung. Ohne diese kann man nur den goldenen Fäden folgen, und die sind immer aufs großartigste verheddert.

Die beherrschenden Bilder des Jahres 1919 sind die einer schlaftrunkenen Welt, die aus dem Alptraum des Krieges erwacht – heimkehrende Soldaten, wiedervereinigte oder gramgebeugte Familien, der Waffenstillstand, der Frieden. Für die Amerikaner war das eine Zeit, in der sie den Atlantik wieder überquerten, von Ost nach West, um in eine Welt zurückzukehren, die so ruhig und voller Hoffnung war wie die Gemälde Childe Hassams, die selbst heute nichts an Glanz eingebüßt haben. Für mich jedoch war nur wenig ruhig, da ich den verschlungenen und widersprüchlichen Fäden folgte, die nicht nur die Zeiten selber strukturieren, wie Knochen, die auf der gelatinösen

46

Platte eines Röntgenbildes hervorscheinen, sondern die anzeigen, wohin die Zeiten steuern.

Im Frühjahr wimmelte es auf dem Atlantik von geschäftigen Dampfern, die auf der westlichen Passage entsetzlich überladen und auf der Rückfahrt beinahe leer waren. Auch ich war einer der amerikanischen Jungs auf See, doch kehrte ich nicht in die Neue Welt zurück, als Held. *Au contraire.* Ich war Passagier auf der *Jeanne d'Arc*, die gen Osten fuhr, ich war vierzehn Jahre alt, ich war blond, bartlos, mager wie ein Ballettänzer, und ich steckte in einer Zwangsjacke.

Es bestand keinerlei Notwendigkeit, mich so zu fesseln. Gerade in dem Alter war ich so zart und unschuldig wie ein mit Milch genährtes Kalb. Aber du weißt ja sehr wohl, was unschuldigen, zarten, mit Milch genährten Kälbern passiert und wo sie enden. Der Richter, dessen verbitterter Phantasie mein Urteil entsprungen war, hatte doch tatsächlich eine Tasse billigen, ekelerregenden Kaffee in den Gerichtssaal gebracht, wo mir der Prozeß gemacht werden sollte. Was für Gerechtigkeit konnte es denn da geben, wenn mein eigener Richter einer der vielen Besessenen war, die ich bekämpfen mußte?

Wenn kein Kaffee in der Nähe war, war ich sehr sanft. Ich war leicht gerührt, immer verliebt und zu Opfern bereit. Ich arbeitete hart, und weil ich mehr oder weniger alleine lebte und überhaupt keine Zerstreuung hatte, dazu völlig ernst und übernervös war, war ich bei weitem der fähigste Schüler in meiner Schule, obgleich mein Zeugnis gemischt war. Das lag nur daran, daß ich mich nicht dazu zwingen konnte, mich mit Fächern zu beschäftigen, die meine Phantasie nicht fesselten, sondern verwirrten oder anregten, und auch weil ich immer sogleich bereit war, mich der Autorität zu widersetzen.

Sogar als Schuljunge hatte ich mir Todfeinde unter den Erwachsenen gemacht – mein Lateinlehrer zum Beispiel, ein grausamer junger Mann von siebenundzwanzig, mit beginnender Glatze und einem Eckzahn, der selbst dann über seine Unterlippe ragte, wenn sein Mund fest geschlossen war. Am ersten Unterrichtstag warfen wir einen Blick auf ihn, und wir wußten, der liebe Gott hatte uns auf die Erde gestellt, die Siege der Engel fortzuführen, die nicht nur in den blaßblauen himmlischen Gefilden errungen werden, sondern in den unwahrscheinlichsten Winkeln der Hölle. Obwohl ich in Latein gleichbleibend Nullen bekam, hatte ich, bis ich seiner Gerichtsbarkeit entzogen war, meinen Lehrer mit Narben gezeichnet, ihn verbrüht, ihm die Schienbeine blaugetreten und den spitzen Zahn herausgeschlagen.

Mit anderen war es noch schlimmer. Als ich noch nicht einmal zehn Jahre alt war, befahl mir ein Zeichenlehrer, dessen Name Sanco Demirel lautete, ich sollte mir die Haare schneiden lassen. Ich schleuderte ihm ein einfaches glattes *Nein* entgegen. Sogleich kam er durch die Bankreihen gerannt, hob mich hoch und expedierte mich in das Büchermagazin. Wut baut sich oft von selber auf, und seine bildete keine Ausnahme. Als ich, schmerzhaft gepackt, hoch über meiner gewohnten Höhe dahinsegelte, fürchtete ich um mein Leben.

Er knallte die Tür des Bücherzimmers zu und nahm aus dem obersten Regal den Rohrstock. »Bück dich!« befahl er.

Für mich war das ein entscheidender Augenblick. Damals und auf der Stelle entschied ich, daß Widerstand und Tod der Unterwerfung vorzuziehen seien, ich kniff die Augen zusammen, und die Zeichen standen auf Sturm. Über die Maßen verärgert, begann er mich durchs Zimmer zu jagen, wobei er mit dem Stock um sich fuchtelte. Bücher flogen wie Hühner herum, aber ich war behende genug zu entkommen. Es dauerte nicht lange, und er war einem Schlaganfall nahe, und ich wußte, wenn er mich zu fassen bekam, würde er mich umbringen. Ich rüttelte an der Tür. Sie war abgeschlossen, der Schnapper rührte sich nicht, doch Demirel sah mich schon entfliehen.

Er war am anderen Ende des Raumes. So viel lag zwischen uns verstreut, daß er alle Hoffnung aufgab, mich zu erwischen, und wütend den Stock nach mir warf. Der verfehlte sein Ziel, polterte zu Boden und war bald in meinen Händen.

Das störte ihn nicht, denn ich war nur halb so groß wie er. Das gerade Ende des Stockes war ziemlich dünn. Sobald ich das begriffen hatte und daß er dadurch, daß der Stock in meinem Besitz war, eine Ausrede hatte, mich kurz und klein zu schlagen, steckte ich das Stockende in den Bleistiftspitzer.

Als ich die Kurbel zu drehen begann, blieb ihm der Mund offenstehen. Wäre er losgerannt, hätte er mich gekriegt, doch er zögerte. Als ich den Bambusschaft aus dem grauen Spitzer zog, war ich nicht länger ein Viertkläßler, der im Begriff stand, die Farbe von Marmeladenklecksen anzunehmen, nein, ich war *Achilles*.

Der Schaft war einen Meter lang, mit einer 15 Zentimeter langen Spitze von rasiermesserscharfem, hartem, hellem Bambus – und ich war flink wie eine Mücke. Ich konnte springen und mich drehen, ganz anders als jeder Erwachsene, und meine Reflexe waren so schnell, daß ich in der Lage war, fünf Centstücke vom Handrücken aus hochzuwerfen und sie einzeln wieder aufzufangen, bevor sie zu Boden fielen. Nie werde ich den lichten, erhebenden Augenblick vergessen, als die Macht von ihm auf mich überging. Ein Sonnenstrahl drang durch die Fenster über den höchsten Regalen und tauchte mich in einen leuchtend goldenen Kreis.

Im Zurückweichen war das erste, was er sagte: »Ich wollte dir nicht weh tun.«

Meine Antwort auf diese Lüge lautete: »Sanco Demirel, Sie werden sterben.«

Ich habe mich immer schützend vor Kinder gestellt, besonders vor mich selber, weil es sonst keiner tat. Damals fehlte mir noch die mäßigende Erfahrung, die spätere Jahre auch nicht bringen sollten, und es war meine volle Absicht, ihn zu töten, auf der Stelle, im Büchermagazin. Ich sprang über die Haufen herumliegender Fibeln, duftende Kiefernschubladen, die wie gezogene Elefantenzähne aus Schrankskeletten herausgeflogen waren, und über Stühle, die hilflos auf der Seite lagen. Und, bei Gott, der Sonnenstrahl folgte mir, schien auf das goldene Schwert, das ich hielt, bereit, es in jede von hundert schrecklichen Stellen in Sanco Demirels grausamen einschüchternden Leib zu stoßen.

Er warf ein Lehrbuch der Physiologie nach mir, und als es durch die Luft flog – ihm war leicht auszuweichen, darf ich hinzufügen –, blitzte von den aufklappenden Seiten ein rotes und blaues Diagramm des Kreislaufs auf. Ergo beschloß ich, ihn in seinen Psoas Quadratus Anastimositum zu stechen. Die Traurigkeit, Einsamkeit und Entschlossenheit in meinen vor dem gleißenden Sonnenlicht halb geschlossen Augen überzeugten ihn, daß ich an ihn herankommen und ihn wirklich umbringen würde, und bei dem Versuch, durch die engen Fenster oben zu entfliehen, kletterte er auf die Bücherregale. Das entblößte seinen Psoas, und ich spürte die aufwallende Gnade und Wut, wie sie das Zeichen des Kriegers sind. Als ich zum tödlichen Hieb ansetzte, wurde die Tür von unserem dicken Direktor aufgestoßen, dessen Miene ich nie werde vergessen können.

Mit den Jahren wurde ich subtiler, und ich erkannte die Notwendigkeit, die entscheidende Tat und eine mögliche Flucht gegeneinander abzuwägen. In der achten Klasse, kurz bevor wir in den Krieg eintraten, wurde ich von einem Päderasten belästigt, dem sogenannten »Männerdekan«, der mich zu Boden stieß und nach meiner Hose grapschte. Obgleich wir in einem verlassenen Korridor alleine waren, so waren wir doch nicht ganz alleine, denn der Schulhund, ein alter Labrador namens Cabot, lag wie ein Schatten in der Ecke.

In Biologie hatten wir die Muskelkraft durchgenommen, und zur Demonstration hatte der Lehrer Cabot eingesetzt, der auf einen Kompressometer beißen mußte. Die Evolution, so erklärte er, habe jene Hunde begünstigt, die den Knochen knacken und ans Mark kommen konnten. Als Kompressometer diente der Griff von Lewis Teschners Tennisschläger, halbiert, eine starre Feder zwischen den beiden Teilen. Um das Ganze zusammenzuhalten, hatte der Biologielehrer das Klebeband verwendet, das wir beim Boxen um die Handgelenke wickelten. Cabot war ein gutmütiger, bescheidener Hund, der sein Lebtag nie jemanden gebissen hatte, aber seit einigen Jahren wurde er mit Küssen, Streicheln und Hundekuchen belohnt, wenn er seine Zähne immer tiefer in den Kompressometer versenkte. Da es darum ging, die Kraft zu verstärken und den Halt zu festigen, hatte er gelernt, fest zuzubeißen und nicht auszulassen.

Ich dachte, ich wäre erledigt. Der Männerdekan war bald zwei Meter groß, wog 250 Pfund, ein geborener Kämpfer und der Boxtrainer. Als er aufs abscheulichste sowohl auf mich einschlug als auch mich packte, sah ich, im Nebel dieser Vergewaltigung, daß seine Handgelenke mit Klebestreifen umwickelt waren. Entweder hatte er gerade eine Klasse im Boxen unterrichtet oder würde es gleich tun.

Im nächsten Augenblick hatte es bei mir gefunkt. »Komm, Cabot!« schrie ich. Das erregte irgendwie den Männerdekan, aber es brachte auch Cabot auf seine ergrauenden Pfoten, und er wedelte mit dem

Schwanz. Ich blickte in sein lächelndes Hundegesicht, und kaum imstande zu sprechen, befahl ich: »Los, probier, Cabot, probier!«

Cabot hob bereitwillig den Kopf, wie es Hunde tun, und sah sich suchend nach dem Kompressometer um. Er fand es – meinte er – und näherte sich, genau wie man es ihm im Unterricht beigebracht hatte. Er wedelte mit dem Schwanz: »Faß, Cabot, faß!« rief ich. Und er gehorchte.

Dieser Männerdekan ließ sogleich von mir ab, dem Objekt seiner Begierde, und wälzte sich auf dem Boden. »Faß, faß, faß!« schrie ich, genau wie wir es im Unterricht getan hatten. »Faß, faß, und nicht loslassen!« Und dieser liebe Hund biß zu bis auf die Knochen, und mußte noch nicht einmal dafür büßen, weil zu meiner grenzenlosen Genugtuung der Männerdekan eine Phantombulldogge ins Spiel brachte, die, so behauptete er zum allgemeinen Erstaunen, bei den Toiletten auf der Lauer gelegen habe.

Auf dem Weg vom Gerichtssaal zum Château Parfilage wurde ich von einem Detective der Mordkommission von New York City begleitet, einem dem neunzehnten Jahrhundert entstiegenen Iren namens Grays Spinney. Der Richter wußte, daß eine Zwangsjacke und gewisse natürliche Bedürfnisse nicht gut zusammenpassen, und war eingedenk der grausamen und ungewöhnlichen Strafklausel in der Verfassung sowohl für sich als auch mich auf einen Ausweg verfallen. Sobald wir jenseits der Drei-Meilen-Zone waren, taxierte mich Spinney und nahm mir die Fesseln ab, obgleich er sie mir für die Fahrt durch Paris, Genf und die anderen Städte meiner ewigen Demütigung wieder anlegte.

Am Hudson und im Tal des Shenandoah wurde es Frühling. Der Winkel der Sonne war genau richtig, das Licht noch nicht blendend, das junge Gras kurz und gleichmäßig grün, die Nacht schwelgte in Blüten und lauen Winden. Und die wunderschönen frühlingshaften Ausblicke waren von Reihen roter und gelber Blumen durchsetzt, die wie ferne, auf Wald und Flur aufgetragene Farbstriche aussahen.

Doch auf dem Nordatlantik waren die Wellen feldgrau, der Himmel ein Miasma aus Sprühregen und Nebel. Winzige Eisberge, so groß wie Eisbären, trieben wie Marshmallows auf dem Meer dahin, und Spinney, der sein Leben damit zugebracht hatte, auf der Jagd nach bewaffneten Männern mit Melonenhüten in Verbrecherviertel einzutauchen, brachte mich wohl hundertmal mit Ausrufen wie »Du lieber Himmel! 'ne nackte Eskimofrau und 'n verdammtes Scheißkänguruh!« ans Bullauge.

Obwohl seines Zeichens ein hochrangiger Kriminalbeamter, war er des Lesens und Schreibens doch nicht kundig genug, um ohne Hilfe die *Police Gazette* lesen zu können, und nach etlichen Dutzend Fragen wurde ich sein Privatsekretär und Amanuensis. In einem Prozeß, der Isaac Newtons Genie bestätigte, wurde meine Mühe sämtlich belohnt, als er mir haarklein seine Jahre bei der Polizei erzählte, angefangen im Jahre achtzehnhundertsiebenundsiebzig.

Er stand kurz vor der Pensionierung und war voller Bedauern. »Mord ist vollkommen uninteressant«, sagte er in seiner unnachahmlichen Aussprache. »Das Ergebnis ist immer dasselbe – eine Leiche. Wenn ich du wäre, ein Junge im zarten Alter von vierzehn Jahren, würde ich mich für die Banken interessieren.«

»Die Banken?«

»Die Banken. Töten ist unmoralisch, aber sogar als Polizist sehe ich nichts Unmoralisches darin, Banken auszurauben. Weißt du, wir hatten da mal einen Kerl, der hieß nur ›Robin Banks‹; der schmiß sich in Schale und ging in 'ne Bank. ›Gut'n Morgen‹, sagte er, ›ich möchte ein Konto eröffnen.‹ ›Wie ist Ihr Name?‹ fragten sie dann. ›Robin Banks‹, antwortete er und wartete ab, wie lange er das machen konnte, bevor er seine Kanone ziehen mußte.«

Spinney beugte sich über das Gitter der oberen Koje, als wollte er mir das Geheimnis des Universums anvertrauen. »Die Banken«, sagte er, »dort haben die Leute ihr Geld. Man muß gar nicht groß suchen. Es ist alles an einem Ort. Wenn ich du wäre und rüberfahren würde, um Französisch und Deutsch und all so was zu lernen, würde ich rauskriegen, wie ich nach Harvard oder Yale käme, und dann so peu à peu meinen Weg in irgend so eine Investmentbank oder so was machen. Kannst du mir folgen?«

O ja, aber ich legte es auf Eis.

Ich kann mich an nichts erinnern, das schlimmer wäre, als in einer Zwangsjacke zu stecken – nicht einmal, als ich ins Meer abstürzte und die Cockpit-Windschutzscheibe ganz voll Öl und Blut war, die Motoren versagten und der Wind die Todesmelodie pfiff – ausgenommen vielleicht die Schock»therapie«, der ich mich unterziehen mußte, ehe ich ins Ausland geschickt wurde, etwas unbeschreiblich Schreckliches, das mir von diesem kaffeetrinkenden Bastard auferlegt worden war, der sich Richter nannte.

Mit äußerst sparsamen Mitteln verhängt eine Zwangsjacke eine nahezu vollkommene Lähmung über jemanden, dessen dringendstes Bedürfnis es ist, um sich zu schlagen. Ohne daß er durch verzweifelte Gliedmaßen hinaus kann, bereitet der Schmerz im Inneren die größte Qual. Von den beiden Arten an Zwangsjacken ist diejenige die schlimmste, welche die Arme vor dem Körper zusammenpreßt. Angeblich soll das humaner sein und besser für den Kreislauf, doch es führt zu einem Gefühl des Erstickens und der Ohnmacht, das schwer wiederzugeben ist.

Der Elektroschock ist für die breite Öffentlichkeit etwas eher zu begreifen, denn die meisten Menschen haben den elektrischen Stuhl durch seine bloße Beschreibung fürchten gelernt. Kannst du dir ein Gerät vorstellen, das einem zwar jeglichen Schmerz und jegliche Angst einer Hinrichtung durch den elektrischen Stuhl aufzwingt, die ewige Ruhe hingegen verweigert, die man sich verdient, indem man diese Erfahrung durchleidet, so daß man am Leben erhalten wird, um immer wieder durch elektrischen Strom hingerichtet zu werden? Ich glaube, »Elektrotherapie« ist noch immer im Gespräch. Diejenigen, die sie, irrsinnigerweise, befürworten, behaupten, daß der Patient davon profitiere. Ich will dir sagen, was du davon hast. Wenn du damit durch bist, dann bist du halbtot (und das wäre auch mit einer gehörigen Tracht Prügel zu erreichen oder durch einen simplen Sturz von einer niedrigen Klippe) und deshalb ganz ruhig. Man ist dankbar, am Leben zu sein, daß die Tortur vorüber ist, daß die Schmerzen weg sind. Nebenumstände scheinen beinahe unerheblich. Nach meinen Elektroschockbehandlungen konnte ich sogar neben einer Kaffeekanne sitzen.

Für einen Vierzehnjährigen, der im Schatten von Sing-Sing aufgewachsen ist, waren Zwangsjacken und ganz besonders Elektroschocks schwer zu ertragen. Man stelle sich doch mal vor, auf den Eiffelturm zu steigen, den Louvre zu besuchen und die Champs-Élysées hinunterzuspazieren – in einer Zwangsjacke. Das habe ich getan. Ich habe mit Spinney im Café de l'Opéra gesessen, er mit Schnurrbart, Uhrkette und vernickelter Pistole und ich in meinem weißen Gefängnis. Er war wenigstens so gütig, mich so weit wie nur möglich von der Espressomaschine zu placieren, und wenn der Wind günstig stand, litt ich relativ wenig Qualen. Mit Zwinkern, Blicken und verwegenem Mienenspiel versuchte ich, Frauen für mich zu interessieren. Und als sie alle wegsahen, dann, so nahm ich an, wohl deshalb, weil meine Haut schlecht war oder sie mich für zu jungenhaft hielten. Daß die meisten Frauen gar kein Interesse daran haben dürften, einen Jungen in einer Zwangsjacke kennenzulernen, der da im Café de l'Opéra saß und ihnen wie verrückt zuzwinkerte, blinzelte und die Brauen hochzog, auf den Gedanken wäre ich nie gekommen.

Viele Soldaten waren noch in Uniform, nicht mehr bedrückt von der unmittelbaren Angst vor dem Tod, ausgeschlafen, sonnengebräunt, manche gar nicht so viel älter als ich – allesamt Helden und Sieger. Die Straßen hallten wider von wunderbaren grünen Bussen und Straßenbahnen, die oben gelb waren und hinten offene Perrons hatten. Liebendgern wäre ich während der Fahrt da auf- und abgesprungen. Liebendgern hätte ich ein französisches Mädchen in den Armen gehalten und sie geküßt. Es wäre das erste Mal gewesen, daß ich ein Mädchen geküßt hätte.

Es war sehr schön, wie Paris da aus dem Krieg erwachte. Von überallher strömte das Leben herein. Die Bäume waren so zartgrün, wie ich es noch nie gesehen hatte, grüner als in den Tälern des Shenandoah oder des Hudson, eine uralte, feine Farbe, die ich nie vergessen werde.

Château Parfilage unterhielt, rein aus Prestigegründen, in Montreux ein kleines Büro. Für die englischsprechende Welt und die Franzosen war eine Adresse am See, mit roten Tulpen in wohlgepflegten Beeten am Wasser, ideal für eine Nervenheilanstalt. Die Deutschen zogen die Berge vor, die Italiener das Meer, und Prominente und Reiche irgend so einen Ort, wo stinkende Gase durch den Schlamm blubbern.

Das Château Parfilage lag nun zwar ganz in den Bergen, doch seine Methoden hatten die Deutschen enttäuscht, so daß die Direktoren, um die Engländer und Franzosen anzuziehen, die, nach dem Kriege, ganz außerordentlich verrückt waren, Büroraum in Montreux mieteten. »So was Winziges wie das hier als Büro hab ich noch nie gesehen«, sagte Spinney und sah sich um. »Ich bringe Ihnen einen Neuen, Schwester, wo soll er denn schlafen?«

Eine winzige Nonne, so alt wie ich jetzt, schnürte meine Jacke auf und schenkte mir für immer die Freiheit, indem sie erklärte, daß es Sünde sei, jemanden, noch dazu ein Kind, in so ein Ding zu stecken.

»Schwester, was, wenn er den Teufel in sich hat und er so um sich schlägt, daß er sich oder jemand anders tötet?«

»Dann kommt er mitten auf eine große Wiese«, sagte sie, »wo er mit Gott und den Ameisen allein ist.«

Binnen zwanzig Minuten waren sie und ich in einer kleinen Bahn, die sich über dem See durch die Berge schlängelte. Es war ein strahlend blauer Tag. Wir öffneten das Fenster, und ich lehnte mich hinaus, um den Wind zu spüren und die sonnenwarme Vegetation zu riechen. Was konnte es Besseres geben, als in einem Zug stetig durch sonnenbeschienenes Hochland dahinzuzockeln, während durch die geöffneten Fenster die Gebirgsluft, pulsierend im Rhythmus der Schienen, hereinwogte? Wie wir zum Château Parfilage hinauffuhren, erklommen wir eine Welt von strahlendem Weiß – dem Weiß von Schneefeldern, Eis und Wolken.

Als Schwester Jacob de Meunière sah, daß ich zufrieden die Alpensonne genoß, die über hohen Flächen blanken Eises glitzerte, sagte sie: »Wenn du einst geisteskrank gewesen bist, so bist du's wahrscheinlich nicht mehr, aber du mußt lange genug bei uns bleiben, um die zu überzeugen, die nicht glauben oder sehen oder wissen können, daß du durch lange und schmerzliche Mühen erreicht hast, was Gott dir einfach in einem plötzlichen Ausbruch gegeben hat.«

Nach dem Zug fuhren wir mit einem Ponywagen. Als das Pony fressen wollte, blieb es stehen, um zu grasen, und Schwester Jacob strickte. Dann sprang ich aus dem Wagen, und oft auch, während er fuhr (die meiste Zeit meines Lebens, und ganz gewiß in meiner Kindheit, ging mir nichts über ein rollendes Gefährt, während der Fahrt ab- und aufspringen zu können, schien mir besser, als der reichste Mann der Welt zu sein). Ich lief an den Rand steiler Engpässe, um die Aussicht zu genießen. So wie ich mich daran erinnere, hatte das alles, wie ich da aus- und einstieg und das langsam dahintrottende Pony umkreiste, große Ähnlichkeit mit den Bewegungen eines Fohlens oder Kitzes. Funio macht das auch, und er verfällt in spontane Tänze. Der Anblick eines Kindes, das frei herumspringt, gehört zum Schönsten, was es gibt. Als mein Vater mich nach Amagansett mitnahm, um in der Brandung zu angeln, ging ich immer auf der Strandstraße vorneweg, bald bückte ich mich, um die Heide zwischen den Fingern zu zerreiben und daran zu riechen, dann rannte ich wieder auf den weichen Sandstreifen dahin, die zum kalten blauen Meer führten.

Hoch droben, so daß man geradeaus im Westen Frankreich und im Norden den Schwarzwald sehen konnte, stand das Château auf einer kleinen Anhöhe inmitten einer großen Wiese, die ringsum Zäune aus immergrünen Gewächsen einschlossen, die so dicht wie die Zinken eines feinen Kammes und kühler und duftender waren, als ich es aus einem Garten in der heißen Sonne wiederzugeben vermag.

Das Gebäude selbst war ein wohlgefälliger Bau aus Backstein im Klosterformat, mit einem Hof, in dem es fünfzigtausend Geranien gab sowie einen runden Brunnen, der bis zum Rand mit eisigem Wasser gefüllt war, das gerade erst aus den nicht so fernen Gletschern freigekommen war.

Nie hatte ich ein so weites Feld gesehen. Nie war ich in so klarer Luft gewesen. Nie hatte ich so reinen weißen Schnee gesehen, denn so weiß der Schnee am Hudson auch ist, so hat er doch immer einen Stich ins Blaue Kanadas. Nie hatte ich so viele Wiesenblumen gesehen, die in eifersüchtigem Stolz ihre hohen Posten mit ihren leuchtenden Farben bewachten. Frankreich war fern und purpurn, da es zum Atlantik hin floh, daß die Welt anzuschauen war, wie wenn man durch ein Prisma blickte. Und noch nie war ich so hoch gewesen, da ich auf 3000 Meter Höhe stand, noch der Sonne so nahe oder so ungeschützt vor ihrer gütigen Pracht.

Ich stieg aus dem Wagen und ging zu dem dahintrottenden Pony, um den Rest des Weges zu laufen, um jeden Zoll der Straße zu spüren, die in eine Nervenheilanstalt führte, welche, wie ich jetzt glaube, eines der wenigen Refugien des gesunden Geistes in einer ansonsten geisteskranken Welt gewesen sein dürfte.

Obwohl der Direktor dieser Anstalt nicht größer war als ein Bernhardiner, umgab ihn doch eine Aura der Macht, wie sie sonst nur Hünen anhaftet. Sogleich fühlte ich mich ihm gegenüber als Beschützer, und dennoch war ich von Ehrfurcht erfüllt, wenn ich daran dachte, daß er nicht nur vor langer Zeit die High School absolviert hatte – auf die ich erst noch gehen müßte und nie würde – und ein Medizinstudium, sondern auch die diversen Stationen der medizinischen Ausbildung, die einem für den Rest des Lebens einen Platz auf den Golfplätzen bescheren. Es hatte den Anschein, daß in der Schweiz die Ärzte mönchischer und gelehrter waren, ihr Sozialstatus geringer, ihr Geist besser in Übung und ihr Demutsempfinden schärfer ausgeprägt als das ihrer elegant gekleideten amerikanischen Kollegen.

Ich nahm ihm gegenüber Platz, dabei vermochte ich kaum den Blick von den Schneefeldern der Jungfrau zu wenden, die, obwohl weit weg, doch ihr glutrotes Licht durch die schmalen Fenster und direkt in meine Augen werfen konnten.

»Amerikaner?« fragte er mit – einem dänischen, aber das wußte ich damals nicht – Akzent.

Ich nickte.

»Dann muß ich dir als erstes sagen, daß von dir nichts erwartet wird.«

»Nichts?« fragte ich.

»Nur harte Arbeit, Lernen, um fünf Uhr Aufstehen und Arbeit auf den Wiesen. Nichts weiter, als was einem Mönch, einem römischen Galeerensklaven oder einem tugendhaften König abverlangt würde. Nach meiner Erfahrung haben Amerikaner immer das Bedürfnis, alle Welt in Erstaunen zu setzen. Vielleicht ist darum die Neue Welt weniger müde als die Alte.«

»Was ist mit dem psychologischen Kram?« fragte ich.

»Welchem psychologischen Kram?«

»Sie wissen schon – Zwangsjacken, Schocks, endlose Gespräche.«

»Wir halten nichts von so was.«

»Nein?«

»Nein, überhaupt nichts. Zehn Jahre davon bringen nicht soviel wie einen Monat lang Heu ernten.«

»Wollen Sie damit sagen, das hier ist so eine Einrichtung, wo man immer beschäftigt wird? Wir haben so was auf der Spitze von Long Island. Es heißt das Butterworth-Sanatorium, und es funktioniert nicht. Wenn sie reinkommen, haben sie ein Rad ab, wenn sie rauskommen, haben sie 'n Dreirad ab, und wenn sie sterben, dann...«

»Wie bitte?« sagte er, da er meinen Schuljungenslang nicht verstand.

»Das hier ist keine Einrichtung, wo Beschäftigungstherapie praktiziert wird«, fuhr er fort. »Hier arbeitest du nur fünf Tage in der Woche. Wenn du möchtest, kannst du dich am Wochenende von Angst, Lethargie und Reue überkommen lassen. Es geht darum, nicht alle Teller rotieren zu lassen, sondern sie fallen zu lassen.«

»Gibt's hier Kaffee?«

»Nein. Weder Kaffee noch Tee oder Alkohol oder Tabak. Keine Drogen irgendwelcher Art. Kein ausgesprochen fettes oder zuckerreiches Essen. Keine Motorfahrzeuge. Keine Schokolade. Kein elektrisches Licht, keine Grammophone, kein Telefon, kein Telegraf, keine Zeitschriften.«

»Kein Kaffee?« Meine Lungen fühlten sich an, als wäre jede von einem gewaltigen Stein befreit worden wäre. Meine Neurasthenie verflog langsam.

»Kaffee ist das Werk des Teufels«, sagte er. »Ich bin Arzt, und ich weiß, wovon ich rede. Daß Menschen tatsächlich diese Substanz trinken, ist eine der andauernden Tragödien dieser Welt, eine bedauerliche Oper von Wahnsinn und Selbstzerstörung.«

Ich war erstaunt und natürlich erfreut. Er fuhr fort: »Eine sorgfältige Betrachtung seiner chemischen Komponenten zeigt, warum. Hast du organische Chemie gehabt?«

»Ich weiß nicht, was das ist. Ich habe noch nicht mal mit der High School angefangen.«

»Ungeachtet deiner akademischen Fortschritte, wenn man Kaffee länger als eine Minute bei oder über fünfundneunzig Grad Celsius ziehen läßt, extrahiert er Tri-oxitan-methylparasorcinat, Loxiphenyl-metasolicitär, Oxipalmat-dendrabucephalus-chlorid, Indocrapitus-paraben, Sulphurohydrogelexipon, Moxybobulin-3-toxitol und Benzolester des Noquitol-soxitan.

Untersuchungen haben gezeigt, daß jedes der de-ionisierten Loxiphenyle in Anwesenheit eines gesättigten Oxitans stark karzinogen ist. Selbst minimaler Kontakt mit den Sulphurohydrogelexipons verursacht nahezu unweigerlich Herzatomatoxsis und schwere Nierenpalagromie.«

»Sie machen sich wohl über mich lustig?« fragte ich.

»Vielleicht ein wenig«, antwortete er, »aber ganz bestimmt haben wir keinen Kaffee hier. Ich verabscheue Kaffee. Ich verstehe voll und ganz, was dich dazu getrieben hat, zu tun, was du getan hast, und ich werde nicht versuchen, dich von deinem Zorn und Ekel abzubringen. Du *mußt* ja nicht in der Welt leben. Wie heißt es immer, wenn man aus der Seele eines rechtschaffenen Mannes die Wahrheit austreiben will: *Du mußt doch in der Welt leben.* Aber nicht doch. Du kannst an einem Ort wie diesem hier leben, du kannst allein in der Natur leben, du kannst so hoch steigen, daß keiner es wagen wird, in deiner Gegenwart eine Tasse Kaffee zuzubereiten oder zu trinken, man kann sich umbringen, oder man kann schlafen... Eines ist sicher. Du mußt dich dieser widerlichen, entsetzlichen, süchtig machenden Bohne einfach nicht anpassen, die eine Population von Sklaven geschaffen hat, die über die ganze Erde verbreitet ist.

Jedenfalls nicht für die nächsten vier Jahre. Das werden deine Jahre vor Anker sein. Du wirst dich an sie als Jahre der Freiheit, Verantwortung, qualvoll harter Arbeit, Liebe und Offenbarung erinnern.«

»Soll das heißen, ich gehe nicht zur Schule?«

»Deine Bildung wird Gott anvertraut sein, deiner Neugier und Pater Bromeus.«

»Wer ist das?«

»Er kümmert sich um die Kühe und ist der Einpauker.«

»Was meinen Sie mit ›Einpauker‹?«

»Die meisten Leute hier sind Erwachsene. Wir können es uns nicht leisten, die Erwachsenen in all den erforderlichen wissenschaftlichen Fächern zu unterrichten, und doch muß man sich nach dem Kantonsgesetz von Zeit zu Zeit zu Prüfungen in Französisch, Deutsch und Italienisch, in Geschichte, Physik, Mathematik, Chemie, Botanik, der Geschichte der zerstörenden Wirkung des Kaffees und anderen Fächern melden.«

»Wie machen Sie das«, unterbrach ich ihn, »ohne ein System der Ausbildung? Ich kann diese Sprachen nicht. In Mathematik bin ich furchtbar schlecht. Wie soll man ohne ein Labor Chemie lernen?«

»Mach dir keine Sorgen. Wir haben unser eigenes Bildungssystem entwickelt, und es funktioniert. Ich habe es mir selber ausgedacht, nachdem ich 1910 die Vereinigten Staaten besucht und mir ein Baseballspiel angesehen hatte.

An den Seitenlinien trainierten die Werfer oder *pitchers*, wie ihr sie nennt. Na ja, da ich Wissenschaftler bin, beugte ich mich über das Geländer und fragte: ›Übt ihr immer mit einem gleich großen Ball?‹ Ja, allerdings, oder das sagten sie wenigstens. ›Warum?‹ wollte ich wissen. ›Warum nicht?‹ lautete die Gegenfrage.

Darauf sagte ich ihnen, daß es bezüglich der Physik und Physiologie doch einleuchte, daß sie ihre Leistung enorm verbessern würden, wenn sie mit völlig verschiedenen Größen üben würden – mal mit einem erbsengroßen Kiesel, mal mit einem Fußball. Die Schwierigkeiten und Anstrengungen damit würden sie zu Meistern mit einem Ball machen, der auf die Faust zugeschnitten ist und auch von Gewicht und Dichte her zum Werfen richtig ist.

Ich weiß nicht, ob sie meinem System gefolgt sind, aber wir machen es so, wie du sehen wirst. Übrigens, spielst du ein Instrument?«

»Nein.«

»Aber sie.«

»Wer ist *sie*?« fragte ich.

»Sie ist hier wegen ihres Abscheus vor Grashüpfern.«

»Gibt es auf den Wiesen denn keine Grashüpfer?«

»Nicht in dieser Höhe.«

»Wo kommt sie denn her, daß sie Grashüpfer verabscheut?«

»Paris. Es gibt jede Menge Grashüpfer in Paris.«

»Ich habe keine gesehen.«

»Wie lange bist du denn dort gewesen?«

»Zwei Tage.«

»Voilà. Wie dem auch sei, die Plage geht sowieso erst Ende Mai und Anfang Juni los. Fräulein Majewska hat das ganze Jahr dort gelebt, und jedes Jahr zu Sommeranfang hat sie emotional furchtbar gelitten.«

»Sollten Sie mir das denn eigentlich erzählen?«

»Das weiß jeder hier. Im August sind sie und ihre Familie immer nach Südfrankreich gefahren, und als sie vierzehn war, war das Jahr der Heuschrecken, weshalb sie hier ist. In der ganzen Provence brach eine Plage aus, die, für sie, absolut erschütternd war.«

»Ist sie Französin? Was ist Majewska eigentlich für ein Name?«

»Sie ist eine polnische Jüdin, aber, ja, sie ist Französin, obwohl, wenn man genau hinhört, kann man den Anflug eines Akzents entdekken.«

»Verstehe.«

»Nein, noch nicht.«

Zwar habe ich diese Praxis im Zweiten Weltkrieg fortgesetzt, doch gelernt habe ich die Nomadentechnik, wie man eine Decke gebraucht, im Château Parfilage (und assoziiere sie ganz stark mit den Jahren meines Eingesperrtseins und meiner Freiheit dort). Marlise weiß kaum, was eine Decke ist, aber dort oben, wo die Luft dünn war und Schneestürme gleich im Gefolge auf eine strahlende Sommersonne hereinbrechen konnten, mußte man seine Decke dabeihaben.

Eine einzige Decke aus dicker, dichtgewebter Schurwolle, die lang genug ist, daß man sie doppelt oder sogar vierfach zusammenlegen und sie wie einen Umhang um die Schultern tragen kann, reichte für Winter oder Sommer. Wir hatten kein Feuer in den Zimmern und natürlich auch keine moderne Heizung, aber es war die reinste Freude, in die Falten der Decke eingehüllt, dazusitzen und zu lernen oder, wie im Falle Fräulein Majewskas, Klavier zu spielen.

Gesehen habe ich Fräulein Majewska nicht, obgleich ich sie fast immer am Klavier hören konnte, wenn auch zuweilen sehr leise. Ich hatte ja gedacht, ich würde ihr bei der ersten Mahlzeit begegnen, doch weil wir in einer Irrenanstalt waren, nahmen wir unsere Mahlzeiten nach Art der Mönche ein und aßen auf den Zimmern, in der Kälte, so auch wir, die wir unter Obsessionen litten.

Die erste Aufgabe, die mir Pater Bromeus stellte, aus Gründen, die er nicht verriet, die aber später ganz offensichtlich schienen, bestand darin, das Telefonbuch von Zürich auswendigzulernen. Bis auf den heutigen Tag kann ich mich an Namen und Nummern erinnern, die keinen Anschluß mehr haben und die auf ewig verloren sind, die aber einst die Herzen der Jungen und Mädchen höher schlagen ließen, wenn sie auf der Seite eine Nummer sahen, die sie, per Stimme und Ohr, in die Häuser ihrer Angebeteten brachte.

Es war das Ziel von Pater Bromeus, meinen Geist zu trainieren, Informationen aufzunehmen. Das war die französische Hälfte der Erziehung, die ich auf Château Parfilage erhielt. Ich kann dir noch immer sagen, daß das Atomgewicht von Kobalt 58,94 beträgt, daß der Bahnhof von Neuchâtel 482 m hoch liegt, daß Shakespeare 94mal das Wort *glory* verwendet hat, daß das italienische Wort für *Diphthong* dittongo heißt, daß (obwohl ich dir nicht sagen kann, wer den Pickel erfunden hat) Johann Georg Pickel 1786 die Gaslampe erfunden hat und daß am 13. März 1900 Roberts Bloemfontein eingenommen hat.

Pater Bromeus beglückte mich mit so vielen Tabellen, Listen, Texten, Fotografien, Gemälden und musikalischen Kompositionen zum Auswendiglernen, daß ich damit viele Stunden des Tages zubrachte. Bald beherrschte ich die Kunst, praktisch jedes Material schnell aufzunehmen und mir einzuverleiben, um es nie zu vergessen, es sei denn, ich verbannte es absichtlich. Erst später sollte der nächste Test kommen, der genauso erschreckend war, wie sich plötzlich dem Züricher Telefonbuch gegenüberzusehen. Das war die Aufgabe der Analyse, die Pater Bromeus, mit jesuitischer Disziplin, in Interpolation, Extrapolation, Induktion, Reduktion und Deduktion unterteilte.

Als ich damit begonnen hatte, wurde ich einer Prüfung unterzogen. »Ich habe von Pater Bromeus erfahren«, sagte der Direktor, »daß du über die ganzen Informationen verfügst, die notwendig sind, mir zu sagen, wie du, von hier aus, allen Grashüpfern in Paris den Garaus machen könntest.«

»Wie bitte, Sir?« fragte ich, hatte ich mich doch nie zu einem derartigen Gedankengang genötigt gesehen.

Da ich niemanden in Paris hinzuziehen oder die Eisenbahnen benutzen durfte, um Zigtausende Vögel und Fledermäuse in die Stadt des Lichts zu transportieren, mußte ich eine riesige Kanone entwerfen und zusammenbauen. Da kam nun alles ins Spiel, was ich über Physik, Metallurgie, Chemie, Geometrie und Geologie gelernt hatte (ich mußte meine eigenen Metalle gewinnen, meine eigenen Werkzeuge machen, meine eigenen Gebäude errichten). Leider mußte ich, um die Grashüpfer zu kriegen, die ganze Stadt zerstören. Meine Antwort war nur hypothetisch. Woher sollte ich wissen, daß diese Logik dem übrigen zwanzigsten Jahrhundert zugrunde liegen würde?

Jeden Tag stellte der Direktor so ein Problem vor – manchmal rein wissenschaftlich, manchmal technologisch, poetisch, historisch, politisch oder ästhetisch und oft eine Kombination von mehrerem. Seine Fragen waren immer interessant und oft genial. Selbst wenn sie fruchtlos waren, machten die vielen vergeblichen Ansätze, denen wir zu ihrer unerreichbaren Lösung folgten, solche Aufgaben ungeheuer unterhaltsam. Er sagte etwa: »Du sollst auf französisch ein Sonett nach Shakespeare schreiben und dabei die Regeln der italienischen Prosodie anwenden«, oder er versetzte mich in die Wälder Nordkanadas und instruierte mich (ganz theoretisch, natürlich), durch den Winter zu kommen und aus Schnee und Walroßknochen ein Stadion zu bauen.

Wo ich mich irrte, korrigierte er mich; wo ich nicht mehr weiterwußte, zeigte er mir den Anfang des Weges. Am liebsten hatte ich die kurzen Imperative: »Löse die Probleme des revolutionären Frankreich.« (Erst einmal mußte ich herausfinden, worin diese bestanden hatten.) »Konstruiere eine elektrische Maschine zur fehlerfreien Erzeugung von Musik.« Das habe ich, theoretisch, versteht sich, getan, und als ich viele Jahre später in Brasilien auf die sogenannten Synthesizer stieß, mußte ich lächeln. »Entwickle die Wirtschaft Ägyptens.« Ich hatte einen guten Plan: sie hielten sich aber nicht daran.

Und das alles, während ich schwer auf den Wiesen arbeitete, um fünf Uhr aufstand, eisbedeckte Gipfel erklomm und Feuerholz schlug und holte. Wie um zu bekräftigen, daß das Leben die Akademie des Schicksals sei, lautete die einzige Frage, die er mehr als einmal stellte, wie gewöhnlich, in der Form eines Befehls. Ja, vier- oder fünfmal präsentierte er mir dieselbe Herausforderung, und jedesmal brauchte ich ein paar Tage, um einen komplizierten Plan zu entwickeln. Seine wiederholte Aufforderung und der vertraute Befehl lautete: »Raube die Bank von England aus.«

In Paris hatte ich in den diversen Cafés, in denen ich in meiner Zwangsjacke mit Spinney verweilt hatte, Frauen gesehen, die ganz nach der Mode gekleidet waren. Ihr Haar war sorgfältig frisiert, das

Gesicht geschminkt, die Finger verschwenderisch mit Ringen geschmückt, der Hals mit Ketten, die Handgelenke mit Armbändern. Ich nahm an – nach dem, was mir der Direktor über ihre Schönheit erzählt hatte, und weil sie Pariserin war, daß Fräulein Majewska eine Vertreterin solcher Verführungskünste sei. Sie könne sich die Seide, Parfüm und Gold wohl leisten, dachte ich, welche die natürliche Schönheit einer Frau so zu erhöhen vermögen, denn immerhin war Château Parfilage eine der teuersten Nervenheilanstalten in der Westschweiz. Doch obgleich ich mehrere Monate lang, oft in meinen Träumen, ihre herrlichen Transkriptionen gehört hatte, bevor ich ihr tatsächlich begegnete, hatte ich nicht die leiseste Ahnung von Fräulein Majewska, bis ich ihr Gesicht sah. Nie habe ich jemanden mehr geliebt, und das werde ich auch nie.

Das beeinträchtigt nun keineswegs meine Zuneigung zu Marlise, aber Marlise habe ich einzig nach dem tropischen Paradigma geliebt, was heißt, daß wir in unserer schweißtreibenden, schreienden, keuchenden, halbhalluzinatorischen Tändelei eine gewisse Intimität erreicht haben. Unser Fleisch und unsere Säfte haben sich mit solchem Ungestüm miteinander vermischt, daß wir zuweilen nicht sicher waren, wer von uns der andere war oder nicht.

Doch mit Fräulein Majewska habe ich nie geschlafen, obgleich ich sie wohl tausend Stunden lang geküßt haben muß, und es ist auch Fräulein Majewska, obwohl ich sie seit August 1923 nicht mehr gesehen habe, die mir immer am vertrautesten sein wird.

Zuerst habe ich mich nur der Andeutung des Direktors wegen in sie verliebt. Solcherart verliebt man sich leicht, doch man entliebt sich auch leicht. Dann war es, nachdem ich ihre eigene Transkription von Max Bruchs Opus 46 gehört hatte. Pater Bromeus, immer buchstabengläubig, ließ mich die beiden Partituren vergleichen. Um das Werk für Klavier zu bearbeiten, hatte sie viel hinzugefügt, allerhand weggelassen und ziemlich oft die Tempi geändert, aber die Seele des Stückes war noch immer da, und es war mindestens genauso schön.

Noch immer hatte ich sie nicht zu Gesicht bekommen, doch das war kaum von Bedeutung, denn die Art, wie sie spielte, ging mir geradewegs ins Herz, als ob wir nur durch die erhabenen Boten des Geistes kommunizieren könnten, die, so hofft man, nach dem Tode bleiben.

Doch so genau sie auch auf die feinsten Verästelungen der Kunst und die höheren Dinge gestimmt war, so war sie doch auch eine Sechzehnjährige und als solche spitzbübisch, ehrgeizig und charmant, wenngleich ich ihren jugendlichen Charme nicht recht begriff, da ich an sie als eine ältere Frau dachte.

Zum ersten Mal sah ich sie ... und wenn ich die Augen schließe, kann ich mich noch genau an den Tag, die Stunde und daran erinnern, wie sich die Alpensonne auf meinem Gesicht anfühlte... auf der höchsten Wiese, die wir hatten, als wir das Heu einbrachten, im August neunzehnhundertneunzehn.

Es war ein Anblick für sich: Patienten und Personal, Männer, Frauen, Jungen und Mädchen, zwei Dutzend Nationalitäten und genauso viele Neurosen und Psychosen, einige in merkwürdigen Trachten, einige kaum in der Lage, sich in solcher Höhe zu bewegen, während andere sich wie die Spinnen im Sturmwind abrackerten. Brueghel wäre von den Farben nicht überrascht gewesen – der Himmel von einem Blau, das nicht von dieser Welt war, und goldene Bündel, die ringsum, der gedämpften, aber funkelnden Rüstung des Achilles gleich, hingeworfen waren und ruhig im Licht einer wirbelnden, schwerelosen Sonne schimmerten. Und auch von dem Ausdruck auf den Gesichtern der Arbeiter wäre er nicht überrascht gewesen, der von schielend über benommen bis äußerst ängstlich reichte. Aber alle waren sie nette Menschen: ich kannte sie recht gut.

Gegen acht Uhr morgens hatte sich uns eine zweite Gruppe angeschlossen. Ich hatte sie nicht einmal bemerkt, so eifrig war ich bei der Arbeit. Ich trat hinten an einen Heuwagen heran, mit vier Bunden beladen, um jedem auf der Welt, der da zusehen mochte, zu zeigen, wie stark ich war, aber drei verlor ich unterwegs. In der Absicht, das eine, das ich noch hatte, auf den Wagen zu werfen und schnell zurückzulaufen, um die anderen zu holen, schleuderte ich es so hoch hinauf, daß es einen Augenblick über mir schwebte, in dem die Luft von der Zeit entleert schien.

Und dann drehte ich mich um, weil ein anderes Bund geworfen worden war, das einen anmutigen Bogen beschrieb und ebenfalls einen ungewöhnlich langen Augenblick in der Luft zu stehen schien. Fräulein Majewska und ich standen keinen halben Meter voneinander entfernt, die Gesichter gerötet von der frühen Morgensonne, der belebenden Luft und unserer Arbeit. So feines schwarzes Haar hatte ich noch nie gesehen, auch nicht so tiefblaue Augen, die durch eine Goldrandbrille noch viel größer wirkten. Sie atmete mit geöffnetem Mund, so daß sie einen Ausdruck vorläufiger Erwartung und Überraschung hatte.

Wie angewurzelt standen wir eine Zeitlang da, und dann lächelte sie. Es war das exquisiteste Lächeln, das ich je gesehen habe, zwischen Mund und Wange zeichnete es winzige Halbmonde.

Ich war nicht mehr Herr meiner selbst, jedenfalls nicht mehr als ein Hirsch, der tief von einem Pfeil getroffen war, und mich verlangte so sehr danach, sie in die Arme zu schließen, daß ich etwas tun mußte, damit meine Arme sie nicht von alleine suchten, also redete ich, aber ohne zu wissen, was ich sagen sollte, und ich sagte: »Ach! Fräulein Makewska. Jamenska«, und dann (wie sie mir viel später erzählte) bewegten sich meine Lippen, ohne einen Laut von sich zu geben, wie wenn ich ein Verrückter in einer Irrenanstalt wäre.

Ich arbeitete den restlichen Vormittag in ihrer Nähe, wobei ich so oft verstohlen zu ihr hinsah, daß ich wiederholt gegen den Heuwagen rannte. Von der zaghaften, furchtsamen Art, mit der sie durchs Heu ging, war ich ganz hingerissen, und ich konnte nicht anders, ich mußte sie um ihres albernen Gebrechens willen einfach lieben. Das einzige, was mit ihr nicht stimmte, das einzige auf der Welt, war, daß sie Angst vor Grashüpfern hatte. Zufällig mag ich nun Grashüpfer, und Grillen besonders, aber ich kündigte ihnen für immer die Freundschaft auf. So sag mir doch, warum man sie in eine Irrenanstalt gesteckt hat, weil sie beim Anblick eines Grashüpfers hysterisch wurde? (Nicht einmal Erbsen konnte sie auspalen, wegen der Ähnlichkeit, die eine breite Schote, von der Seite betrachtet, mit etwas Bestimmtem hat.) So sag mir doch, warum sie später, als ich über dem Mittelmeer Patrouillen flog und zu einer Basis in Tunesien zurückkehrte, warum sie, ihr Mann und ihre beiden Töchter in einen Viehwaggon gesteckt und in den Tod geschickt wurden, in der Polnischen Tiefebene, nicht weit von dem Ort, wo sie ihre frühe Kindheit verbracht hatte?

Das ist wohl teilweise der Grund, warum meine Liebe zu ihr noch gewachsen ist und immer weiter wächst und warum ich sie liebe, wie ein gläubiger Katholik einen Heiligen liebt. Aber auch vor dem Krieg, als an ihr Schicksal noch nicht zu denken war, liebte ich sie mit einer Ernsthaftigkeit und Schwermut, wie sie bei einem Jungen ungewöhnlich sind.

Und dann war ich siebzehn, was nicht heißen soll, daß ich fünfzehn und sechzehn übersprungen hätte, sondern daß diese Jahre sehr schnell und beinahe in einer Art Kontinuum aus Schneefall, schrecklichen Stürmen und strahlenden Alpentagen (das ganze Gegenteil vom Klima hier) vergingen und daß ich diese anstrengenden Tage und Nächte in der Gesellschaft von Mönchen, Nonnen und den Insassen einer Irrenanstalt verbrachte. Ich selber war nicht geistesgestört. Was ich getan hatte, war vollkommen berechtigte Notwehr. Das Problem dabei war, so schien es, daß daraus so Entsetzliches resultierte, daß irgendwelche Maßnahmen seitens der Justiz erforderlich wurden.

Man hört ja eine Menge über die Gründe, weswegen es zu Verbrechen kommt, durch ungemilderten Leidensdruck etwa, und daß es zum größten Teil tragisch sei. Doch dem ist nicht so. Das Verbrechen – und ich sollte es eigentlich wissen – ist vor allem ein Phänomen der Gelegenheit. Man begeht ein Verbrechen nicht etwa, um sich an einer Welt zu rächen, die einen grausam behandelt hat, sondern vielmehr aus einem Leistungsbewußtsein heraus, aus Freude, etwas umsonst zu bekommen, des Nervenkitzels und des Risikos wegen, um der Freiheit willen, aus dem Gesellschaftsgefüge auszusteigen, und am meisten, denke ich, des einmaligen, unvergleichlichen Hochgefühls *des Entkommens* wegen.

Wenn dein Verbrechen großes Geschick und sorgfältige Planung erfordert, um so besser, aber, das habe ich wohl schon gesagt, Verbrechen ist unverzeihlich und unentschuldbar, wenn es verletzt. Das einzige anständige Verbrechen ist das, was sich gegen irgend etwas Böses richtet. Andernfalls wäre es verabscheuungswürdig. Zum Beispiel kommen durch Bankraub in Kansas unschuldige Menschen zu Schaden, nicht hingegen bei einem Bankraub in New York.

Ich war immer der Meinung, daß der Diebstahl ungeheuer wertvollen Schmucks, solange es ohne Schaden an Leib und Leben abgeht, nicht unmoralischer ist als ein gutes Spiel von Flaggehaschen. Mit Entschuldigungen an die diversen Herzöge, Herzoginnen und Filmstars, die mit einigen meiner sehr agilen Kollegen in Verbindung stehen, sind Millionendollarkrawattennadeln gut und gerne unverschämt genug, daß sie für das Spiel taugen. O ja, ich weiß... nationalökonomisch betrachtet, stellt sich das Ganze so dar, daß der Dumme mit der Millionendollarkrawattennadel sein Geld befreit hat, um für jemand anderen zu arbeiten, der vielleicht eine Spargelfarm kauft und zehntausend Belgiern wahrhaft Freude bereitet oder in einem Bergwerk investiert, aus dem das Metall kommt, aus dem der Arm ist, der die gewaltige silberne Lampe hält, unter der ein Chirurgenteam das Leben eines Kindes rettet. Doch auch wenn der Dieb den Diamanten stiehlt, ist das Geld noch immer frei, um zu arbeiten.

Die meisten Menschen wie ich sind so, wie sie sind, weil sie das Gesellschaftssystem von außen bekämpfen. Man sollte sie jedoch nicht bedauern, denn in den allermeisten Fällen ist es ihre freie Entscheidung gewesen, und sie haben irgendeine verabscheuungswürdige, schädliche Tat begangen.

Ich jedoch wurde durch eine Reihe völlig zufälliger Ereignisse an den Rand gedrängt, die mir eine völlig berechtigte Reaktion entlockten. Damals hatten wir den elektrischen Stuhl, und er wurde auch benutzt. Ich muß es doch wissen: denn ein paar Monate lang meinte ich, ich käme darauf, und der bekannteste dieser Apparate befand sich in der Stadt, in der ich aufgewachsen bin (sozusagen). Nichtsdestotrotz wurde über mich letztendlich dahingehend entschieden, trotz eines tätlichen Angriffs (vor der Verurteilung) auf den Richter, der mich verurteilte, mich in eine Einrichtung zu schicken, die sich als die vielleicht beste Studienvorbereitungsanstalt der Welt erwies. Ganz gewiß hatte sie die beste Aussicht und das günstigste Schüler-Lehrer-Verhältnis einer Bildungsstätte auf Erden. Das einzige, was dort fehlte, war wohl, was *mir* immer gefehlt hat – die Gesellschaft von meinesgleichen.

Irgendwie ist mir die Gesellschaft von Frauen lieber. Fräulein Majewska, Constance, Marlise und andere Frauen, das gebe ich zu, haben mich entweder verlassen oder sind gestorben, wenngleich ich stark hoffe, daß Marlise die erste sein wird, die aus der Reihe tanzt. Vielleicht sieht sie nach meinem Tode solche Bilder, wie sie mir vorschweben, da ich hier in diesem Garten sitze.

Es ist sehr früh am Morgen im Park in Niterói, und soeben ist ein roter Vogel quer durch mein Gesichtsfeld gehuscht. Es war eines dieser tropischen Dinger, mit einem langen gelben und blauen Schwanz, wie sie die Jungs in den Favelas mit Fallen zu fangen versuchen, weil sie so etwas für fünf gewöhnliche Jahreseinkommen an Vogelschmuggler verkaufen können, die auf Jachten aus New York kommen. Hoffentlich wird er nie gefangen, auch wenn mich sein Gefieder an das Schicksal des Wallonen im Zug denken läßt. Nach beinahe siebzig Jahren fange ich an, Reue zu empfinden – nicht weil ich bei dem, was ich getan habe, eine andere Wahl gehabt hätte, sondern weil er vielleicht irgendwelche versöhnende Eigenschaften gehabt hat, die ich, ohne es zu wissen, zusammen mit allem übrigen ausgelöscht habe.

Obgleich ich jetzt in dem Garten sitze, verstrickt in die imaginären Bänder von Vögeln, die vorüberschnellen und die laue Morgenluft in Brand setzen, und beobachte, wie die soeben aufgegangene Sonne das Meer mit Gold auslegt, steht in meiner Erinnerung eindringlich das Bild Fräulein Majewskas vor mir, wie sie, neunzehn Jahre alt, köstlich in schwarzen Zobel gehüllt, um Mitternacht in der blendenden arktischen Sonne da steht.

Es ist kein Traum, es ist geschehen, obwohl es schon so lange her und so weit weg ist, daß jetzt mit der Zeit das wunderschönste Adagio daraus geworden ist. Die Erinnerung wäre sogar zur Theorie verblaßt, wäre da nicht die anhaltende Stärke und Gegenwart Fräulein Majewskas, die, ihrem Tod zum Trotz, gleichsam für allezeit in einer unsichtbaren Kammer der Wirklichkeit und Wahrheit lebt.

Als ich siebzehn war, in meinem letzten Jahr im Château Parfilage, war sie bereits von dort weggegangen, um in irgendeinem grashüpferfreien Vorort Berlins Musik zu studieren, einer Stadt, die zwar verarmt, aber noch nicht wahnsinnig geworden war. Damals wußte ich nicht, daß ich eines Tages über Berlin fliegen würde, geschäftsmäßig und in Todesangst, benommen und krank, wütend, entschlossen und beschämt, als Geleit für Bomber, die Bomben abwarfen, die zweifellos das Klavier in Schutt und Asche legten, an dem Fräulein Majewska geübt hatte, damals, als ich sie liebte und sie berührte. Wie wunderbar war doch die Zeit, als weder sie noch ich etwas von der bevorstehenden Zerstörung ahnten, als sie bloß ein Mädchen war, als sie noch am Leben und ich nicht zerbrochen war.

Im Juni 1922 kam sie ans Tor (sie war im Herbst zuvor entlassen worden), und natürlich ließ man sie herein. Überaus anmutig grüßte sie alle, die sie kannte, aber sie suchte mich und sie fand mich, wie ich auf einer der Weiden, hoch oben auf einem Berg, von dem man auf die halbe Welt herabsah, einen Zaun baute. Ich lief zu ihr, ließ dabei einen Hammer und eine Handvoll sorgfältig gearbeiteter Stifte fallen, aber noch während sie näher kam, eingerahmt von einer Schneeschürze, die das Berner Oberland zudeckte, tat mir das Herz weh, weil ich wußte, ich würde bald wieder von ihr getrennt.

Vorerst aber nicht: sie war gekommen, mich herauszuholen. Weil ich von Rechts wegen dort eingesperrt war, meldete der Direktor meine Abwesenheit der Schweizer Polizei. Wären wir in der Schweiz geblieben, so hätten sie mich wohl auch gefunden, aber wir sind nicht geblieben, und sie haben uns nicht gefunden.

Genau in dem Augenblick, als der Zug einfuhr, kamen wir zum dortigen Bahnhof. Das lag daran, daß wir alle auf den Schritt und die Sekunde genau wußten, wie lange man brauchte, um zu Fuß oder mit dem Ponywagen hier herunterzukommen, da die Jüngeren unter uns die Aufgabe hatten, die Post zu holen. Die Züge waren damals pünktlich, nicht daß sie es jetzt nicht wären (obwohl ich das nicht weiß, und die brasilianischen Züge sind kein besonders gutes Beispiel, weil die Leute erst noch herausfinden müssen, ob man drin oder drauf fährt). Abgesehen von Dampfern und Ponywagen, stellten Eisenbahnen die einzigen Verkehrsmittel dar. Es gab kein Straßennetz, keine Flugzeuge, die der Rede wert gewesen wären, und natürlich keine Ozeandampfer, um die Schweizer in der Einfalt ihres zielstrebigen Eifers zu beirren, die Züge pünktlich fahren zu lassen. Doch die Einfalt war eigentlich dreifältig: Der französische Teil des Schweizer Gemüts liebte die Züge an sich, die wunderbare *Geradlinigkeit* der Eisenbahn; der deutsche Teil bestand auf Pünktlichkeit, als ob jeder einzelne Deutsche eine tickende Zeitbombe wäre, die mit regelmäßiger Genauigkeit entschärft werden müßte; und der italienische Teil, dem das Essen in den Zügen sehr behagte, fügte sich den beiden anderen Teilen, auch wenn er sie für verrückt hielt.

Bevor uns noch jemand vermißte, waren wir in Bern. Keine drei Minuten später, nachdem wir aus dem Portal des Berner Bahnhofs getreten waren, saßen wir auch schon im Privatbüro des Direktors der Berner Filiale der führenden Schweizer Bank. Ohne auch nur im geringsten zu zögern, ohne auch nur mit den Augen zu zwinkern, hob Fräulein Majewska hunderttausend Schweizer Franken ab, was damals ein Vermögen war.

Dazu nannte sie einen Zahlencode und gab ein paar Auskünfte. Ich fragte, wie sie Zugang zu solchem Reichtum haben könne und was sie mit dem Geld machen wolle.

»Wir fahren zum Nordpol«, sagte sie.

»Oh.«

»Ich weiß, daß ich eines Tag nicht mehr da sein werde, darum bestehe ich darauf, das Geld jetzt gleich für etwas Unvergeßliches zu verwenden, auch wenn ich eher geneigt wäre, sparsam zu sein.«

Jedes Familienmitglied hatte mehrere Konten bei verschiedenen Schweizer Banken und Banksafes, hier und da verstreut, mit Geld für den Notfall oder die Flucht. »Für Juden«, sagte sie zu mir, »ist Geld in allererster Linie ein Lebensretter. Wir häufen es an, wenn wir können, und wenn, dann nicht aus Gier, sondern aus Furcht.«

»Wie kann euch das Spaß machen?« fragte ich.

»Es macht keinen Spaß«, sagte sie. »Aber wir versuchen es.«

Ich bat sie, es zurückzutun, spürte ich doch einen Teil der uralten Angst, die ihren Vater dazu bewogen hatte, auf dem ganzen Kontinent geheime Vorräte anzulegen, für den Fall, daß seine Kinder wie die Ratten gejagt würden. Sie sagte mir, ich solle mir keine Sorgen machen. Er besitze eine Schiffahrtslinie und viele Häuser in Paris, auf oder bei den Champs-Élysées, und was sie abgehoben habe, störe weder ihn noch sie noch ihre Aussichten in der furchterregenden Zukunft. Sie gab mir fünfzigtausend Franken, damit ich sie bei mir trüge, und wir machten noch einen Stadtbummel, bevor wir in einen Schlafwagen stiegen, der uns, einer in des andern Armen, nach Hamburg brachte.

Unser Schiff war die *Meteor*. Wir mußten zehn Tage warten, bis es auslief, und in der Zeit nahmen wir uns zwei Zimmer in einem kleinen Gartenhotel und taten so, als benutzten wir sie beide. Damals entdeckte ich, daß Leute, die einander mitten in der Nacht begegnen, während sie durch Hotelkorridore schleichen, so tun, auch wenn alles dagegen spricht, als ob der andere unsichtbar wäre, und am nächsten Morgen beim Frühstück ihnen eine brennende Röte ins Gesicht steigt, die an einen Samtvorhang in einem dänischen Opernhaus erinnert.

Und auch wenn die Welt am andern Morgen eine doppelte ist, so ist's doch um so süßer, weil man von der Liebe bewegt ist – ja, süßer gar als die Tasse Tee, in die man geistesabwesend sechzehn Teelöffel Zucker tut.

Da Hamburg ein Zielhafen ist, war es der Ort, wohin deutsche Seeleute aus den Tropen diese duftenden, gelben und scharfen Dinger brachten, die sie *Zitronen* nannten, ein Wort, bei dem ich an ein elektrisches Fahrrad oder eine granuläre Zellerkrankung dachte. Wir hatten jede Menge *Zitronen* in unserem Hotel, genug, um den Zucker zu mindern und sogar im Nebel die Sonne scheinen zu lassen.

Jeden Tag liefen wir viele Kilometer. Wir kauften Kleidung für den Nordpol. Wir gingen ins Varieté und ins Theater. Und Fräulein Majewska spielte im Salon des Hotels Klavier, zum Erstaunen der anderen Gäste, denn damals konnte selbst der gewöhnliche Sterbliche großes musikalisches Talent erkennen, es galt als ein Ehrenzeichen, etwas Schätzenswertes und Geachtetes. Wir hätten wohl ewig dortbleiben können, Fräulein Majewska und ich, aber dann kam die *Meteor* von den norwegischen Fjorden heruntergeschwommen.

Obwohl wir in Edinburgh und Island anlegen würden, wo man möglicherweise einen Grashüpfer antreffen könnte, sollte doch der größte Teil der Reise in nördliche Gefilde gehen, wo das Grashüpferpotential nahezu gleich Null war. Wir wollten bis zum Rand des ewigen Packeises in der Arktis fahren, ungefähr bis zum 82. Breitengrad. In der Kreuzfahrtwerbung hieß es, daß wir, sofern es die Bedingungen erlaubten, tatsächlich den magnetischen Nordpol erreichen würden, aber das war schlicht gelogen. Genauso logen sie, was das Polarlicht betraf, aber dennoch haben wir ein halbes Dutzend Mal eines gesehen, wie es mit verblüffender Präzision genau in der Mitte der wenigen Minuten der Dunkelheit aufging, die wir jede Nacht erlebten, als das Schiff vorsichtig zwischen Spitzbergen und der Polkappe dahinfuhr, in Gewässern, die bemerkenswert eisfrei waren.

In der Grönlandsee würde uns nun niemand suchen, denn schließlich hatten nur sehr wenige Leute je davon gehört, auch war sie so ein Ort, der als Ziel eines aus einer Nervenheilanstalt geflohenen Halbwüchsigen sogleich ausscheidet. Und Fräulein Majewska hatte gehört, daß das Licht dem Licht des Fegefeuers gleiche, daß dies, soweit es die menschliche Vorstellungskraft sagen konnte, das Licht in den zeitlosen Räumen nach dem Tode sei – eine traurige graue Gewißheit, hinter der eine ungewisse Helligkeit warte, größer als die der Sonne, ein löwengleiches Toben weißen, silbernen Lichts, etwas, das, wie das Polarlicht, auf gekrümmten Wänden, Lüftern, Strahlen, Vorhängen und Bögen tanzte, und das, leuchtend und in Pastelltönen, in allen Farben, die man kennt, aber auch in anderen, wie man sie noch nicht gesehen hat. Sie wollte dieses Leuchten durch das Grau spüren, das es vor sterblichem Blick verbarg, desgleichen wollte sie einige Wochen ohne das, was sie »meine große Angst« nannte, sein.

Die *Meteor* war alt, aber schnell, und zwischen Hamburg und Edinburgh hatte ich gerade genug Zeit, mir den Rücken auf einem mechanischen Pferd zu verletzen. Seit damals habe ich von mechanischen Pferden weder etwas gesehen noch gehört, und vielleicht wird nie wieder jemand eines beschreiben wollen, in welchem Falle du sie nie kennen würdest, was schade wäre, denn sie waren lächerlich und traurig, und sie sagten alles vorher, was mit dem restlichen Jahrhundert so schrecklich schiefgehen würde.

In Rio, wo, seit ich mich erinnern kann, das Körperideal auf allem Runden, Glatten und Weichen gründet – runde Brüste und Hintern, Schultern, die so fortlaufende Kurven beschreiben wie herabsegelnde Schwalben –, wo das Fleisch nicht die Konsistenz eines Ledersattels oder auch nur einer Wurst hat, sondern eines mit warmem Wasser halbgefüllten Ballons ... sogar in Rio sind zum Dreh- und Angelpunkt aller Wünsche nun Festigkeit, Stärke, Leistungsfähigkeit und Stabilität geworden. Was heißen soll, daß jetzt Frauen, und erst recht Männer, Krafttraining machen.

Ich bedaure, daß das nicht so war, als ich noch kein alter Mann war. Vielleicht hätte Constance, hätte sie zehn Kilometer laufen und am Reck hängen können, nicht das Bedürfnis verspürt, mich zu verlassen. Andererseits hätte sie wahrscheinlich zehn Kilometer laufen und an einem Reck turnen *können*: sie war sehr sportlich. Wenn Marlise die delphingleichen Brüste und starken geschmeidigen Arme eines Schwimmers besäße, dann hätten wir vielleicht nicht so viel Streit. Wer weiß? Eins aber weiß ich, daß sogar im Botanischen Garten Frauen vorbeigerannt kommen, als ob lauter Teufel hinter ihnen her wären, als ob sie ihren letzten Schnaufer täten: aber wenn sie schön sind und sich anmutig bewegen, sehen sie wie Göttinnen aus.

Es ist noch nicht lange her, da sah ich ein Mädchen, das vor dem blauen Himmel im Park von Niterói lief. Sie trug einen pfirsichfarbenen Pullunder. Ihr Gesicht war von dem Blut, das es durchströmte, rotgesprenkelt. Und sie glänzte vor Schweiß. Blonde Haarsträhnen hatten sich gelöst und schwebten sacht auf der erhitzten Luft, und ihre grünen Augen wirkten geradezu unheimlich in ihrem tiefen Leuchten, mit so vielen blauen und grauen Flecken darin, daß im Nu meine Aufmerksamkeit geweckt war, mein Herz klopfte und ich dachte: ›Sie muß in einem Juwelierladen geboren sein.‹

Zu meiner Zeit wurde sportliche Betätigung mit Arbeit gleichgesetzt, weil die meiste Arbeit mit körperlicher Bewegung verbunden war. Da nur Aristokraten Mittel und Wege ersinnen mußten, sich Anstrengung zu verschaffen, damit die Muskeln nicht verkümmerten, spiegelten die Fitneßeinrichtungen gewissermaßen einen aristokratischen Einschlag. Zum Beispiel waren auf den Waagen im Gymnastikraum der *Meteor* Quastenstühle montiert, auf daß der zu Wiegende sich nicht durch Stehen erniedrige. Jeder Platz in der Sportausrüstung war reserviert, als wäre es eine Loge in der Oper, und das Personal reinigte und wienerte jeden Apparat zwischen den einzelnen Benutzern blitzblank. Die Keulen waren lackiert wie die Täfelung der Fahrstühle bei Brooks Brothers, ihre Hälse wurden jeden Tag frisch in irisches Leinen gehüllt, die Knäufe an den Enden der Griffe waren vergoldet.

Doch das alles dort war nichts im Vergleich zu der Reihe von fünfzehn mechanischen Pferden, deren jedes auf ein sorgfältig in Öl ausgeführtes Jagdgemälde ausgerichtet war, jedes ein vollkommen abgerundetes, von einem englischen Reitsattel gekröntes halbes Rosenholzfaß, das an kolbenähnlichen Vorrichtungen befestigt war, welche von schweren Platten im Fußboden hervorragten. Massive Räder und Kolbenmotoren, rot und grün gestrichen, trieben sie an. Der Geruch von Leder und das Knarren der Steigbügelriemen ließen das Auge nach Pferden Ausschau halten, die den Kopf zurückwarfen, nach scharfen Hufen, die sich in die Erde eindrückten, und schweißglänzenden kastanienbraunen Flanken. Aber die Pferde waren ersetzt worden, und Maschinen knirschten unter den Aristokraten in Tweedkleidung und Schaftstiefeln, wobei die Reitgerten gefährlich durch die Luft hieben wie Fliegenklatschen mit Veitstanz, obwohl einige einfach zu schweben schienen, in Brusthöhe, wie auf einer Strömung tropischer Luft.

Eines der Dinge, die Fräulein Majewska und mich wohl irrenhausreif erscheinen ließen, war die Art, wie wir beide, ohne Absprache, den Salon betraten und vorwurfsvoll fragten: »Wo sind denn die Pferde? Das ist ja Wahnsinn. Was haben Sie mit den Pferden gemacht?«

Sogleich waren wir in die Acht getan, doch der niedere Adel, mit dem wir reisten, begann zu glauben, daß wir dem hohen Adel angehörten. Entweder das oder Revoluzzer waren, wer sonst hätte den Nerv, fünfzehn berittene preußische Junker herauszufordern, allesamt ehemalige Militärs. Als Verrückte wußten wir, daß es nicht ohne das lebendige Pferd unter dem Sattel geht, daß es eine Sünde wider den Herrgott ist, wenn man auf Kolbenmaschinen und Rädern reitet, die weder leben noch atmen.

Ich bin schon immer ziemlich entschlußfreudig gewesen. Ja, der Grund, warum mein Leben so verlaufen ist, wie es ist, liegt zum Teil darin, daß ich eher auf Gott als den Menschen geschaut habe, wenn es um die Grenzen meines Tuns ging. Als der Krieg kam, habe ich nicht lange hin und her überlegt, ich habe mich einfach gemeldet. Und ich habe mich jedesmal freiwillig gemeldet, wie verrückt, bis ich mich, durch eigene Order, wiederfand, wie ich von Hochdruckböen getragen wurde, die in himmlischen Sphären vor den unberechenbaren Sternen weißen Phosphors flohen, die in der Luft rings um uns her barsten. Wir durchflogen Täler, die durch Leuchtbahnen in den Himmel geschnitten wurden, sie strömten in so feinen Linien vom Boden herauf, als wären es Spuren von Meerestieren, die in den Wellen plätscherten. Ich zitterte, so ergriffen war ich, als ich da hindurchraste, und meinte, ich müsse sterben, aber nicht ich bin gestorben, sondern die Majewska.

Handeln, nicht um seiner selbst willen, aber ohne Reue, das war der Grundzug meines frühen Lebens, und da war etwas, das ich beinahe getan hätte, was, wenn ich es getan hätte ... Mein Gott, wenn wir es getan hätten, dann lebten wir jetzt vielleicht zusammen, und sie hätte meine Kinder geboren. Doch mein Kurs war bestimmt, mein ganzes Leben entschieden, nicht etwa durch den Krieg oder den Sturm der Geschichte, sondern weil ein Keks zerbrach.

Die *Meteor* war kein großes Schiff. Sie war ungefähr so groß wie die königliche Jacht *Britannia*, ihr Heck war schräg und abgerundet nach der Mode späterer Zeiten. Sie hatte viele jachtähnliche Eigenschaften, und sie war so ganz anders als die kastenförmigen Kreuzfahrtschiffe von heute mit ihrem Las-Vegas-Stil, daß es scheint, als ob die sechzig Jahre, die zwischen den beiden liegen, sechshundert wären. Viele der sogenannten Schiffe, die ich im Hafen von Rio sehe, sind nichts weiter als die gedankenlose Mischung aus einer Musikbox, einer Cafeteria und einem Freudenhaus, flott und eckig gemacht von Schiffsbauern, die diesen Namen nicht verdienen, computerverrückten Affen, die das Leben damit verbringen, riesige Automaten über die Meere zu verteilen.

Doch die *Meteor* – flink, ruhig, mit Konzertflügeln, einem Streichquartett und nichts Sündigerem als einem mechanischen Pferd ausgestattet – hatte so geringen Tiefgang und war so manövrierfähig, daß wir tief in die schottischen Fjorde hineinkamen; man hätte von Deck aus einen Apfel pflücken konnte. Die Bibliothek der *Meteor* (Tolstoi, Shakespeare, Goethe, aber auch neue, aufregende Autoren wie Yeats, Bunin und Rilke) drang tief in die Falten Schottlands ein – mitsamt sogar deutscher Zeitungen, die an Zeitungsständern hingen und die kein einziges Fleckchen aufwiesen, und wäre es nur so groß wie ein Käfer gewesen, das nicht mit Sprache angefüllt gewesen wäre.

Wir wurden über stilles Wasser ausgeschifft und in riesigen Kutschen zu den Seen, Schlössern und Hotels im Landesinneren gebracht. Der Anblick dieses Landes zog mich in seinen Bann, als ob ich dafür geboren wäre.

Fräulein Majewska konnte auch nicht annähernd den Dialekt verstehen. Ja, keine Menschenseele auf dem Schiff hatte auch nur die leiseste Ahnung davon, worüber die Einheimischen redeten, ich aber verstand es nicht nur, ich erfaßte auch rasch die Sprachmuster und konnte reden, als hätte ich mein ganzes Leben dort gelebt. Darauf war ich stolz, denn, da ich keine Familie mehr hatte, war mein Zuhause die Sprache, und ich liebte sie, als wäre sie so warm und lebendig wie das schöne junge Mädchen an meiner Seite.

Unsere ungeheuren Kutschen brachten uns in ein Hotel auf dem Lande, das zweifellos ausgesucht worden war, weil es schön, abgeschieden und luxuriös war und weil sein Name, *Trossachs*, ein Wort war, das Deutsche ebenso wie Schotten aussprechen konnten. Es lag inmitten von Bergen und Tälern, und in den Tälern war es, daß wir am stärksten empfanden, welch unnachahmlicher Friede da Anfang Juni waltete. Ich habe sagen hören, Schottland sei so schön, daß es schon banal sei.

Von meinem Platz im Garten aus, im Dunst des Morgenlichts, kann ich den Begriff der Banalität nicht verstehen. So viele Leute verbringen soviel Zeit damit, sich vor dem Gewöhnlichen und Abgedroschenen zu schützen, daß es scheint, als ob die halbe Welt nach einem defensiven Prinzip funktioniere, das sie des Bewährten und Wahren beraubt. Wenn aber die Wahrheit gewöhnlich ist, muß man sie dann ablehnen? Wenn das Gewöhnliche schön ist, muß man es dann ablehnen? Doch sicherlich nicht, und wer frei genug ist, um neu zu sehen, der verschmäht beides nicht. Auch die menschliche Seele ist ziemlich gewöhnlich, sie existiert milliardenfach, und auf einer belebten Straße geht man an tausend Seelen in der Minute vorbei. Und dennoch ist in der Seele ein anmutiges strahlendes Lied, schöner als die großartigen Kathedralen, die das Land überragen, einzigartig und einsam. Die einfachen Lieder sind die besten. Sie überdauern die Zeit genauso unverletzlich wie das Licht.

So könnte ich nicht spintisieren, säße ich nicht in einem Garten auf einem Berg in Brasilien, allein, im Licht des frühen Tages, der schnell so heiß wird, wie es die Bienen brauchen.

Von Anbeginn war ich in Fräulein Majewska verliebt, als ich sie kennenlernte – ja, durch Andeutungen und Beschreibung sogar noch, bevor ich sie kennenlernte –, aber in den wenigen Jahren, die seitdem vergangen waren, war ich gerade alt genug geworden, um sie innig zu lieben. Das heißt, unter anderem, daß ich mich auf der Stelle geopfert hätte, um sie zu schützen, und das hätte ich auch, aber es ist nicht so gekommen. Ich hatte Glück, und sie hatte keines, und ich hätte nichts dagegen tun können.

Mit am liebenswertesten an ihr war, daß sie, obwohl von Natur aus sehr schön – sie hatte das schwärzeste, weicheste Haar, die klarsten größten Augen und das feinste Gesicht, das ich je gesehen habe –, sich nicht gut anzog. Sie hätte sich alle Kleider der Welt kaufen können, aber (außer dem wundervollen Zobelparka, den sie für die Reise gekauft hatte) trug sie die hausbackenen Kleider einer kränkelnden Büroangestellten.

Die Umgebung des Hotels erinnerte uns an die Wiesen oberhalb von Parfilage, wo wir zusammen gearbeitet hatten in den Jahren, als unserem LieBeswerben vielleicht ein verstohlener Blick jeden Tag, oder auch zwei, aber nicht mehr, reichte. Und wir wußten gleichzeitig und auf Anhieb, daß wir für den Rest unseres Lebens auf einer Farm in Schottland glücklich sein könnten. Sogar nur mit dem Geld, das wir mithatten, hätten wir uns gutes Land kaufen können, ein gutes Haus und die Maschinen, die unsere Produktion ertragreich genug machen würden, so daß wir den Leuten, die uns halfen, einen guten Lohn zahlen könnten. Das war, so hatte selbst ich als aus einer Irrenanstalt entflohener Halbwüchsiger begriffen, einer der Vorzüge des Kapitals, wie sie eine gewisse Person, die im Britischen Museum gearbeitet hatte, gänzlich unter den Teppich gekehrt hatte, und in der Tat hat ebendieses Phänomen, frei angewandt, die industrialisierte Welt verwandelt, indem es aus den armen Bauern Freisassen machte.

Dennoch interessierte mich die Ökonomie damals eigentlich nicht. Ich bat Fräulein Majewska, mich zu heiraten. Wir würden in Schottland bleiben. Wir würden uns dort ganz verlieren, denn das konnte man in Schottland genauso wie irgendwo anders. Wir hätten Söhne und Töchter haben können.

Sie war auch beinahe einverstanden. Ich bestürmte sie mit den zärtlichsten, einfallsreichsten und unvernünftigsten Darstellungen über die Landwirtschaft. Ich teilte ihr meine ganz speziellen Pläne mit. Ich sagte ihr, daß ich ihr für den Rest meines Lebens treu sein wolle, und das wäre ich auch gewesen. Ich sagte ihr, daß ich sie liebe, und so war es ja auch.

Sie hatte Angst wie wohl jedes junge Mädchen. Jungen sind wechselhaft, und das sollen sie wohl auch sein. Ich denke mir, sie hatte Angst, auf einer Farm in Schottland sitzengelassen zu werden, mit ein paar Kindern, nachdem ich an etwas Neues gegangen wäre und es mir anders überlegt hätte.

Mitte Juni kamen wir mit all unseren schweren Deutschen nach Edinburgh. Wir machten den obligatorischen Halt an der Brücke über den Firth of Forth, bewunderten die gefährlich hoch über uns schwebende Eisenkonstruktion und stiegen im Royal Hotel Macgregor ab, mit Blick über den Fluß und den Park.

An einem strahlenden, aber kalten Nachmittag standen wir ganz in der Nähe auf einer Straße, im Begriff, die schicksalsschwere Entscheidung zu fällen, zu der ich gedrängt hatte. Nach einem frühen Dinner im Hotel sollten wir wieder aufs Schiff zurückkehren, und wenn wir die Reise abbrechen wollten, müßten wir es an diesem Nachmittag tun, binnen einer Stunde.

Wir standen vor dem Schaufenster eines Buchladens, das halb voll war mit neuen Büchern, die in die Auslage kommen sollten. Die Frau, der diese Arbeit oblag, trank gerade Tee. Sie war im mittleren Alter, eine klassisch schöne Schottin, die mit ihrer Frisur allerdings entfernt einem Wasserbüffel ähnelte.

Während wir uns unterhielten, beobachtete sie uns, und wir beobachteten sie. Sie trank ihren Tee aus einer Porzellantasse mit Goldrand, und auf einem dazu passenden Teller hatte sie drei köstliche Butterkekse. Zwei hatte sie bereits gegessen, ganz langsam, als ob sie irgendeinem Gesetz oder Prinzip trotzen wolle. Just da, gleich würde mir Fräulein Majewska ihr Jawort geben, und ich bin sicher, sie hätte ja gesagt, nahm die Frau den letzten Keks und beförderte ihn mit einem Ruck über diesen weiten, gefährlichen Zwischenraum zwischen Teller und Mund.

Mit einem nichteuklidischen Griff an seinem Ende und ohne eine Brücke wie über den Firth of Forth, ihn abzustützen, als er über den Abgrund segelte, zerbrach er, zerkrümelte und fiel zu Boden. »O je«, sagte die Frau, wie durch das Glas von ihren Lippen abzulesen war, und setzte die Tasse ab. Sie fegte den Keks zusammen und ging wieder an ihre Arbeit.

Gerade wollte das Wort *ja* Fräulein Majewska über die Lippen kommen, als die Frau ein schweres Buch aufhob und über die Holztäfelung hielt, die das Schaufenster vom Ladeninnern trennte. Es war ein französisches Buch, mit einem Bild auf dem Umschlag. Heute – und ich sage es ungern – würde man sagen, ein *coffee table book*. Der Titel lautete *L'Aurore*. Das Bild, das wir sahen, war so unwiderstehlich, daß man den Eindruck hatte, als ob das Nordlicht sich vom Himmel über dem Pol auf das kleine Quadrat hinter dem Glas verlagert hätte. Sobald Fräulein Majewska seiner ansichtig wurde, machte ihr Herz einen Satz gen Norden.

Binnen zwei Wochen befanden wir uns an einem reißenden Strom von ungeheurer Kraft am Nordkap von Spitzbergen, so nah am Pol, wie man in Europa nur kommen kann. Das Wasser war kalt, daß es schmerzte, und vollkommen rein, es kam von einem weißen Gletscher, den nie ein Fuß betreten hatte. Dort blieben wir, allein, die wenigen Stunden, die es dauerte, bis die Welt dämmerdunkel wurde und das Nordlicht aufging. Der Himmel glich Weizenfeldern in ihrer ganzen Schönheit, doch er tanzte in himmlischem Glanz, wie in einem Traum vom Tod.

Fräulein Majewskas Gesicht war von schwarzem Zobel umrahmt, und ihre Augen waren erfüllt von der überirdischen Farbe des Nordlichts.

Der erste Mensch, den ich getötet habe

(Falls du es noch nicht getan hast,
leg bitte die vorhergehenden Seiten wieder
in das ameisensichere Kästchen.)

Sechs Monate sind vergangen, seit ich zuletzt in dem Garten gesessen habe, umgeben, wie auch jetzt, von unausgereiften Insekten, die frisch aus kleinen Eiern geschlüpft sind und in Linien fliegen, so dicht wie die schwirrenden elektrischen Drähte einer sonnenglänzenden Straßenbahnleitung. Ich weiß nichts über das Leben von Insekten, doch mir geht durch den Sinn, daß, als ich hier auf derselben Bank zusammenbrach, die Urururururgroßväter und -mütter dieser kleinen Dinger erst noch geboren werden mußten.

Und wenn sie geboren werden, sind sie mitnichten wie unsere rundlichen, hilflosen Menschenbabys, die einen schließlich lehren, was Liebe ist und warum man da ist. Nein, die Insekten brauchen keine Erziehung, keine Fürsorge, keine Zärtlichkeit. Sie treten direkt ein in die Welt, sehen aus wie eine Kreuzung zwischen einer Espressomaschine und einem 1928er Packard und beginnen sofort Bögen und Kreise zu fliegen, in der aufgehenden Sonne im Park von Niterói rote und goldene Linien zu ziehen. Die Eltern bleiben wohl nicht einmal da, um zu sehen, wie sich die Eier öffnen.

Nichtsdestotrotz ist es ein großes Privileg, nicht einfach auszuschlüpfen und dann auf die furchterregenden Rennstrecken der Luft losgelassen zu sein, um ein paar stramme Mücken zu jagen, ein Ei zu legen und zu sterben. Relativ gesehen, können diese kleinen V-Waffen 4000 Meilen in der Stunde fliegen. Und sie kennen keine Gefühle, kein Bedauern, keine tiefen unerfüllten Sehnsüchte..., denke ich jedenfalls. Falls aber doch, dann sind sie in Schwierigkeiten.

Hier auf der nämlichen Bank bin ich beinahe gestorben. Ich war zu meiner gewohnten Zeit hierherkommen, bevor die Straßen und Gassen mit dem widerlichen Geruch gebrühten Kaffees erfüllt sind, und hatte wie üblich eine halbe Stunde damit zugebracht, zu verschnaufen und den Sonnenaufgang zu beobachten. Dann schraubte ich meinen Füllfederhalter auf und nahm diese Blätter aus dem ameisensicheren Kästchen. In dem Augenblick ertönte weit unten eine Schiffssirene.

Eine solche Aufforderung kann ich nicht ignorieren, und ich stehe immer auf, um zu sehen, was für ein großes Geschöpf sich da vom Meer hereingeschlichen hat und wie der Wind den Rauch über seine glatten Decks treibt. Sobald ich stand, gewahrte ich die Quelle des Lärms – ein rotes, mit silbernen und blauen Containern beladenes Schiff, das rückwärts in einen Liegeplatz auf der anderen Seite der Bucht fuhr.

Als ich mich wieder hinsetzte, sah ich, daß mein Federhalter wegrollte. Die Bank ist nicht ganz gerade, und der Füller rollte dahin wie einer der Baumstämme, auf denen die Ägypter riesige Sandsteinblöcke bewegten.

Ich griff nach links, um ihn zu packen, verfehlte ihn aber um ein Mikron. Ich streckte mich. Er entwischte mir wieder. Und so weiter und so fort, bis sich schließlich ein Teil von mir an dem einen Ende der Bank und der andere Teil am anderen Ende befand. Die Bank ist ungefähr ein Meter fünfzig lang, und mein Körper, vom Steißbein bis zur Stirnglatze, etwa neunzig Zentimeter. Diese momentane Streckung muß wohl vorübergehend meine Arterien vom Herzen getrennt haben, das infolgedessen stehenblieb.

Wie es der Zufall wollte, packte mich die Schwerkraft und warf mich zu Boden, wodurch die Arterien wieder in ihre gewohnten Geleise schnappten und ich am Leben blieb. Doch der Schock und die Schmerzen der vorübergehenden Unterbrechung waren so groß, daß ich nicht aufstehen konnte, und eine halbe Stunde lang lag ich neben der Bank, bis mich ein Gärtner fand und den Krankenwagen rief.

Zu meinem Erstaunen kam der Krankenwagen bis ins Krankenhaus, ohne jemanden zu überfahren oder sich zu überschlagen, und ich wurde auf einer Rollbahre in rasendem Tempo durch die Korridore geschoben, als ob ich in Lebensgefahr schwebte. Ich versuchte zu erklären, zuerst auf portugiesisch, das mich aber langsam im Stich ließ, dann in der klaren Sprache meiner Jugend, daß ein glücklicher Zufall und die Schwerkraft mein Herz wieder mit den Blutströmen verbunden hätten, aber keiner verstand mich. Sie waren aufgeregt, und ich war ruhig. Sie arbeiteten fieberhaft an mir, gleichsam generalstabsmäßig, und ich sah zu. Ich sagte ihnen immerzu, doch nicht so zu hetzen, aber sie hatten wahrscheinlich zu viele amerikanische Filme gesehen, in denen der Notdienst losrennt, als gelte es einen Kampf Mann gegen Mann.

»Hören Sie«, sagte ich, »der Körper ist wie eine Gitarre. Er hat eine bestimmte Musik. Finden Sie das Tempo der Musik heraus. Legen Sie die Musik auf. Ich bin keine Maschine. Behandeln Sie mich mit dem Rhythmus meines eigenen Herzens, und mir geht's gut.«

Und diese Idioten, sie fesselten mich auf dem Tisch und gaben mir eine Atropinspritze. Ich brauchte Ruhe, nicht das Äquivalent von zwanzig Tassen Cappuccinos. Das hätte mich beinahe umgebracht. Dann hämmerten sie mir auf der Brust herum, wie Affen, die versuchen, eine Kokosnuß aufzukriegen. Sie brachen mir das Brustbein. Blut kam mir aus dem Mund.

Ich dachte, es ist soweit, ich werde also sterben, noch bevor ich meine Memoiren fertig habe.

»Funio«, sagte ich, während sie erbarmungslos auf mich einschlugen. »Funio, Funio«, rief ich, weil er mir fehlte. Aber dann, als ich den brutalen Wäscheschacht hinunterrasselte, daß ich dachte, mein letztes Stündlein hätte geschlagen, setzte die Musik ein. Sie kam von innen, und sie stabilisierte mich in der Brandung, die mich durchschüttelte – bis ich spürte, daß ich mich darüber erhob, in der Sonne schwebte, wie Botticellis *Venus*.

Alles war still, und was ich sah, wirkte wie eine große spiralförmige Hülle aus dem Blau der Morgendämmerung und gleißendem Gold, in Flechten und Bändern, eine Farbe um die andere gewunden, und ich hörte einen Ton, einen einzelnen Ruf, einen reinen Klang, der mir die Kraft gab, die Fesseln zu zerreißen, mit denen sie mich festgebunden hatten.

Sie fuhren zurück. Wärst du da nicht auch erschrocken? Ich bin achtzig Jahre alt, und die Riemen waren dick. »Mir geht's gut«, sagte ich. »Alles, was ich brauche, ist ein Glas eisgekühlter Papayasaft.«

Das verstanden sie, nicht weil sie Ärzte waren, sondern weil sie Brasilianer waren, und sie stellten den Zeitmesser ab, der die Zeit für meinen Tod genommen hatte, ließen die Masken herunter und legten die dummen Spritzen weg.

Dann begannen sechs Monate angeblicher Ruhe. Die ersten beiden Wochen meiner Erholung verbrachte ich im Krankenhaus. Man brachte mich auf ein Zimmer auf einer oberen Etage, von dem aus man die Bucht überblickte. Dieses Zimmer teilte ich mit einem Voodoopriester.

Er hatte dieselbe Krankheit wie ich: Seine Blutgefäße waren vorübergehend vom Herzen abgetrennt gewesen. Mir ist das nun schon ein paarmal passiert, und jetzt weiß ich, daß ich einfach warten muß, bis es vergeht, wie bei einem Krampf oder bei Kopfschmerzen. Die Gefäße sind nämlich mittels hochelastischen Materials befestigt, und wenn sie herausrutschen, dann stehen sie unter enormem Zug, ihre normale Lage wieder einzunehmen.

Natürlich machten sich die Ärzte über mein kardiologisches Verständnis lustig, doch ich konterte einfach, da ich ja über das Alter hinaus sei, wo sie in irgendeiner Weise Erfolge für sich in Anspruch nehmen könnten, sei doch alles gute Medizin, was mich in Gang halte.

»Sie verlieren doch Menschen in jedem Lebensstadium«, sagte ich, »sogar Jugendliche, so stark wie wilde Tiere. Und Achtzigjährige? Die einzige Art, wie Sie bei uns wirksam werden können, besteht doch darin, die Rolle von Drogenpushern, Gefängniswärtern und Erpressern nachzuahmen.«

»Wir können das Leben nicht über seinen natürlichen Zyklus hinaus verlängern«, erwiderte der Arzt. »Wir sind keine Götter.«

»Dann lassen Sie mich gehen.«

»Das geht nicht. Dann sterben Sie.«

»Wenn ich bleibe, sterbe ich auch, und ich würde viel lieber in Niterói im Rosengarten sterben als hier, in diesem gräßlichen Krankenhaus, neben *ihm*.«

»Was ist denn mit ihm?«

»Ach, nichts«, sagte ich. »Er ist bloß ein Voodoopriester, der unaufhörlich Fernsehen guckt. Er ist ein Roboter, ein Sklave, ein Zombie.

Er verbringt viele vergnügte Stunden mit Seifenopern und indem er sich ansieht, wie dekolletierte Frauen Glücksräder drehen. Er schreit, wenn sie Toaster oder Windsurfbretter vergeben, und nur wenn die Nachrichten kommen, macht er eine Pause. Dann schaltet er den Apparat aus und befummelt die Hühnerherzen und Eidechsenschwänze, die ihm von einem nicht abreißenden Strom von Frauen gebracht werden, die bunte Tücher um den Kopf gewickelt haben.«

»Sie beleidigen mich, als ob ich in Trance wäre«, sagte der Priester, wobei er sich von einer Szene abwandte, wo sich ein Mann und eine Frau neben einem Wasserfall stritten. »Ich höre Sie.«

»Sie sind in Trance. Den ganzen Tag glotzen Sie in das Ding da.«

»Es hat gute Programme.«

»Selbst wenn, was aber nicht der Fall ist, täten Sie nicht recht daran, es anzusehen. Das ist ein Usurpator, wie ein Kuckuck oder Kohlenmonoxyd oder Claudius.«

»Sie«, sagte der Priester und zeigte mit dem Finger auf mich, »sind ja verrückt. *Sie* sind auf *mich* los«, erklärte er aufgebracht, »weil ich eine Tasse Kaffee getrunken habe.«

»Es wäre nicht das erste Mal«, murmelte ich vor mich hin, und dann, weil der Arzt fort war und der Voodoopriester sich von mir abgewandt hatte – nicht weil er Streit vermeiden wollte, sondern weil ein neues Programm anfing –, fiel ich schwach und geschlagen in die Kissen zurück und überließ mich meinen Erinnerungen.

Die Schlacht mit der Welt hatte ich verloren. Nie mehr könnte ich den Fuß in mein Heimatland setzen oder meine Muttersprache sprechen außer mit einem spitzbübischen Wunderkind oder sexbesessenen brasilianischen Seekadetten, die meinen Kurs besuchen mußten. Schon lange waren mir alle meine Freunde fremd geworden, oder ich war ihnen fremd geworden. Nach einem Zeitraum von zwanzig oder dreißig Jahren war ich den meisten von ihnen feind, als ich erkennen mußte, daß ich sie überhaupt nicht gekannt hatte und daß sie zu so was fähig waren, wie ihre Kinder im Stich zu lassen, den Glauben zu wechseln oder über mich herzufallen, weil ich keinen Kaffee trinke.

Und natürlich hat der Kaffee, eine Droge, ein dreckiges, stinkendes Gift und ein gänzlich zerstörerisches Suchtmittel, die menschliche Seele bezwungen, die Unschuld verdorben und die Kindheit zerstört.

Er ist praktisch allmächtig: Nie habe ich auch nur einen Menschen überzeugen können, keinen zu trinken.

Fräulein Majewska trank zufällig keinen, was pures Glück war. Aber hätte sie welchen getrunken, hätte sie vielleicht damit aufgehört – als einzige –, denn sie liebte mich wirklich.

Constance trank welchen, anfangs heimlich. Und Marlise... Obwohl Marlise zu Hause natürlich keinen trinken würde, trinkt sie jeden Tag, mehrere Tassen – Espresso, Cappuccino, Mokka und Gott weiß was noch alles. Sie hält das für vollkommen normal und harmlos und trinkt Kaffee, seit sie vier ist. Sie tut das genauso selbstverständlich wie Atmen. In diesem herrlichen Leib, dem ich nie widerstehen konnte, fließt in totaler gräßlicher Verderbnis durch seine inneren Bahnen Kaffee, und du merkst es nicht. Bis wir uns küssen, kann ich es nicht einmal schmecken. Aber er ist da, tut seine Wirkung, er ist schrecklich.

Auf der ganzen Welt trinken die Menschen Kaffee, blindlings, in die Millionen, in die Hundertmillionen, in die *Milliarde*. Und sie müssen welchen haben, sie meinen, sie können ohne nicht leben, und doch ist es kein Nahrungsmittel oder Wasser oder Sauerstoff. Keiner würde den Kaffee jemals um meinetwillen oder um eines andern willen aufgeben. Er ist mächtiger als die Liebe.

Der Voodoopriester mit all seinen Pülverchen war nichts im Vergleich mit Espresso, Cappuccino und Mokka, die stärker sind als alle Religionen der Welt zusammen und vielleicht sogar stärker als die menschliche Seele selber. Sogar der Voodoomann konsumierte seine -zig Tassen Kaffee pro Tag, nachdem man mich schmählicherweise auf den Flur geschoben hatte.

Zu den Essenszeiten war der Geruch einfach schrecklich. Nicht einmal essen können die Leute ohne Kaffee. Sie können nicht wach bleiben ohne. Viele können nicht ohne schlafen. Sie sprechen von ihm als *mein*. »Mein Kaffee.« Mindestens einmal habe ich eine Serviererin angefahren, die zu mir kam und fragte: »Möchten Sie Ihren Kaffee jetzt?«

»Madam!« sage ich, »das ist doch nicht automatisch so! Sie setzen zu viel voraus! Bloß weil Sie und die meisten anderen Leute auf der Welt abhängig und süchtig sind, heißt das doch noch lange nicht, daß ich's auch bin!«

Obgleich ich tausendmal zum Widerstand aufgerufen habe, habe ich doch keinen einzigen Verbündeten gewonnen, nicht einen einzigen Freund und bin zum Scheitern verurteilt. Die geneigte Welt ist zum Sklaven der Droge geworden, dieses Schmiermittels all dessen, was synchron, konform, kollektiv und kongruent ist.

Meine einzige Stärke, mein einziger Sieg liegt in der Erinnerung, denn in der Erinnerung werde ich geläutert, in der Erinnerung bin ich allein, in der Erinnerung trete ich vor den höchsten Richter, weit über den atmosphärischen Störungen und den Wolken, wie in den sonnenbeschienenen Lichtungen im Park von Niterói, wo alles ruhig ist und die Welt unten kühl, windig und blau ist.

Geschlagen sank ich in meine Kissen und erinnerte mich an meinen ersten Kampf auf Leben und Tod, der in vielerlei Hinsicht für mein Leben bezeichnend war. Es war eine traurige Angelegenheit, die so plötzlich und unvermutet über mir hereinbrach, daß ich sie immer mit einem Elektroschock gleichgesetzt habe, etwas, das ich sehr wohl kennenlernen sollte, gleich nachdem das, was ich in Notwehr getan, als Vergehen erachtet wurde.

Vielleicht sollte ich damit anfangen, dir zu erzählen, falls du es nicht schon weißt, daß Großstädte – und die Stadt, die ich am besten kenne, ist New York, meine Geburtsstadt – eine Stimme haben. Ich will hier nicht etwa irgendeiner sinnlosen Metapher das Wort reden, die als das Werkzeug einer hirnrissigen akademischen Arbeit erfunden wurde, die sich über viele Seiten erstreckt, ohne sich je auf einen konkreten Begriff oder eine Farbe oder die Geschichte von etwas zu stützen, das wirklich passiert wäre (oder hätte passieren können).

Nein. Die Stadt hat eine Stimme und eine Melodie, die sich im Verlauf ihrer Geschichte ändern und tatsächlich zu hören sind. 1950, als Manhattan praktisch noch keine Klimaanlagen hatte, als die Bürofenster sich öffnen ließen und es Hochbahnen gab, war der reine Klang, der aus den Straßen aufstieg, ganz anders als der ein Vierteljahrhundert später, als, wie in São Paulo, die Gebäude nicht mehr den Schall dämpften und Millionen Klimaanlagen in hoher Tonlage surrten.

Das Vorhandensein oder Fehlen von Autos, die deutlichen Veränderungen bei den Motoren und Auspuffanlagen, Hupen, Radios, auch wie Türen klingen, wenn sie zugeschlagen werden usw. usf., das alles bestimmt die Sinfonie der Stadt. Bis 1950 waren die meisten Tiere von der Straße verschwunden: auf dem Makadam war nicht mehr der Hufschlag von abertausend Pferden zu hören. Ich erinnere mich noch genau daran, wie es klang, wenn eine Menschenmenge auf Ledersohlen ging, an das gedämpfte Schlurfen, woraus dann eine Milliarde tanzender Grillen wurde, als die Metallbügel an den Absätzen für Männer und die hochhackigen Schuhe für Frauen aufkamen, und dann verstummten diese großartigen Chorgesänge gleichsam ehrfürchtig vor synthetischem Gummi.

Über diese Klänge und Geräusche könnte ich wahrscheinlich ein Buch schreiben – die Pfeifen der Fähren; die sich wandelnden Bohrhämmer; die Busmotoren und pneumatischen Bustüren, die über die Jahre so kompliziert waren wie ein Stück von Debussy; das Heulen, das sich entwickelte, als das schalldämpfende Spinnengeweb der Feuertreppen verschwand und Hochhäuser im Winterwind zu kolossalen Pfeifen wurden; das Kommen und Gehen von Drehorgeln, Tontechniken und Bäumen – denn einstmals waren selbst in Manhattan die Bäume zu hören. Im Winter pochten sie mit ihren dürren Zweigen an die Fenster. Im Frühling dämpften die zarten neuen Blätter die anderen Geräusche der Stadt wie ein Adagio. Im Sommer prasselten urplötzlich Regengüsse auf sie nieder, wie um die schwere Brandung oder einen Wasserfall nachzuahmen. Im Herbst knarrten sie, als ob sie sich für Weihnachten vorbereiten wollten. Und in drei Jahreszeiten beherbergten sie die Vögel. Selbst wenn man jetzt in Manhattan einen Vogel sehen sollte, so habe ich vernommen, kann man ihn kaum hören. Man fragt sich, ob was mit dem Gehör nicht stimmt oder man in einen Stummfilm geraten ist oder ob der Vogel taubstumm ist und auf einen zukommen wird, um eine kleine gedruckte Karte zu überreichen.

Wenn sich die Millionen Geräusche der Stadt über die Jahre ändern, geschieht dies aber so langsam, daß einzig die Erinnerung die Möglichkeit bietet, sie zu hören. 1918, als ich vierzehn war, wurde die Musik der Stadt von Pferdehufen, Fährpfeifen, Dampfzügen, offenen Fenstern, dem Wind in Gittern und Leitern, Lederschuhen auf dem Pflaster, pochenden Stöcken, dem Ruf der Trödler und Lebensmittel-

verkäufer, einem vereinzelten stotternden Motor und Hunderttausen-
den von Bäumen gemacht, welche den Straßen eine Ahnung von Wald
und Feld zurückgaben.

Ich lebte bei meinem Onkel und meiner Tante in Ossining, einer
dreiunddreißig Meilen nördlich der Grand Central Station gelegenen
Stadt. Ich wohnte im Kutschenhaus, um dem zweimal täglich zu
erwartenden Kaffeegestank zu entgehen. Sowohl mein Onkel als auch
meine Tante waren Kaffeetrinker, und das seit vielen Jahren, zuweilen
versuchten sie sogar, in meiner Gegenwart Kaffee zu kochen und zu
trinken.

Obwohl ich also in gesunder Entfernung lebte, stand der Wind
manchmal recht ungünstig, und dann landete ich, in Krämpfen, wür-
gend, um Atem ringend, schließlich auf dem Fußboden. Manchmal,
wenn ich an Mülltonnen vorbeikam, roch es daraus nach Kaffeesatz,
was zu meiner ersten Bekanntschaft mit Krankenwagen führte, welche
damals von Pferden gezogen wurden. Jetzt mache ich um Mülltonnen
einen großen Bogen.

Der Sommer 1918 war der Sommer von Château-Thierry, Belleau
Wood, Cantigny und der zweiten Marneschlacht. Obgleich die amerikanischen Siege, die den Wendepunkt des Krieges markierten, einem
Oberbefehlshaber zugeschrieben wurden, den wir »Kneifbacke«
nannten, wußte doch jeder, daß sie eigentlich das ferne Donnergrollen
Theodore Roosevelts waren. Vier Jahre lang hatten die Europäer eine
blutige Isometrik betrieben, und dann kamen wir, und sobald wir
loslegten, geriet alles in Bewegung.

Einige ältere Jungs, die ich kannte, hatten sich bereits freiwillig
gemeldet, und ein paar dienten auch tatsächlich. Ich wartete, daß ich
an die Reihe käme, in der Hoffnung, Amerika rückte bis zum Herbst
nach Berlin vor und daß der Krieg noch drei Jahre länger dauerte, so
daß ich auch mein Teil dazu tun könnte. (Vielleicht dachte ich, daß es
eine besonders zeitraubende Angelegenheit wäre, die Hauptstadt des
Feindes zu belagern.)

Wann immer es ging, streifte ich mit meinem Springfield-Gewehr
durch Wald und Flur. Da ich das schon machte, seit ich sechs war, war
ich ein guter Schütze, auch konnte ich mich geräuschlos bewegen, und
sah alles um mich her. Meine Vorbereitungen auf den Krieg entspran-

gen nicht nur kindischer Phantasie. Wenigstens hatte ich eine gewisse Ahnung von der Wirklichkeit. Aus Gründen, die ich nicht so ohne weiteres schildern kann, begriff ich, daß das kein Spiel war. Andererseits war ich ein vierzehnjähriger Junge.

Als die Schule in diesem Jahr endete, wie fast immer, am 12. Juni, begann ich, wie seit meiner frühen Kindheit, zu arbeiten. Bloß dieses Mal, wie es sich für eine durch den Krieg veränderte Welt geziemte, molk ich keine Kühe, pflückte keine Bohnen, streute keinen Mist und nahm keine Fische aus. Durch die guten Dienste meines Onkels hatte ich einen Job als Bürobote bei Stillman & Chase bekommen, dem bedeutendsten Geldinstitut der Welt.

Dieser Job war ein Alptraum, und ich wäre besser dran gewesen, wenn ich auf den Feldern gearbeitet hätte. Da ich früh um acht in den Geschäftsräumen am Broadway Ecke 100. Straße zu sein hatte, mußte ich um fünf aufstehen. Das ist mir zwar fürs ganze Leben zur Gewohnheit geworden, aber bis dato war ich nie so früh aufgestanden, nicht einmal auf der Farm, und anfangs fiel es mir ziemlich schwer. Bis ich mich angezogen, gefrühstückt und auf den Weg zum Bahnhof gemacht hatte, war es sechs. Ich bekam den Zug um sechs Uhr vierzig, wo ich bis Marble Hill die Kriegsnachrichten las; dann stieg ich in den Broadway IRT um, einen Nahschnellverkehrszug, mit dem ich die ganze restliche Strecke fuhr.

Wenn der Zug Verspätung hatte, kam auch ich zu spät, und wenn man bei Stillman & Chase nicht bis acht die Uhr gestochen hatte, wurde einem ein Tageslohn abgezogen. Ich sollte den Finanzmaklern Kaffee bringen, aber das ging natürlich nicht. Ich verhandelte mit einem Negerjungen, und er brachte den Kaffee, während ich eine Stunde lang Schuhe putzte. Von neun bis zehn polierten er und ich Messing, Holz und Marmor, und dann, mit Beginn der Börse, polierte er weiter, und ich lief los.

Jeden Tag machte ich zwischen der 100. Straße und der Wall Street vier Runden, obgleich die letzte Runde für mich an der Grand Central Station endete, wo ich in den Zug nach Hause stieg. Ich trug eine große Tasche aus Segeltuch und Leder, die mit einem zwei Pfund schweren Vorhängeschloß verschlossen und mit einem grünen Lederflecken gekennzeichnet war, der die Inschrift S & C – 1409 trug. In dieser Tasche befanden sich Zahlungsanweisungen, Bestätigungsschreiben, Aktienzertifikate und Bargeld.

Was wir in der Tasche hatten, überstieg zwar nie den Wert von tausend Dollar, aber damals reichten tausend Dollar aus, um zwei Autos zu kaufen, und Boten wurden ständig überfallen. Manche verschwanden, vielleicht begannen sie ja ein neues, reicheres Leben in einer kleinen Stadt wie Los Angeles, vielleicht trieben sie aber auch mit dem Gesicht nach unten im East River. Es war ein gefährlicher Job: In der U-Bahn konnte man nicht lesen, weil man immer wie ein Schießhund aufpassen mußte.

In dem Sommer hat man wohl ein dutzendmal versucht, mich auszurauben – erwachsene Männer, oft in Gruppen. Weil die Tasche um meine Taille zugeschlossen war, mußten sie mich entweder entführen, die Tasche aufschneiden oder sie von mir abschneiden.

Wenn sie versuchten, die Tasche abzuschneiden, dann geschah das mit riesigen Bolzenschneidern, und im Eifer des Gefechts nahmen sie's nie so genau. Ich habe jetzt noch Narben von Bolzenschneidern um die Leibesmitte, auch wenn sie verblaßt sind. In den ganzen Jahren haben die Frauen, mit denen ich intim gewesen bin, immer großes Interesse an diesen Narben gezeigt. Als Marlise sie zum ersten Mal sah, sagte sie: »Oh, du alt genug, von Dinosaurier gebissen zu sein.«

Das Aufschlitzen der Tasche war auch kein Zuckerschlecken. Es ging mit Messern vonstatten. Aus meiner unglücklichen Perspektive sahen die Messer wie die Propellerflügel eines Hubschraubers im 5-Cent-Kino aus. Auch davon habe ich Narben.

Am schlimmsten waren die Entführer, weil sie eine Pistole auf einen richteten und drohten, einen zu erschießen, wenn man nicht mitging. *Ging* man aber mit, dann brachten sie einen bestimmt um, also weigerten wir uns, und einige von uns wurden erschossen. »In der Tasche sind bloß Orders!« schrie ich dann, wenn's Richtung Wall Street ging, oder »Bestätigungsschreiben!«, wenn's wieder zurück ging. »Der alte Mann im Wagen nebenan hat eine Diamantkrawattennadel, da kommt ein Bulle, ich muß aufs Klo, ich muß kotzen.« Dann, im Augenblick der Wahrheit, lief ich weg. Wegzulaufen ist mir immer geglückt.

Nicht alles war schrecklich. Ich lernte ein Mädchen namens Maggie kennen, eine Kassiererin in einer Musikalienhandlung am Times Square. Maggie ist nun kein besonderer Name, für mich aber war er schön wie sonst nichts auf der Welt. Sie war fünfzehn, eine Überlegenheit, die ich völlig bedrückend fand, und sie behandelte mich zuerst mit Verachtung, später dann Erstaunen, nachdem ich angefangen hatte, ihr die zwanzigseitigen Liebesbriefe zuzustecken, die ich an den Wochenenden verfaßt hatte.

In ihrer leibhaftigen Nähe war ich wie gelähmt und wurde puterrot. Sie muß sich wohl gewundert haben, warum ich nie zu atmen schien. Meistens konnte ich nicht sprechen, aber manchmal grunzte ich wie ein Affe. Und einmal, als sie zufällig meine Hand berührte, bekam ich prompt eine nicht enden wollende Erektion, so daß ich vornübergebeugt, die Unterarme gegen die Schenkel gepreßt, aus dem Laden gehen mußte. Die Tasche von Stillman & Chase auf dem Rücken festgeschnallt, sah ich aus wie der Bucklige von Notre Dame, den ganzen Weg zur Wall Street.

Sie hatte einen Teint wie Milch und Blut, leicht ins Rötliche, weil sie Irin war, erdbeerblondes Haar, grüne Augen, breite Schultern und wunderschöne Hände. Wenn ich nicht so unbeholfen gewesen wäre, hätte sie vielleicht verstehen können, wie sehr ich sie liebte. Auch wenn ich ein verrückter Vierzehnjähriger war, hätte ich sie geliebt, wie sie ihr Lebtag wohl nie geliebt worden ist.

Einmal sah mich mein Onkel von der Seite an und sagte: »Wieso bringst du eigentlich alle zwei Tage ein neues Exemplar von *I'm a Yankee Doodle Dandy* mit? Du kannst doch nicht mal Noten lesen.«

»Es gefällt mir«, sagte ich.

»Aber wenn man's zweimal hat, wird's doch auch nicht anders, oder?«

»Doch«, sagte ich, stotternd. »O doch.«

»Wie?«

Da warf mir der liebe Gott einen halben Rettungsring zu. Ich machte Ihm keinen Vorwurf daraus, denn wenn es wirklich darauf ankam, hat Er mir ganze Rettungsflöße zugeworfen. »Das ist wie mit dem Geld«, sagte ich. »Ein Dollarschein ist wie der andere, oder? Aber du willst so viele davon, wie du nur kriegen kannst.«

Darauf warf der liebe Gott meinem Onkel die andere Hälfte des Rettungsrings zu. »Einer ist nicht wie der andere«, sagte er, ein wenig verlegen. »Jeder ist anders: *die Seriennummern.*«

»Das ist idiotisch«, erwiderte ich, und so ging es, wie immer, munter weiter im liebevollen Kampf mit meinem Onkel, der nur den einen Fehler hatte, daß er nicht mein Vater war.

In dem Sommer, in dem ich für Stillman & Chase arbeitete, wurde ich ihm genommen. Und dann, wieder in einem Sommer, als ich begonnen hatte, in einer etwas gehobeneren Funktion für Stillman & Chase zu arbeiten, wurde er mir genommen. Keiner bei Stillman & Chase zuckte auch nur mit der Wimper. Ich ging zwei Wochen lang benommen umher, aber für sie ging alles seinen gewohnten Gang. Das mißfiel mir. Institutionen, weißt du, können mit gnadenloser, kompromißloser Gewalt die Seele zermürben. Sie ›verlangen‹, daß Mütter ihre Kinder im Stich lassen, daß Väter sich zu Tode schuften, daß sich vierzehnjährige Jungen erstechen und aufschlitzen lassen und sich billige Pistolen mit Perlmuttgriffen unter die Nase halten lassen.

Keiner beschwert sich je darüber, wie man es wohl täte, wenn ein Mensch etwas derartiges von einem verlangen würde. Als Lehrling lernt man, keinen Groll zu hegen gegen dieses Abstraktum, das dir die Tage raubt, deine Gesundheit kaputtmacht oder dein Leben fordert. Mich aber lehrte man etwas anderes. Aus welchen Gründen auch immer, ich sehe Institutionen, juristische Personen, ja sogar Prinzipien so, wie die Urmenschen die Sterne sahen. Ich ordne ihre Million unerklärliche Punkte zu einem Bären oder einem Bogenschützen oder einem Perseus, der das Haupt der Medusa hält, und ich halte sie für verantwortlich, als ob es sich um den Mann handelte, der neben mir in der Straßenbahn sitzt.

Vielleicht kann man die Menschen, welche die Institutionen mit Personal versehen, aufgrund ihrer menschlichen Schwäche nicht immer für verantwortlich halten, doch die Institution an sich braucht man nicht so davonkommen zu lassen. Sie lebt vom Mythos ihrer Einzigartigkeit, und durch den Mythos ihrer Einzigartigkeit kann man sie auch an der Kehle packen.

Das alles hat aber nichts mit dem ersten Mann zu tun, den ich getötet habe, außer daß es klarmacht, warum im Sommer 1918 meine

Gedanken martialisch waren und ich ständig bewaffnet war. Ich wollte mein Leben nicht kampflos für Straßenräuber, besser gesagt: U-Bahn-Räuber, hingeben. Ich trug eine Pistole der Firma Colt, Kaliber .45 (11 mm), das Modell, das unsere Soldaten in Frankreich bekamen und das entwickelt worden war, um den Fanatikern von Samar Einhalt zu gebieten.

Ich übte in den Wäldern, und auf acht Meter konnte ich einer ausgestopften Eule das Glasauge wegpusten. Außerdem konnte ich, mit meinen blitzschnellen Reflexen, kräftigen Händen und meiner jugendlichen Frische, die Pistole ziehen, entsichern, eine Patrone in die Kammer befördern, zielen und schießen, das alles in weniger als einer Sekunde.

Als mein Onkel mir die Pistole gab, schärfte er mir ein, ja zurückhaltend damit umzugehen, und ich war entschlossen, sie nicht zu gebrauchen, es sei denn, es ginge um mein Leben. Ich nahm es genau mit dieser Rechtfertigung, und vor meinem geistigen Auge sehe ich einen Jungen, umgeben von auf ihn einschlagenden Klingen und Fäusten, der wie ein Derwisch kämpft, mit Schnittwunden, blauen Flecken und blutend, der aber nie von der mächtigen Waffe Gebrauch macht, die er trägt, der niemals im Zweifelsfall zugunsten des Todes entscheidet. Und obwohl ich die Pistole bei mir trug, als ich den ersten Menschen tötete, den ich tötete, gebrauchte ich sie nicht. Aber die Tatsache, daß ich eine so tödliche Waffe besaß, als ich in der Nähe des Tatorts festgenommen wurde, sprach nicht zu meinen Gunsten. Mein ›Anwalt‹ betonte zwar, daß ich ja eben nicht zur Pistole gegriffen hatte, selbst als ich brutal angegriffen wurde, aber seine Argumente wurden immer von seinem allgegenwärtigen Mit-Anwalt Jack Daniels vermasselt.

Weil ich außer Landes und noch dazu in einer Irrenanstalt war, hatte ich keine Möglichkeit, Berufung einzulegen. Wenn man von einem solchen Ort aus an die Behörden schreibt, ist man in bezug auf die eigene Glaubwürdigkeit im Nachteil. Und ich war in einer Irrenanstalt, weil der Richter mir die Wahl gelassen hatte, entweder in der schönsten Gegend der Schweizer Alpen die beste Privatschule der Welt zu besuchen oder auf dem elektrischen Stuhl zu landen.

Bevor du betrachtest, was mir an dem schönen, heißen Abend des

20. August 1918 widerfuhr, solltest du bitte verstehen, daß abgesehen von meinem Verfolgungswahn in puncto Kaffee – jedes Kind in der westlichen Welt wird dazu unter Druck gesetzt, diese Droge zu akzeptieren – ich noch unter einer anderen Anpassungsschwierigkeit litt, daß ich nämlich von klein auf, ja von Geburt an, außerstande war, zu wissen, was sich für mich gehörte.

Wenn ich idealistischen Ministern und Politikern lauschte, die sich in rhetorischen Höhenflügen über das amerikanische Ideal ergingen, glaubte ich ihnen. Ich glaube ihnen noch immer. Ich glaube daran, daß alle Kinder Gottes vor Ihm genau gleich sind. Ich glaube, daß weltliche Macht eine Illusion ist und völlig belanglos. Ich glaube, daß, weil der Präsident der Vereinigten Staaten und, sagen wir, ein des Lesens und Schreibens unkundiger Naturalpächter Gottes Zuneigung einzig gemäß Gottes Kriterien innehaben, keinem von beiden mehr oder weniger Respekt zu schulden ist als dem andern. Obgleich das die Dinge sind, die ich glaube, gibt es nun einiges, was ich *weiß*. Nämlich, daß auf diesen Idealen die amerikanische Demokratie sich gründete und daß jeder Bürger, von Rechts wegen und unter allen Umständen, sie einklagen kann und daß ich und jedermann sonst nur einem Herrn dienen.

Wie du dir vorstellen kannst, habe ich Schwierigkeiten gehabt. Vorausgesetzt, daß mein Platz in diversen Hierarchien eine nur von anderen akzeptierte Illusion war, sah ich mich ständig dem Vorwurf der Insubordination ausgesetzt. Und doch sind wir, bei den Gelegenheiten, bei denen ich zum Beispiel Präsidenten der Vereinigten Staaten begegnet bin, sehr gut miteinander ausgekommen, auch wenn ich mit ihnen nicht in der Sprache sprechen kann, die alle anderen zu verwenden scheinen, auch wenn ich keinen Kniefall machen kann.

Abgesehen von Präsidenten, Premierministern und Päpsten, die allesamt nach meiner Erfahrung ungezwungen und wunderbar egalitär gewesen sind, hatte ich enorme Kämpfe mit Lehrern, Schaffnern, Polizisten, Professoren und Leuten aus allen Schichten und Berufen auszufechten, die meinen, aufgrund ihrer Stellung, wie sie es sehen, müsse ich ihnen zum Beispiel schleunigst Platz machen, wenn sie des Weges kommen. Manche meinen, wenn sie sich auf eine bestimmte

Art kleiden, hätten sie Anspruch auf Ehrerbietung seitens anderer, die anders gekleidet sind. Ist das nicht Wahnsinn?

Aus Ärger über so etwas drücke ich mich vielleicht manchmal ziemlich deutlich aus. Als ich für Stillman & Chase zwischen den Vereinigten Staaten und verschiedenen Ländern in Europa hin und her flog, fiel mir auf, daß die Piloten anscheinend immer auf Inspektionstour in die Flugzeugkabinen kamen.

Weil die Passagiere wußten, daß ihr Leben von den geistigen und biologischen Launen dieser Aeronauten abhing, machten sie gewöhnlich Unterwerfungsgesten, welche die Flugkapitäne und Copiloten, da sie wie Könige die Gänge entlangschritten, begierig entgegennahmen.

Doch was inspizierten sie da eigentlich? Sitzposition und Gewichtsverteilung? Risse im Flugzeugrumpf? Die Qualität der Triebwerkabgase? Natürlich nicht. Sie hatten nichts zu inspizieren. Sie waren auf dem Weg zur Toilette. Nachdem ich das gemerkt hatte, schob ich manchmal meine Lesebrille ein Stückchen weiter hinunter auf der Nase und sagte ziemlich trocken und ohne aufzublicken, aber so, daß es alle hören konnten: »Meine Damen und Herren, der Herr Flugkapitän schreiten im Triumphzug zur Toilette.« Du kannst dir gut vorstellen, wie herzlich man mir danach begegnete. Ein gewisser Menschenschlag wurde sehr wütend auf mich, weil ich die Autorität, von der wir abhängig waren, verspottete, und, egal ob Mann oder Frau, drohte mir mit dem Finger, aus Angst, daß der Kapitän, mich zu bestrafen, das Flugzeug ins Meer stürzen ließe. Da ich tatsächlich einmal mit einem Flugzeug ins Meer abgestürzt war, war ich sicher, daß die Piloten diese Möglichkeit nicht in Betracht zögen.

Angesichts der Schwierigkeiten, die ich in puncto Rang und Hierarchie hatte, frage ich mich zuweilen, wieso es beim Papst so schön war.

Damals war ich bei Stillman & Chase Komplementär, was heißt, wäre ich nicht ich, sondern jemand anders gewesen, hätte ich mich für weit über dem Papst stehend erachtet, denn die Teilhaber von Stillman & Chase stellten einen so recht Cromwellschen Haufen dar, der im Papst so eine Art Dschungelmedizinmann sah.

Da hatten sie mit mir den Richtigen hingeschickt, da ich glaubte, daß der Papst und ich, und jeder andere, was das betraf, auf einer

Stufe stünden, und darum würde ich ihn wahrscheinlich nicht beleidigen. Darum vielleicht hatten sie mich geschickt, obwohl es sie nicht kümmerte, ob sie den Papst beleidigten oder nicht, viel wahrscheinlicher war, daß sie mich schickten, weil ich während des Krieges so lange in Italien gewesen war und die Sprache kannte.

Die USA, die einzige bedeutende Industrienation, die nicht zerstört war, stellte für den Vatikan eine Quelle ungeheuren Interesses dar, was die Investition und Stabilität von Kirchengeldern anging. Nach einigen Tagen und mehreren Zusammenkünften mit verschiedenen Finanzkardinälen, die quasi, wie bei einer Dissertation, einer Verteidigung unserer Auslandsinvestitionsstrategien gleichkamen, wurde mir eine Audienz beim Heiligen Vater gewährt. Die Finanzkardinäle nahmen wohl an, ich würde schlottern und jede Sekunde zählen, als ob es Goldbarren wären, aber wie es das Schicksal wollte, trafen wir den Papst zufällig auf einem Korridor statt in einem Empfangszimmer, und ich, im Hochgefühl nach bestandenem mündlichen Examen, ging auf ihn zu und sagte: »Oh, hallo! Wir waren gerade auf dem Weg zu Ihnen.«

Den Kardinälen gefiel das gar nicht, und ebensowenig behagte es ihnen, daß ich, kurz nachdem wir ein paar Schritte gegangen waren, an ein offenes Fenster im Korridor trat und den Kopf in die Abendsonne hielt. Es war Mai, die Zeit in Rom, da in der Harmonie von Licht und Dunkel, brennender Sonne und blendendem Mond, da der Tiber noch kühl und mächtig dahinfließt, die Vögel auf den rollenden, sich brechenden Wogen des Grüns reiten, die frisch die Alleen und Hügel krönen, im wahrsten Sinne Vollkommenheit herrscht.

Den ganzen Tag lang war ich in einem mit herrlichen Fresken geschmückten Raum gewesen und hatte dem warmen Wind gelauscht, wie er durch die Bäume strich. Ich konnte dem offenen Fenster nicht widerstehen, und sobald ich die Sonne auf meinem Gesicht spürte, muß ich wohl selig dreingeblickt haben. Das nächste, das mir bewußt wurde, war, daß der Papst, der alle anderen fortgeschickt hatte, neben mir stand und, den kleinen weißen Hut in der Hand, auch den Kopf aus dem Fenster steckte.

»Wie oft kommen Sie raus?« fragte ich.

»Ich habe einen Garten, wohin ich jeden Tag gehe.«

»Reicht das? Schwimmen Sie jemals im Meer oder verbringen Wochen in den Bergen?«

»Eigentlich nicht, nicht seit meiner Kindheit.«

»Warum nicht?«

Er zuckte mit den Schultern.

»Hören Sie«, sagte ich, »morgen ist Sonntag. Warum ziehen Sie nicht normale Sachen an und wir fahren mit dem Zug nach Ostia.«

»Das geht nicht«, sagte er. »Ich bin der Papst.«

»Ach, kommen Sie. Es wird nicht voll sein. Den Italienern ist das Meer jetzt zum Schwimmen noch zu kalt, doch das Tyrrhenische Meer ist wärmer, als das Meer vor Southampton je sein wird, und dort gehe ich schon im Mai baden. Im *Juni* gehe ich vor Mount Desert Island schwimmen.«

»Mount Desert Island?« fragte der Papst. »Im Fegefeuer?«

Wir begannen uns zu unterhalten – über Orte, die wir kannten, die Kindheit, die Musik in Naturgeräuschen wie der Brandung, dem Wind und dem Vogelgesang, und wir kamen auf vieles zu sprechen, von der Politik bis hin zur Imkerei.

Ich ging gegen neun, nachdem ein paar Nonnen im kleinen Garten des Papstes das Dinner aufgetragen und wir Boccia gespielt hatten. Ich weiß noch genau, was wir gegessen haben: gemischten Salat mit Tomaten, Rucola, Kopfsalat und ein paar dünne Scheiben Mozzarella; Rindsbouillon mit Gnocchi; gegrillten Fisch; Brot; und Mineralwasser. Es wurde auf einem kleinen Holztisch serviert, der fünfhundert Jahre alt gewesen sein muß, und das Porzellan und das Besteck waren genauso einfach, als ob wir in einer Pensione am Bahnhof gewesen wären, die hauptsächlich auf Soldaten, sizilianische Wanderarbeiter und afrikanische Austauschstudenten eingestellt war.

Er war sehr überrascht, ja erstaunt, als ich ihn nach seinen Eltern fragte. Er war gerührt und sagte: »In all den Jahren hat mich keiner nach meinem Vater und meiner Mutter gefragt, und doch denke ich jeden Tag an sie. Wieso haben *Sie* nun nach ihnen gefragt?«

»Es kam mir so vor«, sagte ich zu ihm, »als ob Sie die ganze Zeit zurückdenken müßten und Ihre Erinnerungen sehr lebendig wären.«

»O ja«, sagte er, »aber woher wissen Sie das?«

»Na ja«, fuhr ich fort und legte die Gabel nieder, »Gott legt mehr von sich in die Eltern-Kind-Liebe als in irgend etwas sonst, einschließlich aller Wunder der Natur. Es ist die höchste Analogie, die erste Offenbarung, der Schild Seiner Gegenwart auf Erden. Da Sie keine eigenen Kinder haben, müssen Sie sich auf dieses heilige Band in Erinnerungen beziehen, die tief und mit großer Liebe ausgegraben werden.«

Während ich sprach, schloß er halb die Augen und nickte, wie wenn er sich, während ich sprach, erinnerte.

»Mir geht das so«, sagte ich. »Ich liebe Kinder, und ich habe noch keine, also denke ich oft zurück, gebrauche meine Erinnerung, nicht weil ich mich gehenlasse, sondern als heilige Unterweisung.«

»Ja«, sagte er. »Ich besuche oft Waisenhäuser. Die Kinder... sie...«

»Sie brechen Ihnen das Herz«, sagte ich, »denn auch in ihnen ist der Bogen zerbrochen, und Gottes Wärme muß über einen Abgrund.«

Nun magst du dich vielleicht wundern, wie ich hier, in meiner Erzählung, so schnell vom Heiligen zum Profanen springen kann, aber das geschieht im Leben doch immerzu. Das eine wechselt ständig mit dem andern ab. Ja, sie scheinen aufeinander angewiesen zu sein, und meine Memoiren bringen mich, gleichsam in geplantem Traversieren, aus einem stillen Garten im Vatikan, wo ich der einzige Dinnergast des Papstes war, in die große Bahnhofshalle der Grand Central Station, um 5 Uhr 6 am Abend des 20. August 1918.

Es war ein Dienstag. Es war so heiß, daß die Männer die Krawatten lockerten, als sie die Treppe zu dem riesengroßen Raum hinabstiegen, und auf den hohen Simsen konnte man Tauben sehen, die ihre Flügel wie Fächer auf und ab bewegten, als wären sie gerade einem Vogelbad entstiegen. Unten in den Höhlen pfiff es, die Sonne fiel durch die Fenster, und ich war vierzehn.

Ich wußte praktisch nichts. Ich verzehrte mich vor Leidenschaft für Maggie in der Musikalienhandlung, ein Mädchen, das ich nie geküßt, nie in den Armen gehalten habe. Ob sie wohl noch lebt und ob sie sich wohl auch fragt, ob ich noch lebe? Vielleicht.

In dieser bedeutungsschweren Stunde hatte ich vor allem eines im Sinn, daß ich am Abend vielleicht noch im Hudson schwimmen könnte, bevor ich nach Hause ging, denn bei uns gäbe es nur kaltes

Abendessen, geräuchertes Hühnchen und Salat, und das könnte unbeschadet warten. Ich kaufte die Abendzeitung, trank aus einem Brunnen und ging zu meinem Zug. Die Oberfläche der Betonrampe, die zu den Zügen führte, war mit mattgeschliffenem Glas bestreut, und wie so oft in New York glitzerte der Gehsteig gleichsam wie in einem Märchen.

Obwohl ich dir, ohne hinzusehen, nicht sagen könnte, was ich gerade anhabe, und mich auch nie erinnern kann, was ich gegessen habe, fünf Minuten, nachdem ich mit dem Essen fertig bin, oder ob ich die Haustür zugeschlossen oder meinen Tresor verschlossen habe, kann ich dir doch genau sagen, was ich damals anhatte.

Einen steifen Strohhut. Alle trugen im Sommer einen steifen Strohhut. Einfach alle. Frauen natürlich nicht, aber Frauen waren ja auch keine Pendler. Früh im Zug waren zwar ein paar zu sehen, die nach New York fuhren, um einzukaufen oder Besuche zu machen, aber die fuhren gewöhnlich nachmittags wieder zurück, so daß sie noch auf den Markt gehen und dann das Essen zubereiten konnten.

Abends glichen die Züge Männerklubs. Der Alkohol floß in Strömen. Auf Tischen und Kniebrettern wurden Karten gespielt, und die Unterhaltung beschränkte sich gewöhnlich auf die sieben großen Themen: Angeln, Geld, den Krieg, Politik, Autos, Frauen und Holzbearbeitung. Es hätte auch ein brechend voller Friseursalon sein können, nur daß wir mit 40 Meilen in der Stunde dahinbrausten und daß keine Haare geschnitten wurden.

Einen blauen Cordanzug. Das war mein erster Anzug. Bis dahin war ich in Knickerbockern gegangen, aber die Boten von Stillman & Chase trugen Anzüge. Sie sollten nicht so aussehen, als ob sie noch Jungen wären, obgleich ich bestimmt noch einer war, aber ich hätte auch für einen jungen Mann gelten können, weil ich groß war für mein Alter. Im Zug setzte ich mich immer auf einen Fensterplatz zum Fluß hin und blieb die Stunde, entweder in die Landschaft oder in die Abendzeitung vertieft, wie angewurzelt dort sitzen. Auf diese Weise mußte ich nicht reden, ich war nämlich im Stimmbruch, und ich könnte so tun, als ob ich älter wäre.

Im Juli schien die Sonne zu stark, und auf der Seite zum Fluß hin waren die Rollos heruntergezogen, aber im August konnte man aus dem Fenster sehen. An dem Abend war das Fenster offen, und ein leises Lüftchen kam herein, während der Zug nach Norden fuhr. Es war ein warmer Wind, aber er war tausendmal besser als die drückend heiße Luft in Manhattan.

Der Mann zu meiner Rechten hatte zwei Whisky mit Soda getrunken und war bei dem Versuch, die Kriegsnachrichten zu lesen, fest eingeschlafen. Der Schaffner weckte ihn kurz vor Tarrytown, und er stieg dort aus, wodurch ich in den Genuß eines leeren Platzes kam. Ich legte die rechte Hand auf das Korbgeflecht und den linken Fuß auf die Fensterbrüstung, und als sich der Zug in Richtung Ossining dahinschlängelte, begann ich leise vor mich hin zu pfeifen. Obwohl ich stolzer Besitzer von mindestens zwei Dutzend Ausgaben von *I'm a Yankee Doodle Dandy* war, pfiff ich, während ich meilenlang auf offenes Wasser, die blaugrünen Hügel dahinter und Reiher blickte, die im heißen Nachmittagswind kreisten oder anmutig durch den Sumpf stolzierten, das *Dritte Brandenburgische Konzert*.

Und dann saß auf dem leeren Platz neben mir der Wallone. »Ruhe!« befahl er. »Runter mit dem Fuß, und halt's Maul!«

Seine Befehle klangen nervös und auf unerkärliche Weise voller Haß. Ich war es gewöhnt, plötzlich zu Boden gerungen zu werden oder ein Messer an der Kehle zu spüren. Wie man mit so etwas umging, wußte ich, aber nicht, wie umgehen mit grundlosem Haß.

Daß er Wallone war, erfuhr ich erst, nachdem alles vorbei war, obwohl ich an seinem Akzent und der Kleidung sofort merkte, daß er Ausländer war. Er war an die 1,93 m groß. Na schön, das war seine genaue Größe, und bei der Autopsie wog er 196 Pfund. Siebenundzwanzig Jahre alt, kurzgeschorenes silberblondes Haar, und obwohl er blaß und ungesund aussah, war er ein großer Sportsmann. Nicht zur Sache gehörig, aber für mich unvergessen war der Umstand, daß seine ungeheuer blauen Augen durch eine Zinnrandbrille vergrößert wurden.

Ich wog hundertsiebzehn Pfund und war dreißig Zentimeter kleiner als er. Ich war es gewöhnt, schikaniert zu werden. Alle Jungs werden von älteren Jungs schikaniert. Ich hätte meinen Stolz unterdrückt, den Fuß runtergenommen und mit dem Pfeifen aufgehört, wenn da nicht eins gewesen wäre.

Er hielt eine Tasse mit dampfend heißem Kaffee in den Händen. Kein Mensch trank im Sommer im Zug jemals heißen Kaffee. Bis heute weiß ich nicht, woher er den hatte. Auch die Polizei und die Anwälte vor Gericht konnten das nicht herauskriegen. Die Kriminalbeamten gingen von der doch recht merkwürdigen Annahme aus, daß ihm den jemand vom Bahnsteig in Tarrytown hereingereicht habe.

Ich versuchte, höflich zu sein. Ich spielte die Bewegungen sogar herunter, mit denen ich auszuweichen versuchte. Aber nach fünf Minuten konnte ich nicht mehr anders. Der Gestank löste in mir die Reaktion äußersten Abscheus und Ekels aus. Ich stand auf, taumelte, würgte und stürzte in den Gang hinaus. Dabei verschüttete ich den Kaffee, und zwar allen. Ein wenig spritzte auf meinen Anzug, wodurch ich noch mehr würgen mußte und entsetzt davontaumelte, als säße mir eine Tarantel im Kreuz, aber der meiste ergoß sich in den Schoß des Wallonen.

Der Kaffee war kochend heiß. Damals wie heute waren Sommeranzüge aus sehr leichtem und, was wichtiger ist, sehr durchlässigem Stoff. Er schrie so laut, wie man es nicht für möglich gehalten hätte, es sei denn, man hätte kochend heiße Flüssigkeit in den Schoß gekriegt, und er riß sich den Hosenschlitz auf – wohl um die kühle Luft reinzulassen – und fächelte sich dort mit beiden Händen verzweifelt Luft zu, wobei er die ganze Zeit schrie: »Au! Auuu! Auuuuu!«

Das amüsierte die anderen Fahrgäste. Ja, sie wurden regelrecht hysterisch. Und als der Wallone, der noch immer schrie und sich Luft zufächelte, aufstand, um hinter mir herzujagen, fing jemand an zu singen, und dann sangen sie alle: »It's a long way to Tipperary, it's a long long way.«

»Es ist weit nach Tipperary, es ist *sehr sehr* weit!« sangen sie. Teils in unkontrolliertem Gelächter, teils in unsäglicher Angst lief ich den Gang entlang. Und als ich in den Vorraum kam, hörte ich, wie jemand sagte: »Na los, fang ihn!«

O Gott! dachte ich bei mir. Ich habe eine Pistole. Er wird mich zu Brei schlagen. Vielleicht tötet er mich auch, zufällig oder absichtlich. So oder so, für mich war das jedenfalls kein großer Unterschied. Sollte ich von der Waffe Gebrauch machen? »Nein nein nein!« sagte ich mir. »Wenn ich ihn töte, werde ich hingerichtet!«

Ich mußte einen Schaffner finden. Aber die Schaffner hatten die Fahrkarten eingesammelt und waren jetzt ganz hinten im Zug, in heißen schwarzen Anzügen wie Missionare auf dem Weg in den Kongo, und hockten über Büchern, Papieren und Geld, während sie das Fahrgeld zusammenrechneten und die Fahrscheine bündelten.

Die Wagen schienen immer leerer zu werden, je weiter vor ich kam. Ich hatte einen Vorsprung gewonnen, als der Wallone stehengeblieben war, um den Hosenstall zuzuknöpfen, obgleich zu diesem Zeitpunkt niemand in der Nähe war. Als ich den Wagen verlassen wollte, durch den ich gerade gerannt war, hörte ich, wie am anderen Ende die Tür aufgerissen wurde.

Er konnte schneller laufen als ich. Schwere Türen konnte er leichter öffnen als ich. Er kam sehr schnell näher und hatte mich fast eingeholt. Der Zug brauste an Scarborough vorbei. Ich wußte, wenn ich es bis Ossining schaffte, könnte ich entkommen. Aber wenn der Zug, wie es öfter geschah, außerplanmäßig in Sing-Sing hielt, würde mich der Wallone umbringen.

Natürlich begann der Zug die Fahrt zu verlangsamen, um in Sing-Sing zu halten. Hier stiegen, winters wie sommers, verurteilte Gefangene aus Wagen voller erfolgreicher Pendler aus, in ein graues Tal aus Stein, das sich zwischen steilen Mauern zu beiden Seiten der Gleise erhob.

Wenn man nicht wußte, wie es sich abspielte, könnte man meinen, ich wäre sicher. Auch wenn niemand die, die in Sing-Sing ausstiegen, abholte, würde der Fahrgast, der dort ausstieg, per definitionem von Gesetzeshütern begleitet. Ich mußte nur raus und zu ihnen hinlaufen.

Aber die Züge waren vierzehn, sechzehn, achtzehn Wagen lang. Wenn die Gefängnisleute hinten waren, wäre ich schon beinahe in Ossining, zu weit weg, als daß man mich bemerken könnte. Meine einzige Rettung läge bei den Lokführern oder darin, im Labyrinth der Stadt zu verschwinden, die ich genausogut kannte wie eine Ratte ihren unteriridischen Gang.

Ich war jedoch wie vor den Kopf geschlagen, als ich entdeckte, daß der Wagen, in den ich gerade gehen wollte, verschlossen war. Noch drei Wagen bis zur Lok, und ich konnte nicht weiter. Als ich mich umdrehte, sah ich, wie der Wallone die Tür des Wagens öffnete, durch den ich gerade gerannt war.

Ich öffnete die Tür ihm gegenüber und ging durch. Er blieb stehen. Sogar mitten in seiner Wut war er äußerst vorsichtig, und was wie ein kühner, unerklärlicher Schachzug meinerseits aussah, ließ ihn plötzlich innehalten, totenstarr. Vielleicht sollte ich dieses Wort nicht gebrauchen, noch nicht.

Ich verspürte keinen Drang, den Helden zu spielen, und das merkte er, als er sah, wie ich verzweifelt an der Klinke zur Toilettentür rüttelte. Sie war aus Stahl, sie hatte Schlösser. In diesem meinem ersten Kampf auf Leben und Tod suchte ich ein Klo als Festung. Und in diesem meinem ersten Kampf auf Leben und Tod sang ich hemmungslos vor mich hin, und das Lied – ja, ich konnte nicht anders – war: »I'm a Yankee Doodle *dandy*, I'm a Yankee Doodle *boy*!«

Die Toilette war fest verschlossen. Es geht ein Geist um im ganzen Land, der die Toilettentüren in Zügen und in Stadtparks zuschließt, und sogar damals trieb er sein Unwesen. Ich ging zurück in den Vorraum und versuchte, die Tür nach draußen aufzureißen, aber in meiner Verzweiflung verklemmte ich sie in die mit Scharnieren versehene Plattform, welche die hinunterführenden Stufen bedeckte, und die beiden waren in einer winkelförmigen Barriere ineinander verkeilt.

Wie ich versuchte, sie auseinanderzukriegen, erschien der Wallone. Ich fuhr zurück. Selbst wenn ich Zeit für eine Erklärung gehabt hätte, ich hätte mich damit nicht aufgehalten: seine Augen verhießen Mord. »Sie haben mich mit Kaffee vollgeschüttet!« schrie ich mit schwindender Entrüstung.

Auf diesen offensichtlichen Spott hin bekam er ganz große Augen, und er bleckte die Zähne. Ich dachte daran, die .45er zu ziehen und ihn zu erschießen, aber die Vorstellung war zu schrecklich, sogar noch schrecklicher, fand ich, als die Erwartung, selber Schaden zu nehmen. Im letzten Augenblick hatte ich meine Einschätzung geändert und hoffte nun, daß er mich strafen und nicht umbringen wolle.

Ich wich in eine Ecke zurück und bedeckte das Gesicht mit den Händen. Der Zug setzte sich langsam wieder in Bewegung. Der Wallone packte mich an den Revers und am Kragen und begann, meinen Kopf gegen die Stahlwand zu schlagen. Da wußte ich, selbst in der Kampfeswut, daß meine letzte Einschätzung eine vergebliche Hoffnung gewesen war. Je heftiger er meinen Kopf gegen das Metall schlug, desto röter wurde er, desto fester ballte er die Fäuste und desto mehr fluchte er auf wallonisch.

Ich versuchte, an die Pistole zu kommen. Genausogut hätte ich versuchen können, ein wallonisches Wiegenlied zu singen. Es ging nicht. Die Waffe war in der Tasche von Stillman & Chase, die immer eine halbe Sekunde nach meinem Kopf gegen die Trennwand schlug. Meine Pistole, dachte ich, spottet meiner, während ich sterbe.

Ich fragte mich, ob ich wohl eine mehrfache Gehirnerschütterung erleiden würde, und ich hatte den Übelkeit verursachenden Gedanken, daß schließlich der Schädel zerschmettert und das Gehirn zerquetscht würde. Ich hatte Schuldgefühle, weil ich ihn nicht erschossen hatte. Ich versuchte, etwas zu sagen. Es kam kein Wort heraus.

Da, eine der vielen kleinen Gaben Gottes, die wie ein Nieselregen auf die Erde herniedergehen. Es tat einen Ruck, der Zug fuhr über irgend etwas, über die Art Hindernis oder Unebenheit, die wie ein Peitschenriemen durch die drachengleichen Segmente im Gleis springt. Da müssen Getränke verschüttet und Gin- und Pokerhände wie Hähne in die Luft geschleudert worden sein.

Wahrscheinlich hatte ein jugendlicher Rowdy in Ossining entweder einen großen Nagel oder metamorphes Gestein auf die Schiene gelegt. Die Tür und die Bodenklappe lösten sich explosionsartig, und herein strömte Luft.

Einen Augenblick lang zögerte der Wallone, er wandte den Kopf, um zu sehen, was er da soeben gehört hatte. In diesem langen, langen Augenblick, der vor meinen Augen verstrich, wie wenn das Leben stillstünde und ich es von weitem betrachtete, spürte ich, daß eine Frage an mich gerichtet wurde, die langsam von etwas Wunderbarem, Höherem geäußert wurde.

Willst du leben, oder willst du sterben?

Meine Angst schwand. In dem Nebel und Getöse war ich mir keiner Angst mehr bewußt, sondern nur noch dieser einfachen Frage. Ich weinte, oder wenigstens fühlte ich, was man fühlt, wenn man weint, denn ich hatte keine Zeit für eine Träne, und dann lächelte ich.

»Leben!« sagte ich, aus tiefstem Innern, so kraftvoll, wie ich je ein einziges Wort geäußert habe. Und das Wort war nicht nur schön, es war elektrisch, es war voller Schall und Licht, es hatte Geschichte, es lächelte, es war, wie wenn in der größten Kathedrale die größte Orgel erschallte, und wenn man es recht bedachte, ließ es sogar das undramatisch erscheinen.

Die Augen verengen sich, wenn man Schläge einsteckt, und weiten sich, wenn man welche austeilt, und gerade dieses Aufreißen der Augen dient dazu, Kraft freizusetzen, die wieder andere Kräfte freisetzt, um sich dann in einer einzigen Bewegung Luft zu machen. Mit einem Gebrüll, gleich einem wilden Tier der Savanne, richtete ich mich zu dem Wallonen auf, hob ihn hoch und stieß ihn mit unbarmherziger Gewalt durch die Öffnung hinaus.

Da ein in Bewegung befindlicher Körper dazu neigt, in Bewegung zu bleiben, und da ihm nichts im Weg war, flog er aus dem Zug hinaus wie ein Astronaut, der aus einer Luftschleuse geschleudert wird. Da er rückwärts flog, war Verwunderung in seiner Miene zu lesen. Er hatte den Gedanken noch nicht zusammengefaßt, oder zumindest hatte dieser sich noch nicht den Weg bis zu den Gesichtsmuskeln gebahnt. Was er hätte denken wollen, hätte er die Zeit dazu gehabt, lautete: »Wie hat der das bloß gemacht?«, denn, in der Tat, er schwebte in der Luft.

Er gehörte zu den Leuten, die immer bleich, blaß, angespannt sind und immer Pech haben (Anwaltskanzleien haben schlimmere Namen dafür). Mein ganzes Leben bin ich solchen Menschen begegnet. Ihrer Seele haftet etwas Graues an, das all die lieblichen, bunten Dinge, die sie ansonsten wie Früchte aus der Luft pflücken könnten, vertreibt. Fahren sie nach Hawaii, schneit es. Machen sie Heu, regnet es. Müssen sie eine Schlacht schlagen, dann im Schnittpunkt von vier Planquadraten.

Ach, aber er hatte Pech, Riesenpech. Der Bahnsteig in Ossining befand sich mitten im Umbau. Ein Teil war aufgerissen, und der Schutt lag gleich südlich vom Bahnhof, nach Sing-Sing zu, auf einem Haufen. Vielleicht hatte der gepriesene Rowdy den Zauberstahl oder heiligen Stein von diesem Haufen geholt: ich weiß es nicht.

Eins aber weiß ich, allerdings erst im nachhinein, obwohl der

Staatsanwalt sich zu der Unterstellung verstieg, ich hätte das arrangiert, daß ein Teil des Eisenzaunes ausgerissen und auf diesen Haufen geworfen worden war. Es handelte sich um eine Reihe eiserner Stangen, die kreuz und quer in die Luft ragten.

Der unglückselige graue Wallone flog rückwärts durch die Luft, ratlos in seinen letzten Augenblicken, bis er in die Eisenstangen fiel.

Da ich Zeuge des Aufpralls wurde, verspürte ich mit einem Mal eine Anwandlung von Schuld. Daß der Richter selber wallonischer Amerikaner war, half auch nicht gerade. Den ganzen Prozeß über stellte er viele gar nicht so feine Fragen, deren offensichtliches Ziel darin bestand, festzustellen, ob meine Vorfahren Hugenotten gewesen waren. Jedesmal mußte mein Onkel dann Jack Daniels von hinten gegen das Schienbein treten und ihn wie eine Marionette führen, damit er dagegen Einspruch erhob. Wir wollten unbedingt einen anderen Verteidiger haben, aber man riet uns davon ab, weil das irgendwie darauf schließen lasse, daß wir sogar noch schuldiger wären, als die Anklage uns vorwerfe, und außerdem stehe Jack Daniels den Strafverteidigern von Ossining vor, und jeder Anwalt, der nicht aus Ossining käme, wäre natürlich verloren.

Es war jedoch ein so klarer Fall von Notwehr, daß ich wahrscheinlich davongekommen wäre, trotz aller Unregelmäßigkeiten und trotz Jack Daniels' ach so großartigem Plädoyer, das mit den Worten begann: »Verehrtes Gericht! Gonz klor, dos wor oin Foll von Notwohr!« und ein paar Stunden so weiterging, wobei die Geschworenen auf der Stuhlkante saßen, vorgebeugt, im krampfhaften Bemühen, zu verstehen, was er da sagte.

Was mir den Garaus machte, war mein Ausbruch und Angriff am Ende des Prozesses. Ich hätte es wohl wissen müssen, ich hätte mit der Provokation wohl rechnen müssen, weil es in Ossining am Ende von Gerichtsverfahren üblich war, dem Richter Kaffee vorzusetzen, um ihn für seinen Monolog munter zu machen.

So wurde ich aus der Kindheit in der Neuen Welt ins beginnende Mannesalter in der Alten katapultiert. Das war ein großer und heilsamer Schock für mich. Denn der Tatsache zum Trotz, daß ich ziemlich früh aus meinem Elternhaus gerissen wurde, das ich liebte, und auf den Straßen von Paris, da ich zwecks Einweisung in eine Anstalt hoch

oben in den Bergen auf dem Weg war, Schmach erleiden mußte, war
ich doch vom großen Licht der Zivilisation gesegnet.

Gewiß, es herrschte damals, als sich der Pulverdampf des Krieges
langsam verzog, ein gedämpftes Licht, aber seine Schwäche erlaubte
mir, direkt hineinzublicken, ohne überwältigt zu werden. Und wie es
an Stärke zunahm, folgte ich, so daß meine (Aus-)Bildung, bei all ihrer
Eigenart, nichtsdestotrotz im zeitlichen Ablauf vollkommen stimmte.

Zwar ward mir das Zuhause genommen, dafür Fräulein Majewska
gegeben, das Symbol meines Herzens. Zwar verlor ich den Hudson,
doch gewann ich die Alpen dafür. Zwar ward ich von meiner Muttersprache getrennt, doch dafür mit den Sprachen Europas beschenkt.
Zwar ward ich in zartem Alter vor ein Strafgericht gestellt, doch ward
mir dafür, vielleicht durch den Schock der Ereignisse, eine überaus
wunderbare Gabe. Die großen Lieben meiner Jugend – für meine
Eltern; meine Heimat; Fräulein Majewska; Gott selber – unbezwei-
felt, unbefleckt, unmittelbar – sie bleiben.

Constance

(Falls du es noch nicht getan hast,
leg bitte die vorhergehenden Seiten wieder
in das ameisensichere Kästchen.)

Es ist vielleicht albern, aber wenn ich mich an Constance erinnere, denke ich oft an einen kleinen roten Plastikhut, nicht größer als meine Hand, der in einer klaren kalten Nacht in den White Mountains von New Hampshire vor mir auf und nieder hüpfte. Der Hut schwebte auf dem gewaltigen Lockenschopf eines Ökonomen, der vor mir über eine Holzbrücke ging, welche in einen Konferenzraum führte.

Er hielt ihn an seinem Platz, indem er die winzige Krempe zwischen Daumen und Zeigefinger umklammerte. Der Hut verdeckte ein paar Sterne und ließ dann ihr Licht zu meinen Augen durch, und ehe der Ökonom hineinging, legte er ihn auf eine Schneewehe aus Pulverschnee.

Sobald wir drinnen waren, verschwendete mitten in der Unterhaltung, der rauh-herzlichen, zu tief klingenden, aufgesetzt jovialen Redeweise, hinter der Männer verbergen, daß sie wie Kriegsschiffe in der Schlacht von Trafalgar um Positionen kämpfen, keiner einen Gedanken an den Hut. Nacheinander hatten wir einen Raum betreten, der auf ein schneebedecktes Feld hinausging, um dort über Währungspolitik und den Wiederaufbau Europas zu reden. Wen kümmerte da ein winziger Plastikhut, »made in Japan«?

Mich schon. Ich sah zu ihm hin, wie er da auf der Schneewehe lag, und ich dachte bei mir (oder vielmehr, ich fühlte), daß es Zeit sei, dem Kind einen Vater zu geben, für das so etwas von Wert sein und dem es Spaß bereiten könnte. Also ging ich wieder hinaus, nahm den Hut aus dem Schnee und steckte ihn in die Tasche. Nachdem ich den Mantel ausgezogen und am Tisch Platz genommen hatte, empfand ich kurz das beseligende Gefühl, die Zufriedenheit und die Liebe, wie man sie empfindet, wenn man ein kleines Kind in den Armen wiegt.

Vielleicht war das auf meinem Gesicht zu lesen. Gewiß, von den im Zimmer Anwesenden, alle eifrig darauf bedacht, ihre Sache zu befördern und sich ins rechte Licht zu rücken, war ich wohl derjenige, der am wenigsten ehrgeizig und am wenigsten in Kampfeslaune war. Im Augenblick konnte ich an nichts anderes als an Babys denken, und eine große Woge von Zärtlichkeit hatte mich erfaßt.

Das war im Winter 1947, und die Konferenz über Währungspolitik war eine von vielen, die im Gefolge von Bretton Woods stattfanden. Damals waren die White Mountains für Ökonomen, was Paris einst für Künstler gewesen war. Und daß man in der Freizeit Ski fahren konnte, schadete auch nicht gerade.

Ich hatte kein Verlangen gehabt, diese Konferenz zu besuchen. Weder war ich Ökonom noch Akademiker oder mit der Währungstheorie gut vertraut. Meine Aufgabe bei Stillman & Chase bestand darin, die Situation eines bestimmten Landes einzuschätzen und Prognosen über seine Zukunft, die politische Stabilität, militärische Kapazität und den sozialen Frieden abzugeben. Damit schneiderten sich die Finanzhaie dann ihre eigenen Empfehlungen zurecht, die dann mir und anderen Partnern übermittelt wurden, und ich kommentierte sie dann, so gut es ging, im Lichte meiner ursprünglichen Beurteilungen.

Wenn wir zum Beispiel irgendwo eine Eisenbahn finanzieren wollten, so bestand ich vielleicht darauf, daß die Strecke in einiger Entfernung von einer abtrünnigen Region verlaufen sollte, wo in der Vergangenheit schon einmal Versorgungslinien unterbrochen worden waren. Oder ich sagte etwa, geben Sie Land C keinen Kredit, weil Land B es binnen zwei Jahren geschluckt haben wird.

Mein Sinn für Wirtschaftswissenschaft leitete sich von nichts Anspruchsvollerem her als einem Verständnis von zehn oder zwanzig grundlegenden ökonomischen Prinzipien und einer tiefgehenden, intuitiven Sympathie mit den Schweizern. Ich maß die Wirtschaftsaussichten eines Landes am Schweizer Modell, wobei ich entschieden nichtökonomische Phänomene einfließen ließ, aber meine Einschätzungen gingen nie daneben, schon allein, weil das Studium der Wirtschaft letztendlich vom Verständnis von Politik, Charakter und Kunst abhängt.

Die Wirtschaft der Schweiz läßt sich mit sechzehn Worten begreifen: Freiheit, Demokratie, Disziplin, Spareinlagen, Investition, Risiko, Verantwortung, Geheimhaltung, Stolz, Vorbereitung, Perfektionismus, Askese, Frieden, Weitblick und Ehre. Die Schweizer haben eine Million ausgezeichnete Anreize dafür, erfolgreich zu sein, ihr ursprünglicher Ansporn aber bestand wohl darin, daß sie absolut nichts besaßen und zu isoliert waren so hoch droben, um hoffen zu können, daß sich jemand ihre Klagen anhören würde.

Ich könnte dieses ganze ameisensichere Kästchen mit einem Artikel über die Schweiz füllen. Ich bin dort herangewachsen, und meine Sympathie gründet sich darauf, daß ich Jahre im Gebirge verbracht habe. Die Berge, ob in Nebel gehüllt oder in der Sonne leuchtend, sind das Herz des Landes und vielleicht auch das Herz der Welt.

Die Direktoren von Stillman & Chase wollten mich mit Währungstheorie vertraut machen und mich aus den Geschäftsräumen weghaben. Ans Büroleben habe ich mich nie angepaßt. Meine Stärke lag in den Nachforschungen. Da fuhr ich in ein Land, einen Rucksack auf dem Buckel, und wanderte wochenlang umher: Ich redete mit jedem, den ich traf; ging in Fabriken, Werkstätten und Läden; führte in den mittelgroßen Städten Gespräche mit Herausgebern von so vielen Zeitungen, wie ich konnte; studierte alle verfügbaren Statistiken; hockte über Landkarten; und kontrollierte die Arbeit und das Design einheimischer Produkte. Ich ging an den Eisenbahngleisen entlang, um zu sehen, wie gut sie instand gehalten wurden und mit welcher Geschwindigkeit die Züge fuhren und wie voll sie waren. Abgehärtet, braungebrannt, mit einem umfassenden Bild der Wirtschaft des Landes im Kopf, besuchte ich dann nach ein paar Wochen die führenden Köpfe seiner Regierung und Wirtschaft und hörte mir an, wie sie um die vielen Mängel herumredeten, die jemandem verborgen geblieben wären, der nicht 500 Meilen zu Fuß zurückgelegt hätte.

Für Stillman & Chase war ich, was T. E. Lawrence für die englischen Generäle gewesen war: Sie konnten nicht ohne mich auskommen, wären es aber liebend gern. Sie verdienten oder sparten durch mich jede Menge Geld – nach derzeitig gültigem Dollarkurs gerechnet, buchstäblich Milliarden.

Aus diesem Grunde tolerierten sie meine Eigenheiten. In den meisten Investmentbanken wäre meines Bleibens jedoch keine fünf Sekunden gewesen, doch ich hatte 1917 bei Stillman & Chase angefangen, und ich war schon so lange in der Firma, daß sie versuchten, meine Eigenarten als Tradition anzusehen.

Nämlich: Ich stehe früh um fünf auf, eine Gewohnheit, die ich, wie gesagt, während meiner ersten Tätigkeit für Stillman & Chase angenommen hatte. So war ich immer schon um drei Viertel sechs an meinem Schreibtisch. Das gefiel ihnen sehr. Für sie war ich der ideale Protestant... außer daß... ich auf einem Nachmittagsschläfchen bestehe. Egal, wo ich bin, nachmittags muß ich ein oder zwei Stunden schlafen.

Ich besitze eine Lieblingsdecke aus Pendleton-Schurwolle, rostfarben auf der einen Seite und metallgrau auf der andern. Vergreift sich jemand anders daran, ist er ein toter Mann. Wenn ich mich auf dem Fußboden in meine Decke rolle, schlafe ich auf der Stelle ein. 1929 dachten sie, ich hätte Selbstmord begangen. Keiner konnte in mein Büro hinein, weil ich die Tür zugeschlossen und den Telefonhörer danebengelegt hatte. Ich kann nichts dafür, daß die amerikanische Geschäftswelt ein Nickerchen für eine Form lasterhafter moralischer Entartung erachtet. Warum denn bloß? In Europa halten alle ein Schläfchen.

Und jeden Tag muß ich mir so an die drei Stunden Bewegung verschaffen. Jetzt kann ich es nicht mehr, aber früher bin ich immer fünf Meilen gelaufen, zehn radgefahren, zwei gerudert und habe eine ganze Stunde lang Gymnastik gemacht, geturnt, geboxt und Gewichte gehoben. Das riß gewöhnlich ein ziemlich großes Loch in meinen morgendlichen Arbeitsplan, zumal ich es mir zur Gewohnheit gemacht hatte – ja, es mir zum Bedürfnis geworden war –, nach der dreistündigen sportlichen Betätigung zwei Stunden lang Klavier zu üben. Ich kann nicht gut Klavier spielen, aber selbst jetzt noch mühe ich mich auf meinem ameisensicheren verzinkten brasilianischen Schrobenhausen ab, der klingt, wie wenn vierzig Kästen Besteck die Treppenhäuser des Empire State Building hinunterfallen. Zwei Stunden am Tag, jeden Tag, und man bleibt geläufig genug, um all seine Lieblingsstücke zu spielen. Stillman & Chase besaßen einen herrlichen Konzertflügel, dessentwegen ich in der Hauptsache ins Büro ging. Das war das beste Mozartklavier, auf dem ich je gespielt habe, und da ich vorwiegend Mozart spielte, was soll ich da noch sagen?

Auch gefiel es ihnen nicht, daß ich keine Krawatte tragen kann. Ich meine, ich trage eine, aber nur locker. Wenn sie fest sitzt, habe ich das Gefühl, der Henker ziehe um meinen Hals die Schlinge zu. Allerhöchstens eine halbe Stunde kann ich mit einer ordentlich geknüpften Krawatte gehen. Selbst als ich mit dem Papst umherwandelte, hatte ich den Schlips aufgemacht. Der Papst hat das nicht einmal gemerkt. Schließlich trägt er ja auch keine Krawatte.

Meine anderen Eigenheiten? Ich kann keine Schuhe tragen. Auf Grund der gewaltigen Verkrümmung meiner Beine sind meine Füße sehr instabil. Ich bin mehrere Monate zu früh geboren, da waren viele Knochen noch nicht genau so, wie sie sein sollten. Meine O-Beine verleihen mir beinahe übernatürliche Kraft – der romanische Bogen, weißt du –, aber ich brauche sehr festes Schuhwerk, also trage ich nur Bergstiefel. Bei Anlässen, bei denen Gesellschaftskleidung verlangt wird, fallen sie besonders auf.

Und schließlich brauche ich viel Sauerstoff. Vielleicht liegt es an meiner Vergangenheit im Château Parfilage oder den ständigen Verrenkungen meines Gehirns, aber ich brauche Riesenmengen Sauerstoff. Obwohl ich ihn hauptsächlich dadurch bekomme, daß ich mich im Freien aufhalte, muß mir, wenn ich im Büro bin, ein Ventilator ins Gesicht blasen.

Kurz nach der Episode in den White Mountains gestalteten Stillman & Chase die Vorstandsetagen so um, daß sich die Fenster nicht mehr öffnen ließen. Ich war erstaunt. Frische Luft ist elementar. Wenn du das bezweifelst, versuche doch mal, zwei Minuten lang die Luft anzuhalten. Wie konnte nur jemand vorsätzlich die Luft aussperren? Gebäude mit Fenstern, die sich nicht öffnen lassen, mögen zwar wirtschaftlich sein, aber sie sind auch Irrsinn.

Die Techniker sagten mir, wenn sie für mich ein Fenster herausschnitten, träte an dieser Stelle die ganze Luft aus, und der entstehende Sog würde alles, was nicht niet- und nagelfest sei, hinausziehen – Papiere, Bücher, Lampen, meine Decke, sogar mich. Ich war verzweifelt, und dann fielen mir Unterwasseratmungsgeräte ein.

Nur meine Sekretärin wußte Bescheid, und sie gab mir jedesmal ein Zeichen, so daß ich die Taucherflaschen im Schrank verstauen konnte, bevor ich einen Besucher empfing. Einmal vergaß ich aber, daß ich sie trug, und stürzte bei einem Lunch der Gesellschafter auf den italienischen Finanzminister zu. Den Direktoren war es äußerst peinlich, aber der Finanzminister, den ich kannte, sagte: »Haben Sie auch solche Dinger, wie heißen sie gleich, Schwimmflossen? Sie müssen mich nächsten Sommer in meinem Haus in Portofino besuchen. Dort können Sie viele bunte Fische sehen.«

Aus welchem Grunde auch immer, die Firma schickte mich zu der Winterkonferenz, und ich wollte auch unbedingt hin, weil ich die Berge liebe und die im Winter völlig mit Licht und Sauerstoff überflutet sind. Da saß ich denn nun an einem großen quadratischen Tisch, an den dreißig Personen paßten, und wiegte wie eine stillende Mutter ein imaginäres Baby in den Armen, als die Konferenz eine Diskussion gewisser ökonomischer Theorien begann, denen ich schon immer äußerst skeptisch gegenüberstand.

Strategisch zwischen den Teilnehmern plaziert, standen da silberne Tabletts mit einer Flasche Glenlivet, Eis, Wasser, Gläsern und Erdnüssen. Bald tranken alle Scotch und aßen Erdnüsse. Es roch wie in Edinburgh im Zoo. Wenn erwachsene Männer Erdnüsse essen, werfen sie sich diese in den Mund, daß es aussieht, als wollten sie einander zum Duell fordern. Daß es sich dabei um studierte Ökonomen handelte, die noch dazu ziemlich betrunken waren, machte alles nur desto merkwürdiger. Ich wartete auf Musik, vielleicht *Die Nußknakkersuite.*

Da bekam ich die einzige Frau in der Runde zu Gesicht. Sie saß drei Professoren weiter zu meiner Rechten, zum größten Teil von ihnen verdeckt. Die Herren zwischen uns waren ziemlich beleibt, und sie saß irgendwie ängstlich da, machte sich klein, als wüßte sie nicht, was sie tun oder sagen sollte. Keiner sprach mit ihr, genausowenig wie mit mir, und sie, wie ich auch, tat sich keinen Tort mit Schnaps und Erdnüssen an.

Wie hatten sie nur nicht mit ihr sprechen können! Sie sah so aus, daß mir sogar jetzt, siebenunddreißig Jahre später, mit dem Kopf nach unten, auf der andern Halbkugel, in der Erinnerung an sie heiß wird. So viele Frauen tragen ihre Schönheit in ihrem Körper oder den Haaren oder dem Teint. Das alles hatte Constance auch, aber bei ihr war es das Gesicht, quasi das Hauptportal und der elementare Ausdruck der Seele, das sie so absolut atemberaubend machte. Das Zusammenspiel der Gesichtszüge, die andere Frauen zu ändern, verschönern oder verstecken suchen, zog sofort meinen Blick auf sich und löste tausend starke Gefühle aus.

Ich werde sie nicht nennen: die Liste würde zu lang. Sogleich, als ich sie sah, spürte ich eine Energie aufschießen, wie ich's, ich erinnerte mich, nur einmal zuvor erlebt hatte, als ich aus einem brennenden Flugzeug abgesprungen war. Für einen Moment verschlug es mir den Atem. Ich versuchte, sie nicht anzusehen.

Sie anzusehen hieß, sich entweder vorzubeugen oder zurückzulehnen und sich augenfällig nach rechts zu drehen. Meine Lage hätte sich verraten. Und dann, ihre Wirkung auf mich kann ich nur als Lähmung und Neuorientierung beschreiben. Jedesmal, wenn ich einer Frau wie Constance begegne (nur dreimal, und das erste Mal war ich zu jung, das dritte Mal hingegen zu alt), möchte ich den Beruf wechseln, in eine Berghütte oder auf eine Wetterstation auf einem Atoll ziehen und den Rest meines Lebens damit verbringen, sie in den Armen zu halten. Und immer wenn es geschieht, verhalte ich mich unbesonnen.

Ich saß da, Herzklopfen, rot im Gesicht, Freudenstürme brausten durch mich hindurch, wie ein kräftiger Sommerregen übers Meer braust. Ich betete, daß sie nicht verheiratet sei und daß sie mich heiraten werde. Ich muß wohl gewußt haben, daß sie wolle, aber ich stand Todesängste aus, daß sie es nicht wollte.

Als ich ihr schließlich von Angesicht zu Angesicht gegenüberstand – und da greife ich nun vor –, war ich sprachlos ob ihres Namensschildes. Darauf stand: Constance Olivia Phoebe Ann Nicola Devereaux Jamison Buckley Andrews Smith Faber Lloyd.

»Wer davon sind Sie?« fragte ich mit gespielter Schalkhaftigkeit.

»Alle von uns«, antwortete sie in ebendemselben Ton.

»Ihr Name«, sagte ich zu ihr, »läßt den Zusammenschluß von England und Venezuela vermuten.«

Was machte ich da nur? Ich liebte diese Frau doch mit jedem Atom meines Körpers und jedem Äther meiner Seele.

»Als nächstes erwarte ich von Ihnen«, sagte sie, »daß Sie mich fragen, ob ich Italienerin sei.«

»Nicht doch. Ich habe mich nur gefragt, ob Sie gleich in Zugstärke angetreten sind, und ich wollte Ihnen sagen, daß Ihr Namensschild nicht der Beherbergungsordnung entspricht. Sie werden anbauen müssen.«

Ich lehnte mich zurück, als hätte ich ein halbes Kleinluftschiff Lachgas inhaliert. Auf einem Tisch unter den Fenstern, die auf ein Schneefeld hinausgingen, war ein Büffet angerichtet. Im Kamin brannte ein Feuer, und sobald ich Constance zu Gesicht bekommen hatte, natürlich auch in mir.

Um vom Zug zum Konferenzort zu gelangen, mußte man einen Pferdeschlitten rufen, der dann mit Schellengeläut im Mondschein kam. Es ist nur schwer vorstellbar, daß wir um der Autos willen, die wie Küchenschaben umherflitzen, auf die einzigartige Schönheit von Pferden verzichtet haben, die Schlitten über den Schnee ziehen.

Weil ich noch nach Boston in eine Filiale mußte, war ich mit dem letzten Zug gekommen. Meiner Sekretärin hatte man gesagt, daß sich die Schlitten zur Zeit meiner Ankunft auf einer Ausflugsfahrt befänden und daß ich vom Bahnhof zu Fuß gehen müsse. Da es so an die fünf Meilen weit war, hatte ich mich warm angezogen, meinen Parka und dicke Hosen, und was ich sonst noch bei mir hatte, trug ich in einem Rucksack.

Ach, war das köstlich, im Licht des vollen Mondes und bei zehn Grad unter Null dahinzugehen, in einer Luft, aus der jeder Hauch von Fäulnis verschwunden war. Ich war zweiundvierzig Jahre alt, ich hatte den Krieg überlebt, und ich war bereit, mich wieder einmal zu verlieben. Fräulein Majewska, samt Mann und Kindern, war tot. Mir war, daß ich ihr mein eigenes Glück schulde und daß ich in meinen Kindern ihre sehen würde. Meine Gefühle waren widerstreitend, aber ich beschloß, daß ich in jedem Falle das Lebendige, das Heilige und das Schöne suchen wolle; daß ich um ihretwillen ebenso wie um anderer willen verpflichtet sei, das Beste aus dem zu machen, was immer da des Weges käme. Und so habe ich es wohl auch gehalten, habe ich doch nie Trauer oder Freude von Berechnung trüben lassen.

Gerade rechtzeitig zur Konferenz angelangt, trug ich meinen Rucksack hinein und legte ihn in eine Ecke. Noch bevor ich Constance sah, brannte mir das Gesicht von der Kälte, und ich mag wohl viel jünger ausgesehen haben, als ich war, weil ich nach dem Fußmarsch entspannt und glücklich war.

Unvorhersehbare, nicht in meiner Hand liegende Umstände hatten mir viele der Anzeichen des mittleren Alters vorenthalten. Ich war erst seit anderthalb Jahren aus der Armee entlassen worden und hatte die Angewohnheit des Flugpersonals, sich fit zu halten, beibehalten, ja sogar noch mit den drei Stunden Sport, den Mittagsschläfchen wie auch dadurch verstärkt, daß ich jeden Tag zehn Meilen zur Wall Street (eigentlich Broad Street) zu Fuß hin- und zurückging. Und, wie du ja weißt, ich trinke keinen Kaffee (da kann man zwanzig Jahre abziehen).

Das alles soll heißen, daß sie mich für einen Studenten hielten. Als ich hereinkam, erhielt ich ein Namensschild, und ich steckte es an, ohne zu merken, daß darauf stand: »Beobachter, Student, Wabash College.« Das merkte ich erst am nächsten Tag, als Constance, nachdem allerhand passiert war, vorschlug, daß sie das Wabash College besuchen wolle.

»Warum?« fragte ich.

»Da kann ich in deiner Nähe sein«, antwortete sie.

»Das ist sehr lieb von dir«, antwortete ich und dachte, das Wabash College läge vielleicht in der Nähe der Wall Street, »aber ich wohne Uptown, im Norden.«

»Du wohnst nicht auf dem Campus?«

Ich lachte.

»Das tun doch die meisten.«

»Was tun die meisten?« fragte ich.

»Auf dem Campus wohnen. Oder?«

»Was für einem Campus?«

»Wabash College.«

Ich war verdutzt. »Was soll das eigentlich heißen, Constance?«

»Die meisten Studenten des Wabash College leben doch auf dem Campus des Wabash College, ist das nicht so?«

»Das klingt einleuchtend«, sagte ich.

»Aber du wohnst woanders?«

»Natürlich«, beteuerte ich.

»Wieso?«

»Wieso *was?*«

»Wieso wohnst du woanders? Warum wohnst du nicht auf dem Campus?«

»Auf dem Campus vom Wabash College?«

»Ja.«

»Warum sollte ich denn dort wohnen?«

»Wo ist das denn?« fragte sie, ein wenig gereizt.

»Ich weiß nicht.«

»Du weißt es nicht?«

»Nein.«

»Wetten, dein Name erscheint auf keiner Liste der besten Studenten«, sagte sie.

Sie hatte geglaubt, ich studiere im Rahmen des G.-I.-Programms. Auch die andern, die Herren Professoren von Harvard, Yale, Columbia und Wharton hatten das geglaubt. Darum hatten sie mich ignoriert – oder es jedenfalls versucht –, wann immer ich sprach. Darum war ich auf so ärgerliche Weise unsichtbar gewesen.

Daß ich das nicht gemerkt hatte, sollte bald die Ursache heftigen Streits werden. Der Mann zu meiner Linken hatte irgendwie Schwierigkeiten. Er war sichtlich mit fast allem unzufrieden und ärgerte sich über den Rest. Am Anfang der Diskussion stellte er eine Behauptung auf, die meiner Meinung nach jeglicher Grundlage entbehrte. Er versuchte, eine rein akademische Hypothese durchzusetzen, die nichts mit der Wirklichkeit zu tun hatte, wie Staaten im Rahmen des internationalen Systems handeln (meine Spezialität, die mich oft genug hatte ins Schwarze treffen lassen, um mir wenigstens zu erlauben, eine Meinung zu äußern). Ich widersprach ihm – direkt, aber auf die höfliche, hypothetische Art, wie sie in postgradualen Seminaren oder am Hofe eines Schogun vorherrscht.

Und da sah er mich an und las offenbar mein Namensschild. »Das ist doch Unsinn«, sagte er. »Sie wissen ja nicht, wovon Sie reden.«

Ich war perplex. Es war keine zwei Monate her, daß ich eine

Unterredung mit Harry Truman gehabt hatte, und obwohl wir ganz offen sprachen und nicht immer einer Meinung waren, von Arroganz war beim Präsidenten nichts zu spüren gewesen. Ich verließ sein Zimmer im Weißen Haus voller Bewunderung für ihn, die mit dem Erscheinen jedes seiner Nachfolger nur noch größer geworden ist.

Wer war denn dieser Herr Professor, der mich abtat, als wäre er die Herzdame und ich sein unterwürfiger Bittsteller? Ich las sein Namensschild. Igor Jaguar. Professor für Wirtschaftswissenschaft, Harvard University. Igor Jaguar? Na ja, er hatte einen ungewöhnlichen Akzent.

Als er einen kleinen Vortrag über die Schönheit und universalen Vorhersagequalitäten des Jaguar-Theorems beendet hatte, widersprach ich ihm noch einmal, wobei ich meine Argumente so sorgfältig und eindringlich zurechtlegte, wie ich nur konnte, denn immerhin war ich ja beleidigt worden.

Mit herablassendem Lächeln sagte er: »Na schön, Sie Schwachkopf, Sie haben Ihren Unsinn von sich gegeben, und wir haben genug davon. Verschonen Sie uns mit Ihren Bemerkungen für den Rest der Sitzung.«

Anstatt mich aufzublähen und zu sagen: »Wie bitte« oder etwas dergleichen, lachte ich nur. Schließlich war ich ein ganz und gar erwachsener Mann, der etwas von der Welt gesehen hatte, und selbst in meiner Studentenzeit – in Harvard, als der Herr Professor Jaguar noch nicht auf der Bildfläche erschienen war – hatte nie jemand so zu mir gesprochen. Ich blickte in die Runde der Ökonomen, Bestätigung heischend, daß Mr. Jaguar zu weit gegangen war, aber ich fand keine Unterstützung. In ihren Mienen war zu lesen, daß sie es mir ankreideten, daß Jaguars Inkompetenz ans Licht gekommen war, und unglücklicherweise hatten sie mein Lachen als ängstliche Zustimmung gedeutet.

Jemand anders erhob die Stimme und wechselte das Thema. Und dann noch jemand anders und wieder jemand anders. Obwohl der Stachel tief saß, war ich doch bereit, den Zwischenfall zu vergessen und diplomatisch fortzufahren. Am Ende einer Diskussion darüber, was die in Bretton Woods vereinbarten Beschlüsse für Folgen hätten, stellte ich, so ganz nebenbei, eine Frage. Ich sagte so etwas wie: »Ich weiß nicht, wie dieser Beschluß zustande gekommen ist. Was waren eigentlich die Hintergründe dieser Entscheidung, ihre legislative Geschichte sozusagen?«

Jaguar schwieg, aber jemand anders sagte, und zwar so, daß ich, aus mir unerklärlichen Gründen, grimmige Feindseligkeit gegen mich erkennen konnte: »Wenn Sie fortgeschritten genug sind, dieses Seminar zu besuchen, sollten wir Ihnen solche Dinge nicht erklären müssen. Sich über etwas so Wichtiges wie Bretton Woods zu informieren, das war nun Ihre Sache.«

Ich dachte, ich träume oder daß ich verrückt geworden sei, und meine Streitlust wuchs allmählich. Ich spürte solche Wut in mir hochkommen, wie sie mich eines schrecklichen Tages in Brooklyn heimgesucht hatte – beim zweiten Mann, den ich tötete, wofür ich nicht vor Gericht kam, sondern, mehr oder weniger, Lob erhielt.

Zuweilen packt mich die Wut, und ich meine, ich bin geboren, um mit einer Keule zu kämpfen. Doch ich unterdrückte sie. Ich entschied, daß es sich nicht schicke, in die Luft zu gehen. Allerdings ließ ich mich zu einer sehr entschiedenen Erwiderung herbei.

»Es war mir nicht möglich, die Konferenz zu verfolgen«, sagte ich, »und wenn Sie mir nicht antworten können oder wollen, dann sicher nicht deshalb, weil meine Frage irgendwie unvernünftig gewesen wäre. Die Frage ist vollkommen vernünftig.«

Allgemeines Gemurmel. Und dann Stille. Und dann, in einem Ton, der von Verachtung nur so troff, sagte jemand *anders*: »Wir erwarten ein gewisses Kenntnisniveau. Bretton Woods ist erst zwei Jahre her. Wo waren denn *Sie*, daß Sie davon keine Ahnung haben?«

Das war's. Da hatte ich's. Ich zerdrückte meine eine Träne. Ich weiß nicht, was sie davon hielten, aber wenn ich mit dem Rücken zur Wand stehe, erinnere ich mich an alle, die ich liebe, und bin dann sofort zutiefst gerührt. Aber gleich darauf ernüchtert mich das Gefühl, durch die Erinnerung an sie zu ihrer Verteidigung aufgerufen zu sein, und dann bin ich kampfbereit.

Ich kniff die Augen zusammen. Ich sagte, gar nicht so sehr im Zorn, aber mit einem unmenschlichen Grollen voll Wirklichkeit und Wahrheit: »Ich war in einem gottverdammten Flugzeug über dem gottverdammten Berlin.«

Da verstummten alle, außer Jaguar, der sein Stichwort ignorierte, die Standpauke bleibenzulassen. »Da kann ich nur sagen, du Scheißkerl vom G.-I.-Programm, das ›Wabash College‹ wäre sicher besser dran und als Einrichtung etwas weniger unbedeutend, wenn man dich abgeschossen hätte«, sagte er kaltlächelnd, gleichsam in einer Art Triumph und als wäre von mir keine Gefahr zu erwarten.

In diesem Augenblick ging ich nun nicht in die Luft. Ich habe mir immer das Recht vorbehalten, den Zeitpunkt selbst zu bestimmen, wann ich explodiere. »Ich *bin* abgeschossen worden«, sagte ich ihm. »Zweimal.«

»Zu dumm, daß du dabei nicht auf der Strecke geblieben bist, du kleiner *Idiot*«, entfuhr es ihm.

Ich war so außer mir, daß ich ganz reglos wurde. Dann vergingen Sekunden, vielleicht auch eine Minute. Jemand wollte etwas sagen, als ob das Seminar weitergehen sollte, aber wie in einem roten Schleier erhob ich mich, den Blick unverwandt auf Jaguar gerichtet, von meinem Platz. Wie die Sekunden verstrichen, hörte ich die Stimme des Sprechers schwächer werden. Und dann, während ich Jaguar anstarrte, senkte sich Stille herab.

Mein Blick heftete sich auf das Büffet. Angespornt von der Erinnerung an die, die ich kannte, die ihr Leben hingegeben hatten, sagte ich zu Jaguar, so leise, daß es kaum zu hören war, in einer Art heiserem Flüstern: »Haben Sie Hunger? Sie sehen hungrig aus. Es ist Essenszeit, aber bleiben Sie sitzen, ich bediene Sie.«

Was ich danach tat, geschieht selten, weil der Mensch so starke Hemmungen hat. Aber Kaffee und seine üblen Manifestationen rechtfertigen einen Urzorn, genauso wie die Verteidigung der Unschuldigen, und zu den Unschuldigen gehören für mich die, die nicht sprechen können, sich nicht bewegen können, ihre Wünsche nicht kundtun können, die, für die Liebe nur rein und für immer und ewig unerwidert ist, weil sie dahingegangen sind und niemals wiederkommen werden.

Zu ihnen gehört mein Cousin Robert. Ich habe ihn kaum gekannt. Als wir klein waren, spielten wir auf Familientreffen. Wir waren zu jung, um zu verstehen, wie wir verwandt waren oder daß das etwas bedeutete oder daß wir einander ähnlich sahen.

Einmal, bei einer endlosen Familienfeier, wo die Mädchen Lackschuhe trugen und die Zimmer zu heiß waren, flohen wir in den Keller und versuchten, einen Kühlschrank auseinanderzunehmen. Und ein andermal, zum Thanksgiving Day, als es ungewöhnlich kalt war, nahmen wir Reißaus auf einen schilfumsäumten See und fuhren stundenlang in dem kühlen Wind Schlittschuh.

Er starb in seiner B-25. Bei der B-25 handelte es sich um eine Waffe, mit der Amerikaner Amerikaner hinmordeten, eines der schlechtesten und gefährlichsten Flugzeuge, die je hergestellt wurden, ein Sarg. Ein Drittel davon ging bei Übungsflügen verloren, da kann man sich vorstellen, wie sie in Kampfeinsätzen waren.

Denkst du etwa, die Besatzungen hätten das nicht gewußt? Und ob sie das wußten. Und auch ihre Familien wußten das. Ich erinnere mich noch genau an ein Schwarzweißfoto, acht mal zehn, von meinem Onkel und meiner Tante, Robert und seiner jüngeren Schwester. Auch meine Großmutter ist drauf und noch eine Frau, wahrscheinlich die Schwester von Roberts Mutter.

Sie stehen vor Roberts abgestellter B-25 auf einem Feld in Südkalifornien, blicken in den Fotoapparat, als sähen sie den Tod. Er ist der einzige, der lächelt, obwohl er genausogut wie sie oder besser noch als sie wußte, genau wußte, was für Chancen er hatte. Wie tapfer er war, einem sinnlosen Tod ins Gesicht zu sehen, jedes Mal, wenn er aufstieg, und doch stieg er immer wieder auf.

Ich trat einen Schritt vor und stieß meine linke Hand in Jaguars Revers, umklammerte sie wie ein Schraubstock. Benommen packte er mit beiden Händen meinen linken Unterarm. Dann riß ich ihn etwa zwanzig Zentimeter zu mir her, brachte meine Rechte, schwertgleich, auf die Höhe von meinem linken Ohr und schlug ihm ins Gesicht.

Weil er vermutlich sein Lebtag nie geschlagen worden war, führte er sich auf, als ob ich ihn getötet hätte. Doch dieser Schlag sollte ihn nur herumdrehen, und danach tat er genau das, was ich wollte, daß er es täte. Er warf sich mit dem Gesicht nach unten über den Tisch, die Taille über den Rand gebeugt. Ich gebrauchte meine linke Hand noch einmal wie einen mechanischen Greifer und packte ihn mit einer plötzlichen unwiderstehlichen Bewegung hinten an Gürtel und Hosen.

Ich bin immer sehr stark gewesen, und damals befand ich mich in exzellenter Verfassung. So konnte ich ihn denn an Gürtel und Hals fassen, ihn hochheben und ihn hin und her befördern, als läge er auf einer Rollbahre. Keiner im Raum rührte sich, tätliche Auseinandersetzung war nicht ihr Metier. Der Mund stand ihnen offen, und ich glaube, einigen von ihnen hatte es wohl den Atem verschlagen, denn der Stille haftete etwas Sonderbares an, was darauf schließen ließ, daß es jählings an Sauerstoff fehlte.

Angefangen hatten wir am Kopfende des Büffettisches. »Hier ist Roastbeef«, sagte ich. Der Braten war nur zum Teil aufgeschnitten, und unter rotglühenden Lampen sah er aus, als gehöre er auf ein Gemälde von Hieronymus Bosch. »Sie mögen doch Roastbeef. Da«, befahl ich, als ich ihn mit dem Kopf daraufstieß. Noch atmete er und gab Geräusche von sich, so daß ich wußte, er hatte keinen Herzschlag erlitten.

»Woran erinnert Sie das mehr«, fragte ich, indem ich ihn hochriß und seinen Kopf wieder gegen das Roastbeef stieß, so daß es quer durchs Zimmer flog, »Golf oder Baseball?«

Sein Protestgeheul zeigte, daß sein Stolz viel mehr verletzt war als sein Körper, also sagte ich: »Was war das? Baseball? Recht so. So, nun gibt's Kartoffelsalat, essen Sie, soviel Sie wollen.« Als sein Kopf wieder aus der Schüssel mit dem Kartoffelsalat auftauchte, sah er aus wie der Weihnachtsmann.

»Robert war mein Cousin«, schrie ich. »Bloß noch so ein Blödmann, der in seiner B-25 runterkam. Bloß noch so ein Scheißkerl, der noch nicht einmal in den Genuß des G.-I.-Programms gekommen ist. Für Sie nicht mal eine Nummer. Sie müssen nicht mal an ihn denken.«

Ich befand mich in dem gleichen Zustand, in dem zierliche Mütter imstande sind, 600 Pfund schwere Tore von ihren eingeklemmten Kindern zu wuchten, und hätte ich fest zugedrückt, hätte ich ihn im Nu zu Tode befördern können.

»Aber nun werden Sie wohl an ihn denken. Jedesmal, wenn Sie in eine Menschenansammlung kommen, werden Sie an ihn denken. Jedesmal, wenn Sie etwas zu essen sehen, werden Sie an ihn denken. Sie werden an ihn denken, jedesmal, wenn Sie ein Flugzeug sehen oder hören. *Schwören Sie's!*« schrie ich und schüttelte ihn, wie ein Terrier eine Ratte schüttelt. »Schwören Sie's!«

Hätte er nicht ein paar unverständliche Geräusche von sich gegeben, die unverkennbar Zustimmung signalisierten, hätte ich ihn umgebracht. Ich sagte: »Sagen Sie: ›Robert, danke, daß du für mich in deiner lausigen B-25 gestorben bist.‹ *Sagen Sie's!*« Und er sagte es.

Ich ließ ihn los. Als er erschrocken vor sich hinstarrte, nahm ich meinen Rucksack und ging hinaus in die arktische Luft, am ganzen Leibe zitternd, verstört, daß nicht ich es gewesen war, der an Roberts Stelle abgestürzt war, weil ich es zu den Familienfeiern und auf dem Teich und während der wenigen Male, die wir zusammen gewesen waren, gewußt hatte. Ich hatte es sogar damals gewußt, obwohl ich nicht wußte, wie, daß ich überleben würde und er nicht. Ich hatte den Verstand gehabt. Ich hatte die Wut gehabt. Und ich hatte auch das Glück gehabt.

So war ich nun einmal, und er war zarter gewesen, ein wenig linkisch und nicht so sicher. Aber er war bei weitem der bessere Mensch, der stillere Mensch, und er ließ sein Leben.

Ich denke oft an ihn. Siehst du, da droben waren die Farben anders, und die Luft... war anders. Die halbe Zeit kam man sich vor, als ob man träume, und die Kräfte, die auf einen einwirkten – das blendende Licht, die Schwerkraft bei einer Kehrtwendung oder beim Sturzflug, die große Kälte, die Luft, die zum Atmen zu dünn war –, waren von der Art, daß man immer dem Tor zum Tod nahe war und es viel zu leicht war, dranzukommen. Ich bin durch die Lüfte gefallen, wo mir die Fliehkraft während des Sturzes bald die Arme ausriß, worauf ein orangeroter Feuerball und Donnerkrachen folgten und die Riemen und Schnallen an meiner Kleidung im Wind schwirrten.

Obwohl sich mein Verhalten auf der Konferenz nicht negativ auf meine Karriere auswirken sollte (mein Ruf war bereits kompromittiert), fühlte ich mich doch durch das, was ich getan hatte, irgendwie aus der Bahn geworfen. Nichtsdestotrotz hatte mir meine Unbedachtheit gute Dienste geleistet, denn als ich aus einem dunklen Fichtenbestand auf die mondhelle gefrorene Straße hinaustrat, hörte ich Schritte.

Aus dem Dunkel tauchte Constance auf, sie bewegte sich auf so wunderschöne Weise, daß ich getröstet wurde, und als sie herankam, war ich ganz betört. Doch das waren andere Zeiten. Ich erinnere mich da an eine Zartheit, eine Zurückhaltung, die sie länger, als wir wollten, von mir fernhielt, und obwohl ich sie in diesem Augenblick in die Arme schließen wollte, sollte das erst später geschehen.

Ich war zwar schon in den mittleren Jahren, doch wies unser Verhältnis jene Art weltentrückte Anziehungskraft auf, in die Heranwachsende und junge Leute so oft verfallen, auch wenn meine Fähigkeit zu derartiger Weltentrücktheit deutlich nachgelassen hatte. Dafür vermochte ich nun das Faktische besser zu schätzen.

Dieser Prozeß ist weitergegangen, bis ich nun, mit achtzig, mit kleinen Dingen wohl zufrieden bin, die ich früher für nicht so wichtig gehalten habe. Ich kann jetzt viel mehr in die Tiefe sehen, und meine Zufriedenheit mit immer weniger nimmt erschreckend zu, so daß ich fürchte, es wird nicht mehr lange dauern, und ich bin am Ende des Lebens angelangt, wo ich mit absolut nichts vollkommen zufrieden sein muß.

Ich erinnere mich an Constance, als ob ich mir Fotos ansähe. Ich sehe, wie sie tanzt, sich anmutig dreht, und jeder aufeinanderfolgende Augenblick ist erstarrt, mit einem Klicken, wie mit einem Fotoapparat. Als sie ins Licht tritt, glänzt es auf ihrem Haar und in ihren Augen und ihrem Lächeln. Sie wendet sich mir zu, offen, vertrauensvoll, voller Liebe. Sie trägt ein paillettenbesetztes Oberteil, das wie eine Zauberdistel Lichtpfeile reflektiert. So war das.

Der Zug, der mich hergebracht hatte, war umgekehrt, der letzte Zug, der ging, der Bahnhof war dunkel, und das einzige Hotel beherbergte Igor Jaguar samt Kollegen. Wir gingen die ganze Nacht. Auf der weißen Straße begegneten wir nicht einem Auto oder einem Licht in den wenigen Orten, durch die wir schweigend, um die Schlafenden nicht zu stören, kamen.

Solange wir in Bewegung waren, fühlten wir uns völlig wohl: wir hätten so den ganzen Weg laufen können. Wir schritten schnell aus, und bis die Sonne am andern Morgen über den Bergen aufging, hatten wir dreißig Meilen zurückgelegt. Als wir in den Zug stiegen, nahmen wir getrennte Abteile, ließen die Betten herunterklappen und schliefen die ganze Strecke bis New York, wo wir am Abend mitten in der dicksten Hauptverkehrszeit in die Grand Central Station ausgespien wurden.

Vollkommen ausgeruht, vom Wind gerötet und nach dem Pimentöl duftend, das wir uns beide ins Gesicht gespritzt hatten, nachdem wir uns mit kaltem Wasser gewaschen und das Standard-Pullman-Bord mit den Standard-Pullman-Toilettenartikeln in Augenschein genommen hatten, stürzten wir uns in das hektische Getriebe, das am frühen Abend in New York herrscht, aber ohne den gewohnten Schleier von Müdigkeit, und wir aßen in der Oyster Bar.

Constance war achtundzwanzig und wollte mir zunächst gar nicht glauben, als ich ihr erzählte, daß ich 1912, in der ersten Woche, als die Oyster Bar aufgemacht hatte, mit meinem Vater dort gewesen war. Wenigstens tat sie so, als wäre sie erschrocken. Natürlich fühlte ich mich geschmeichelt.

Sie hatte wirklich angenommen, daß ich im Rahmen des G.-I.-Gesetzes am Wabash College studiere. Großartig ließ ich verlauten, daß ich tatsächlich in Harvard studiert und in Oxford, am Magdalen College, meinen Magister gemacht habe.

So begann eine Reihe von Überraschungen und Doppelgleisigkeiten, die während meiner Zeit mit ihr nie enden sollten. »Harvard!« sagte sie. An das feine Kreischen feudaler Selbstverleugnung war ich gewöhnt, das zu vernehmen ist, wenn man diesen Namen nennt (wie anstößig er doch jetzt dagegen wirkt), und ich nahm an, daß sie, na ja, du weißt schon... beeindruckt war.

Beeindruckt war sie nun aber nicht, freute sich nur, denn sie war in Radcliffe gewesen, und das hieß, daß wir, auch wenn nach Jahren weit auseinander, doch gewisse Dinge gemeinsam hatten. Ich war mehr oder weniger erfreut. Daß sie in Radcliffe studiert hatte, bedeutete schließlich, daß sie mich verstehen könnte, wenn ich sprach, wozu Radcliffe, wie wir meinten, ja da war. Es stimmte zwar, daß die Cliffies bessere Zensuren bekamen, aber doch nur deshalb, weil sie passiver und darum in der Lage waren, sich den Wünschen ihrer Dozenten anzupassen, sie nicht in Konkurrenz zu den Professoren standen, sie sich nicht bei Sport oder Ausschweifungen verausgabten – wie wir, oder wie wir es jedenfalls behaupteten –, und sie knieten sich voll ins Studium hinein, weil sie keine berufliche Laufbahn vor sich hätten.

Aber Constance, das begriff ich rasch, war niemals passiv und hatte nicht die Angewohnheit, sich nach jemandes Wünschen zu richten. Und, sie ruderte.

»Du bist gerudert?« fragte ich.

Sie nickte.

Kein Wunder, daß ihr Oberkörper, ihre Schultern, Arme und Brüste so schön waren, so vollkommen geformt, so wohl ausgebildet.

»Und was hast du nach dem College gemacht?« fragte ich, dabei dachte ich an Ringtennis vielleicht.

»Ich rudere noch immer – im Long Island Sound.«

Kein Wunder, daß ihr Oberkörper, die Schultern ...

»Ich bin im Einer gerudert«, erzählte ich ihr, verblüfft. »Wir können zusammen rausgehen. Ich bin sechs Jahre gerudert, vier in Harvard und zwei in Oxford.«

»Ich bin acht gerudert«, sagte sie.

»Du meinst, du bist vier Jahre lang gerudert, seit du aus dem College bist? Du solltest nur die Jahre rechnen, die du im College warst oder einem Klub angehört hast, der an Wettkämpfen teilnahm.«

»Nein«, sagte sie zu mir, so ungemein fröhlich. »Vier Jahre im College und vier Jahre dann an der Uni.«

»Uni?« fragte ich, ziemlich überrascht.

»Ja.«

»Wo?«

»Harvard.«

»Ach. Was ... was hast du ...«

»Wirtschaftswissenschaften«, fiel sie mir ins Wort.

»Du hast deinen Doktor gemacht?«

»Letztes Jahr«, sagte sie. »Meine Arbeit habe ich über die Auswirkungen der politischen Philosophie auf die Wirtschaftstheorie geschrieben. Sie soll veröffentlicht werden«, sagte sie, mit mehr als nur einem Augenzwinkern, »nächsten Monat.«

»Wo?« fragte ich.

»Oxford University Press. Und was machst *du*?«

Das wollte ich ihr nicht sagen. »Ich bin erst vor kurzem aus der Armee entlassen worden«, sagte ich. »Ich war Pilot.«

»Ich weiß«, sagte sie. »Über Berlin.«

»Ja. Viele Male.«

»Zweimal abgeschossen.«

»Ja«, sagte ich, »zweimal, aber nur einmal über Berlin, und einmal über dem Mittelmeer.«

»Aber was machst du denn jetzt?«

»Ich habe mich noch nicht wieder eingewöhnt«, sagte ich.

Sie sollte nicht wissen, daß ich Teilhaber bei Stillman & Chase war. So sehr wollte ich sie nun auch nicht beeindrucken. Es sollte nicht so aussehen, als wollte ich durch die bloße Angabe dessen, was ich tat, zu verstehen geben, daß ihr ganzes Wissen zwar bewundernswert, aber doch rein spekulativ und theoretisch sei, wohingegen meines doch, na ja, das Wahre sei. Und ich wollte ihr auch nicht gar zu sehr in puncto Geld imponieren, wenigstens jetzt noch nicht.

Mein Gehalt und die Ausschüttung am Jahresende waren nun durchaus recht eindrucksvoll. Ich bewohnte ein ganzes Obergeschoß in einem Haus an der Fifth Avenue mit Blick auf den Central Park. Ich besaß ein Häuschen in East Hampton. Ich wollte sie mit diesen Dingen überraschen, sie glücklich machen, aber zuerst wollte ich, daß sie mich um meiner selbst willen liebte, also beschloß ich, es wie im Märchen zu machen.

Am nächsten Tag mietete ich eine kleine Wohnung in einem Haus mit rotbrauner Sandsteinfassade auf der Upper West Side. Als wir uns später unter der Uhr am Biltmore trafen, erwähnte ich beiläufig, daß ich in dieser Wohnung wohne. In ein paar Tagen hätte ich sie nach Art eines aus dem Kriegsdienst entlassenen Piloten einrichten lassen, der noch immer an den Folgen des Krieges litt und sich noch nach einem Beruf in Friedenszeiten umsah. Ich brachte ein paar Bücher, ein paar Erinnerungsstücke aus dem Krieg – Offiziersstöckchen, Mütze, eingerahmte Offizierspatente, Patronenhülsen usw. – und ein paar Möbelstücke in die neue Wohnung. Ganz wahrheitsgemäß erzählte ich Constance, daß ich dort noch kein Telefon habe, aber damit rechne, daß binnen einer Woche eines installiert werde.

»Ich habe dich nie gefragt, wo du wohnst, Constance. Ich weiß nicht, was ich gemacht hätte, wenn wir uns nicht hätten hier treffen können und wenn ich dich nicht hätte erreichen können.«

»Ich wohne im Barbizon«, sagte sie nervös, und dann errötete sie in einem herrlichen Rosenrot, vom Scheitel bis zur Sohle. Sie sah aus, als ob sie am Strand von Krakatoa gewesen wäre, kurz bevor der Vulkan ausbrach. Drei oder vier Minuten lang kam und ging die Röte.

Das war auch, so sollte ich nicht lange danach erfahren, die Farbe, die sie annahm, wenn sie mit einem Mann schlief, und so hatte sie wahrscheinlich auch auf der mondhellen Straße ausgesehen, als sie auf mich zugerannt kam, obwohl ich es im Mondschein nicht hatte erkennen können. Und wenn sie so errötete, dünstete sie das Parfüm aus, dessen Duft sie so gut kleidete, und ich war selig.

Aber warum war sie rot geworden, als sie mir sagte, sie wohne im Barbizon? Weil es gelogen war. Ich wußte, es war gelogen, aber ich konnte es nicht beweisen. Jedesmal wenn ich sie anrief, hieß es, sie sei nicht da oder schlafe. Wenn ich sie abholte, kam sie bei der Rezeption herunter, wie wenn sie tatsächlich dort wohnte. Sie bezahlte zwar Miete, aber sie hielt sich offenbar nie dort auf.

Wer war ich aber, daß ich mich hätte beklagen können? Auf der West Side hatte ich mein eigenes Täuschungsmanöver inszeniert, und dort empfing ich sie, als ob ich ein mittelloser Expilot wäre, in dessen aufgewühlter Erinnerung er mit Herz und Seele noch im Himmel über Europa war.

Obwohl von Täuschung gekrönt, war unser Werben doch süß. Weil ich Constance nicht kannte, als sie älter war, ging unsere Liebe nicht über die anfängliche alles verzehrende Leidenschaft von, sagen wir, Romeo und Julia, hinaus, die Art von Liebe, die blind macht. Man sieht sie immer in Restaurants, wenn ein Mann und eine Frau am Tisch sitzen und einander ansehen, außerstande, den Kopf wegzuwenden, verbunden wie Katzen im Liebesakt. In meinem Alter neige ich dazu, eine solche Zurschaustellung mit so etwas wie müder Verachtung zu betrachten, doch zuweilen erinnere ich mich mit Freude daran. Es ist dies der Zustand, dem Sex nur Diener ist und ohne den Sex einem Tanz ohne Musik gleicht.

Alsbald, was nach dem alten Kalender sechs oder acht Monate hieß, führten die abertausend mit Küssen und Umarmen und Schmusen verbrachten Stunden zu dem unwiderstehlichen, trunkenen Liebesakt ..., den Anstand und Sitte uns bisher hatte vermeiden lassen. So etwas war nun nicht etwa, wie so oft heutzutage, etwas, das man nach zehnminütiger Bekanntschaft anfängt, oder eine gymnastische Übung, ein gesellschaftliches Erfordernis oder eine Form orgasmischen Ringkampfes.

Es bildete den Höhepunkt vieler Monate des Prüfens, Entschließens und moralischen Kampfes. Es war das Fanal wahrer Liebe und lebenslanger Hingabe. Eine beiderseitige Unterwerfung unter das elementarste Gebot, aber erst, nachdem wir uns in einem langen Kampf vor uns, und vielleicht auch sonstwo, bewährt hatten.

Die größten Blizzards beginnen mit dem feinsten Schnee. Ich muß wahnsinnig gewesen sein, mich auf eine so anspruchsvolle Lebensweise einzulassen, nun, da ich Anfang vierzig und physisch über den Höhepunkt schon hinaus war. Tagelang lagen wir ununterbrochen beieinander. Ich glaube, Insekten machen das so. Einmal hielten sich zwei Schnaken in vollkommener Symmetrie oben an meiner Badezimmertür umschlungen. Ich habe geblasen, daß ein Schwall Luft sie traf, und sie sind, in eins verschmolzen, weggeflogen. Anmutig flogen sie und schnell. O Wunder, wie kam das, daß sie mit einem Mal, ohne Übung oder Überlegung, wußten, wie man einen Doppeldecker fliegt?

Am Strand sehe ich junge Leute, die häufig die Partner wechseln, deren Fleisch in den Badeanzügen steckt wie eine Melone in einem Katapult. Was kennen sie anderes als das Offensichtlichste? Was könnte denn eine sinnliche Frau mit einer Tätowierung auf der sonnengebräunten üppigen Brust von Constance wissen, deren kräftigen Schultern, unveränderlichen Schamgefühl und großer sinnlichen Explosivität, wenn sie sich schließlich vollkommene Hingabe erlaubte?

Ich höre die schmutzigen teuflischen Klänge des Lambada, und sie spotten des Nordens. Sie spotten dessen, was wir vom kalten Meer und dem starken Wind gelernt haben. Sie spotten der Verführung und des Sündenfalls.

Warum sie mich getäuscht hat, weißt du nicht, doch du weißt, was ich damit bezweckt habe. Ich wollte nicht, daß sie mich um meines Geldes willen liebt, und ich wollte nicht, daß sie das Gefühl hätte, daß das, was sie tue, bloß eine fruchtlose akademische Übung sei, verglichen mit dem, was ich in der wirklichen Welt tat, mit wirklichen Menschen und den ganzen Wirtschaftsgefügen tatsächlicher Länder.

Viele Liebesgeschichten enden wohl mit einem Trompetenstoß, sogar noch pompöser und zerstörerischer, in dem herzzerreißende Leidenschaft sich im Dienste bloßer Eitelkeit erschöpft. Wir hätten wohl nach Connecticut ziehen und ein paar Ponys kaufen und unsere Kinder auf eine Schule schicken können, die sich Institut nannte. Alles hätte damit enden können, daß ich im Sattel saß, der Herr eines toten Pferdes. Es kam aber nicht so, weil ich jedes Mal, da ich mich umdrehte, auf eine Doppelweiche stieß.

Im Sommer darauf bekam ich zum ersten Mal eine Ahnung, daß nicht alles so war, wie ich dachte: das heißt, im Sommer 1947, im August, dann nämlich, wenn sich in New York die Hitze wie ein glühender, blendender Schleier über die Stadt legt. Ich erinnere mich an die Stadt dann wie an einen gewaltigen Versuch in Schwarz und Weiß, mit mehr Grautönen, als die Welt jetzt kennt. Die Stadt war ruhiger und gedämpfter, als sie heute ist, vielleicht weil sich alle die alten Formen zu ihrer größten Höhe erhoben hatten und das die Ruhe vor dem Fall war. Es schien, daß der Tod des alten Reiches und die Geburt des neuen während des Blizzards 1947 erfolgten, als die Stadt wie nie zuvor und nie mehr seitdem unter einem großen weißen Leichentuch lag. Er ließ alles stillstehen, jeden Mann, jede Frau und jedes Kind, legte die Straßenbahnen still, legte die Theater still, die Aktien, machte, daß die Busse standen und die Uhren.

Er brachte die Familien in völliger Ruhe zusammen, und als alle in einer Stadt versammelt waren, gespannt wie eine Bogensehne, er- schraken sie plötzlich sehr. Von den Kranzgesimsen und Vorsprüngen fiel der Schnee so herab, wie wenn jemand Manhattan aufgehoben und zu Boden geschleudert hätte, und die Straßen waren mit weißen Schwaden erfüllt, wie wenn ein Kind ein Schneeglas umgedreht, es wieder aufgerichtet und zugesehen hätte, wie das letzte eines alten Zeitalters herniederfiel und entschwebte.

Meine große Wertschätzung für die Zeit, die dazu führte, kommt daher, weil dort diejenigen wohnen, die ich nicht mehr erreichen kann. Am liebsten möchte ich zu ihnen zurückkehren, und so sehe ich denn in der Erinnerung alles, was sie umgibt, mit einer vielleicht verfehlten Zärtlichkeit, doch Zärtlichkeit bleibt es allemal.

Wäre ich nicht ins Exil gegangen, dann wäre ich in New York

geblieben, und es hätte sich geändert, und ich wäre überwältigt worden. Doch wie die Dinge liegen, bewahre ich es, wie es war, obwohl es sich für immer außer meiner Reichweite befindet, aber ich sehe es, und ich werde es deutlich sehen, bis ich sterbe. Wer weiß? Vielleicht geht mit der unendlichen Auflösung die unendliche Geschwindigkeit einher, und ich werde zurückgeschleudert, mitten hinein in die Zeit, die ich liebe.

Ich sehe es, als ob es wirklich wäre. Constance und ich sind auf dem Schiff, das nach Bear Mountain fährt. Vor diesem grauen Hintergrund hebt sie sich, wie alle Leute, mit ihren lebhaften Farben wohltuend ab. Sie ist so braungebrannt, daß ihr weißes Sonnenkleid rosa getönt erscheint. Während wir in einer leichten Brise auf dem Hudson nach Norden fahren, dröhnt es vom West Side Highway übers Wasser zu uns herüber wie das Tosen einer fernen Brandung.

Ich lege den Arm um sie und ziehe sie sanft an mich. Durch meinen Anzug und ihr Kleid spüre ich ihren Körper, als wäre da nicht so etwas wie Stoff dazwischen. Meine Finger schlingen sich leicht unterhalb der Schulter um ihren Oberarm, und sie hat mich ebenso leicht um die Taille gefaßt. Gegenüber liegt die Stadt, ihre alte Schönheit scheint zwar noch durch, aber steht im Begriff, sich für immer zu ändern. Die Fähren werden keine Dampf- und Rauchfahnen mehr über ihre goldenen Buchten ziehen, und die Pferde werden aus den Straßen verschwinden. Holz und Stein haben ausgedient, auch wallende Mäntel und Zugfenster, die sich öffnen lassen, und die irrationalen Manieren, welche den feinen Zauber der menschlichen Seele schützen.

Obwohl Constance eine junge Frau ist, viel jünger als ich, gehört sie doch zu meiner Zeit, und auch sie begreift alles, was da bald verloren sein wird. Wie ich so in der Augusthitze auf dem Deck stehe, kann ich den Blick nicht von ihr wenden. Ich bin erstaunt darüber, wie sehr ich sie liebe.

Aber sie war nicht die, für die ich sie hielt. Das begann ich zu argwöhnen, nachdem wir in einem blauen und weißen Dunstschleier über den Teil des Hudson gefahren waren, der Tappan Zee heißt. Lange nachdem wir Ossining passiert hatten und ich mich vergebens bemüht hatte, durch die Bäume unser altes Haus zu erspähen – das

Haus war vom Fluß aus unmöglich zu sehen, obwohl man immer den Fluß vom Haus aus sehen konnte –, kamen wir um eine Biegung im oberen Hudson.

In vollkommener Majestät, Symmetrie und Ordnung tauchte auf einem Hügel ein großes Anwesen auf. Während wir sacht übers Wasser dahinglitten, konnten wir Tausende leicht sich wiegender Apfelbäume in Reihen sehen; gepflegte Felder; Straßen ohne Spurrillen; gerade Steinmauern; einheitlich hell gestrichene Gatter und Holzzäune; und riesige Scheunen, die weder verwittert noch schief waren.

Alle an Deck blickten auf diesen wohlgeordneten Reichtum und waren von der Schönheit der Anlage beeindruckt. Während in den Gesichtern der Passagiere Bewunderung, Verlangen und Neid geschrieben standen und sogar ich schnell überschlug, daß ich selbst in einer Million Jahren nicht imstande wäre, mir eine so riesige friedliche Domäne zu leisten, färbte sich Constance teilweise zinnoberrot, und ihre Miene erinnerte an einen Einbrecher, dem eine Taschenlampe ins Gesicht scheint.

Als das Schiff in Ufernähe kam, schickte es eine Welle weißen Schaum durch basaltschwarzes Wasser, die vereinzelten Felsbrocken am Ufer zu umarmen. Weit über uns tauchte ein weißes Haus auf, vollkommen von den Bäumen eingerahmt, seine glatten Pilaster und Säulen ragten sämtlich auf, als wären sie aus dem Kreuz einer gewaltigen Eiche.

Ich drehte mich um und schaute zu den Bergen auf der anderen Seite des Flusses hinüber, um zu sehen, was man von dem Haus sehen könnte, und dabei bemerkte ich, daß Constances Augen feucht waren.

Seit vielen Jahren war es mir Beruf wie Berufung, die kleinen Zeichen und flüchtigen Zeugnisse unsichtbarer Kräfte aufzugreifen, aus einer unbewegten Landschaft den Nachweis für tosende unterirdische Ströme herauszufinden.

»Was hat es mit diesem Haus auf sich, daß es dich so sehr berührt?« fragte ich. Sie schien gegen ein starkes Gefühl anzukämpfen.

»Nichts«, sagte sie, mit bewegter Stimme.

»Nichts?« fragte ich.

Als ich sie darauf ansah, begann sie zu weinen. Ich nahm sie in die Arme, und sie verbarg ihr Gesicht an meinem Hals. Sie weinte, bis wir an dem Anwesen vorüber waren, und dann, nachdem sie sich wieder etwas beruhigt hatte, erklärte sie mir, daß ihre Eltern, die sie mir gegenüber nie erwähnt hatte, auf diesem Anwesen gearbeitet hätten und dort gestorben seien.

»Beide?«

»Sie sind auf dem Hügel begraben.«

Es kam mir unwahrscheinlich vor, daß sie das Kind sozusagen feudaler Diener eines großen Gutes sein und dann nach Radcliffe gegangen sein sollte...

»Der Besitzer«, erzählte sie mir, »war ein ehemaliger Harvard-Student und ein großer Wohltäter. Die Kinder seiner Dienerschaft und des Personals erhielten die beste Ausbildung, und kein einziger davon, der nicht auf einer renommierten Universität gewesen wäre.«

»Was ist mit seinen eigenen Kindern?«

»Sie haben dieselbe Schule besucht.«

»War das nicht problematisch?«

»Nein«, sagte sie. »Als sie noch sehr jung waren, waren alle Kinder unschuldig und gleich. Als sie heranwuchsen, nahmen sie die gesellschaftliche Stellung ihrer Eltern ein, aber sie kannten sich ja schon von klein auf, da hat das nichts ausgemacht.«

»Das muß eine wunderbare Schule gewesen sein«, sagte ich.

»Vier Lehrer, sieben Kinder«, lautete die Antwort. »Eine der Scheunen, die du gesehen hast, war ein Labor, eine andere die Bibliothek.«

»Noblesse oblige.«

»Das ist wohl so.«

»Hat es dich nicht geärgert?«

»Nein. Ich habe meine Eltern sehr geliebt. Sie waren zwar nicht vollkommen, und gelegentlich war mir ihre Lage peinlich, aber ich glaube, dadurch habe ich sie wohl sogar noch mehr geliebt. Zuerst liebt man sie, weil sie allmächtig scheinen, und dann liebt man sie, wenn man entdeckt, daß sie so schrecklich verwundbar sind, aber du liebst sie nun erst recht, immer mehr, auch wenn man es manchmal, wenn man sich durch seine eigene Mühsal quält, kaum weiß.«

Abgesehen davon, daß sie an einer Stelle den Propeller leicht in Segelstellung gebracht und ein Großteil ausgelassen hatte, was allem, was sie sagte, einen anderen Sinn gab, stimmte das, was sie mir erzählte. Obwohl sie zuweilen geheimnisvoll und unnahbar wirkte, lag es doch nicht in ihrem Charakter zu lügen, und direkt belogen hat sie mich auch nie. Allerdings hat sie sich verstellt.

Das war nun schwerlich eine Sünde. Schließlich gab ja auch ich vor, jemand zu sein, der ich nicht war, alles im Dienste der Überraschung, die ich für sie bereithielt, obwohl mir mit jedem Tag, der in ihrer Nähe verging, klarer wurde, daß diese ganze Aschenputtelgeschichte völlig unnötig war. Ich war in sie verliebt, und das war alles, was zählte.

Kurz nach unserem Bootsausflug ging ich an einem Sonnabend im August, ich hatte den Park durchquert und war auf dem Weg, sie im Barbizon abzuholen, die Fifth Avenue entlang. Ich war reichlich halb so alt wie jetzt, und ich konnte über Bänke springen, die ich jetzt suche, wie ein Ertrinkender nach einem Rettungsring greift.

Wie ich gerade an einer der großen Villen in der Fifth Avenue vorbeigehe, so einer, die in ihrem eigenen kleinen Park hinter einem riesigen Stein- und Eisenzaun steht, kommt Constance aus der Eingangstür geflogen, die hinter ihr wie von Dienerhand geschlossen wurde. Ich blieb wie angewurzelt stehen und beobachtete, wie sie mit den Fingern schnipste und umkehrte. Sie hatte etwas vergessen. Sie sprang die Stufen hinauf, zog einen Schlüssel heraus und war im Nu drin und wieder draußen, schneller, als ich brauchte, bis mir dämmerte, daß sie's doch sei, nachdem ich zuerst vermutet hatte, es sei vielleicht jemand anders. Sie schoß durchs Tor wie ein Akrobat, trat an die Bordsteinkante und kaperte mit der Autorität eines Generals MacArthur ein heranschwebendes Taxi.

Dann war sie fort, und ich blieb zurück und musterte das Haus. Damals verschlug es mir einfach den Atem. Später lernte ich die Einzelheiten kennen. Es hatte fünf Stockwerke und ein Souterrain und umfaßte insgesamt viereinhalbtausend Quadratmeter, Garagen, Gewächshaus, Schwimmhalle und Squashfeld nicht eingerechnet. Im Erdgeschoß befand sich ein riesengroßer Ballsaal mit einer sechs Meter hohen Decke. Die Bibliothek war doppelt so hoch, mit einer umlaufenden Galerie und sechs fahrbaren Leitern, und ihre Glastüren führten hinaus zu den großen Eichen im Garten.

Die Küchen waren Träume in Kupfer und rostfreiem Stahl, mit zwei Köchen (in gestärkten weißen Mützen), die den größten Teil des Tages an einem Tisch am Fenster Schach spielten. Ein Mann war eigens dazu angestellt, das Holz zu polieren, ein anderer, alles aus Metall und Marmor auf Hochglanz zu bringen, wieder ein anderer, das Glas zu reinigen. Besteht die Pracht eines Hauses zur Hälfte darin, wie blink und blank es ist, so zur anderen aus seinen Blumen, und die waren nun allüberall, als befände man sich im Park von Niterói – na ja, nicht ganz: Nichts kommt einem sorgfältig gepflegten Garten in der tropischen Sonne gleich. Der ist so schön wie die jungen Leute, die ihn pflegen – junge Mädchen in Strohhüten und purpurroten Blusen und energiegeladene Burschen, die den Blick nicht von den hübschen Kolleginnen wenden können. Und wirklich, was einem bei dieser glühenden Hitze das Herz höher schlagen lassen kann, ist ein hübsches junges Mädchen mit einer Gießkanne.

Ich stand in der Fifth Avenue und betrachtete das Haus und die Gartenanlagen, wo Constance so sehr zu Hause gewesen zu sein schien. Was, fragte ich bei mir, geht hier vor? Doch es war klar. Das war ihr Haus. Später, als sie nicht mehr den Schein wahren konnte, bat sie mich hinein, und bald danach, als ich sie heiratete, wurde es auch mein Haus.

Constance Olivia Phoebe Ann Nicola Devereaux Jamison Buckley Andrews Smith Faber Lloyd konnte nichts dafür, aber sie war Milliardärin. Es war mir nie in den Sinn gekommen, daß die geometrische Streuung von Familienvermögen praktisch andersherum laufen und zu geometrischer Konzentration werden könnte, entweder durch irgendeine Form von Primogenitur oder durch strategisches Heiraten. Ihre Vorfahren waren so besonnen, sparsam und berechnend gewesen, daß sie etliche Dutzend Riesenvermögen zu einem großen Schneeball an Reichtum verdichtet hatten, an dem immer mehr Reichtum haftenblieb. So war es denn Teil ihres mit Leidenschaft vertretenen Glaubens, daß sie unter keinen Umständen mehr als ein Kind kriegen würde. Und dieses Kind, bei Gott, würde keinen Armen heiraten.

»Aber was ist mit mir?« fragte ich, da sie mich geheiratet hatte und ich – Komplementär bei Stillman & Chase oder nicht, im Vergleich zu ihr war ich ein armer Teufel.

»Du bist eine Ausnahme«, sagte sie. »Außerdem stammt die Linie von der Mutter ab.«

Es besteht kein Zweifel, daß sie mich genauso liebte wie ich sie, aber von dem Augenblick an, als ich sah, wie sie den Schlüssel in das Schloß dieser großen Tür steckte, überfiel mich sozusagen die Angst wie ein Krake, da an mir der Wurm des Zweifels nagte.

Hier im Park kann ich getrost die Wahrheit sagen, auch wenn dabei noch immer die Seekrankheit in Wellen über mich kommt. Ich war Jagdflieger, Träger der Tapferkeitsmedaille, ein erfolgreicher Kampfflieger. Zweimal bin ich abgeschossen worden, und das erste Mal habe ich im Meer überlebt und mich durch die Wüste durchgeschlagen, um mich binnen einer Woche wieder, die Tanks voll, die Geschütze geladen, in die Luft zu erheben.

Na schön, ich besaß keinen Doktortitel von Harvard, aber ich hatte den Bakkalaureus der philosophischen Fakultät von Harvard und den Magister von Oxford. Ich war Komplementär bei Stillman & Chase und durch ungewöhnliche Umstände, wie es schien, was aber in Wirklichkeit der sorgfältigen Planung meines Onkels geschuldet war, der Dienstälteste in der Firma. Mit Anfang Vierzig war ich recht sportlich und erfreute mich ausgezeichneter Gesundheit. Ich fing langsam an, mich in der Gesellschaft von Präsidenten und Königen so wohl zu fühlen wie bereits in der von Päpsten. Doch als mich Constance in ihr prächtiges Haus mitnahm – und da gab es noch andere, das heißt andere Häuser –, passierte mir etwas Schreckliches.

Von dem Abend an – Herrgott noch mal, ihr Vater war ein Nobelpreisträger und obendrein tot – konnte ich nicht in den Spiegel sehen, ohne einen Hamster zu erblicken: eine schmutzigbraune Hühnerkrokette mit Beinen und weißem Backenbart, einem Rundrücken und spitzem Gesicht. Ihre Milliarden machten mich winzig. Ich war ein ausgehaltener Mann. Ein Gigolo. Ein Nager. Ich versuchte, es zu leugnen, doch wenn ich mir vor dem Spiegel Mut zu machen suchte, verwandelte ich mich vor meinen Augen stets in eine Wüstenmaus.

Auch wenn ich dieses Leiden nicht eingestand, gab sich Constance doch alle Mühe, dagegen anzugehen. Der ihr eigene Takt bewog sie, mich durch Fakten und Taten zu überzeugen. Sie machte mich zum Mitbegünstigten der vielen Truste, die ihren Brunnen speisten, wobei sie beteuerte, sie habe diese durch den Zufall der Geburt und ich durch den Zufall der Liebe erhalten. Sie ließ ihre Anwälte alles in unser beider Namen festlegen.

»Das wär's«, sagte sie zu mir, als es erledigt war. »Es ist unwiderruflich. Es ist meins, deins, das ist doch egal. Vielleicht sollten wir alles weggeben und in einer Hütte am Strand leben.«

»Welchem Strand?«

»Southampton.«

»Und das Klavier?«

»Wir könnten neben der Hütte ein Musikstudio bauen – eine Anlage in der Art von Williamsburg, ein regelmäßig angelegter Garten, der von Nebengebäuden flankiert wird, und den Stallungen, Swimmingpool, Tennisplätzen und Gewächshäusern auf der anderen Seite eines großen Rasens.«

»Wie würden wir essen?« fragte ich ein wenig sarkastisch.

»Wir würden angeln und Beeren sammeln, und sowohl Fortnum & Mason als auch Petrossian liefern per Luftpost.«

So brillant sie war, ihr Realitätssinn war einmalig. Als ich zum Beispiel eines Tages nach Hause kam, fand ich Constance in der Bibliothek auf und ab gehend und in scheußlicher Laune. Ich fragte sie, warum sie so aufgebracht sei. Sie erzählte mir, daß sie in der Lexington Avenue in einem Haushalt- und Eisenwarengeschäft gewesen sei, um eines dieser winzigkleinen Dinger zum Entstielen von Erdbeeren zu kaufen. (Ich würde so was ja Pinzette nennen, nur verhält es sich zu einer Pinzette wie ein Nilpferd zu einer Gottesanbeterin.)

Der Inhaber sei so unverschämt gewesen, daß sie ihm widersprochen und erklärt habe, daß ihr, als Kundin und als Mensch, ein wenig Höflichkeit gebühre – und da sei er regelrecht explodiert, in einem Ausbruch von Beschimpfungen und gemeiner Flüche.

»Na und, das ist New York«, sagte ich, während ich Anstalten machte, in das Geschäft zu laufen und ihn in Stücke zu reißen.

»Dem werd ich's zeigen«, sagte sie, »auf meine Weise.«

»Du meinst, du kaufst den ganzen Block und setzt ihn an die Luft?«
Das verneinte sie.

»Machst auf beiden Seiten von ihm fünfzig Haushalt- und Eisenwarengeschäfte auf?«

»Nein.«

»Was dann?«

»Ich werde dafür sorgen, daß er an einen heidnischen Gott glaubt«, sagte sie, »und dann nehme ich ihm seinen Abgott weg.«

»Aber klar«, antwortete ich, »hab ich's doch gewußt, aber ich hab's bloß nicht gesagt.«

Darauf offenbarte sie einen recht erstaunlichen Plan. Mir verschlug es fast den Atem, denn ich begriff, daß sie, wenn sie nur wollte, die Mittel besaß, ihn tatsächlich auszuführen.

»Sieh mal«, fuhr sie fort, und das klang süß und schrecklich zugleich. »Ich habe doch ein Recht auf Vergeltung, oder?«

»Laß mich's für dich tun.«

»Er besitzt einen Baseballschläger.«

»Hat er dich damit bedroht?«

»Er hatte ihn in der Hand.«

»Der soll mir ein Teesieb essen.«

»Das geht nicht«, sagte sie. »So etwas geht jetzt nicht mehr. Die Zeitungen würden das als einen Fall von Verfolgung aufgreifen.«

»Du meinst, daß der Besitz eines großen Vermögens aus dir einen Fußabtreter macht?«

»Nein, aber du bist gezwungen, Umwege zu machen.«

»So wie jemanden an einen heidnischen Götzen glauben lassen...«

»Ja.«

»Und ihm dann diesen Gott wegnehmen.«

»Genau.«

»Aber, Constance«, protestierte ich, »ist das nicht zu *offensichtlich?*«

»Das ist überhaupt nicht offensichtlich«, meinte sie, »obwohl es vier oder fünf Jahre braucht. Am Ende wird er seinen Laden zumachen und sich zur Ruhe setzen, ein verbitterter, ratloser Mann.«

»Kein Wunder, daß du vor der Presse Angst hast. Dafür, was dieser

Mann dir mit ein paar Worten angetan hat, willst du ihn gleich ruinieren.«

»Ja, und ich mache ihn reich dabei.«

»Wie reich?«

»Millionen, wenn er's zusammenhält und wenn er letzten Endes der Versuchung widersteht.«

»Das nenne ich eine gute Rache«, sagte ich strahlend.

»O ja.«

Ihr Plan hatte nur der ungehemmten Phantasie einer Frau entspringen können, deren ganzes Leben darauf gerichtet war, den Wert des Geldes zu verstehen, weil es für sie keinen eigenen Wert zu haben schien, da sie Unmengen davon hatte.

Zunächst würde sie also eine Schar Manager engagieren und sie in einem Bürogebäude unterbringen. Die sollten dann dafür sorgen, daß ein Schauspieler, dessen Ähnlichkeit mit Chronos, dem Gott der Zeit, unverkennbar wäre, im Juli in das Haushalt- und Eisenwarengeschäft ging und einen Schlitten verlangte. Constance hatte bemerkt, daß ihr Peiniger in einer Ecke ein Dutzend davon aufgestapelt hatte. Der Schauspieler wäre so hergerichtet, daß er zu glühen schiene. Constance hatte, theoretisch, ein System winziger batteriegespeister ultravioletter Lichter für phosphoreszierendes Leuchtpulver entwickelt, mit dem die Tücher und die Sense des Schauspielers bestreut werden sollten.

Er sollte während eines Sommergewitters erscheinen, einen Schlitten verlangen, ihn kaufen und wieder gehen. Am nächsten Tag sollten zwei Gehilfen hereinkommen und Schlitten verlangen. Den Tag darauf drei, den darauf vier, und so weiter, beinahe ad infinitum.

In fast drei Jahren – um genau zu sein, fehlten 95 Tage, wenn kein Schaltjahr wäre – kämen tausend Leute am Tag in den Laden dieses Mannes, Herbst, Winter und Sommer (New York kennt keinen Frühling), um einen Schlitten zu kaufen, und zwar nur zwischen neun und fünf Uhr. Was hieße, daß er in Abständen von durchschnittlich etwas weniger als dreißig Sekunden eine bestimmte Art Schlitten verkaufen würde – alle anderen Modelle samt Zubehör würden ausgeschlagen –, und zwar nur zu einem Preis. Die Käufer würden gehen, sobald er versuchte, den Preis zu erhöhen oder auch zu senken.

Am Ende würde er, unter Berücksichtigung der Gemeinkosten und Steuern, um die fünf Millionen Dollar im Jahr verdienen. Wäre er selbst nicht im Laden, würden Constances Käuferscharen nichts kaufen. Er hätte sehr viel zu tun, sein Leben wäre ein Blizzard von Schlitten.

Am heißesten Tag des Sommers, wenn wahrscheinlich keinerlei Laufkundschaft käme, würden dann alle Käufergehilfen zurückgerufen. Am vorhergehenden Tag, an dem es nur 48 °C gewesen wären, hätte er tausend Schlitten verkauft. Eine Woche lang wäre er verwaist. Die benachbarten Kaufleute, die auch versucht hätten, Schlitten zu verkaufen, und die, obwohl sie sich als Weihnachtsmann anzogen, Reklame machten und die Preise noch schärfer kalkulierten, keinen Erfolg gehabt hätten, würden glauben, das Glück habe ihn schließlich verlassen.

Just wenn der Kaufmann bereit wäre, sich zur Ruhe zu setzen, käme Chronos in den Laden und verlangte bedeutungsvoll eine Bratpfanne. Dann finge das Ganze wieder von vorn an, nur um wieder zu enden und ein weiteres Mal zu beginnen, wenn Chronos einen anderen Artikel verlangte.

Wenn der Großkaufmann von Schlitten, Bratpfannen und Apfelschälern unwiderruflich konditioniert wäre, würde Chronos ein schwarzes, mit dem Bild einer purpurroten Spinne besticktes Roßhaarkissen verlangen. Natürlich könne man so etwas nicht einzeln machen lassen, wenn man vorhat, Hunderttausende davon zu verkaufen.

In den Großhandelsbranchenverzeichnissen hätte Constance mehrere Jahre hintereinander eine Registrierung für eine Fabrik in New Bedford eintragen lassen, die sich auf bestickte Roßhaarkissen spezialisiert hatte. Die von ihr gegründete Fabrik würde ›bankrott gehen‹ und eine größere Kapitalspritze brauchen: zufälligerweise exakt die Summe, die der Großkaufmann hätte gespart haben können. Er würde nur höchst ungern seinen neuen Reichtum aufs Spiel setzen, aber ab und zu erschiene Chronos, um die Kissen zu verlangen, wobei er einen erstaunlich hohen Preis böte. Ja, tausend ›Käufer‹ wollten für Riesensummen diese Kissen vorbestellen, den ganzen Tag lang würden sie ihm förmlich den Laden einrennen.

Wenn die Kissen angefertigt wären, wodurch die im Rückgang begriffene Wirtschaft New Bedfords einen beträchtlichen Aufschwung nähme (obwohl nicht gerade für eine Zukunft mit Hochtechnologie gerüstet) und der Großkaufmann riesige Lager voll davon hätte, würde Constance das Ganze abbrechen und wahre Bataillone von PR-Leuten befehligen, die Zeitungen und Magazine mit Artikeln über den Besitzer eines Einzelhandelsgeschäftes in der Lexington Avenue zu füllen, der auf einer halben Million schwarzer, mit dem Bild einer Spinne in purpurrotem Garn bestickter Roßhaarkissen säße.

Dann, und erst dann, wolle sie bei diesem gebrochenen Mann erscheinen, um einen Erdbeerentstieler zu verlangen. Wenn er den Zusammenhang sähe, sagte sie, gut. Wenn nicht, dann eben nicht.

»Glaubst du, er kapiert's?« fragte ich.

»Keine Ahnung«, lautete die Antwort.

Sie hätte das durchaus tun können. Vielleicht hätte sie es auch getan. Aber sie tat's nicht. Statt dessen spendete sie einen Haufen Geld für das Albert-Schweitzer-Krankenhaus in Lambarene.

Ich versuchte, der Tatsache, daß ich plötzlich etliche Milliarden besaß, keine Bedeutung beizumessen. Ich fand, ich hätte kein Recht, davon Gebrauch zu machen, und das habe ich auch nie. Ich begleitete Constance zu unseren Häusern in Paris, Rom, London und Palm Beach, aber soweit es mich betraf, waren das weiter nichts als sehr einsame Luxushotels. Mit meinem Gehalt von Stillman & Chase, ja allein mit meiner Spesenabrechnung hätte ich es mir leisten können, in solchen Häusern abzusteigen, und es hätte mehr Fröhlichkeit dort geherrscht, weil auch andere Leute dort gewesen wären.

Doch das immense Vermögen war, wie ein bedrohlich aufragendes Kliff, immer gegenwärtig. Alles hallte davon wider. Es sperrte das Sonnenlicht aus. Seiner Allgegenwart konnte man nicht entkommen. Wir standen ihm vor, und wir waren in seinem Besitz, nicht umgekehrt. Ich werde niemals vergessen, wie mein Vater und ich, als ich noch ein Kind war, nach Virginia gefahren sind, um die Stätten zu besuchen, wo sein Vater im Bürgerkrieg gekämpft hatte. Es war 1913. Manchmal gingen wir den ganzen Tag zu Fuß, dann wieder mieteten wir uns Pferde.

In der Nähe eines der schöneren Täler, von dem aus man die Blue-

Ridge-Berge sehen konnte, lag ein verfallenes Anwesen, durch dessen Wälder und Weiden wir ritten, um von einem Gefechtsschauplatz zum nächsten zu gelangen. Wir begegneten der Frau des Hauses, als wir durch eine Senke ritten, und sie lud uns zum Tee ein – den Tee selber habe ich nicht getrunken – in einen großen Buchsbaumgarten.

Das Haus fiel langsam auseinander, und die Felder waren nur unzureichend gepflegt. Der Buchsbaum jedoch war herrlich. Sie wandte ihre ganze Energie und all ihre Mittel an seine Pflege. Sie müsse das tun, erklärte sie, weil er 250 Jahre alt sei und auf der Denkmalliste stehe. Schon allein aus diesem Grund könne sie ihn nicht herunterkommen lassen.

Mir lief es kalt den Rücken hinunter. Da saßen wir, umgeben von Milliarden von Blättern und einem alten, unverbesserlichen Gewirr von Wurzeln, die tief in die dunkle Erde reichten, und dieses groteske Labyrinth, das seit einem Vierteljahrtausend seinen Platz im Boden Virginias hatte und vielleicht noch ein Jahrtausend leben würde, hatte die Frau, die uns gegenübersaß, zu seiner Sklavin gemacht. Wie viele andere hatte es sich schon angeeignet, und wie viele würden es in Zukunft noch sein?

Mein Vater, der sehr geradeheraus war, teilte meinen Abscheu und meinte, er müsse diese Frau kränken – und vielleicht retten –, und als wir gingen, sagte er: »Madam, diese widerliche Wurzel hat Sie zu ihrer Sklavin gemacht. Sie müssen sie töten, und wenn es nur um der noch ungeborenen Kinder willen ist, die in der Zukunft davon gefangengenommen werden. Machen Sie sie um, hacken Sie die Wurzeln ab, brennen Sie sie heraus, und streuen Sie Salz auf die Erde.«

So verhielt es sich auch mit Constance und ihrem Vermögen, und sie war viel zu intelligent, das nicht zu wissen, aber sie hatte nicht den Mut, davon zu lassen. Und ich, der ich zwar den Mut hatte, es zu lassen – ja, es drängte mich, seine erdrückende Last loszuwerden –, wollte doch von ihr nicht lassen.

Wir hatten kaum eine andere Wahl, als das vergeudete Leben der ganz Reichen zu führen. Die Magie des Geldes und Kapitals liegt in der Vergrößerung. Wenn man zum Beispiel die George Washington Bridge betrachtet, so ist nur wenig von dem, was man sieht, Technik. Der Rest heißt Kapital. Die Hunderttausende von Tonnen Stahl wurden aus Gestein im Erdboden ausgesiebt und gekocht, geformt, transportiert und errichtet von Heerscharen von Männern, die nie so konzentriert oder koordiniert worden wären, wenn nicht milliardenweise Dollars angesammelt und zusammengebracht werden könnten, und zwar auf einen abstrakten Punkt, den selbst Euklid nicht zu finden vermöchte, um dort eine Macht zu verkörpern wie irgendein tödlicher Strahl à la Science-fiction oder der Zauberstab eines Zauberers.

Ich habe festgestellt, daß große Kapitalkonzentrationen ihre Eigentümer entweder zu eitlen, verdrießlichen Monstern oder sie hoffnungslos traurig machen. Constance war traurig, wie es denn also geschieht, wenn man alles hat, was man will.

Sie wollte, daß ich Präsident würde. »Wovon?« fragte ich.

»Den Vereinigten Staaten.«

»Ich?« fragte ich unhörbar, indem ich die Lippen bewegte und mit dem Daumen auf meinen Solarplexus zeigte.

»Ja«, sagte sie und fuhr in der ihr eigenen Weise fort, halbrhythmisch, wie eine Gewehrsalve. »Du bist ein guter Redner. Du bist völlig ehrlich. Du bist erfahren in der Analyse internationaler Politik. Du weißt ziemlich gut in der Nationalökonomie Bescheid. Du bist ein Kriegsheld. Du siehst gut aus. Du bist in den Vereinigten Staaten geboren, und jetzt zählst du deine Dollars nach Milliarden. Warum also nicht?«

»Aber Constance...«

»Du warst in Harvard, wie die Roosevelts und die Adams, und die Wall Street stünde hinter dir, auch wenn du ein hypnotischer Populist wärst.«

»Aber Constance...«

»Anfangen könntest du mit dem Senat. Ich werde ein paar strategische Zeitungen kaufen und dich mit Leitartikeln unterstützen. Du hast einen solchen Kampfeswillen! Was für ein phantastischer Einfall! Warum bin ich nicht früher darauf gekommen!«

»Constance.«

»Was?«

»Ich könnte niemals Präsident werden, selbst wenn ich es wollte.«

»Natürlich kannst du, wenn du es willst.«

»Nein.«

»Warum denn nicht?«

»Weil ich als Mörder verurteilt worden und in einer Irrenanstalt großgeworden bin, darum.«

Als sie darüber nachdachte, konnte ich sehen, daß sie im Geist ganze Geschichtsenzyklopädien wälzte. »Ich glaube nicht, daß das ein Hinderungsgrund wäre, Liebling, du etwa?«

Allerdings, ihrer historischen Analyse zum Trotz. Außerdem wollte ich im tiefsten Innern wirklich nicht Präsident der Vereinigten Staaten von Amerika werden. Wenn man einen gewissen Betrag bezahlt, der je nach politischer Fortune unterschiedlich ist, kann man sich direkt neben dem Präsidenten fotografieren lassen, und er muß lächeln. Das einzige andere Wesen, das ich kennengelernt habe, das dafür bezahlt wird, neben einem zu stehen, wenn man fotografiert wird, war ein Schimpanse auf der hölzernen Strandpromenade, dem ›Boardwalk‹, in Coney Island. Er hieß Tony, und er lächelte nur, wenn er einen mochte. Unglücklicherweise mochte er mich. Ich war damals zwölf Jahre alt, und er muß mich wohl für ein Mädchen gehalten haben, weil er mich auf den Mund küßte. Das war mein erster Kuß...

Vielleicht war es eine gerechte Strafe, denn meine Freunde und ich waren drei Stunden eigens zu dem Zweck nach Coney Island gefahren, um unter dem Boardwalk zu stehen, uns den Hals zu verrenken und den Frauen unter die Röcke zu gucken. Da unser Gesichtsfeld auf etwa ein Grad eingeengt war und die durchschnittliche Frau mit einem Tempo von vier oder fünf Kilometern in der Stunde vorbeiging, konnten wir, was wir sahen, nur etwa eine fünfzigstel Sekunde lang erhaschen. Wenn man dazu noch die eigenartige Perspektive nimmt sowie den Umstand, daß wir nicht wußten, wonach wir Ausschau hielten, so haben wir überhaupt nichts gesehen, und dafür wurde ich dann zur Strafe von einem Schimpansen auf den Mund geküßt (eine gute Stunde lang habe ich mir die Zähne geputzt). Und dennoch sind wir immer wieder dorthin gegangen, so mächtig ist die Kraft, die Art zu erhalten (zugegeben, Tony vertrat eine andere Art).

Mein wirkliches und andauerndes Dilemma wurde mir nun nicht auf einer hölzernen Strandpromenade vor Augen geführt, sondern auf einem Anlegeplatz. Constances Großvater Devereaux hatte sich in den Adirondacks eine Zufluchtsstätte errichtet. Obwohl es sich Camp schimpfte, umfaßte die Haupthütte knapp 750 Quadratmeter, mit einem Hangar für ein Wasserflugzeug, Bootshaus, Musikzimmer, Hotelküche, beheizten Handtuchhaltern und einer Funkstation.

Eines Tages gingen wir dort oben im Sommer paddeln. Das Wasser war sauber, der See weit und blau, der Wald leer und still. Es hatte die Nacht zuvor geregnet, und der Bootssteg war naß und dampfte in der frühen Morgensonne. Constance saß im Bug des Kanus, und ich wollte gerade die Fangleine am Heck lösen, als ihr einfiel, daß sie die Sonnencreme im Haus vergessen hatte.

Ich lief, sie zu holen. Zwar war ich fünfundvierzig Jahre alt, doch ich besaß eine Turnhalle mit allen Schikanen, dazu die Zeit, sie zu benutzen. So sprang ich den Hügel hinauf, nahm vier Stufen auf einmal, stürmte ins Haus, sauste wie eine Rakete die Treppe hinauf und um die Treppenabsätze, ergriff die Plastikflasche, die wie ein Ananas-Kokos-Cocktail roch, und beschloß, alle Geschwindigkeitsrekorde zu brechen, während ich zu meinem Platz im Heck zurückkehrte.

Es war eine Jagd, die Jesse Owens alle Ehre gemacht hätte. Ich flog. Je schneller ich lief, desto schneller lief ich. Unglücklicherweise, oder vielleicht auch glücklicherweise, war der Landungssteg in zwei Teile unterteilt, der weiter entfernte Abschnitt befand sich etwa anderthalb Meter unter dem Teil, der näher zum Ufer hin lag. Von einer Höhe zur andern führte eine Leiter. Constance saß im Kanu am Ende des Landungsstegs, sie hielt sich die Hand vor die Augen, gegen die Sonne, während sie mir zusah, wie ich den Weg entlangraste.

Ich rannte den ersten Teil hinunter mit der Absicht, die anderthalb Meter hinunterzuspringen, aber ich hatte keine Chance. Ich hatte vergessen, daß die Oberfläche rutschig war, und als ich anhalten wollte, wurde ich, mit den Füßen voran, in die Luft geschleudert.

Zuerst ging's hoch, und dann ging's runter, gute zwei Meter tief, und ich landete, im Bananenschalenstil, völlig platt auf dem Rücken. Die Wucht war so groß, daß wir gar nicht sahen, wo die Kräuselwellen aufhörten. Ein bißchen mehr, und die Planken wären durchgebrochen, wie von einem Karateschlag. Ich spürte den Aufprall in jedem

Muskel meines Körpers, einschließlich Kopf. Constance sagte, es habe gekracht, als ob eine Bombe explodiert wäre. Sie dachte, ich hätte mir vielleicht das Rückgrat gebrochen, ich würde sterben oder den Rest meines Lebens im Koma liegen.

Doch die Freude, durch die Luft zu fliegen, und dann der erschreckende, ernüchternde Aufprall auf dem Steg, ließen mich in mehrerlei Hinsicht wieder aufleben. Ich war weniger verletzt als kribbelig. Mein altes Ich war erwacht, und ich wußte, daß es noch immer lebendig war, denn was immer ich einmal besessen hatte, ich wußte, das besaß ich noch immer – in den Muskeln und Knochen und in dem Funken im Innern, der immer glüht, und der bei Furcht und im Kampf aufflackert.

Mein Aufprall auf dem Bootssteg und darauf das Bewußtsein, daß ich unverletzt war, befreiten mich vom Joch meiner Milliarden. Schluß mit Sportwagen, Motorbooten, Jachten und Swimmingpools. Schluß mit Hausangestellten, Krankenhausflügeln, die einzuweihen, oder Tischen, die zum Wohle der Bücherei zu kaufen sind. Schluß damit, in großen, wunderschön eingerichteten Zimmern zu sitzen und sich zu fragen, ob man, also ich, tot sei. Schluß mit der Sehnsucht nach der Kindheit, in der ich, weil ich nichts hatte, alles hatte. Schluß mit Appellen von geflohenen polnischen Cembalisten, Institute für Instrumentenbauer zu finanzieren. Schluß mit belgischer Schokolade und Dunhill-Leder. Schluß mit alledem.

Ich hatte beschlossen, irgendwie das Geld aufzugeben, ohne von Constance zu lassen – noch einmal von vorn zu beginnen, mein eigener Milliardär zu sein. Ich mußte das tun, auch wenn ich schon von vornherein wußte, daß ich auch das aufgeben würde.

Das mag nun wider die menschliche Natur scheinen, aber meine glorreichsten Augenblicke habe ich immer dann erlebt, wenn ich dem Abgrund nahe war, und die größte Kraft habe ich verspürt, wenn ich dem Spiel der Elemente preisgegeben war, denn dann war ich eins mit ihnen, und jedes Atom in meinem Körper war ein reiner, schmerzloser, unendlicher Blitz.

Ich glaube, als ich rückwärts aus meinem Flugzeug geschleudert wurde und meine Augen erfüllt waren vom Feuerball seiner Explosion, während viele Gegensätze an ein und derselben Stelle zusammentrafen – Geschwindigkeit und Unbewegtheit, Lärm und Stille, Wind und das Vakuum der oberen Atmosphäre, Bewußtsein und Traum –, da bin ich vielleicht, nur einen Augenblick, ein Engel geworden.

Was ist denn ein Engel? Ein Engel ist ein Wesen, das Gott geschaut hat. Ein Engel ist durch den Schleier des Todes hindurch ins unendliche Licht im Jenseits getreten, in den schwerelosen, silbrigen Glanz, ans Ende der Schwerkraft, in die immerwährende Geschwindigkeit, die Helligkeit. Nur einen Augenblick lang, versteht sich. Zuerst war ich erstaunt, völlig reglos, und dann, als ich die Reißleine zog, lächelte ich.

Wie kann ich das nur erklären, wenn ich es, nicht einmal am Ende meines Lebens, doch selbst nicht verstehe?

Früher habe ich immer die Erinnerungen alter Menschen bestaunt. Wie kommt es nur, fragte ich mich, daß sie so oft die Eigenschaften der Elegie, Flüssigkeit und Ökonomie vereinen? Dabei spielt es kaum eine Rolle, wer sie sind. Ein Diplomat, der seine Memoiren frisiert, ein Eskimo, der ganz in der Geschichte aufgeht, wie er vor einem halben Jahrhundert Jagd auf einen Wal gemacht hat, eine alte Frau, die still für sich eine Familie wiederauferstehen läßt, die an die Zeit verloren ist . . . Elegisch sprechen sie, weil sie sich an die Toten erinnern, flüssig sprechen sie, weil sie das Statische vergessen haben, das eine Erzählung langsam macht, und ökonomisch müssen sie einfach aus Mangel an Energie sein.

Was mich betrifft, so erhebe ich keine Ansprüche in dieser Hinsicht. Du kennst mich ja bereits. Trotz meines Alters und meiner zuweilen zärtlichen Reflexion explodiere ich bald im Innern wie der Zünder in einer Rose, genauso barbarisch wie ein Siebenjähriger, und hin und wieder so ungeduldig und sexbesessen wie ein brünstiger Vierzehnjähriger. Warum?

Ich kann's nicht sagen. Den großen Dingen, die einen durch die Jugend geleiten, schenke ich keine Beachtung mehr: Ich habe keine Illusionen von Gerechtigkeit; und die Liebe ist für mich eine Kreuzung zwischen Erinnern und Träumen.

Woher also kommt meine Energie, mein Appetit, meine Aufsässigkeit und mein Verlangen? Da scheint etwas im Gehirn festzustecken, nicht irgendein Klumpen oder Knochenast oder Arterienzweig, nein, etwas, das einem pulsierenden Stück Kohle gleicht, eine winzige Feuerstelle hämmernden Blutes, ein heißer Diamant oder Smaragd, etwas Irres, Schönes und Liebliches. Es treibt mich an, als ob ich, in meinem Alter, ein junger Mann zu Pferde wäre, der über Mauern und Bäche setzt, so rast mein Herz. Es ist genauso berauschend wie diese schönen Frauen, welche meistens just außer Reichweite gewesen zu sein schienen, so anstrengend wie ein Kampf, mir nunmehr genauso lieb und teuer wie eine religiöse Vision. Aber was ist das, woran ich mich klammere, was für eine abstrakte Energie, was für ein Zauber, was für ein Leben?

Der Himmel über Europa

(Falls du es noch nicht getan hast,
leg bitte die vorhergehenden Seiten wieder
in das ameisensichere Kästchen.)

Was meinst du wohl, was für eine Art Sicherheitsüberprüfung ist für einen Englischlehrer an der brasilianischen Marineakademie erforderlich, angesichts der Tatsache, daß Brasilien keine anderen Feinde als die Trägheit und das Kokosöl hat? Und sehr sicherheitsbewußt ist die Marine nicht, obwohl sie und die anderen Truppengattungen weitaus planmäßiger verfahren als der Rest des Landes.

Ich denke mir, daß sie meinen Fall nicht anders unter die Lupe genommen haben, als meine ursprüngliche Bewerbung weiterzugeben, und wenn doch, daß sie dann nur sehr wenig gefunden hätten, da sich meine Existenz ja weitgehend abspielen durfte, bevor die Computer aufkamen. Und außerdem bin ich mir nicht sicher, welche Anklagepunkte aktenkundig geworden sind, wenn überhaupt. Über manches wird Stillschweigen bewahrt, um politische Verwicklungen zu vermeiden. Möglicherweise hätte ich mir gar kein Land aussuchen müssen, mit dem es kein Auslieferungsabkommen gibt, und hätte einfach in London oder Madrid untertauchen können.

Es ist noch nicht lange her, daß sich der Commandante für meine Herkunft zu interessieren begann und schleppende Untersuchungsmaßnahmen eingeleitet hat, die er hoffentlich abbrechen wird, sobald es nicht seinen Vorstellungen entsprechend läuft, wie er es sonst auch immer macht.

Die brasilianische Luftwaffe hat beschlossen, sich ein paar bessere Flugzeuge anzuschaffen und die besten der alten zu einer Buschkriegseinsatzgruppe zu formieren. Das ist sinnvoll, da es die Propellermaschinen AT-26 mit modernen Kampfflugzeugen oder Flugabwehrsystemen nicht aufnehmen können und sie sich mit ihrer geringen Geschwindigkeit für die Luftunterstützung im Dschungel hervorragend eignen.

Die neuen Piloten dieser Gruppe werden auf der T-27 ausgebildet, der *Tucano*, einem kleineren Flugzeug, das sich aber gar nicht so sehr von der AT-26 unterscheidet. Da das Ziel Aufständischenbekämpfung heißt, werden viele von ihnen in die Vereinigten Staaten verschifft, um diesbezüglich von uns zu lernen. Ich für meinen Teil würde diese Männer zu den Nordvietnamesen schicken, um die zu fragen.

Die Piloten sprachen alle Englisch, aber ich kriegte sie zum Aufpolieren. Anstatt ihnen die diplomatischen Artigkeiten beizubringen, die sie für ihren Aufenthalt im Norden brauchten – *ich besorg's deiner Schwester?* –, stärkte ich ihren aeronautischen Wortschatz, und dabei konnte ich es mir nicht verkneifen, ihnen ein paar Tips in puncto Fliegerei zu geben.

Was verstand ich schon vom Fliegen? Sie brauchten mich nur anzusehen, um zu wissen, daß ich vor der Ära des Fliegens geboren worden war und daß sie, um mich ins Cockpit eines ihrer Flugzeuge zu kriegen, einen Kran einsetzen müßten. Was wüßte ich denn schon von einem Eindecker in Ganzmetall-Schalenbauweise, mit Maschinengewehren in den Tragflächen und stromlinienförmigen Bombenaufhängevorrichtungen? Ja, was wüßte ich denn schon.

Im Laufe von drei Wochen brachte ich ihnen nicht nur die Sprache des Fliegens bei, sondern auch genug mühsam gelernte Lektionen über das Führen von Flugzeugen und den Gebrauch von Waffen, um sie kampfüberlegen zu machen, bezogen nicht etwa auf die Luftstreitkräfte Paraguays oder die erfolgreichen Kampfflieger Surinams, sondern auf die deutsche Luftwaffe, gegen die sie, zugegebenermaßen, wahrscheinlich nicht kämpfen würden, obwohl sich ihre argentinischen Vettern kürzlich und törichterweise mit der Royal Air Force eingelassen hatten.

Ich machte sie mit Manövern bekannt, an die ihre Instrukteure nie im Traum gedacht hätten, bei der Hälfte davon wollten sie einfach nicht glauben, daß so etwas möglich wäre, und die andere Hälfte hätte es nicht sein sollen, außer daß ich viele Male notgedrungen da hineingeraten und immer auf der anderen Seite herausgestürzt war.

»Woher wissen Sie von diesen Dingen?« fragten sie verblüfft.

»Einfach so«, antwortete ich.

»Aber woher?«

»Wenn man älter wird, ändert sich die Chemie des Gehirns«, erzählte ich ihnen, »und man wird weise. Eins werden Sie feststellen, nämlich, daß das Leben weniger, als man glaubt, auf dem beruht, was man gelernt hat, und mehr, als man glaubt, auf dem, was man von Anfang an in sich hat.«

Der Mund stand ihnen noch immer offen, als einer von ihnen sagte: »Wollen Sie etwa sagen, was man in einem Luftkampf bei einem Verlust hydraulischer Flüssigkeit tut und die Tricks, den Propeller im Sturzflug auf Segelstellung zu bringen, das kennen Sie durch Vererbung?«

Ich saß in der Falle, aber was soll's? Ich nickte mit absoluter Bestimmtheit.

Eine Woche, ehe diese Gruppe von Studenten ging, rief mich der Commandante zu sich. Nach der reflexartigen Frage, ob ich eine Tasse Kaffee möchte, zuckte er zusammen und hielt die Luft an. Ich ließ es hingehen.

Siehst du, wie mächtig diese elende Substanz ist? Die Leute brauchen sie, um mit einer anderen Person eine Verbindung herzustellen, um munter zu werden, munter zu bleiben, einzuschlafen, zu arbeiten, zu spielen, zu essen, auf Reisen zu gehen, sich von Bord zu begeben.

Wie viele Male bin ich in ein Zimmer gekommen und, völlig aus heiterem Himmel, gefragt worden: »Möchten Sie einen Kaffee?«

Natürlich wollte ich keinen Kaffee. Was läßt sie glauben, ich möchte Kaffee? Und die Kellnerinnen erst! Mit ihrer Frage: »Möchten Sie jetzt Ihren Kaffee?«

Es ist nicht *mein* Kaffee, und wie können sie überhaupt unterstellen, daß die Frage einzig darin besteht, *wann* ich welchen trinken will? Selbst wenn ich nein gesagt hatte, kamen sie wieder, um zu fragen: »Haben Sie es sich mit dem Kaffee anders überlegt?« »Natürlich habe ich's mir nicht anders überlegt«, sagte ich dann. »Ich werde es mir niemals anders überlegen, was den Kaffee angeht. Lieber würde ich sterben.«

Ich mußte es seinlassen, Restaurants zu besuchen. Der Anblick von

Leuten, die genüßlich Kaffee tranken, war mir so zuwider, daß ich die Hälfte der Zeit sowieso rausstürzte. Sie trinken Kaffee mit einem Zombie-gleichen Ausdruck, der die Einheit von sexueller Lust, religiösem Eifer und Staatsakt nahelegt.

Seine Konsumenten und Apologeten sehen mich verwundert an und sagen: »Ach, aber er schmeckt mir!« Ja, er schmeckt euch. Heroinsüchtigen schmeckt Heroin, Perverse genießen ihre Perversion, und Hitler hatte seine Freude daran, in Frankreich einzumarschieren. Außerdem schmeckt er euch hauptsächlich, weil ihr ohne ihn leidet. Die Mechanismen gleichen denen von Erpressung und Nötigung, und der Verbrecher im Stück ist eine winzige Bohne, welche die Herrschaft über die halbe Welt an sich gerissen hat.

»Wie geht es Ihnen?« fragte der Commandante.

»Gut.«

Noch nie hatte er mir so eine zartfühlende Frage gestellt. Soweit ich mich erinnern kann, hatte mich von Anbeginn an noch nie ein Uniformierter so etwas gefragt. Angesichts der Tatsache, daß man sich jeden Augenblick in Dampf auflösen oder von einer Granate in Stücke gerissen werden kann, erscheinen Fragen wie »Wie geht es Ihnen?« geradezu lächerlich. Das ist wohl immer so gewesen, auf der ganzen Welt, selbst in Armeen zu Friedenszeiten.

»Ich habe mit großem Erstaunen gehört«, sagte der Commandante, noch immer in förmlichem Ton, »daß Sie etwas von Aeronautik verstehen.«

Ich sagte nichts.

»Und da ist mir eingefallen, daß wir nie über Ihre Vergangenheit gesprochen haben.«

Ich sagte nichts, aber meine Miene verhärtete sich.

»Was haben Sie gemacht, ehe Sie zu uns gekommen sind?«

Ich erhob mich und wandte mich zur Tür. Als ich mich in Bewegung setzte, sagte er: »Nein! Warten Sie. Setzen Sie sich. Ich wollte Sie nicht kränken. Ich bin bloß neugierig.«

»Ich habe für eine Bank gearbeitet«, sagte ich, nachdem ich mich sogleich entschieden hatte, ihm zu antworten. Ich hatte keine Angst, den Commandante zu beleidigen – sie brauchten mich mehr, als ich sie brauchte –, aber ich wußte, wenn ich ein totales Geheimnis aus mir machte, dann würde sein Interesse viel größer, als wenn ich ihm ein paar Brocken hinwürfe.

»Was für eine Bank?«

»Eine sehr kleine Bank«, sagte ich, indem ich an ihre physische Größe dachte, »in New York.«

»Nicht Manufacturing Handover Truss?« fragte er im Versuch, mir damit Eindruck zu machen, daß er (irgendwie) eine New Yorker Bank nennen konnte.

»O nein, nichts dergleichen. Manufacturing Handover Truss hat viele viele Filialen, und wir hatten bloß eine.« Städte im Ausland und heimische Tochtergesellschaften klammerte ich natürlich aus.

»Was haben Sie dort gemacht?« fragte der Commandante in seinem flüssigsten Englisch.

»Ich war Bürobote«, erwiderte ich, indem ich ins Jahr 1918 zurückging.

»Und warum Sie hierher gekommen?« fragte er.

»Es heiß hier«, sagte ich in Anpassung an seine Syntax. »Kein Schnee. Gut für Körper. Sehr entspannend.«

»Kein Auslieferungsabkommen?« fragte er.

»Was das?«

»Warum Sie verlassen kleine Bank?«

»Eine Unstimmigkeit.«

»Eine Unstimmigkeit?«

»Ja. Ich beschloß selber zu gehen, ganz aus freien Stücken, nachdem ich mich einer Unstimmigkeit schuldig gemacht hatte. Es war so etwas, was sich leicht durch einen einfachen Bucheintrag hätte richtigstellen lassen, und wahrscheinlich wurde es das auch.«

Der Commandante, der nicht dumm war, schloß ein Auge, zog eine Braue hoch und fragte: »Wie viele Nullen?«

In der Annahme, daß er mich nach meiner Kriegsbilanz frage, und da ich vermeiden wollte, ins eigene Horn zu tuten, machte ich mir den Umstand zunutze, daß ich nur Messerschmitts und Heinkels abgeschossen hatte. »Absolut keine«, beteuerte ich. »Null Nullen.«

»Dann war es strikt eine Sache der Ehre, daß Sie die Bank verlassen haben?« sagte er, indem er wieder in seine eigene Sprache verfiel.

»Eine Ehrensache und ganz und gar meine Entscheidung.«

Er wirkte sehr erleichtert, obgleich ich mir nicht vorstellen kann, wieso er besorgt gewesen sein mochte.

»Der Luftwaffenkerl, der Popcorn heißt, Sie kennen ihn?«

»Er ist in meinem Kurs.«

»Er sagt, Sie müssen Jagdflieger gewesen sein, aber er kann sich keinen Reim drauf machen, in welchem Krieg.«

»Natürlich nicht«, sagte ich. »Ich bin neunzehnhundertvier geboren. Bei Unterzeichnung des Waffenstillstandes am Ende des Ersten Weltkrieges war ich vierzehn, und als wir in den Zweiten Weltkrieg eintraten, siebenunddreißig, weit über dem Einberufungsalter.« (Ich band ihm doch nicht freiwillig auf die Nase, daß ich mich freiwillig gemeldet hatte.)

»Also waren Sie kein Jagdflieger.«

»Mein ganzes Leben lang habe ich mich für Aeronautik und die Prinzipien des Fliegens interessiert«, fuhr ich wahrheitsgemäß fort. »Ich lese Bücher. Ich stelle es mir vor. Ich glaube, daß ich eine 747 rein von der Logik her fliegen könnte, und oft träume ich davon, der Passagier zu sein, der aufgefordert wird, das Flugzeug zu landen, nachdem die drei Piloten einen Herzanfall erlitten haben.

Ja, kommen Sie doch in einem kleinen Flugzeug mit mir mit, und ich werde Ihnen zeigen, wie gut theoretische Kenntnisse in praktische Maßnahmen umgesetzt werden können.«

»Nein!« sagte er, dabei hielt er beide Hände mit gespreizten Fingern abwehrend vor sich. »Das muß nicht sein. Offensichtlich spinnt Popcorn.«

»Er ist schon merkwürdig.«

»Sie werden doch nicht etwa mit ihm fliegen?«

»Nein, nein«, sagte ich. »Ich bin zu alt zum Fliegen.«

Ich bin zu alt zum Fliegen. Mit diesen Worten wurde ich wie durch Zauberhand in den Krieg zurückversetzt. Mir war, als ob ich im Nebel über einem Moor wäre, und ich konnte kaum den Commandante sehen oder die Hitze Rios im Sommer spüren, denn mit einem Mal war ich ein viel jüngerer Mann, im Himmel, über Europa.

Wie blind muß ich aus dem Dienstzimmer des Commandante hinausgefunden haben, denn ich kann mich weder daran erinnern, wie ich hinausging, noch daran, ob mein Abgang höflich war, so sehr war ich im Banne des dröhnenden Merlin-Motors in meiner P-51 befangen. An den Merlin-Motor dachte ich früher immer, als ob es fünfzehnhundertzwanzig Pferde wären, die unablässig zwölf Stunden lang arbeiten konnten. Obwohl mein Vater ein Auto kaufte, als ich sechs Jahre alt war, sind wir bis dahin geritten oder in einer Kutsche gefahren, und selbst dann benutzten wir das Auto nur zu besonderen Gelegenheiten, weil es schwer zu starten war und man immerzu die Reifen wechseln mußte.

Ich hatte gedacht, daß die Menschen immer Pferde hätten, und war erstaunt, daß, noch bevor ich zwanzig war, es in den Straßen New Yorks von Autos wimmelte und daß man damit zum Beispiel von Albany nach Syracuse fuhr.

Pferde bildeten meine erste Sprache. Ich kannte die Stärke eines guten Pferdes, und die war schon beeindruckend, denn ein gutes Pferd konnte einen Wagen ziehen, der, voll beladen, eine Tonne wog. Dazu müßte es aber ziemlich eben sein, und wenn man einen solchen Wagen einen allmählichen Anstieg hinaufziehen wollte, mußte man noch ein Tier anspannen. Mit einem Viererzug konnte man den ganzen Tag lang die steilsten Hügel Ossinings bewältigen, selbst wenn der Winter die Stadt in seinen Fängen hielt, Eiszapfen von den Dachrinnen herabhingen und losgebrochene dicke Stücke festgedrückten Schnees mit fünfzig Meilen pro Stunde die Main Street hinunterglitten.

Ein gutes Pferd kann einen hundertfünfzig Pfund schweren Mann tragen, als wäre er nicht vorhanden. Wie oft bin ich nicht auf blinden, gefährlichen Pfaden entlanggeschossen, weil mein Pferd vergessen hatte, daß es mich trägt. Wenn hundertfünfzig Pfund für ein Pferd eine beinahe unbedeutende Last darstellen, wie ist es dann erst bei 1520 Pferden, welche die fünf Tonnen einer vollbeladenen P-51 tragen – einschließlich Kriegsgerät, Munition, Bomben, Treibstoff und Treibstoff in abwerfbaren Außentanks? Und befand man sich über dem Ziel, war man viel leichter und magerer, nachdem man zweitausend Pfund Treibstoff verbrannt und die Zusatztanks abgeworfen hatte. Und wenn man Munition aufbrauchte, wurde man noch leichter.

Nach Adam Riese trägt also jedes Pferd sechseinhalb Pfund, etwa das Gewicht von vier Hufeisen. Somit wäre denn also die Rede von einem nackten Pferd, das fliegen konnte, das nie müde wurde, das keine Bodenreibung hatte, weniger Reibung in der dünnen Luft als auf der Oberfläche und dazu die Unterstützung der Schwerkraft bei der Hälfte seiner Manöver. Eine P-51 konnte wirklich fliegen. Und ich auch.

Obwohl ich 1941 in der Abteilung arbeitete, welche die Bank über politische Risiken beriet, und obgleich ich glaubte, die Vereinigten Staaten würden schließlich in den Krieg eintreten, wußte ich doch sehr wenig über den Orient und hatte geschätzt, daß unsere Teilnahme sich bis 1943 oder 1944 verzögern würde, da wäre ich dann vierzig gewesen. Vierzig galt damals als ein weitaus bedeutenderes Anzeichen verminderter physischer Leistungsfähigkeit als heute, und war ich für den ersten Krieg zu jung gewesen, so wäre ich für den zweiten wohl zu alt.

Dann kam Pearl Harbor. Obwohl schon 37, meldete ich mich freiwillig. Sie wollten mich jedoch nur als Schreibtischsoldat in Washington haben. Wie ich so im Bemühen, genommen zu werden, zwischen den diversen Kampfgruppenstäben die Runde machte, erfuhr ich, daß einer, der fliegen konnte, viele Pluspunkte bei den Aushebungsoffizieren hatte, die sämtliche Augen zudrücken würden, um ihn zu nehmen.

Ich gab bekannt, daß ich von Stillman & Chase Abschied nehmen wolle, ging auf eine gewöhnliche Bank, hob 5000 Dollar in bar ab und bestieg den Zug nach Poughkeepsie. Dann ging ich fünfzehn Meilen nach Alford Field zu Fuß, suchte den Direktor der Fliegerschule und bat ihn, mir den Kunstflug beizubringen.

»Das geht nicht«, sagte er. »In drei Wochen gehe ich nach San Antonio, um Militärflieger auszubilden.«

»Das ist doch großartig«, erwiderte ich. »Dann haben wir ja drei ganze Wochen Zeit.«

»In der Zeit ist nicht viel zu machen«, sagte er. »Nicht sicher.«

»Habe ich denn sicher gesagt?«

»Nein, aber ich.«

»Es ist Krieg«, tat ich kund. »Das Ganze ist doch eine unsichere Sache. Ich gebe Ihnen fünftausend Dollar.«

»Fünftausend Dollar für drei Wochen Arbeit?« Das war eine Heidensumme.

»Sehen Sie es mal so«, sagte ich. »Ich möchte, daß Sie vierzehn Stunden am Tag mit mir arbeiten. Das bedeutet eine Menge Flugzeit, Benzin, Zulagen für Ihren Mechaniker, Ersatzteile, Unterkunft, Verpflegung sowie die Möglichkeit, daß ich mit Ihrem Flugzeug abstürzen oder Sie sogar töten kann.«

»Das klingt verlockend«, sagte er.

»He!« sagte ich, »ich lerne schnell. Sie prüfen mich auf Herz und Nieren, und ich mache Sie kaputt. Ich kann so gut wie alles fahren.«

Er war ein paar Jahre jünger als ich, viel größer, schlicht und ein ausgezeichneter Pilot. »Schön«, sagte er. »Die Zeit, die mir noch bleibt, und, da bin ich mir ziemlich sicher, das sind die letzten drei Wochen im Mai und vielleicht die letzten drei Wochen meines Lebens, mach ich's. Wir werden eine Menge Kaffee trinken!«

»Den Teufel werden wir«, sagte ich. »Wir werden nicht mal eine Tasse trinken.«

Wir fingen mit der Theorie an. So wie wir saßen, griff ich mir einen Schreibblock, und er redete den restlichen Tag lang. Ich stopfte alles in mich hinein wie einer, der bei Tiffany das Schaufenster eingeschlagen hat, oder (wie ich später) wenn ich mir schokoladenüberzogene Kirschen in den Mund stopfte, da ich Constance die Treppe herunterkommen hörte, so daß ich sie hinunterschlucken konnte, bevor sie die Küche erreichte. Dann tat ich, als würde ich in einer der tiefen Spülen aus rostfreiem Stahl abwaschen, während ich tatsächlich einen Liter eiskalten Wassers trank, weil ich wußte, daß sie auf dem dampfbeheizten Speisenwarmhaltetisch Sex haben wollte, und wenn ich sie küßte, sollte sie nichts merken.

»Wie kommt das nur«, fragte sie dann, »daß du, immer wenn ich dich in der Küche antreffe, dich tief über dieses Becken beugst, wie ein Vogel Strauß, und wenn du dich aufrichtest, dann triefst du von eiskaltem Wasser, als ob du gerade mit der Titanic untergegangen wärst?«

Alles, was Larry Brown, mein Fluglehrer, wußte, reproduzierte er auf mich. Sogar wenn wir aßen – keinen Kaffee, keinen Eiskaffee –, ging er Theorie durch oder kritisierte meine Technik. Ich verbuchte über 150 Stunden Flugzeit, wovon ich die letzten 50 Stunden allein flog und die letzten 25 in Luftkämpfen zubrachte. Mindestens ein dutzendmal stürzte ich beinahe ab, ich kappte ein paar Telefonleitungen, und ich fing an, Fliegen nicht nur um dessentwillen zu lieben, was es war, sondern wegen der Art und Weise, wie ich es lernte.

Im Mai 1942 war das Wetter wunderbar. Mit 150 Meilen in der Stunde flog ich gewöhnlich dicht über dem Hudson, keine zwei Fuß über dem Wasser dahin, um unter den Brücken hindurchzufliegen, und dann in einer Rolle aufzusteigen, indem ich mich über die Ufer und die hohen Baumwipfel katapultierte, als ob ich der Stein in einer Schleuder wäre. Er lehrte mich, wie man aus dem Nichts auftaucht und beinahe genauso schnell wieder verschwindet. Er zeigte mir, daß jede Form des Geländes mit Schichten bewegter Luft gepolstert ist, daß entlang der Berge und Hecken und Hügel unsichtbare Ströme verlaufen, die wie Wasser über ein Wehr fließen, und daß man sie nutzen kann, um die Kurven zu verengen, das Absacken vor dem Steigen durch Luftpolster zu dämpfen und schneller in große Höhen zu kommen, als man es je für möglich hielt.

Er kam aus San Antonio nicht wieder, dieser Larry Brown. So geschah das die ganze Zeit. Zu viele Flugzeuge mußten zu schnell gebaut werden. Sogar die P-51, ein majestätisches Kampfflugzeug, wurde in nur 100 Tagen konstruiert. Jetzt braucht man schon 100 Tage, um die Schnalle eines Sitzgurts zusammenzubauen.

Ein ganzes Fliegerleben hatte Larry Brown dazu gebraucht, um die Ströme der Luft zu sehen. Vielleicht spürte er, daß er nie wieder heimkäme, und wollte nicht, daß diese wunderbaren silbernen Wogen unerkannt über den Hudson und seine grünen Hügel flossen. Vielleicht lag es an der ungeheuren Intensität meines Kurses. Vielleicht lag es an dem herrlichen Wetter. Ich weiß es nicht. Aber eins weiß ich, lange bevor die drei Wochen vorbei waren, konnte ich sie auch sehen.

Egal, was ich tat, und trotz meiner speziellen Vorbereitung waren meine Reflexe nicht so schnell wie bei den Piloten, die fünfzehn Jahre jünger waren als ich. Auch konnte ich die lebenslange Hemmung nicht ablegen, was die Beschleunigungskraft betraf oder das Fliegen in Rückenlage sowie das Ausführen von Faßrollen. Diese Dinge gingen in mein Nervensystem nicht mit der gleichen Anpassungsfähigkeit ein wie bei meinen jüngeren Kollegen.

Es war ganz offensichtlich, als wir flogen, daß ich weder die gleiche

Beweglichkeit noch vergleichbaren Wagemut besaß. Ich war der Alte, auch wenn ich zehn Jahre von meinem Alter unterschlagen hatte und mit »27« Soldat wurde. Ja, als der Krieg andauerte, erlebte ich mein vierzigstes Jahr und dann meinen vierzigsten Geburtstag, und ich lieferte mir über Deutschland Luftkämpfe mit Messerschmitts Me 109.

Als wir in Italien stationiert waren, um transalpine Einsätze zu fliegen, roch ein Fliegerarzt, der mich untersuchte, den Braten.

»Wie alt sind Sie?« fragte er.

»Dreißig, Sir«, antwortete ich.

»Nie im Leben!« sagte er. »Sie sind älter als ich.«

»Wie alt sind Sie, Colonel?«

»Fünfundfünfzig.«

»In Wirklichkeit bin ich neunundachtzig«, sagte ich ihm.

»Fünfzig?«

»Nein.«

»Fünfundvierzig?«

»Natürlich nicht.«

»Vierzig. Sie sind vierzig, und Sie sollten keine Kampfeinsätze fliegen. Ich sage Ihnen, Sie sind nicht mehr gut in Form.«

»Für mein Alter bin ich sehr gut in Form, wenn man bedenkt, was ich tue.«

»Ich könnte Ihnen Flugverbot erteilen, entweder weil Sie zu alt sind oder weil Sie für jemanden, der angeblich dreißig ist, ein Wrack sind. Das werde ich wohl. Sie werden noch jemanden umbringen.«

»Nein. Werde ich nicht. Ich habe elf Me 109 runtergeholt, und obwohl sie immer schwerer zu finden sind, weiß ich, ich werd noch mehr runterholen. Ich bin vierzig Jahre alt, das stimmt. Ich habe nicht so tolle Reflexe, aber das mache ich mit Taktik und technischen Finessen wett. Und ich trinke keinen Kaffee.«

»Ich möchte mit Ihrem Flügelmann sprechen.«

»Ich habe keinen Flügelmann. Meine Gruppe fliegt seit Tunesien in aufgelockerter und konvergierender Formation. Am liebsten ist es mir, Sir, wenn ich ein feindliches Kampffliegerelement treffe, und es heißt eins gegen drei.«

»Warum?«

»Weil ich dann den brennenden Pfau einsetze. Den setze ich immer ein, wenn ich zahlenmäßig unterlegen oder in verzweifelter Lage bin. Das funktioniert.«

»Den was?«

»Brennenden Pfau.«

»Und was ist das genau?«

»Es ist ein Geheimnis.«

Er schickte mich wieder in die Luft, obwohl er mich für verrückt hielt, oder vielleicht gerade deswegen, weil er mich für verrückt hielt, aber einen brennenden Pfau hatte ich wirklich. Den habe ich in Tunesien erfunden, und er hat mir mehr als einmal das Leben gerettet.

Von Anfang an hatte meine Gruppe die Aufgabe der Einzelaufklärung. Auch später, als wir Bombern aus England Begleitschutz gaben, trafen wir mit ihnen auf dem Weg ins Hinterland zusammen, wobei wir einzeln zu einem Schwarm stießen, wie Guerillas, die einer nach dem andern aus dem Wald auftauchen, um sich einer Kolonne auf dem Marsch anzuschließen, nachdem wir den Flug über Deutschland immer allein absolviert hatten.

In Tunesien waren wir auf einem Fliegerhorst bei Monastir stationiert, und unser Patrouillenbereich ging bis weit ins Tyrrhenische Meer hinein, obwohl wir den Feind dort nicht oft trafen, und wenn wir ihn aufspüren wollten, mußten wir uns nur Sizilien nähern. Das Dreieck Licata – Malta – Pantelleria glich einer Arena. Betrat man sie, gab's ein Gefecht. Nördlich von Sizilien konnte man eine Woche lang patrouillieren und nichts sehen, es sei denn natürlich, daß man seinen Radius erweiterte und sich der italienischen Küste näherte. Da wir keine Abwurftanks benutzten, kamen wir selten so nahe ans Festland, aber nach Anzio flogen wir von Sizilien aus, und wir konnten in Kalabrien auftanken.

Einigen wurde das Treibstoffproblem zum Verhängnis. Mit viel Treibstoff wollte man nicht in einen Kampf geraten. Zuerst einmal war das Gewicht lähmend. Die Messerschmitts waren leichter und kleiner. Sie konnten schneller steigen und waren beweglicher, wenn auch nicht sehr viel. Sie führten viel weniger Treibstoff mit, und wenn wir vollbeladen waren, versuchten wir ihnen schon allein der Manövrierfähigkeit wegen auszuweichen.

Wenn man die Flügeltanks leerfliegen konnte, war man besser dran, weil sie exponierter und nicht gepanzert waren. Wenn sie leer waren, konnte sich das Flugzeug schneller um die Längsachse drehen und besser die Richtung ändern, weil sich der Schwerpunkt zu einer günstigeren Position im Rumpf verschob. Man kam sich sauberer, leichter, weniger behindert vor.

Andererseits ist alles in der Luft eine Frage der gegenseitigen Abstimmung, und je weniger Treibstoff man hatte, desto geringer war die Wahrscheinlichkeit, zurückzukommen. Eine Zeitlang glaubte ich, daß die deutsche Luftwaffe verloren war, nicht weil wir besser im Kampf gewesen wären, sondern wegen Deutschlands Position als kompakter Landmacht mit kurzen zentralen Verbindungslinien. Sie verfügten nicht über die Reichweite. Wir und die Briten hatten immer auf weite Entfernungen hin konstruiert. Die Messerschmitt führte über 600 Liter Treibstoff mit sich, und ich hatte über 1000. Wenn sie abwerfbare Tanks benutzten, was sie nicht gern taten, weil sie dann auf ihre Tragflächenkanonen verzichten mußten, konnten sie noch gut 500 Liter hinzufügen. Wir konnten das sowie weitere 100 Liter transportieren, ohne Bewaffnung opfern zu müssen. Selbst wenn die Me 109 uns im Kampf schlug, schafften sie es oft nicht mehr nach Hause. So lautete jedenfalls meine Theorie, wie sie sich als natürliche Schlußfolgerung aus dem Wunsch heraus ergab, im Kampf leicht zu sein.

Im Kampf waren wir ohnehin besser, und ich bin mir nicht ganz sicher, warum. Die Luftwaffe verfügte über ein enormes Aufgebot an Flugzeugen, von denen die meisten sehr tauglich, kompliziert und trickreich waren. Vielleicht lag es daran. Sie sahen bedrohlich und grausam aus, wohingegen unsere Flugzeuge harmlos und unaufwendig wirkten. Sie waren glatt und nicht sehr kriegerisch anzuschauen. Aber die vornehmen, anmutigen Spitfires und P-51, bei denen man keinerlei Bewaffnung sah, beschäftigten die furchteinflößenden, barbarischen deutschen Flugzeuge, die vor Waffen und Antennen und vorstehenden Teilen starrten, und wie der Blitz glitten wir durch die Luft, um sie zu vernichten und den Himmel uns, und uns allein, zu eigen zu machen.

Obwohl ich fast jeden Tag Aufklärungsflüge unternahm und oft um mein Leben kämpfte, waren die Monate in Monastir aus Gründen, die mir noch immer unerfindlich sind, die friedvollsten und ruhigsten meines ganzen Lebens.

Ich lebte allein in einem luftigen, an den Seiten offenen Zelt. Vor dem Morgengrauen stand ich auf, wusch mich, zog mich an und besuchte eine zehnminütige Einsatzbesprechung, die aus einem Vortrag über das herrliche Wetter und die Winde hoch oben bestand sowie der Zuweisung von Patrouillensektoren: welcher Sektor, hatte nie einen großen Unterschied gemacht. Selten mal eskortierten wir eine Bomberstaffel über Sizilien, aber meistens hieß unsere Aufgabe Luftüberlegenheit, was Stunden einsamen Fliegens bedeutete, das manchmal zum Kampf auf Leben und Tod führte.

Mittags kehrte ich zum Horst zurück. Nach der Auswertung meines Einsatzes und nachdem ich dann mit den Mechanikern gesprochen hatte, aß ich zu Mittag: Suppe und Salat. Dann ging ich wieder ins Zelt und legte mich aufs Bett, regungslos, erschöpft und gedämpfter Stimmung. Wenn ich ausgeruht war, verschaffte ich mir Bewegung, und das war's, was mich jung und flugtauglich hielt.

Ich lief sechs Meilen rund um den Flugplatz. Ich machte Gymnastik, hob Gewichte und schwamm eine Meile im Meer. Bei in der Brandung zurückgelegten Strecken muß sich der Körper ständig ans Wasser anpassen, ob es weg ist oder plötzlich von unten anschwillt. Man rollt immer vom Rücken eines glitschigen Wales auf den Rücken eines anderen, doch das mühselige Unterfangen verleiht einem Geschmeidigkeit, und man wird zu einem Teil des Meeres. Ohne sich von Wellen oder Gischt oder dem plötzlichen tiefen Eintauchen stören zu lassen, lernt man, sich wie ein Delphin zu bewegen und zu atmen.

Nach der sportlichen Betätigung machte ich ein Feuer und kochte Wasser zum Rasieren, etwas, wozu ich früh keine Zeit hatte. Zuerst nutzte ich das Feuer fürs Abendessen, um das Wasser zu erhitzen, aber der Topfboden war mit Fett verunreinigt. Dann entdeckte ich, wie erfrischend es war, das alles am späten Nachmittag, nach mehreren Stunden im Meer, zu tun. Das Wasser kam einem dann immer erstaunlich süß vor, und daß es dazu noch heiß war, grenzte an ein Wunder.

Wenn ich von einem ruhigen Spaziergang in einem Hain ungeheuer hoher Dattelpalmen zurückkkam, wo ich still zwischen den Reihen umhergegangen war und auf die Abendbrise in den jalousieähnlichen Wedeln und Ähren gelauscht hatte, wurde ich gewöhnlich zum Essen gerufen, meiner einzigen Stunde in Gesellschaft.

Unser Luftgeschwader war auf drei Fliegerhorste verteilt, und in Monastir hatten wir vier Staffeln, mit jeweils 24 Jägern. Darüber hinaus gab es Bomber, Aufklärungseinheiten und Transportflugzeuge. Es war ein großer Stützpunkt mit leeren Winkeln.

In einem davon standen unsere Zelte. Jede Staffel war in vier Schwärme untergliedert, und zu jedem Schwarm gehörten zwei Rotten von drei Flugzeugen. Kleine Kolonien von Zelten waren über ein gewaltiges Areal verstreut. Bei Einbruch der Dunkelheit funkelten Feuer über der ganzen Ebene, wie zweifellos in allen Kriegen, die seit Anbeginn der Welt stattgefunden hatten.

Die beiden anderen Piloten meiner Rotte waren dünne, gerade dem Jünglingsalter entwachsene junge Männer, Malcolm Gray und Eddy Pond. Malcolm war ein Armleuchter von Yale, dem es nie vergönnt war, aus dem Armleuchterdasein herauszuwachsen, weil er über Darmstadt abgeschossen wurde. Seine Eltern trauerten um ihn, weil nur sie wußten, daß aus ihm mit der Zeit wahrscheinlich ein weniger großer Armleuchter geworden wäre, und außerdem liebt man sein Kind vielleicht nur desto mehr, wenn es ein Armleuchter ist, weil man mit ihm leidet. Wer weiß, vielleicht war sein Vater auch ein Armleuchter und hielt Malcolm für einen Prinzen.

Soweit ich es sehen konnte, bestand Malcolms Problem darin, daß er sich wirklich für etwas Besseres hielt, weil er in Yale gewesen war.

»Yale ist was für alberne Affen«, pflegte ich zu ihm zu sagen.

»Ach ja?« antwortete er dann. »Wo sind *Sie* denn gewesen?«

»Ich war auf der Universität von Kalifornien in Zarazuela«, sagte ich dann wohl.

»Ist das«, fragte er dann im breitesten Connecticut-Akzent, die Zähne gleichsam unlöslich zusammengeschraubt, »eine Tanzschule für mexikanische Rabbis?« Das fand er nun ziemlich witzig, und, um ehrlich zu sein, so wie er sprach, ich auch.

Die Deutschen trafen ihn während eines Tagesangriffs. Ich hörte, daß er nicht abgesprungen sei, daß sein Flugzeug am Cockpit auseinandergebrochen und er mit dem hinteren Teil, wie eine Windmühle kreisend, runtergestürzt sei.

Eddy Pond andererseits überlebte den Krieg, so daß er, nach dem Krieg, Versicherungen verkaufen konnte. Ich traf ihn an einem Novembertag vielleicht so 1951 im Grand Central. Er wollte zu einem Footballspiel, Holy Cross gegen, ich denke mal, St. John's, und er ging, ein Glas Bier in der Hand, durch die untere Bahnhofsetage. Er genierte sich wohl wegen des Biers, aber er wußte nicht, wohin damit, so hielt er es, ohne zu trinken, während wir fünf Minuten lang neben der Auskunft standen und von Tunesien redeten. Dann ging er zu dem Footballspiel, und ich ging nach Hause, und ich habe ihn nie wiedergesehen.

Wir drei trafen uns jeden Abend zum Essen auf einem kleinen sandigen Platz in der Nähe unserer Zelte. Wir hatten einen tunesischen Koch, der Fisch, Lamm, Ziegenfleisch, Geflügel und Gemüse, das man ohne Risiko essen konnte, und Obst für uns auftrieb. Tunesien war französische Kolonie gewesen, und nachdem Rommel es eingenommen hatte, nahm die Hygiene keinen Schaden.

Als Nachtisch gab es immer das gleiche: Datteln. Und auch zum Frühstück morgens gab es immer das gleiche: Tee, frische Baguettes, Käse und Marmelade. Mehr als eine Tasse Tee (oder, in meinem Fall, heißes Wasser) konnte man allerdings nicht trinken, weil man vermeiden wollte, in eine Flasche zu pinkeln, wenn man flog. Oft nahm ich eine Tafel Schokolade und Brot mit ins Cockpit. Wenn ich das Schiebefenster öffnete und auf dem Rücken flog, wurden alle Krümel hinausgesaugt.

Vielleicht lag es daran, daß ich dachte, ich würde sterben, oder vielleicht an der Entrücktheit und Abgeschiedenheit des Ortes, meinen Runden durch die Wellen, dem Wind, der immer von antiken Landstrichen die Küste entlang wehte, oder den großen Streifen Grün, Weiß und Blau des Meeres. Ich weiß es nicht. Aber ich weiß, daß meine Tage irgendwie glücklich waren.

Mit der ganzen Ruhe war es jedoch vorbei, sobald ich den Motor meines Flugzeugs anwarf. Jedermann weiß, daß junge Jagdflieger arrogant sind, aber nur wenige begreifen, daß diese Arroganz lediglich den verfehlten Versuch darstellt, den erforderlichen Zustand zu erreichen, um ein Flugzeug im Kampfeinsatz zu fliegen. Um das zu tun und zu überleben, braucht man in der Tat etwas, das – einem Jungen – wie Arroganz erscheinen dürfte.

Was man aber braucht, ist nicht Arroganz. Vielmehr geht es um Begeisterung und Hingabe an die Geschwindigkeit. Ich habe zur Begleitung meines Motors immer gesungen. Da das hier so etwas wie ein Bekenntnis darstellt und (wenn es nicht den Ameisen zum Opfer fällt) nur von einer einzigen Person gelesen wird, gestehe ich, daß ich nicht nur sang, sondern auch tanzte.

Dort oben hat man sehr viel zu tun, und man kann seine Meßgeräte und Instrumente bis zum Gehtnichtmehr kontrollieren, und man muß den ganzen Himmel beobachten, sogar hinter einem und soweit es geht, in die Sonne – besonders in die Sonne –, doch zuweilen gilt es, die Sorgfalt, das Geschick und die Vorsicht hintanzustellen, sie zuweilen zugunsten des Lebens aufzugeben, das Dinge wie Motoren und Luft und plötzliches Steigen in große Höhen beseelt.

Allein über dem Mittelmeer, verloren am wolkenlos blauen Himmel, so frei wie ein Engel, konnte ich vernehmen, wie von den fünfzehnhundert laufenden Pferden tiefe Töne aufstiegen, und ich sang, im Takt und Kontrapunkt.

In gewisser Weise tanzte ich – an einem Fallschirm angeschnallt, an meinen Sitz angeschnallt, vollgepackt mit allen möglichen Dingen, die ich umgeschnallt hatte. In verschwenderischen, eigenmächtigen, gefährlichen, herrlichen Manövern bewegte ich das Flugzeug – in Schräglagen, die die Ladung so weit hoben, daß wir beinahe auseinanderbrachen, in Sturzflügen, die das hypnotische Blau des Meeres suchten, und in Steigflügen, darin ich wähnte, ich müßte, wenn ich weiter Vollgas gäbe, den Gefilden Gottes nahe kommen.

Ich fand, daß, während ich dem Silberklang des Motors lauschte, Ängste, die heftig und unerträglich gewesen waren, plötzlich leicht wurden und ich das, was ich tat, bis zum Äußersten treiben konnte, und so tanzte ich mit absoluter Sicherheit auf des Messers Schneide, stieg kraftvoll auf voluminösen Wogen des Rausches empor, die weder im Gefecht noch auf dem mühsamen Heimflug oder bei der Landung verschwanden, sondern erst nach meiner Stunde im Meer, und gab die Musik zurück, woher sie gekommen war.

Die erste Messerschmitt, die ich je zu Gesicht bekam, unterbrach meinen Rhythmus. Ich befand mich in einem der riesigen leeren Mittelmeerquadranten, von wo aus ich weder die Küste Afrikas noch die Küste Siziliens sehen konnte, und da tauchte einige Meilen entfernt um 10 Uhr 30 der feindliche Flieger auf, bereits im Steigflug, denn er hatte mich zuerst gesehen.

Ich flog Richtung Süden und hatte die Morgensonne zu meiner Linken, während er an Höhe gewann, um mich aus dem gleißenden Licht heraus im flachen Sinkflug anzugreifen. Ich ertappte mich dabei, wie ich sagte: »Was soll ich bloß machen?« Da war nicht viel zu machen, weil er schon weit über mir war und die Kehrkurve einleitete. Sicher wäre es gewesen, im Sturzflug unter ihm wegzutauchen und, mit einem Überschlag nach unten aus der Rückenlage beginnend, einen Looping nach oben zu ziehen, um seine Höhe zu erreichen oder wenigstens seinen Vorteil zu verringern. Doch die großartigen Rhythmen des Motors, die mir durch die Brust hämmerten und mein Herz wiegten, diktierten eine andere Taktik.

Ich sagte: »Scheiß drauf«, drehte in die Sonne und zog unter Einsatz der Superlader mit Vollgas hoch. Die linke Hand hielt ich vors Gesicht und spähte durch einen kleinen Schlitz hindurch, den ich machte, indem ich Daumen und Zeigefinger beinahe auf gleicher Höhe hielt. Es ist nicht unmöglich, ein Flugzeug aus der Sonne kommen zu sehen, bloß sehr schwer und schmerzhaft. Weil die Augen ständig ausruhen müssen, blickt man nicht so sehr hin, sondern weg. Was man sieht, fügt sich zu einer Serie von Fotografien, aus denen man die Bewegung des Zieles, von einem Einzelbild zum nächsten, errechnen muß, wozu ich ohne den rhythmischen Kontrapunkt des Motors und das Gefühl, außerhalb des Flugzeugs zu sein und es zu beobachten, wie es durch die Wolken fliegt, nicht imstande gewesen wäre. Damit konnte ich rechnen. Und wie. Ich machte die Schmitt aus, und ich blieb an ihr dran, auch wenn sie in einen schmerzenden weißen Lichtschein eingerahmt war.

Wäre ich an diesem Morgen nicht so in Hochstimmung gewesen, hätte ich es nicht vermocht, einen schwarzen, aus der Sonne kommenden Punkt ins Visier zu nehmen. Wir hatten nur Sekunden bis zur Kollision, und wir feuerten beide, wohl wissend, daß wir, wenn einer von uns getroffen würde, beide sterben müßten. Die Bahnen meiner Tragflächen-MGs konvergierten bei 300 Meter, und vereint hatten wir eine Geschwindigkeit von bald 1000 Meilen pro Stunde, was hieß, wenn ich ihn richtig unter Beschuß genommen hätte, wären wir in den nächsten zwei Dritteln einer Sekunde kollidiert.

Obwohl ich nicht wußte, in welcher Entfernung seine Feuerstöße zusammenliefen, und umgekehrt er wohl genausowenig, wo die meinen, wußte ich doch, daß er wußte, was ich wußte. Er war's, der abbrach, weil er leben wollte, wohingegen ich draufhielt und feuerte, weil ich mir nicht soviel aus dem Leben machte, und ich war wütend und glücklich und höchstwahrscheinlich halbverrückt.

Wir rollten und machten Loopings, ohne genau zu wissen, wo wir im Verhältnis zueinander herauskommen würden. Das war das Spiel des Zufalls, aber nun hatten wir wenigstens auf gleicher Basis begonnen. Als ich meinen Looping beendete und mich wieder in der Horizontalen befand, sah ich ihn. Die Geschütze in seinem Bug feuerten. Noch bevor ich mich's versah, stoben die Geschosse an mir vorbei und schlugen ein paar Löcher in mein Heckteil. Ich befand mich nicht in Schußweite, aber er war nicht mehr in Position. Er tauchte links von mir weg, weil er sich, um in Schußposition zu kommen, vor mich setzen mußte. Er war dabei, sein Leben für Streufeuer hinzugeben, und was vermag denn Streufeuer gegen ein gepanzertes Jagdflugzeug wie eine P-51 auszurichten? Da muß man schon großes Glück haben, und er hatte keins.

Ich ging im Sturzflug hinterher: das wußte er. Er flog in Schlangenlinien: das spielte kaum eine Rolle. Auch ich flog in Schlangenlinien, und bald war ich an ihm dran. Ich feuerte, aber erfolglos. Ich wartete darauf, daß er hochziehen und mir die Breitseite zukehren würde. Das mußte er wohl oder übel, sonst landete er im Meer, und als er aus dem Sturzflug herauskam, feuerte ich meine sechs Maschinengewehre in einer sehr langen Salve ab, und ich erwischte ihn.

Er fing die Maschine ab, Rauch stieg auf, die Kanzelhaube öffnete sich, es vergingen lange Sekunden, und dann eine Minute, und dann noch eine Minute. Ich folgte ihm oben, wartete darauf, daß er abspringen möge. »Na los! Mach schon!« schrie ich. »Raus mit dir!« Er verlor stetig an Höhe, und der weiße Qualm war schwarz geworden.

Wie die Sekunden verstrichen und Feuer aus seiner Motorhaube schlug, meinte ich, das Herz würde mir zerspringen. Dann sah ich, wie er aus dem Cockpit auftauchte und den Fuß auf das Schott setzte, wie um herauszuspringen. Ich verspürte ungeheure Erleichterung, weil ich dachte, ich hätte der Luftwaffe zwar eine Messerschmitt aus der Schlachtordnung weggenommen, aber doch keinen Menschen getötet. Die Briten würden ihn in der Wasserstraße von Malta auffischen, und er würde den Rest des Krieges Körbe flechten.

Ich war glücklich, als ich ihn herausfallen sah. Aber er hatte zu lange am Rand gezögert. Er war nicht gesprungen, er war gefallen. Ich legte mich in die Kurve, um über ihm zu kreisen, und sah zu, wie er, mit Armen und Beinen fuchtelnd, aber irgendwie still, hinunterging, ohne daß sich der Fallschirm öffnete, bis er im Meer verschwand.

Dann kehrte ich um, nach Hause zu fliegen, ohne Musik oder Tanz, aber dennoch entschlossen, wenn ich das nächste Mal aufstiege (am nächsten Morgen), es doch wieder mit soviel Musik und Tanz zu tun, wie nötig wäre.

Bei meiner ersten Berührung mit dem Feind war es knapp gewesen, und darauf folgten etliche Male, wo es sogar noch knapper zuging. Obwohl ich wußte, wie ich in einen Kampf gehen mußte, und mir die Euphorie im Verein mit der Kraft zunutze machen konnte, wie sie daher kommen, wenn man dem Tod entgegenlächelt, wollte ich dort doch nicht sterben, also begann ich zu bauen.

Die Jungs, mit denen ich flog, wuchsen noch an Kraft, wogegen meine mit dem Alter dahinschwand. Ihr Lebenskern bildete sich in den Kämpfen heraus, die sie in der Luft ausfochten, und langsam vergaßen sie das ohnehin schon Wenige, das sie sonst noch wußten. Nie gäbe es etwas, das sie besser täten, und nichts, dessen sie sich erinnerten, wäre auch nur halb so schön wie ihre große Zeit in der Luft. Aber da ich an der Schwelle zum mittleren Alter stand, mußte ich dem Tod ein Schnippchen schlagen. Ich verschwor mich mit den Mechanikern, um mein Flugzeug umzubauen.

Der Krieg in der Luft war noch immer ziemlich ritterlich. Selbst jetzt bleibt er das noch eher als der Kampf zur See oder zu Land, vielleicht wegen der Offenheit des Schlachtfeldes, der Reinheit der Kräfte, die zum Vorteil erforderlich sind, des Hanges zum Individualismus. Vor vierzig Jahren ging die Täuschung im Luftkampf nicht über getarnte Flugzeuge, Funkstille und Überraschungsangriff hinaus. Ansonsten wurde erwartet, daß man man auf Grund technischer Überlegenheit und größerer fliegerischer Geschicklichkeit und Tapferkeit siegte.

Ich dachte, dies reiche vielleicht nicht aus, so verlegte ich denn ein dickeres Seil vom Cockpit zu den Steuerflächen. Das Seil bekamen wir von leichten Bombenflugzeugen, und es brachte kaum zusätzliches Gewicht, obwohl wir genügend Vorsicht walten ließen, um laufend über die Zunahme Buch zu führen, um sie dadurch wettzumachen, daß wir etwas weniger Treibstoff tankten.

Dann verstärkte – und in einigen Fällen verdoppelte – ich die Scharniere, Flansche, Bolzen und anderen Befestigungen, die Zapfen, Stapfen, Stopfen, Stutzen und Hutzen, die bei einem Manöver die Belastungspunkte darstellten. Zunächst waren die Mechaniker skeptisch. Sie sagten: »Die Zelle hält der Beanspruchung nicht stand, der Sie das Flugzeug aussetzen können möchten.«

Ich erwiderte mit einer Gegenfrage: »So etwas wird doch nicht ohne Sicherheitsspielraum gebaut, oder?«

»Nein.«

»Wie groß ist der?«

Sie zuckten die Achseln. Sie wußten es nicht.

»Sagen wir, zehn Prozent«, sagte ich. »Gehen Sie runter auf zwei.«

»Wenn wir auf zwei runtergehen«, sagte einer von ihnen, »und wenn Ihre Hand nur ein bißchen wackelt, schieben Sie vielleicht ein paar Holme zusammen. Oder die Tragflächen gehen ab. Das ist schon vorgekommen.«

Sie waren leicht zu überzeugen, daß mein neuer Operationsspielraum nur dann zum Einsatz käme, wenn es keine andere Hoffnung gäbe, wenn ich so eingekeilt wäre, daß ich nichts mehr machen und mich nirgends mehr hinwenden könnte und sowieso abgeschossen würde. Die Me-109-Piloten wußten, was wir konnten, und gestalteten entsprechend ihre Bewegungsabläufe. Ich wollte sie überraschen.

Dann ließ ich die Mechaniker den flammenden Pfau bauen, das war ein achtern in die Außenseite des Cockpits geschnittener Stahlkasten. Anstelle der Aluminiumhaut des Flugzeugs bestand die Oberfläche über dem Kasten aus einer von einem Splint gehaltenen Metallplatte. Da drin befand sich unter einer Abdeckung, damit es nicht wegflog, eine Magnesiumleuchtkugel, umgeben von vier Kondomen voll vom schlechtesten tunesischen Olivenöl, und zwei große Papiertüten gemahlenen Pfeffers. Das Ganze war mit Schießpulver, soviel wie drei Geschosse, Kaliber 0.50, bestreut und mit Holzwolle verpackt.

Wir testeten es am Boden, wo es ein entsetzliches Durcheinander anrichtete, und dann in der Luft, wo die großen Mengen Sauerstoff und der Druck des Windes halfen, genau die gewünschte Wirkung zu erzielen. Zuerst zog man an einer Leine, die den Splint herausriß, und dann zog man an einer anderen Leine, welche die Leuchtkugel losgehen ließ. Die Leuchtkugel brachte das Schießpulver zur Explosion, welches das Olivenöl samt dem Pfeffer explodieren ließ und die Platte wegriß. Eine gewaltige Garbe aus Feuer, Funken, allem möglichen brennenden Scheiß und riesige weiße Rauchwolken kamen aus dem Pfau, und, wie jeder Koch weiß, das Olivenöl qualmte einfach immer weiter.

Bei meiner ersten Kampfhandlung hatte ich festgestellt, daß ich, als mein Gegner, getroffen, abstürzte, das Flugzeug abfing und das Feuer einstellte. Das war instinktiv wie auch ritterlich. Und es war praktisch: man wollte nicht an Höhe verlieren und sich selber einem Angriff aussetzen. Auch fühlte man sich gezwungen, am Schauplatz des Kampfgeschehens zu bleiben. Der gleiche Impuls, der einen Hund dazu bringt, in seinem Revier zu bleiben, oder einen Stier, auf den Boden zu stampfen, führte Piloten dazu, das Feuer einzustellen, wenn ihr Gegner ins Meer hinabstürzte. Je methodischer der Pilot, desto wahrscheinlicher hielte er sich an dieses Paradigma, und die Piloten der Me 109 waren, Gott sei Dank, Deutsche.

Als ich den Pfau das erste Mal einsetzte, glaubte ich eigentlich nicht, daß es funktionieren würde. Ich kam von Licata, fünfzig Meilen draußen auf dem Meer und doch in Sichtweite des Landes, ich hatte noch die Hälfte meines Treibstoffs und die Hälfte meiner Munition, nachdem ich einen Olivenhain beharkt hatte, der einen Lkw-Parkplatz verbarg.

Um 9 Uhr 30 tauchten drei Me 109 auf, 2000 Fuß über mir. Die in der Mitte kam direkt im flachen Sinkflug auf mich zu, und seine beiden Flügelleute scherten aus, um mir das Leben schwererzumachen. Der im Norden stieg auf und kippte dann ab, um hinter mich zu kommen, und der im Süden ging in den Sturzflug und begann in Erwartung meines Ausweichmanövers hochzukommen.

Wenn ich einen Looping nach hinten machte, um den hinter mir zu kriegen, würde ich dem in der Mitte den Bauch zukehren. Wenn ich nach Osten abtauchte, bekäme der hinter mir seine Chance – nach Westen, der vor mir. Inzwischen war der mittlere dabei, einen langen Feuerstoß abzugeben.

Ich tat das einzig mögliche, ich kurvte zum mittleren Flugzeug ein und feuerte eine lange Salve ab, in der Hoffnung, ihn abzulenken. Es klappte; er ließ sich leicht ablenken, weil er wußte, seine Flügelmänner waren an mir dran, und er machte eine Rolle und drehte ab.

Ganz bestimmt dachte er nicht, daß ich ihm folgen würde, weil mich dann die Flügelleute von hinten in einer tödlichen Klammer hätten. Aber ich flog hinterher und verfolgte das mittlere Flugzeug, das jetzt vergeblich vor mir zu fliehen suchte. Ich traf ihn, und er stürzte hinunter, Rauch stieg auf.

Normalerweise wäre ich tot. Ich hatte zwei Me 109 dicht auf den Fersen, die, konvergierend, in verschiedenen Höhen, wie wild feuerten. Sie waren auf Vergeltung aus und sicher wie nur etwas. Ich zog am Seil zum brennenden Pfau. Die Tür war weg wie nichts, was hinterdrein kam, sah wie die brennenden Eingeweide des Flugzeugs aus. Ich ging runter, mit dem unverkennbaren Vorwärtsruck eines Vogels, der im Fluge getroffen wurde, und ließ mich träge Richtung Meer fallen.

Sie stellten das Feuer ein, verfolgten mich zwar noch, aber von weit oben. Ein paar Fuß über den Wellen begann ich mit aller Kraft geradeaus zu fliegen. Als der Pfau ausging, war ich gegen das Meer nicht mehr zu sehen, und sie waren umgekehrt. Ich ging in Schräglage, flog eine Linkskurve und ging in den Steigflug. Dann stellte ich die Superlader an. Als ich Höhe gewann, konnte ich die Messerschmitts kaum sehen. Sie waren nichts weiter als Pünktchen, die auftauchten und wieder verschwanden. Wären sie zu ihrem Flugplatz zurückgekehrt, hätte ich sie verpaßt, doch sie setzten ihren Patrouillenflug fort und wandten sich nach Westen. Da könnte ich sie mit der Breitseite erwischen, mit der Sonne im Rücken.

So geschah es denn auch. Den einen traf ich so schwer, daß er in der Luft zerbrach, und der andere floh einfach. Da hatte ich nur noch wenig Treibstoff und Munition, und ich machte eine Rolle, um den Rückflug anzutreten, in der Hoffnung, daß die übriggebliebene Schmitt nicht zurückkäme. Sie kam nicht.

Ich hatte gerade noch genug Treibstoff, um vor der Landung dicht über dem Strand zu fliegen. Das sollten wir zwar nicht, aber es war oft zu verlockend. Gleichsam wie wenn du hinausschriest, daß du noch am Leben seist, und deine Stimme nicht deine Stimme wäre, sondern die Stimme deines schnellen, leistungsstarken Flugzeugs, mit einem Motor, der den Boden erbeben ließ, mit sechs Maschinengewehren und leichten Schwingen, die raketengleich durch die Wolken schossen. Wie aus dem Nichts kehrten die Flugzeuge zurück, die Propeller drehten sich im goldenen Licht, Racheengel, die aus unvorstellbaren Gefechten im Äther herabschwebten. Nach meinem ersten Abschuß begriff ich, daß wir ein furchtbar trauriges Lied sangen. Aber ich schäme mich nicht, dieses Lied gesungen zu haben, denn egal was du auch annehmen mögest, es war das Schönste, was ich je gehört hatte.

Die Monate der täglichen Patrouille hatten mich zuversichtlich gemacht, daß ich, meinen knapp ausgegangenen Abschüssen zum Trotz, geboren war, Me 109s abzuschießen. Ich dachte wohl, ich sei über die schmale Grenze gestolpert, die einen großen Athleten auszeichnet. Ein Radfahrer, der wiederholt die Tour de France mit neun oder zehn Sekunden gewinnt, nachdem er von hinten gekommen ist und einen ständigen Rivalen überholt hat, wird heißen Kakao und Stretchhosen gutheißen, bis die Sonne ausbrennt. Das Menschengeschlecht berauscht sich an knappen Siegen, denn das Leben selbst ist eine Kette davon, wie Perlen, die auf den Fußboden kullern, wenn die Schnur reißt, und in vollkommener Anarchie davonrollen.

Ich befand mich nördlich von Bengasi auf einer Patrouille zur Sicherung der Seeverbindungswege, ich hatte die Tragflächentanks abgeworfen und nutzte den Rest meiner Bummelzeit, ehe ich über den oberen Teil des Golfes von Sirte wieder Kurs zurück nach Monastir nahm.

Das Meer drunten war leer und still, die libysche Wüste noch immer mit Leichen und Panzerfahrzeugen bedeckt und die Straße von Ägypten nur selten befahren. Zu der Zeit erschienen deutsche und italienische Flugzeuge kaum je über dem Territorium, aus dem ihre Armeen vertrieben worden waren, obwohl sie durchaus dazu fähig gewesen wären. Sie flogen von Stützpunkten auf Sizilien aus, besonders einem unterhalb der Bergstadt Erice, einem riesigen Hornissennest auf einer gefleckten, gastlichen Ebene.

Da wir gewöhnt waren, ihre größten Aufgebote direkt anzufliegen, galt die Bengasi-Patrouille der Seeverbindungswege als reine Formsache, eine Gelegenheit zum Ausruhen, und so achtete ich nicht, wie ich's gesollt hätte, auf den Himmel um mich her. Nicht nur, daß sich die feindlichen Flugzeuge nie mehr im Golf von Sirte zeigten, hatten sie doch auch keinen Grund mehr dazu, sondern ich war auch in Erinnerungen an eine Frau versunken, die ich einst in Boston gekannt hatte. Wäre da nicht der Krieg gewesen, so hätte ich sie vielleicht geheiratet. Zur Begleitung der sehr sanften, glücklichen halbeinheimischen Musik, die mein Radio mir gedämpft aus Französisch-Westafrika, über Tausende von Meilen stiller Wüste und kobaltblauen Himmels herüberbrachte, blickte ich ihr in die Augen, die Arme auf ihren Schultern, während ich mich hin- und herbewegte, hin zu ihrem Gesicht und wieder weg, und sie jedes Mal, da ich ihr nahe war, verzückt küßte. Das ging lange so und war völlig hypnotisierend, sowohl, als es geschah, als auch, da ich mich daran erinnerte.

Ich hatte meine Instrumente und Geräte vernachlässigt, hatte nur unbewußt einen flüchtigen Blick auf den Kompaß geworfen, und was den Himmel anging, so dachte ich nur das eine, daß er die Farbe ihrer blauen Augen hätte. Tatsächlich hatte ich sie so lange geküßt, daß wir beide außer uns waren. Es war an einem kalten Wintertag, in einem Wohnzimmer in der Back Bay, während die Heizung zischte und der Wind wehte. Ich hatte sie so geküßt, weil ihr Gesicht eine solche Augenweide war.

Wenn sie gewußt hätte, daß ich sie noch immer küßte, 6000 Meter über dem Golf von Sirte, wäre sie vielleicht genauso benommen vor

Freude gewesen wie ich. Das war das Problem. Der Mund stand mir halb offen, meine Augen fixierten die Unendlichkeit. Und während ich immer tiefer in dem Kuß versank, schwirrte ein Hagel von Artilleriegeschossen auf meinen Rumpf und über die Tragflächen, alles in einer Sekunde. Ich schreckte zusammen und wurde wach.

Das Flugzeug, das über mich hinweggeflogen war, sah ich nicht. Zweifellos machte es eine Rolle rückwärts, um wieder hinter mich zu kommen, aber ich war zu beschäftigt, um es zu suchen. Instinktiv wollte ich zuerst in eine steile Linkskurve gehen, doch das Flugzeug reagierte nicht.

Wenn in Filmen Flugzeuge abgeschossen werden, fangen sie Feuer und gehen ruhig im Sturzflug runter, bis sie hinter einem Hügel »explodieren« können. Natürlich fliegen Piloten ruhig, wenn sie einen Absturz simulieren: ihre Flugzeuge sind intakt. Ich nun flog alles andere als ruhig: die Geschosse hatten genügend Holme und Versteifungsrippen kaputtgemacht, daß das Flugzeug wie eine abtrünnige Waschmaschine rüttelte und schüttelte. Je mehr es wackelte, desto mehr Dinge gingen krachend zu Bruch, und damit ich nicht auch kaputtging, nahm ich das Gas weg, bis ich beinahe im Gleitflug dahinsegelte. Ich hatte nur noch die Hälfte meines Steuerwerks und tat alles, was ich konnte, bloß um in der Horizontalen zu bleiben.

Wo war er nur? Ich wußte es nicht. Ich konnte nur vermuten. Er wäre einige tausend Fuß über mir und beobachtete mich, um zu sehen, ob er kommen müßte, mich abzuschießen, oder ob er mich, wie die Golfer sagen, mit einem Schlag eingelocht hätte. Ich sagte in einem fort: »Du Scheißkerl! Du Scheißkerl! Du Scheißkerl!«, als ob er mich hören könnte, wie ich in meinem eigenen Cockpit wie ein Käfer umhergestoßen wurde, der in einem Bohrhammer eingeschlafen ist.

Dabei spuckte ich, als hätte mich eine Stunde lang ein Zahnarzt in der Mangel gehabt. Man spuckt nicht ins eigene Cockpit, weil man dann damit leben muß. »Warum spucke ich bloß?« fragte ich mich. Dann sah ich hin, und ich merkte, daß ich Blut spuckte. Aber ich spürte keinen Schmerz. Ich muß irgendwo verwundet sein, dachte ich, aber ich habe viel Kraft, und es tut nicht weh. Mein Fliegeranzug schnürte mich ein wie ein Druckverband.

Dann fing der Motor Feuer. Wieso, wunderte ich mich, war er erst so spät in Brand geraten? Die Antwort, die ich aber erst viel später geben konnte, lautete, daß sich alles binnen weniger Sekunden abgespielt hatte, die ein großes Loch in die Zeit gerissen hatten.

Die gottverdammte Windschutzscheibe, sagte ich bei mir, ist mit Blut vollgeschmiert. Ich konnte nichts sehen. Doch es war kein Blut, der Motor versprühte Öl, das dann durch die Luft, die wie eine Spritzpistole mit 300 Meilen pro Stunde wirkte, auf das Glas aufgetragen wurde. Dennoch, falls ich es nach Hause schaffte, könnte ich nur mit Seitensicht landen. Ich warf einen prüfenden Blick auf die Instrumente. Die Instrumente waren kaputt und blutbeschmiert. Das Glas war in den Rahmen zerbrochen, und Scherben davon bedeckten meine Beine. Das Armaturenbrett war tropfnaß.

»Wessen Blut ist das?« dachte ich.

Das Rütteln hatte nicht nachgelassen, und als der Motor aussetzte, wurde der Flug ein wenig ruhiger, aber noch unkontrollierter. Ich beschloß, abzuspringen.

Der Motor war tot, das Flugzeug wurde geschüttelt und brannte, ich konnte nach vorn nichts sehen und spuckte Blut. Ich entriegelte die Kanzelhaube und zog daran, aber sie ging nicht auf. Der Rahmen war verbogen und ließ sich nicht bewegen, kein bißchen. Ich müßte notwassern.

Ein Blick hinunter zeigte mir, daß das Meer jetzt ziemlich nahe war. Obwohl die Küste noch zehn oder fünfzehn Meilen entfernt war, konnte ich doch nicht dichter herankommen, weil ich nicht steuern konnte. Mir fiel ein Trick für eine Bruchlandung im Meer ein, den mir ein britischer Hurricane-Pilot in Algier im Offizierskasino einmal verraten hatte. Kurz bevor du runtergehst, feuerst du alle deine Geschütze gleichzeitig ab. Einzig aufgrund der Tatsache, daß es auf jede Aktion eine Reaktion gibt, könnten dreißig Sekunden Dauerfeuer aus sechs Maschinengewehren dich vielleicht genügend abbremsen, um dich zu retten.

Ich fuhr die Landeklappen aus und zog mit aller Kraft, um die Nase hochzuhalten. Das schien die eine Vibrationsfrequenz zu dämpfen und eine andere freizusetzen. Auch wenn der Motor tot war und der Propeller auf Segelstellung, machten wir höllischen Lärm: der Wind pfiff durch zerbrochenes Glas, die mit Sauerstoff vollgepumpten

Flammen tosten, und die Tragflächen und der Rumpf klangen, wie wenn im Juli ein Wolkenbruch auf ein Blechdach herniederprasselt. Meine Geschwindigkeit war hoch, und leider herrschte starker Wellengang. Weil ich auf dem Bauch hineingleiten mußte, hatte ich nicht das Fahrwerk ausfahren können, um den Luftwiderstand zu erhöhen, denn ich hätte sie wohl nicht wieder hochgekriegt. Als das Meer dem Flugzeug entgegenschwoll, feuerte ich die Geschütze ab und spürte, wie sie die Vorwärtsbewegung verlangsamten. Sie waren ohrenbetäubend laut.

Das Flugzeug schlug krachend auf, machte einen Satz und überschlug sich. Ehe ich mich's versah, hing ich kopfüber im Cockpit, unter Wasser, und sank langsam in die Tiefe.

Ich machte das Gurtzeug auf und fiel auf die Kanzelhaube. Ich dachte, ich hätte mir das Genick gebrochen. Wie sollte ich bloß hier rauskommen? Ich hockte bereits bis zu den Oberschenkeln im Wasser, und die Kanzelhaube wollte nicht aufgehen. Das Wasser war still, blau und klar, nichts war darinnen als aufgelöstes Azur und Bahnen flutenden Sonnenlichts.

Nachdem ich den Fallschirm mit Händen und Füßen weggestoßen hatte, kam der Fliegeranzug dran, halb riß ich ihn mir vom Leibe, halb rutschte ich heraus. Auch der war sperrig und voller Halterungen, Vorsprünge und Ausrüstungsteile, mit denen ich am Metall hätte hängenbleiben und so ertrinken können.

Das Messer, das ich bei mir trug, hatte einen schweren Bolzen am Schaft, und damit ging ich auf die Glashaube los, wie wenn ich auf Leben und Tod mit einem Wolf kämpfte. Wasser strömte herein, kälter jetzt, weil das Flugzeug tiefer gesunken war. Ich machte einen letzten tiefen Atemzug und steckte den Kopf durch die Öffnung. Als ich hindurchkroch, fing das Flugzeug an, anmutig radzuschlagen, wobei sich das Heck in einem Bogen drehte, der hinaufging, den silbernen Wasserspiegel aber nicht durchstieß. Ich war frei. Hinter Luftblasen, die mir auf dem Weg nach oben vorausgingen, stieg ich zum Grunde der Wellen auf.

Als ich in die klare Luft hinaufkam und die Gischt auf meinem Gesicht spürte, erstickte ich bald vor Salzwasser, blutete im Wasser, juchzte, lachte und weinte vor Freude. Vor mir lagen viele Stunden, die ich schwimmen müßte, und ungeachtet dessen, daß ich verwundet war, legte ich die erste Meile oder so wie ein Schweinswal zurück, indem ich in die Wellentäler hineinsprang, daß die Gischt aufspritzte und mir wie Nadeln ins Gesicht stach. Ich war völlig allein in den windgepeitschten Weiten des Wassers. Das Mittelmeer ist ein altes und sanftes Meer, flach und warm, blau und grün – es hatte die Farbe von Saphiren und Meeresschildkröten.

Wie viele Meilen ich schwamm, werde ich nie genau wissen – ob es zehn oder fünfzehn oder weniger oder mehr waren –, aber als ich endlich das Ufer gewann, war ich erschöpft wie nie zuvor.

Im Meer hatte ich in meiner linken Seite Schmerzen gespürt, und als ich jenseits der Brecher auf den Sand hinaufkroch, entdeckte ich dort ein kleines Loch von der Größe einer Kleinkaliberkugel. Obwohl ich es nicht gemerkt hatte, war eine Niete in mich hineingetrieben worden. Wenn sie mein Herz erreicht hätte, wäre ich im Kampf gefallen, nicht etwa durch eine deutsche Kugel, sondern einen amerikanischen Metallverschluß.

Weil ich jetzt nur noch ab und zu Blut abhustete, machte ich mir weiter keine Sorgen. Und doch war die Angst groß genug, daß ich darauf bedacht war, nicht am Strand einzuschlafen, und das war der schönste, leerste Strand, den ich je gesehen hatte, und ich hatte nun wirklich einige überaus herrliche Strände gesehen (immerhin kam ich ja aus der Investmentbranche).

Er war etliche hundert Meter breit und fiel leicht ab, so daß sich die anrollenden Wellen mit einem dumpfen Dröhnen, bald wie in Southampton, brachen, und der Sand war von dem gedämpften Weiß eines guten Baumwollhemdes – was heißen soll, er war ein wenig gelb und golden, gerade genug, um ihn zum Vetter der Sonne zu machen, die von morgens bis abends auf ihn herniederbrannte.

Leider hatte ich bereits Durst, und es war wie ein Witz, daß ich keine andere Wahl hatte, als ins Landesinnere zu gehen, da ich sicher bin, daß jemand, der in der Wüste abgeschossen worden wäre, sich ganz bestimmt in Richtung Meer auf den Weg gemacht hätte. Aber da ich keine Hotels, Strandlokale oder Mahagonibarkassen sah, begab ich mich in Richtung Straße.

Ich hatte die Karte studiert. Über die ganze Länge der libyschen Küste verlief die Straße parallel zum Strand. An manchen Stellen kamen sie dicht zusammen, aber an anderen ging die Straße fast vierzig Meilen landeinwärts. Ich hatte keine Ahnung, wo ich mich befand, und ich stellte mir vor, ich hätte das Schicksal vielleicht zu sehr herausgefordert und wäre in dem Vierzig-Meilen-Abschnitt an Land gekommen. So war es auch.

Da ich schwach war, blutete und unter Wassermangel litt, behagte mir die Aussicht, vierzig Meilen in der brennenden Sonne laufen zu müssen, nicht gerade, aber ich hoffte, ich müßte es nicht. Wenigstens hatte ich meine Schuhe behalten, war sogar nach einem getaucht, als er beim Schwimmen runterrutschte. Bevor ich aufbrach, schnitt ich meine Hosen ab, daß Shorts daraus wurden, und machte mir mit einem der abgeschnittenen Beine einen Druckverband um die Wunde.

Bald fiel das Gelände in eine riesige felsübersäte Senke ab. Die Stunden vergingen in der Hoffnung, auf eine Pflanze zu stoßen, doch ich befand mich in der Welt der Mineralien. Während ich dahinging, sang ich: »Tier, Pflanze … Mineral. Tier, Pflanze … Mineral.« Ich versuchte, Beethoven, Mozart, Haydn und Schubert zu summen – nicht Bach, der sich nicht so sehr zum Summen eignet –, aber ich kriegte den Takt nicht hin.

Nach fünf oder sechs Stunden und vermutlich fünfzehn bis zwanzig Meilen konnte ich mich kaum noch auf den Beinen halten und hatte aufgehört zu singen. Ich ruhte die Augenlider aus, indem ich sie die meiste Zeit geschlossen hielt und alle paar Sekunden blinzelte, lange genug, um ein Foto von dem zu machen, was da vor mir lag, was ich beim Gehen dann in das mir erinnerliche Bild umwandelte. Das konnte ich gut, hatte ich das doch als Kind geübt, ursprünglich um zu sehen, wie es wäre, blind zu sein, wobei ich schummelte, und dann, um zu sehen, ob ich lediglich mit der Erinnerung Zeit, Raum und Entfernung gerecht zu werden vermöchte.

Warum schummelte ich, als ich mich blind stellte, warum schummelt jedes Kind? Aus dem gleichen Grunde, aus dem unser Mitgefühl und unsere Liebe für die Verstorbenen nicht stark genug sind, daß wir ihnen folgen. Wohl wissend, daß eines Tages die Reihe an uns sein wird, betrügen wir unsere Liebe und klammern uns ans Leben. Meine Augen hatte ich einfach deswegen aufgemacht, weil ich, im Bewußtsein, daß ich eines Tages blind sein würde, dem Licht nicht widerstehen konnte.

Ich war so ausgelaugt, wie ich da durch die Wüste stolperte, daß ich nur noch schlafen wollte, und frühmorgens zeitig gab ich nach und ließ mich gegen eine kuppelartige Wölbung aus vollkommen weißem glattem Sand fallen. Er war kühler, als ich gedacht hatte, und so weich wie Maismehl. In diesem großartigen Bett war der Schlaf tiefer als je zuvor oder seitdem, und als ich das Bewußtsein verlor und träumte, hoffte ich, ich würde nicht sterben, obwohl ich wußte, daß ich, falls der Preis für die Ruhe Sterben hieße, die Zahlung nicht verwehren könnte. Meine Gliedmaßen entspannten sich sofort, und ich war im Nu weg.

In der Nacht wachte ich auf, in kalter ursprünglicher Luft, die nach zeitlosem Sand und Felsen roch. Als ich die Augen aufschlug, war ich von unzähligen Sternen am Himmel geblendet, und ich mußte blinzeln, um mich an das Licht zu gewöhnen.

Das war das einzige Mal in meinem Leben, daß ich, soweit das Auge reichte und ein ganzes Stück weiter, nichts sah, das lebte, und nichts, das Menschenwerk war. Das Firmament erstreckte sich 360 Grad in einem Rund, das keine Turmspitzen oder Hügel oder Baumreihen störten. Und doch bewegte sich die Luft in Hitzesäulen, brach das Sternenlicht, ließ die Stecknadeln aus Phosphor hüpfen und tanzen, ganz so, wie wenn ich auf die Ansicht einer Stadt in einer kalten Winternacht blickte, da die Luft von Rauchfahnen durchzogen ist, die aus den Schornsteinen aufsteigen. Obwohl der Himmel von durchsichtigen wogenden Säulen aufgebrochen war, stiegen diese nicht von Feuern auf, sondern von großen Felsen oder dunklen Sandflecken.

Beim Anblick von Sternen fühle ich mich immer ungeheuer beflügelt, und während ich, vom Polarstern geleitet, in einer Linie im rechten Winkel zur Küste, in west-südwestliche Richtung wanderte, war ich sehr glücklich, in Afrika zu sein, nachts, allein (soviel ich wußte), Hunderte von Meilen weit. Hätte ich die Richtung nach Süden eingeschlagen, wäre ich vielleicht Tausende von Meilen durch Wüste marschiert, ohne jemanden zu sehen, nicht einmal eine

Eidechse oder eine Palme, bis die Wüsten von Französisch-Äquato-
rial-afrika grün wurden.

Afrika, so wollte und will mir scheinen, ist die letzte Bastion der
Träume. Seine Grenzen sind zwar durch Schriftsprachen und Maschinen geklärt und stabilisiert worden, aber in seiner Tiefe bleibt nichts in
Erinnerung als das, was aus dem Herzen kommt. Im eigentlichen
Afrika kennt die Zeit keine Interpunktion und fließt zwischen neblicht
grünen Ufern dahin. Dort sind die Farbe und Struktur der Landschaft, die Anmut der Tiere und die Nachsicht des Menschen allesamt
verbunden in Freud, Leid und dem tröstlichen Nichtvorhandensein
der Zeit.

Selbst an den nördlichen Rändern, die vom mechanisierten Krieg
bestrichen wurden, spürte ich die Gegenwart des fernen Südens von
Libraville, Mbeya und Laurenço Marques, alles Orte, die ich nur dem
Namen nach kannte, alle unter demselben Himmelsozean. Und wie
ich so im mediterranen Küstenland dahinwanderte, gingen andere
Männer an längeren Küsten und in ruhigerem Hinterland unter den
Sternen dahin – am Roten Meer, am Indischen Ozean und am Atlan-
tik.

Was könnte ergreifender sein als ein Ort, wo die Geschichte verloren ist, denn dort strömt aller Wert in die Gegenwart. Dort existiert
die Gegenwart tatsächlich. Wir, die wir das Schreiben erfunden haben
und das Planen, haben die Unmittelbarkeit wegerfunden, aber in
Afrika ist die Unmittelbarkeit allerorten. Ich hatte ihr Reich betreten,
als ich die Küste verließ und anfing, in Richtung Senegal zu gehen (um
es nie zu erreichen), und unter denselben funkelnden Sternen, die
über dem warmen, feuchten Brazzaville leuchteten. Obwohl ich in
sehr schlechter körperlicher Verfassung war, wurde mir allein bei dem
Gedanken, was da im Süden lag, warm ums Herz.

Dann ging die Sonne auf, die orangefarbene Uhr Afrikas, und
beschien die rote Wüste vor mir. Der Weg war nun eben, nur wenige
Felsen waren, weit verstreut, dazwischen, die meisten nicht größer als
Pampelmusen. Im Morgengrauen änderte sich schlagartig der Horizont von einer unfaßlichen schwarzgrauen Einheitsfarbe zu einer
scharf gezogenen Linie, und gleichsam als Echo auf diese neugewon-
nene Entschlossenheit erschien plötzlich vor mir die Straße. Wäre ich

fünf Minuten eher da gewesen, hätte ich sie gar nicht gesehen, weil sie aus zwei Reihen Steinen bestand, die in Abständen von vier, fünf Metern dalagen, und zwischen dem steinigen Saum war nur eine Spurrille.

Wenn da nicht gerade die Sonne aufgegangen wäre, hätte ich die Straße mit zwei Schritten überquert und wäre für immer in der Wüste verschwunden. Bis zu der Zeit, da ich Constance kennenlernen sollte, wären meine Gebeine völlig geblichen und wahrscheinlich mit Sand bedeckt gewesen. Die einzige Erinnerung an mich hätte sich hier und da in diversen Namenlisten gefunden, der Clou wäre eine völlig paradoxe Eintragung im Pentagon gewesen, die konstatierte, daß ich auf See verschollen sei.

Als ich gen Norden blickte, sah ich etwas, das aufrecht dastand, und ich ging darauf zu im Glauben, es könne ein Mann sein, oder, noch besser, eine Frau. Hätte ich eine Frau getroffen, sagen wir, Ingrid Bergman, in ähnlichen Schwierigkeiten, so wäre es bestimmt zu Liebe und Intimität gekommen, daß wir für den Rest unseres Lebens glücklich gewesen wären.

Es war aber nicht Ingrid Bergman, sondern eine von Steinen gehaltene Stange, ein Wegweiser mit zwei weiß getünchten Brettern, auf denen in schwarzer Farbe die Worte *CANTIERE di BONIFICA, Azi SAFI EDDIN EL SENUSSI Ca., 148 KM* und ein Pfeil, der nach Süden zeigte, standen.

An diesem Wegweiser wartete ich den größten Teil des Tages, und dann, nachdem ich es schon mit der Angst zu tun kriegte, daß ich dort tatsächlich sterben könnte, sah ich eine Staubwolke. Sie kam auf mich zu. Nach einer halben Stunde konnte ich erkennen, daß der Staub von einer Gruppe britischer Lastwagen aufgewirbelt wurde.

Als sie mich erreichten, hielten sie an, und fünfzig Männer sprangen herab. Ich starrte sie an, ohne zu sprechen. Ein hochgewachsener Offizier, ein Major, wie ich mich erinnern kann, trat auf mich zu, und als er mitkriegte, daß das Wesen da vor ihm noch am Leben war, nahm er die Mütze ab. Die britischen Offiziersmützen haben mir immer gefallen, und sogar in den scharlachroten und grünen Parkanlagen Niteróis erinnere ich mich noch an ihr unnachahmliches Rot.

Ein Mahagonioffiziersstöckchen umklammernd, das an dem einen

Ende mit einer 50 mm Patronenhülse und am andern mit einer leeren Enfield-Patrone bekrönt war, beugte er sich herüber und sagte: »Hallo. Sprechen Sie Englisch?«

Einen Augenblick lang sah ich ihn an, beobachtete ihn, da er meine Antwort erwartete. »Von Ihrem Standpunkt aus gesehen, wahrscheinlich nicht«, antwortete ich ihm.

Mein Aufenthalt in Norditalien war mein Verderb als Flieger, denn dort kamen eine Reihe von Faktoren zusammen und nahmen mir den Schneid, den ich in der Luft über dem Mittelmeer gehabt hatte.

Zuerst war da das Alter. Ich war vierzig. Ich glaubte nicht, daß ich achtzig würde, wie ich es ja geworden bin, denn damals wurden Leute wie ich – sprich: unglückliche, unverheiratete, mesomorphe Investmentbanker, die der Meinung waren, die Emission von Millionen von Industrieobligationen und öffentlichen Anleihepapieren abzuschöpfen sei nicht wertvoller als ein Fliegenschiß im Golf von Mexiko – so an die fünfundsechzig. Viele aßen sich und kochten sich in ihren Fünfzigern, und manche sogar in ihren Vierzigern, mit einem Schnellkochtopf zu Tode – kaum zu glauben, welche Saucen für einen Teilhaber bei Stillman & Chase erhältlich waren. Ein paar meiner Kollegen brachten es mit Mitte Dreißig zu einem Herzstillstand. Einer meldete sich sogar mit siebenundzwanzig ab, durch Atemnot mit Atemstillstand, und mit ihm ging die wirtschaftliche Zukunft des Sudan. Das sind die Dinge, von denen die Historiker selten die leiseste Ahnung haben. Sie suchen nach strukturellen Ursachen und setzen ihre Leser Umsatzanalysen aus, wo sie doch nichts weiter wissen müßten, als daß es Frederick Parts III unwiderstehlich nach Lammhirn in Sahnesoße gelüstete. Wenn man knapp 1,60 m mißt, 425 Pfund wiegt und die Arterien zu 85 % mit Schweineschmalz, Geflügelfett und Marisco zu sind, zahlt es sich nicht aus, sich im Squashturnier der Chutney-Absolventen anzustrengen. Er starb mit zusammengebissenen Zähnen.

Von Natur aus Pessimist, schätzte ich, daß mir (angenommen, ich würde durch den Krieg kommen) nur noch zwanzig Jahre blieben, oder vielleicht auch nur zehn, und die vierzig Jahre, die ich erlebt hatte, waren so im Nu vergangen, daß sie fehl am Platze schienen. In der Erinnerung suchte ich tastend nach ihrem Sinn, als handelte es sich um meine Brille und ich hätte sie im Dunkeln verloren, und als ich keinen Sinn fand, wurde ich ungeheuer bedacht auf die Jahre, die noch vor mir lagen, wie viele es auch sein mochten. Das machte mich bisweilen übertrieben vorsichtig, wodurch die Aussichten, in der Luft umzukommen, stark stiegen.

Ich besaß nicht das Durchhaltevermögen der Jungs von Zwanzig oder auch Dreißig, und im Gegensatz zu ihnen konnte ich mich nicht so schnell erholen, da ein Einsatz in den andern überging. Das war gefährlich.

Und dann spürten wir, daß der Krieg fast vorbei war. Daß wir gewinnen würden, stand von vornherein fest. Jeglicher Tod nach dem Punkt dieses Eingeständnisses schien kein Opfer, sondern vergeudet zu sein. Jede Aktion, sogar im Luftkampf, war von Widerwillen erfüllt. Sekundenbruchteile waren verloren, diese wunderbaren, kriegergleichen Bruchteile von Sekunden, die aus Wut und Verzweiflung entstehen und die den Unterschied zwischen Leben und Sterben ausmachen.

Das Wetter über Deutschland war schrecklich: Viele Jäger kollidierten mit unseren eigenen Bombern oder ihren eigenen Staffeln, und andere, schwer beschädigt, konnten durch die dichte Wolkendecke den Heimweg nicht finden. Ich kenne das bedrückende Gefühl, das sie empfanden, wenn sie sich unablässig einen Weg in dem Grau bahnten, weil es mir einmal beinahe passiert wäre, als ich – die Instrumente waren ausgefallen und ich war ganz von Wolken umgeben – in südlicher Richtung zu fliegen glaubte, in einer Höhe, in der ich über die Alpen kommen müßte, und ich mich auf einmal über Frankreich wiederfand, in urplötzlich erstrahlendem Blau, in klarer, kalter Luft, hin und her geworfen in einem Sturm an der Spitze einer Wetterfront, die vom Ozean oder der Arktis gekommen und meine Rettung war.

Schließlich, so nehme ich an, bietet Italien selber eine so wunderschöne Alternative zum Krieg, daß man den Geschmack am Kämpfen verliert, einen Geschmack, der immer durch die einfachen Versäumnisse der Zivilisation angeregt wird. In Italien sah ich in den Vorgängen des täglichen Lebens einen unablässigen Bezug zu größeren Themen und Zwecken, und es schien keinerlei Notwendigkeit zu bestehen, alles über Bord zu werfen, wütend, in einem Feuerball, wie es die Deutschen wohl immer wollen, gereizt, wie sie ob der quälenden Dunkelheit bei ihnen sind.

Vom Flugplatz ging ich immer an einem Fluß entlang in die Stadt, auf einem Weg unter raschelnden Weiden. Der Fluß war schmal, frisch und klar. Man konnte braun getönte Forellen sehen, wie sie an durchsichtigen tiefen Stellen, von tanzendem Regen bedeckt, ihre geselligen Kreise zogen. Stellenweise floß das Wasser über Wehre oder Überlaufrinnen, wo es Geschwindigkeit und einen silbernen Überzug aufnahm, der die Luft kühlte. Die makellosen Wasserzungen, die sich durch die Zähne der Wehre zwängten, erinnerten mich an Klaviertasten, und indem ich sie betrachtete, konnte ich die Erinnerung an Stücke wachrufen, die geschrieben waren, die Schönheit solcher Dinge wie tanzender Flüsse und heftigen Regens zu ehren.

In der Stadt tauschte ich meine Kaffeezuteilung gegen reines Olivenöl, Pasta, Paprikaschoten, Tomaten und winzige Portionen geräucherten *prosciutto*. Ich fand es schon bemerkenswert, daß sich alle für ein paar Handvoll ekelerregenden braunen Gerölls von solchen Dingen trennten. Neulich sah ich im Zug zur Marineakademie ein an brasilianische Mütter gerichtetes Werbeplakat. Wenn sich ihre Kinder mit verschiedenen, in der Mitte aufgeführten Substanzen vergifteten, so lautete der Kern der Botschaft, sollten sie ihre Kinder erbrechen lassen. Und wie macht man das? Man läßt sie entweder eine braune Papiertüte oder Kaffeesatz essen.

Den Kaffee trug ich in einer verschlossenen Tasche am Ende einer Stange. Auf dem Markt nahm ich dann die Stange von der Schulter und bugsierte die Tasche zwecks Handel auf einen Tisch. Als ich das zum ersten Mal machte, dachten sie, ich hätte Sprengstoff angeschleppt, und alle rannten davon. Schließlich gewöhnten sie sich an meine Liefermethode, aber sie verstanden sie nie. Ich wollte meine Handelsware nicht schmähen, also erzählte ich ihnen, in Amerika trage man den Kaffee am Ende einer Stange, damit er ja nicht die gleiche Temperatur bekäme wie der menschliche Körper, wodurch das Aroma leide.

Die eingetauschten Nahrungsmittel waren natürlich bei weitem besser als die Rationen der Air Force. Das war das einzige, was ich

essen konnte, wenn ich wußte, daß ich am nächsten Tag einen Tages-
angriff auf ein schwer verteidigtes Ziel eskortieren müsse. Selbst nach
dem Krieg, sogar jetzt noch, esse ich gern Spaghetti, wenn ich mich
einer Sache gegenübersehe, vor der ich Angst habe.

Wenn ich Frühlingspasta oder Linguini mit Tomatenpüree und
Peperoni esse, dann werde ich ruhig und traurig, und wenn ich die
Augen schließe, sehe ich Dutzende Flugzeuge vor mir, die Propeller
drehen sich wie silbernes Wasser, das über ein Wehr donnert, und
warten darauf, auf die Startbahn zu kommen, um über die Alpen zum
Einsatz loszufliegen.

Wenn sich die Flugzeuge von drei oder vier Staffeln zu einem gemeinsamen Angriff vereinen, dann erbeben die Luft und die Erde ringsum.
Die Maschinen versammeln sich in ungenauen Winkeln, und während
die an den Rändern in den Wind davonrollen, werden die zurückge-
bliebenen von der Furcht vor Untätigkeit gepackt. Die Ansammlung
getarnter Flugzeuge war wie durch Zauberei aus Nissenhütten und
Splitterboxen, aus Hangars und Werkstätten zusammengekommen,
und in den Augenblicken vor dem Start ist der Flugplatz der aufre-
gendste Ort auf der Welt. Sobald aber der letzte abgehoben hat, ist
nur noch der Wind zu hören.

Wenn auf dem Platz die Stille eingekehrt war, befand ich mich auf
dem Weg nach Norden und suchte einen großen Luftwirbel über die
Alpen, der mich wie einen Segelflieger bis hoch auf eine unsichtbare
Plattform heben würde, von wo aus ich eine unsichtbare Rampe in den
Kampf über den Ruinen Deutschlands herabkäme.

Von Anfang an hieß unsere Vorgehensweise Auflockern und Zusammengehen. Das machte taktisch nur Sinn, wenn wir nicht die
Luftherrschaft hatten, aber auch nachdem deutsche Jäger so selten
wie Düsenflugzeuge waren – hauptsächlich weil sie Düsenflugzeuge
waren –, fanden die Piloten, zu deren Schutz wir in der Luft waren,
nicht weniger Trost durch unser vollkommenes Timing als durch
unsere besondere Methode des Auftauchens.

Einen nach dem andern pflegten wir sie aufzugabeln, indem wir aus
der Sonne kamen, wenn sie schien, oder von oben. Die Vorstellung,
aufzusteigen, um auf ein anderes Flugzeug zu treffen, gefiel uns gar

nicht, und wir hatten es uns weitgehend abgewöhnt, so daß wir es selbst dann vorzogen, nicht aufzusteigen, wenn wir mit den eigenen Bombern zusammentreffen sollten. Ganz anders flog die Luftwaffe an, was immer davon übrig war, die am Ende immer überrumpelt wirkte und die am Ende immer zum Gefecht in den Steigflug mußte.

Damit sie uns nicht sahen, hielten wir uns hinter der Bomberwelle und ließen diese einen Augenblick alleine fliegen, nachdem sich unsere Pendants von den britischen Fliegerhorsten heimwärts gewandt hatten. In musikalischen Begriffen ausgedrückt, könnte man es wohl eine Pause nennen; in der Gastronomie das Wasser zwischen den Gängen; in der Dichtkunst eine Zäsur; in der Theologie das Kriterium der Ferne, das große Kriterium der Existenz.

Wir wußten, daß wir sie in einem ungeheuren Gewölbe aus Licht und Luft überschatteten, daß unsere Augen auf ihnen waren, daß sie Angst hatten, daß sie in ihren riesigen Flugzeugen still danach Ausschau hielten, daß Jäger entweder von unten zum Kampf aufstiegen oder zu ihrem Geschwader herunterkamen, um es zu schützen. Wir wußten, daß sie wie wir waren. Ich wußte, daß jeder von ihnen mein Sohn hätte sein können, ja, daß sie Söhne waren, und daß wir deswegen jetzt über ihnen in der Luft waren, abwarteten, bereit zum Angriff.

Ich weiß noch, wie ihre Gesichter aus den glitzernden Glaskuppeln spähten, als wir hinuntergingen und längsseits kamen. Wenn sie dachten, da wäre keiner, sie wären allein und verlassen, kamen die ersten von uns aus dem Nichts herunter und flogen ruhig nebenher. Und dann tauchte ein anderer von uns aus einer anderen Richtung auf, und noch einer, und noch einer, bis sie von mehr Jägern umgeben waren, als sie zählen konnten, und jeder einzelne war bereit, für sie zu sterben.

Manche waren Jungs bei ihrem ersten oder jedenfalls einem sehr frühen Einsatz. Ich lächelte ihnen zu und hielt die Daumen hoch, genauso wie es unser Bodenpersonal mit uns machte, denn diese alltägliche Geste wurde geläutert, durch den Umstand geheiligt, daß ein gewisser Teil von uns binnen Stunden oder Minuten den Tod fände.

Wenn sie von unserem Schutzschild vollkommen umgeben waren,

öffneten wir die Umklammerung und hielten aus größerer Entfernung Wache. Wenn wir nicht durch Kampfflieger herausgefordert wurden, während wir uns dem Ziel näherten, flogen wir schleunigst voraus, um uns unseren Einheiten anzuschließen, die bereits dabei waren, das Flakfeuer in Schach zu halten.

Wenn die Bomberwelle das Ziel erreichte, stiegen wir empor. Das war der Augenblick, da ich die größte Schwärze empfand, da ich um ein schnelles Ende des Krieges betete. Sogar Tausende Meter weit oben, in der klaren, dünnen Luft, ließen die Erschütterungen der Bomben unsere Flugzeuge vibrieren wie ein altes Auto, das über eine Waschbrettstraße rast. Obwohl das Glas in den Instrumentenbrettern fest war, klirrte es irgendwie doch, und meine Brille wackelte um die Augen wie ein Stück auf einem Ouija-Brett.

Wir wußten, daß dort unten Rüstungsfabriken und Verladebahnhöfe waren, aber auch Kinder und ihre Mütter, und wie viele von ihnen wir begruben, wußten wir nicht. In diesem Augenblick, da die Bomben ihre Ziele fanden oder entsetzlich von ihnen abwichen, wären wir für jeden Jäger, der sich in die Luft erhob, seine Engel zu rächen, leichte Beute gewesen, doch in diesem Augenblick stiegen sie nie auf, weshalb wir am Leben blieben.

Zusammen kamen wir nur in der Verschmelzung mit der Bomberwelle, und zusammen blieben wir nur, bis wir die Bomber wieder an ihren heimischen Geleitschutz übergeben hatten. Dann flogen wir davon, wie wir gekommen waren, allein. Wesentlich an dem, was wir taten, war, daß wir allein waren, unser Kennzeichen ein einzelnes Flugzeug als Herr eines unermeßlichen Luftmeeres.

Ganz am Ende, im zeitigen Frühjahr 1945, flog ich an der Peripherie Berlins, um die Flak niederzuhalten. Ich haßte Flakbekämpfung, die so ganz anders war als der Luftkampf und nicht, was ich gewöhnt war. Ich haßte es, im Sturzflug mit Bomben anzugreifen, das war wie ein einziger langer Ton, während dessen man mindestens drei sehr starke Widerstände überwinden mußte. Es ist nicht natürlich, sich selbst am Weg der Schußbahn auszurichten und ihr bis zur Quelle zu folgen, als ob man sich im Lauf eines Geschützes einquartieren wollte. Auch ist es keineswegs natürlich, sein Flugzeug auf die Erde zu richten und es bei hoher Geschwindigkeit auf Kurs nach unten zu halten. Genausowenig ist es natürlich, nicht dem feindlichen Feuer auszuweichen. Das war es, worauf meine Handgelenke und Reflexe aus waren, was die Musikalität meines Timings mich in raschen Luftgefechten hatte tun lassen, die wie schnelle Tänze abgelaufen waren.

Das einzig Gute an der Flakbekämpfung war, daß es praktisch keine Zeit des Nichtstuns gab, nachdem die Bomben abgeworfen waren, einfach weil man desto weniger Treibstoff tanken konnte, je mehr Bomben man mitführte. Bloß mit Geschützen bestückt, warfen wir Abwurftanks ab und schalteten auf innere Treibstoffzufuhr um, kurz bevor wir uns den Bombern anschlossen, doch wenn wir Bomben zur Flakbekämpfung mithatten, warfen wir die kleineren Tanks schon vor Nürnberg ab und kehrten, zwar für den Rückflug leichter, doch nur mit einem Teelöffel voll Sprit zurück.

Sehr schwierig war es, eine Flugzeugabwehrkanone zu zerstören. Bloß weil sie zu feuern aufgehört hatte, nachdem man sie angegriffen hatte, hieß das noch lange nicht, daß man sie auch getroffen hatte. Oft waren sie in Gruppen angeordnet, in denen eine die andere deckte, aber sie waren weit genug auseinander, so daß man sie eine nach der andern treffen mußte. Und obwohl wir im Laufe der Zeit immer mehr von ihnen zerstörten, während die alliierten Armeen näherrückten, zogen sich die Deutschen und ihre Flugabwehr in einen immer engeren Kreis zurück, bis es schien, daß sie desto mehr wurden, je häufiger wir sie trafen.

Als wir beobachteten, wie der Kreis schrumpfte, wußten wir, daß der Krieg fast vorbei war – jedenfalls in Europa –, und es war fürchterlich schwer, nicht vorsichtig zu sein.

An dem Punkt, wo wir gegen etwas kämpften, das der Größe und Stärke nach Rhode Island glich, einen ruinierten Stadtstaat, den wir in Schutt und Asche legten, warf ich eines Tages meine Tanks ab, als Nürnberg vor mir auftauchte, und flog weiter nach Berlin mit 250-Pfund-Bomben in der Unterflügelaufhängung. Das erste Flakfeuer, dem ich begegnete, kam aus einem Park oder was einmal ein Park gewesen war, direkt in der Berliner Innenstadt. Ich konnte den Staub sehen, der in der Ferne von russischen Panzerkolonnen aufgewirbelt wurde, und einen Kreis auf dem Boden in der Mitte der Flakgeschütze, einen Kreis, der wohl einmal ein Karussell gewesen sein mußte.

Der Park war genügend abgelegen, so daß ich wenigstens nicht riskieren müßte, meine Bomben in einen Keller voller Kinder abzuschmeißen. Ich stieg auf 5000 Meter Höhe und flog dann im Sturzflug auf die Rauchwolken zu. Das, dachte ich, wäre eine einmalige Gelegenheit, denn die Flakstellungen standen immer auf Feldern oder in Wäldern, so verteilt, daß man verrückt werden konnte. Hier waren sie in einem sehr engen Ring um das Karussell herum postiert, einfach weil der Park nicht groß genug für irgendeine andere Anordnung war. Zweifellos waren sie in diesen Park ungeachtet der Tatsache abkommandiert worden, daß sie wahrscheinlich darin umkommen würden, und so geschah es auch.

Es gab auf der ganzen Welt keine Methode, alle Bomben auf einen Fleck zu werfen. Die Variablen, als da wären ungenaues Ausklinken, Wind, wechselseitige Interferenz und andere Faktoren aus dem Physikunterricht, bedeuteten, daß sie verstreut fielen. Je später man aus einem Sturzflug hochzog, desto geringer war die Streuung, je eher, desto größer.

Die Nase meines Flugzeugs wies nach unten, und kaum daß ich Luft holte, ging ich im Zielanflug auf das Karussell zu. Hätte ich Glück, träfe ich, wenn meine Bomben fielen, drei oder vier der fünf oder sechs Geschütze. Ich haßte die Beschleunigungskraft beim Runtergehen. Danach lief mir immer die Nase, und ich hatte Kopfschmerzen. Es war schwer, das Steuer zu handhaben, wenn das Vielfache meines Körpergewichts meine Reflexe an den Sitz preßte.

Mit fast fünfhundert Meilen pro Stunde nahm ich im Sturzflug Kurs auf die Quelle, woher die Geschosse, die in meine Richtung abgefeuert wurden, kamen, und versuchte dabei, mit meinen Bomben auf einen winzigen Kreis zu zielen, kaum daß ich atmen konnte, es war, wie wenn zwei Schwergewichtsringer mir auf der Brust säßen. Mit weit aufgerissenen Augen und zusammengebissenen Zähnen stieß ich einen stetigen Strom von *Kraftausdrücken* aus, wie es so schön in den Zeitungen heißt. (Man würde meinen, da Kraftausdrücke selber so lebendig sind, hätte das Wort für sie ein bißchen mehr Pfeffer, klänge es nach etwas anderem als dem Teil einer mittelalterlichen Windmühle.)

Zitternd, zusammengepreßt und unter Schmerzen klinkte ich Bomben aus, alle, und zog hoch. Die Beschleunigungskraft erreichte ihr

Maximum auf dem Tiefpunkt, und dann, dachte ich, flöge ich außer Gefahr. Ich rollte in Rückenlage, um den Schaden zu begutachten, und als ich nach hinten blickte, sah ich, daß eine Kanone noch immer feuerte, obwohl der Park ganz voll Rauch war und explodierte. Ihre Mannschaft war zweifellos voller Blut und schmutzig, trotzig behielten sie Oberwasser. Ohne Zweifel hatten sie die Zähne zusammengebissen und litten unter den Erschütterungen ihrer Kanone.

Sie hatten Ausdauer und Glück. Ihre Geschosse waren genau für die Höhe des Zieles eingestellt, und das Ziel – ich – flog in Rückenlage und hatte die verwundbaren Teile entblößt.

Ein Geschoß detonierte so nahe, daß ich dachte, es hätte doch tatsächlich das Flugzeug getroffen. Vielleicht hatte es das auch. Jeder zweite Bomberpilot hat eine Geschichte über ein Geschoß, das doch tatsächlich von seinem Flugzeug abgeprallt ist, oder einem Flugzeug, das er beobachtete, oder einem Flugzeug, das jemand flog, den er kannte.

Das erste, was ich spürte, war die absolute Gewißheit, daß ich runterging. So eine Entscheidung ist nicht immer leicht zu treffen und kann voraussetzen, daß man eine halbe Stunde den ersterbenden Flugwerkteilen und dem unglaublich komplexen Motor lauscht. Ganz wie die ärztliche Diagnose hängt der Prozeß nicht so sehr von Wissenschaft und Logik ab als vielmehr von der Erfahrung, die vielleicht gar nicht vorhanden ist.

Mein Flugzeug jedoch brauchte keine vier Monate in einem Sanatorium. Keine seltene oder schwer faßbare Krankheit quälte meinen Sinn für Rätsel. Um eine Parallele zur Medizin zu ziehen: Dem Flugzeug war der Kopf abgerissen worden.

Die Treibstoffleitung war durchtrennt und brannte wie eine Gaswolke über einer Ölquelle. Der Motor ging natürlich nicht mehr. Die Kanzelhaube hatte es weggerissen. Das Cockpit war voller Treibstoffdämpfe, die durch den zerfetzten Rahmen zischten, der das Glas gehalten hatte. In einer Tragfläche klaffte ein riesiges Loch, und es bestand kein Zweifel, daß die Tragfläche verlorenginge. Mein Körper brannte von Granatsplitterwunden. Ich betete, daß nichts tief eingedrungen sei, und ich fühlte mich wie ein Mann, den man mit Alkohol einreibt, nachdem er durch ein Dornengestrüpp gelaufen war.

Auch auf die Gefahr hin, daß die Tragfläche abginge, rollte ich in einer einzigen ruhigen Bewegung wieder in den Horizontalflug. Obwohl die Tragfläche wackelte, ging sie doch nicht ab. Der Propeller war bereits auf Segelstellung. »Wer hat das gemacht?« fragte ich den Wind, der mir beim Sprechen auf die Lippen schlug. Wahrscheinlich war ich es selber gewesen, ohne zu wissen, daß ich es getan hatte, denn schließlich war ja sonst keiner da.

Ich wollte unbedingt im Gleitflug über unsere Linien kommen, denn wenn ich mit dem Fallschirm über dem deutschen Sektor der Götterdämmerung abspränge, würden sie mich ganz bestimmt einfach erschießen. Am Ende, und das hier war das Ende, wird es unbegreiflich grimmig.

Andererseits würde das Flugzeug explodieren, ich war schon verbrannt, und ich wußte nicht genau, wo die Front war. So lange es ging, hielt ich Kurs, dabei kletterte ich langsam aus meinem Sitz, hakte langsam ein Bein über das Schott, kontrollierte den Fallschirm, um sicher zu sein, daß er nicht brannte, was zusätzliche Schwierigkeiten aufgeworfen hätte, und versuchte mit aller Kraft zu atmen.

Ich war benommen genug, um bei dem Flugzeug zu bleiben, bis es explodierte, aber ich merkte, daß es abwärts ging, und weil ich genügend Luft haben wollte, den Fallschirm zu füllen, stieg ich in den Himmel hinaus.

Als ich es tat, oder gleich danach, ging das Flugzeug in die Luft. Ich war rückwärts hinausgegangen, und ich sah es an. Im Äther explodierte ein beinahe vollkommen runder orangegelber Feuerball – wer weiß, wie weit von mir entfernt –, während ich fiel. Er blendete mich und drückte mich dann zurück, die Gliedmaßen hingen herab wie der Schweif eines Kometen, es verschlug mir den Atem, traf mein Herz wie ein Faustschlag.

Der Fallschirm öffnete sich, doch ich hatte noch gar nicht die Reißleine gezogen: Die Gewalt der Explosion hatte das für mich getan. Der leichteste, schönste Augenblick meines Lebens, ein Augenblick voll Verheißung und freudiger Erregung war unerklärlicherweise der Moment, da ich, durch die Lüfte fallend, von unerträglichem Licht geblendet und von einem beinahe unerträglichen Schock getroffen wurde. Diese pflanzten sich fort durch die Leere und hätten mich beinahe getötet. Meine Kleider waren an den Rändern versengt, wie die Seiten eines Buches, das einen Brand überstanden hat.

Mein ganzes Leben lang habe ich einen immer wiederkehrenden Traum geträumt, aus dem ich voller Dankbarkeit aufwache. Es ist ein strahlender Junitag am Strand von Amagansett, in meiner Jugendzeit, als dort nur Wildnis war. Ich bin schwerelos, schwebe wenige Fuß über den sich brechenden Wellen und der weißen Gischt. Der Wind ist stark, und mit ausgebreiteten Armen wirbele ich in der Sonne herum, kreise über einem Schmelztiegel aus Gischt, in Gold gebadet.

Im Vergleich zu dem, was über Deutschland geschah, bei dem, was ich für das Ende hielt, ist mein schönes Traumpendant geradezu prosaisch. Wäre ich nicht in der dünnen, schützenden Luft gewesen, wäre ich bestimmt umgekommen. Und ich bin mir sicher, daß ich, und wäre es auch nur für einen Augenblick, in die Welt des Lichts eingetreten bin.

Über die große Wasserscheide

(Falls du es noch nicht getan hast,
leg bitte die vorhergehenden Seiten wieder
in das ameisensichere Kästchen.)

Heute morgen wachte ich in vollkommenem Mondlicht auf – die schreckliche vierte Stunde war gerade eine halbe Stunde vorbei –, hellwach und von seinem Glanz geblendet, als wäre es mitten am Tage, als wäre ich nicht alt und das Mondlicht nicht gespenstisch silbern.

Die Brasilianer behaupten, die Jahreszeiten hier zu kennen, aber ich nicht. Meine mangelnde Sensibilität dafür, ob die immergrünen Blätter des allmächtigen Buschlands, das die Hänge bedeckt, besonders wächsern sind oder nicht oder wie kraftlos sich die Sonne neigt, da der Winter naht, oder ob bestimmte Blumen erscheinen oder verschwinden, beweist, daß ich an einem Ort mit vier explosiven Jahreszeiten aufgewachsen bin, deren jede dich aufs Korn nahm wie eine meisterhaft gezielte Schrotladung, die Welt zerbrach und dich in ein neues Leben geleitete. Winter bedeutet für mich eine gefrorene, weiß glacierte Landschaft unter tödlich blauen Winden, nicht die veränderte Rückenfärbung eines saisonbedingt angewiderten Laubfrosches.

Hier habe ich auch kein Gespür dafür, wo der Mond stehen müßte oder wann er aufgeht. Sogar zu Hause fand ich seine Bewegungen verwirrend, aber selten war ich ob seiner Gegenwart erstaunt, wie ich es in Rio bin, wo er plötzlich aus dem Nichts zu kommen scheint, besonders in Nächten, die unfaßlich klar und mild sind. Als ich heute früh die Augen aufschlug und er wie die Taschenlampe eines Einbrechers durch das obere Fenster schien, war mir, als erhielte ich eine Botschaft.

Nicht von Gott oder der Natur oder irgend etwas dergleichen, sondern vom eigenen simplen Scheitern und Bedauern. Selbstverständlich spürte ich die Gegenwart Gottes, wie ich sie oft spüre und immer gespürt habe, doch ich glaube, falls Er da wäre, dann nur, weil die Wahrheit da war. Der Wahrheit kann Er nicht widerstehen: sie ist es, die ihn herbeilockt.

In diesem Falle war die Wahrheit eine einfache und schlichte Erinnerung: mein Schulweg. In meinem achtzigsten Lebensjahr erwachte ich in kühlem Silberglanz und ging ernst über die Wege und Straßen dahin, die vor über siebzig Jahren zu meiner Schule führten. Ich erinnere mich nicht mehr an jeden Grashalm, jede Spurrille, jeden glatten, staubigen Abschnitt weißer Erde, aber ich erinnere mich noch genau an jeden schmalen Durchgang, jede weite Aussicht und größere Biegung.

Doch warum? Warum so eine Kleinigkeit? Immerhin wurde ich von den sich zurückziehenden deutschen Armeen gefangengenommen, als sie sich um ihr Zentrum in Berlin zusammenzogen. Jeder Soldat war ein Dürer, so fest und grimmig gestochen, so müde, tragisch und klar, daß ich mir durch meinen eigenen Sieg unwissend vorkam. Man brachte mich in den Hof einer Ruine und hielt mich zwei Tage und Nächte lang im Freien ohne Schutz vor der Artillerie oder Luftangriffen. Ungefähr zwanzig Russen, Tschechen, Kasachen und wer weiß was sonst noch, sagten, daß wir, sobald es hier voll wäre, erschossen würden. Ich glaubte ihnen, und sie hatten sicher recht.

Aber Berlin fiel, bevor der Hof voll war, und wieder einmal war ich durch irgendeine unerfindliche Gnade der Zeitabstimmung gerettet. Während der zwei Tage, an denen ich die Hinrichtung erwartete, ging in den klaren Nächten der Mond auf, als wolle er uns mit seinem strahlenden Glanz geleiten. Beharrlich und mit unerschütterlicher Schönheit erschien der Mond durch ungeheure Rauch- und Staubwolken, die im Bombenhagel des Tages aufgewirbelt worden waren und ruhig die stille Nachtluft erfüllten. Dieser Mond war ein starker Trost in unseren letzten Stunden, wie wir dachten, der beruhigende Abgesandte einer anderen Welt.

Warum also schien das gleiche Licht, als ich viele Jahre später aufwachte, nicht auf den Fall Berlins, sondern auf meinen Schulweg? Man sollte meinen, daß bei so vielen Erinnerungen an große Ereignisse so etwas schon längst vergessen wäre. Die ganze Welt sah zu, wie

Deutschland eingenommen wurde, aber zu keiner Zeit waren irgendwelche Blicke einem einsamen Kind zur Schule gefolgt, wenigstens
nicht diesem.

Ich kann es nicht erklären, aber es sind die ersten Erinnerungen, die
ersten Empfindungen, die ersten Lieben – als das Leben noch klar und
unbelastet war –, die einen nachts wecken, wenn man alt ist. Vielleicht
deswegen, weil ich jetzt wieder schwach bin, wie damals als Kind, und
mittellos.

Genau wie vor beinahe einem dreiviertel Jahrhundert wachte ich
heute morgen im Mondlicht auf, zog mich schnell an und ging, Papier
und Bleistift in einem Kästchen (nun ameisensicher) unterm Arm, auf
dunklen Pfaden durch den Wald, allein. Morgens um diese Zeit haben
die Vögel noch nicht zu singen begonnen, aber sie werden es gleich
tun. Ich erinnere mich an diesen besonderen Augenblick. Es war eine
sehr gute Zeit, fürwahr, voller Erwartung. Und wenn ich mich recht
entsinne, dann mußte ein Sieben- oder Achtjähriger schon allerhand
Mut aufbringen, auf diesen dunklen Pfaden dahinzugehen.

Heute war ich soviel früher im Park als sonst, daß ich warten mußte,
bis es hell wurde. Während ich dort war, sank der Mond hinab und
ging im Meer unter, und danach pulsierten die Sterne leise ein paar
Minuten.

Obwohl ich glücklich war, die Stille in mich aufzunehmen, verhielt
ich mich zu dieser Stunde dort doch nach Art gewisser Spione. Ein
unbestimmter Druck und eine für die Sinne nicht identifizierbare
Spannung ließen mich Route und Zeit ändern. Wenn Mörder kommen, gehen ihnen schwache Wellen voraus, so schwach wie das Sternenlicht. Der Tod kommt leise, aber wenn man genau hinhört, kann
man ihn sogar auf große Entfernung hören.

Ich hatte meinen Weg geändert und war noch vor dem Hellwerden
im Park angekommen, so daß ich, wenn irgendeiner später käme, ihn
zuerst sähe – wenn ich nicht über diese Seiten gebeugt wäre. Meine
Augen brauchen jetzt ungefähr eine Minute, um sich von Kleinge-
drucktem auf einen Frachter am Horizont oder einen Mörder am
Parktor einzustellen. Ich wünschte, ich wüßte, wie man die Schärfe-
einstellung beschleunigen könnte. Es muß irgendeine Art Öl geben
oder eine Übung. Aber ach, es ist zu spät.

Bald nach Tagesanbruch, gerade als die Sonne heiß wurde, machte mein Herz einen Satz, ich richtete mich auf meinem Platz kerzengerade auf, und ich sah etwas, das mir sechzig schwer lastende Jahre von den Schultern nahm – ein den Weg entlang rennendes Kind, das dabei wie ein Schafbock hüpfte, die Beinchen bewegten sich unter ihm schneller als ein Rührbesen (werden Rührbesen eigentlich noch hergestellt? Ich habe seit dem Untergang der *Lusitania* keinen mehr benutzt).

Als ich den Jungen erblickte, dachte ich, es wäre meiner. Und so war es auch. Funio war von Marlise geschickt worden, mir auf seinem Weg zur Schule eine Nachricht zu bringen. Keiner konnte den Berg schneller oder leichter erklimmen. Als er bei mir ankam, war er kaum außer Atem, obwohl er den ganzen Weg gerannt war.

Der Ranzen war an den Schultern aufgeschnallt, und er trug seine üblichen kurzen Hosen und ein Hemd. So, wie er einst als ganz kleines Kind war, ist er nicht mehr, als er urplötzlich alles auf der Welt vergessen, stehen- und liegenlassen und mich umarmen konnte. Nun gibt es Umarmungen nur noch beim Kommen oder Gehen, und manchmal bekommt er feuchte Augen, weil er weiß, daß er mich bald verlieren wird.

Doch das vergißt er schnell wieder, und seine Augen leuchten auf, als er wie ein Chipmunk zu plappern beginnt, englisch oder portugiesisch, was immer man will.

Die meisten Kinder seines Alters bekämen eine schriftliche Nachricht mit, die sie überbringen sollten, nicht aber Funio, der sich jede Einzelheit merkt und jeden noch so langen Text entweder wörtlich, zusammengefaßt oder verschlüsselt ausrichtet. Wenn man ihm die amerikanische Verfassung gäbe, könnte er sie lesen, den Berg hinaufrennen und sie Wort für Wort übermitteln.

Einmal ließ ihn Marlise eine Reihe Kontonummern aus ihrer Zweigstelle in eine andere bringen. Er merkte sie sich. Um sicherzugehen, daß er, falls er von Indianern gefangengenommen und malträtiert würde, nicht die Einleger verriete, teilte er die Nummern durch 7,35, wenn sie gerade endeten, und durch 11,14, wenn sie ungerade endeten. Mit solcherart gespeicherter Information sauste er durch die Straßen und bereitete am Ziel die Informationen wieder auf.

»Mama sagt, ich soll dir sagen, daß der Friseur ihr erzählt hat, daß ein Mann jemanden sucht.«

»In Niterói?«

»In Niterói. Der Friseur ist ihm zurück in die Stadt gefolgt. Er ist in einem Hotel abgestiegen. Er ist sehr häßlich, und er hat einen Pferdeschwanz und jede Menge Haare in der Nase, und seine Nasenlöcher sind flach, und er hat einen Ohrring und starke Knochen. Ach, er hat einen türkischen Paß.«

»Türkische Pässe kann man am Automaten kaufen«, sagte ich.

Weil er etwas von Mördern gehört hatte, fing Klein-Funio zu weinen an.

»Funio, Funio«, sagte ich und zog ihn auf meine Knie. »Ich habe keine Angst. Guck.«

Ich streckte die Hand aus, und sie war ganz ruhig. Obwohl ich achtzig Jahre alt bin, zittere ich kein bißchen. »Du hältst dich einfach raus«, sagte ich zu ihm, »und ich kümmere mich um alles.«

Er war nicht getröstet.

Ich zog die Walther und legte sie ihm in die Hände. »Ich war im Krieg und noch viel mehr, Funio. Ich weiß, wie man mit der hier umgeht. Ich habe keine Angst. Es macht mich sogar auf eine seltsame Art glücklich, weil es so stark mit meinem Leben verflochten war zu kämpfen...«

»Trotzdem«, flüsterte er.

Was konnte ich nur sagen? Ich küßte ihn, und er lief fort zur Schule, dabei hüpfte er den langen Weg hinunter. Ich habe ihm nie sagen können, wie sehr ich ihn liebe, obwohl das vielleicht so sein muß, da Worte nicht ausdrücken könnten, was ich fühle, und Taten auch nicht. Eines Tages wird er mich verstehen, wie Söhne einen eben verstehen.

In der Zwischenzeit muß ich wachsam sein.

So sitze ich denn in diesem Park und versuche, vor der Gegenwart auf der Hut zu sein, während die tröstliche Kraft der Erinnerung mich zurückbringt. In einem Augenblick kann ich einen Tag noch einmal erleben oder an einem Tag ein Jahr, und für jemanden, dem nicht mehr so viel Zeit bleibt, ist das sehr sinnvoll. Indem ich das, was hinter mir liegt, Revue passieren lasse, kann ich auf der Bank hier sitzen und

Wogen von Zuneigung, Ehrfurcht und Trauer spüren, was im Verein mit dem üppigen Garten, der Sonnenwärme und dem blauen Meer mein Leben ausfüllt. Obwohl ich keine andere Wahl habe und ich das hier aufschreiben muß, hatte ich doch keine Ahnung, daß es so leicht wäre.

Im mittleren Alter begriff ich nicht, daß ich noch jung war. Durch Verlust, Krieg, das einfache Vergehen von Zeit und die neuen, ärgerlichen Eigenschaften eines mangelhaft gewordenen Körpers war ich gereift. Aber ich hatte nie schreckliche Schmerzen in den Beinen gehabt. Nie hatte ich irgendwelche Geräte getragen – ich dachte, Geräte wären solche Dinge wie Geschirrspüler und Kühlschränke, und erst später stellte ich fest, daß dies lediglich *größere* Geräte waren. Nie war ich an einem öffentlichen Platz zusammengebrochen. Nie hatte ich einen Katheter bekommen und, was noch wichtiger ist, nie hatte ich einen brasilianischen Katheter bekommen. Ich hatte eine Frau mit der Anmut und dem Wuchs einer professionellen Tänzerin, der ewigen Jugend eines Koalabärs, von Natur aus leuchtendem blondem Haar, einem Doktortitel in Wirtschaftswissenschaften und den wunderbar hinreißenden Eigenschaften, wie sie sich aus dem Besitz mehrerer Milliarden Dollar ergaben. Das Leben war schwerelos. Noch immer vermochte ich die ganze Nacht in sexueller Erregung aufzubleiben, ohne dafür mit einem Aufenthalt in der Mayo-Klinik bezahlen zu müssen. Ich hatte auch die Phase in meinen Fünfzigern noch nicht erreicht, als ich allen Anstrengungen zum Trotz anfing, Konrad Adenauer ähnlich zu sehen, und noch beneidete ich nicht Geschöpfe wie Fledermäuse, Eichhörnchen und Kaninchen um ihre Jugend und körperliche Vitalität.

Inmitten all dessen, von dem ich nicht merkte, daß es sich um ein heißes Hartholzfeuer ohne ein Anzeichen weißer Asche handelte, verließ mich Constance. Sie ging einfach auf und davon. Das war nun freilich nicht sehr konstant, aber was ist schon ein Name?

Jetzt habe ich Marlise. Marlise ist schön, das war sie immer. Und mit dem Älterwerden ist ihre Schönheit nicht vergangen: Im Unterschied zu vielen Frauen ihrer Altersgruppe sieht sie nicht wie eine Schildkröte aus. Wie sie spricht, das ist immer bezaubernd, englisch und sogar portugiesisch. Dennoch, Constance hat mich verlassen, und da ist ein Loch in der Luft, wo sie einst gewesen war. Sie ist einfach gegangen.

Fräulein Majewska ist auch von mir gegangen, aber obwohl ich noch immer um sie trauere und um die Kinder, die sie über die Maßen geliebt haben muß, besonders in den letzten Augenblicken, als sie ihr weggenommen wurden, ruhen sie, Mutter wie Kinder, entweder eng an Gottes Brust, oder es gibt keinen Gott.

Da meine Verbindung mit Constance durch sterblichen Willen zerbrochen wurde, ist es möglich, ohne Tränen oder Theologie an sie zu denken, zwei Dinge, die zu ertragen ich oft zu schwach bin und deretwegen ich alle meine wahren Kräfte bis zum Schluß aufhebe, wenn ich hoffentlich wie ein Jagdflieger abtrete.

Im Mai 1950 flogen Constance und ich nach Denver und dann nach Jackson Hole. Dort kauften wir zwei gut zu reitende Pferde, zwei Packpferde, Sattelzeug, Zaumzeug, eine Zeltausrüstung, Daunenjakken, Ölmäntel und Stetson-Hüte, die uns an den Regentagen retteten. Wir hatten einen Kompaß, Karten, zwei Gewehre mit Verschlußhebel und ein paar Kisten mit Munition, Draht und eine Zaunschere.

Auf der Strecke, der wir folgten, war das Weideland meistens frei, was nicht heißen soll, daß wir nicht über Zäune gemußt hätten, denn das mußten wir bestimmt. Die Pferde, die wir zu Hause ritten, hätten im Schlaf dreisträngige Drahtzäune nehmen können, doch selbst wenn wir sie gehabt hätten und sie das unwegsame Gelände hätten überleben können, wären die Packpferde nicht in der Lage gewesen zu folgen.

Um über Zäune zu kommen, mußte man die beiden oberen Drähte durchschneiden und die Pferde über den übrigbleibenden Draht steigen lassen. Dann nahm man zwanzig bis dreißig Zentimeter von dem Draht, den man mithatte (je nach der Zugspannung des durchgeschnittenen Drahtes), um den Schaden zu reparieren, und man ritt weiter. Das machte man so sorgsam, wie es ging, aus Respekt und Höflichkeit und gleichsam als Maut dafür, daß man fremden Grund und Boden überquerte. Wir ließen uns ein wenig darin unterweisen, wie man es richtig machte, und die Schnitte, die wir zurückließen, waren wieder mit viel mehr als den erforderlichen Verdrillungen zusammengefügt, was ungefähr dem entspricht, was ich auch mit meinem Leben tun wollte und was mir nicht gelungen ist, was ich aber vielleicht noch tun kann.

Wir folgten der Kontinentalen Wasserscheide, so gut es ging, obwohl es sich dabei oft nur um eine Kette unpassierbarer Höhenrücken und Gipfel handelte. Aber Plateaus flankieren beide Seiten davon und verlaufen zuweilen eben den Kamm entlang, und da kann man meilenweit oben über der Welt dahinreiten, etwa so weit von Städten und Siedlungen entfernt, wie es geht, und wo man nur ein paar Schäfer samt ihren aufgeschreckten Herden trifft.

Von den Hirten, mit denen wir, da wir kein Baskisch konnten, in einer Mischung aus Französisch, Spanisch und Italienisch sprachen, kauften wir Hammelfleisch. Ich habe immer eine Vorliebe für Hammel gehabt und ihn aus vielerlei Gründen Lamm vorgezogen, und dort oben wurde er gekocht, bis beinahe das ganze Fett raus war, und sehr stark geräuchert, um das Fleisch ohne Kühlung aufzubewahren, genau, wie ich es mag. Das war unser Grundprotein, was wir sparsam mit verschiedenen Arten von Linsen und Reis zu uns nahmen. Ansonsten hatten wir ein paar Beutel Dörrobst, Mehl, Zucker, Trockensuppen und eine Flasche Limonensaft, aus der wir, wie britische Seeleute, täglich einen Schluck nahmen.

Am Anfang der Tour oder als ich sie plante, dachte ich nicht, daß ich Wild schießen würde. Ich habe zwar Menschen getötet, aber die waren nahezu in jedem Fall schwerbewaffnet und im Begriff, mich umzubringen. Und obwohl es mir moralisch verwerflich dünkt, beuge ich mich der Notwendigkeit, Tiere zu essen. Nichtsdestotrotz töte ich sie nicht gern. Das Ausnehmen, Häuten und Entfernen des Kopfes und der Extremitäten, alles Sachen, bei denen man sich auf alptraumhafte Weise mit Blut beschmieren kann, na ja, das alles ist nicht gerade mein Fall.

Doch die Pferde zwangen mich zu einer anderen Denkungsart. Sie benahmen sich sehr dumm, was Schlangen betraf, deren wir auf den 1000 Kilometern unserer an Biegungen und Kehrtwendungen reichen Strecke von Jackson nach Denver viele trafen. Wir überraschten sie, während sie sich auf den entlegenen Hängen sanfter Hügel sonnten oder sich, wie Büffelinnereien zusammengerollt, auf den flachen Steinen auf dem Schnee in der Sonne brieten.

Die Schlangen, die am Übergang geschlafen hatten, machten immer viel Theater, wenn sie überrascht wurden – sie klapperten, zischten und warfen sich in Pose wie Politiker. In einer unzweifelhaft mehrere Millionen Jahre alten und von ihren Eohippusvorfahren ererbten Zeremonie gaben sich die Pferde nicht damit zufrieden, einen anderen Weg einzuschlagen und die Gefahr hinter sich zu lassen. Statt dessen gingen sie, die glühenden Augen auf den abscheulichen Widersacher geheftet, auf die Hinterbeine.

Physisch gesehen, war das sinnvoll. Eine Schlange konnte nicht an ihre Vorderbeine heran, wenn die 2,50 Meter hochgehoben waren, und wagte es nicht, die Hinterbeine anzugreifen, solange die wie wild um sich schlagenden Vorderhufe und der Kopf – ablehnend geschüttelt, mit gefletschten Zähnen – über dem Grund aufragten. Für den Reiter jedoch war es die Hölle.

Ich lernte sehr schnell, das Gewehr aus der Halterung zu nehmen, den Hebel zu betätigen, während ich zielte, und die Schlange ins Jenseits zu befördern. Das konnte ich tun, weil der Mann in dem Laden, wo wir unsere Ausrüstung gekauft hatten, darauf bestand, daß wir zwei Schachteln Vogeldunst mitnahmen. Ich war auf große Reichweite aus gewesen, Schnellfeuer, Winchesterladungen, aber er hatte mein Augenmerk auf Schlangen und Vögel gelenkt.

Die Pferde erwarteten, daß ich die Schlangen so schlaff wie ein altes Sofa auf dem Müll machte, und so gewöhnte ich mich daran zu töten. Als uns schließlich das Hammelfleisch ausging, brachte ich Federvieh zur Strecke. In den sechs Wochen, die wir unterwegs waren, aßen wir wenig und nahmen ab, aber wir aßen gut. Der Hunger, der manchmal zwanzig Stunden oder länger anhielt, wurde nie ganz gestillt und war, zumal nach Tagen harten Reitens, ein weitaus besserer Koch, als Paris je einen hervorgebracht hat.

Die ganze Zeit blieben wir gewissermaßen immer untergetaucht. Das war Ehrensache. Nicht ein einziges Mal schliefen wir unter einem Dach oder suchten wir eine Stadt oder ein Restaurant auf. Anderthalb Monate lang hatten wir keine Zeitungen, und es war ein ziemlicher Schock, als wir am 26. Juni in Denver einritten, ich glaube, das war ein Montag, und riesige Schlagzeilen sahen, die verkündeten, daß Nordkorea in den Süden einmarschiert sei. Wir wußten, daß einige unserer

Verwandten und Bekannten in den Krieg ziehen würden und daß ich ihn aussitzen würde, da ich ja schließlich zu alt war und mein geometrisch extrapoliertes Glück nicht herausfordern wollte.

Indem wir uns ebensosehr auf Versuch und Irrtum verließen wie auf Karte und Kompaß und Punkte ansteuerten, die das Auge unwiderstehlich schön fand, anstatt der Gefahren und Schwierigkeiten zu achten, daß und ob Flüsse zu überqueren und Hänge für die Pferde zu steil seien, ritten wir von Jackson durch den Shoshone Forest und zu den Wind Rivers, wo wir auf die kontinentale Wasserscheide kamen und versuchten, oben in der Kälte zu bleiben. Am South Pass verließen wir die Wind Rivers und ritten in die Antelope Hills, die nicht umsonst so heißen. Hunderte dahinjagender Antilopen rasten durchs Gelände, wie Flugzeuge, deren Räder kaum noch die Startbahn berühren, kurz bevor sie sich in die Luft erheben.

Bei den Antelope Hills ritten wir in die Red Desert, wieder hinauf zur Wasserscheide in der Sierra Madre und dann durch unendlich viele Wälder und Wiesen rund um Columbine, östlich von Steamboat Springs, durch den Arapaho Forest und hinunter nach Denver. Ohne es zu wissen, hatten wir die Wasserscheide wahrscheinlich zwei Dutzend Mal überquert, hinüber und herüber.

Wir hatten gelernt, Sonne und Schatten zu lesen, zufrieden, die weit entfernten gesprenkelten Ebenen unten zu beobachten. Unser Zeitempfinden wuchs, die Körper wurden abgehärtet, die Augen funkelten, und unsere Geduld wurde größer – so verloren wir uns denn und waren glücklich.

Constance sagte, daß der Wind und Sonnenbrand nicht gut für ihr Gesicht seien, aber nie, niemals habe ich eine Frau gesehen, die so schön war wie sie mit ihrem sonnengebleichten, zerzausten Haar, den geröteten Wangen und den vom tagelangen Blicken über große Entfernungen – zum Horizont am Tag und zu den Sternen bei Nacht – tiefliegenden Augen. Das kehrte bei ihr die Eigenschaft hervor, die ich bei einer Frau mehr als alles andere liebe: das Visionäre.

Ich habe Frauen gesehen, die in Filmen die Rolle der Frau im Wilden Westen gespielt haben, doch obwohl manche mit großem Talent das ganz passabel hinkriegt, konnte keine Constance je das Wasser reichen nach diesen Wochen in einer Höhe von über dreitausend Meter, in Sonne und Wind, ohne ausreichendes Essen. Es war, als ob ihre Weiblichkeit von der Sonne aufpoliert worden wäre.

Ab und zu rasteten wir ein paar Tage an kleinen, in den Bergen versteckten Seen. Hier, an der Nordseite, auf sonnenwarmen, windgeschützten Felsen liebten wir uns im Freien, am hellichten Tage, ohne die geringste Hemmung und mit der Gewißheit, daß da im Umkreis von hundert Meilen keiner war.

Das Wetter meinte es gut mit uns, blauer Himmel am Tage und ungehinderte Sterne bei Nacht, ein regelrechter Verkehrsstau in der Luft von Feuerrädern, Blitzen und der scheinbaren Fluoreszenz der Milchstraße, vielleicht das Rätselhafteste und doch Tröstlichste, was man sehen kann. Wir wurden zu wahren Experten, wenn es darum ging, sich nach den Sternen zu orientieren, anhand der Färbung des Grases Wasser zu finden, auf Schneewehen zu schlafen, verletzte Pferde zu behandeln, Zäune zu reparieren und Vögel, so schön wie aufgeschreckte Engel, zu schießen.

Wieder einmal erkannte ich genau, was ich liebte, und ich war glücklich. Eines Nachts, im südlichen Teil der Wind Rivers, auf einer Felsplatte, fünfmal so groß wie der Madison Square, als wir so recht die schönsten Tage unseres Lebens genossen, schlug ich Constance vor, daß wir doch ein Kind haben sollten, und sie weinte. Diese kalte und hungrige Nacht voller nahezu blendender Sterne, dem nimmermüden Rauschen weiß schäumenden Wassers, war das höchste, was ich je erreicht hatte, und von zwei Dingen abgesehen, nämlich da ich dem eigenen Tod entrann, als mein Flugzeug explodierte, und der Geburt Funios viele Jahre später, war dies wohl der Augenblick, um dessentwillen ich geboren wurde.

Auch wenn ich es zuerst nicht wußte und unter der Täuschung litt, daß alles beinahe vollkommen sei, ging es von dieser Nacht an abwärts mit mir. Jetzt, mit einem gewissen Abstand, bereue ich es nicht. In den heiligsten Gefilden ist des Bleibens nicht lange, und man sollte das auch nicht erwarten. Und wenn ich es mir recht überlege, so ist mein Fall, wie mir scheint, nicht nur schnell, sondern schön gewesen.

Am 28. Juni morgens um zehn ging der Zug, der uns von Denver nach Chicago bringen sollte, es war einer der großen transkontinentalen

Züge, voller Kinder, die kurz vor dem Krieg oder währenddessen geboren waren und unterwegs in die Sommerlager an der Ostküste waren. Die Mädchen trugen Sommerhüte, Kleider und, manchmal, auch Handschuhe. Die Jungs hatten es nicht weniger unbequem in Smokinghemden und, manchmal, Krawatten, auch wenn die Luft über den Ebenen von Kansas einfach und heiß war. Trotz ihrer unbequemen Kleidung und automatischen Höflichkeit gegenüber Erwachsenen (sie behandelten jeden, der über 1,50 Meter groß war, wie einen Polizisten) waren diese Kinder vielleicht die letzte Generation mit einem eigenen Leben – die letzte, die Amerika als unendlich viele Regionen und Refugien kennen, die schwer zu erreichen sind und sich sicher anfühlen, die letzte, welche die Vereinigten Staaten im Plural verstehen sollte.

Das Herz ging mir auf beim Anblick dieser Kinder, der Mädchen mit den weißen Sommerhüten und Jungen mit Frackschleifen. Es war ein schmerzhaft angenehmes Gefühl – väterlich, mütterlich, elterlich –, das Constance leider nicht teilte. Jetzt weiß ich das, nachdem ich in den vergangenen dreißig Jahren diverse Zeitungs- und Zeitschriftenberichte über ihre Ehen und Mißgeschicke gelesen habe, aber damals wußte ich es nicht, denn ich hatte alles in sie hineingedeutet, was ich zutiefst wollte. Nicht einmal sie wußte es seinerzeit, genug um es zu sagen oder auch insgeheim zu denken, daß sie keine Kinder wollte. Sie mußte erst noch zu mir sagen, wie sie es in einem der letzten Sätze sagte, die ich von ihr hören sollte: »Um ehrlich zu sein, Jazz ist mir lieber als Kinder«, dabei mochte sie Jazz gar nicht besonders.

Das alles fing mit jenem Morgen an sich zu äußern, an dem wir in den Zug stiegen und ich der Landschaft noch immer Unmengen Energie abgewann. Ich betrachtete den noch grünen Weizen, draußen vor dem Fenster, und Constance. Sie war so schön, wenn sich ihr Blick auf den Horizont heftete, und da wir vom Gebirge und der dünnen Luft heruntergekommen waren, fühlten wir uns durch all den zusätzlichen Sauerstoff in der Ebene beschwingt. Ich wußte, daß uns das eine Woche lang tragen würde und daß die anderthalb Monate im Sattel und im Wind, wenn wir es zuließen, und sogar für den Rest unseres Lebens tragen könnten.

Es war das Herz des Landes, im Hochsommer, in einem Alter der

Unschuld. Zwar wußte ich beinahe alles, was ich jetzt weiß, aber es war rein und unverdorben. Unschuld hat zuweilen vielleicht einen schlechten Ruf, aber nur bei denen, die sich nicht an Reinheit erinnern oder erinnern können.

Ich war in Constance sehr verliebt und ganz mit den größeren Rhythmen des Lebens beschäftigt – den langsamen Schwingungen, die sich durch Generationen oder noch länger bemerkbar machen und die auch nur zu begreifen man etliche Jahre braucht. Es war strahlend heiß, und der Klang der Räder und Schienen nähte die Hitze und das Licht zusammen. Ich war im Begriff, Constance zu lieben und mit ihr zu schlafen, wie ich es noch nie mit jemandem getan hatte, die ganze Strecke von Kansas nach Chicago, auch auf die Gefahr hin, zwanzig Herzattacken zu erleiden.

Sie saß mir gegenüber im Abteil und ich nahm ihre beiden Hände. Sie war überrascht, doch sie hob die Arme. Dabei zeichneten sich ihr Nacken und die Schultern unwiderstehlich ab. Ich zog sie an mich, und sie kam mir mit den wunderschönen Gesten der Anpassung entgegen, wie sie eine Frau macht, gewöhnlich indem sie tief einatmet, bevor man sie küßt, mit den Augen spricht und die Lippen bewegt, beinahe als wolle sie sprechen. Ihr Haar war ganz golden im Nacken. Die Zähne waren so weiß, wie ich seither keine mehr gesehen habe. Sie schloß die Augen. Ich küßte sie, und während ich anfing unterzugehen, dachte ich, daß das nächste, was mir als Sterblichem bewußt würde, das plötzlich veränderte Geräusch wäre, da der Zug in den Bahnhof einführe, die Union Station in Chicago, und wir hastig unsere Kleider wieder zurechtrückten.

Dennoch, selbst in langanhaltender Ekstase muß man Luft holen. Und bei ihrem ersten Atemzug nach dem ersten langen Kuß sagte Constance: »Am liebsten hätte ich jetzt eine gute Tasse heißen Kaffee.«

Wenn Fische aus der Tiefe gezogen werden und sich plötzlich in dem stärkeren Licht und der substanzlosen Luft wiederfinden, wirken sie wie betäubt. Vielleicht um ihnen das Herzeleid darüber zu ersparen, daß sie eine Welt flüssigen Smaragds verlassen haben, schlagen viele Fischer ihre Beute mit dem Kopf auf das Deck. Solche Fische sehen dann so aus wie ich nach Constances erstaunlicher Erklärung.

»Ich glaube, sie mahlen ihn ganz frisch im Zug. Weißt du, vielleicht rösten sie ihn sogar erst im Zug. Ich habe gesehen, wie einer der Küchenjungs etwas, das wie Kaffeebohnen aussah, in etwas geschüttet hat, was eine Röstmaschine gewesen sein könnte. Würdest du bitte den Schlafwagenschaffner rufen?«

Ich, der ich mich nicht rühren konnte, starrte sie an wie ein Dinosaurier in Bernstein. Und sie, als wäre sie mit einem Mal vom Teufel besessen, redete wie ein Maschinengewehr über »Varietäten«, wie sie es nannte.

»Ich für meine Person mag das pikante, rassige, wilde Aroma des arabischen Sanani«, sagte sie, »aber Vater hatte die äthiopischen Sorten am liebsten. Zweimal im Jahr mußte jemand von Fortnum & Mason ins abessinische Hochland reisen, um Sidamo, Yergacheffe und Harrar zu holen. Ich muß mal in Vaters Adressenverzeichnis nachsehen, um den Namen des Mannes zu finden. Ich werd noch verrückt, solche Lust habe ich auf Yergacheffe, aber ich trinke alles, egal was sie haben. Ruf den Schaffner, ja? Nun ruf ihn schon. Ich möchte nicht warten. Ich kann nicht warten.«

Wir rollten über einen großen Teil von Kansas, bevor ich die Sprache wiederfand. »Das ist schon komisch«, sagte ich.

»Was ist komisch?«

»Du weißt schon.«

»Nein. Was ist denn komisch?«

»Was du über Kaffee gesagt hast.«

»Was ist komisch daran?«

»Du hast bis jetzt noch nie von Kaffee gesprochen. Du trinkst doch gar keinen Kaffee. Und du weißt doch, daß ich nicht in demselben Raum sitzen kann, wo es Kaffee gibt. Du weißt doch, daß wir nur im Sommer in Restaurants gehen, so daß wir draußen sitzen können.«

Sie sah verwirrt aus. Während sie ihre Gedanken sammelte, geriet ich langsam in Panik. »Ich war mir gar nicht bewußt«, sagte sie in der ihr eigenen Art rationalen Argumentierens, »daß deine Ablehnung von Kaffee entweder kategorisch oder ideologisch ist.«

»Ist sie nicht«, sagte ich. »Ich glaube einfach, daß Kaffee ein Ersatz ist, und zwar für Sex, Sport, eine gesunde Ernährung, ausreichenden Schlaf, im Leben glücklich zu sein, ein Ziel zu haben und ein Gehirn zu haben.« Ich biß an. Wie dumm von mir. Jetzt weiß ich's natürlich. Sie wollte einfach keine Kinder haben.

»Na ja«, sagte sie aufgebracht. »Die meisten Leute waren nicht so privilegiert, so ein verrücktes Leben zu führen wie du. Sie leiden. So gönn ihnen doch ihr tägliches Koffein.«

»Verrückt? Wer ist hier verrückt? Würdest du es nicht wenigstens halbverrückt nennen, zwei Milliarden Dollar zu besitzen? Ich hab als Laufjunge angefangen, als Bote, als Gefangener mit Handschellen und Zwangsjacke in einer Schweizer Irrenanstalt. Mit eisernem Willen habe ich mich im Leben durchgesetzt. *Mein* Vater hatte keine Jagdhütte für Großwild in Afrika. *Ich* habe keine mit Gnufleisch belegten Schulbrote gehabt oder Tanzstunden bei Nijinskij. Constance, ich liebe dich mehr als alles auf der Welt«, sagte ich, und das stimmte auch, »aber du sagst so was wie: ›*Im Moment wäre mir nichts lieber als eine Scheibe Giraffenbrust*‹, und du hältst dich für die typische Amerikanerin. Du weißt ja nicht, was es heißt zu leiden.«

Ich dachte, als ich sagte »Ich liebe dich über alles«, und mir die Stimme vor Rührung versagte, würde sie sich in meine Arme werfen. Statt dessen bekam sie feuchte Augen, holte tief Luft und legte los.

»Ich weiß sehr wohl, was Leiden heißt«, erklärte sie.

»Ach ja?«

»Ja.«

»Dann mal los«, forderte ich sie auf.

Sie biß sich auf die Oberlippe und furchte die Stirn. Nach fünf Minuten des Schweigens sagte sie: »Großvater Lloyd war auf der Titanic.«

»Da warst du ja noch nicht mal geboren.«

»Ich habe geweint, als man es mir erzählt hat, und wenn ich in sein Gesicht sehe, spüre ich tief im Herzen, was er durchgemacht hat.«

»Er hat also überlebt?«

»Natürlich. Sie hatten Rettungsboote.«

»Constance«, sagte ich, »ich liebe dich. Laß mich zu dir, ich will dich, jetzt. Nie habe ich dich mehr geliebt als in diesen letzten Wochen, und in diesen Wochen nie mehr als jetzt im Augenblick. Komm her zu mir.« Ich streckte die Hände aus. Ich konnte spüren, wie uns eine große Kraft zueinandertrieb, aber auch die Kraft, die uns auseinanderzog. Der Fluß zwischen den beiden war großartig und beängstigend.

Sie rührte sich nicht. Ich starrte sie an, während das Licht eines halben Kontinents aus ihren Schlittenhundeaugen und von ihrem silberblonden Haar funkelte, und ich spürte, wie sich das große Gewicht ihrer Seele von mir entfernte, genauso wie ein riesengroßes Schiff beinahe unmerklich vom Pier ablegt. Der Raum zwischen uns war so qualvoll und aufgewühlt wie die Aurora. Um sie zu erreichen, das wurde mir bewußt, müßte ich über Nebel, Galaxien und Himmelsäther.

»Du kannst mir nicht sagen, was ich machen soll«, sagte sie.

»Ich sage dir ja gar nicht, was du machen sollst.«

»Gut. Ich werde mir eine Tasse Kaffee holen.« Sie stand auf.

Vielleicht wollte sie, daß ich zur Tür hin sprang, mich als Sperre davorstellte und sie, Constance, in die Arme nahm. Vielleicht hätte ich das tun sollen, aber sie hatte sich so aufgespielt, daß ich es nicht konnte. Ihre Ankündigung, daß sie eine Tasse Kaffee trinken wolle, brach mir das Herz, und welches Argument zieht noch bei jemandem, den man liebt, wenn der bereit ist, einem das Herz zu brechen?

»Man würde meinen«, sagte sie, zum Gehen bereit, »ich wolle dich wegen eines Masseurs verlassen. Dabei will ich doch bloß eine *Tasse Kaffee* trinken. Ich komme ja wieder.«

Sie blieb zwanzig Minuten weg, in denen ich die gleiche Qual und Verzweiflung empfand, wie ich sie verspürt haben dürfte, wenn sie mit jedem Akrobaten in Südamerika geschlafen hätte. Und als sie wiederkam, ging mir ihre drogenselige Hochstimmung durch und durch.

Diese teuflische Substanz läßt dich angesichts einer Tragödie lächeln. Sie verwandelt dein Inneres in ein glückstrahlendes Uhrwerk, hypnotisiert dich vor künstlicher Freude und nimmt dir die Traurigkeit und Besonnenheit, welche die Anker der Liebe sind.

Sie jedoch war mehr als zufrieden. Sie war ekstatisch, hocherfreut, absolut bereit zu vergeben und vergessen, das Ganze ad acta zu legen. Sie wollte Sex. Ich konnte sehen, daß sie bis in die Fingerspitzen hinein erregt war. Sie explodierte förmlich vor Sex. Der Zug wäre geradewegs aus den Gleisen gesprungen, die Hälfte der Frauen in

Afrika hätte davon abgelassen, Maniok zu zerstampfen, von Neufundland bis Aserbaidschan wären die Uhren stehengeblieben, Einsteins Relativitätstheorie wäre bestätigt worden, und die Bank von England hätte Donuts in die Eingangshalle gelegt.

»Nein«, sagte ich. »Der Sex, den ich in jedem Atom deines Körpers tanzen sehe, ist von einer Droge, einem Kristall, einer Substanz entfesselt worden.«

»So?« fragte sie, voller Verlangen, daß jede Faser meines Leibes jede Faser ihres Leibes durchdringen möge. Auch ich wollte ein magnetisches Erdbeben auf den Ebenen von Kansas auslösen, das dafür sorgen würde, daß die Bank von England Donuts in der Halle auslegte, die Uhren stehenblieben, ich, wenn auch nur einen Augenblick lang, ein Gott wäre. Aber es gibt nur einen Gott, und für alle anderen Illusionen und Anmaßungen ist der Preis happig.

Daß diese Droge so gut wie unbesiegbar ist, liegt zum Teil daran, daß sie auf dem steilsten Bergeshang Schlitten umlenken kann. Constance verlor plötzlich jedes Interesse an Sex und suchte statt dessen intellektuelles Geplänkel, leicht und schnell genug, um mit ihrem rasenden Blut Schritt zu halten. Die Droge wirkt weder auf die Substanz noch die Wahrnehmung, sondern nur auf das Schrittempo. In ihrem Koffeinrausch wäre sie wohl genauso zufrieden gewesen, mit den Fingern zu trommeln oder für jemanden die Semesterarbeit zu tippen, solange das Zeitmaß nachdrücklich und komplex wäre, solange sie das Gefühl hätte, erbarmungslos vorwärtszurollen. In diesem Augenblick jedoch verbarg sich ihre Ekstase hinter der Maske der Streitlust. Ohne auch nur einen Taktschlag zu verpassen, begann sie wie ein Rechtsanwaltsschreiben zu reden.

»Sag mir doch«, heischte sie, »was ist es denn eigentlich genau, was deiner Abneigung gegen Kaffee zugrunde liegt. Dir ist natürlich klar, daß angesichts der Gewohnheiten und Praktiken der Welt die Beweislast bei dir liegt. Die meisten Menschen trinken Kaffee. Von denen, die keinen trinken, bist du vielleicht der einzige, der etwas dagegen hat.« Wieder sah sie mich an, als ob sie mich nicht kennte. »Oder zumindest bist du der einzige Gegner, der so ... so ...«

»Vehement dagegen ist«, half ich aus.

»Ja. So vehement. Du stehst alleine da.«

»Ich weiß.«

»So, sag mir doch, was du entdeckt hast. Erklär mir deine Gefühle. Worin haben sie ihren Ursprung? Ich bin ganz Ohr.«

»Könntest du nicht«, fragte ich, »da du ja weißt, daß ich nun mal so bin, mir einfach ein Geschenk machen?«

»Nichts Unerklärliches hält auf Dauer.«

»Nichts«, sagte ich, »außer Liebe und Schönheit, die ja völlig unerklärlich und völlig unvergänglich sind. Oder waren.«

»Aber wieso?« fragte sie, wirklich ratlos. »Wieso eigentlich Kaffee?«

Ich schnaubte und lehnte mich mit gekränkter Miene zurück. Mit der Geduld des Zerstörten sagte ich: »Ich hasse Kaffee.«

»Das weiß ich.«

»Kaffee ist schlecht.«

»Ich weiß, daß du Kaffee für schlecht hältst.«

»Ja. Er ist sehr schlecht.«

»Warum?«

»Ich kann nicht mit einer ausgearbeiteten Schmährede aufwarten«, sagte ich, und das war damals auch so. Seitdem habe ich mir eine ganze Reihe davon zurechtgelegt. Sie gehen von dreißig Sekunden bis zu eindreiviertel Stunden.

»Erzähl mir einfach, was dir so einfällt«, sagte sie.

»Du hältst mich für verrückt.«

»Nein. Ich halte dich nicht für verrückt, aber ich liebe Kaffee, und du führst dich auf, als ob ich, wenn ich eine Tasse Kaffee trinke, dich verraten hätte. Was ist los mit dir?«

»Du *liebst* Kaffee«, sagte ich. »Eine Substanz sollte man nicht lieben.«

»Das ist ja lächerlich. Das ist so, als ob man sagt: *Ich liebe Brathähnchen.*«

»Wenn es nur so wäre, aber als du gesagt hast, daß du Kaffee liebst, fiel deine Stimme um anderthalb Oktaven, nach ebendem Wort kam eine Cedille stummer Leidenschaft, und du hast dich bewegt, als ob dich ein männlicher Sukkubus liebkost hätte.«

»Du meinst einen Inkubus.«

»Was für ein Bus auch immer. Aber als du gesagt hast, daß du

Brathähnchen liebst, klang die Liebe wie ein halber Ton in demselben Bereich wie die anderen Wörter drumherum, ohne eine Pause oder hübschen Inkubus.«

»Der Inkubus ist hübsch?«

»Ja.«

»Du hast ihn gesehen?«

»Nein, ich habe dich gesehen, wenn du ihn siehst.«

Zärtlich sagte sie meinen Namen. Und dann sprach sie: »Du bist wahnsinnig.«

»Im Gegenteil«, erklärte ich. »Leute, die Kaffee trinken, sind wahnsinnig. Wahnsinnig und besessen und, was noch schlimmer ist, sie sind gern besessen. Die meisten Leute in Anstalten trinken Kaffee. Wenn man sie damit aufhören ließe, würden sie das seelische Gleichgewicht wiederfinden, jedenfalls genug, um rauszukommen. Aber nein, sie hören nicht auf. Ja, sie trinken immer mehr, und sie werden immer verrückter. Mit jedem einzelnen gottverdammten Tropfen werden sie entmenschlicht, und obwohl sie das spüren, sind sie wie Lemminge oder Büffel, die von Klippen springen. Leute trinken Kaffee, und sie werden davon wahnsinnig.

Mußt du denn Kaffee trinken? Warum nicht Kakao, Tee, Kolatee, Mate, Yoco-Aufguß oder Guarana? Warum gerade Koffein? Warum nicht Theobromin oder Theophyllin? Hin und wieder gönne ich mir ein Stückchen Schokolade. Es verursacht eine unkontrollierte Ekstase, aber hinterher versinkst du in prometheische Verzweiflung.

Nimm zur Kenntnis«, verlangte ich, »daß das Koffein im siebzehnten Jahrhundert nach Europa kam, *nach* der Renaissance. Warum glaubst du wohl, ist die Kunst der Renaissance und der klassischen Periode nie übertroffen worden? Die großen Höhen wurden auf Engelsschwingen erreicht, nicht auf dem Wege dreckiger Täuschung, gebraut aus einer Bohne, die den eigenen Baum vergiftet.

Ja, Kaffeepflanzen vergiften sich selbst. Die Bohnen fallen auf den Boden herunter, und nach zehn oder fünfundzwanzig Jahren... *sayonara!* Sag mir bloß nicht, daß es heilsam ist, mit einem Suchtgift zu liebäugeln. Du hast wohl nichts von den Kaffeepanschereiskandalen Anfang des neunzehnten Jahrhunderts gehört? Weißt du, was sie dem Kaffeepulver beigemischt haben, damit es mehr wurde?«

»Was?« fragte Constance mit weitaufgerissenen Augen.

»Wurzeln, Nüsse, Eicheln, Steine, gebackene Pferdeleber, Tonerden, Erdnußschalen, Kopra, Sisal, Federn und Schweinekot. Und keiner hat's gewußt. Woher hätten sie's auch wissen sollen? Sie waren ja bereits Hogarthsche Zombies, die sich in Treue bekannten zu . . . ja wozu? Zu einem König? Einem Messias? Einem Glauben? Also wozu? Wozu? Nicht mal zu einem falschen Messias oder einem Thronräuber, nicht mal zu einer falschen Idee oder einem hypnotischen Glauben. Sondern zu einer Bohne, einer Bohne, einer Bohne, Bohne, Bohne!«

»Was würdest du tun, ihn verbieten?«

»Warum nicht? De Valera hat versucht, in Irland Tee zu verbieten. Warum mußte er dort aufhören?«

Ich fuhr fort, das Licht gegen die überwältigende Dunkelheit zu verteidigen. »Koffein, Constance, ist dem genetischen Kode ähnlich.«

»Ach ja?«

»Ja, $C_8H_{10}N_4O_2$. 3,7-Dihydro-1,3,7-Trimethyl-1H-purin-2,6-dion. Wie du weißt, repliziert sich die DNS selbst, aber das Koffein unterbricht diesen heiligen Prozeß wie ein Taifun, der alle Stechkähne auf der Isis zerstört und das genetische System sprengt. Das Koffein ersetzt das Adenosin an den Rezeptoren der Neuronen, wodurch die Neuronen veranlaßt werden, in unhaltbaren Geschwindigkeiten zu schießen. Diese Usurpation und seine ungezügelten Wirkungen, sein Angriff auf das natürliche Gleichgewicht, die Freisetzung des Feuers und Lichts, die als der Rammbock der Seele dienen, ist eine Sünde höchsten Grades.

Bei Insekten verursacht es Sterilität«, erklärte ich.

»Und bei Menschen?« fragte Constance. »Menschen sind ja keine Insekten.«

»Selbstverständlich, das ist richtig«, sagte ich zu ihr. »Ja, um ehrlich zu sein, indem es das Sperma beweglicher macht, fördert es eigentlich die Fruchtbarkeit beim Menschen. Ist das fair?«

»Warum nicht?«

»Nur das dumme Sperma, das Koffein konsumierende Sperma, das suchtanfällige Sperma kommt dazu, Außenbordmotoren zu benutzen. Das rechtschaffene Sperma, das keine Außenbordmotoren ak-

zeptiert, gelangt nicht zum Ei, und da die Außenbordmotoren, sozusagen, außerhalb der Wand des Eies bleiben, was kommt also hinein?
Ein Schwächling, ein Dummkopf, eine Null, ein Nichtschwimmer, ein
schwanzloser Arm- und Beinamputierter, ein schlampiger Blödmann,
der flußaufwärts gekommen ist, weil er einen Evinrude auf den Rük-
ken geschnallt hatte. Diesen Punkt hat Spengler völlig übersehen im
Verständnis dessen, woran das Abendland krankt.«

»Liebling«, sagte sie, »Liebster...«

»Den größten Pro-Kopf-Verbrauch an Kaffee in der Welt hat Finn-
land. Zwar haben sie die Russen verheimlicht, aber sie sind das
nervöseste Volk auf der Welt, keiner versteht ihre Sprache, und sie
schlagen sich mit Ruten. Der Durchschnittsamerikaner trinkt 2725
Liter Flüssigkeit im Jahr, wovon annähernd die Hälfte Kaffee ist. Das
heißt, fast vier Liter oder sechzehn Tassen pro Tag. Drei Prozent der
Bevölkerung trinken fünfzig Tassen am Tag, und fünfzehn Prozent
trinken vierzig. Siebenundsechzig Prozent der erwachsenen Amerikaner und dreiundzwanzig Prozent der Kinder sind von Koffein oder
verschiedenen Kaffeesäuren abhängig.«

»Liebling...«

»Katharina die Große nahm ein Pfund Kaffee auf vier Tassen
Wasser, weshalb sie es, unter uns gesagt, mit Pferden trieb, und, hör
zu, fünftausend Milligramm Koffein, sind, oral eingenommen, tödlich. Vermittels eines Kaffeeklistiers hat schon einmal jemand Selbstmord begangen. Verstehst du nicht? Was, wenn du den Überblick
über deine Tassen Kaffee verlierst? Dann könntest du sterben. Und all
das ist seit einer Ewigkeit bekannt, seit seiner Einführung. Vor langer
Zeit hat damals William Corbett Koffein eine Substanz genannt, die
die Gesundheit zerstöre, den Körper schwäche, Unmännlichkeit und
Faulheit erzeuge, die Jugend verderbe und das Alter in Elend stürze.

Constance, hör auf mich. Vertraue mir. Ich weiß, wovon ich rede,
und darin, das versichere ich dir, bin ich völlig unvoreingenommen.«

Für den Rest der Fahrt herrschte Schweigen. Erst in Chicago sprach
ich wieder, als mich in der Union Station ein Obdachloser höflich um
ein Fünfcentstück bat, damit er sich einen Kaffee kaufen könne. »Ach,
leck mich doch am Arsch!« schrie ich so laut, daß es mehrere Male von

der hohen Decke widerhallte und Schwärme illegaler Tauben von ihren Schlafplätzen aufflogen.

Damals wurde so eine Ausdrucksweise in der Öffentlichkeit nicht geduldet, und Chicagoer Polizisten – die aus einem unerfindlichen Grund wie Taxifahrer angezogen sind – kamen langsam auf mich zu, aber Constance verscheuchte sie mit dem mißbilligenden Gesichtsausdruck einer echten Milliardärin.

Das Wort Kaffee stand vielerorts auf dem Weg vom *Chaparral* zum *Twentieth Century* geschrieben. Kleine Männer mit Hut und Seersukkeranzügen standen an Tresen und neigten den Kopf zurück, als sie welchen tranken, wie Patienten in einer psychiatrischen Klinik kleine weiße Tassen Thorazin kippen. Im Winter besuchten dieselben Leute dieselben Büffets und tranken aus denselben Tassen, bloß daß die unförmigen Mäntel und Filzhüte ihnen dann das Aussehen europäischer Polizeiinspektoren verliehen, und wenn es in Chicago sehr kalt ist, fällt durch die Bahnhofsfenster das Licht in riesigen Leuchtbahnen herein, die über den Tauben aufleuchten, während sie wie durch eine Milliarde funkelnder Sterne durch die staubige Luft fliegen.

Ich gestehe, daß ich optimistisch wurde, als wir uns New York näherten. Schließlich war New York mein Zuhause. Ist es immer noch, obwohl ich gehört habe, daß es sich unglaublich verändert hat. Doch ich habe es in Erinnerung, wie es war, und ich liebe es so, wie man einen Verstorbenen liebt – mit leiser Resignation, beharrlicher Treue und absoluter Gewißheit. Ich sehe es still vor mir, aber ich weiß, daß ich, wenn ich stark genug wäre, wenn ich es unbedingt wollte, so wie man im Traum fliegen kann, wenn man unbedingt will, mit einem Mal alle Geräusche aus dem Innern hören könnte und ich in das vergrößerte Bild eintreten würde, um die Suche nach den Menschen aufzunehmen, deren Adressen ich noch immer im Herzen trage. Und wenn ich sie fände, dann wüßte ich nicht, was ich tun würde (oder ob sie mich wiedererkennen würden), aber ich wäre so glücklich, sie nur zu sehen. Zum Beispiel würde ich meinen Vater 1910 aufsuchen, als er noch ein junger Mann war und ich sechs Jahre alt. Ich würde ihm in der Hochbahn folgen, und vielleicht würde ich ihm auffallen. Vielleicht dächte er, die Freundlichkeit, die er von einem alten weißhaarigen Bürgerkriegsveteranen spürte, sei Teil der Weisheit und Güte des Alters. Hast du denn nie alte Esel wie mich gesehen, die dich anlächeln und aussehen, als wüßten sie genau, was kommt und wer du bist? Vielleicht ist's dein Sohn, der sich, weil er dich geliebt hat, durch die Zeit zurückwünschen konnte.

New York verlieh mir Kraft. Der Hudson gab mir Kraft, denn er war gewissermaßen mein Garten Eden. Ich beschloß, daß meine Liebe zu Constance es mir möglich machen würde, mich zu ändern, und daß sie, wenn sie sähe, daß ich mich verändert hatte, sich ebenfalls ändern würde und wir unsere sich verschlechternden Beziehungen aufbessern könnten. Es gab fast nichts, was ich mir mehr wünschte, als mit ihr durch schattige, anonyme Sommerstraßen zu gehen, versunken in der Zeit, noch immer verliebt.

Wie wenn ich selber Kaffee getrunken hätte, so schwoll mein Optimismus zu ungeheuren Ausmaßen an, und nachdem uns das Taxi zu Hause abgesetzt hatte, rannte ich hinein wie ein General, der soeben eine Schlacht gewonnen hat. Alles wäre möglich in der neuen Ära, die ich erzwingen wollte. Zuerst stürzte ich ins Bad und rückte die Handtücher schief. Ich zerstörte die alphabetische Ordnung von Constances vielen Parfümflaschen (es machte sie verrückt, wenn ich partout *Ravishment* hinter *Quantum Mechanique* stellen wollte, weil *Ravishment* ihr Lieblingsparfüm und schwer zu erreichen war), und dann fuhr ich mit dem Aufzug in die Küche, wo ich die alphabetische Ordnung des Käses aufhob und sogar welchen aus dem Fach für Molkereiwaren nahm und ihn tollkühn zum Obst legte. Indem ich mich völlig der Verderbtheit anheimgab, nahm ich ein Stück Stilton und placierte es asymmetrisch zwischen Flaschen soeben verstellten Biers.

Ich kann nicht behaupten, daß ich mich bei diesen Schlampigkeitsaktionen gut fühlte, daß sie mir leicht gefallen oder sinnvoll gewesen wären, aber ich dachte, alles, was ich war, um meines Herzens willen zu ändern, und ich hielt mich ran.

Als nächstes kam mein Arbeitszimmer dran. Ich weinte, als ich seine Ordnung zerstörte, denn es kam mir so vor, indem ich Briefmarkensorten mischte, Büroklammern durcheinanderbrachte und Lampenschirme um drei oder vier Grad kippte, gäbe ich alle Anstrengungen auf, die ich im Leben unternommen hatte – zumindest symbolisch –, eine ungeordnete Welt in Ordnung zu bringen, was vernünftig und gut war, gegen das Unvernünftige und Böse zu verteidigen, eine Art Flughafen anzulegen, bereit, in gutem Zustand ein Flugzeuggeschwader zu empfangen, das lange verschollen war.

Wenn sie aus den Wolken hervorkämen, sollten sie ein freies Feld vorfinden, auf dem sie landen könnten. Sie sollten wissen, daß das Bodenpersonal nie die Hoffnung auf ihre Rückkehr aufgegeben hatte, daß ich auf sie wartete, daß ich in meiner Wachsamkeit nicht nachgelassen hatte, daß ich voller Glauben war. Mit einem Mal den Gedanken der Unordnung zu akzeptieren, vor ihm zu kapitulieren, sich nicht mehr die Schönheit und das Gleichgewicht aller Dinge angelegen sein lassen, wohlgemerkt, *aller* Dinge, lief allem zuwider, was ich im Leben gelernt hatte, und ging wider jede Schlacht, die ich erfolgreich geschlagen hatte.

Das steckte so tief in mir drin, daß schon die erste Demontage mich um den Verstand zu bringen drohte. Doch fast von Anfang an habe ich geglaubt – vielleicht unwissentlich, vielleicht instinktiv –, daß das Leben und die Liebe untrennbar seien, daß man, das eine zu ehren, das andere ehren müsse, daß die Liebe vieles und die Ursache vieler Ausnahmen sein könne und daß, als größte Ausnahme, die Liebe auch die Erlaubnis Gottes – ja, Sein Gebot – beinhalten könne, gegen Seine Ordnung Krieg zu führen, der man sich verschworen hat, gegen andere Menschen Krieg zu führen, selbst gegen die Natur, ja sogar gegen Gott Selbst Krieg zu führen. Einzig die Liebe kann eine solche Botschaft überbringen, so stark empfunden, so schrecklich beladen, so richtig, so rein und so vollkommen. Einzig die Liebe.

Ich beschloß, eine Tasse Kaffee zu trinken, oder es wenigstens zu versuchen.

Selbstverständlich konnte ich nicht einfach losgehen, in ein Restaurant oder irgendeine der vielen anderen widerlichen Lasterhöhlen hineinspazieren, wo so etwas vollbracht wird, eine Tasse Kaffee verlangen und sie trinken. In meinem Zögern sah Constance eine Erlaubnis zur Ausschweifung, und in den sechs oder sieben Wochen, in denen ich meine Konfrontation und Konversion vor mir herschob, fing sie an, mit offensichtlichen Kaffeetrinkern zu verkehren. Und als sie dann tiefer im Sumpf der Verderbnis versank, umgab sie sich mit Kaffeesympathisanten, Apologeten, Skribenten, Presseagenten und Müßiggängern. Mit gerötetem Gesicht, nervös und mit unregelmäßigem Puls kam sie dann nach Hause. Über den Eßzimmertisch roch ich den Kaffee an ihrem Atem, und der Eßzimmertisch war sechs Meter breit.

Ende Juli kamen mehrere Lkws von S. S. Pierce mit Lieferungen für einen teuflischen Apparat, der aus Italien geliefert worden war – einer Maschine, die eigens dazu konstruiert war, glühendheißen Dampf durch gemahlene Kaffeebohnen zu pressen. So etwas hatte ich in Europa gesehen und mich in sicherer Entfernung davon gehalten. Nun stand da so eine Maschine auf der Hauptanrichte in der Nachtischküche. Oben auf ihrem glasglockenförmigen Kupferkessel hatte sie einen bronzenen Wasserspeier. Ohne Frage, der Handwerker, der sie angefertigt hat, verstand sein Handwerk. Ich konnte die schreckliche Fratze nicht ansehen: Die Bronzeaugen wirkten lebendig, das Lächeln durch die Droge erzwungen.

Eines Samstagmorgens, als ich von meinem Lauf um den Park hereinkam, war der Direktor eines der Museen, die Constance durch Stiftungen finanzierte, da und unterhielt sich mit ihr im Empfangszimmer. Das Empfangszimmer hatten wir immer so voller Blumen, daß einer der Hausangestellten als Vollzeitbienenwächter engagiert war, mit einem speziell von Frank Buck entworfenen Netz aus indischem Baumwollstoff.

Dieses Zimmer war ein Paradies. Selbst im Winter waren die Blumen, bei einem Hickoryfeuer, das inmitten von Felsen aus warmem weißen Marmor still vor sich hinbrannte, voll und frisch. Im Vorbeigehen blickte ich hinein. Alles schien wie immer. Constance hatte sich die Zähne reinigen lassen. Wieder einmal waren sie weiß wie Gletscher, frei von den verräterischen Spuren dieses Getränks, das dem Destillat einer Jauchegrube gleicht. Sie trug ihr weißes Tenniszeug: In jeder Art Sportkleidung sah sie unwiderstehlich aus, sogar in der Aufmachung eines Baseballfängers.

Der Museumsdirektor saß ganz auf der Stuhlkante, vorgebeugt, und lachte viel zu laut über das, was sie sagte, was nur entfernt amüsant war. Ich hörte, wie Constance mit veränderter Stimme, ernsthaft, dümmlich sagte: »Sonnabends spiele ich gern Tennis, wasche mir die Haare und gehe zum Jefferson Market, um Kaffee zu kaufen.«

Als sie das über das Kaffeekaufen sagte, war es, als ob sie von einem Mann redete, in den sie schrecklich verliebt wäre. Sie war von einer Weichheit und Wärme erfüllt, wie ich sie noch von damals in Erinnerung hatte, als wir uns kennenlernten. Und dann krachte es ganz entsetzlich, als ich zur Seite gegen den Griff ihres Tennisschlägers trat, der an einem der ägyptischen Marmorlöwen an der Empfangszimmertür lehnte.

Na schön, sagte ich bei mir, während ich die Treppe hinauflief (Constance mochte es nämlich gar nicht, daß jemand ihre Tennisschläger kaputtmachte), wenn ich's schon tun will, dann muß ich's auch tun.

Zuerst machte ich ein Testament. Als Miteigentümer eines milliardenschweren Vermögens an Firmen, Immobilien, Kunst und Wertpapieren hatte ich selbstredend ein ziemlich kompliziertes Testament. Es befand sich in einer Mappe aus marokkanischem Leder, das ich zum Spaß immer anroch, und es war von Großvater Fabers alter Firma aufgesetzt worden. Die ersten zwanzig Seiten nahm der Rechenteil ein, und das Inventar, jedes Quartal ordnungsgemäß auf den neuesten Stand gebracht, ging bis Seite 325.

Doch dieses Testament sagte nichts aus über Gefühle, Bedauern und Streben. Ja, Bestrebungen selbst nach der letzten Bestrebung.

In meinem Testament, das ich selber aufsetzte, ohne Notare, stand nichts über Geld. Es handelte davon, wie ich wußte, daß ich diese Welt und die Menschen, die ich liebte, verlassen müßte, und es war eine Möglichkeit, mit ihnen zu reden, auch wenn sie vor mir gegangen waren.

In diesem Dokument sprach ich mit Constance. Ich sprach viel mit ihr. Und ich scheute mich nicht, das Thema anzuschneiden, das unseren Untergang verursacht hatte. Ich scheute mich nicht vor einer Verurteilung. Ich scheute mich nicht vor einer Geschichte mit Moral, illustriert mit meinem eigenen Tod. »Ich bin gestorben, weil du deinem Frauenherzen erlaubt hast, sich an ein Ding zu hängen. Ich bin gestorben, weil du von dem bronzefarbigen Wasserspeier besessen warst, der anzüglich über den Desserttisch blickte. Ich bin gestorben, weil du deiner schönen Seele erlaubt hast, sich um ein Koffeinkristall herum zu mechanisieren«, schrieb ich. »Leb wohl.«

Dann ging ich zu einem Arzt. Mein Hausarzt war in den Hamptons, also ließ ich den Portier den besten Internisten suchen, der auf der Insel Manhattan verblieben war. Das war ein gewisser Dr. Xavier Gruffy vom New York Hospital. Ich wußte, er mußte einfach gut sein, weil er genausoviel verlangte wie ein Rechtsanwalt.

»Dr. Gruffy«, sagte ich. »Ich werde eine Tasse Kaffee trinken.«

»Wie bitte?« fragte Dr. Gruffy.

»Was würden Sie zur Vorbereitung, Stabilisierung, Prophylaxe und Erholung empfehlen?«

»Was haben Sie für Beschwerden?«

»Wie bitte?« fragte ich ihn, da ich nicht richtig gehört hatte, und hielt die rechte Hand an mein rechtes Ohr wie ein Veteran von Antietam.

»Was haben Sie denn für eine Krankheit?« schrie er.

»Ich bin vollkommen gesund.«

»Was meinen Sie denn dann?«

»Ich gedenke, eine Tasse Kaffee zu trinken«, sagte ich.

»Oh«, sagte er, er dachte wohl, daß er vielleicht unhöflich gewesen sei, mir keinen Kaffee anzubieten. »Möchten Sie Kaffee?«

»Nein«, antwortete ich, schüttelte den Kopf und blickte durch die Träger der 59th Street Bridge zum Himmel. Darauf trat ein langes Schweigen ein.

»Also, was kann ich für Sie tun?« begann er hoffnungsvoll.

»Mir helfen«, sagte ich.

»Aber natürlich, natürlich. Erzählen Sie mir, was Ihnen fehlt.«

»Ich gedenke, eine Tasse Kaffee zu trinken.«

»Ich lasse gleich welchen bringen.«

»Nicht jetzt!« sagte ich.

»Schön. Wann immer Sie wollen.« Er war höflich und verdutzt. »Fühlen Sie sich wohl?« fragte er.

»Mir geht es gut«, erwiderte ich. »Für einen Mann meines Alters bin ich gut in Schuß, wenn ich das selber so sagen darf. Ich war bei der

Air Force. Ich bin P-51s geflogen und habe mir geschworen, mir, solange es geht, die Fliegerfitneß zu bewahren.«

»Also, was fehlt Ihnen dann?«

»Nichts. Ich bin in ausgezeichneter Verfassung.«

»Verstehe«, sagte der Arzt. »Sie möchten ein bißchen vorbeugen.«

»Vorbeugung, Stabilisierung, Prophylaxe und Erholung.«

Er warf den Kopf zurück wie eine Eule, und dann blinzelte er auch wie eine.

»Ich gedenke, eine Tasse Kaffee zu trinken«, sagte ich.

»Jetzt?« fragte er.

»Nein, später.«

»Schön. Wann immer Sie wollen. Möchten Sie lieber Tee?«

»Nein.«

»Dann also Kaffee.«

»Ja.«

»Ich kann jederzeit welchen bringen lassen, wenn Sie möchten.«

»Sie meinen, hier?« fragte ich.

»Meine Sekretärin macht ausgezeichneten Kaffee.«

»Sie meinen, jetzt gleich?«

»Wenn Sie möchten.«

»Verfügen Sie über die entsprechende Ausrüstung?« wollte ich wissen.

»Ich habe eine Melitta.«

»Was ist das?«

»Eine Filtermaschine.«

»Ja, und Magenpumpen, Atropin, Anti-Schilddrüsen-Prophylaxe, Meersalzklistiere, Reiniger, Minzen und Zahnpasta.«

»Ich verstehe nicht«, sagte er. »Nein, wirklich nicht.«

»Hören Sie«, sagte ich zu ihm. »Ich bin zu Ihnen gekommen, weil Sie Arzt sind.«

»Ja, ich bin Arzt...«

»Ich möchte Ihren Rat bezüglich Vorsorge, Stabilisierung, Prophylaxe und Erholung.«

»Schön«, sagte er. »Sie sagen mir die Krankheit, das Leiden, das Trauma, die angeborenen Beschwerden, und ich werde Ihnen Möglichkeiten der Prävention, Stabilisierung usw. empfehlen.«

»Ich«, sagte ich, dabei deutete ich mit dem linken Zeigefinger auf mich. »Ich gedenke«, sagte ich, innehaltend, »zu...«

»Zu?«

»Zu trinken«, sagte ich, wobei ich tat, als schüttete ich Flüssigkeit durch meine Kehle aus einer Bota, die er, das weiß ich jetzt, nie gesehen hatte, »eine Tasse.« Hier machte ich eine Bewegung, die einen Töpfer an seiner Scheibe pantomimisch darstellen sollte, »*Kaffee.*«

»Jeanie«, sagte er in seine Gegensprechanlage, »bringen Sie Kaffee herein, jetzt gleich.«

»Nein!« schrie ich und sprang mit einem Satz zu der Sprechanlage, die so groß wie ein Brotkasten war, und drückte den Hebel. »Bringen Sie keinen Kaffee rein.«

»Dr. Gruffy?« kam es aus der Sprechanlage. »Soll ich Kaffee bringen?«

»Nein«, sagte Dr. Gruffy. »Streichen Sie das.« Er ließ den Bakelithebel los. »Ich wollte sowieso nie Arzt werden«, sagte er. »Ich wollte Zureiter werden. Wer weiß? Vielleicht werde ich wiedergeboren.«

Von *ihm* war kein medizinischer Rat zu holen, also blieb mir nur übrig, die Tat auf eigene Faust zu vollbringen. Zu Hause hatte ich keine Ruhe. Wir besaßen nur drei Küchen, und Constance oder einer von den Dienstboten hätte jederzeit in jede hereinspazieren können, und um meine Konzentration wäre es geschehen gewesen. Kannst du dir vorstellen, wie ein Hausmädchen oder ein Gärtner in meine Nähe käme, just in dem Augenblick, da ich die stinkende Tasse an die Lippen führte? Ungeachtet ihrer Instruktionen, auf dem Gelände unseres Hauses keinen Kaffee zu kochen, trinken, besitzen, einzuführen oder davon auch nur zu sprechen, gaben sie sich möglicherweise draußen zwei- oder dreimal am Tag Ausschweifungen hin – in ihren Behausungen, vor den eigenen Kindern – und hätten nicht einmal bemerkt, was zu vollbringen ich da im Begriff wäre. Vielleicht würden sie just in dem Moment, da ich mitten in meinem Drahtseilakt über dem Niagarafall angelangt wäre, irgendein geistloses Geschwätz beginnen oder, noch schlimmer, eine der teuflischen Redewendungen von sich geben, wie *Lassen Sie sich Ihren Kaffee schmecken*, wie sie die

Herzen der Besessenen, sich windenden Würmern gleich, beherr-
schen. ›*Meinen* Kaffee‹, also wirklich.

Ich dachte daran, mich einzuschließen; was aber wäre, wenn in dem
Augenblick, in dem mein ganzes Leben im Begriff war, sich zu verän-
dern, an der Tür gerüttelt würde, weil Maise ihr Eiersalatbrötchen aus
dem Kühlschrank holen wollte?

Constance ließ gerade eine Sauerstoffbehandlung für ihr Haar über
sich ergehen, und das Haus roch frisch und gut. Sie hatte sich von
Lawrence von Arabien – nicht T. E. Lawrence, sondern ihrem Friseur – sagen lassen, daß das Haar, um schön zu sein, Sauerstoff und
Kälte brauche. Constance scheute keine Kosten und ließ eine Anlage,
so groß wie ein geschlossener Güterwagen, auf dem Müllhof installie-
ren. Am Ende einer langen Röhre aus dieser Chemieanlage war etwas,
das in bemerkenswerter Weise dem glich, was wir viel später als
Astronautenhelme kennenlernen sollten. Indem Constance den Helm
aufsetzte und an einem Ding, das wie ein hochliegender Bedienungs-
kasten einer Deckwinde aussah, auf einen grünen Knopf drückte,
erhielt ihr Haar einen Strom gekühlten Hochdrucksauerstoff. In
schablonierten roten Buchstaben standen vorn, an den Seiten und
oben auf dem Helm die Worte: RAUCHEN VERBOTEN, dazu, von mir
mit schwarzem Markierstift hinzugefügt, UND KAFFEETRINKEN AUCH.

Ich ging aus dem Haus und wanderte umher. Es war August, also
ging ich Richtung Bronx. Ich habe gehört, daß die Bronx jetzt gefährlich sei, doch was damals dort am gefährlichsten war, das waren die
jüdischen Großmütter, die wie Autoskooter auf dem Grand Concourse
hin und her sausten. Diese Frauen besaßen, was wir bei der Air Force als
Dreibeinfahrwerk kannten, und ihre Spornräder waren Einkaufswa-
gen. Als ich ihrer zum ersten Mal nach dem Krieg ansichtig wurde,
erinnerten sie mich an Hunderte von B-29s, die bei Sturm dahinrollten.

Ich wußte nicht, wohin ich ging. Ich konnte kaum geradeaus sehen.
Ich schlenderte dahin, um den Augenblick hinauszuschieben, in der
Hoffnung, ich könne mich auf die gleiche Weise mit den Tatsachen des
Lebens arrangieren wie ein Esel mit der Mohrrübe, die von einem an
sein Geschirr gebundenen Stock herabhängt. Ich wollte, mein Augenblick der Abrechnung solle hell und unmittelbar sein und sich immer
entfernen.

Obwohl wir einige von Constances entfernten Verwandten in Riverdale und Fieldston besucht hatten und ich einen Sommer bei der Abfallbeseitigung des Montefiore Hospitals gearbeitet hatte, kannte ich die Bronx eigentlich nicht. In der Nähe des Yankee Stadium winkte ich mir ein Taxi. »Bringen Sie mich hinein«, befahl ich.

»Hinein in was?« fragte der Fahrer.

»Die Bronx. Ganz hinein in die Bronx. Setzen Sie mich ab am dunklen Born der Unendlichkeit.«

Er fuhr zwanzig Minuten lang und setzte mich ab, wo sich zwei Hochbahnlinien kreuzten. In den sommerlichen Schatten der stählernen Plattformen, die davonbrausende Züge trugen, leuchteten mittags Neonreklamen, ganze Phalanxen von Marmeladendonuts hinter verzuckertem Glas und Reihen von Frauen mittleren Alters, die sich in Schönheitssalons die Haare marienkäfergleich glatt auf die Schädel sprayen ließen. Dann gab es da das Fleischdelikatessengeschäft, wo heiße Stücke gekochtes Rindfleisch in einem Sauerkrautdschungel schwitzten und sich penisartige Knackwürste immerzu über Edelstahlrollen drehten. Dort konnte man auch Kaffee bekommen, aber unter solchen Umständen verzichtete ich. Das Zeug zu trinken war schon schlimm genug, und das konnte ich ganz bestimmt nicht inmitten von Kalbsfüßen, Rinderzungen, Lebern...

Auch in die Bäckerei wagte ich mich nicht hinein, aus Angst, der Kaffee würde mich um den Verstand bringen und ich würde drei Dutzend Marmeladendonuts essen. Auch ohne Kaffee schaffte ich wenigstens ein Dutzend, da sie in meiner Stadt erfunden worden waren. Ich versuchte immer mal, aus der Bäckerei, wo sie ursprünglich herstammten, eine Tüte davon mit nach Hause zu bringen, aber es war ein Fußmarsch von vier Meilen, und, besonders wenn es kalt und Vollmond war, kam ich immer mit einer leeren weißen Tüte an, den Lodenmantel voller Puderzucker. Selbst heute kann ich noch zehn oder zwölf Stück von diesem süßen Zeug essen, das die Kinder in der Bäckerei in Niterói *pusatas* nennen.

Stundenlang ging ich durch die Straßen des Wohnviertels, wobei ich immer zu der schattigen Verbindung der U-Bahn-Bahnsteige zurückkehrte – nur in New York fährt die ›Untergrundbahn‹ vorwiegend über der Erde. Es wurde immer dunkler, immer heißer. Obwohl es erst mitten am Nachmittag war, sah die Welt schwarz aus, und die roten Neonreklamen leuchteten wie kleine Aale, die sich auf dem Grunde des Ozeans schlängeln. Ich befand mich im Nebeldunkel des Kampfes, das, im Kampf, meine Wut immer zerstreut hatte. Ich wußte, ich würde es noch einmal fertigbringen, denn gleich hinter den Mauern aus Angst strahlt ein blauer Himmel, wo das Herz und die Seele eins sind.

»Krieg dich ein«, sagte ich leise. Ein paar Minuten später sah ich eine Pizzabäckerei, die in einer Ecke tief in den Augustschatten der Hochbahn steckte. Dort gab es Kaffee. Hineinzugehen, sich dem Ziel zu nähern war, wie durch Wind und Flakfeuer nach Berlin zu fliegen. Je näher man seinem Ziel kommt, desto ängstlicher, desto konzentrierter, desto beschwingter und desto weniger bange wird man. Es ist paradox. Während die Welt schärfer wird und in so grellem Licht erstrahlt, daß selbst Kämpfe bei der größten Geschwindigkeit wie Zeitlupe wirken, wird die wachsende Angst zur nachlassenden Angst.

Mein Mut ward entschlossener, als ich, mit Herzklopfen angesichts einer Kaffeemaschine, eintrat. Eine Reihe silberner Öfen arbeiteten auf Hochtouren, und im Laden betrug die Temperatur nicht weniger als 70 Grad. Es war schlimmer als Mexiko im Juli. Aus dem Hintergrund tauchte eine Frau auf, die einzige Angestellte. Sie war blond, fast so groß wie ich. Die Hitze zeigte sich auf ihrem Körper, der vor Nässe glänzte. Um am Leben zu bleiben, mußte sie den ganzen Tag über viele viele Liter trinken, was sie sexuell unersättlich machte, hoch empfindlich. Doch das war mir nicht klar, nicht einmal, als sie mich mit ihren blauen Augen förmlich verschlang, denn ich konzentrierte mich voll auf meine Aufgabe. Ich starrte die Kaffeemaschine an. Soweit war es also schließlich gekommen. Oben donnerten die Züge vorbei. Mein Herz schlug wie wild, und ich triefte vor Schweiß. Ich würde es also tun.

»Ist es besser, wenn er heiß ist?« fragte ich und dachte, daß Eiskaffee vielleicht weniger schrecklich wäre.

Die Pizzaverkäuferin atmete wie ein verendendes Tier. »Ja«, sagte sie, die Augen blickten ein wenig unscharf.

»Ich möchte jetzt«, sagte ich langsam und bedächtig. »Also los.«

»Oh!« sagte sie. Sie kam um den Ladentisch, lief zur Tür, schloß sie ab und drehte das Schild so, daß draußen *Geschlossen* zu lesen war. »Gehen wir nach hinten. Auf die Mehlsäcke.«

»Gleich hier ist es gut«, sagte ich ihr.

»Das Fenster«, sagte sie und deutete mit den Augen auf die gläserne Ladenfront. »Die Leute können reinsehen.»

»Sie haben recht«, stimmte ich zu. »Ich möchte nicht, daß es jemand sieht. Gehen wir also nach hinten.«

Sie ging voran, und ich sagte: »Was ist mit dem Kaffee?«

»Kaffee?«

»Ich will eine Tasse Kaffee trinken.«

»Ist Ihnen denn nicht heiß genug?« fragte sie, dabei schob sie das Haar in den Nacken und hielt es mit beiden Händen wie ein Tau. »Ich gebe Ihnen jede Menge heißen Kaffee«, sagte sie, als sie auf dem Weg nach hinten vorausging.

In einem kleinen Raum, der kein Fenster hatte, sondern nur eine Neonlampe und einen Ventilator über der Tür, lagerten sie die Mehlsäcke. Kaffee sah ich dort keinen und drehte mich um, einen Blick auf die Kaffeemaschine hinter mir zu werfen. Als ich wieder hineinsah zu den Mehlsäcken, kniete die Pizzaverkäuferin halb da, halb saß sie auf den Säcken, und zog sich musikalisch, rhythmisch aus; sich hin und her wiegend, löste sie die weißen Bänder ihrer Schürze.

Als der Abend hereinbrach, ging ich, nachdem ich gezwungenermaßen Constance zum ersten Mal in unserer Ehe betrogen hatte, ziellos in die tiefste Bronx hinein. Es war noch hell, und die Leute saßen beim Essen oder mähten den Rasen. Das Bemerkenswerte am Klima der Bronx ist, daß man im Januar ein dickes Steak auf die Veranda legen kann und es binnen zwei Minuten tiefgefroren ist, und im August kann man es ebenda auf einen Grill legen, ohne Feuer, und es brät von ganz alleine. Der Frühling dauert zwar nur zehn Tage, aber der Herbst ist ein Paradies, das nie zu enden scheint.

Wie ich so umherging, ward ich im Geist in meine Jugend versetzt, und ich hatte Hunger. Ich bin mir so gut wie sicher, daß ich in den zwei oder drei Stunden auch nicht an einem einzigen Investmentbanker noch an einem einzigen Inhaber eines einzigen Platzes an einer einzigen Börse vorbeigekommen war. Keine Yale-Wimpel, Duesenbergs, Jaguars, karierten Hosen oder vollkommenen Zähne. Jedoch merkte ich, daß die Leute feindselig wirkten. Ich hielt das für die Art Ressentiment, wie ich sie, als Harvard-Absolvent, Teilhaber bei Stillman & Chase und nun auch Milliardär, hervorrief, egal, wie mein wahrer Charakter war, egal, daß ich noch immer der Laufbursche aus der Zweigstelle war, dem man auflauerte, egal, ob ich, wie alle anderen auch, völlig in meiner »Klasse« verankert war – das heißt meiner emotionalen Heimat –, ehe ich zehn Jahre alt war, und wir waren recht arm gewesen.

Ich dachte mir, es sei die Art und Weise, wie ich gekleidet sei, oder vielleicht mein Haarschnitt oder vielleicht, Gott steh mir bei!, mein Gebaren und Ausdruck. Wenn man der begüterten Schicht angehört, gewöhnt man sich an eine gewisse niedrige Feindseligkeit. Was ich aber nicht kannte, war, daß Kinder ins Haus rannten, als ich vorbeiging, und Frauen mich ängstlich ansahen, weil, was ich nicht ahnte, mein Rücken von oben bis unten mehlbestäubt war, wie auch Haare, Gesicht und Hals. Ich muß wie ein Pantomime oder wie der Geist vom vorigen Weihnachten ausgesehen haben.

Wie ich so dahinging, entwickelte ich einen Plan. Durch Glück und Abscheu hatte ich nie eine Tasse Kaffee getrunken, und meine jüngst unternommenen Anstrengungen, Constance entgegenzukommen, sich dem zu beugen, was sie ein normales Leben nannte, was ich aber für eine schwere Sucht halte, die total die Persönlichkeit verformt, waren fehlgeschlagen. Nicht nur, daß ich es nicht vermocht hatte, Kaffee zu trinken, ich hatte es noch nicht einmal geschafft, mich diesem auf weniger als drei Meter zu nähern.

Die einzige Art und Weise, wie ich meine Normalisierung bewerkstelligen könnte, wäre mit Gewalt. Gewalt ist ein bemerkenswertes Mittel, und wenn sie das Überleben bedroht, dann weckt sie Fähigkeiten, die wie Riesen in der Seele geschlummert haben. Was mir vorschwebte, war ganz einfach: Ich würde die Polizei bestechen, mich zu zwingen, eine Tasse Kaffee zu trinken. Schließlich hatten sie Waffen, und es war nur allzu bekannt, daß sie für den richtigen Geldbetrag praktisch alles taten. Die Bürochefin bei Stillman & Chase ging allmonatlich aufs Revier, dem Polizeidirektor einen Besuch abzustatten, und sie brachte ihm immer mehrere tausend Dollar für den »Fonds«.

»Warum?« fragte ich sie und erfuhr, sie tue das, damit unsere Boten sicher wären und unsere Operationen glatt verliefen. Sie pflegte dem Polizeidirektor einen Höflichkeitsbesuch abzustatten und zweihundert Dollar für den Wohltätigkeitsfonds zu geben. Er dankte ihr und ging hinaus, um das Geld in den Safe zu tun. Allein an einem kleinen Tisch mit einer einzigen Schublade zurückgeblieben, stopfte die Büroleiterin dann Tausende in Zehnern und Zwanzigern hinein und knallte sie zu. Auf dieses Geräusch hin erschien wieder der Direktor, dankte ihr für die Spende, die er eben in den Safe getan hatte, und schüttelte ihr die Hand. Daß er immer riesige Geldsummen in der Schublade des Tischchens fand, war etwas, das er auf das Wunder der Brotlaibe zurückführte.

Wenn in New York ein wohlhabender Mensch stirbt und keine Verwandten hat, seine Angelegenheiten zu regeln, versiegelt die Polizei das Haus, aber erst plündern es ihre Leute. Manchmal kommen sie nachts wieder und brechen das Siegel auf, um etwas, das sie vergessen haben, zu holen. Allerdings reden sie nicht gern über derlei Dinge, weil sie es für eine Beleidigung ihrer Würde halten.

Zu meiner großen Überraschung hielt hinter mir ein Funkwagen, fuhr auf gleiche Höhe mit mir, während ich lief, und fuhr neben mir her.

»Wollen Sie gefälligst in das Auto einsteigen, oder müssen wir Sie mit einem Netz reinziehen?« wurde ich aus dem Auto heraus gefragt.

»Wie bitte? Würden Sie das noch einmal sagen?«

»Wollen Sie das Netz und die Zwangsjacke, oder wollen Sie sich kooperativ verhalten?«

»Sie können wohl Gedanken lesen«, sagte ich. »Ich habe eben so sehr daran gedacht, daß es Sie zu mir hergebracht hat, aber ehe wir den Deal machen, kommen Sie runter von Ihrem hohen Roß. Und außerdem möchte ich mit keinem Subalternen unter dem Rang des Polizeidirektors verhandeln.«

Ich sprang in den Wagen und lachte auf dem ganzen Weg zum Revier. Als sie mir Handschellen anlegten, bat ich, meine Hände doch vorn zu lassen, so daß ich die Tasse Kaffee trinken könne.

»*Die* Tasse Kaffee?«

»Ja.«

»Was meinen Sie damit, ›*die* Tasse Kaffee trinken‹? Sind Sie Amerikaner?«

»Natürlich. Sieht man das denn nicht?«

»Nein.«

»Für was für einen Landsmann halten Sie mich denn?«

Der diensttuende Polizist musterte mich. »Vom Mond«, sagte er.

Ich war in Schwierigkeiten. Meinen Bitten wollten sie nicht nachkommen, und nachdem ich wegen Erregung öffentlichen Ärgernisses aufgeschrieben worden war, steckten sie mich in eine Arrestzelle. Der andere Zelleninsasse war ein bärtiger Alter mit einem rosa Stumpf, wo seine rechte Hand hätte sein müssen. Er sah ein bißchen wie der Weihnachtsmann aus, aber seine Augen und der Gesichtsausdruck verrieten immerwährende panische Angst.

Man merkte ihm an, daß ihn die Angst nie verließ, daß irgendwie der Angstschalter in seinem Gehirn festgeklemmt war und daß dieses einfache Problem die Ursache für seinen Ruin gewesen war.

»Haben Sie Angst vor Elefanten?« fragte ich.

Er nickte furchtsam.

»Haben Sie Angst vor Meteoriten?«

Wieder nickte er.

»Papierschachteln?«

Er zitterte vor Angst.

»Sie haben Angst vor mir, nicht wahr?«

Entschlossen schüttelte er mit dem Kopf.

»Es ist egal, daß ich Ihnen nichts tun werde, nicht wahr. Sie haben Angst vor mir, weil ich hier bin. Sie haben vor allem Angst. Solange Sie wach sind, fürchten Sie sich.«

Es kam keine Zustimmung. Dann begriff ich. »Sie schlafen nicht, wie?«

»Nein«, flüsterte er. Er hatte zuviel Angst, um zu schlafen. Er war wie ein Fisch. Aber vielleicht schlafen Fische doch, er jedenfalls nicht.

»Warum haben Sie denn vor *mir* Angst?« fragte ich.

Er warf sich nach hinten gegen das Gitter, was ebensogut eine Antwort war wie irgendeine.

Am nächsten Morgen um vier wurde ich auf einen anderen Flur

gebracht, wo, inmitten einer Reihe von Holzschreibtischen, ein Kriminalbeamter in der Nähe einer Lampe saß.

»Tragen solche wie Sie normalerweise nicht Kleider?« fragte er.

»Was?«

»Wo ist Ihr Kleid?«

Ich dachte, er sei nicht bei Trost. »Warum sollte ich denn ein Kleid tragen?«

»Warum sollten Sie sich wohl zurechtmachen?«

»Warum sollte ich mich zurechtmachen?« wiederholte ich.

»Ja.«

In der Haltung allgemeiner Verwirrung streckte ich die Hände aus.

»Das mach ich ja nicht.«

»Sie leben in Manhattan«, sagte er, »nicht hier.«

»Das stimmt.«

»Also, was machen Sie dann hier? Hier gibt es keine Transvestitenkneipen.«

»Transvestitenkneipen!«

»Hat Ihnen jemand Ihr Kleid gestohlen? Sind Sie verletzt? Was ist?«

Ich dachte, nun sei er völlig übergeschnappt, aber was machte das schon? Er war Polizist. Ich beugte mich vor und sprach wie ein Verschwörer. »Sehen Sie«, sagte ich, »ich bezahle Sie, wenn Sie auf mich schießen, wenn ich die Tasse Kaffee nicht trinke. Geld spielt keine Rolle.«

Er verstand zwar nicht richtig, aber ich hatte von Geld gesprochen.

»›Die‹ Tasse Kaffee.«

»*Die* Tasse.«

»Was für eine Tasse?«

»Die erste Tasse.«

»Und was ist mit der zweiten Tasse?«

»Nicht gleich so gierig. Wenn ich die erste Tasse trinke, schaffe ich die zweite Tasse schon selber.«

»Haben Sie einen Arzt?«

»Ja.«

»Wie heißt er?«

»Dr. Gruffy.«

»In Manhattan?«

»Natürlich.«

»Ist das ein Seelendoktor?«

»Nein. Er ist Internist.«

»Wer ist Ihr Seelendoktor?«

»Ich habe keinen. Warum sollte ich denn einen haben?«

»Ach, das weiß *ich* doch nicht.«

»Ich glaube, Freud hat des Guten zuviel getan«, sagte ich, »insofern als praktisch alles, was er behauptet hat, entweder ganz offensichtlich oder offensichtlich lächerlich war.«

In dem Augenblick kam, von mehreren maßlos teuren Rechtsanwälten flankiert, Constance hereingerauscht. Ich wußte, daß ich gerettet war, aber ich wußte nicht, wovor. Der Detective stand beinahe stramm; als er diese Leute sah, mußte ich schätzungsweise doch entweder ein Milliardär, Trumans verrückter Zwillingsbruder oder ein Außerirdischer sein, der aus einem Untersuchungszentrum der Air Force entflohen war.

»Wie bist du in eine derartige Verfassung gekommen?« fragte Constance, verlegen, mich so, aufgemacht wie ein Kopfjäger von Neuguinea, in Gegenwart des Seniorpartners der Herren Glücklich, Schlau, Heimtück und Reich zu sehen.

»Welche Verfassung?«

»Sieh dich mal an.«

Ich betrachtete meine Hände, Füße, Beine: Sie sahen gänzlich nach Brooks Brothers aus, dem klassischen Herrenausstatter.

Sie zog aus ihrer Handtasche eine Puderdose und klappte sie auf, wie man den Lauf eines Revolvers aufklappt, wenn man nachladen muß, um das eigene Leben zu retten. Sie schob mir den Spiegel vors Gesicht. »So.«

»Oh«, sagte ich, als ich mein Gesicht sah. Dann schaute ich jeden im Raum an, indem ich schweigend meine Augen wandern ließ.

»Was ist mit dir passiert?« schrie sie. Sie war eine Aristokratin, eine Kämpfernatur, die nicht bereit war, irgend etwas ohne Einmischung oder Erklärung durchgehen zu lassen.

»Das ist Mehl«, verkündete ich im Ton überraschter Selbstzufriedenheit.

»Mehl?«

»Backmehl.«

»Wie ist das auf dich gekommen?«

»Ich habe eine Pizza gegessen.«

»Das muß ja eine tolle Pizza gewesen sein«, sagte der Detective.

»Das war die beste Pizza«, antwortete ich mit fanatischer Intensität, »die ich in meinem ganzen Leben gegessen habe.«

Sonst, außer von Constance, bin ich nie geschieden worden, so daß ich nicht weiß, ob man bei allen Scheidungen das gleiche empfindet, aber wenn einen jemand, den man liebt, verlassen will, kennt Gott kein Pardon. Ganz als ginge ein Schachspiel zu Ende, wo sich bloß ein König am Schluß den zwei Damen, zwei Türmen und einem einzelgängerischen, judoerprobten Springer des Gegners gegenübersieht.

Immer wenn ich schlief, träumte mir, die ganze Welt gliche Gary, Indiana, bei Nacht, aber anstatt daß die großen Fabriken und Walzwerke Stahl und Gummi produzierten, rösteten, mahlten und brauten sie. Mehlfarbene Frauen, von den Schneidern der Faschisten gekleidet, bevölkerten diesen Alptraum und tranken fünf und sechs Tassen Kaffee am Tag. Er verdrängte völlig meinen Traum von der Brandung. Das Allerschlimmste aber war, er wurde von dem völlig verrückten, kaffeegleichen, wahnsinnigen Hämmern des Cembalos untermalt, eines Instruments, das die Welt um den Verstand gebracht hätte, wäre da nicht – und zwar keinen Augenblick zu früh – das Klavier erfunden worden.

In panischer Angst wachte ich dann gewöhnlich auf, schweißtriefend, und wandte mich zu Constance, die sich, selbst im Schlaf, wegdrehte. Es war aus. Dann rief ich bei Holmes an, daß sie die Alarmanlagen abstellten, und ging hinunter ins Musikzimmer, um Klavier zu spielen.

Das Musikzimmer maß 18 Meter in der Länge mal 9 Meter in der Breite, mit einer 6 Meter hohen Decke und einem speziellen akustischen Fußboden aus mosambikanischem Jerkoholz. Acht Paar Glastüren gingen auf eine Marmorterrasse, die auf den Rasen blickte. Über den nächtlich schwarzen Baumwipfeln konnte man durch die feuchte Sommerluft Wolkenkratzer schimmern sehen. Ich öffnete die

Türen und ließ die Brise Ballerinas und Schwäne aus den weißen Gardinen machen, während ich bis zum Morgen Mozart und Beethoven spielte – vollkommene Stücke, die genauso schön und hoffnungsvoll waren wie eine Mutter, die ihrem Kind vorsingt. Sie rückten alles in die rechte Perspektive, auch wenn es noch so traurig war, und ihnen verdanke ich es, daß ich weitermachen konnte.

Schließlich hatte ich Constance gebeten, mich nicht zu verlassen, doch erst, nachdem ich meine Gefühle lange in Schach gehalten hatte, in der Hoffnung, daß ein Anschein von Unerschütterlichkeit in ihr genügend Verlangen und Achtung wecken vermöchte, um Zweifel aufkommen zu lassen. Doch sie hatte keine Zweifel, denn die von Natur aus schattigen und kühlen Stellen ihres Temperaments wurden durch ihren regelmäßigen Kaffeegenuß licht und heiß gehalten, und Kaffee nahm sie von einem Wagen zu sich, der gleich als erstes frühmorgens hereingerollt wurde, am Vormittag, zum Mittagessen, zum ›Tee‹ und nach dem Abendessen. Fünf Tassen am Tag... Sie war verloren. Da war keine Möglichkeit, sie zu erreichen.

Er machte sie hart, kalt und ehrgeizig. Sie dachte rücksichtslos; sie schimmerte wie Metall. Sie ging mit anderen Kaffeetrinkern tanzen, und stundenlang bewegten sie sich wie in Trance. »Wie ist es?« fragte ich später, wie eine Maus.

»Es ist, als würdest du an einem sonnendurchfluteten Tag auf der Strandstraße in East Hampton Fahrrad fahren, ohne daß ein einziges Auto käme, und du wirst immer schneller, bis du das Gefühl hast, daß Lungen, Herz und Muskeln eine vollkommene Maschine sind und du die Luft wie ein Düsentriebwerk einatmen kannst. Das Beste ist das Gefühl, daß du immer und ewig so weitertanzen kannst, daß du nicht nachläßt, daß du um so stärker wirst, je mehr du dich anstrengst. Warum kommst du nicht mit?« fragte sie mit der Schärfe eines Edelstahlskalpells.

»Das sollte ich wohl lieber nicht«, sagte ich. »Ich bin doch nur dein Mann.«

»Nicht mehr lange«, entgegnete sie. »Ich verstehe dich überhaupt nicht. Du bist stärker und tanzt besser als jeder der Kerle, mit denen ich gehe.«

»Ich könnte die Tasse Kaffee nicht trinken«, sagte ich.

»Ich weiß, aber vielleicht ginge es auch ohne Kaffee. Wer weiß. Wir könnten die ganze Nacht tanzen, und dann ...«

»Constance?«

»Ja?«

»Schläfst du auch mit diesen kaffeetrinkenden Kerlen, mit denen du tanzen gehst?«

»Denkst du etwa, ich trinke koffeinfreien?«

Das brach mir das Herz.

Als ich noch ein Kind war, besuchte ich mit meinem Onkel in Baltimore die Ausstellung von Kraftmaschinen, wo ich eine Dampfmaschine sah, die immer lief, auf wunderbare Weise und im Rhythmus, ohne daß der Zauber je versagte. Ihr buntes Gestänge und die blanken Speichen tanzten in hypnotischer Ekstase durch den Tag. Strahlende Lichter schienen auf die in vollkommenem Takt ablaufenden Schritte, Drehungen und Dampfausstöße. Mit Wasser und Kohle am Brennen gehalten, konnte die Maschine ewig gehen, mit weiter nichts als ab und zu einem Schuß Öl. Sie lief den ganzen Tag, und sie lief die ganze Nacht. Ihre Kraft ließ nie nach, und obwohl sie am Boden angeschraubt war und nirgendwohin zu gehen schien, hatte ich das Gefühl, daß sie sich einen Weg durch die Sterne stampfe.

In so eine Maschine hatte sich Constance verwandelt. Ich respektierte ihre Kraft, aber ich scheute davor zurück, denn sie hatte ihre Weiblichkeit für einen Schachzug verkauft, der mit Sicherheit fehlschlüge. Nachdem wir uns getrennt hatten, fehlte sie mir zuweilen zwar sehr und mein Herz sehnte sich nach ihr, aber ich dachte allmählich an sie als eine Art Lokomotive, und ich beneidete die kaffeetrinkenden Kerle, mit denen sie tanzte, nicht mehr.

Die Scheidung selber war nicht einfach, schließlich ging es dabei um etliche hundert Gesellschaften, Mantelfirmen in den Alpen und zig Anwälte, die viel besser gekleidet waren als ich. Bei unserer Heirat hatte mich Constance, in einer Geste des Vertrauens, gleichberechtigt an ihrem ganzen großen Reichtum beteiligt. Jetzt, außerstande, der Panik ihrer Rechtsberater zu widerstehen, gürtete sie ihre Lenden, ihn zurückzukriegen.

In Sachen Scheidung verzichtete sie auf Glücklich & Schlau und wandte sich an eine Kanzlei, die, auf gut deutsch gesagt, als Wackelmann, Windig & Ballon angefangen hatte und sich zu Starkmeier, Hart & Umtrieb entwickelt hatte. Die Zahnbohrer in Menschengestalt von Starkmeier, Hart und Umtrieb boten mir fünfhundert Millionen in einem Vergleich. Sie hatten solche Angst, daß ich annehmen und sie dadurch um unzählige Stunden des Prozessierens, die sie in Rechnung stellen könnten, bringen würde, daß sie beinahe einen Herzschlag bekamen, während ich dasaß und darüber nachdachte.

»Nein«, sagte ich.

Man konnte förmlich hören, wie ihre Anwaltsherzen wie eine Meute Windhunde losschossen. Als ich ihnen in die Augen blickte, sah ich neue Tennisplätze, Sommerhäuser in Nova Scotia, Maseratis.

Sie hatten ihre Überbrückungspositionen genauso sorgfältig vorbereitet wie die Verteidigungsstellungen auf Iwo Jima, und sie fragten mich nach meinem Gebot. Auf keinen Fall wollten sie ein Gegenangebot machen, bevor sie nicht meine Forderungen gehört hätten.

»Was ich will«, sagte ich, »ist, daß Constance mich liebt.«

»Herrgott noch mal!« sagten sie allesamt. Ich wußte, das klang ziemlich schwach. Der Seniorpartner übernahm die Führung.

»Sie sind ein Investmentbanker?« fragte er ungläubig. »Wir reden hier von zwei Milliarden Dollar, Mann. Nehmen Sie die Sache ernst. Glauben Sie ja nicht, Sie könnten uns mit diesem Herz-und-Blumen-Scheiß ablenken. Wir haben so was schon tausendmal durchexerziert, und wir wissen genau, wie die Leute denken.«

»Aber es stimmt«, beharrte ich. »Ich möchte nur, daß Constance mich liebt.«

Sie hatte wohl eine Tasse Kaffee getrunken (oder mehr). Sie blieb ungerührt. Ihre Augen waren nicht feuchter oder glänzender als ein Stück Sandstein in der Sonora-Wüste.

»Wie lautet Ihre Gegenforderung?«

»Ich habe keine Gegenforderung. Ich möchte kein Geld oder irgendwas.«

»Dann bieten wir Ihnen zweihundert Millionen, wenn wir die Sache gleich zum Abschluß bringen können.«

»Ich will keine zweihundert Millionen.«

»Hundert Millionen?«

»Ich will kein Geld. Ich will meine Bücher und meine Klamotten, den Schreibtisch in meinem Arbeitszimmer, den Raffael, den mir Constance zum Geburtstag geschenkt hat, und eine Garantie – schriftlich –, daß keiner je Brownie töten wird.«

»Wer ist Brownie?« fragte der Seniorpartner.

»Sein Lieblingsschwein«, klärte ihn Constance auf, »auf dem Land.«

»Ah ja?« sagte der Seniorpartner. »Ist das alles, was Sie wollen?«

Ich nickte.

»Warum nimmst du nicht wenigstens eine Million, damit ich einfach weiß, daß du dir Grünzeug kaufen kannst?« bot Constance an.

»Ich hab einen Job, Constance.«

»Das hat gar nichts zu sagen. Man kann seine Arbeit verlieren. Und was dann? Dann nagst du am Hungertuch.«

»Ich kann einen anderen Job kriegen.«

»Als *was*?« fragte sie spöttisch. »Du bist Investmentbanker. Das heißt, du hast keinen gottverdammten Schimmer von was anderem, als von dem Geld abzusahnen, das richtige Leute verdienen.«

»Vielleicht könnte ich einen Job in einer Käsefabrik kriegen«, sagte ich.

»Hör mal«, erklärte sie, wobei sie ihre neue eulenartige Frisur richtete. Die war richtig sexy. Sie machte etwas Großartiges aus Nacken und Schultern und ließ sie wohlüberlegt, ausgeglichen und klug erscheinen. »Ich möchte mir keine Sorgen darüber machen müssen, dich auf der Straße zu treffen, wie du um einen Nickel für eine Tasse Kaffee bettelst.«

Ich hob die Arme und lächelte halb triumphierend.

»Dann eben für Wodka.«

»Kohlenstofftetrachlorid wäre mir lieber.«

»Ich mach mir aber Sorgen. Nimm's mir zuliebe.«

»Ich kann nicht.«

»Ich möchte's aber. Alle werden wissen – *ich werde* wissen –, daß du eine halbe Milliarde Dollar ausgeschlagen hast, daß du um eine ganze Milliarde und mehr hättest streiten können und daß ich dich gebeten habe, diese paar Kröten anzunehmen. Keiner wird denken, daß du ausgehalten wirst oder wurdest. Auf den Gedanken wird niemand kommen und ist auch niemand gekommen.«

»Ich kann nicht«, sagte ich und schüttelte den Kopf. »Das Geld ist beschmutzt.«

»Inwiefern?« fragte sie kampflustig, bereit, die Rechtmäßigkeit ihres Vermögens gegen Vorwürfe wie Sklavenhalterei, Fronarbeit, monopolistisches Gebaren, Ausbeutung unorganisierter Arbeiter, Kapitalbildung unter Umgehung der Einkommensteuer und ein halbes Hundert weiterer Anschuldigungen zu verteidigen, wie sie Riesenmengen von Geld genauso natürlich anhaften wie Moos der dunklen Seite einer Regentonne.

»Durch Kaffee.«

»Willst du damit etwa sagen, daß mein Geld nichts taugt, bloß weil ich Kaffee trinke?«

»Genau«, sagte ich. »Ich will keine Kaffeedollars. Lieber würde ich verhungern. Eines der Grundrechte in der Verfassung der Vereinigten Staaten von Amerika ist das Recht, nicht dazu genötigt zu werden, mit ansehen zu müssen, wie andere Leute Kaffee trinken. Das kannst du mir nicht abkaufen. Kein Geldbetrag kann mir die Ehre und Freiheit meines Geburtsrechts wegnehmen. Kein Bestechungsgeld kann meine Entschlossenheit beugen. Keine Pfründe kann meiner Reinheit etwas anhaben.«

Diese Erklärung hat viel für die Rasenflächen von Westchester und Long Island getan, die weiterhin, von Bulldozern und Zaunbauern ungestört, den Sonnenschein genossen, sie half, die Wiesen Nova Scotias in ihrer windigen, ursprünglichen Abgeschiedenheit zu erhalten, und sie demütigte den Luxusautomobilbau in Italien.

Als ich Constance zum letzten Mal sah, glitt sie über einen Marmorboden dahin auf dem Weg zu einem holzgetäfelten Aufzug. Sie wußte nicht, daß ich sie beobachtete, vielleicht wußte sie's aber auch. Etwa eine Minute lang starrte sie die Fahrstuhlanzeige an, einen Kreis aus weißem Glas, das mondgleich schimmerte. Ich wußte, daß all die Anwälte um sie herum in ihren teuren Anzügen gelacht hätten, wenn ich gesagt hätte: »Ich liebe dich, Constance.« Und doch war es wahr. Es war die größte Wahrheit, die ich kannte. Sie, die Wahrheit, hätte die Macht haben sollen, unsere jüngste, traurige Geschichte umzukehren. Im Herzen spürte ich, daß sie das gekonnt hätte, daß sie es gesollt hätte. Aber sie tat's nicht.

237

Zuweilen wird die Liebe ungerechterweise weggenommen, doch bis zuallerletzt hört man nicht auf zu glauben, und dann ist es sehr bitter. Es ist bitter, weil irgendwo tief in einem drin das vollkommene Maß noch lebt, die reine Erwartung, von der sich das Scheitern und der Verrat abheben wie die dunklen Schatten auf einer mondhellen Straße.

Der zweite (Mann, den ich getötet habe)

(Falls du es noch nicht getan hast,
leg bitte die vorhergehenden Seiten wieder
in das ameisensichere Kästchen.)

Mit meiner Frau kann ich nicht reden, weil sie erst fünfzig Jahre alt ist und sich noch immer einbildet, der Körper könne die Festung des Glücks sein. Sie hält sich fit, sie schmiert sich teure Mixturen ins Gesicht und sieht in den Spiegel, wie ein Kriminalbeamter einen Delinquenten beim Verhör unter die Lupe nimmt. Ihr verballhorntes Englisch, einst so bezaubernd, ist (wie sie sagen würde) ein ›Alpendruck‹ geworden. »Wer denkst du, ich bin? Ich jetzt alt, wie du. Schön, ich nicht menisturieren, du auch nicht menisturieren. Ich automon in Bank, aber was du?« Um die eigene Frage zu beantworten, was sie gern tut, versuchte sie, meine Effizienz herabzuwürdigen, und sie sprach von ›Efezins‹. Ich schüttelte den Kopf, und sie sagte ›F-issens?‹ Wieder schüttelte ich den Kopf, und sie sagte ›F-essenz?‹ Abermals schüttelte ich den Kopf, und sie sagte ›F-etzinz?‹ Langsam gab ich die Hoffnung auf, aber als sie sagte ›F-itz-e-zitz‹, verzweifelte ich schier, denn ich hatte selber vergessen, wie das Wort hieß.

Ich bin alt genug, mich ans Varieté zu erinnern, hätte mir aber nie vorgestellt, daß ich es heiraten würde. Als ich jung war, ging ich davon aus, ich würde mich mit einer Frau verbinden, die wie eine Dichterin sprechen könne, doch meine Tage werde ich mit Marlise beschließen, einer Frau, für die es ein großer Sprung nach vorn wäre, wie eine von Xavier Cougats Freundinnen zu reden. Außerdem hat sie gerade eine Affäre mit einem deutschen Handlungsreisenden. Das ganze Land ist sexverrückt – sogar Frauen mittleren Alters, ganz besonders Frauen mittleren Alters.

Marlises teutonischer Bär verkauft Töpfe mit meergrünem Zeug, das wohl *Zipfinster Mitgaloist Herbeschungen* heißt und einen zehn Jahre jünger machen soll, egal, wie alt man ist. Ich fragte Marlise, was passieren würde, wenn es ein Achtjähriger in die Hände kriegte, doch sie ist nicht bereit, kosmische Fragen zu erwägen. Es sieht genauso aus wie das Zeug, das Hausmeister verwenden, um den Staub zu binden, wenn sie in öffentlichen Gebäuden immense Fußböden kehren. Vielleicht ist es das ja auch. Sie vermengt es mit Papayasaft, und wenn sie es trinkt, halten Funio und ich die Luft an.

Funio liebe ich über alles. Es ist egal, daß er biologisch gar nicht mein Sohn ist. Er ist mein Sohn. Obwohl er den Sinn von allem begreift, kann er in seinem zarten Alter doch nicht die Bedeutung verstehen. Und wenn ich ihm irgendwie die Bedeutung dessen, was ich fühle, klarmachen könnte, würde ich ihn seiner Kindheit berauben. Vor allem möchte ich, daß diese Zeit in seinem Leben unbeschwert ist, denn ich habe nie mehr etwas so Schönes wie die Kindheit erfahren, und vielleicht, wenn sie ihm nicht frühzeitig genommen wird, wie mir, wird er die Kraft haben, sein Leben ohne Qualen zu leben.

So kann ich denn nicht mit Funio reden, ich kann auch nicht vernünftig mit Marlise reden, und ich kann mit niemandem sonst reden. Ich hocke an einem Ort, der keine Jahreszeiten kennt. Ich denke an die kalte Luft und den Schnee. Stundenlang zieht es mich in eine Welt zurück, die verschwunden ist, die nur die Eigenschaften und den Verlauf eines Traumes hat, eine Welt, die hinter mir liegt. Ich beobachte den Sonnenaufgang, ich frage mich, wann ich wohl sterben werde, und ich mache mir jetzt mehr Sorgen über das, was vergangen ist, als über das, was noch kommen wird.

Vor langer Zeit, um 1961 oder 1962 herum – vor diesem ganzen »Mädchen aus Ipanema«-Scheiß –, machten Marlise und ich einen Ausflug auf dem Rio Veloso. Das ist nun zwar ein sehr hübsches Lied, »Das Mädchen aus Ipanema«, aber ich habe es viel zu oft gehört, und als Hymne taugt es nicht, nicht einmal für Brasilien. Ich bin nicht aus Brasilien herausgekommen, seit ich wie einer der rebellischen Engel im »Verlorenen Paradies« angekommen war, aber manchmal stelle ich mir vor, daß ich wieder nach Hause kann, und ich sehe mich auf einer Cocktailparty in Southampton oder am Beekman Place einer übergewichtigen Frau mit zuviel Make-up, einem Schönheitsfleck und der Vorstellung gegenüberstehen, daß wir, auch wenn sie kein Wort mit mir gesprochen hat, miteinander ein Verhältnis anfingen.

»Woher sind Sie?« fragt sie.

»Brasilien«, entgegne ich.

»Oh, ›Das Mädchen aus Ipanema‹!« ruft sie.

»Erst nach jahrelangen operativen Eingriffen«, entgegne ich.

»Wie bitte?«

»Was haben Sie mit Ihrem Mann gemacht, Madam? Ihn gekocht?«

»Wie bitte?« sagt sie zum zweiten Mal.

»Sind Sie nicht ein wenig zu alt für Verliebtheit, diesen ganzen Freund-Freundin-Kram? Was ich sagen will, Sie nehmen sich eine ganze Menge heraus, nachdem Sie zehntausend Schokoladenkuchen ausgewickelt haben, und ich wette, Sie trinken auch Kaffee.«

»Verzeihung?« sagt sie und schleicht sich langsam davon, aber sie macht eine beleidigende Geste, indem sie ihre leeren schwarzen Augen himmelwärts verdreht, und ich folge ihr durch die erstaunten Gäste, prangere sie an ob ihrer Dummheit, ihrer Trägheit und ihrer Kaffeesucht.

Was sagt man dazu, ihr Mann, der noch am Leben ist, postiert sich ritterlich zwischen mich und dieses ehebrecherische Miststück, und ich sitze in der Falle. Mir bleibt weiter nichts übrig, als die Bar umzustoßen, während ich mich auf einen Mülleimerdeckel stürze, um ihn als Schild zu gebrauchen. Mit diesem Schutz beginne ich meine Offensive. Ich requiriere einen Stock von einem alten Mann, der mir erstaunlich ähnlich sieht, dränge sie alle zurück, und ich bleibe allein in einer Wohnung, die mir nicht gehört.

Der Rio Veloso ist wunderschön, aber ich hasse Vergnügungsfahrten. Ich hasse das Vergnügen. Ich versuchte, mich, so gut es ging, am Rio Veloso zu freuen, doch damals focht ich mit zunehmender Geschwindigkeit innere Kämpfe aus, und der Fluß ließ mich kalt. Ebenso wie das sonnengesprenkelte Blätterdach, die ekstatischen Vögel oder die weißen Rauchkringel vom Dampfer, der seit einem halben Jahrhundert nichts weiter getan hatte, als die süße Luft des Dschungels zu durchschneiden und die orchideenschweren Ranken hin und her schwanken zu lassen.

Der Motor, der die Barkasse antrieb, erinnerte mich an eine Espressomaschine. Bei jedem Zischen und Fauchen sah ich vor meinem geistigen Auge, wie kleine Tassen Kaffee in himmlischem Bogen in die wartenden Hände ihrer selbstverdammten Gefolgsleute herabschwebten. Ich ging zum Vordeck und versuchte, das Zischen des Dampfes mit dem sich vom Bug heranwälzenden schwarzen Wasser zu ertränken. Der Fluß ist warm, und das Wasser ist schwarz. Bei all ihrer Schwäche und ihrer fehlenden Klarheit verwandeln die Tropen die Brise in etwas, das man beinahe umarmen kann.

Da bäumte sich in der Mitte des Flusses das Tier auf – was immer es war –, wütend, weil das Boot eines seiner Jungen angestoßen hatte. Es tobte gute zwei Meter über dem Wasser, wie ein kaputtes Xylophon, ein armer im Wasser lebender Verwandter der Freiheitsglocke, fletschte sein schreckliches Gebiß und ließ sein Fett wallen wie eine verrückt spielende Hausfrau aus Philadelphia.

Statt das Boot zu zerbeißen, zog es sich ans Ufer zurück und hatte einen Wutanfall; es schrie und heulte, wobei der Kopf seitlich auf dem Stamm einer umgestürzten Kokospalme ruhte. So etwas hatte ich noch nie gesehen. In Brasilien soll es keine Flußpferde geben, doch manchmal brechen Tiere aus Zoos aus, oder Kinder bringen sie heim als Haustiere und werfen sie in die Abwasserkanäle, wo sie zu enormer Größe heranwachsen.

Marlise hat es nicht gesehen. Sie war auf der Toilette und trank eine Tasse Kaffee (sie reist mit kräftigem Pfefferminz und verschwindet oft fünf oder zehn Minuten lang). Als ich die anderen Passagiere befragte, in der Hoffnung, sie würden mein Erstaunen teilen, stellte ich fest, daß nur sehr wenige es überhaupt wahrgenommen hatten. Ja, wie es aussieht, bin ich vielleicht der einzige gewesen, der es gesehen hat.

An der schiffbaren Quelle des Rio Veloso, in unmittelbarer Nähe der gewaltigen Wasserfälle, liegt eine kleine Kolonialstadt, in der es nicht eine einzige Betonfertigteilplatte gibt, kein einziges Automobil oder auch nur ein Neonschild. Die Nacht, als wir dort angekommen waren, verbrachten wir in einer kleinen Pension mit Blick auf den Fluß und strapazierten die Bettfedern, bis sie nahezu rot glühten. Jemand im Zimmer darunter kam herauf und hämmerte gegen unsere Tür. »Stellen Sie doch diese gottverdammte Maschine ab!« schrie er. »Seit vier Stunden kann ich schon nicht schlafen! Was haben Sie denn da, etwa eine Klimaanlage, die von Känguruhs an einer Tretmühle angetrieben wird?«

»Einen Zementmischer.«

»In einem Hotelzimmer?«

»Wir sind dabei, einen Anbau zu machen.«

»In der Nacht?«

»Rund um die Uhr.«

»Sind Sie der Polier?«

»Ja.«

»Machen Sie die Tür auf, ich will mit Ihnen reden. Überhaupt, woher kommen Sie eigentlich?« (Er hatte meinen Akzent gehört.)

»Ich bin ein Eskimo, und die Tür kann ich nicht aufmachen.«

»Warum nicht?«

»Meine Frau ist nicht angezogen.«

»Ihre Frau? Was macht denn Ihre Frau da?«

»Sie hilft mir.«

»Mit nichts an?«

So ging das eine ganze Weile. Er fragte aufgeregt, und ich antwortete gelassen.

Am nächsten Tag wanderten wir zu den Wasserfällen, wo wir erschöpft und triefendnaß ankamen. Von einer Plattform gleich hinter dem Bogen des Wasserschleiers blickten wir über die tiefe unbewegte Stelle, wo das Wasser zögerte, dann brodelte, sich wieder beruhigte, um langsam wieder flußabwärts zu fließen. Es war kühl, und die Luft war frisch. Wenn man den Kopf beugte, konnte man weit oben den Fluß sehen, wie er völlig überrascht ins Leere raste und in wirbelnden Schleiern herabstürzte, sich wie ein leidender Akrobat beim letzten Atemzug aufrollte, eine Schleppe schwereloser Tropfen hinter sich ließ, einen kühlen weißen Vorhang in der Luft ausbreitete und dann krachend in die tiefe, unbewegte Stelle herabfiel, wo er starb und sogleich als schwarzes kohlensaures Wasser wiedergeboren ward, das in Richtung Meer floß.

Ich versuchte Marlise zu erklären, wie es war, wenn man fiel, und sie sagte: »Woher weißt du?« Ich erzählte ihr davon, oben auf einem großen Bogen zu schweben, wie das schnelle Licht einer Explosion einem die Augen füllt, noch vor dem Krach oder Schreck, und wie man in dieser Zwischenzeit augenblicklich vor Liebe gelähmt ist und sich vorkommt, als täte sich die Ewigkeit auf.

Sie ist eine sehr praktische Person, eine von denen, für die der Tod weiter nichts bedeutet als Papierkram.

»Woher weißt du? Du einmal gestorben?«

»Ich wurde *getötet*«, sagte ich.

»Und du wiedergekommen?«

»Ja. Ich bin wiedergekommen, und seitdem bin ich zweihundertmal lebendig gewesen.«

Sie dachte, ich sei verrückt, aber das denken so viele Leute. Sie wissen einfach nicht, wie es ist, wenn man himmlische Gefilde streift und dann wieder zurückgeworfen wird. Nach einer solchen Begegnung sieht die Welt ganz anders aus, und, offen gesagt, ich weiß, daß viele der Leute, die mich für verrückt halten, in Wahrheit selber verrückt sind und daß ich kein bißchen verrückt bin.

Ich beugte mich zurück und starrte auf den Fluß, wie er, dem lichtgefüllten Schweif einer Rakete gleich, durch die Luft fiel. Die Sonne drang durch den Schleier und berührte unsere Gesichter, wie Ranken kreuzten sich Regenbögen über uns, und die Erde dröhnte unter der Attacke des Wassers, genau wie seit einer Million Jahren.

An diesem Abend schlenderten Marlise und ich in der wohligen Erschöpfung, die auf körperliche Anstrengung folgt, durch die wenigen Straßen. Auf der Plaza ließ sie mich für ein Porträt sitzen. Damals war ich noch jung genug, um weder weiß noch zusammengeschrumpft zu sein, und meine Augen lagen nicht tief in den Höhlen.

Ich sitze nicht gern für Porträts, das hat mir nie gefallen. Constance hatte Buckman Wilgis einmal mit einem lebensgroßen, dunklen, heroischen Porträt in der Manier Sargents beauftragt, für das ich einen schwarzen Anzug mit gelber Krawatte trug. Auch wenn sie ihm eine halbe Million Dollar zahlte, steckte sie zu Beginn ihrer Kaffeetrinkerei Nadeln hinein.

Die Skizze, die auf dem Ausflug zum Rio Veloso angefertigt wurde, ist mit Kohle gezeichnet, einem außerordentlich ungeeigneten Mittel für die brasilianische Pastellwelt, doch die Künstlerin hielt mich sehr richtig für einen Amerikaner und wollte meine Kraft und meinen Zorn einfangen, was sie auch tat, obwohl sie auch nicht den mindesten Bruchteil einer Sekunde lang auch nur den mindesten Teil meiner Freude begriff.

Vielleicht wegen der Berlinkrise oder der beginnenden Eskalation in Vietnam, jedenfalls fragte sie mich nach meiner militärischen Vergangenheit. »Ja, ich war in der Armee«, sagte ich ihr.

»Oh«, sagte sie, als ob ich ein Nazi aus São Paulo wäre.

»Ich habe gegen die Deutschen gekämpft«, sagte ich mit entrüstetem Stolz, »vier sehr schwere Jahre lang, an Orten, wo es manchmal kälter und nasser war, als sich die brasilianische Phantasie ausmalen kann.«

»Oh«, sagte sie abermals.

»Es war vierzig Grad unter Null«, fuhr ich fort, »eine Welt aus Eis und Licht, wo Sie nie gewesen sind und nie hinkommen werden.«

Marlise versetzte mir einen leichten Tritt, was mich nur noch anspornte. »Während Ihr Vater vögelte und tanzte und gebratene Garnelen aß und ein derartiger schlaffer Sack aus undifferenziertem Scheiß wurde, daß sein Moralempfinden nur noch ausgepreßter Matsch und Kaffeesatz war.«

Marlise zog mich am Ärmel, und die Malerin, die inzwischen ein wenig von dem Funkeln in meinem Auge eingefangen hatte – man kann es noch immer sehen, sogar in Kohle –, war nicht wie das Moralempfinden ihres vermeintlichen Vaters zermatscht. Vor langer Zeit schon habe ich gelernt, die Kraft der hiesigen Vegetation nicht zu unterschätzen. Plötzlich erwacht sie zum Leben und schwankt im Wind, sogar nachdem sie von Menschenhand gefällt worden ist. Rios Juwel ist nicht das türkisfarbene Meer, sondern die grüne Zündschnur des Lebens. Sie sagte: »Als Sie in der Armee waren...«

»Der Air Force«, unterbrach ich sie.

»Ja. Haben Sie da jemanden getötet?«

Plötzlich war ich voller Liebe für sie. Ich wollte sie umarmen, aber, wie so oft, mußte ich die Auseinandersetzung fortsetzen.

»Ja«, antwortete ich und vergrößerte damit den Abstand zwischen uns. »In großer Entfernung, und sie waren immer Samenkörner im Herzen von Maschinen aus Aluminium und Stahl, an ihre Todesmaschinen gebunden wie ich an die meine. Alles, was geschah, geschah in einem Ausmaß, wie ich es seither nicht erlebt habe, in Meilen, in Minuten aufgestiegen und in Sekunden gestürzt, in dünner Luft und geringer Temperatur, bei Geschwindigkeiten, die Sieger und Besiegten gleichermaßen in Stücke zu zerreißen drohten. Und die, die ich auf dem Boden getötet habe, waren nicht zu sehen, an der Basis feuerspeiender Geschütze, während ich im Sturzflug auf sie zuflog, als ob ich den Tod suchte. Wir alle waren wie Kakerlaken gekleidet – mit Brille, Schutzweste und Druckanzügen mit Gummiblasen, Masken, Schläuchen und Verschnürungen an den Seiten.«

Sie wirkte ein wenig erleichtert. »Sie haben also nie einen Menschen in Nahdistanz getötet, mit Ihren Händen?« fragte sie.

Ich antwortete nicht.

Alles beginnt vor so langer Zeit, daß man, es zu erklären, am Anbeginn der Welt anfangen muß, doch die Geschichte, wie ich den zweiten Menschen, den ich getötet habe, tötete, geht in der Praxis bei Eugene B. Edgar los, dem Senior der Seniorpartner von Stillman & Chase.

1934 war er bereits älter als ich jetzt. Für ihn waren alle stets Kinder. Er hatte alles erlebt, alles getan und alles gesehen, aber nichts davon zählte. Was zählte, war, daß ihm alles gehörte. Er war gerade rechtzeitig geboren, um hinsichtlich seines Alters zu lügen und sich im Bürgerkrieg zu einem New Yorker Freiwilligenregiment zu melden. Achtzehnjährig schied er, nunmehr Hauptmann der Kavallerie, aus der Armee aus, nachdem er als Heranwachsender, der für das Sterben um ihn herum blind war, bei der Hälfte der Kampfhandlungen des Krieges mit dabei gewesen war. Dann überlebte er das goldene Zeitalter mit dem Glück der Götter und dem weisen Ratschluß, Edison, Henry Ford und ein halbes Dutzend geringerer, aber ähnlicher Personen unterstützt zu haben. Durch die Depression der neunziger Jahre hatte er Stillman & Chase in eines der bedeutenden Finanzinstitute der Welt verwandelt.

Dann schlug er zu. Er kaufte von allen alles und setzte die Organisation dabei einem so großen Risiko aus, daß ihre Aktien stürzten und er auch die kaufte. Noch ein paar Monate, und er wäre untergegangen, doch er hatte zeitlich genau richtig kalkuliert, und als sich die düstere wirtschaftliche Stimmung lichtete, stand Eugene B. Edgar mit der absoluten Kontrolle über Stillman & Chase da, und Stillman & Chase hatte die zentrale Kontrolle über beinahe alles andere.

Sein Lebtag lang hatte er ein Auge auf die großen Zyklen, denen gegenüber die meisten Menschen mangels, nicht Klugheit, sondern Mutes, blind sind, und 1928 verkaufte er alles. Stillman & Chase hatten rauhe anderthalb Jahre, bis der Börsenkrach kam, und dann saßen wir auf einmal auf einem Riesenberg zuvor unerwünschten Bargeldes.

Das Wahrnehmungsvermögen schaukelt gleichsam im Wind, und alle schätzten nun Geld höher als Wertpapiere, genauso wie sie Monate zuvor Wertpapiere höher geschätzt hatten als Geld. Wir warteten und warteten, bis 1934 Eugene B. Edgar anfing, die Vereinigten Staaten von Amerika aufzukaufen.

Gemach, sagte er. Vorsichtig. Bis sich unsere Liquidität konsolidiert hätte, und zwar in Eigentum an Banken, Aktiengesellschaften, Kunstwerken, Energierechten, geistigem Eigentum und Immobilien, und es schien, als ob wir unseren Reichtum vergeudet hätten, würde sich das Blatt wenden. Wir wären in einer Position, die unerreicht wäre.

Als ich ihn darauf hinwies, daß wir schon lange unübertroffen seien, hob er seinen alten ledernen Schildkrötenkopf aus dem gestärkten weißen Kragen, ließ ihn eine Vierteldrehung nach links und rechts vollführen, senkte ihn und sagte: »Multiplizieren Sie das einfach mit acht.«

Damals war ich noch kein Seniorpartner, ja überhaupt noch kein Partner. Ich war eine Randfigur für eine Clique von Kriechern, die Eugene B. Edgars Gunst gewonnen hatten und jemanden brauchten, der weit unter ihnen stand und den sie treten konnten. Wenn man Maultieren auf die Nase schlägt, schlagen sie aus, und mein Job war es, hinter ihnen zu stehen.

Ich war, selbst noch mit dreißig Jahren, nichts als ein besserer Laufjunge. Schließlich hatte ich ja auch als Bote angefangen, wohingegen die meisten der wichtigen Leute in der Firma als Seiteneinsteiger von Harvard, Yale oder anderen Firmen herübergekommen waren und ihr Lebtag nie eine niedrige Arbeit getan hatten.

Doch auch ich war in Harvard gewesen. Ich war ein Mischling –

harmlos und akzeptabel, abstoßend und gemieden. Mein Status wurde noch dadurch kompliziert, daß ich kein Veteran des Ersten Weltkriegs war, da ich, im Gegensatz zu Eugene B. Edgar im Bürgerkrieg, einfach zu jung gewesen war. Und den glorreichsten Teil meiner Jugend hatte ich nicht in Groton, sondern in einer Nervenheilanstalt verbracht. Das handhabe ich jedoch so genial, daß ich in der Erinnerung daran noch heute zittere.

Wenn ich mitten in einem Krocketspiel steckte oder gerade dabei war, mich bei einer Segelregatta aus dem Staub zu machen, sagte jemand vielleicht: »Ich weiß, Sie waren in Harvard, aber wo waren Sie vorher?«

Harvard war notwendig, aber trotzdem plebejisch. Die wahre Qualifikation hieß St. Pauls oder Groton, dort oder noch in fünf oder sechs anderen Schulen war die Kaste begründet. Meine Vorbereitungsschule war nun eine Klapsmühle gewesen, doch ich umging jedesmal spielend die Falle. Ich mußte nur sagen: »Im Château Parfilage.«

»Ach ja«, hieß es dann. »In der Schweiz?«

»Berner Oberland. Großartig zum Skilaufen, und nach Paris war's nur ein Katzensprung.«

Eines Tages Mitte Mai 1934 saß ich mit einer Gruppe von Kriechern und Mr. Edgar bei einem Mittagessen im Speisesaal für leitende Angestellte bei Stillman & Chase. Ich konnte ihn kaum hören, besonders da er leise sprach und es gewöhnt war, daß sich die Leute bemühten, jedes seiner Worte aufzuschnappen.

Durch die Fenster flutete die Sonne herein, doch kühl, wie wenn der azurblaue Himmel aus Eis wäre. Ich fühlte mich so stark, wie sich ein dreißigjähriger Mann eben fühlt. Der Unterhaltung folgte ich nicht, denn meine Aufmerksamkeit galt den Lichtstrahlen und den vorbeiziehenden Wolken. Und da hörte ich meinen Namen.

»Ja, Sir?« sagte ich. Der große Mann höchstpersönlich hatte mich gerufen.

»Sie gehen doch gern spazieren.«

»Ja, Sir. Woher wissen Sie das?«

»Ab und zu sehe ich Sie spazierengehen, und jedesmal läßt die Farbe Ihres Gesichts klar erkennen, daß Sie viele Stunden draußen an der Luft gewesen sind. Ich habe Sie am Thanksgiving Day in East

Hampton gesehen, am Strand. Sie haben mich nicht gesehen. Ich war im Maidstone Club, mit einem Fernrohr. Ich habe Sie auch gesehen, wie Sie in der Parade von Macy's eines der Taue hielten (das war ja lächerlich: So etwas habe ich nie gemacht), und ich habe Sie die Madison Avenue an dem kleinen Hügel langgehen sehen, wo wir früher unsere Milchkühe hatten.«

Er wirkte sichtlich amüsiert, und wir warteten, während eine alte Erinnerung aufstieg und verging. »Ich wünschte, ich hätte den Körper und die Knochen«, sagte er, »zwanzig Meilen weit zu gehen oder einen Abhang hinunterzulaufen, dabei über umgestürzte Bäume zu springen und auf der Erde zu schlittern. Sie wedeln hin und her, wissen Sie, wie ein Skifahrer.«

Wir alle lächelten. Sogar die Kriecher waren aufrichtig zufrieden.

»Hier ist eine Frage für Sie. Wie heißt die Bank in Brooklyn an der nordöstlichen Ecke von Montague und Clinton?«

»Brooklyn Trust, Sir«, antwortete ich. Das war leicht.

»Gehen Sie dorthin«, befahl mir Eugene B. Edgar. »In dem Haus arbeitet ein junger Mann, er ist Warenkreditsachbearbeiter. Wie ich höre, kennt er die kommerziellen und industriellen Immobilien in Brooklyn wie seine Westentasche und weiß genau Bescheid über jede Firma oder Treuhandgesellschaft, der irgend etwas gehört. Engagieren Sie diesen Mann. Mit ihm werden wir genau wissen, was wir kaufen und wieviel wir dafür bieten müssen.«

»Wie heißt er?« fragte ich.

»Ich hab's mal gewußt, aber vergessen.«

»Sind Sie sicher, daß man ihm vertrauen kann, daß er auf unserer Seite steht?« fragte jemand.

»Selbstverständlich bin ich sicher. Er ist mein Neffe«, lautete die Antwort.

»Und was soll ich ihm bieten?« war meine nächste Frage.

»Gehen Sie bis zum Dreifachen Ihres Gehalts, wieviel das auch ist.«

Ich konnte sehen, daß Mr. Edgar in Geberlaune war, also packte ich die Gelegenheit beim Schopf und fragte: »Darf ich inzwischen mein Gehalt verdoppeln?«

»Wenn Sie ihn herbringen«, verkündete der reichste Mann in Amerika. »Wenn nicht, wird Ihr Gehalt halbiert.«

Anderntags ging ich um zehn Uhr morgens nach Brooklyn. Die meisten Menschen sind optimistisch, wenn sie aufwachen, und einen deutlichen Anstieg des Optimismus habe ich bemerkt, nachdem die leitenden Angestellten und das Personal eines Unternehmens ihren Kaffee intus haben. Fünfzehn oder zwanzig Minuten nachdem sie sich dazu herabgelassen haben, sind sie euphorisch. Sogar wenn die Tasse mit dem Dreckzeug ihre Lippen berührt, überzieht ein engelsgleicher Ausdruck ihr Gesicht. 10 Uhr 30 bis 11 Uhr ist die beste Zeit, bei Süchtigen eine Sache zu lancieren. Dann würde ich zuschlagen.

Ich stieg in die falsche U-Bahn – wenn ich nach Brooklyn fahre, steige ich immer in die falsche U-Bahn: das geht jedem so, sogar Leuten, die dort wohnen – und fand mich auf der anderen Seite von Manhattan Downtown wieder. Dennoch, dachte ich, könne ich's schaffen. Ja, wenn ich ein bißchen später käme, wäre die Euphorie im Brooklyn Trust womöglich sogar noch mehr angestiegen. Ich eilte dahin, hüpfte die Bordkanten auf und ab.

Vor mir sah ich ein ungewohntes Menschenknäuel, eine Schlange quer über die Straße und Fahrbahnen, wie man sie von den Seitenstraßen Manhattans aus sieht, wenn auf einer Avenue eine Parade dahinzieht. Ich werde wohl drum herum gehen müssen, dachte ich, und machte einen Umweg. Doch an der nächsten Ecke war die Menschenschlange genauso dicht, und die Leute drängten mit aller Macht gegen einen Polizeikordon. Jenseits der Barrikade war das Gelände um die Borough Hall abgesperrt und voller Polizeiwagen. Ab und zu hörte ich Feuersalven, und von weitem klang Sirengengeheul kreuz und quer durch die Stadt und hallte in verwirrenden Echos von den Wänden aus Stein und Glas wider.

Keine sechs Meter hinter den Reihen lag eine Gestalt reglos am Boden, über ihr kauerte ein junges Mädchen und schluchzte. Der Mann, der tot war, trug den blauen Kittel von jemandem, der in einem Schuhputzsalon arbeitete oder als Wächter in einem der Bienenstöcke von Bürokraten, und das Kind, das nicht von ihm lassen wollte, war ein siebzehn- oder achtzehnjähriges Mädchen. Über der Schulter hing ihr noch immer die Schultasche, obwohl die Hälfte der Bücher herausgefallen war und ringsum auf dem Boden verstreut lag, manche offen, so daß die Seiten vom Wind aufgeblättert wurden.

Der Mann hatte wolliges weißes Haar, und auch während sie sich langsam hin und her wiegte, lag er, für immer bewegungslos, da. Neben mir weinte eine Frau, doch keiner ging auf den Platz, wohl da das Mädchen eine Farbige war und ihr Vater ein Farbiger. Es war jedoch gar nicht so unverzeihlich, daß keiner sich gerührt hatte, um das Mädchen von dem Platz wegzubringen. Wer würde sie denn von ihrem Vater wegreißen? Ich nicht.

Ich fühlte mit diesem Mädchen mit, denn ich wußte, daß in diesen Augenblicken ihr Leben in eine hoffnungslose Geschichte störrischer Hingabe, eine zermürbende Auseinandersetzung mit Gott, ein Dasein abseits von allen anderen, ein langes, trauriges Grübeln über das Schicksal, den Sinn und die Liebe geschleudert würde.

Beim Klang der Schüsse wuchs meine Kraft, wie immer. Das Krachen bannt in mir alle Angst und Sorge, und jedesmal, wenn ich das höre, spüre ich, wie sich im Innern ein Soldat meiner Vorfahren regt, marschbereit, wenn es nötig ist.

Ein Krankenwagen teilte die Reihen, in denen ich stand, die Barrikaden fächerten aus, und ich schritt mit dem Gebaren eines Polizeiinspektors hindurch: das heißt mit schnellem, zielstrebigem Gang und zornig gequälter Miene. Nur ein Polizist in Uniform versuchte, mich zu befragen, und ich wandte mich mit grenzenloser Ungeduld ihm zu und sagte: »Houlihan, Manhattan-Süd.« Vielleicht gab es ja einen Houlihan von Manhattan-Süd.

Die Polizisten kauerten wie Idioten hinter Autos, die, abgesehen vom Motor oder den Rädern, nie eine Gewehrkugel aufhalten würden. Ich blieb stehen, während ich den Blick über den offenen Platz vor mir schweifen ließ, auf dem drei Leichen lagen – zwei Frauen und ein Mann –, ohne daß sich jemand um sie kümmerte.

»Houlihan«, sagte ich, »Manhattan-Süd. Erzähl mir doch mal einer, was hier los ist, schnell.« Und jemand erzählte mir was. Im obersten Stock eines Gebäudes auf der anderen Seite des Platzes habe sich ein Heckenschütze verbarrikadiert. Er habe wenigstens sieben Menschen getötet, und, wie jedermann hören könne, schieße er wie wild nach Brooklyn hinein, wo Lautsprecherwagen begonnen hätten, durch die Straßen zu fahren, aber wo – New Yorker seien eben New Yorker – alle immer noch frei und gut sichtbar sich blicken ließen.

»Wenn er dort in die Straßen von Brooklyn schießt«, fragte ich, »wieso verstecken Sie sich dann alle hier unten hinter Blech?«

»Auf uns schießt er auch«, sagte ein Polizist. Es war klar, solange ich der exponierteste Anwesende war, würden sie daran zweifeln, daß ich eine Amtsperson sei. Zwar sollen Polizisten in der Schußlinie stehen, aber das ist nicht wirklich ein Erfordernis. Eher eine Wahlmöglichkeit. Auch wenn sie es nicht wußten, so war ich doch keineswegs exponierter als sie, und so gefährlich war es ohnehin nicht. Der Heckenschütze war aufgeregt und ziellos. Würde er auf mich schießen, würde er zweifellos sein Ziel verfehlen, und in dem Augenblick schoß er nur in Richtung des Spanish Monument, reichlich hundert Meter über mich hinweg. Auch trieb es mich geradezu seinen Kugeln entgegen, denn wäre eine in mich eingeschlagen, hätte sich damit mein Schicksal erfüllt. In der Nähe des Verbrechens bricht das Schicksal sich Bahn. Wer sein Leben in Filzlatschen verbringt, spottet des Schicksalsgedankens, doch im Kugelhagel oder auch nur -regen ist das Schicksal alles: es wird greifbar, man spürt es so, wie man die heiße Sonne oder einen Orkan spürt. Wäre ich an dem Tag gestorben, wäre ich's zufrieden gewesen. Wäre ich blutüberströmt aufs Pflaster gesunken, hätte ich mich genauso getröstet gefühlt wie ein Kind, das die Mutter schließlich in die Arme nimmt.

»Wer ist da drin?« fragte ich, ich hatte es jetzt sehr eilig, weil der diensthabende Sergeant mich genauso ansah, wie eine Bulldogge einen Mann ansieht, der eine Bulldogge nachmacht.

»Und wer sind Sie?« sagte er und brach mein dünnes Eis.

»Houlihan, Manhattan-Süd.«

»Ich kenne Sie nicht«, sagte er, »und wieso?«

Ich zuckte mit den Schultern.

»Wo ist Ihre Dienstmarke?« verlangte er, noch immer an das Rad eines Autos gelehnt wie ein Betrunkener, der versucht, eine Wand zu küssen. Ich wußte, daß er sich, solange die Kugeln vorbeipfiffen, auch wenn's so weit über unseren Köpfen war, nicht von der Stelle wagen würde.

»Ich trage keinen Schmuck«, sagte ich.

»Herrgott noch mal!« stöhnte er, »da haben wir noch einen Verrückten.«

»Ich bin nicht verrückt«, sagte ich ihm. »Ich bin ein *Investmentbanker.*«

»Sie sind festgenommen!« schrie er, rot im Gesicht.

Ich trat auf den freien Platz, wohin ich von Natur aus gehörte. Der Heckenschütze sah mich und fing an, mich systematisch unter Dauerbeschuß zu nehmen. Die Kugeln prallten vom Pflaster ab, zerschlugen das Glas in den Polizeiwagen. Die Autos waren damals rechteckig mit großen Scheiben.

Ich bewegte mich ständig, so daß der Heckenschütze sein Feuer nicht korrigieren konnte. Jeder Schuß ging einige Meter daneben.

»Hierher, du Scheißkerl, du dämlicher!« schrie der Sergeant. Er klang sehr autoritär, doch in dem Kugelregen war er eine Wüstenmaus.

»Zwing mich doch«, sagte ich.

Er schloß die Augen und stöhnte.

»Geben Sie mir ein Gewehr«, befahl ich.

»Sie brauchten Sprengstoff«, sagte der Sergeant, er versuchte, mir vernünftig zuzureden. »Er hat die Feuerschutztüren verriegelt und verrammelt.«

»Ich gehe die Feuerleiter rauf«, sagte ich.

»Sie sind wahnsinnig.«

»Hören Sie, sieben Leute hat er schon getötet«, sagte ich zu dem Sergeanten, ziemlich wütend auf jemanden, der so ruhig war. »Was wollen Sie denn machen, darauf warten, daß ein Panzer die Häuserwand hochklettert?«

»Überlassen Sie das uns!« brüllte er.

»Nein. Das geht nicht.«

Ich lief quer über den Platz, sprang über Bänke, wich nach links oder rechts aus, dabei verließ ich mich lediglich darauf, wohin mich mein Herz gehen hieß, und wie ich rannte, kamen die Schüsse näher, und ich konnte den Gewehrlauf sehen, das Mündungsfeuer. Die Polizei eröffnete das Feuer. Es klang, wie wenn eine Stadt versuchte, Flugzeuge zurückzudrängen – obwohl ich seinerzeit dieses Geräusch nie gehört hatte. Kurz bevor ich die Sicherheit eines überstehenden Simses erreichte, dämmerte mir, daß die Banken schon geschlossen haben dürften, wenn ich zum Brooklyn Trust käme.

Na und, was soll's, dachte ich. Ich fühlte mich lebendig und zornig, auf jene wunderbar strapaziöse Weise lebendig und zornig, wie man sich fühlt, wenn jemand auf einen schießt. Ich muß wohl sehr früh im Gehirn falsch gepolt worden sein, weil ich nicht wegzurennen versuche, wenn jemand auf mich schießt, sondern auf das Gewehr zu. Dann, und nur dann, empfinde ich Frieden und Erfüllung. Sogar als ich flog, als die Welt lichterfüllt schien und all ihre Ränder so klar umrissen waren, daß sie silbern schimmerten, geriet ich erst in Brand, wenn ich die Geschütze hörte, und dann war es, als wäre ein Schalter betätigt worden und die Lichter einer großen Stadt wären alle auf einmal angegangen.

Nachdem ich mich einen Augenblick lang besonnen und ein Stoßgebet zum Himmel gesandt hatte, lief ich zur Seite des Gebäudes und sprang auf die Feuerleiter zu. Ich dachte, mein gewaltiger Satz sei wohl irgendwie lustig gewesen, und vor Lachen wurde ich schwach, während ich von der letzten Sprosse der Leiter hing, bis ich beinahe losließ. Dann schalt ich mich selbst und begann hinaufzusteigen. Ich glaube, wenn der Heckenschütze die irren Glucker mitbekommen hätte, die ich ausstieß, hätte er sich vielleicht ergeben, doch er war zu weit über mir und wahrscheinlich auch zu sehr vom Wahnsinn gepackt, um mich zu hören.

Die Feuerleiter war voller Mauerstücke, Eisen und Blei, wie ein Schrotturm oder ein Wasserfall, der durch ein Dickicht umgestürzter Bäume bricht. Jede verschossene Kugel, jeder Steinsplitter oder jedes Stück Eisenstange klirrte nicht nur einmal oder zweimal, sondern hundertmal, während sie hinunterfielen und in unterschiedlichen Winkeln und Geschwindigkeiten auf unterschiedliche Oberflächen aufschlugen, in einem Konzert aus Geklirr und Stahlgeklingel. Ich selber war die einzige sich nach oben bewegende Pachinkokugel, da ich mich gegen diese Trümmerflut stemmte und ein Stockwerk nach dem anderen erklomm. Es war völlig sicher. Wegen des Feuers, das die Polizei freundlicherweise gab, konnte der Heckenschütze nicht herunterschießen.

Er war im zehnten Stock, und als ich beim neunten anlangte, hielt ich inne. Nicht einmal ich gehe an schmaler Front von nahem direkt auf ein Gewehr zu. Das bringt nichts. Ich folgte der Feuerleiter, wie sie um das Gebäude herumlief. Erst dann ging ich in den zehnten Stock hinauf. Doch man kam nicht einfach um die Ecke, denn im zehnten Stock endete der Laufsteg abrupt an einem Eckturmfenster. Ich hätte mich auf dem Sims rüberschleichen können, aber dann hätte mich der Heckenschütze im Fenster gesehen, durch die Scheibe geschossen, und ich wäre wie ein Vogel im Flug verendet.

Ich stieg aufs Dach hinauf, bis ich ganz oben auf dem Firststein des Schieferdaches saß und meine Füße herunterhingen. Um auf den Sims über der Feuerleiter zu gelangen, wo der Heckenschütze sein Gewehr postiert hatte, müßte ich gut drei Meter auf dem Schieferdach hinunterrutschen. Über das Ende der Rutschbahn konnte ich nicht hinaussehen, ausgenommen auf den Platz, dreißig Meter tief unten.

Mein Problem bestand darin, wie ich dorthin käme, ohne auf der letzten und spektakulärsten Schlittenpartie meines Lebens ins All geschleudert zu werden. Hier ging es nicht mehr weiter. Ich hockte auf einem schmalen windigen Vorsprung dreiunddreißig Meter über der Straße, und hundert Gewehre schossen mit erstaunlicher Ungenauigkeit auf ein Ziel nur wenige Meter unter mir. Hin und wieder zerschlug eine Kugel eine Platte, und Schieferstücke fielen scheppernd über den Sims und durch die Feuerleiter hinab.

Ich wußte nicht, was ich tun sollte, also wartete ich, und wie ich so wartete, verflog das heftige Glücksgefühl, das ich vorher empfunden hatte, und übrig blieb Angst. Langsam verspürte ich, was Marlise *Impetigo* nennt, womit sie eine übermächtige Höhenangst meint, und so klammerte ich mich an einen Blitzableiter und starrte auf mein verzerrtes Spiegelbild in der Glaskugel, in der Hoffnung, daß etwas geschähe und daß sich das Wetter nicht ändern würde. Die Schießerei nahm zu, da Verstärkung aus anderen Stadtbezirken anfing, Maschinenpistolen einzusetzen. Das sind Nahkampfwaffen von zweifelhafter Genauigkeit. Geschosse pfiffen nach allen Seiten durch die Luft und zertrümmerten den Schiefer. Ich dachte, die Rippen des Daches würden von diesem aushöhlenden Feuer vielleicht freigelegt, und ich könnte auf den Sims hinunterklettern.

Da hörte ich eine Stimme sagen: »Tun Sie's nicht.«

Ich blickte mich um, wobei ich mich noch immer an dem Blitzableiter festhielt. Am Dachfirst, auf der von der Schießerei abgekehrten

Seite, hing ein stämmiger, rotblonder Mann mit Brille, ungefähr in meinem Alter. Seine Ohren waren größer als normal, obwohl mir das gar nicht aufgefallen war, bis er, viele Jahre später, auf sie deutete und mir erzählte, sie seien der Kaffee seines Lebens gewesen und er sei überzeugt, daß auf der Straße jeder, besonders schöne Frauen, sie so klar sähen, wie wenn es sich um den Felsen von Gibraltar gehandelt hätte. Von den großen Ohren abgesehen, sah er wie eine jugendliche Version von Pater Flanagan aus. Selbstredend war Pater Flanagan damals ein junger Mann (und, so ist zu hoffen, jungfräulich), und keiner wußte, wie er aussah, ausgenommen die, die ihn umgaben, und möglicherweise, rein intuitiv, Spencer Tracy.

Obwohl ich dachte, er meine, ich solle nicht den Heckenschützen jagen, stand er unter dem Eindruck, ich wolle mir das Leben nehmen.

»Ich habe meine Gründe«, sagte ich.

»Die sind nie gut genug.«

»Woher wissen Sie das?«

»Ich arbeite für die Verkehrsbehörde.«

»Verstehe«, sagte ich. »Das macht Sie so unfehlbar wie der Papst.«

»Nein. Ich bin für die Streckeninstandhaltung zuständig. Zu meinen Aufgaben gehört es, Selbstmördern ihr Vorhaben auszureden. Ich kenne keinen Grund, der gut genug wäre (bei jemandem, der so gesund ist, daß er ein Hängekabel dreißig Meter hinaufklettern kann), seinem Leben ein Ende zu machen.«

»Ich bin aber keiner, der springt.«

»Dann arbeiten Sie wohl hier oben«, sagte er mit einem Blick auf meinen Savile-Row-Anzug und die Peale-Schuhe.

»Natürlich nicht.«

»Warum sind Sie dann hier?«

»Um den Scheißkerl da unten zu kriegen.«

»Den Teufel?«

»Ich weiß nicht, wer er ist. Warum, glauben Sie wohl, feuert die Polizei aus hundert Kanonen in unsere Richtung?«

»Hundert was?«

Wegen des Windes konnte er nichts von meiner Seite des Daches hören. Seinen Gesichtsausdruck werde ich nie vergessen, als er herüberschaute und die Armee da unten sah.

»Was haben Sie gemacht«, fragte er, »falsch geparkt?«

Ich kann es mir nicht anders erklären, als daß ein Engel diesen Mann geschickt hatte. Er hatte mich von einem Gebäude der Transportbehörde aus gesehen und war in der Annahme, ich wolle mir das Leben nehmen, heraufgekommen, um mich davon abzubringen. Nachdem er viele davon abgehalten hatte, von Brücken und hochgelegenen Plattformen zu springen, und andere überredet hatte, den Hals wieder von den Gleisen vor heranbrausenden Zügen zu nehmen, hatte er keine Höhenangst und war große Gefahren gewöhnt. Die U-Bahn in New York fährt zur Hälfte auf Viadukten und über Brücken, und er verbrachte Tage in Tunneln und hoch in der Luft.

»Wie kommen wir zu dem Sims da runter, ohne hinunterzufliegen?« fragte ich.

Er spähte forschend über den Dachfirst. »Ganz einfach«, sagte er. »Ich halte mich an dem Blitzableiter fest, und Sie klettern auf mir runter wie auf einer Leiter. Wenn Sie dann in Sicherheit sind, rutsche ich runter, Sie packen mich an den Füßen und lassen mich herunter, als würden Sie eine Stange reinholen.«

»Sind Sie Pole?« fragte ich.

»Schwede«, sagte er und bewegte sich entschlossen, sich an dem Blitzableiter festzuhalten.

Ich kletterte an ihm hinunter, und nachdem ich mich einige Minuten lang an seinen Knöcheln festgehalten hatte, während er mir ins Gesicht trat, machte ich mich lang und ließ los. Ein paar lange Sekunden rutschte ich hinunter, bis meine Fußsohlen auf dem Sims landeten. Dann ließ er los, wie wenn er nur etwa einen Meter über der Erde wäre, und ich zog ihn wie eine Stange herein.

»Was nun?« fragte er, nicht ganz sicher über unsere Aufgabe.

»Wir drehen uns um.« Wir drehten uns um. Obwohl die Feuerleiter sich nur knapp zwei Meter unter uns befand, war sie doch bloß siebzig Zentimeter breit, und wenn wir uns nicht gefährlich hinauslehnten, konnten wir sie nicht sehen. Mir war, als ob mich eine unsichtbare Kraft von dem Sims ins Nichts stieße.

»Was kommt als nächstes?« wurde ich gefragt.

Ich improvisierte. »Wir lassen uns auf die Feuerleiter runter und überrumpeln ihn.«

»Er hat eine Waffe. Nach Ihnen.«

»Wenn er Sie trifft, müssen Sie ja nicht unbedingt sterben«, erklärte ich.

»Trotzdem, Sie zuerst.«

»Nein, nein«, sagte ich. »Für den, der zuerst geht, ist's sicherer. Er erschrickt und zielt auf den zweiten Mann.«

»Selbst wenn, nach Ihnen.«

»Schön, wenn Sie unbedingt wollen«, sagte ich.

»Gut. Ich folge gleich darauf. Wenn ich mich herunterlasse, wendet er sich von Ihnen ab. Dann überrumpeln Sie ihn.«

Ich war einverstanden. An diesem Punkt wäre ich wohl mit allem einverstanden gewesen.

Ich winkte mit den Armen, daß die Polizisten das Feuer einstellten, und als sie nicht mehr schossen, ließ ich mich fallen. Weil ich dachte, ich würde die Feuerleiter verfehlen und in den Tod stürzen, fiel es mir sogar viel schwerer, von der Kante wegzugehen, als mein erster Fallschirmsprung, bei dem ich ja wenigstens einen Fallschirm hatte. Doch ich hatte Glück. Ich landete nicht nur auf der Feuerleiter, sondern auf dem Gewehr, und drehte es wie einen Hebel, der auf der Unterlage der Fensterbank ruhte, und versetzte dem Heckenschützen einen Kinnhaken, der ihn ins Zimmer zurückstieß.

Ehe ich mich's versah, landete der Schwede mit Karacho neben mir auf dem Hintern. Er schien nicht verletzt zu sein, wohl aber leicht benommen.

Ich nahm das Gewehr und warf es über meinen Kopf. Sekunden später hörte ich, wie es polternd auf die Straße fiel.

»Warum haben Sie das gemacht, Sie Idiot!« schrie der Schwede.

»Er ist bewußtlos«, sagte ich zuversichtlich. Eine Sekunde verstrich.

»Nein«, verkündete der Schwede und sprang zur Seite, als der Heckenschütze versuchte, ihn mit einem Bajonett aufzuspießen.

»Hör auf damit!« schrie ich. Da ging der Heckenschütze auf mich los. Ich wich zurück und spürte, wie das Querstück gegen meine Schulter knallte. »Laß das!«

Das zeitigte Wirkung, und er erstarrte. Ich sah ihn zum ersten Mal. Ich muß sagen, ich war überrascht, er paßte nicht in das Bild, das ich von einem Heckenschützen hatte. Er war wenig über ein Meter sechzig groß, hatte einen roten Bart und rote Haare, die sich lichteten, und seine Augen, die ungewöhnlichsten Glupschaugen, die ich je gesehen habe, verliehen ihm das Aussehen eines Mannes, der gerade erdrosselt wurde.

»Drück dir auf den Hals!« schrie ich gellend, als ich durchs Fenster tauchte, zu meinem Leidwesen. Ich befand mich in seiner Wohnung oder seinem Büro – was immer das war –, und dort wollte ich nun bestimmt nicht sein. Der Fußboden war kniehoch mit den verrotteten Resten von Essen zum Mitnehmen und Kaffeesatz bedeckt. Auf dem Herd brodelte ein Topf Kaffee, und Pappteller von Brathähnchen waren überall verstreut, manche vielleicht einen Tag, manche vielleicht ein Jahr alt. Es war, als befände man sich in einem 3-D-Zeitrafferfilm eines sich zersetzenden Hähnchens.

Voller Ekel erhob ich mich vom Fußboden und versuchte, mich nicht zu erbrechen. Es ist nicht gut brechen, wenn jemand im Begriff ist, mit einem Bajonett auf einen loszugehen. Ich konnte sehen, daß die Badewanne halbvoll mit einer Art grünem Schleim war und daß über dem Klo ein Bild Al Jolsons hing, ein Wurfmesser steckte in seiner Kehle.

Neben dem Herd stand ein kuppelförmiger Vogelbauer, in dem die sterblichen Reste eines toten Papageis lagen, und an der Eingangstür war ein Kalender vom Januar 1922, darauf stand: »Tun...«

Mein Freund sprang ins Fenster, und seine ersten Worte waren: »Das ist ja widerlich. Der Kerl da ist ja widerlich.«

Der Heckenschütze begann, langsam die Füße unter sich in Bewegung zu setzen, was ihn in meine Richtung schleuderte. Ich wich ihm aus, als ob ich einem Faustschlag auswiche, und er lief gegen die Wand, doch blitzschnell drehte er sich um. Er war über die Maßen erregt.

»Machen Sie denn nie sauber?« fragte ich.

»Komm mir bloß nicht mit Saubermachen!« brüllte er, die einzigen Worte, die ich ihn je sagen hörte.

»Ich sage ja gar nicht, daß Sie saubermachen sollen, ich frage ja nur, ob Sie überhaupt mal saubermachen.«

Das machte ihn wahnsinnig. »Sag mir ja nicht, ich soll sauberma-

259

chen!« brüllte er, dabei hieb er im Stile eines Samurai mit dem Bajonett auf mich ein. Er war hitzig, er war schnell, und er wollte mich umbringen.

Als die Klinge durch die Luft wirbelte, wich ich wie hypnotisiert zurück. Da griff der Schwede von der Seite an, doch der schreckliche, unordentliche Kerl rührte sich so schnell, wie eine Forelle nach der Fliege schnappt, und schnitt dem Schweden ins Gesicht, aus dem das Blut hervorschoß, als würde es herausgepumpt. Er brach in dem Dreck zusammen.

Dann drehte sich der Heckenschütze wieder zu mir, und ich beobachtete den windmühlengleichen Ausfall. Ich konnte nicht drum herum gehen, ich konnte nicht darüber fliegen, und ich konnte nicht darunter wegtauchen. Zuerst hatte ich große Angst. Ich meinte, ich würde just wie eines der Hähnchen verenden, die da auf dem Fußboden verrotteten.

Als er nahe genug herankam, so daß ich die Luft atmete, die von der Klinge verdrängt wurde, begriff ich, daß ich nur eines tun könne: den Stoß des Bajonetts abfangen, mich auf den Beinen halten und diesen Hundesohn an der Kehle packen.

Das Bajonett traf mich an der Seite. Der Schnitt war tief, doch spürte ich ihn zuerst nicht. Dann stieß er es mir in die Schulter. Ich sprach ein Stoßgebet, daß meine Arterien nicht durchtrennt wären, und packte ihn am Hals. Er versuchte, das Bajonett zurückzuziehen, doch für ihn wäre der Abstand zwischen uns für immer fest.

Nie war ich so entschlossen gewesen. Was blieb mir denn auch übrig? Meine ganze Kraft strömte in meine Hände. Dann hörte ich das Getrappel kleiner Füße auf der Feuerleiter. Egal. Es war die Polizei. Auch das war egal. Bis sie hereinkamen und das Gesicht verzogen ob des Anblicks, der sich ihnen bot, hing der dreckige kleine Heckenschütze an meinen Händen, die Augen traten ihm bald aus dem Kopf, das Fleisch so weiß wie eine Wolke.

An diesem Tag schaffte ich es nicht mehr zum Brooklyn Trust, und Eugene B. Edgar, der reichste Mann Amerikas, kürzte mir das Gehalt um die Hälfte. Doch das machte nichts, denn während der Depression bedeutete sogar die Hälfte meines Gehalts eine fürstliche Summe.

Der sündhafte Funke

(Falls du es noch nicht getan hast,
leg bitte die vorhergehenden Seiten wieder
in das ameisensichere Kästchen.)

Als ich in meine Zimmer in der obersten Etage des Hassler zurückkehrte, hielt ich noch eine Flasche eisgekühltes Mineralwasser am Hals:
zuerst in der rechten Hand und dann in der linken, als ich die Tür
aufmachte. Bevor ich die Suite bekam, hatte eine Frau darin gewohnt,
und der Duft eines sehr guten Parfüms hing noch an unerwarteten
Stellen – ich hatte ihn an den Händen, nachdem ich die Markise
hochgekurbelt hatte, und ich verbrachte eine mit hohen Gebühren
berechnete Minute, da ich den Sockel des Telefons beschnupperte.

Es war nicht ein Parfüm, das Constance benutzte, aber doch erlesen
genug, um mir zu Bewußtsein zu bringen, daß sie fort war. Ich ging
auf die Terrasse, legte die Füße hoch und begann, das Wasser zu
trinken. Es hieß *Aqua Impala* und war prickelnd und süß. Spätnachts
war Rom still bis auf den Wind, der in den Bäumen der Villa Borghese
rauschte. Kalt in der Sommerluft plätschernde Fontänen hallten von
Häusern wider, die in ihren ockerfarbenen Wänden noch immer die
Hitze des Tages speicherten.

Auf meiner kleinen Terrasse standen mit schwarzer Erde und blühenden Blumen gefüllte Übertöpfe, und die Sterne, die über dem
Tyrrhenischen Meer funkelten, verliehen der Nacht ein weiches ge-
heimnisvolles Licht, voller Spannung und Verheißung. So manches
Mal war ich es zufrieden, stundenlang, wie lange, traue ich mir gar
nicht zuzugeben, in den langsamen, aber vollkommenen Rhythmen
des Sonnenlichts oder der Sterne zu versinken, die Vögel oder den
Strahl eines Springbrunnens oder in der goldenen Luft eines stillen
Augustnachmittags wogende Getreidehalme zu beobachten.

Ende der zwanziger und die ganzen dreißiger Jahre hindurch mußte ich den größten Teil des Sommers über in New York bleiben, und an den Wochenenden wanderte ich durch die verlassenen Straßen im Süden Manhattans, wo man hören konnte, wie fünf Blocks weiter sich eine Taube in die drückende Luft erhob. Es war auf Bänken in Parks, die keinen Namen hatten, und ich allein an langen Sonntagen, daß ich meinen Entschluß faßte.

Warum auch nicht? Ich bin auf einer Farm aufgewachsen, wo ich bis zu meinem zehnten Lebensjahr blieb, und da habe ich unmittelbar von der Natur und ohne Schwierigkeit all das bekommen, was bei ganzen Bevölkerungsgruppen, die dieses Privileg nicht haben, als verschwunden gilt, was Philosophen in lebenslanger Mühe zu finden trachten und was ich, der ich nichts wußte, mit einem Blick in einen sonnenhellen Bach sehen konnte.

In Gesellschaft und bei Spielen, wo es um Geld und Überlegenheit ging, habe ich mich mal gut (und mal sehr schlecht) geschlagen. Doch in der Welt, wo sich Äcker an Waldgebieten und rebellischen Bächen dahinziehen, in der Welt weiter Felder und strahlender unbewohnter Buchten schöpfe ich unweigerlich Trost und Kraft. Dort wollte ich immer sein, auch wenn ich nur selten dort bin, und nur dort werde ich versuchen zu sterben, an irgendeinem windigen vollkommenen Tag wie diejenigen, die ich als Kind geliebt.

Eine kurze Stunde lang war ich auf meiner Terrasse im Hassler wieder mein eigener Herr oder vielmehr ein Junge, imstande, so todsicher meinen Weg zu planen, wie es die Art derer ist, die genau wissen, wer sie sind, was sie lieben, wo sie gewesen sind und wohin sie gehen.

Ich wußte, was ich zu tun hatte, wiewohl es mir noch immer ein Rätsel war, warum, und in der traurigen, friedlichen römischen Nacht blieb ich allein mit der Flasche Mineralwasser, um mein naturgegebenes Verständnis in Begriffe zu übersetzen, die ich fassen konnte, wenn Kraft und Gelassenheit vergangen wären.

Wenn man harmlose Taten wie Kaffeemaschinen umschmeißen, in Lebensmittelgeschäften Mäuse in die Behälter mit Kaffeebohnen tun und Kellner und Kellnerinnen in Gedanken einen Faustschlag versetzen, die neben mich Kaffee stellen, *während ich esse* – wenn man all dies nicht als Kapitalverbrechen wertet, dann hatte ich nie ein Verbrechen begangen.

Der Mord, für den man mich verurteilt hatte, war strikte Notwehr gewesen, und ich hatte dabei keine andere Wahl gehabt. Wenn mein Angreifer alles andere als ein Belgier gewesen wäre und wenn die Hunnen es nicht vorgezogen hätten, als erstes Belgien zu zertrampeln, dann wäre ich freigesprochen worden. Sollte nicht ein andauernd berauschter Richter Grund genug sein, auf Verfahrensfehler in der Prozeßführung zu entscheiden? Schuld hatte das Rechtssystem, nicht ich. Ich war bloß ein Kind, das grundlos von einem hünenhaften, kaffeetrinkenden Erwachsenen angegriffen worden war.

Und der Kerl mit den Glupschaugen? Das war gewalttätig, aber wohl kaum ein Verbrechen. Die Polizei nahm den Schweden und mich fest, hielt uns eine Zeitlang fest und entließ uns dann mitten in der Nacht ohne Anklage oder Kommentar. Eine Reihe von Polizisten erhielten Belobigungen, weil sie heldenhaft eine Bedrohung für die öffentliche Sicherheit ausgeschaltet hatten, und sie mußten nicht erklären, warum der Heckenschütze den Erstickungstod gefunden hatte, weil sie, als sie auf dem Schauplatz eintrafen, eine geschlagene Minute lang auf den Leichnam schossen und genauso, wie ein Forschungsreisender eine Fahne auf einem Gipfel oder an einem palmengesäumten Strand hißt, mit ihren Kugeln den Leichnam durchlöcherten.

Der Charakter der Polizei der Stadt New York war ein bedeutender Faktor bei meinen Überlegungen, denn natürlich würde das Ausrauben von Stillman & Chase in New York über die Bühne gehen. Das war vorteilhaft, denn der größte Teil der Polizei von New York City hatte mit Verbrechen, außer auf rein zufälliger Basis, nichts zu tun. Sie stellte eine kostümierte Karrierebürokratie dar, die, mit Ausnahme einiger Heiliger und Helden, nur das Minimum tat, das notwendig war, damit es so aussah, als würde sie das, was sie angeblich hätte tun müssen, auch tun.

Ob sie das von den anderen städtischen Bürokratien lernten, ob sie es lehrten oder ob es irgendwann in grauer Vorzeit – vielleicht im Zeitalter der Dinosaurier – alle gleichzeitig lernten, war vollkommen unwesentlich: sie waren korrupt, sie waren ineffektiv, sie kamen nicht, wenn sie gerufen wurden, sie waren inkompetent, sie waren ahnungslos, sie schliefen, und sie waren das beste an New York.

Meine Diffamierungen galten für Straßenkriminalität und Verbrechen aus Leidenschaft, Parkvergehen und bewaffneten Überfall, doch galten sie ganz besonders für die Art hochkarätiger Finanzkriminalität, wie ich sie in Betracht zog, denn von den gewaltigen Heeren blauuniformierter Soldaten bezeigten nur wenige, und vielleicht sogar keiner, nicht erstaunlichen Respekt gegenüber der WASP- (sprich: Weiße Angel-Sächsische Protestanten-) Elite und deren Sitten und Institutionen, welche die Oberwelt der Wall Street bildeten, die klar außerhalb ihres Gesichtskreises lag.

Wie anders würde ein New Yorker Detective Anfang der fünfziger Jahre auf kriminelle Arbitrage- und Stellagegeschäfte denn reagieren, als zu glauben, es handle sich um eine gewalttätige sexuelle Perversion? Selbst wenn der Rechtsbruch einfacher wäre, hieße die landläufige Weisheit, daß die Elite das unter sich abmachen würde. So kam ich denn, was eine Einmischung seitens der Polizei anging, zu dem Schluß, daß ich selbst dann, wenn ich nicht ganz außer Gefahr wäre, doch einen gewaltigen Vorsprung hätte.

Was die moralische Rechtfertigung anging, also wirklich, da muß man sich nicht anstrengen, um das Ausrauben einer Investmentbank zu rechtfertigen, jedenfalls wie sie waren, als ich sie kannte. Es handelte sich um kastenmäßig beschränkte hocheffiziente Kartelle, die sich der Konkurrenz entzogen und ihre Position wahrten, indem sie sich auf ganze Bände von Vorschriften und unergründliche Gewohnheitsrechte verließen. Die Vorschriften waren von ernannten und gewählten Politikern verfaßt, die entweder im Sold dieser Firmen standen oder bald in sie eintreten würden. Das Gewohnheitsrecht wurde geschützt durch ein ganzes Netzwerk von Kumpanen und mittleren Angestellten, die auf ihren Vorteil aus waren.

Bei den Staatsanleihemärkten gab der Federal Reserve Board, der US-Zentralbankrat sozusagen, Stillman & Chase eine regierungsamtliche Genehmigung zum Stehlen. Es stellte ein geschlossenes System dar, das von den vielen das Geld nahm und es nur wenigen zurückgab, ohne den vielen die Wahl oder Gewinn zu bieten. Als Laufbote wunderte ich mich darüber, wie Effekten gehandelt wurden. Ein Makler nahm von einem Schullehrer oder Milchmann eine Order an – hundert Aktien an International Pickle zu fünf Dollar das Stück. Der Makler sagte: »Ich teile Ihnen bis zum Börsenschluß mit, ob ich diesen Preis kriegen kann.« Dann wartete er vielleicht darauf, daß die Aktie auf vier Dollar fiel, kaufte sie und verkaufte sie dem Milchmann für fünf. Oder er kaufte vielleicht die Aktie zu fünf Dollar, beobachtete, wie sie stieg, verkaufte sie für sechs und sagte dem Milchmann, er hätte sie nicht für fünf kriegen können. In beiden Fällen bot der Kunde eine Garantie für den Handel des Maklers. Das habe ich millionenfach geschehen sehen. Und genau das taten Stillman & Chase, und nicht nur mit Geld vom Milchmann, sondern mit Rentenfonds, Stiftungen und dem kommunalen Fiskus.

Innerhalb der Organisation selber hatte Belohnung weniger mit Leistung als mit der Position zu tun. Angestellte und Boten lebten von einem Hungerlohn und riskierten zuweilen ihr Leben, während sich die oberen Ränge damit brüsteten, wie ein Wort hier oder ein Wort da eine Milliarde Dollar absahnen und auf Provisionsbasis Vermögen schaffen konnte. Obwohl es nicht das gleiche war, erinnerte es mich doch daran, wie Diebe stolz darauf sind, wenn sie sich auf einen Schlag aneignen, was zu verdienen ein Mensch vielleicht das ganze Leben gebraucht hat. An die Adresse derjenigen, die die Teilhaber von Stillman & Chase mehr als gewöhnliche Diebe verdammen, sage ich, beurteilt sie nicht nach ihren Einnahmen, sondern nach ihrer Unlauterkeit. Während der Wert materieller Dinge schwankt, verschwindet, ist die Konstanz von Ehrlichkeit wohlbekannt und läßt sich nicht ändern.

Stillman & Chase hatten eine besonders miese Angewohnheit, wenngleich nicht so raffiniert wie die ihrer Schweizer Pendants, mit dem Blutgeld von Tyrannen und Scheichen hauszuhalten. Sie stellten den Tresor von Sklavenreichen am arabischen Meer und lateinamerikanischen, von Stiefeln, Koppeln und Bandelieren besessenen Diktaturen dar.

Weder brauchte ich Geld, noch wollte ich welches. Ich hatte Geld wie Heu besessen, und es war mir ziemlich egal gewesen. Alles, was ich je gewollt hatte, war eigentlich, eine Barriere zwischen mir und dem Kaffee zu errichten. Und ich war auch nicht davon besessen, Stillman & Chase einen Schlag zu versetzen. Sie waren nicht zu rechtfertigen, doch würde ich sie ausrauben, wäre die Welt dadurch um nichts besser oder schlechter. So beschloß ich denn also, auf der Terrasse meines Zimmers im Hassler, während römische Eulen die aufgehenden Sterne anschrien, daß ich Stillman & Chase ausrauben würde, weil es sie gab, weil es das Richtige wäre, weil es einen Sonnenstrahl in mein Leben brächte, weil die Tugend ihren Lohn in sich selber trägt, wegen *ars gratia artis* und weil *excelsior timidus protectat.*

Während des Krieges legte der Schweizer Außenminister beim amerikanischen Botschafter Protest ein, daß ein amerikanisches Kampfflugzeug die Schweizer Neutralität verletzt habe, indem es von Nordosten ins Land gekommen sei, dem Rheintal gefolgt sei und nicht einmal, zweimal oder dreimal, sondern *sechs*mal in nächster Nähe ums Matterhorn gekreist sei – und das mit Kunstflugachten und Loopings. Die gesamte Einwohnerschaft Zermatts habe wie angewurzelt dagestanden, und mehrere Herden Ziegen hätten tagelang keine Milch gegeben.

Wer war das, der da die Ziegen in Aufregung versetzt hat, was glaubst du wohl? Das war ich. Und ich habe es getan, weil ich meinte, ich würde sterben. Danach wußte ich jedoch irgendwie, daß ich am Leben bleiben würde. Indem ich die Regeln brach, machte ich auch andere Dinge kaputt, darunter die Schleier der Falschheit, die wie Gewitterwolken die Wahrheit verdecken.

Wäre die Welt vollkommen, bedeutete es immer Unrecht, sich dagegen zu vergehen, doch da die Welt nicht vollkommen ist, muß man es manchmal einfach. Und wenn du dies tust, dann lebst du, brichst du aus, fliegst du. Doch muß es verantwortlich geschehen, du darfst dabei nicht Unschuldigen Schaden zufügen. Dann klappt das auch, jedenfalls bis sie dich kriegen.

Ich weiß, daß dies wahr ist, und zwar ist es, glaube ich, deswegen wahr, weil der Funke der Sünde direkt aus dem Herzen Gottes kommt.

Obwohl ich fast die ganze Nacht aufgeblieben war und ich ein halbes Jahrhundert auf dem Buckel hatte, war ich am andern Morgen voller Tatkraft. Mit der Selbstsicherheit und dem Wagemut, wie ich sie vor zehn Jahren als Flieger in derselben Stadt gehabt hatte, schritt ich zur Rezeption. Auch wenn meine Pläne noch keine feste Gestalt angenommen hatten, stand meine Absicht doch fest. Ich mußte nur noch einen Weg finden, einen Plan aushecken. Vielleicht hätte ich einen genialen Einfall, wenn ich an dem Tag durch die Stadt ginge. Schließlich war ich durch meine zufällige Begegnung mit den Sängern überhaupt erst auf die Idee gekommen.

Mein Gepäck wurde direkt zum Georges V in Paris geschickt, und bis zur Abfahrt des Zuges hatte ich Zeit. Ich fuhr über Frankfurt und nicht über San Remo, denn ich wußte, in der kühlen Luft der Alpen würde ich gut schlafen. Es war immer das gleiche: 17 Uhr Abfahrt in Rom, Essen in Mailand, Schneefelder, bevor es dunkel wurde, gesunder, tiefer Schlaf unter den Decken aus reiner Schurwolle der *Wagons Lits*, während durch das offene Fenster die Gletscherluft hereinströmte.

Am Nachmittag würde ich dann in Paris ankommen, duschen und durch die Stadt gehen, bis es dunkel wurde, dabei würde ich auf einer Bank in Passy sitzen, während ich *Le Monde* las, mit väterlicher Freude die Schulkinder, in Reih und Glied, in ihrer blauen Schulkleidung beobachten und dann bei Hermes eine Krawatte kaufen, passend zu den Anzügen, die ich bei meinem Schneider in London abholen würde. Vielleicht lernte ich in Paris auch eine Frau kennen, in die ich mich verlieben könnte, obwohl ich mich in vielerlei Hinsicht für zu alt für derlei erachtete und mich auch so fühlte, bis ich durch den Schock, da ich im Sturzflug Brasilien erreichte, wiedergeboren wurde.

Die ganze Zeit bezog ich mein Gehalt und war bonusberechtigt. Die Arbeit selbst, wenn ich sie machte, bestand darin, politische Egomanen zu treffen, die nicht ein einziges uneigennütziges Wort sagten und die weniger Ahnung vom Zustand der politischen Ordnung und Wirtschaft ihres Landes hatten, als ein blindes Huhn auf einer Farm in der Provinz haben dürfte. Das Haus Stillman & Chase hatte seine eigenen Geldleute, die mit den Zahlen und Angeboten aufwarteten: ich war der Kreditrisikoguru. Sie setzten mich ein, um das Risiko und ergo die Kosten beim Auflegen einer Anleihe abzuschätzen. Ich hatte einen tadellosen Ruf und hatte mich nie geirrt. Meine Methode war einfach. Ich sah mir die Grundlage an, ich las alles, was ich konnte, ich schenkte der Geschichte große Beachtung, und ich redete mit Leuten, mit denen Investmentbanker selten reden – kleinen Farmern, Maurern, Studenten, Polizisten, Fabrikarbeitern, Technikern, Fischern, Zahnärzten und Frauen, die Wäsche aufhängten. Nach ihnen beurteilte ich die Zuversicht und Korruption, die die Dynamik eines Landes bestimmten, oder den Mangel daran.

Mir gefiel meine Arbeit, und ich hatte mir vorgenommen, mir Zeit zu lassen bei der Suche nach einer Möglichkeit, Stillman & Chase zu ruinieren. Da ich kein Unmensch war, hätte ich wahrscheinlich noch fünfzehn oder zwanzig Jahre gebraucht, bis ich mich in East Hampton und Palm Beach zur Ruhe gesetzt hätte, wo jeweils im kühlen Keller fünfzig Kisten Laphroaig lagerten, hätte einen dicken Bauch, eine Hornbrille und einen zitronengelben Blazer. Ich sehe mich richtig, wie ich auf erstaunlich dürren Beinen in den Maidstone Club tapere, am Gürtel baumelt ein Zigarrenabschneider aus Sterlingsilber mit eingraviertem Monogramm, in der einen Hand einen Löffler und in der anderen ein Exemplar des *Singapore Business Digest*.

Davor rettete mich der Empfangschef im Hassler, besser gesagt, er war das Instrument meiner Rettung. Er überreichte mir eine Rechnung. Selbstredend gab ich sie ihm gleich wieder, ohne auch nur einen Blick darauf zu werfen.

»Darum kümmern sich Stillman & Chase in New York«, sagte ich, meine Stimme sprühte geradezu im Bewußtsein dessen, was ich ihnen anzutun gedachte. »Das geht hier auf Rechnung.« Ich verkniff mir hinzuzusetzen: »Und die Gesundheit der Wirtschaft Ihres Landes hängt von uns ab.«

Als ein ungeheuer gequälter Ausdruck sein Gesicht überzog, wußte ich, daß etwas faul war. Seine Qualen rührten von dem Zwiespalt her zwischen der obligaten Servilität und der Pflicht, das Geld einzutreiben.

»Absolut, Sir«, sagte er. »Die Übernachtungskosten werden direkt aus New York bezahlt, aber alle weiteren Ausgaben gehen jetzt auf Ihr Konto.«

»Mein Konto?«

»Ja, Sir.«

»Mein persönliches Konto?«

»Ja, Sir.«

»Ich habe kein persönliches Konto.«

»Wir haben eins für Sie eröffnet, Sir, als der Brief mit den Anweisungen von Signor Piehand kam.«

»Signor Piehand? In New York?«

»Ja, Sir.«

Er meinte Dickey Piehand, den Geschäftsführer, einen boshaften, alkoholsüchtigen besseren Portier, der eine mutmaßliche Erbin aus einem verrotteten Zweig der Edgar-Familie geheiratet hatte.

»Was stand drin?«

»Darin stand, Sir, daß Sie die Mehrkosten übernehmen.«

»Dieses Arschloch«, sagte ich. »Er ist bloß ein Wurm aus Scarsdale, der eine mutmaßliche Erbin geheiratet hat.«

»Ja, Sir.«

Der Empfangschef war Italiener und verstand kein idiomatisches Englisch. Ich beschloß, damit fortzufahren.

»Was sind die Mehrkosten?« fragte ich.

»Ich kann sie Ihnen vorlesen, Sir.« Er las mit einem großartigen norditalienischen Akzent, wobei er jede einzelne Silbe herrlich falsch betonte. »Es-sen im Café. Mi-ne-ral-was-ser. Mi-ne-ral-was-ser. Frühstück. Telefonat. Telefonat. Telefonat. Mi-ne-ral-was-ser. Mi-ne-ral-was-ser. Pistazien. Telefonat. Wäsche. Mi-ne-ral-was-ser. Telefonat. Telefonat. Frühstück. Telefonat. Pistazien. Mi-ne-ral-was-ser. Mi-ne-ral-was-ser. Pistazien...«

Nie hatte ich ein so objektives Bild von meinen Gewohnheiten bekommen, und widerstandslos bezahlte ich die Mehrkosten, die sich, für einen fünftägigen Aufenthalt, auf mehr als 800 Dollar beliefen. Zuerst sah es nach einer von Dickey Piehands schwachsinnigen inkompetenten Aktionen aus oder vielleicht einem der Streiche à la Edgar.

Wie konnten die bei Stillman & Chase nur so fabelhaft sein, dachte ich, und meinen Entschluß von letzter Nacht erfahren haben und mir heute vermittels eines vor einer Woche geschriebenen Briefes das

Konto gesperrt haben? Das war unmöglich, also war es entweder ein Versehen oder ein zufälliges Zusammentreffen. Ein zufälliges Zusammentreffen wovon? Auf der einen Seite hatte ich meinen neuen Vorsatz. Und auf der anderen? War es möglich, daß sie rein zufällig den Kampf just dann eröffnet hatten, als mir in meinen ureigensten Gedanken eingefallen war, das gleiche zu tun?

Ich beendete meine Arbeit in Europa, flog von London nach New York und begab mich schnurstracks von Idlewild in die Bank, wo alles in Ordnung zu sein schien, bis ich zu meinem Büro kam. Meine Sekretärin war weg ebenso wie ihr Schreibtisch. Mein Vorzimmer hatte überhaupt keine Möbel, nicht einmal ein Telefon. Einzig der Teppich war noch da.

»Wo ist Mrs. Ludwig?« fragte ich die verteufelt attraktive Bryn Mawr, die Byron Chatsworth half, Schweinebacken zu verfolgen, und die mich haßte, weil ich ihr einmal klipp und klar gesagt hatte, daß sie die schönste Frau sei, die ich je gesehen habe, aber daß sie nie Liebe finden würde, solange sie weiterhin Kaffee trinke. Sie war beleidigt, weil sie glaubte, ich wolle damit sagen, daß nur Frauen keinen Kaffee trinken sollten. Niemand sollte Kaffee trinken. Er macht beide Geschlechter gleichermaßen widerlich.

»Sie ist jetzt bei Muni«, erfuhr ich.

Also schritt ich entrüstet zu Muni, und dort war Mrs. Ludwig: sie schwang das Zepter über die jüngeren Sekretärinnen, ihre Brille baumelte an einer marineblauen Kordel, die nicht zu ihrem Pullover paßte.

»Wieso sind Sie bei Muni?« fragte ich wie ein Ehemann, der seine Frau in den Armen eines anderen Mannes vorfindet.

»Man hat mich versetzt«, erwiderte sie. »Ich dachte, Sie wüßten das.« Das . . . war gelogen.

»Wer hat Sie versetzt?«

»Mr. Piehand.«

»Mr. Piehand, das wollen wir doch mal sehen.« Doch ich wußte bereits, daß die Schlacht verloren war. Es gibt keine Möglichkeit, daß ein vernünftiger Mensch (oder auch ein unvernünftiger Mensch) gegen eine Bürokratie kämpfen könnte. Selbst wenn das Land der

Bürokraten erobert ist, blühen und gedeihen sie, indem sie mühelos von den Arterien des Krieges in die Venen des Friedens hinübergehen. Gewaltige Bürokratien sind schlichtweg unbesiegbar. Nichtsdestotrotz packte ich Dickey Piehand an der Kehle und drückte ihn hoch gegen die Täfelung in seinem Büro. Die Krächzlaute sprudelten nur so aus meiner Kehle heraus wie bei einem Profigurgler, als ich, rot vor Wut, seinen unförmigen Körper schüttelte.

»Ohne mich zu fragen, haben Sie Mrs. Ludwig versetzt!« schrie ich. »Ich bin hier seit 1918, und Sie sind seit 1951 hier, Sie dreckiger kleiner Erbschleicher!«

»Das ist im Verwaltungsausschuß beschlossen worden«, sagte er, dabei quiekste er, als wäre er dem Tode nahe. »Reden Sie doch mit Mr. Edgar, wenn Sie sich beschweren wollen!«

Er wußte, daß das unmöglich war. Eugene B. Edgar war so alt, daß er mit keinem mehr sprach als mit seinen hinreißenden ›Pflegerinnen‹. Ja, nur sehr wenige Leute könnten sagen, ob er noch lebte oder schon tot war. Welche Tragik, daß es mit diesem Mann, der einst beinahe alles gewußt hatte, dahin gekommen war, daß er es vergessen hatte. Doch noch immer hatte er Eigentum. Ihm gehörte so viel, daß er, auch wenn er nicht mehr gehen konnte, er sich zu sprechen weigerte und beinahe taub war, noch immer wie ein Fürst behandelt wurde, selbst von denen, die ihn haßten. Die anderen hundert oder zweihundert menschlichen Wesen auf der Welt, die im selben Jahr geboren waren und noch nicht gestorben waren, wurden, in Umschlagtücher gehüllt, wie Hamster behandelt. Doch Mr. Edgar nahm mehr Aufmerksamkeit in Anspruch, als die kleine Bryn Mawr auf sich gezogen hätte, wäre sie in einem trägerlosen Kleid, ein Diadem im Haar, zur Arbeit erschienen.

Ersatz für Mrs. Ludwig, so erfuhr ich, sei noch nicht eingestellt. Das geschähe bei passender Gelegenheit. Auf gut deutsch hieß das, daß ich, solange ich bei Stillman & Chase bliebe, keine Sekretärin hätte.

Der Verwaltungsausschuß hatte auch meine Spesen gestrichen, während ich auf Reisen war. Man erklärte, auch wenn dies eine allgemeine Veränderung der Firmenpolitik widerspiegele, sei dies auf mich beschränkt. Irgendwie hatte ich das Gefühl, daß mein Stern im Sinken begriffen war.

Ich ging nach Hause. Ich war machtlos und allein, und ich schlief drei Tage lang.

Als ich erwachte, war ich nicht weniger machtlos oder allein, doch ich war ausgeruht und hatte wieder Hoffnung. Es war ein Freitagabend im Juni, einer dieser Abende in New York, da die Luft von süßen Düften erfüllt und das Licht weich ist. In der untergehenden Sonne schimmerte das ganze Glas golden. Es ging ein leises Lüftchen, wie in einem Traum, und als Wind aufkam, war er warm und beruhigend. Ich wußte, ich wäre die ganze Nacht auf und würde beobachten, wie sich die Vögel mit den Winden, die bei Sonnenaufgang wehten, in die Luft erhoben, ich würde den sich verändernden Himmel sehen, das Himmelblau um fünf Uhr morgens.

Bei Stillman & Chase war ich erledigt, nicht weil ich meine Arbeit schlecht machte – ich war wirklich sehr gut in meinem Job –, sondern vielmehr, weil Constance mich verlassen hatte, und verlassen hatte mich Constance des Kaffees wegen.

Mein Weg war klar gewesen, da ich zuverlässig und verdienstvoll gearbeitet hatte, doch dann, nachdem ich sie kennengelernt hatte, kam ein raketengleicher Aufstieg. Sobald ich mit ihrem immensen Reichtum verbunden war, zog ich den Erfolg an wie Katzenhaare. Investmentbanker träumen in Milliarden, und alle wollten bei mir sitzen, sei es zum Mittagessen oder im Vorstandszimmer. Schnell steuerte ich auf den inneren Kreis zu, der Mr. Edgar immer mehr das Denken abnahm und nach dessen stürmischem Tod auf der Bildfläche erschien, die haarigen Hände voller Blut und Geld.

Ich hielt das für selbstverständlich. Ich brauchte keinen Erfolg bei Stillman & Chase, da ich völlig imstande war, meine eigene Investmentbank zu kaufen oder aufzumachen. Damals glaubte ich, daß, egal, was ich täte, meine Absätze für den Rest meines Lebens über glänzenden Marmor klappern würden. Doch als Constance und ich uns trennten, wurde ich von der Herde ausgestoßen.

Nach drei Tagen Schlaf hatte ich Hunger. Ich beschloß, einen langen Spaziergang zu machen und gut zu essen. Nachdem ich der Wirklichkeit, wie es um mich bestellt war, ins Auge gesehen hatte, war ich sogar glücklich – so, wie man glücklich ist, wenn man Schulden bezahlt, auch wenn man dann ein armer Mann ist.

In Khaki und Weiß gekleidet, ging ich in den wunderbaren Abend hinaus und lief quer durch den Park. Hoffentlich sähe ich nicht Constance, wie sie so eine Art Kaffeetanz auf der Schafweide vollführte, aber nein, ich sah sie nicht. In der Luft hing Blütenduft, und warme Schwaden zogen über Seen und Felder. Am Columbus Circle ging ich schnell vorbei, und als ich fast eine Stunde später zum Restaurant kam, war ich bereit, mich meinem Schicksal zu stellen.

Und das tat ich denn auch, wiewohl nicht gleich. Damals wußte außer Swamis und Biochemikern niemand etwas von den Gefahren des Fetts, und ich aß dementsprechend. Im Blue Mill bestellte man nach einer Speisekarte, die mit Kreide auf eine Tafel geschrieben war und die der Kellner einem neben den Tisch stellte, und an diesem Abend war nur vorderes Rippenstück vom Lamm angeschrieben. Ich hatte nichts dagegen. Es wurde mit winzigen knusprigen Röstkartoffeln serviert, einem Salat mit einem Roquefort-Dressing, bei dem einem vielleicht im buchstäblichen Sinne das Herz stockte, und einem Glas Santa Maddalena. Um sicherzugehen, bestellte ich zwei Essen, obwohl ich wußte, daß ich mich nach dieser Mahlzeit zweifellos auf eine Schlemmertour durch die Bäckereien begeben würde.

Die Hudson Street war voller Liebespärchen – Mädchen in Sommerkleidern und ihre Verehrer in Cordanzügen und marineblauen Krawatten. Es war Freitagabend, wo der Sonnabend und Sonntag noch vor einem lagen, um die Fehler zu korrigieren und die Sorgen der Woche anzugehen.

An einem Tisch in der Nähe sah ich eine sehr schöne Frau. Sie muß von den Hamptons hereingekommen sein, denn eine wunderbare Sonnenbräune verlieh ihrem jugendlichen Gesicht die Farbe von Leben und Kraft. Sie trug ein Sonnenkleid, das ihre herrlichen Schultern und Arme und die rosenrote Ebene zwischen ihrer Kehle und Brust in einer Weise entblößte, die jeden Mann um sie her lähmte. Und mir wurde die wunderbar irritierende Erfahrung zuteil, festzustellen, daß sie zwar mit jemandem anders gekommen war, aber mich ansah.

Ich habe nie sonderlich gut ausgesehen, doch aus dem einen oder anderen Grund war ich immer in Liebesaffären verstrickt, vielleicht, weil ich so sehr liebte. Marlise ist da anderer Ansicht. Sie meint: »Die Frauen lieben dir, weil die Frauen lieben verrückte Menschen.« Wie dem auch sei, ich war von der Schönen von den Hamptons betört und hatte alles um mich her vergessen, ausgenommen, was ich aß.

Dieser wunderbare Höhenflug ging langsam zu Ende, als ich merkte, daß meine Angebetete sich sichtlich unbehaglich zu fühlen begann. Sie sah nicht mehr zu mir her, redete nicht mehr mit dem dümmlichen Collegejungen, der versuchte, ihr beim Essen Gesellschaft zu leisten, und warf ängstliche Blicke über die Schulter, während sie sich nervös über das bezaubernde rötlichbraune Haar strich.

Ich wurde aufmerksamer, während ich sie beobachtete, wie sie auf eine Störung reagierte, die sich am hinteren Ende des Speisesaals ereignete. Zuerst war es mir entgangen, doch bald war das Lokal von spannungsgeladenem, adrenalinbeschwingtem, atemlosem Streit erfüllt. Alle verstummten, keiner rührte sich mehr.

Um den Tisch eines einsamen Mannes, der großen Ärger machte, hatten sich drei Ober versammelt. Bloß ein Betrunkener, dachte ich. Doch betrunken klang er nicht. Bloß ein junger Stadtstreicher, dachte ich. Doch er war genauso angezogen wie ich, und er hatte etwa mein Alter. Und obwohl er schwerer und ein bißchen kleiner war, hatten wir doch den gleichen Teint und eine ähnliche Stimme, nur daß ich ganz deutlich hören konnte, daß er von Jesuiten erzogen worden war. Was Tempo, Rhythmus, Intonation und Ton betrifft, haben sie einen ganz eigenen Charakter, der genauso leicht zu erkennen ist wie der einer berühmten Sambaschule eigene Tanzstil.

Dieser Jesuit war in hitzigen Streit verwickelt. Aus der Küche kam eine Kellnerin angerannt, gefolgt von einem Mann, dessen buschiger Schnurrbart erkennen ließ, daß er es war, dem das Restaurant gehörte. Sie war wie die Kellner gekleidet, aber unter der Schürze trug sie einen Rock statt Hosen. Von ihrem linken Arm hing ein weißes Handtuch, genau wie in Paris.

»Er hat damit nach mir geworfen!« jammerte sie – gekränkt, verblüfft und erschrocken –, ihre Stimme glich einer Rakete, deren Ziel Bensonhurst war. »Er hat ihn mir aus der Hand genommen, und er hat ihn auf mich geschleudert. Rufen Sie die Polizei.«

Auf ihrer Schürze war ein großer nasser Fleck. Womit hatte er geworfen? Wein? Coca-Cola?

»Er hätte mich zu Tode verbrühen können!« kreischte sie mit gesteigerter Wut. »Ich hätte Narben davontragen können!«

Obwohl ich noch immer den Mund voll hatte, hörte ich auf zu essen. Meine Augen gingen hin und her, auch wenn ich nicht weiß, was mein Blick suchte.

Der Jesuit saß nicht einfach da. Das machen Jesuiten niemals. Seine linke Hand zeigte auf sie, mit ausgestrecktem Zeigefinger, den Arm eng am Körper angewinkelt, wie ein Krieger oder Straßenkämpfer, bei jemandem mit guter Erziehung und normalen Neigungen habe ich so etwas noch nie gesehen. »Sie«, sagte er anklagend, und seine Worte waren jesuitisch im ganzen Raum zu hören, »hat eine Tasse frischen Kaffee hier auf diesen Tisch gestellt, mir direkt vor die Nase, während ich gegessen habe.«

Ich stand auf. Meine Serviette fiel zu Boden.

»Na und?« fragte einer der Kellner.

Explosionsartig fuhr der Jesuit von seinem Platz hoch. »Na und?« fragte er. »Wie würde es Ihnen denn gefallen, wenn man *Ihnen* einen Schwapp Abwasser ins Gesicht schüttet?«

Wie sie zurücktraten, trat ich vor.

»Dieses ekelhafte Zeug«, wetterte der Jesuit, »hat Adam auf dem Gewissen, hat Eva auf dem Gewissen, und ist immer nichts mehr oder weniger als das Schmiermittel des Teufels gewesen. Wenn ich dieses Dreckzeug nicht verlange«, brüllte er, »dann stellen Sie's auch bei Gott nicht mir vor die Nase!«

»Lassen Sie mich für sein Essen zahlen!« sagte ich und trat auf den Jesuiten zu, doch mein Mund war voll, und keiner verstand mich. Ich schluckte, daß ich beinahe erstickte, und sagte es noch einmal.

»Warum?« fragte der Inhaber.

»Darum«, sagte ich langsam, »weil er mein Bruder ist.«

Natürlich war er nicht wirklich mein Bruder. Ich hatte nie einen Bruder gehabt. Ich war ein Einzelkind, doch man kann in vielerlei Hinsicht einen Bruder haben, am wichtigsten ist dabei vielleicht das Gefühl, von der gleichen allmächtigen Gewalt zu Boden geworfen worden zu sein, nachdem man das gleiche hehre Ziel verfehlt hatte. Wir gingen in die Nacht hinaus und dachten an den Kampf gegen einen gemeinsamen Feind.

Ich wußte zwar nicht, wieso, aber er war auffallend vertraut, und ich hatte das Gefühl, ihn zu kennen.

»Sie hat eine Tasse leibhaftigen Kaffee direkt vor mich hingestellt«, sagte er, noch immer verwundert. »Ich habe keinen verlangt. Sie sagte: ›Hier ist Ihr Kaffee.‹«

»Das machen sie so«, sagte ich ihm.

»Ich habe ihn eigentlich gar nicht richtig nach ihr geworfen, ich habe ihn bloß vom Tisch gescheucht, wie eine Schlange, und sie hat im Weg gestanden. Vielleicht hätte ich ihn auch nach ihr geworfen. Der Geruch macht mich gewalttätig.

Die ganze Welt wird von diesem ekelhaften Zeug heimgesucht«, fuhr er fort. »Wie ein Virus aus dem All, der gesandt wurde, die Menschheit zu versklaven, zwar nicht in Ketten, aber durch Bohnen. Haben Sie gewußt, daß sie im Zoo, wenn die Nilpferde erbrechen sollen, ihnen eine Handvoll Kaffeesatz ins aufgesperrte Maul stopfen und die Nilpferde sich dann praktisch die Seele aus dem Leib kotzen?«

»Ja, das weiß ich«, antwortete ich. »Alle wissen das, aber die Leute vergessen es gern.«

»Der Kaffee läßt sie alle gleich denken. Sie können sich kaum vorstellen, daß jemand tatsächlich den Mut haben könnte zu sagen, daß das unmoralisch ist.

Wissen Sie«, sagte er, als wir uns neben einer Laderampe auf eine Betonplatte setzten, »dagegen ist kein Kraut gewachsen, also könnte man sich genausogut einfach umbringen. Die Gewalt des Kaffees ist viel zu stark.« Er warf mir einen kurzen Blick zu. »Kennen wir uns nicht?«

»Dasselbe habe ich auch gerade gedacht. Waren Sie beim Militär?« fragte ich.

»Ja.«

»Bei den Fliegern?«

»Eisenbahntruppen.«

»Italien?«

»Nordfrankreich und Deutschland.«

»Wo haben Sie Ihre Offiziersausbildung gemacht?«

»In der Unteroffiziersschule.«

»Waren Sie in Harvard?« (Er sah gar so vertraut aus.) Ein Ausdruck unbändigen Ekels ergriff seine Züge. »Sie?«

»Ja. Klasse sechsundzwanzig.«

»Sechsundzwanzig was? Arschlöcher?«

»Wie bitte?«

»Sehr viele Leute von Harvard kenne ich nicht«, sagte er, »aber jeder einzelne, den ich kenne, zeichnet sich durch etwas sehr Großartiges aus.«

»Großartigkeit ist eine Voraussetzung für die Zulassung«, sagte ich laut und deutlich.

»So habe ich das nicht gemeint.«

»Was ist denn dann die eine großartige Eigenschaft, die sie Ihrer Meinung nach auszeichnet?«

»Sie halten sich für etwas Besseres. Und wissen Sie was? Man kann sie kaum unterscheiden. Und wenn, dann weil sie sogar noch schlimmer sind. Schon früh werden sie mit einer Art intellektuellem Gel überzogen, und im Laufe des Lebens wird daraus Glas.

Dann gehen ihre Kinder, die Raffzähne haben, nach Harvard, und die glauben wirklich, sie sind etwas Besonderes, aber durch den ständigen Kreislauf von Erziehung und Pose sind sie leer geworden, ein Nichts. Ich hasse Leute, die in Harvard waren, sogar noch mehr als andere arrogante Scheißkerle wie Kampfflieger und Investmentbanker.«

»Guten Tag auch«, sagte ich und stellte mich vor.

»Guten Tag, ich bin Paolo Massina«, sagte er. »Es war nett, Sie kennenzulernen. Ich hoffe, Sie bleiben bei der Stange in Sachen Kaffee, aber wir sind nicht dafür bestimmt, Seite an Seite zu marschieren.« Er setzte sich langsam in Bewegung, weg von der Stelle, wo wir gestanden hatten.

Ich folgte ihm, wobei ich mit ihm italienisch sprach, doch es war klar, daß er nicht ein Wort von dem verstand, was ich sagte. »Sie sprechen ja gar kein Italienisch«, sagte ich argwöhnisch.

»Na und?«

»Paolo Massina?«

»Ich habe meinen Namen geändert wegen der Eltern meiner Frau. Es war schon schlimm genug, daß ich nicht aus Brooklyn war. Es hätte ihren Tod bedeutet, wäre ihre Tochter Angelica Smedjebakken geworden.«

Er verschwand um eine Ecke. Ich wußte, daß ich ihn kannte. Ich wußte, daß ich wußte, daß ich ihn kannte, aber ich wußte nicht, wo ich ihn unterbringen sollte.

Eine langsame Niederlage in anscheinend belanglosen Angelegenheiten ist schmerzlicher, als sich zunächst zeigen mag, weil die Natur für das Hohnlächeln eines Bankangestellten keinen Schadenersatz leistet wie dafür, wenn man, sagen wir, die Niagarafälle hinuntergestürzt wird. Da wird kein Adrenalin ausgeschüttet, wenn man bei den Beliebtheitsumfragen im Büro an letzter Stelle rangiert (wie ich es langsam durchweg tat), und Mystizismus kann einen nicht trösten, wenn die Aktien auf einem florierenden Markt pausenlos fallen oder wenn man von einem Hund gebissen wird, dessen Herrchen einen dann schmäht und ihn fortbringt, damit er eine Tetanusspritze kriegt. Tag für Tag sank ich, wie jemand mit einer heimtückischen Hautkrankheit, immer tiefer in der Achtung meiner Mitmenschen – von denen jeder einzelne, wie ich hinzufügen darf, Kaffee trank.

Ich hatte erwartet, auf dem Sommerbankett von Stillman & Chase gefeiert zu werden, weil ich erst ein paar Tagen zuvor wahrhaftig ins Schwarze getroffen hatte mit einer Kaufoption, die in den vor uns liegenden Jahren dem Bankhaus Stillman & Chase Milliarden einbringen würde.

Obwohl die Welt erst viel später von dem sowjetisch-ägyptischen Rüstungsgeschäft erfuhr, zog ich aus meiner Analyse von Funkverkehr und diplomatischem Hin und Her den Schluß, daß irgendwann im Mai die Allianz gebildet worden war. Der CIA hatte keine Ahnung oder falls doch, war dies Wissen im bürokratischen Mensch-ärgere-dich-nicht-Spiel verlorengegangen, und von dieser Stelle kam nichts an den Tag.

Inzwischen, Anfang Juni, gleich nachdem ich wieder zur Arbeit zurückgekehrt war und obwohl ich unter Druck stand und bekrittelt wurde, verfolgte ich sehr aufmerksam die richtigen Anzeichen, und ich zog die richtigen Schlüsse. Hierbei, das darf ich anfügen, verdanke ich eine Menge meinen Arabischlehrern an der Einrichtung, an der ich seit kurzem ernsthafte Zweifel zu hegen begonnen hatte, und Sir Hamilton A. R. Gibb von Oxford.

Das mag imponierend klingen, heißt aber weiter nichts, als daß ich jahrelang wie ein dusseliger Esel studierte, und als ich aus meinem akademischen Kostüm, der schwarzen Robe mit weißen Kreuzen, scharlachrot gesäumter Kapuze und roten Fuchspelztrodddeln auftauchte, ich, auf arabisch, Radio hören konnte. Anstatt dann noch sechs Jahre in höheren Bildungseinrichtungen zu verbringen, hatte ich einen russischen Emigranten engagiert, um die sowjetischen Rundfunksendungen abzuhören.

Wir hatten Anzeichen dafür gehabt, daß etwas in der Luft lag, und waren besorgt, als Nasir in Erscheinung trat, also sammelte mein Mitarbeiterstab – außer Mrs. Ludwig – während meiner Abwesenheit Tonbänder von Rundfunksendungen, Niederschriften, Notizen und Daten von ägyptischen Flughäfen.

Nämlich: reges Kommen und Gehen sowjetischer Offizieller, Zivilverkehr, aber meistens über Militärflugplätze, mit dieser Information, die wir vom M. I. 5, der britischen Abwehr also, bekommen hatten, verbrachte ich drei psychotische Tage mit dem Abhören ägyptischer Rundfunksendungen im Mai. Dort und in den sowjetischen Programmen entdeckten wir eine ausgesprochene Veränderung. Vor allem die Ägypter gaben sich auf einmal entspannt und triumphierend, als ob sie einen Kanarienvogel verschluckt hätten.

Mit meiner Einschätzung, daß Ägypten eine Demarche direkt ins sowjetische Lager getan habe, begab ich mich geradewegs zu dem lebenden Leichnam Mr. Edgars. Vielleicht weil ich mich in solchen Dingen auch früher nicht geirrt hatte oder weil er eine Spielernatur war (aber ein *informierter* Spieler), nahm er mich beim Wort und ordnete ein massives Abstoßen von Kapitalvermögen an.

Wir befanden, daß die Suez Canal Company, alle anglo-ägyptischen und ägyptisch-amerikanischen Gemeinschaftsunternehmen und gewisse Kategorien von Investitionen im Nahen Osten insgesamt, besonders in den weniger stabilen Ländern, den Bach runter gehen würden.

Wir fingen langsam an, alles, was wir im Nahen Osten besaßen, loszuschlagen und die Aktien und Obligationen von Firmen, die von der Stabilität der Region abhängig waren, kurzfristig zu halten. Gleichzeitig bewegten wir Mittel in andere Gebiete, die unserer Meinung nach in der Folge stärker würden: zum Beispiel in die konservativen Golfscheichtümer, in die, so schätzte ich, viel Fluchtkapital gehen würde. Im Ergebnis der neuen Politik begannen wir, massive Goldzufuhr als Kreditsicherheit entgegenzunehmen und zwischen den überquellenden Schatzkammern der Emirate die wechselseitige Investition zu erleichtern.

Zugegeben, die Ergebnisse würden erst in einigen Jahren bekannt. Gleichwohl schien es ein guter Tip zu sein, und letzten Endes entwickelte es sich genauso, wie ich vermutet hatte. Meine Entdeckung und Analyse sahen sogar schon vorher gut aus und waren in diesem Augenblick die Hauptkraft, die die Firma antrieb.

Das Sommerbankett fand im Sleepy Hollow Country Club statt. Es ist schwer, die Herrlichkeit der Welt zu begreifen, wenn man nicht auf den großen Rasenflächen dieses Etablissements gestanden und eine Aussicht genossen hat, die wie keine andere, die ich in meinem ganzen Leben gesehen habe, das Herz erfreut. Was gäbe ich nicht darum, wieder vor 1916 auf diesen Hügeln zu sein, als ich, ein Kind noch, unbefugt ein großes Landgut betreten hatte und jeder meiner Schritte meinen Charakter prägte, so wie er ist. Meine Schule lag am Fuße des Hügels, unser Haus war beinahe in der Ferne zu sehen, auf der gekrümmten Landzunge von Croton Bay.

Bei Sonnenuntergang tranken wir unseren Scotch auf der Terrasse und gingen zum Essen hinein. An diesem Abend war ich besonders verletzlich, denn lange zurückliegende Ereignisse hatten aus der Vergangenheit nachgehallt, und die Lichter in der näheren Umgebung hatten mich ins wohlige Dunkel der Erinnerung gezogen.

Drinnen funkelten die Leuchter, und die Tafel war wie für eine Versammlung von Königen gedeckt. Ich war für mich geblieben, war allein mit dem Zug gekommen und durch die italienischen Gärten gegangen, das Vanderlip-Gut und die Schule selbst, wo ich im Hof der Kleinen Schule, wie wir sie früher genannt hatten, einen vielleicht sieben Jahre alten rotblonden Jungen sah. Er sah aus wie ich als Kind, und aus Gründen, die ich nie erfahren werde, schien er die Last der Welt auf seinen Schultern zu tragen. Ich zwinkerte ihm zu, und ich lächelte. Er erwiderte den Blick, und in seinen Augen, so meinte ich, spiegelte sich meine eigene Geschichte. Und dann ging er seiner Wege.

Am Kopfende der Tafel, eingerahmt vom Kamin hinter ihm, saß Mr. Edgar. Was für ein Bild auch immer über dem Kamin gehangen hatte, es war von dem lebensgroßen Edgar-Porträt aus dem Vorstandszimmer ersetzt worden, das mit Mr. Edgar in der Uniform – und Hut – eines Kommodores. Was für ein Hut. Allein sein Anblick heiterte mich immer auf.

Alle anderen waren in Limousinen gekommen, und alle anderen waren betrunken: ich hingegen hatte den Geruch der Wälder, durch die ich gegangen war, noch an mir. Ich war zufrieden, auch wenn die anderen nicht mit mir sprachen – oder, in einigen Fällen mich nicht einmal ansahen –, denn ich wußte, daß ich im wesentlichen einen Triumph errungen hatte. Das hier wäre mein Lohn, mein Schild und mein Stab. Daß ich mit der kaffeetrinkenden Mehrheit nicht auskommen konnte, wäre unerheblich. Im Innern spürte ich Gelassenheit. Egal, wie wenig sie mich leiden konnten, sie müßten anerkennen, daß ich ins Schwarze getroffen hatte.

Das Essen wurde aufgetragen. An dem spöttischen Geplänkel beteiligte ich mich zwar nicht, aber da kein Kaffee zu sehen war, war ich bereit, im Zimmer zu bleiben, das schwarze Schaf. Jedesmal, wenn ich einen stechenden Schmerz spürte, erinnerte ich mich daran, daß just in diesem Augenblick meine Strategie die Firma voranbrachte.

Zuerst gab es Belugakaviar in eisgekühlten Silberglasschalen. Obgleich es mir so vorkam, daß meine Portion merklich kleiner sei als die, welche die Leute um mich herum bekommen hatten, störte ich mich nicht daran. Und es war mir auch ziemlich egal, daß meiner rot war, während ihrer schwarz war, weil ich glaube, daß Kaviar im allgemeinen weit überschätzt wird. Dann kam die Riesengarnele – zwanzig Zentimeter lang, ein Pfund das Stück, der Preis der Golffischerei, eigens für das Bankett von Stillman & Chase gefangen und mit einem Charterflugzeug eingeflogen. Aus irgendeinem Grunde war meine Garnele winzig. Sie hatte auch eine andere Farbe, war mattrosa statt paprikafarben. Ich tröstete mich mit dem Gedanken, daß meine zwar kleiner, aber darum wahrscheinlich schmackhafter sei, doch mir wurde langsam ziemlich unbehaglich zumute. Ja, ich spürte aufkommende Panik.

»Ich freue mich, Ihnen sagen zu können«, verkündete Mr. Edgar mit erstaunlichem Eifer für jemanden, der kaum je sprach, »daß wir Steaks essen werden, die genauso zubereitet sind, wie sie vor kurzem im Weißen Haus von meinem guten Freund, Dwight David Eisenhower, für mich zubereitet worden sind.«

Ohs und *Ahs* erfüllten den Raum. Wie köstlich! Obgleich wir jetzt wissen, daß Fett gar nicht gut ist, war eines der Wunder der Pax Americana das Fleisch, der Lohn für die Eroberung der Welt. Es war allgemein bekannt, zumindest bei der Geschäftselite, daß der Präsident, der schließlich aus Kansas stammte, einer besonderen Art der Steakzubereitung den Vorzug gab. Er nahm eine dicke Scheibe des allerfeinsten abgehangenen Rindfleischs, ein Stück, das die Köche bei Stillman & Chase die Eisenhower-Scheibe nannten, und warf sie direkt auf ein Bett saubere heiße Kohle. Das ganze Zeug, von dem wir heute meinen, daß es entfernt werden müsse, wurde durch Verschließen der Poren erhalten, und das Fleisch wurde ebensosehr durch inneres Kochen wie durch direkte Hitze gegart. Auch wenn ich ein bißchen rundlich wurde, freute ich mich sehr auf diesen Gang.

Ein gefährlich heißer Goldrandteller nach dem andern wurde von Kellnern, die Asbesthandschuhe trugen, herbeigetragen (oh und ah) und vor die dankbaren Esser gesetzt. Auf jedem Teller lag eine große dicke Scheibe aromatischen Rindfleischs, die zischte, daß es wie atmosphärische Störungen in einem billigen Kurzwellenapparat klang. Als ich an die Reihe kam, lief mir der Speichel im Mund zusammen. Der Ober, ein Zigeuner, der Gilbert Roland hätte sein können, stellte ein ziemlich einfaches Stück Porzellan, oder vielleicht war es auch Plastik, vor mich hin.

Ich blinzelte. Ich dachte, ich hätte vielleicht zuviel Scotch getrunken. »Herr Ober«, fragte ich, »was ist das?«

»Ich glaube, das ist ein koscherer Truthahnbürzel, Sir«, sagte er, beinahe ängstlich, doch wenigstens sagte er die Wahrheit.

»Der ist noch nicht mal gegart«, sagte ich.

»Mariniert, Sir, in Grillsauce.«

»Moment mal. Ich bin nicht koscher. Ich kann das Steak essen. Bringen Sie das zurück, und bringen Sie mir das Steak.«

»Bedaure, das Steak ist alles serviert, Sir. Soll ich Ihnen amerikanischen Käse bringen? Ich kann Ihnen den ganzen Block bringen.«

»Nein! Ich will Steak, genau wie alle anderen!«

Leider klang meine Stimme verzweifelt, beinahe weinerlich. Ich sah zu Mr. Edgar hinüber, der einen Riesenbatzen Fleisch im Mund herumwälzte. Sobald er angefangen hatte, hatten auch alle anderen zu essen begonnen, und sie alle summten vor Behagen.

Als ich meinen Blick schweifen ließ, sah ich, daß Dickey Piehand seine Hand bei der Bryn Mawr oben im Kleid hatte, das sehr weit ausgeschnitten war, und mir wurde schwindlig vor Ablehnung und Verlangen.

»Mr. Edgar«, sagte ich und lachte wie ein Idiot. »Mr. Edgar. Sehen Sie nur. Man hat mir Truthahnbürzel in Grillsoße serviert!«

Mr. Edgar zuckte mit den Achseln, wie wenn er sagen wollte: Na und? Seitdem ich aus Rom wieder da war, haßte ich ihn mehr, als sich irgendeiner um mich herum möglicherweise vorstellen konnte, und ich wußte, eines Tages würde ich ihn umbringen.

Und wie es bei denen, die eine Niederlage erleiden, oft der Fall ist, hatte ich dann an meiner eigenen Demütigung teil. Mit matter, schwacher Stimme fragte ich: »Möchte irgend jemand Steak gegen ein Stück koscheren Truthahnbürzel tauschen?«

Natürlich lachten sie alle. Und das war erst der Anfang.

Mein Untergang war mit einer Genialität orchestriert, an die ich mich trotz meines damaligen Kummers irgendwie gern erinnere. Ich habe nie herausgefunden, wer dahinter steckte oder ob das Ganze gar ein Produkt meiner eigenen nervlichen Verfassung und bloß eine Reihe dummer Zufälle war. Doch das konnte es nicht gewesen sein. Meine Abwicklung war viel zu komplex, als daß der Zufall eine Rolle gespielt haben könnte.

In meinem Büro hatte ich einen Rembrandt gehabt, eine Leihgabe des Edgarflügels im Metropolitan Museum of Art. Über Nacht wurde er durch einen Dürer ersetzt. Das war ganz in Ordnung: Ich denke,

Dürer besaß in vielerlei Hinsicht eine höhere Vision, obwohl sein handwerkliches Können, so groß es auch war, es mit dem des Meisters nicht aufnehmen konnte. Binnen einer Woche jedoch war auch der Dürer weg, an seiner Stelle hing ein Monet. Was mich betraf, so fand ich das, falls jemand versuchte, mir eine Botschaft zu übermitteln, unglaublich subtil. O ja. Am nächsten Tag war der Monet fort, und ein Vuillard nahm seinen Platz ein. Damals genoß Vuillard nicht so eine Wertschätzung wie heute, aber mir gefiel er sehr. Doch war es klar, daß es mit mir nicht zum besten stand.

Bald war der Vuillard weg, und an seiner Stelle hing ein Bonnard da. Dann ein Duffy, dann ein Chamade und schließlich, nach ein paar anderen, die ich nicht kannte, ein Bild von der Brooklyn Bridge, auf schwarzem Samt. Ich verlangte, daß dieses aus meinem Büro entfernt werde, und als ich am nächsten Tag hinkam, fand ich in einem billigen Rahmen aus Glas und Holzfaserplatte ein Schwarzweißfoto eines Panoramawagens der Eisenbahn, ausgeschnitten aus einer Anzeige in der *Saturday Evening Post*. Die Ränder waren ausgerissen.

Auch mit den Pflanzen ging es abwärts. Angefangen hatte ich mit einem täglich frischen Arrangement meiner Lieblingsblumen – bei Stillman & Chase mußte jeder Seniorpartner einen Fragebogen bezüglich seines Geschmacks bei Blumen, Wein, Hors d'œuvres und Nachspeisen ausfüllen –, es wurde dann gegen eine sehr schöne Geranie mit zwanzig Blüten ausgetauscht.

Noch bevor diese verwelkte, wurde sie weggeräumt, und an ihrer Stelle erschien ein Topf Gänseblümchen in Folienmanschette. Ich mag keine Gänseblümchen, habe sie nie gemocht, doch nachdem ich meinen Moostopf bekam, hätte ich sie liebend gern wiedergehabt. Doch sogar Moos duftet gut und ist herrlich grün. Nach dem Moos kam Lebermoos, was man kaum eine Pflanze nennen kann, weil es wie verfaulendes Kreppapier aussieht.

Gleichwohl war es eine Pflanze, und weil ich beschlossen hatte, mir nichts anmerken zu lassen, versiegelte ich meine Lippen, steckte die Zehe ins Wasser und biß mir auf die Zunge. Doch als ich kurz darauf eines Morgens ins Büro kam, sah ich die Bryn Mawr – welch nette Überraschung – über einen Kübel mit einem Messingschild gebeugt.

»Sind die nicht schön?« fragte sie, während sie zur Seite trat, damit ich sehen konnte.

Entsetzt fuhr ich zurück. Einblütiger Fichtenspargel.

»Was ist das?« fragte sie. »So etwas habe ich noch nie gesehen. Wie können Pflanzen weiß sein?«

»Holen Sie ein Gerät zum Graben«, befahl ich.

»Was ist ein Gerät zum Graben?«

»Eine Schaufel.«

»Ich habe keine Schaufel.«

»*Irgend etwas*«, sagte ich.

Nach ein paar Minuten kam sie wieder.

»Was ist das?«

»Mein Kaffeelöffel.«

»Kochen Sie ihn bitte ab.«

»Ihn kochen?«

»Ja.«

»Er ist sauber.«

»Bitte.«

Als sie wiederkam, nachdem sie ihren Löffel abgekocht hatte, begann ich, in der Erde zu graben, die den Kübel füllte. »Fichtenspargel hat kein Chlorophyll«, sagte ich wie betäubt. »Er ernährt sich nicht vom Licht, sondern vom Tod.«

Sie erwiderte nichts, sondern schrie nur auf und faßte sich an die Brust, als ich den Kopf einer Katze ausgrub.

»Was ist das?«

»Eine Katze«, sagte ich, »nachdem sie ein oder zwei Monate in feuchter Erde begraben war. Hier ist Ihr Löffel.«

»Den will ich nicht mehr!«

»Warum nicht?«

»Wie könnte ich denn diesen Löffel in meinen Kaffee tun, nachdem er das hier berührt hat, den verwesenden Schädel einer . . . ooh!«

»Ich möchte meinen«, sagte ich, »daß Ihr Kaffee sich geschmeichelt fühlen würde.«

Sie begriff nicht, was ich meinte, und in dem Glauben, ich hätte sie beleidigt, lief sie hinaus.

Es mußte in diesem Moment gewesen sein, daß mir erstmalig

auffiel, daß mein Schreibtisch samt Stuhl schrumpfte. Jeden zweiten Tag wurden sie kleiner, bis ich nach ein paar Monaten mit angezogenen Knien in einer Schulbank hockte, in die ein Herz mit der Inschrift »Jimmy & Buffy« eingeritzt war.

Keiner wollte mit mir mittags beim Essen sitzen, vielleicht weil sie den Geruch der billigen Makrelen nicht mochten, die ich Tag für Tag direkt aus derselben Fünfzehn-Pfund-Dose vorgesetzt bekam, auch konnte ich nie einen Squashpartner finden. Squash kann man glücklicherweise alleine spielen. Nach dem Spiel jedoch, wenn ich mich in einem Raum, wo zehn Duschen waren, duschte, ging das Wasser dort, wo ich war, plötzlich weg. Ich tappte von einem Anschluß zum andern, doch es war egal, wie oft oder wie schnell ich wechselte, weshalb ich mich daran gewöhnte, mich anzuziehen, wenn ich noch eingeseift war. Zuerst ist es gar nicht so schlimm, aber nach ein paar Stunden klebt der Stoff an der Haut, und man quietscht beim Laufen.

Das alles fand ich ziemlich deprimierend. Dennoch hielt ich in einem Nebel aus Elend und Selbstzweifel aus, sogar als man mir sagte, mein Büro werde renoviert, und ich in ein winziges fensterloses Kabäuschen umquartiert wurde. Der Hausmeister, der ein netter Kerl war, fragte, ob er seine Wischmops und seinen fahrbaren Eimer dort lassen könne. Als ich ihn fragte, wieso, sagte er, daß sie immer dort gewesen seien.

Wenigstens konnte ich auf den offenen Flur hinausblicken, wo ich Blumen und wunderschön beleuchtete Porträts sah. Doch dann kam der Brandschutzbeauftragte vorbei und verlangte, daß ich meine Tür zumache. »Na schön«, sagte ich mit kaum hörbarer Stimme und schloß die Tür.

Hart. Sehr hart. Allein in einer Besenkammer, wo nur eine nackte Glühbirne über mir hing und ein winziger Schultisch mir die Knie einquetschte. Die Birne muß an einem versteckten Rheostat gewesen sein. Tag für Tag wurde sie trüber, immer trüber, bis ich, bevor sie ganz ausging, Stunden in der Götterdämmerung zubrachte.

Die Arbeit vor mir, die ich mühsam zu erkennen suchte, bestand nur noch aus stumpfsinnigen Aufgaben. Unter normalen Umständen hätte ich wohl verzweifelt versucht, alles, was ich über, sagen wir, Bolivien, kriegen konnte, zu lesen, Radiosendungen abzuhören, mit

Experten innerhalb und außerhalb der Regierung und der Universitäten zu sprechen, um dann, wenn ich bis zum Gehtnichtmehr mit allem, was ich herausfinden konnte, voll war, mit einem Packesel um den Titicacasee zu wandern.

Es war nichts besonderes gewesen, daß ich nach Tokio flog, die Berge Argentiniens durchwanderte oder eine Woche lang in einem billigen Hotel in Algiers hockte, um die geringfügigeren Indizien zu sammeln, die genauso wertvoll wie die größeren Maßgaben sind, wenn es darum geht zu entscheiden, ob das Kräfteverhältnis in einem Land am Explodieren ist. Manchmal war es sehr aufregend, manchmal sogar gefährlich. In feindlichen Staaten wurde ich oft fälschlich für einen amerikanischen Geheimagenten gehalten (immerhin machte ich ja genau das gleiche), und in befreundeten Ländern meinte man zuweilen, ich plane ein Verbrechen.

Nun, in meinem düsteren und schließlich dunklen Kabinett bestand meine Aufgabe darin, ein Wörterbuch der Finanzbegriffe in Tagala zusammenzustellen. Was es nicht gab, mußte ich erfinden. Dafür, so meinte ich, obliege es mir, wenigstens ein bißchen von der Sprache zu kennen, und so steckte ich denn einige Monate lang, bevor es dunkel wurde, meine Nase in ein Übungsbuch, wiederholte in meinem luftlosen Kabäuschen die Übungen, bis ich nicht mehr wußte, ob ich noch bei Verstand war oder nicht, ob es Nacht war oder Tag. So manches Mal stieß ich die Tür auf, nur um festzustellen, daß es Mitternacht war oder morgens um zwei oder drei und daß alle schon längst fort waren. Ich hatte einfach jedes Zeitgefühl verloren, so sehr war ich darein vertieft, Ausdrücke zu büffeln wie *Nagkakaubo ako* (ich habe Husten); *Ang aso at pusa ay mga hayop* (Der Hund und die Katze sind Tiere); *Magtakip ka ng panyo sa mukha* (Bedecke dein Gesicht mit einem Taschentuch) und politisch brauchbare Analysewerkzeuge wie die Tagalaversion von »Happy Birthday to you«.

Malagayang bati
Sa inyong pagsilang
Maligaya. Maligayang
Maligayang bati!

Dieses Liedlein wollte mir nicht aus dem Kopf gehen. Stundenlang sang ich es in meinem Kabinett, bis ich mir einbildete, ich sei einer der großen Gongs in J. Arthur Ranks Blaskapelle, durch den die Dunkelheit und Schwingung pulsierten, gleichsam wie im tiefsten Innern eines sehr unfreundlichen, enttäuschenden Universums. Ich sang es sogar zu Hause und in der U-Bahn, wo ich nie Probleme hatte, einen Platz zu kriegen.

Aber trotzdem verließ ich das Bankhaus nicht. Ich war fest entschlossen, durchzuhalten, bis sie mich hinaustrügen, und ich hielt fest wie eine Bulldogge, indem ich langsam durch meine eingezwängte, gedemütigte Nase Luft holte.

Sie trugen mich – zwar nicht hinaus, sondern hinunter, ganz tief hinunter ins Innere der Erde, zehn Stockwerke unter dem Erdgeschoß unseres massiven Häuserblocks, wo in uralten unterirdischen Flüssen Wasser um einen trockenen Sarkophag aus anderthalb Meter dickem Stahlbeton floß.

Als sich der Aufruhr in meinem Innern in meinem Äußeren zu spiegeln begann, wurde ich in die beinahe stille, immer stabile Unterwelt verbannt, die Stätte des Todes, den Ort, der sicher war und ohne Leben. Noch immer langsam atmend, wurde ich in den stillsten, leidenschaftslosesten Ort auf Erden versetzt, die Goldgewölbe.

»Sie erhalten eine neue Aufgabe, Sie kommen ins Depot«, sagte man mir.

Natürlich war ich niedergeschlagen. Ich traute mich nicht zu fragen, ob das hieße, daß ich meine Teilhaberschaft verloren hätte, doch dem war wohl so, da die Vizepräsidentschaft des Depots mehr oder weniger eine untergeordnete Position war. Der einzige Grund, warum der Leiter Vizepräsident hieß, bestand darin, den Potentaten ein Gefühl der Sicherheit zu geben, die ihr Gold in seiner Obhut ließen.

Sie dachten wohl, es sei bei einem garstigen, gewalttätigen Größenwahnsinnigen namens Wolf Brutus sicher. Es war mir zuwider gewesen, wenn er aus seinen Höhlen im Speisesaal der leitenden Angestellten erschien, und ich war hocherfreut, als ich in den inneren Kreis befördert wurde und meine Mahlzeiten in dem kleineren, viel prächtigeren Grotiussaal einnehmen konnte.

»Ich freue mich nicht darauf, Wolf zu beaufsichtigen«, sagte ich. »Sie wissen doch, daß ich ihn nicht ausstehen kann.«

»Sie werden nicht sein Vorgesetzter.«

»Wer soll denn dann seine Stelle einnehmen?«

»Niemand.«

»Er ist fort?«

»Nein. Sie werden für ihn arbeiten, wenn auch nicht direkt. Sie melden sich bei Sherman Oscovitz.«

»O nein, o nein, o mein Gott«, sagte ich, und da trugen sie mich denn hinunter, weil ich nicht laufen konnte.

Sherman Oscovitz war der Aufseher all derer, die mit dem Gold hantierten. Er war sehr nett, aber er war etwas schwachsinnig. Er arbeitete sogar noch länger in der Firma als ich, und seine Aufgabe bestand darin, das Gold im Auge zu behalten und es entsprechend den Bewegungen zwischen den Konten von einem Käfig in den andern zu räumen. Er trug immer einen blauen Kittel, und sein gelblichrotes Haar war auf einen Ring um eine kuppelgleiche Glatze beschränkt, genauso vollkommen symmetrisch wie das Pantheon.

Er wie auch alle seine Tresorarbeiter waren einst mit dem Gesetz in Konflikt geraten. Als er für eine große Handelsbank gearbeitet hatte, war Oscovitz dabei erwischt worden, wie er die kleinen Kabuffs vermietete, wo die Tresorkunden hingingen, um Coupons abzuschneiden. Andere waren gefaßt worden, als sie in ein Kundenfach guckten oder einem Freund den Hauptschlüssel zu den Fächern gaben, während sie telefonierten, oder von den Bankräumlichkeiten aus Wetten plazierten – alles Kleinkram, der immun machte, wie Mr. Edgar intelligenterweise erkannte.

Oscovitz und seine gesamte Mannschaft hatten sich die Finger verbrannt, als sie versuchten, ein paar Häppchen vom Grill zu stibitzen, und sie waren nun zuverlässig wie Eunuchen. Und genauso exotisch. Oscovitz selber litt, ob nun als Folge von Krankheit, Kost oder Vererbung, in geradezu königlicher Manier an Blähungen. Schon unter normalen Umständen wäre das nur schwer zu ertragen gewesen, doch in einem Bankgewölbe zehn Stockwerke unter der Erde . . . Ja doch, wir hatten Ventilation, aber nicht annähernd genug.

Sherman Oscovitz' »Protegé« war ein grobschlächtiger Riese, der meine Unterweisung im Umgang mit Goldbarren übernommen hatte. Er schärfte mir ein, sie nie fallen zu lassen, sie nie mit einem Fingernagel zu kratzen und immer weiße Baumwollhandschuhe zu tragen.

»Warum?«

»Das Fett des menschlichen Körpers zerstört das Gold.«

»Das ist doch lächerlich«, sagte ich. »Gold ist inaktiv. Es verrottet nicht – es sei denn, man schwitzt Quecksilber.«

»Nein, das stimmt nicht. Ich habe gesehen, wie es ganz verrottet ist, und dann müssen wir es wegschmeißen.«

»Sie schmeißen es weg?«

»Ja.«

»Sie schmeißen es also weg.«

»Na und ob, jede Menge.«

»Wo schmeißen Sie es hin?«

»In die Mülltonne.«

»Außerhalb des Gewölbes?«

»Ja.«

»Was geschieht damit?«

»Womit?«

»Mit dem Müll.«

»Die Müllmänner holen ihn.«

»Wissen die, was da drin ist?«

»Ja, aber sie machen sich nichts aus verrottetem Gold. Wir erklären ihnen, daß es, weil es verrottet ist, nichts wert ist. Sie beschweren sich, daß es so schwer ist.«

»Wie lange machen Sie das schon?«

»Was?«

»Verrottetes Gold wegschmeißen.«

»Ungefähr drei oder vier Jahre. Vorher ist es nie verrottet, aber nach dem Krieg ist eine Menge Gold von schlechter Qualität aufgetaucht.«

»Wie viele Barren schmeißen Sie in einer Woche weg?«

»Das kommt darauf an. Manchmal sechs, manchmal zwei, manchmal zehn.«

»Wenn Sie das nächste Mal verrottetes Gold haben«, sagte ich ihm, »geben Sie's mir. Dann müssen die Müllmänner es nicht wegschaffen.«

»Das geht nicht.«

»Warum nicht?«

»Sherman sagt, daß verrottetes Gold in den Müll gehört. Wenn es jemand in die Hände kriegt, könnte er denken, es sei wertvoll. Sie wissen doch, wie die Leute in bezug auf Gold sind. Aber wir nicht!«

»Nein, Sie nicht!«

»Sie auch!« sagte er, dabei stieß er mich in die Rippen und grinste. »Jetzt arbeiten Sie ja auch hier!«

Als ich zum ersten Mal in einen Goldkäfig eingeschlossen wurde – es war Argentiniens –, fühlte ich mich sehr schlecht. Sherman hatte mir befohlen, das argentinische Gold umzuschichten und zu zählen. Zigtausend Goldbarren mußte ich zählen und umstapeln.

Um die Übersicht zu behalten, benutzten wir Schmierpapier und ein System, das Sherman »variable Kontrollzeichen« nannte. Wenn man zum Beispiel mit fünfunddreißig Barren weniger ankam, als dort hätten sein müssen, nahm Sherman seinen Bleistift, fügte fünfunddreißig Kontrollzeichen hinzu, und damit hatte sich's. Er machte sich nie die Mühe, Barren von einem Käfig in einen andern umzusortieren, weil nie jemand kam, um nachzuschauen. Falls jemand gekommen wäre, hätte Sherman ein paar Barren von hier nach da geschoben, und keiner hätte den Unterschied gemerkt. Die einzige Gefahr lag darin, daß alle Länder beschlossen, ihre Vorräte gleichzeitig zu überprüfen, und noch nicht einmal einzeln hatten sie das getan.

Wie vor den Kopf geschlagen war ich nicht von der Tatsache, daß fast tausend Siebenundzwanzig-Pfund-Goldbarren fehlten, sondern daß sie keiner gestohlen hatte: die Einfaltspinsel hatten sie in aller Unschuld weggeworfen. Zu gegenwärtigen Goldpreisen hatten sie beinahe 350 Millionen Dollar beseitigt.

Zu dieser Zeit, das glaube ich ganz ehrlich, objektiv und unvoreingenommen, war ich wohl wirklich nicht bei Verstand. Doch ich sollte ja auch nicht bei Verstand sein, also denke ich, ich habe das Meine getan. Nachdem ich ein paar Wochen Goldbarren umgeschichtet hatte, war ich in außerordentlich guter Verfassung, und die Arbeit ermüdete mich nicht mehr. Ich ging zu Sherman Oscovitz, hauptsächlich aus Verdruß.

»Sherman«, sagte ich. »Ich bin gekommen, um mit Ihnen über das verrottete Gold zu reden.«

»Ach?« fragte er. »Haben Sie ein Stück gefunden?«

»Nein, ich bin gekommen, um Ihnen zu sagen, daß Gold nicht verrottet. Nein, wirklich nicht.«

»Aber natürlich verfault es«, sagte er.

»Nein. Nicht doch. Es verrottet nicht.«

»Das stimmt nicht, Dave«, sagte er. (Ich heiße gar nicht Dave.) »Immerzu finden wir schlechte Stücke.«

»Nein, Sherman. Es kann gar nicht faulen. Wenn es bestimmten Reagentien ausgesetzt wird, kann es anlaufen, aber nur an der Oberfläche. Im Innern verfault es nicht.«

»Nein?«

»Nein. Es fault nicht.«

»Wir denken das aber. Deshalb werfen wir es ja auch weg.«

»Ich weiß, daß Sie das denken. Ich verstehe. Sagen Sie mir, was definieren Sie als verrottet?«

»*Wir* lassen es doch nicht verrotten«, sagte er und schüttelte seine Platte. »Wenn man einen faulen Apfel in einem Haufen hat, dann werden die andern gewöhnlich auch faulig.«

»Ich weiß doch, daß Sie es nicht verrotten lassen, Sherman. Was ich aber fragen möchte, ist, woher wissen Sie, daß es verrottet ist?«

»Das sehen wir.«

»Was genau sehen Sie?«

»Verrottetes Gold.«

»Was ist verrottetes Gold?«

»Gold, das verrottet ist.«

»Hm« (ich dachte einen Augenblick nach), »sagen Sie mir, wie es aussieht.«

»Es glänzt nicht.«

Ich wartete auf mehr, aber er sagte nichts weiter. »Das ist's also?«

»Was ist's also?« fragte er und blickte sich um.

»Es glänzt nicht?«

»Was glänzt nicht?«

»Verrottetes Gold.«

»Das ist richtig, Dave. Daran erkennst du, daß es verrottet ist.« Er verdrehte die Augen zur Decke, wie um zu sagen: *Was für ein Idiot!*

»So, Sie meinen also, daß Gold verrottet ist, wenn es nicht glänzt.«

»Nun kapierst du's endlich«, sagte er, »aber das ist's nicht, was es verrotten *läßt*. Wir wissen nicht, wodurch es verrottet.«

»Sherman?«

»Ja?«

»Sie haben furchtbar viel verrottetes Gold hier, nicht wahr?«

»O ja.«

»Warum stapeln Sie das verrottete Gold nicht in Abteilung achtundvierzig, die ist leer, und vielleicht wird es wieder besser.«

»Das würde ich niemals tun«, sagte er. »Sobald ich ein verrottetes Stück sehe, werfe ich es raus. Ich möchte nicht, daß es das andere ansteckt.«

»Tun Sie's doch in eine Plastiktüte.«

»Einen Müllsack?«

»Ja, einen Müllsack.«

»Sie machen wohl Spaß? Wissen Sie, wie teuer die sind?«

Ich gab es auf. Eine Zeitlang lief ich Müllautos hinterher, aber dann ließ ich es sein. Obwohl ich's probierte, war es rein physisch unmöglich, in den wenigen Minuten, die zur Verfügung stehen, bevor es seinen Standort erreicht, ein vollbeladenes Müllauto durchzukämmen. Sie kippten ihre Ladung auf einen Kahn auf dem Hudson, und das Gold kehrte ins Meer zurück, woher es gekommen war, und wie könnte ich etwas dagegen haben?

Wenn ich irgend etwas hasse, dann hasse ich es, drin zu sein, wenn schönes Wetter ist. Selbst wenn es stürmt und kalt ist, bin ich am liebsten durch die Berge gestreift und habe mich durch einen Wald mit sonnigen Lichtungen geschlängelt, wo nie einer gewesen ist oder wo wenigstens keiner je länger als ein paar Minuten geblieben ist. Nie bin ich glücklicher gewesen als an einem klaren See oder Fluß oder auf einem Gipfel in New England, wenn ich die Sonne beobachtet habe, wie sie fernab von wohlgepflegten Feldern und schweigenden Städten glitzerte.

Schon allein aus diesem Grund, geschweige denn der Drangsal wegen, für einen Idioten zu arbeiten, wurde ich langsam verrückt. Während ich nur selten in meinem Büro gewesen war, und wenn, dann konnte ich das Fenster öffnen, war ich jetzt ganz und gar von

Stein umgeben. Gewitter, Schneestürme, Orkane und heitere Tage kamen und gingen, und wir wußten nichts davon. Im Winter sah ich nie Tageslicht: ich ging im Dunkeln hinunter und kam im Dunkeln wieder herauf. Über seinem Schreibtisch hatte Oscovitz einen Kalender mit einem Bild von einer Kuh, die auf einem Schweizer Berg stand. Die Tiefe, Ferne und Farbe waren so schön, daß ich jedesmal, wenn ich es ansah, mich fragte: »Warum lebe ich eigentlich? Was mache ich bloß hier?«

Als Kind spielte ich gern mit Klötzen, und das war nun mein Job, unter der Erde, bei einem Licht, das weder flackerte noch sich irgendwie änderte. Wir schichteten das Gold um, um es frisch zu halten. Wenn ein Goldbarren zu lange unten in einem Stapel blieb, wo keine Luft hinkam, dann verrottete er.

In weiser Voraussicht, daß wir einen der Siebenundzwanzig-Pfund-Ingots fallen lassen könnten, steckten unsere Schuhe in Magnesium-hüllen, und natürlich trugen wir weiße Handschuhe, um das Gold vor unserem korrodierenden Körperfett zu schützen. Die Barren waren 17,8 cm lang, etwa 8,9 cm breit und 4,5 cm hoch. Die in Amerika gegossenen waren rechteckig, und die in Europa trapezförmig. Einige waren 100 % rein, hatten die Farbe von Blondköpfchens Haar, andere waren rötlich mit einem Hauch von Kupfer und wieder andere weiß, weil sie mit Platin und Silber verunreinigt waren. Ich hatte nichts dagegen, Gold zu stapeln, und hörte nie auf, über seine Dichte und Integrität zu staunen. Obgleich die Tatsache, daß es ungeheure Mengen Geldes wert war, meine Sicht getrübt haben dürfte, war ich doch überaus angetan von seiner Reinheit, Ungewöhnlichkeit, Glätte und Unzerstörbarkeit. Es war ein Element, ein Edelmetall des Periodensystems, und ich war von zigtausend Tonnen davon umgeben, in Mauern, die aussahen, als hätte der Himmel sie errichtet.

Ich fand bald heraus, daß der auffälligste Unterschied zwischen mir und den Schwachköpfen darin bestand, daß sie keine Fragen stellten. Sie interessierten sich nicht dafür, wie die Dinge funktionieren, wie Tatsachen zustande gekommen waren und wie eins mit dem andern zusammenhing. Ja, sie begegneten meiner Fragerei feindselig, weil sie mir keine Antworten geben konnten und weil sie meine Neugier für Aufsässigkeit hielten. Jede einzelne meiner Fragen zielte nun freilich scheinheilig darauf ab, die für einen Raub nötigen Informationen zu erhalten, doch wer wäre unter solchen Umständen nicht auf ähnliche Gedanken gekommen? Was für eine lahmarschige, feige Trantute müßte man denn sein, um in der größten Konzentration an Reichtum auf der Welt gefangen zu sein – darin begraben, ihn förmlich einatmend – und nicht irgendwie darüber nachzudenken, ihn zu stehlen? Der Blick, den die Schwachköpfe mir vorbehielten, war der gekränkter Unschuld, als ob meine Art zu fragen unmoralisch wäre.

Wir waren von zehntausend Tonnen Gold umgeben, von denen nicht eine einzige Unze der Erde unter moralischen Umständen abgewonnen worden war. Es war weder geschürft noch gekauft oder verkauft oder angehäuft oder angenommen worden unter Umständen, die moralisch heißen könnten. Sherman Oscovitz lebte in Brooklyn Heights in einer Einzimmerwohnung, die weder eine Toilette noch einen Kühlschrank hatte. Essen ging er zu Nedick's auf dem Weg zur oder von der Arbeit, und obwohl er für nichts sonst Geld ausgab als für Würstchen, Sauerkraut und Buttermilch und obwohl er einen Anzug trug, der so billig war, daß ich ihm den am liebsten vom Leib gerissen, kleingehäckselt, verbrannt und die Asche in Schwefelwasserstoff getan hätte, reichten seine angehäuften Ersparnisse nur für beispielsweise einen Wasserski oder drei Nächte in einem billigen Hotel in Antwerpen.

Seine Disziplin und Armut waren dem Dienst an Gold gewidmet, das Scheichs gehörte, die Sklaven hielten, und lateinamerikanischen Diktatoren mit einer Vorliebe für Leder. Wozu war seine Ehrlichkeit nütze? Was bewirkte sie?

Ich wollte nur etwas erfahren über das elektrische System, die Sicherheitsvorkehrungen, die Tiefe des Gesteins, die Architektur des Gewölbes, die Methoden der Buchführung und andere Dinge, die mit meiner Umgebung zusammenhingen, aber hätte ich weiter auf diese Art Fragen gestellt, wäre ich rausgeflogen, also wurde ich ein stummer Beobachter.

Es bestand nicht die geringste Möglichkeit, das Gold hinauf- und hinauszubringen. Man konnte es nicht hinausschmuggeln, denn jeder, der den Tresorraum betrat, wurde gewogen, und zwar auf einer Waage, die bis auf 1/1000 einer Unze genau war. Auf einem Gretzel-

Pisogramm wurde die exakte Luftfeuchtigkeit des Gewölbes aufgezeichnet. Das und das Gewicht, Stoffwechselmerkmale und Gewebedaten über jeden, der im Tresorraum arbeitete, wurden in einen Algorithmus in einem kleinen Büro gleich außerhalb der Tür zum Tresorraum eingegeben. Sie wußten genau, wieviel man durch Schwitzen an Gewicht verlor, es war verboten, in der Nase zu bohren oder zu spucken, und wenn man beim Hinausgehen mehr wog als beim Betreten, beguckten sie einen genau durch ein Fluoroskop und kontrollierten die Körperspalten.

Man hätte natürlich Teile von sich selbst zurücklassen können, doch hätte man das getan, wären diese entdeckt worden, und bei aller Liebe, wie viele Menschen wären wohl willens, ihr Fleisch scheibchenweise für ein Essen bei Mama Leone's oder einen Kaschmirmantel einzutauschen?

Der Zerberus, der uns wog, hatte einen separaten Eingang, eine geheime Adresse, und wenn die Tresorräume geschlossen wurden, verschwand er wie durch Zauberei in einem Auto mit verdunkelten Scheiben nach Hause. Keiner sprach je mit ihm, er war unbestechlich, und seiner bleichen Miene übler, stehengebliebener Entwicklung war anzusehen, daß er nur dafür lebte, einen Missetäter zu erwischen, und daß er genauso loyal und ergeben war wie ein Dominikanerabt. Wer kann ihm aber nun einen Vorwurf daraus machen, daß er es zuließ, daß die Schwachköpfe das verrottete Gold nahmen und damit direkt an ihm vorbeimarschierten, um es in den Müll zu werfen? Etwa nicht? Ich dachte daran als eine Möglichkeit, doch Sherman meinte, daß das ganze Gold, das ich als verrottet auswählte, vollkommen heil sei.

Das Gewölbe zu erstürmen wäre möglich, kam für mich aber nicht in Frage. Es würde eine disziplinierte Armee von 150 Mann erfordern, und ich habe es nie vermocht, auch nur mit einem auszukommen. Die Stahltür wog 90 Tonnen und war in einen Rahmen von 140 Tonnen eingesetzt. Sie verjüngte sich und war luftdicht, und war sie einmal geschlossen, hätte sie auch eine ganze Armee nicht öffnen können.

Einen Tunnel zu graben kam auch nicht in Frage. Sich zehn Stockwerke tief durch den Schiefer Manhattans zu hauen hätte Jahre gedauert und wäre ein so großes Bauvorhaben geworden, daß Stillman &

Chase schon eine Anleiheemission hätten auflegen müssen, um dafür zu bezahlen.

Sie hatten wirklich an alles gedacht. Ich hatte sogar den Verdacht, daß bei Sherman und seinen Gehilfen eine Lobotomie durchgeführt worden sei. Sie waren so nett! Sie waren immer freundlich! So war in New York aber keiner, es sei denn, er hätte einen psychochirurgischen Eingriff in seine weiße Gehirnsubstanz hinter sich oder stünde im Begriff, einem die ganze Habe zu klauen.

In den Tagen, da ich Goldbarren stapelte, wartete ich auf ein Zeichen, aber da tat sich nichts. Ich war in einem reinen, funkelnden Pool, einer Zentrale des Reichtums begraben, was auch eine physische Metapher für Unmöglichkeit darstellte. Keine Planung schien angemessen und den unendlichen Vorsichtsmaßnahmen, wie sie die Planer der Tresorräume ersonnen hatten, gewachsen zu sein. Nicht, wenn sie nicht auf dem zündenden Funken der Übertretung an sich gründete.

Wie ich so wartete, kam mir der Gedanke, daß dieser Funke vielleicht niemals erzeugt würde und daß ich letzten Endes ein Unter-Oscovitz werden könnte. Für ein paar Jahrzehnte (d. h. bis jetzt) wäre es dann das Erlebnis meines Lebens, wenn auf dem Boardwalk in Coney Island eine fette Witwe neben mir säße und von Pommes frites redete. Hochrot und hyperventilierend führe ich mit der U-Bahn nach Hause, von Furcht und Begierde überwältigt, und die Erinnerung daran und das Gefühl müßten für den Rest meines Lebens reichen.

Tief drunten in den Goldgewölben würde ich an diesen teils bewölkten Tag im Juli denken, da wir über Pommes frites geredet und ich ihr Dekolleté beäugt hatte. Als Teil der Legende wäre mir der gottähnliche Zustand in Erinnerung, den ich auf dem Heimweg in der U-Bahn erreicht hatte, als ich wie der Heizfaden in einer elektrischen Birne geglüht hatte. Und jedesmal, wenn ich das leise Rumpeln der U-Bahn unter dem Gewölbe hörte, würde ich... würde ich...

Das war's! Ich machte einen Luftsprung, flog förmlich wie eine Katze, die einen Stromschlag erlitten hatte. Ich saß gerade hinten in Abteilung 71, ruhte mich aus vom schweren Heben, als mir die Erleuchtung kam. Sogleich war alles klar. Der Schwede, der für die Instandhaltung bei den Verkehrsbetrieben zuständig war, und der

Kaffeefeind im Restaurant Blue Mill, der mir so bekannt vorgekommen war, beides Smedjebakken. Und ich, der ich tief unter der Erde saß, umgeben vom Gold grausamer Scheichs. Daß ich mich unbedingt davor bewahren mußte, ein Oscovitz zu werden. Die Vorstellung, das Leben ende in einem einsamen Kämmerlein, verloren im unendlichen Straßengewirr Brooklyns. Der Mut, den Smedjebakken auf dem Dach bewiesen hatte. Sein Abscheu vor Kaffee. Und die rumpelnde U-Bahn unter dem Gewölbe.

Eine Einrichtung wie Stillman & Chase auszurauben war nicht ohne Risiko, doch als ich die Gleichung aufmachte, das Schiefgehen des Raubs von Stillman & Chase oder der Tod selber, fiel mir die Entscheidung leicht. Mit Glück und göttlichem Geleit, wie man sie manchmal, wenn's wirklich drauf ankommt, ja eimerweise abkriegt, würden Smedjebakken und ich diese arroganten kaffeetrinkenden Scheißkerle ruinieren, und sie wüßten es nicht einmal, würden's erst erfahren, wenn wir schon um die halbe Welt wären, in einem sauberen stillen Land, wo Kaffee gänzlich unbekannt wäre.

Champagnervergiftet

(Falls du es noch nicht getan hast,
leg bitte die vorhergehenden Seiten wieder
in das ameisensichere Kästchen.)

Ich fand Smedjebakken in Astoria, wo er unter seinem Pseudonym Massina lebte. Seine Frau wäre wohl eine Karrierefrau, die keinen Unfug dulden würde. Als sie mir in dem bescheidenen Reihenhaus die Tür öffnete, war sie gekleidet wie eine Anwältin aus der Wall Street – mit Kostüm, Seidentuch und Brosche, alles von bester Qualität. Ich nahm an, sie sei gerade aus Manhattan gekommen, die Mappe aus florentinischem Leder voller rechtsförmlicher Unterlagen. Das stimmte zwar nicht, doch das fand ich erst später heraus.

»Sie wünschen?« fragte sie. Sie war auf eine Art streng, wie es ihr Mann nie wäre. Er war geboren, einen mythischen Kampf zu kämpfen, der ihm versagt blieb, und er hob seine Kraft und Stärke für eine Zeit auf, die vielleicht nie käme, während sie bestens dafür geeignet zu sein schien, sich in einer irdischeren Welt abzumühen, die ihn nicht interessierte.

»Ich suche Smedjebakken«, sagte ich.

Sogleich änderte sich der Ausdruck ihres Gesichts. Als sie den richtigen Namen ihres Mannes hörte, nahm sie an, ich sei jemand aus seiner Vergangenheit, der vielleicht den Wikinger in ihm weckte.

»Er ist hinten«, sagte sie, mit nachlassendem Interesse an meiner Person. »Horowitz kauft ein Klavier.«

»Wie bitte?«

»Heute abend kauft Vladimir Horowitz ein Klavier. Er hat sich zwei rausgesucht und will erst auf dem einen und dann auf dem andern spielen, bis er sich entscheidet. Das passiert mehrmals in der Woche, aber es ist nicht allzu häufig, daß wir einen Horowitz hier haben.«

»Er kauft von Ihnen ein Klavier?« fragte ich.

Sie sah mich an wie einen Idioten. »Von Steinway«, sagte sie. »Der Vorführraum geht auf unseren Hinterhof. Wir können von oben ein bißchen hineinsehen, und zu allen Jahreszeiten, außer im Spätherbst und Winter, machen sie die Glastüren auf.«

»Ah«, sagte ich. »Wie schade, daß Ihnen das im Winter fehlt.«

»Aber nein«, erwiderte sie. Ich konnte sehen, daß sie langsam anfing, sich eine extrem schlechte Meinung von mir zu bilden. »Im Winter sitzt Paolo im Studio. Sie haben dort seinen Gartenstuhl und -tisch. Er trinkt Tee und ißt Zwieback, während er zuhört, genau wie im Sommer.«

»Was für ein Privileg, das zu dürfen ... was für ein Glück zu leben ... wie erstaunlich ...«, schwatzte ich drauflos. Da war ich zum dritten Mal bei ihr ins Fettnäpfchen getreten.

»Es ist wohl ein Privileg«, sagte sie kühl, »aber sie bezahlen ihn doch.«

»Ihn bezahlen? Wer?« fragte ich. Fettnäpfchen Numero vier.

»*Wer?*«

»Bezahlt, bezahlt.«

»Steinway.«

»Wieso?«

»Im Laufe der Zeit haben sich die Künstler auf seine Kritik verlassen. Sie sind da abergläubisch und kaufen kein Klavier, wenn ihnen Paolo nicht bei der Auswahl hilft. Er hat ein feines Gehör. Angefangen hat alles mit Toscanini, der meinen Mann, als er ihn wie auf einem Podest da sitzen sah, für eine Art Kunstrichter hielt.«

»Toscanini?« fragte ich.

»Arturo Toscanini«, wiederholte sie und fügte, für mich, hinzu, »ein Musiker.«

»Ja, natürlich, Toscanini, wie außergewöhnlich!«

»Er hält Paolo für einen Italiener, der vergessen hat, wie man spricht. ›Alle Kraft Ihres Geistes‹, sagte er, ›hat sich in Ihr Gehör geflüchtet, und es ist das wunderschönste Gehör. *Bellissimo!*‹«

Ich hörte Klänge von Musik aus dem Haus dringen. Ich deutete in ihre Richtung und fragte: »Mozart?«

Unglücklicherweise zeigte ich auf eine Marmorbüste Beethovens, die im Flur stand. Angelica fing langsam an, die Geduld zu verlieren. »Nein«, sagte sie, »Beethoven«, und geleitete mich nach hinten. »Daß Sie ja nicht reden, bis Mr. Horowitz fertig ist und gegangen ist«, hieß sie mich. »Es sei denn, natürlich, daß man Sie etwas fragt.« Ich war einverstanden. Ich wurde auf eine verdunkelte Terrasse geführt, die ganz von der enormen Masse der Steinway-Fabrik begraben wurde. Die Fabrikmauern waren aus farbenprächtigem altem Backstein, auf dem überall Efeu und das alte braune Eisen der Feuerleitern und Riegel der Fensterläden verstreut waren, altes Eisen, das, wie altes Holz, tröstlich wirkte, nicht seines Aussehens wegen, sondern auf Grund dessen, was es erlebt hatte. Gelassen würde es seinen Platz behaupten, während alles, was mich jetzt ärgerte, schon längst vorbei wäre, nicht einmal, sondern hundertmal. Es war die geduldige Plattform für das dicke Eis der Schneestürme gewesen, der Hitzesumpf der Augustsonne, der Turnplatz zehntausend nachdenklicher Eichhörnchen in grauen Flanellanzügen, das Spalier für Efeu und Glyzinie und Blüten, die geblüht hatten, als mein Vater um meine Mutter warb.

Der massive Backstein und das stabile Eisen bildeten den Rahmen für zig schwebende Fenster, durch die Schall und Licht kamen. In der Fabrik wurde an diesem Abend gearbeitet, denn der Krieg hatte viele Klaviere zerstört, die Klavierfabriken Europas lagen in Trümmern, und die Kinder, die heimkehrenden Soldaten geboren waren, hatten nun das Alter, um Klavierspielen zu lernen.

Mein Lebtag habe ich nicht so viel klopfen hören, so viele Stimmgabeln und so viel Holz im tiefen Baß, das mit Holzhämmern, die an sich schon Kunstwerke waren, eingeschlagen wurde. Und was die Klaviere anging, na ja, so lag es nicht so sehr an den Wechselfällen des handwerklichen Könnens, daß sie sich voneinander unterschieden, sondern an zufälligen Eigenschaften des Holzes, die sehr langsam aufgetreten sind, da die Sommer in fernen Wäldern verschieden waren, oder Unterschieden im Erz, die zuerst zum Vorschein kamen, als die Ströme geschmolzenen Metalls sich abkühlten, lange bevor die Wolken auftauchten oder die Meere geboren wurden.

Und am Grunde all dessen war da ein mittelalterlicher Vladimir Horowitz, der wie sechzig spielte und ganz in der Musik aufging, daß die Zeit verrann, die wir alle erfreulicherweise vergaßen. Was für wunderschöne Kadenzen. Sie ergossen sich in den Abend wie riesige weiße Wellen, die in einem Sturm landwärts drängten; sie nahmen der Luft die ganze Dunkelheit an diesem späten Septemberabend und füllten aufs allerschönste all die leeren Räume, die existieren, um die Seele von Zweifeln anfechten zu lassen.

Smedjebakken sah wie tot aus. Nicht nur regte er sich nicht, der Mund offen, die Augen aufgerissen, der Leib starr, sondern es war klar, daß die Seele von ihm aufgeflogen war (angebunden natürlich), um irgendeinen ätherischen Raum in der Nähe einzunehmen, wie ein Wetterballon. Es sah aus, wie wenn seine ganze Geisteskraft vom Zauber der Musik in eine läuternde Zentrifuge gesteckt worden wäre. Trotz ihrer Verbindung mit dem Tanz ist die Musik nichtsdestoweniger das Sinnbild der Unbeweglichkeit, denn wenn sie wahrhaft groß ist, packt sie die Zeit und hält sie mit unsichtbarem Griff fest. Das hatte ich viele Male selber erfahren, und nun sah ich zu, wie ein korpulenter Techniker hinter der Steinway-Fabrik in Astoria genau demselben Glauben huldigte.

Jedoch sah ich schockiert, daß er drogenabhängig war. Die Utensilien standen verdammenswert auf einem Tisch neben ihm – ein Teller mit Zwieback (gewissermaßen zum Nachspülen); eine Tasse, auf deren Grund sich auf widerliche Weise Blätter abgesetzt hatten; und, ganz offen, unverhohlen, völlig dreist, eine Teekanne.

In meiner Jugend, als ich's nicht besser wußte und als der jugendliche Leichtsinn mich zuweilen zügellos machte, hatte ich selber mit Tee experimentiert. Eines Abends im Januar, in einem Restaurant namens Harvey's an der Grenze bei den Niagarafällen, war ich so durchgefroren und erschöpft, daß ich mindestens sechsmal einen Teebeutel in eine Tasse heißen Wassers tunkte und trank.

Was für Visionen ich hatte, welche Verzückung, welche Gelassenheit! Ich vermochte die andauernde Wirkung von Farben zu sehen, die sich wie Feuer bewegen, nur gleichmäßiger. Die Bienen sehen das, heißt es, und was die Bienen sahen, sah auch ich. Ich sah, wie die Lichter Buffalos im Schneefall verschwanden, und gleichsam auf der Flut eines tiefen ruhigen Flusses, der durchs heutige Land fließt, um den Ort zu suchen, woher er gekommen war, stiegen alle meine Erinnerungen auf.

Starkes Zeug, der Tee, doch wie alle Drogen trügerisch und gefährlich. Zwei Wochen lang lag ich stöhnend im billigsten Hotel in Buffalo
und wollte mich am liebsten umbringen, hatte aber weder den Mut
dazu, noch war ich in der Lage, das Zimmer zu verlassen. Das war die
Strafe für die mechanische Ekstase oder, wenn nicht das, der Preis,
den man für zwei Wochen in Buffalo zahlt.

Als die Lichter angingen, merkte ich, daß die Musik aufgehört
hatte. Horowitz stützte den Kopf in die linke Hand, und mit der
feierlichsten Miene sagte er: »Beim besten Willen, Paolo, ich kann
mich nicht entscheiden, welcher den besseren Klang hat. Die Mechanik ist gleich.«

Smedjebakken rührte sich nicht.

»Welchen denn, Paolo? Helfen Sie mir.«

»Hm«, sagte Smedjebakken. »Hm, Vladimir... ich denke... ich
denke... ich denke, der rechte. Der rechte hat den kontrolliert
prachtvollen Ton, den Sie wollen.«

»Der hier?«

»Nein, das ist der linke. Der linke, von mir aus gesehen, ist von
Ihnen aus der rechte, und umgekehrt. Künstler«, sagte Smedjebakken
zu mir und nahm zum ersten Mal von meiner Anwesenheit Notiz,
obwohl er noch immer nicht wußte, wer ich war. »Die Klangfülle des
rechten«, fuhr er fort, ganz an Horowitz gewandt, »würde ich mit
rotem Bordeaux vergleichen, im Gegensatz zu Beaujolais. Besonders
für Mozart brauchen Sie einen glockengleichen Klang, gedämpft von
einem beinahe unmerklichen Hauch von Interferenz, der beim An-
schlagen jedes Tones beginnt und wie ein feines Echo nachhallt.«

»Aber was ist mit Beethoven?«

»Beethoven. Beethoven ist... weniger rein, eher abgerundet, nicht
so metallisch. Dieses Klavier ist vollkommen für den Bereich, wo sich
Mozart und Beethoven treffen, und wenn Sie einen von beiden spielen, ist das der magische Kreis, wo Sie sein wollen. Sie müssen jeden
ein bißchen in die Richtung des anderen ziehen. Denn sie sind wie ein
bipolarer Stern, und um jedem absolute Vollkommenheit zu entlok-
ken, kommt es darauf an, von ihrer jeweiligen Veranlagung weg sich
zum Zentrum hin zu neigen.«

»Bravo«, sagte Horowitz, warf ihm eine Kußhand zu, verbeugte sich und bedeutete den Steinway-Leuten, daß er den Flügel zu *seiner* Linken nahm.

Bevor er ins leuchtende Innere der Fabrik und dann vermutlich zu seiner Limousine ging, sagte er: »Danke, Paolo. Bis zum nächsten Mal.«

Ein Steinway-Arbeiter zog die Türen für ihn auf wie eine dicke Frau beim Brustschwimmen, und sie schnappten zu. Er brachte eine Sackkarre an und befestigte sie an dem dreieckigen Podest, auf dem das Klavier, das sich Horowitz ausgesucht hatte, stand, und zog es aus dem Vorführraum, wobei er im Hinausgehen das Licht ausmachte.

»So ist das jedesmal bei Horowitz«, sagte Smedjebakken zu mir. »Bezahlen und Abtransport.«

»Wie oft machen Sie das?« fragte ich.

»Ein paarmal die Woche im Schnitt. Sie bezahlen mich.«

»Ich weiß. Ihre Frau hat's mir gesagt. Bezahlen sie Sie gut?«

»Soviel, wie ich bei den Verkehrsbetrieben verdiene, aber ich würde es auch umsonst machen.«

»Das ist ungewöhnlich.«

»Es ist das einzige, was ich meinem Kind geben kann«, sagte er.

»Wie meinen Sie das?«

»Musik.«

»Ja, Musik«, wiederholte ich, dabei hatte ich nur eine dunkle, unzureichende Vorstellung davon, was er meinte.

»Eines Tages«, fuhr er fort, »wird man eine Hi-Fi-Qualität haben, die von dem Richtigen nicht mehr zu unterscheiden ist – eine Technologie, von der wir heute kaum träumen können –, und sie wird alles hören können, was sie möchte, zu jeder Zeit. Dafür spare ich.«

Ich wagte nicht, ihn zu bitten, sich doch etwas deutlicher auszudrücken, denn unerklärlicherweise war er von seinen Worten so gerührt, daß seine Augen in dem Licht, das von den oberen Stockwerken der Klavierfabrik schien, zu funkeln angefangen hatten, und ich dachte, wir sollten es auf sich beruhen lassen, also wechselte ich das Thema.

»Ich spiele auch, wissen Sie«, sagte ich. »Nicht gut, aber doch gut genug, daß ich jemanden zu schätzen weiß, der seine Sache wirklich versteht, und genug, um zu begreifen, daß Mozart ein Gottgesandter war. Und ich denke, er wußte das schon, da war er noch ein Baby.

Man hört ja immer soviel über Freud, Marx und Einstein. Von denen, denke ich, war wohl nur Einstein wahrhaft groß, doch selbst er wurde von Mozart weit in den Schatten gestellt, der meiner Meinung nach der Größte war, der je gelebt hat.«

»Ja«, sagte Smedjebakken. »Nicht so wie ein Baseballspieler oder so etwas, nicht wahr, er war einfach unbeschreiblich groß.«

Nach ein paar peinlichen Augenblicken, in denen keiner von uns etwas sagen konnte, weil so viel zu sagen gewesen wäre, sah Smedjebakken mich an. »Sie sind der aus dem Lokal.«

»Und vom Dach«, fügte ich hinzu.

»Ja, dem Dach! Und Kaffee.«

»Ich hasse den«, sagte ich mit einem Blick auf den Tee.

»Kommen Sie rein«, sagte er. »Es wird langsam kalt hier draußen. Gehen wir an den Küchentisch.«

»Sie trinken Tee?«

»Wenn Sie mit reinkommen«, sagte er, »erkläre ich's Ihnen.«

»Ich verstehe nicht, wieso ein Mann, der so vernünftig ist, zu begreifen, was es mit Kaffee auf sich hat, das bei Tee so ganz anders sieht«, sagte ich.

Smedjebakken beugte sich über den Küchentisch, die rechte Hand am Hals einer Lampe. Nachdem er den Schalter betätigt hatte, wurde das Zimmer in ein warmes Licht getaucht, und sein Gesicht glühte wie ein Kürbis. Weil er so dasaß, blickte er, listig, zu mir auf. »Ich bin nicht vollkommen«, antwortete er.

»Aber, drogenabhängig zu sein, in den eigenen vier Wänden, vor Ihrer Familie...«

»Sie haben mir verziehen.«

»Warum hören Sie nicht auf?«

»Mit zunehmendem Alter merke ich«, sagte er, »daß meine Spannkraft nachläßt, ich kann nicht mehr so leicht zurückfedern wie in meiner Jugend. Damals konnte ich tagelang ohne Schlaf auskommen, ich konnte bis zum Umfallen arbeiten und nach kurzem Schlaf gleich wieder loslegen. Meine Kraft oder Energie schien endlos zu sein. Doch jetzt habe ich nicht mehr die Energie, ein halbes Dutzend Orgasmen am Tag in Erwägung zu ziehen, geschweige denn sie zu erreichen. Mein jetziges Selbst ist zwar weiser, aber körperlich doch beinahe von einer ganz anderen Spezies. Früher hat meine übergroße Vitalität meine ganzen Ansichten verzerrt. Wieso auch nicht? Ich dachte, alles sei möglich und daß sich die Zeit erbarmungswürdig langsam bewegte. Kaum zu glauben, aber ich wollte, daß sie schneller verginge. Die ganze Nacht hindurch habe ich früher Musik gehört und den ganzen nächsten Tag Schwellen verlegt.

Dann war die Jugend weg, geflüchtet wie ein Feigling vor der Attacke der Verantwortung. Und nun, da ich im mittleren Alter bin, brauche ich mehr Kraft, als ich habe.

Ich wußte nicht mehr weiter. Da war kein Weg, kein Anhaltspunkt. Aber ich brauchte die Energie zweier Leben.«

»Und so griffen Sie denn zur List.«

»Ja!« Er sprang auf und lief hinaus. Und war gleich wieder da mit einem Buch, das er so vor mich hinknallte, daß ich erschrak.

»*Narkotische Pflanzen*, von William Emboden!« las er, ziemlich erregt. Dann blätterte er schnell durch die Seiten, bis er den Passus fand, den er suchte.

»In Tibet«, begann er, »gibt man müden Pferden und Maultieren große Gefäße mit Tee, um ihre Arbeitsfähigkeit zu erhöhen. Maultiere sollen danach wie Fohlen herumtollen, als Folge ihrer Teerationen ... Die Entfernung zwischen den Dörfern wird nach der Anzahl der Tassen Tee angegeben, die nötig sind, um den Reisenden auf dieser Strecke bei Kräften zu halten. Man hat ermittelt, daß drei Tassen Tee acht Kilometern entspricht.« Er knallte das Buch zu. Die ganze Herumknallerei war zweifellos das Werk des Tees.

»Wenn dieses Teufelszeug auf so zauberhafte Weise bei völlig arglosen Tieren in so großen Höhen wirkt«, sagte er, »warum sollte ich ihm dann abschwören? Da Tee durchsichtig und hell ist, beleidigt er nicht infolge mangelnder Reinheit. Das Grundproblem von Kaffee ist doch der Dreck, oder?«

»Der und andere Greuel«, sagte ich. »Konformismus, Gleichförmigkeit, Zwang, Sucht, Geisteskrankheit usw.«

»Da stimme ich zu, aber Tee hat doch etwas Reines, Engelhaftes und Leichtes an sich, nicht wahr? Geben Sie's zu.«

»Ich weiß nicht. In Buffalo habe ich einmal eine Tasse Tee getrunken, und sie wäre die Ursache für meinen Selbstmord gewesen, wenn ich den Lauf eines Gewehrs in die Hand gekriegt hätte.«

»Ich gehöre der römischen Kirche an«, erklärte Smedjebakken. »Ich begehe keinen Selbstmord. Was für andere Nachteile gibt es?«

»Charakterschwäche?«

»Mein Charakter ist schwach«, sagte er. »Das weiß ich, nachdem ich nicht Präsident der Vereinigten Staaten von Amerika geworden bin. Ich bin völlig verderbt.«

Ich sah ihn direkt an und sagte: »Ich weiß nicht, ob Sie der Richtige für mein Projekt sind.«

An dem Funkeln in seinem Auge konnte ich erkennen, daß er nicht ausgeschlossen werden wollte, so erhob ich mich denn von meinem Stuhl, um den Angelhaken mit einem Widerhaken zu versehen.

»Trotzdem«, sagte er, »eine Tasse Kaffee habe ich nie getrunken, und ich habe hundert Kaffeemaschinen attackiert, habe sie umgeschmissen im Namen von allem, was gerecht und gut ist.«

»Das ist bewundernswert«, sagte ich und setzte mich wieder.

»Wie viele Leute kennen Sie, die gegen Kaffeemaschinen vorgehen?«

»Nur mich.«

»Dann sollten wir vielleicht doch, auch wenn wir verschieden sind, auch wenn Sie zur Oberschicht gehören und ein Arschloch von Investmentbanker sind, zusammenarbeiten.«

»Sie sehen mich falsch«, sagte ich. »Ich habe als Laufbursche angefangen, das ist lange her, und jetzt mache ich körperliche Arbeit in den Tresorräumen.«

»Ach ja.«

»Ja. In gewisser Weise gefällt es mir sogar. Die Arbeit ist einfach. Sie macht mich stark, und ich muß meine Aufmerksamkeit nicht auf bedeutungslose, flüchtige Einzelheiten richten. Ich kann den ganzen Tag nachdenken, wie ein Gefangener in Einzelhaft.«

»Deswegen mag ich die Streckeninstandhaltung«, sagte Smedjebakken. »Ich mache Einzelrundgänge, allein, wie Lewis und Clark, in einer halb unterirdischen und halb darüber schwebenden Welt.«

»Lewis und Clark waren nicht allein«, sagte ich. »Sie waren wenigstens zu zweit.«

»Ach, aber sie waren so einsam. Erzählen Sie mir, was Sie vorhaben.«

In dem Augenblick kam Angelica Massina, in Wirklichkeit Mrs. Smedjebakken, mit einem Essenstablett die Treppe herunter.

»Wie steht's?« fragte Smedjebakken.

»Gut«, sagte sie. »Schläft.«

Nachdem sie das Geschirr abgewaschen hatte, ging sie, ohne uns eines Blickes zu würdigen, hinaus.

»Ist sie Anwältin?« fragte ich.

»Nein. Sie war Schreibkraft bei der Marine, aber sie hat aufgehört, als unsere Tochter geboren wurde.«

»Oh«, sagte ich. »Ich dachte, sie wäre gerade aus Manhattan heimgekommen: das Kostüm und alles. Sie hat das Auftreten einer Karrierefrau.«

»Sie war in Manhattan«, sagte Smedjebakken. »Sie war im Krankenhaus. Hören Sie, ich will nicht neugierig sein, aber um was geht's, worüber wollen Sie reden?«

»Geld.«

»Nach Ihnen.« Geräuschvoll knabberte er an einem Zwieback, wie um anzudeuten, daß ihm die Tatsache, daß ich Investmentbanker war, keinen Eindruck mache.

»Brauchen Sie welches?«

»Selbstverständlich brauche ich welches. Jeder braucht welches.«

»Ja«, erwiderte ich, »aber manche glauben, sie brauchten keins oder tun jedenfalls so.«

»Mönche und so.«

»Manche Mönche und so«, stimmte ich zu, »doch selbst Mönche und so brauchen Geld. Sie müssen essen. Sie brauchen ein Dach überm Kopf, Kleider. Sie müssen für ihren Wein Reklame machen.«

»Schön. Mönche brauchen also Geld. Sind Sie gekommen, um mir das zu sagen?«

»Nein. Wieviel Geld?«

»Wieviel Geld Mönche brauchen?«

»Nein, Sie«, sagte ich.

»Wieviel Geld ich brauche?«

»Ja.«

»So habe ich das nie gesehen. Das ist genauso, wie wenn man sagen würde, wie groß wärst du denn gerne? Man ist so groß, wie man ist. Man kann nicht größer werden.«

»Aber?« fragte ich.

»Aber was?«

»Aber? Kommen Sie. Sagen Sie mir den Unterschied.«

Er zerkaute noch einen Zwieback. »Na schön. Man *kann* mehr Geld kriegen.«

»Richtig«, bestätigte ich. »Genau das machen die ganzen Arschlöcher aus der Oberschicht oder haben ihre Vorfahren gemacht. Sie sagen: *Ich denke, ich werde mehr Geld kriegen.*«

»Was soll ich tun, eine Bank ausrauben?«

Als ich keine Antwort gab und ihn nur aufmerksam ansah, sagte er: »Aha. Ich soll also eine Bank ausrauben.«

Ich wandte mich von ihm ab und trat ans Fenster, wo ich, um die dramatische Wirkung zu erhöhen, so lange stehenblieb, wie man braucht, um bis fünfundzwanzig zu zählen.

»Was zählen Sie denn da, Vögel?« schrie Smedjebakken gellend durchs Zimmer, da er mich gehört hatte.

Dann kam ich wieder an meinen Platz und sagte ganz ruhig: »Die größte Bank der Welt. Die größte Konzentration an Reichtum im Universum. Wir können ganz langsam und systematisch vorgehen, und die werden das vielleicht nie merken. Falls die es doch entdecken, dann vielleicht erst in vielen Jahren, und ganz egal, wann sie dahinterkommen, es ist sehr wahrscheinlich, daß jemand anders den Kopf hinhalten wird. Wir müssen keine Waffen einsetzen oder Gewalt anwenden. Den Erlös können wir zu gleichen Teilen aufteilen. Der einzige Nachteil liegt darin, daß Sie eine neue Identität annehmen und woanders leben müssen. Zum Beispiel könnten Sie ein schwedischer Graf sein, der sich in sein Haus in Genf mit Blick auf den See zurückgezogen hat. Wenn Sie in der Schweiz durch die Straßen gehen, hören Sie Mozart und Beethoven aus den Häusern, nicht Boogie Woogie.«

»Ich mag Boogie Woogie.«

»Ich auch. Aber nach fünf Minuten ...«

»Hören Sie«, sagte Smedjebakken und beugte sich ein wenig vor. »Ehrlichkeit ist wichtiger als Geld.«

»Natürlich.«

»Also dann, ich kann keinen Bankraub machen.«

»Was ist denn unehrenhaft daran, eine Bank auszurauben?« fragte ich, gekränkt, daß er meine Integrität in Frage gestellt hatte. »Wir würden Goldbarren rausholen. Haben Sie eigentlich jemals über Gold nachgedacht? Es wird durch Sklavenarbeit abgebaut. In Rom und im Mittelalter in Europa wurde Gold von Sklaven und Leibeigenen abgebaut. Heute sind die Bergleute in Südafrika und in Rußland auch Sklaven, auch wenn sie nicht so heißen. Das bedeutet, daß jeder, der das Gold besitzt, nachdem es aus der Erde kommt, beschmutzt ist.«

»Was ist mit dem Gold, das in den Vereinigten Staaten oder Kanada gefördert wird?«

»Gold ist ersetzbar, und der größere Teil davon wurde durch Sklavenarbeit gewonnen. Jeder Barren ist verdorben. Doch schließlich«, fuhr ich fort, »geht es in Legalität über. Man kann nicht erwarten, daß eine moralische Spur durch viele Eigentümer hin anhält, weil man nicht erwarten kann, daß die Leute wissen, was sie nicht wissen können. Trotzdem geht ein Großteil des Goldes in den Bestand von Kriminellen, Diktatoren, Drogenhändlern ein... und um es zu besitzen, müssen sie ihm sozusagen ihren Stempel aufdrücken, so daß man weiß, es ist ihres, und man weiß, man nimmt es jemandem weg, der nach so gut wie allen moralischen Maßstäben kein Recht darauf hat.«

»Wem wollen Sie es wegnehmen?«

»Das Gold, das mir vorschwebt, wird in Käfigen aufbewahrt, und am vielversprechendsten ist der Käfig, der einem Scheich auf der arabischen Halbinsel gehört, der zweihundert Frauen, etliche tausend Sklaven und fünfzig Cadillacs hat. Wenn er von seinen Untertanen kritisiert wird und er ihrer habhaft wird, foltert er sie zu Tode. Ich würde sagen, moralisch ist er kompromittiert. Nichts, was man so einem Mann antun kann, ist unlauter.«

»Was Sie vorschlagen, ist unlauter, egal unter welchen Umständen«, sagte Smedjebakken.

»Nein«, widersprach ich. »Handlungen bestimmen sich aus Zusammenhängen. Wie ich es sehe, je länger dieses Gold in seinem Käfig verbleibt, desto mehr Übel kommt in die Welt. Und wenn wir das Gold klauen, befreien wir die Welt.«

Da erschien Mrs. Smedjebakken wieder. Sie sah erschöpft und müde aus. Ich konnte sehen, daß sie noch nicht gegessen hatte und daß meine Anwesenheit störte. Ich fürchtete, daß sie, selbst wenn sich ihr Mann für meinen Plan entschiede, ihn daran hindern würde. Doch das spielte kaum eine Rolle, da es mir noch nicht gelungen war, Smedjebakken selber zu überzeugen. Daran war entweder ich selber schuld oder aber er – übertriebene Ängstlichkeit vielleicht oder ein schlecht entwickelter Sinn dafür, was recht und was unrecht war. Oder vielleicht auch bloß Mangel an Phantasie.

Da kann man sich vorstellen, wie überrascht ich war, als er sich zu mir umdrehte und sagte: »Ja. Die Yankees spielen gegen Kansas City, und ich habe zwei Karten. Da, nehmen Sie eine davon, und ich sehe Sie dann morgen dort.« Er ging hinaus, und als seine Schritte auf der Treppe zu hören waren, lächelte seine Frau, die aussah, als müsse sie eine nie endende ungemilderte Pein verkraften, mich tapfer an und sagte: »Baseballfan?«

Das Bild und das Rätsel der Angelica Smedjebakken gingen mir nicht aus dem Kopf, und sei es nur deswegen, weil sie, als sie mir über den Küchentisch die peinliche Frage »Baseballfan?« gestellt hatte, obgleich sie waschechte Italienerin war, ganz und gar wie eine Japanerin gewirkt hatte.

Um anderntags eher aus dem Gewölbe gehen zu können, mußte ich mir den Bauch halten und stöhnen. Oscovitz war nicht gerade ein Ausbund an Scharfsinnigkeit, und ihm zu sagen, daß man krank sei, bedeutete noch lange nichts, wenn es nicht begleitet wurde von etwas, das der letzten Szene in *Madame Butterfly* nahe kam. Doch es klappte, und am Mittag stieg ich durch das Gestein hinauf und trat in den Sonnenschein hinaus.

Obwohl ich wieder unter die Erde hinunter, in die U-Bahn mußte, gab es sogar in der U-Bahn Luftströmungen und gewaltige Räume, und in der Bronx flutete kräftiges Sonnenlicht durch die offenen

Fenster herein, als wir auf der Hochbahnstrecke entlangdonnerten. Ich glaube, die U-Bahn hat jetzt wohl Plastiksitze – ich habe die in Filmen gesehen –, doch zur damaligen Zeit waren sie gepolstert, Holz oder Korbgeflecht. Damit man nicht an dem Korbgeflecht hängenblieb, war es mit Schellack überzogen. Und oben in jedem Wagen drehten sich langsam Ventilatoren, als ob Verlaß darauf wäre, daß große Leute sich nicht absichtlich köpften, so daß sie die Stadt verklagen könnten, wie sie es jetzt ja machen.

Seinerzeit gab es in der Bronx jede Menge Grün, und sie war auf rätselhafte Weise ruhig. Ich glaube, daß ich hier weder sentimental noch ungenau bin, wenn ich sage, daß alles langsam ablief, weil die Leute Frieden im Herzen hatten, und die Leute hatten Frieden im Herzen, weil alles langsam ablief. Und so wie ich mich daran erinnere, war der gefleckte Schatten unter der Hochbahn genauso ruhig wie der Amazonas, glühten in den Schaufenstern die Neonreklamen wie Jaguaraugen, und der Verkehr, der ruhig und gleichmäßig war, floß dahin wie schwarzes Wasser unter einer Brücke.

Als ich zum Yankee Stadium ging, sann ich darüber nach, welche Mittel sich Smedjebakken für unser Treffen ausgedacht hatte. Mit sieben auf einem Stückchen Pappe gedruckten Informationen (Yankee Stadium, Tor, Sektion, Reihe, Platz, Datum und Uhrzeit) konnte man mit automatischer Gewißheit zwei Menschen aus völlig verschiedenen Teilen der Erde in einem bestimmten Augenblick Seite an Seite zusammenbringen.

Das, dachte ich, könnte eine Möglichkeit sein, das Potential der normalerweise vergeudeten Begegnungen zu retten, indem man beispielsweise mit einer Frau, so schön wie der Sommer selbst, an einem Spätsommernachmittag im selben Zugabteil sitzt. Meine Erinnerung geht in die Zeit Anfang unseres Jahrhunderts zurück, zu Frauen, die ich damals sah, denen ich mich auch jetzt noch gänzlich hingeben würde, wenn ich sie nur wiedersehen könnte. Ich sehe ihre glühenden Gesichter, die Farbe und das Funkeln ihrer Augen noch vor mir. Sie waren in weißen Kleidern auf der Steilküste in Long Beach oder in einem Winabout in Three Mile Harbor oder um vier Uhr nachmittags in einem Zug nach Ossining.

Wenn ich nur diese Augenblicke beim Schopf gepackt hätte, doch ich war fast immer zu schüchtern. Eine Karte aber zu einer öffentlichen Veranstaltung – einem Baseballspiel, einem Vortrag, einem Konzert – dürfte der Frau, der du sie gegeben hast, erlauben, ausführlich über ihre kurze Erinnerung nachzudenken, die sie an dich in irgendeinem öffentlichen Verkehrsmittel hatte, und vielleicht entzückt zu sein. Und wenn sie nicht käme, könnte man sich wenigstens an einem Baseballspiel, einem Vortrag oder einem Konzert erfreuen, auch wenn man neben einem traurig leeren Platz säße.

Smedjebakken war nun aber keine Frau, und der Anblick, wie er im Yankee Stadium saß, einen Pappkarton mit Baseballessen im Schoß, riß mich aus meinen Träumen.

»Was ist das?« fragte ich, indem ich auf das Essen in der Schachtel deutete.

»Etwas zu essen«, antwortete er. »Sie haben wohl schon davon gehört.«

»Was zu essen, was denn?« Nach Jahren mit Spesenkonten war ich nur die feinsten Restaurants gewöhnt, und zu Hause lebte ich beinahe völlig von Fisch, Reis und Gemüse.

»Das ist Bier«, sagte er und reichte mir einen Pappbecher. »Ich trinke Rheingold, das herbe Bier.«

»Und was ist *das*?«

»Eine koschere Rindswurst«, sagte er und gab sie mir.

»Und was ist da für ein Zeug drauf?«

»Dieses gelbe Zeug nennen die meisten Leute in Amerika Senf.«

»Wie Senf sieht das aber nicht aus. Zu hell. Das sieht ja wie Farbe aus.« Ich kostete es. »Und schmecken tut's wie Scheiße.«

»Das ist die Bronx«, sagte Smedjebakken.

»Und was sind das für Dinger?«

»Diese Dinger heißen Pommes frites. Wie lange leben Sie eigentlich schon in diesem Land?«

»Die sind so klein«, sagte ich. »Ich mag sie entweder feingeschnitten oder so groß wie eine koschere Rindswurst.«

Das Bier war ein leichtes Pilsner, die koscheren Rindswürstchen immer noch heiß, nachdem sie eine Viertelstunde aus der Aluminiumtrommel waren, und die Pommes frites schmeckten so, wie ich's seit meiner Zeit in Monastir nicht mehr gegessen hatte, als wir Kartoffeln in Olivenöl gebraten und sie mit einheimischen Kräutern gewürzt hatten. Wie im Pavillon war es zwar nicht, aber es war nicht schlecht!

Die Yankees erschienen, begleitet von tosendem Jubel, und dann kamen ihre Gegner kleinlaut aufs Spielfeld getrippelt und standen dort nervös herum, als ging's zur Schlachtbank. Nach der Nationalhymne begann sogleich das Spiel, und die Rundfunkreporter hoch droben in ihren Kabinen redeten wie Geisteskranke ins Leere vor sich. Beim ersten Wurf gab das Schlagholz das einzigartige vollkommene Geräusch von sich, das weder Krachen noch Knallen ist, sondern irgend etwas dazwischen. Der Ball hatte das leise, gespenstische Glühen einer Granate, die gerade langsam genug fliegt, daß man sie sehen kann, und dann traf er ein Wohnhaus hinter der Hochbahn.

»Gottverdammt!« schrie Smedjebakken, sprang auf, hieb in die Luft und warf das Tablett mit dem Essen zu Boden. »Haben Sie das gesehen! Das gibt's doch gar nicht!«

»Guter Wurf!« sagte ich, so daß sich alle zu mir umdrehten.

Smedjebakken schien meine Kommentare, das Essen und das Spiel zu genießen. Ich konnte mir nicht vorstellen, daß er nicht mitmachen würde, denn was macht mehr Spaß, als ein Gewölbe auszurauben, das mit dem Geld schlechter Menschen vollgestopft ist? Und schließlich hat er mich ja gebeten, ihn bei dem Baseballspiel zu treffen.

Mitten im sechsten Inning sagte er: »Angelica würde mich nie eine Bank ausrauben lassen.« Ich hatte das Thema nicht zur Sprache gebracht, und er fing erst davon an, als die Yankees so gewaltig, ja demoralisierend in Führung lagen – ganz so wie seinerzeit die Vereinigten Staaten gegenüber dem Rest der Welt –, daß das Stadion sich langsam leerte.

»Sie brauchen ihre Erlaubnis?« fragte ich angesichts des bunten Bildes vor uns und des brandungsgleichen Lärms der restlichen Menge.

»Wenn es um so etwas geht wie eine Bank ausrauben, in die Fremdenlegion gehen oder den Mount Everest besteigen, ja, dann würde ich mich mit ihr beraten.«

»Warum sind Sie denn dann hier, oder besser, warum bin ich dann hier?«

»Sagen wir's mal so: Ich glaube nicht, daß ich's tun kann, aber es geht mir nicht aus dem Kopf.«

»Warum?«

»Meine Tochter, und die technische Herausforderung.«

»Wie alt ist Ihre Tochter?«

»Elf.«

»Ein reizendes Alter für ein Mädchen.«

»Hätte es sein können. Leider ist für sie ein Alter so ziemlich wie das andere.«

»Wieso?«

»Der Name der Krankheit würde Ihnen wahrscheinlich nichts sagen. Aber sie kann nicht laufen, sie hat keine Gewalt über die Arme, sie windet sich und zieht Gesichter und wirft unwillkürlich den Kopf hin und her. Nie hat sie eine Puppe halten können.«

Was hätte ich da sagen können?

»Mit elf Jahren«, fuhr Smedjebakken fort, »hat sie ein ganzes Leben voller Leiden hinter sich, und leiden wird sie, bis sie stirbt.«

»Aber Sie lieben sie. Sie lieben sie.«

»Ich möchte sterben für sie. Ich wünschte, ich könnte für sie sterben, um sie gesund zu machen.«

»Ihre Frau geht ganz in dem Kind auf.«

»Als Sie Angelica gesehen haben, waren sie gerade von der Therapie nach Hause gekommen. Für mein kleines Mädchen ist Wasser die größte Wohltat. Dreimal in der Woche gehen sie ins Schwimmbad. Ich wollte, es könnte zweimal am Tag sein.«

»Und ich hatte gedacht, Angelica übe einen Beruf aus.«

»Sie zieht sich fein an, wenn sie Connie hinbringt. Wir haben festgestellt, daß die Ärzte freundlicher und aufmerksamer zu Leuten sind, die aussehen, als wären sie reich, gebildet und hätten gute Beziehungen.«

»Connie?«

»Ja.«

»Constance?«

»Ja. Warum?«

»Meine Exfrau heißt Constance.«

»Es ist ein schöner Name, und als sie geboren wurde, dachten wir, daß *Connie Massina* einen guten Klang habe. Und *Constance* war elegant. Glauben Sie etwa, ich hätte noch nie daran gedacht, eine Bank auszurauben?«

»Jeder denkt daran, eine Bank auszurauben.«

»Nicht als Tagtraum.«

»Für ihre Pflege?«

Smedjebakken nickte.

»Braucht man dafür denn soviel Geld?« fragte ich.

»Jetzt nicht«, sagte er, »aber was ist, wenn ich morgen sterbe? Wie soll Angelica arbeiten gehen und Connie pflegen? Wenn wir beide sterben, kommt Connie nach Welfare Island. Sind Sie mal auf der Wohlfahrtsinsel gewesen? Es ist die Hölle. Und selbst wenn wir beide achtzig würden, wäre Constance fünfzig. Was geschieht mit ihr dann später? Unsere Ersparnisse wären in wenigen Jahren aufgebraucht.«

»Warum haben Sie dann keine Bank ausgeraubt?«

»Ich will doch nicht anderen Leuten ihr Geld wegnehmen.«

»Tja«, sagte ich, »dann habe ich eine Neuigkeit für Sie. Wenn Sie eine Bank ausrauben, müssen Sie anderer Leute Geld nehmen. So geht das nun mal.«

»Was, wenn *ich* nun getötet oder geschnappt werde? Wo bleiben Connie und Angelica dann?«

»Was Sie ganz offensichtlich brauchen, ist eine Bank, die voll ist mit dem Geld von Despoten, die Sie heimlich ausrauben können, ohne eine Auseinandersetzung zu riskieren, und die Sie ausräumen können, ohne die geringste Chance, geschnappt zu werden.«

Ich fing langsam an, wie ein Krimineller zu reden, und es gefiel mir.

»Die ersten beiden Punkte gebe ich zu«, sagte er, »aber man läuft immer Gefahr, geschnappt zu werden, weshalb Bankraub für mich nicht in Frage kommt.«

»Nein. Der Grund, warum Sie noch immer Interesse daran haben, ist, daß Sie denken, daß...«, ich unterbrach mich selber, um mich genauer auszudrücken. »Sie liebäugeln mit der Vorstellung, nicht geschnappt zu werden. Ich glaube zwar nicht, daß wir geschnappt werden, aber es stimmt, Sie können es sich nicht leisten, das Risiko einzugehen. Selbst wenn wir den Plan bis ins letzte ausfeilen, daß er perfekt ist, könnten wir trotzdem geschnappt werden.«

»Genau.«

»Was Sie also brauchen, ist nicht die Sicherheit, nicht geschnappt zu werden – weil es die nicht gibt –, sondern eine sehr gute Chance, davonzukommen, und eine Absicherung für den Ernstfall.«

»Ja«, sagte Smedjebakken, »eine Bankräuberversicherung. Ich wüßte nicht, daß es so was gäbe. Gibt es eine Bankräuberversicherung der Sparkasse – SPBRV?«

»Kein Bankräuber, der so sorgfältig ist, eine Versicherung abzuschließen, würde sich damit abgeben, eine Sparkasse auszurauben.«

»Vergessen Sie's«, sagte Smedjebakken. »Sie haben da ein gutes Argument angeführt. So wie ich dran bin... auf Grund meiner Situation würde ich einen Bankraub nicht einmal erwägen, ohne mich erst zu versichern.«

»Wieviel brauchen Sie?« fragte ich, während die Yankees einen Homerun nach dem anderen erzielten.

»Nun machen Sie mal einen Punkt«, befahl Smedjebakken.

»Wieviel?«

»Wieviel? Genug, um eine Wohnung in einem Haus mit Fahrstuhl auf der Upper East Side zu kaufen. Genug für einen Treuhandfonds – der von einer Bank verwaltet wird, die ich nicht berauben könnte –, um Angelica und Connie zu unterstützen und letztlich nur Connie: Er müßte Pflege, Krankenhauskosten und Gott weiß was nicht alles abdecken. Und einen Konzertflügel, Steinway D, bräuchte ich in der Wohnung sowie jemanden, der darauf spielt, weil Musik das einzige auf der Welt ist, was sie ihrem Los entrückt, und was sie braucht, ist mehr oder weniger der Proberaum. Seit ihrer Geburt hört sie zu. Auch wäre es sehr schön, wenn sie, wenn man so etwas herstellt, und eines Tages, da bin ich mir sicher, wird so etwas konstruiert, ein Grammophon hätte, das vollkommen spielte. Und, ach ja, zweimal am Tag müßte sie zur Therapie gehen können, jeden Tag außer Sonntag, für den Rest ihres Lebens. Das ist eine Menge Geld, nicht wahr?«

»Das ist eine Menge Geld, wenn man bedenkt, was man den Portiers zu Weihnachten als Trinkgeld geben muß«, sagte ich.

»Wir haben ein Sparkonto bei der Seaman's Bank«, sagte er. »Unser ganzes Leben lang haben wir gespart.«

»Wieviel haben Sie?«

»Sechstausend.«

»Okay«, schlug ich vor und räusperte mich. »Ich besitze eine Wohnung in der Fifth Avenue mit Blick auf den Central Park. Von dort ist man schnell im Krankenhaus. Mit Fahrstuhl, Portier, dem ganzen Kram. Die Wohnung hat drei Schlafzimmer, ein herkömmliches Eßzimmer, ein großes Wohnzimmer mit Kamin und Glastüren, die auf eine sonnige Terrasse hinausgehen. Sie liegt im sechzehnten Stock, sehr ruhig. Diese Wohnung gebe ich Ihnen samt einem Steinway D. Außerdem gebe ich Ihnen eine halbe Million Dollar in bar, und ich richte eine Einmillionendollarstiftung ein. Alles kann auf den Namen Ihrer Frau und Tochter gehen, die Stiftungsgelder werden bei Morgan oder UST liegen – die wir nicht ausrauben werden, – und die habe ich weit genug im voraus eingerichtet, selbst noch vor unseren allerersten Maßnahmen, damit Sie den Schock verdauen und daran glauben können, daß das alles Wirklichkeit ist.«

»Wenn Sie soviel Geld haben, warum wollen Sie dann eine Bank ausrauben?«

»Das plus das Betriebskapital, um die Sache zu machen (etwa sechshunderttausend), ist alles, was ich habe.«

»Sie haben die Frage nicht beantwortet.«

»Zunächst einmal«, sagte ich, »im Vergleich zu dem, um was es geht, handelt es sich bei dem Geld, über das wir eben geredet haben, um einen Pappenstiel. Es ist mein Risikokapital. Zweitens hat mich die Bank sehr schlecht behandelt, und das ohne jeden Grund, und auch wenn dem nicht so wäre, hätte ich es sowieso machen müssen. Es reicht wohl, wenn ich sage, daß sie sich ungeachtet dessen, daß ich sie in ganzseitigen Anzeigen in der *New York Times* und dem *Wall Street Journal* angeprangert habe, geweigert haben, den Kaffee im Haus zu verbieten. Das ging über einen Monat, Tag für Tag. Es hat mich ein Vermögen gekostet, und selbst jetzt gibt es im ganzen Haus überall Kaffee. Das wäre also das. Und dann ist da Constance – meine Constance. Ich habe es gehaßt, von ihr ausgehalten zu werden, und mir wäre es lieber, sie wüßte, daß ich finanziell unabhängig bin. Mit ihren Milliarden werde ich nie mithalten können, doch da sie keinen Penny davon verdient hat, schätze ich, daß es ein paar Hundertmillionen auch tun werden.

Und dann ist da Ihre Constance. Ich kenne sie nicht, aber falls ich die nächsten vierzig Jahre im Gefängnis verbringe, wie könnte man das Geld, das ich jetzt habe, besser verwenden, als es ihr zu geben? Und wenn ich nicht in den Knast komme, brauche ich das Geld nicht. Die Summen, die hier zur Debatte stehen, sind so enorm, daß ich nicht einmal um die Rückzahlung des Startkapitals oder des Ihnen gewährten Zuschusses bitte. Alles paßt ganz prima zusammen.«

Da war das Spiel längst zu Ende, und wir waren allein in dem Stadion bis auf den Platzwart und die Leute zum Aufräumen. Keiner von uns beiden hatte das Spiel sehr genau verfolgt, doch wir nahmen an, daß die Yankees gewonnen hatten. Die Yankees gewannen immer.

»Was Sie sagen, gefällt mir«, sagte Smedjebakken. »Die Vorteile für Connie sind das Risiko wohl wert, aber ich würde sterben, wenn ich wüßte, ich könnte sie vierzig Jahre lang nicht sehen...«

»In den Knast gehe ich«, sagte ich. »Wenn wir geschnappt werden, sage ich ihnen nur Namen, Rang und Seriennummer. Sie machen ein Geschäft«, sagte ich und blickte starr auf die Seiten seines Kopfes, »und singen ihnen die Ohren voll.«

»Was passiert, wenn es klappt und ich außer Landes gehen muß?«

»Dann bekommt Ihre Tochter ihren eigenen Therapeuten und ihren eigenen Swimmingpool, und Sie können sich auf dem Grund und Boden Ihres Anwesens eine Klavierfabrik bauen.«

Ich war dabei, als er Angelica fragte. Das mußte ich. Ich mußte ihr den Plan darlegen und ihr feindseliges Kreuzverhör über mich ergehen lassen. Diese Frau hätte Zollinspektor werden sollen: Ihr entging absolut nichts. Für jede Aktion bei dem Unternehmen setzte sie Wahrscheinlichkeiten fest, dabei teilte sie ihre Fehleranalyse in verschiedene Kategorien ein – einen aktiven Fehler unsererseits, eine Unterlassung, eine absichtliche Entdeckung durch die Sicherheitsdienste der Bank oder andere, eine zufällige Entdeckung, die ungeplante Intervention Dritter, die Möglichkeit, daß Maschinen ausfielen, falsches Messen, Krankheit in einem kritischen Augenblick und etliche andere Kategorien, an die ich mich, offen gestanden, nicht mehr erinnern kann.

Da ich kein Techniker bin, hatte ich es versäumt, Redundanzen in meinen Plan einzubauen. Ja, ich hatte bloß den Plan und nichts, ihn abzusichern – keine Vorkehrungen, Alternativen oder dergleichen. Doch das ist ja das Schöne an der Dialektik. Ich präsentierte meine grobe These, Angelica konterte mit einer knallharten Antithese, und Smedjebakken – mit seiner stets konstruktiven Natur, der Emsigkeit eines Waldmurmeltiers und phänomenalen technischen Genialität – offerierte die Synthese. Für jede Aufgabe hatte er zwei Maschinen, jede zuvor getestet, und eine davon wartete lediglich in unberührter Pracht. Wo ich einfach sagte: »durch den Felsen bohren«, spezifizierte er ein halbes Dutzend Bohrertypen und ein Dutzend Ersatz für jeden. Wo ich einen Landeplatz verlangt hatte, wartete er mit zweien auf und einer Alternative, und wo ich mir Treibstoffässer neben der Startbahn vorgestellt hatte, grub er sie ein.

Schließlich hatte er sein ganzes Leben lang dafür gesorgt, die Zuverlässigkeit eines hochkomplexen mechanischen Systems zu gewährleisten, das mehr Variablen unterworfen war, als sich irgendeiner vorstellen konnte. Damals funktionierte die U-Bahn, und man konnte sich tatsächlich darauf verlassen. Nach Smedjebakkens Weggang ist es, so scheint es, mit ihr bergab gegangen.

Hätte ich nicht zufällig einen genialen, erfahrenen Systemtechniker und seine kritische, sicherheitsbewußte Frau getroffen, so wäre ich wohl gleich zu Anfang geschnappt worden. Und selbst wenn nicht, dann wäre ich außerstande gewesen, das, was ich gestohlen hatte, wegzuschaffen. Gold ist sehr schwer. Das wußte ich natürlich, doch ich war daran gewöhnt, mit ihm in einzelnen Barren zu hantieren. Ich hatte nicht ausreichend bedacht, wie das wäre, tausend Barren auf einmal zu transportieren.

Wir blieben die ganze Nacht auf, und die Sonne ging schon langsam auf. Es war Altweibersommer. Die Nachtluft war heiß und trocken. Eine steife Brise wehte von Norden her und brachte einen beißenden, kaffeeähnlichen Geruch von der Bronx herüber, und von diesem üblen Wind ließen sich Vögel tragen, wie die ersten und schnellsten Truppen einer Armee in panischem Rückzug. Bei so starkem Wind blieb ihnen nichts weiter übrig, als sich nach Süden treiben zu lassen, und sie krächzten, als wollten sie einen nahenden Megalossus ankündigen.

Als wir mit der ganzen Planung samt Änderungen durch waren, sagte ich: »Na?«, wonach wir zehn Minuten lang schweigend dasaßen. In Angelica Smedjebakken wallten so viele Gefühle auf, daß mir, der ich ihr gegenübersaß, war, als sähe ich einem Teekessel auf einem rotglühenden Brenner zu.

»Sie können über die Runden kommen, wie Sie sind, oder vielleicht auch nicht«, sagte ich. »Mit dem, was ich vorschlage, können Sie alles verlieren oder aber alles gewinnen. Wenn Sie ja sagen, fallen Sie vielleicht ganz schnell der Vergessenheit anheim. Wenn Sie nein sagen, holt die Vergessenheit Sie vielleicht schneller ein, als Sie denken. Unsere Eltern oder Großeltern oder entfernteren Vorfahren standen genau vor der gleichen Entscheidung, bevor sie in dieses Land kamen. Die ganze Arbeit, die man mit dem Verstand leisten kann, bringt einem nichts als vollkommen ausbalancierte Symmetrie, die Gründe für das eine oder das andere sind dabei gleichermaßen überzeugend, gleichermaßen abschreckend. Das ist etwas, das Sie mit dem Herzen entscheiden müssen. Ihre Familien haben früher schon solche Entscheidungen getroffen, und Sie werden wissen, was Sie zu tun haben.«

Angelica Smedjebakken brach in Tränen aus. Ungeachtet dessen, daß ich zutiefst gerührt war, lächelte ich, denn ich konnte sehen, daß sie dem zentralen Satz ihres Lebens, dem Teil, der bereits niedergeschrieben war, eine Kadenz hinzufügen würde, und ich wüßte nicht, was ich mehr liebe – wenn der Pianist von dem Stück, das er spielt, so gefesselt ist, daß er anfängt, es selber zu komponieren. Kadenzen sind voll und schnell, und sie kommen nicht daher als eine Sache der Technik, sondern aus Liebe, Kraft und Hochgefühl. Sie stellen eine großartige Erklärung dar. Da sie sich entwickeln, ist es, wie wenn der Pianist zu dem Komponisten sagen wollte: »Ja. Ich verstehe, was du verstehst. Ich fühle, was du fühlst. Ich kenne dich. Deine Hände sind meine Hände, deine Augen meine Augen, dein Herz ist mein Herz.« Die Kadenz, die Angelica hinzufügte, gehörte nicht zu einem Konzert, sondern zu ihrem Leben, und sie schauderte und weinte, weil ihr, in ihrer Auflösung, ein flüchtiger Blick in ihr ganzes Dasein geworden war, gleichsam durch die Augen des Komponisten.

Das nächste Mal kam ich an einem dieser Herbsttage nach Astoria, da der Himmel tiefblau und die Luft wie Glas ist. Das sind die Tage, wenn der Rauch in geraden Säulen aufsteigt und jede Einzelheit der Landschaft genauso plötzlich sichtbar wird, wie wenn sie von einem Graveur hervorgehoben worden wäre. Die Schlepper glitten geschäftig flußabwärts, grün und schwarz, weiße Schaumränder teilten sich vom Bug.

Was Smedjebakken betraf, so war er ein gutaussehender Mann, auch wenn er vielleicht ein kleines bißchen zu schwerfällig war, und seine Frau wäre das ideale Modell für einen italienischen Renaissancemaler gewesen. Und ihre Tochter war trotz ihres Leidens sogar noch viel schöner als die Mutter. Ich lernte sie an diesem Tag im Vorderzimmer im Haus ihrer Eltern kennen. Hinten vom Hof klang eine Werkstatt voller Töne, gleichsam als würde ein Orchester vor einem Konzert die Instrumente stimmen, doch einzig und allein von Klavieren. Und durch die Fenster konnte ich den blauen Himmel sehen, der schwerelos über den ausgewaschenen Backsteinen Astorias hing.

Die Mutter und der Vater packten in Vorbereitung des Umzugs Kisten. Smedjebakken brachte mich zu ihr hinein, machte uns miteinander bekannt und ging wieder an seine Arbeit. Vielleicht lag es an der unvergleichlichen Schönheit der Tochter, daß mich ihre unwillkürlichen Bewegungen kaum irritierten. Ich merkte es gar nicht, aber ich begann mich mit ihr zu bewegen, ständig den wunderschönen schieferblauen Augen zu folgen, die umherschweifen mußten, wenn sie nicht stillhalten konnte.

Sie sagte: »Es ist in Ordnung, sich mit mir ein bißchen zu bewegen: Mami und Papi machen das auch. Dann habe ich das Gefühl, daß ich mich nicht selber bewege.« Sie kämpfte, die Worte herauszubekommen, wie wenn sie von Gummibändern gehalten würden, die sich mit ihnen dehnen mußten, wenn sie ausgesprochen wurden, und die sie anhalten und zurückziehen konnten.

»Ich habe nicht einmal gewußt, daß ich das mache.«

»Ist in Ordnung.«

»Ich freue mich, dich kennenzulernen«, sagte ich. »Ich weiß, wie sehr deine Mutter und dein Vater dich lieben, und ich verstehe auch, warum. Du bist sehr schön. Ich habe nie ein Kind gesehen, das solche Augen hat wie du – und einen Erwachsenen eigentlich auch nicht.«

»Dort findet mein ganzes Leben statt«, sagte sie, »in meinen Augen.«
Ich nickte.

»Ich möchte nicht nach Manhattan ziehen.«

»Ich weiß. Dein Vater hat's mir gesagt. Als ich ungefähr so alt war wie du, mußte ich aus dem einzigen Haus wegziehen, das ich je gekannt hatte. Doch die Umstände waren ganz anders.«

»Wieso?« fragte sie, und obgleich es wie *Wi-hi-sooo* klang, wirkte es doch irgendwie vollkommen natürlich.

»Die waren ganz schrecklich«, sagte ich, »ganz schrecklich, aber ich bin drüber weggekommen, auch über den Umzug. Das wirst du auch. Wo ich hingezogen bin, da war ein Seil, das hing von einem Baum, der sich über eine tiefe Stelle in einem Fluß neigte. Zehntausendmal bin ich von diesem Seil geflogen, und nach jedem Flug war ich ein kleines bißchen weniger unglücklich, daß ich von zu Hause weg mußte. Jetzt erinnere ich mich an den über den Fluß geneigten Baum genauso voller Liebe und Traurigkeit, wie ich sie für den Ort empfunden hatte, von dem ich weggehen mußte.«

»Ich kann nicht vom Ende eines schwingenden Seils fliegen«, sagte sie.

»Aber du kannst schwimmen«, antwortete ich. »Und wohin du kommst, dort gehst du zweimal am Tag schwimmen.«

Sie lächelte.

»Und außerdem möchte ich wetten«, sagte ich zu ihr, »daß deine Mutter dich an jedem Tag, wo du schwimmst, am Süßwarenladen haltmachen läßt, weil du bei dem ganzen Sport soviel Energie verbrauchst.«

»Ja?«

»Ich kann's nicht versprechen, aber ich werde es vorschlagen. Wenn *ich* mich tüchtig abarbeite, gönne ich mir hinterher auch was Gutes. Aber ich muß bloß aufpassen, nicht mehr als ein kleines Häppchen zu essen, weil ich sonst zunehme. Doch du bist noch ein Kind, du mußt nicht aufpassen.«

»Nein«, sagte sie. »Ich bin mager.«

»Du bist *svelte*«, sagte ich zu ihr.

»Was heißt das?«

»Es heißt genau richtig, ein kleines bißchen zum Dünnen hin. Es ist schwedisch. Du wirst es lernen, wenn du Schwedisch lernst.« (In Wirklichkeit ist es französisch, wie ich Jahre später an der Marineakademie herausgefunden habe.)

»Warum sollte ich denn Schwedisch lernen?«

»Weil du eine Smedjebakken bist.«

»Weil ich *was* bin?« fragte sie belustigt. Es war klar, daß ihre Eltern ihr nicht alles erzählt hatten.

»Weil alle kleinen Mädchen mit blauen Augen Smedjebakkens sind, und früher oder später lernen sie Schwedisch. Schwedisch ist eine so wunderbare Sprache, daß man beim Sprechen das gleiche Gefühl hat, wie wenn man singt, Klavier spielt oder in einem Kanu paddelt.«

»Sprechen Sie Schwedisch?«

»Nein.«

»Woher wissen Sie das dann?«

»Ich kann Pseudoschwedisch«, sagte ich. Und dann redete ich mit ihr ein paar Minuten lang Pseudoschwedisch, das ich stundenlang ununterbrochen produzieren kann und mit dem ich schwedische Geschäftsleute und Bankiers, die auf Besuch waren, regelrecht verblüfft habe, als ich sie ganze Mittagessen lang mit Geschichten in einer Sprache unterhielt, die weder sie noch ich verstanden. Zum Schluß sagte ich zu Constance: »Dein Vater wird dir's beibringen.«

»Wie kann *er* mir das beibringen?«

»Er spricht's fließend.«

»Wirklich?«

»Ja.«

Sie war von Stolz erfüllt. »Ich möchte unbedingt Schwedisch sprechen«, sagte sie. »Ich lerne schon Italienisch.«

»Gut. Italienisch ist, wie wenn man mit einem Vogel redet. Schwedisch ist, wie wenn der Vogel redet.«

Sie lachte.

»Und da ist noch was«, verriet ich ihr. »Wo du hinziehst, dort kannst du den Central Park sehen, Wolkenkratzer, einen schönen See und den Sonnenuntergang, alles von ganz weit oben. Du hast dort eine wunderbare Terrasse mit vielen Pflanzen und Blumen – kleine Zwergkiefern in Kübeln, Kräuter, Geranien, Rosen und Rucola. Und rate mal, was noch?«

»Was?«

»Die Terrasse hat einen Abfluß und einen Schlauch. An heißen Sommertagen kannst du ein Gummibecken mit Wasser füllen und in der Sonne planschen.«

»Das klingt gut«, sagte sie. Sie fing an, ihre Meinung in puncto Umzug zu ändern.

»Du hast dort dein eigenes Zimmer, auf demselben Flur wie alles andere, so kannst du dich dort einfacher bewegen als hier. In dem Haus ist auch ein Fahrstuhl. Kein Hinunterpoltern auf der Treppe. Du wirst in eine neue Schule gehen, wo es für dich viel Neues und Fabelhaftes zu lernen gibt. Und schließlich wird dir dein Vater einen Steinway D kaufen, auf dem jeden Tag ein Student der Juilliard School of Music üben wird. Du wirst alles haben, was du liebst, weil dein Vater und deine Mutter dich lieben.«

Ich umarmte sie. Ihre unstillbare Bewegung fühlte sich ganz wie die eines kleinen Kindes an, und ich merkte, daß ich im Verlaufe nur weniger Minuten dieses Kind liebgewonnen hatte.

Wahrscheinlich würde sie die Liebe, Ehe und Mutterschaft nicht kennenlernen. Die jungen Leute, die da freien und Kinder zeugen, sind rücksichtslos. Das ist nur natürlich. Man denke nur daran, wie, sagen wir mal, eine große Nase oder schlechte Zähne wirken. Dann denke man an Connie Massina, an all die seelenvolle Schönheit, an all die Klugheit und tiefe Empfindsamkeit, an all die Liebe, die da brach lägen. Es geschieht bei den Elchen und Ottern und Kolibris, und es geschieht bei uns, daß die Besten von uns, die aber lahm sind, von der Herde ausgesondert werden. Die Herde ist das Grausamste, was es gibt, und ich habe sie immer gehaßt.

Der Plan war, daß Smedjebakken und ich uns von Angelica und Connie entfernt hielten. Weil es die größte Katastrophe wäre, wenn Angelica ohne das dastünde, was einst mein Vermögen gewesen war, und mit uns ins Gefängnis käme, sollte sie nichts wissen. Nichtsdestoweniger, und das kann ich nun bestimmt sagen, nötigte sie Smedjebakken ein erstaunliches Versprechen ab, das er nie preisgegeben hätte, nicht einmal dem Erzengel Gabriel, nämlich, daß wir vor dem Bankraub einen anderen Raub begehen sollten. Das leuchtete mir nicht ein, und Smedjebakken wohl auch nicht. Ich wollte nicht, aber er stand in der Pflicht.

»Ich bin Amateur«, sagte er eines Nachmittags zu mir, als wir uns abmühten, sein Haus in Astoria in eine Bleibe für mich sowie eine Werkstatt umzuwandeln, in der die Spezialausrüstung hergestellt werden könnte, die wir für das Ganze brauchten.

»Ich auch«, erwiderte ich.

»Meinen Sie nicht, es wäre besser, wenn wir vor so einer großen Sache schon etwas Erfahrung hätten?«

»Nein.«

»Warum nicht?«

»Aus vielen Gründen. Zum Beispiel, Anfängerglück. Als ich das allererste Mal einen Pfeil abschoß, habe ich ins Schwarze getroffen. Bei meinem ersten Pokerspiel habe ich abgeräumt. Als ich zum ersten Mal ein Mädchen küßte, haben wir uns in die Lüfte erhoben wie zwei wasserstoffgefüllte Kleinluftschiffe.«

»Ich bin Techniker von Beruf«, sagte Smedjebakken. »Ich halte nichts von Glück.«

»Wie sieht's mit den technischen Gründen aus?« Wir standen, mit Besen bewaffnet, auf dem oberen Flur des Hauses (das nun meinen einzigen Besitz darstellte). »Wenn wir zwei Verbrechen begehen, ist die Wahrscheinlichkeit, daß wir geschnappt werden, zweimal so groß. Auch wenn wir beim ersten Mal nicht erwischt werden, hinterlassen wir dabei vielleicht Spuren, die, in Verbindung mit denen, die wir beim zweiten Mal hinterlassen, zu unserer ansonsten vermeidbaren Festnahme führen könnten. Ich möchte mit reiner Weste auf die Bildfläche treten. Ich möchte aus dem Nichts auftauchen. Eins habe ich beim Fliegen gelernt, nämlich daß der zweite Angriff auf ein Ziel genauso wie der hundertste ist.«

»Das klingt vernünftig, aber ich kann's einfach nicht machen, wenn wir nicht eine Art Probelauf absolvieren.«

»Na schön«, sagte ich, »dann klauen wir eben aus dem Metropolitan Museum die *Madonna del Lago*.« Das sollte ein Witz sein.

»Haben Sie sich so entschieden?«

»Ich dachte, Sie wollten etwas klauen?« sagte ich, meine Position zu verteidigen.

»Ja.«

»Schön, dann klauen wir eben die *Madonna del Lago*. Ich habe da einen Plan.« An diesem Punkt war ich einerseits voll und ganz festgelegt, andererseits natürlich voll und ganz festlegbar.

»Wann haben Sie denn den Plan gemacht?«

»Jetzt eben.«

»In einer Sekunde?«

»Er muß noch ausgefeilt werden, aber im wesentlichen steht er. Das Wesentliche ist immer eine Eingebung des Augenblicks, immer ganz leicht, wie aus dem Nichts.«

Großartige Einfälle hatte ich mein ganzes Leben lang gehabt – der Antischwerkraftkasten, die Kamel-Ranch in Idaho, Artilleriepost –, doch hatte ich's nie vermocht, sie in die Wirklichkeit umzusetzen. Smedjebakken jedoch kannte nichts anderes, als Ideen wirklich werden zu lassen.

Vielleicht war ich zunächst von dem entschiedenen Vorteil inspiriert, daß Constances Vater die *Madonna del Lago* so geliebt hatte. Es ist ein Bild, das zwar sehr angesehen ist, von den Experten aber nur zum Mittelfeld der großen Kunstwerke gerechnet wird. Da sind sie wohl im Irrtum oder vielleicht bloß zu zaghaft. Es ist ein so starkes Gemälde, daß es einfach einige derer befremden muß, deren Aufgabe es ist, es zu preisen. In Anerkennung seiner Qualität erklären es manche für ein großes Werk, auch wenn sie es hassen, während andere, die es lieben, aber wissen, daß es geringgeschätzt wird, es um des guten Einvernehmens unter Freunden willen herabsetzen. So geht es starken, scharf und klar bestimmten Dingen in einer Welt voller Schwierigkeiten, wo der Kompromiß überlebensnotwendig ist.

Die *Mona Lisa*, das habe ich schon immer gefunden, hat zu viele Brauns. Sie füllt das Bild zu sehr aus, und sie sieht leider aus wie eine, die Burt Lancasters Schwester hätte sein können. *La Tempesta* andererseits ist eines der großen Gemälde, wie die *Madonna del Lago*, das zu phantasievoll und intelligent ist, zu fesselnd, zu farbenfroh, zu verwirrend, um leicht Anerkennung zu finden.

Doch die *Madonna del Lago* ist ein kompositorisches Meisterwerk. Mit dem Kind in den Armen steht die Madonna auf einer Landspitze, die in den See ragt, so daß sie fast vollständig von Blau umgeben ist, und von fern betrachtet, scheint sie in einen Glorienschein oder eine Aurora gehüllt. Zu ihrer Rechten türmt sich drohend eine brandungs- gleiche Woge, in der Sonne glitzernd, gleichsam ewig schwebend. Das Wasser zur Linken ist ruhig, aber seicht, seine Schatten- und Farb- schichten bilden ein Gegengewicht zu der gegenüberliegenden Woge. In der Form gleicht das Bild stark einem byzantinischen Mosaik, wobei das Wasser die Stelle der Orbitalringe oder -bänder einnimmt.

Es ist ein Meisterwerk der Farbe. Der Himmel ist von unterschied- lichem Himmelblau, blassem Grünlichblau, Wedgwoodblau, Grau- blau und Metallgraublau, das oft atmosphärische Störungen begleitet. Auch der See verläuft in einem halben Dutzend Farben, manche nahezu tropisch, wie gelblich-türkis, manche nicht von dieser Welt, manche einfach und manche kühl. Die Felsen sind feldgrau, das Feld ein besonderes Emailgrün, das von einer nur in der Renaissance bekannten Zaubergrube gekommen sein mußte, denn heutzutage sieht kein Grün so frisch und so hart aus, so tief, hell und leuchtend.

Und es ist ein Meisterwerk des Ausdrucks. Die Madonna ist weder ernst noch besinnlich. Auch ist sie nicht gelassen. Sie lächelt sanft, triumphierend. Das ist der Ausdruck, den sie, so möchte man meinen, haben sollte, oder? Der Ausdruck, den sie verdient hat? Ihr Blick verheißt keinen irdischen, niederregenden Triumph, sondern so wun- derschöne engelhafte Begeisterung, daß ich mich sogar jetzt noch danach sehne, denn ich habe nie in einem menschlichen Antlitz größere Schönheit gesehen.

Constances Vater empfand ganz genauso und schickte einen Mit- telsmann nach Paris, um Hiro Matsuye zu engagieren. In den zwanzi- ger Jahren war Hiro Matsuye der beste Kopist auf der Welt. Er war so gut, daß ihn die Museen in ständiger Angst genau im Visier hatten und das, was er machte, genau katalogisierten. Damals, ohne Elektronen- mikroskopie und die moderne spektrographische Analyse, war es unmöglich, zwischen einem Original und der Huldigung, die es durch Matsuye erfuhr, zu unterscheiden, obgleich er immer ein Schlüsselele- ment in der Komposition änderte, um Betrug zu vermeiden. Doch Mr. Lloyd überzeugte ihn, nur dies eine Mal und wer weiß zu wel- chem Preis, die Kopie richtig exakt zu machen.

Im Keller des Hauses, das einmal meines war, lag Matsuyes *Madonna del Lago*, vollkommen gealtert, in genau dem gleichen Rahmen wie das Original. Constance hatte das Bild nie gemocht, vielleicht weil sie mit dem Motiv zu viel Ähnlichkeit hatte, und als ihr Vater und Matsuye nicht mehr am Leben waren, hatte sie es in eine Kiste gepackt. Es ist ein kleines Bild. Selbst mit dem Rahmen ist es nicht viel größer als eine Riesenpackung Haferflocken.

Smedjebakken und ich gingen die Fifth Avenue hinunter, bis wir das Haus erreichten. Keiner war da, und die Straße war verlassen. Über den Eisenzaun konnten wir nur klettern, weil Constance meinen Vorschlag, die Speerblätter anzuspitzen, abgelehnt hatte. Aus Gründen, die mir bis auf den heutigen Tag unerklärlich sind, wollen sehr reiche Leute mit Speerblattzäunen einfach die Ränder nicht anspitzen, wie es die Logik und der gesunde Menschenverstand verlangen. Als wir ohne die geringste Angst und ohne zu zaudern über den Rasen gingen (das Haus war schließlich mal meines gewesen), äußerte Smedjebakken seine Verwunderung, daß ich wirklich dort gelebt hatte. »Die Vorstellung, in solcher Pracht zu leben«, sagte ich ihm, »ist besser als die Wirklichkeit.«

Wir ließen uns in einen untadelig sauberen Kalksteinlichtschacht fallen, wo wir mit dem Rücken an der Wand dasaßen und warteten, daß Constance für den Abend nach Hause käme. Ich wußte, daß das Fenster in diesem Lichtschacht einen kaputten Riegel hatte. Man brauchte es nur aufzudrücken, obwohl jemand zu Hause sein mußte, damit die Alarmanlage abgestellt wäre.

»Wissen Sie nicht, wie die Alarmanlage zu bedienen ist?« fragte Smedjebakken.

»Ich bin mir absolut sicher«, sagte ich, »daß der Kaffee Constances Verfolgungswahn verschlimmert hat und daß sie sowohl die Alarmbefugnis als auch die Schlösser geändert hat. Wir müssen bloß warten.«

Smedjebakken stimmte zu und sagte, daß sie in der Tat, wenn sie soviel Kaffee trinke, wie ich behaupte, mittlerweile eine irre Psychotikerin sein müsse und daß das Haus wahrscheinlich vollgestopft sei mit mittelalterlichen Folterinstrumenten und Dobermanntölen, die Zähne wie ein Dozent in Oxford hätten.

»Tun Sie des Guten nicht zuviel«, hieß ich ihn. »Man muß jahrelang

Kaffee trinken, um so zu werden. Ich bin mir nicht ganz sicher, wie lange sie's schon treibt, doch da ich weiß, daß sie viel verkonsumiert, ist sie zweifellos unzugänglich, irrational und manisch, wenn auch noch nicht völlig kaputt.«

Da hörten wir den wunderbaren Klang eines Nagy-Horvath von 1927, des einzigen großen ungarischen Luxusautomobils, von dem nur fünfzehn gebaut wurden, alle ganz und gar in Handarbeit. Der Kerosinmotor war ein 750-PS-Meisterwerk aus Edelstahl, Nickel und Bronze. Er sah aus (wenn ich das sagen darf) wie eine dieser glänzenden Espressomaschinen, die man in piekfeinen Lokalen sieht, und sein Klang erinnerte an das Viertel der Metallkesselflicker in Neu-Delhi. Da klopften, drehten und klickten so viele Stangen, Arme, Hebel, Ventile, Gänge und Buchsen, daß ich, als ich mit dem Horvath durch die Stadt fuhr, sah, wie sich Veteranen, die an einer Kriegsneurose litten, zu Boden warfen, in der tiefsten Überzeugung, daß er gleich explodieren würde.

Ich werde nie verstehen, wie Leder noch fünfundzwanzig Jahre, nachdem es verarbeitet worden ist, so gut riechen kann oder wieso das Innere nie schmutzig wurde oder das Metall nicht anlief (obgleich das mit dem Mann zu tun haben dürfte, den wir eingestellt hatten, den Wagen zu pflegen). Der Motor lief nicht mehr, und ich wartete auf das unverwechselbare altsteinzeitliche Geräusch der Handbremse, wie ein sich räuspernder Triceratops, was aber nicht kam. Als die Minuten verstrichen, verlor ich langsam die Fassung. Gar nicht viel später lag mein Kopf auf den angezogenen Knien, und ich hechelte wie ein Hund, der auf einem Untersuchungstisch steht.

»Was ist los?« fragte Smedjebakken.

»Sie küßt jemanden«, sagte ich.

»Woher wissen Sie das?«

»Sie zieht immer die Handbremse gleich an, es sei denn, sie küßt jemanden. Wenn Constance küßt, wirft sie sich mit dem ganzen Körper hinein. In einem Nagy-Horvath geht das bei angezogener Handbremse nicht.«

»Ach.«

»Da!« sagte ich. »Haben Sie dieses Stegosaurus-Würgen gehört?«

»Was für einen Stegosaurus?« fragte Smedjebakken.

»Holen wir bloß das Bild und verschwinden hier.«

Gleich darauf ging drinnen das Licht an. Das wußten wir nicht etwa, weil der Keller nun nicht mehr stockdunkel gewesen wäre, sondern weil die wächsernen Blätter des Xyrothombus über uns an ihren Unterseiten gelb aufblitzten, da sie das Licht der Kronleuchter im Ballsaal reflektierten.

»Warum macht sie bloß das Licht im Ballsaal an?« fragte ich. »Aber was schert's mich? Sie hat inzwischen Holmes gerufen, und die Anlage ist aus.«

Ich drückte gegen das Fenster, und es ging auf, wobei es nur, wie ich erwartet hatte, etwas knirschte. »Ich gehe zuerst rein und hole eine Stehleiter«, sagte ich zu Smedjebakken. Als ich vom Fenster hinabsprang, landete ich übel auf meinem rechten Knöchel und fiel gegen die Wand. Von dem Aufprall wurde ich bewußtlos. Dessen bin ich mir sicher, weil ich, als ich aufwachte, fast an einer Flasche 1933er Lafitte erstickte, den mir Smedjebakken einflößte.

»Was machen Sie denn da!« schrie ich, ohne daran zu denken, daß ich ein Einbrecher im eigenen Haus war.

»Sie waren bewußtlos. Sie waren am Austrocknen. Es war das einzig Flüssige, das ich finden konnte, abgesehen von dem Champagner. Noch eine Flasche Champagner wollte ich nicht aufmachen, weil der Korken so geknallt und einen Heidenlärm gemacht hat.«

Ich blickte hinunter und sah zu meinen Füßen eine Anderthalbliterflasche Champagner, leer. »Wo ist der Champagner?« fragte ich.

»In Ihrem Bauch.«

»Kein Wunder, daß ich mir bis obenhin voll vorkomme.«

»Ja. Ich habe Ihnen auch eine Flasche Château Haut Brion gegeben.«

»Sind Sie verrückt?« fragte ich, meine Stimme fing schon an zu lallen. »Ich hat-se Weim. Morgen werd' ich den ganzen Nachmittag kotzen.«

»Nicht, wenn Sie nichts essen.«

Ich stand mühsam auf und führte Smedjebakken in den Gemäldetresor. Ich erinnere mich nicht mehr an viel, doch ich weiß noch genau, daß ich, als die Zeit verging und ich immer betrunkener wurde, nicht mehr das einfache Kombinationsschloß handhaben konnte, so daß ich stundenlang dalag, Smedjebakken meine Lebensgeschichte herunterlallte und dem elektrischen Klavier oben im Tanzsaal lauschte.

»Was zum Teufel geht da oben vor sich?« fragte ich.

»Da tanzt wohl jemand«, sagte Smedjebakken mit einem Blick nach oben.

»Sehen Sie nach, was da los ist«, sagte ich und gab ihm die Taschenlampe. »Mir ist zu schlecht, ich kann mich nicht rühren.«

»Warum sollte ich das riskieren?«

»Ich muß es wissen.«

»Warum müssen Sie das wissen?«

»Weil sie meine Frau ist! Weil ich mich einmal in sie verliebt habe. Ich habe sie geliebt, sie hat mich geliebt, und die Liebe bleibt. Sie ist eine feste Größe, selbst wenn wir's nicht sind.«

Smedjebakken ging und kam nach über einer halben Stunde wieder, als ich schon fast wieder nüchtern war.

»Was haben Sie gesehen?« fragte ich.

»Nichts.«

»Was soll das heißen, ›nichts‹? Erzählen Sie mir, was Sie gesehen haben.«

»Wollen Sie die Wahrheit hören?«

»Ich will immer die Wahrheit hören«, sagte ich. »Wissen Sie das denn nicht? Alle wollen immer die Wahrheit.«

»Na schön. Nach zehn Minuten habe ich schließlich die Treppe gefunden: Der Keller hier ist ja so groß wie Madison Square Garden. Ich hatte Angst, daß ich vielleicht jemandem die Tür vor der Nase aufmache.«

»Sie geht in die Küche, nicht in den Tanzsaal.«

»Ich weiß, aber sie gingen raus und rein. Zum Glück tanzten sie gerade im Ballsaal, als ich vom Keller raufkam. In der Küche zischte unablässig eine riesige Espressomaschine vor sich hin, und überall standen Kaffeetassen herum. Ich dachte, es wäre eine Party für zwanzig Leute, aber da sind bloß zwei, und die trinken den ganzen Kaffee allein. Jedesmal nehmen sie eine saubere Tasse.«

»Wer?« fragte ich, ich spürte mein Herz zwischen den Zehen.

»Eine wunderwunderschöne Frau . . .«

»Das ist Constance.«

»Und ein großer, geschmeidiger, brasilianisch aussehender Kerl mit straff nach hinten gekämmten Haaren. Er trägt spitze Schuhe, schwarze Gauchohosen und ein besticktes Hemd. Er sieht aus wie eine Kreuzung aus Kellner und Akrobat, und er hat richtig dünne Lippen, wie Rudolph Valentino.«

»Was hat sie angehabt?«

»Nichts.«

»Nichts?«

»Da lagen Schlüpfer und Zeug überall verstreut. Sie war völlig nackt, und sie hat getanzt. Junge, Junge, hat die getanzt!«

»Was hat sie getanzt?« fragte ich und biß die Zähne zusammen.

»Schlangentänze.«

»Schlangentänze«, wiederholte ich mit versagender Stimme.

»Sie hat eine Art, sich zu bewegen, daß ich eine halbe Stunde lang wie gelähmt war.«

»Wie war das möglich? Um Himmels willen«, sagte ich, »sie tanzen doch zu einem elektrischen Klavier!«

»Ja, aber sie tanzen in dem Kaffeestil, in langsamem Kontrapunkt.«

»Küssen sie sich?«

»Sie küssen sich, sie streicheln sich, und sie schlürfen Kaffee. Tut mir leid, aber Sie wollten ja die Wahrheit.«

»Ich hatte immer so einen Verdacht«, sagte ich, »und nun weiß ich's. Besser, man weiß es, als vermutet es nur. Zwar begreife ich noch immer nicht, wie jemand eine küssen kann, die Kaffee trinkt, doch das ist erledigt, aus und vorbei. Jetzt stehe ich nur noch auf Bankraub.«

Nachdem ich den Alkohol getrunken hatte, den Smedjebakken mir eingeflößt hatte, war ich fast einen Monat lang krank, und ich lag auf dem Fußboden in einem der Zimmer im Obergeschoß des Hauses in Astoria und sah zu, wie es in ganz Queens Winter wurde. Smedjebakken war zwar ein erstklassiger Ingenieur, aber er war kein Arzt: Er versuchte, mich dazu zu kriegen, eine Tasse Tee zu trinken. Wozu denn die Gifte noch mischen, wenn ich auch so schon kaum noch am Leben war? Ich will keine Metaphern ersinnen, um den Schmerz in meinem Kopf zu beschreiben, weil man das Gehirn nicht auch noch nötigen sollte, auf seine eigenen Kosten zu glänzen. Die Gliedmaßen schmerzten wie ein Königreich, das einen Krieg verloren hat, und der Magen blähte sich gleichsam in der Übelkeit sämtlicher Meere, aber mein Kopf, na ja, er tat weh. Er tat richtig weh.

Zuweilen zwang mich die Suppe toxischer Rückstände, die in meinem Körper kreisten, grauenvolle Alpträume im Wachen zu durchleben, daß ich schrie und auf den Fußboden hämmerte. Smedjebakken, der erst vor einigen Wochen eine Anderthalbliterflasche Champagner in mich hineingeschüttet hatte, besaß die Frechheit anzudeuten, daß meine Krankheit psychosomatisch sei. Er sagte, ich solle eine Kopfschmerztablette nehmen.

»Sind Sie noch bei Trost?« fragte ich. »Mein Onkel hat einmal eine Kopfschmerztablette genommen und war ein Jahr lang krank. Das ganze Land gerät langsam in die Gewalt von Drogen und wird sich nie wieder erholen.«

»Eine Kopfschmerztablette?«

»Aus einer Tablette werden zwei, aus zwei werden vier, aus vier acht, aus acht sechzehn, aus sechzehn zweiunddreißig, und aus zweiunddreißig vierundsechzig. Ehe Sie sich's versähen, schaukelte ich auf Aspirin und Kaffee dahin. Smedjebakken, aus den Vereinigten Staaten von Amerika wird langsam eine Opiumhöhle. Jemand, *jemand* muß doch widerstehen.«

Während ich wieder zu Kräften kam, arbeitete Smedjebakken unermüdlich daran, das Haus einzurichten. Da es in einem Industrieviertel lag, nahm keiner Notiz von den Dingen, die er hineinrollte. Als er fertig war, konnte er schweißen, schneiden, fräsen, schleifen, formen, Gewinde schneiden, schmieden, plattieren, hartlöten, bohren oder praktisch jedes Metall strangpressen. Er verstand sich meisterhaft auf jede Form der Handhabung und Bearbeitung und hatte sein Lebtag lang Maschinen gebaut. Er erzählte mir, daß er – wenn er Zeit und das nötige Material hätte – zum Beispiel einen Rolls-Royce in halber Größe bauen könnte oder einen mechanischen Webstuhl oder einen Antischwerkraftkasten. Und weil er tat, was er gern hatte, fiel es ihm leicht und ging schnell.

Er wollte wissen, wie wir die *Madonna del Lago* klauen würden.

334

Zuerst dachte er, daß ich Angelica bloß die Kopie als echt ausgeben und mich durch die von ihr gestellte Vorbedingung durchmogeln wolle, doch bald ließ ich ihn einen richtig großen Rollstuhl mit Motorantrieb bauen, der mit D-Zellen lief, die in den Metallrohren des Rahmens versteckt waren.

»Warum nicht einfach mit einer Batterie unten dran, wie bei Connies Rollstuhl?«

»Weil das hier ein Rollstuhl zum Diebstahl von Gemälden ist, darum«, sagte ich und sank zurück, zu schwach zum Reden.

Drei Tage später hatte er den Rollstuhl. »Okay«, sagte ich zu ihm, »machen Sie einen Kasten, der genau wie ein Batteriebehälter aussieht, und montieren Sie ihn an den üblichen Platz. Nur versehen Sie ihn mit einer Klappe, die bei Berührung aufspringt und die man nicht sehen kann – sie muß wie die solide Schmalseite des Kastens aussehen. Der Schalter zum Öffnen muß versteckt sein, die Klappe sollte so schnell wie ein Springmesser aufgehen, und man muß sie mit dem Fuß zumachen können. Drinnen ... eine ausziehbare Schiene, auf Kugellagern und mit Federn versehen, so daß sie herausschnellt, wenn die Klappe aufgeht. Zwischen den Schienen ein Gestell, das das Bild hält.«

»Verstehe«, sagte er. »Doch was ist mit der Alarmanlage? Der Aufsicht?«

»Aufsicht?« fragte ich. »Alarmanlage? Oh.«

Binnen achtundvierzig Stunden war das fertige Produkt da. Der Batteriekasten sah genau wie ein Batteriekasten aus, aber als Smedjebakken die Abdeckung auf einem der Griffe anhob und einen Knopf darunter drückte (genauso wie in einem Kampfflugzeug der Abzug am Steuerknüppel ist), ging die Klappe auf, und urplötzlich erschien das Bild, das fein säuberlich in einem mit Filz bezogenen Gestell lag. Noch einmal drückte er den Knopf, und das Ganze lief umgekehrt ab.

»Das Öffnen oder Schließen dauert eine halbe Sekunde«, sagte er. »Das geht mit ölgefüllten Zylindern, und den Knopf, die Federn sowie den Drücker habe ich leiser gemacht. Vielleicht ist es Ihnen gar nicht aufgefallen, aber es ist nichts zu hören.«

»Es ist mir aufgefallen«, sagte ich.

Dann ließ ich mich zurücksinken, wieder einmal krank, und durchlitt noch eine Zeit voller Schmerzen und Übelkeit. Smedjebakken fing langsam an, das Vertrauen in mich zu verlieren. Er war so verstört, daß er am nächsten Morgen kam und es rundheraus sagte.

»Wie kann ich Ihnen denn vertrauen, daß Sie das Ding hier nicht vermasseln?« fragte er. »Sie sind krank. Der Plan erfordert Kühnheit, Kraft und Stehvermögen. Aber seit einem Monat ächzen und stöhnen Sie nun schon herum.«

»Ich war vergiftet!« schrie ich.

»Vergiftet wovon?« gellte Smedjebakken. »Einer Flasche des besten Champagners der Welt etwa?«

»Ja.«

»Seit wann macht es Sie denn einen Monat lang krank, wenn Sie Champagner trinken? Was sind Sie eigentlich? Ich meine, wie robust sind Sie denn, wenn Ihr Körper Champagner für Drano hält?«

»Ich bin so robust wie nur einer. Ich schrecke nur vor allem zurück, was falsch oder häßlich oder unwahr ist (unwahr ist ja etwas anderes als falsch). Zu Zeiten kann ich Außergewöhnliches leisten, aber in Gegenwart des Bösen werde ich schwächer.«

»Warum?«

»Weil es mich einmal besiegt hat. Ich war völlig bezwungen, genauso ohnmächtig in seiner Gewalt wie jemand, der in einem Traum wie gelähmt ist.«

»Und doch sind Sie am Leben«, sagte Smedjebakken, nicht um mir zu widersprechen, sondern mir den Rest der Geschichte zu entlocken, die ich aber nicht erzählen wollte.

»Reiner Zufall.«

»Na ja«, sagte Smedjebakken, »ganz so schlecht geht's Ihnen ja nicht mehr, aber ich wünsche Ihnen wirklich gute Besserung. Wann wird es denn besser?«

»Bald«, antwortete ich, »bald.«

In dieser Nacht träumte mir, ich liege in einem Sommerwald, wo die Bäume der Luft Leben und Tiefe verliehen, die sonst bloß äthergleich gewesen wäre. Die Vögel sangen wunderschön, ohne zu wissen, was sie da sagten oder warum, wie eine Welle, die heranrollt und sich in der Sonne bricht. Das Meer war ganz nah, einen Hang hinunter, leer und blau. Und die Blumen schimmerten, als würden sie von innen her erleuchtet. Obschon ich ruhig und in Frieden dalag, war ich nicht glücklich, denn ich wußte, dies wäre der letzte Ort, und danach gäbe es keinen anderen.

Als ich am nächsten Morgen erwachte, war das Gift aus meinem Körper raus, und mein Leiden war verschwunden. Ich war stark, voller Tatkraft und Zuversicht nach dem Monat, den ich verdämmert hatte.

»Gehen wir doch ins Museum«, sagte ich zu Smedjebakken, der gerade einen koscheren Truthahnbürzel aß oder vielmehr sich zu essen anschickte. (Seit Sleepy Hollow war ich ganz verrückt danach.) »Um es auszukundschaften?«

»Nein. Die Sache durchzuziehen.«

»Machen Sie sich doch nicht lächerlich«, sagte er. »Wir müssen doch erst einen Monat lang üben. Ich habe das Bild nie gesehen, ich kenne nicht einmal den Plan.«

»Ich habe ja einen Monat lang geübt«, sagte ich großspurig. »Und es geht einfach so.« Ich schnipste mit den Fingern.

»Sie haben einen Monat lang im Bett gelegen, völlig gelähmt, während ich mein Haus in eine Fabrik verwandelt und Rollstühle mit Hohlräumen gebaut habe.«

»Aber begreifen Sie denn nicht?« fragte ich.

»Was begreife ich denn nicht?«

»Wo ich meine Fähigkeiten herkriege.«

»Nein, ich begreife nicht, wo Sie Ihre Fähigkeiten herkriegen. Woher kommen Ihre Fähigkeiten?«

»Von meinen *Un*fähigkeiten.«

»Ihre Fähigkeiten kommen von Ihren Unfähigkeiten.«

»Ja.«

»Na, das ist ja großartig. Was mich betrifft, so kommen meine Fähigkeiten von meinen Fähigkeiten.«

»Dann haben Sie ja einen ebenen Weg vor sich. Wahrscheinlich sind Sie ganz glücklich.«

»So glücklich man eben sein kann.«

»Für mich geht der Weg durch tiefe Täler«, sagte ich zu ihm, »und über große Höhen. Die Höhen kann ich erklimmen, weil ich ganz

unten in der Tiefe gewesen bin. Übrigens, besitzen Sie eine Draht-
schere, die einen gezackten Schnitt macht?«

Er sah mich verständnislos an. »Ja, aber aus Versehen: Ich war zu
knickrig, sie wegzuwerfen.«

»Gut. So was brauchen wir nämlich. Den Plan erkläre ich Ihnen in
der U-Bahn. Ziehen Sie einen Mantel an, der sehr weit ist.«

»Okay. Ich habe noch einen aus der Zeit, wo ich ganz verrückt auf
Muffins war. Aber warum?«

»Für die Katze. Fangen Sie eine Katze.«

»Fangen Sie eine Katze«, murmelte er. Für mich steht außer Frage,
daß er in diesem Augenblick sicher war, wir beide würden im Knast
enden, doch er blieb bei der Stange.

»Holen Sie die Kopie.«

Smedjebakken brachte den Stuhl herbei, drückte auf den Knopf
und nahm das Bild aus dem Gestell.

»Sehen Sie sich mal die Rückseite an«, sagte ich.

Auf die Rückseite der Leinwand war eine Reihe paralleler Gold-
drähte mit Lackband befestigt, die alle mit zwei ungefähr 50 Zentimeter langen Kupferdrähten hintereinander geschaltet waren.

»Das habe ich heute früh gemacht, ehe Sie aufgestanden sind«,
sagte ich. »Die Drähte müssen an den Enden noch mit Ihrer Draht-
schere geschnitten werden.«

»Sieht profimäßig aus.«

»So sind die wertvolleren Bilder im Museum gesichert. Ich weiß
das, weil Constance im Kuratorium ist, wir waren in vielen Sitzungen,
ich habe gefragt, und sie haben's mir gezeigt.«

»Verstehe«, sagte Smedjebakken, offensichtlich kehrte sein Vertrauen zu mir langsam wieder, »aber haben Sie gesagt, daß wir eine
Katze fangen müssen?«

Die Katze, eine riesige graue und perlmuttfarbene Manxkatze, die wir
hinter einer Pizzeria in Astoria aufgegabelt hatten, kam Ecke Madison
und 86. Straße in Smedjebakkens Mantel. Die paar Blocks bis zum
Museum und bis wir zu den Sälen mit der italienischen Renaissance
kamen, wehrte sich die Katze wie ein Beutelteufel, doch Smedjebakken war so hart im Nehmen, daß er bloß das Gesicht verzog. Ab und

zu schoß unter Smedjebakkens Revers eine perlmuttfarbene Pfote hervor, dann hustete er und stopfte sie wieder zurück, und wir setzten unseren Weg fort. Keiner nahm Notiz, weil die Leute von jemandem im Rollstuhl den Blick gewöhnlich abwenden, dessen war sich Smedjebakken sehr wohl bewußt.

Das war der harte Teil, denn die Katze brachte Smedjebakken gewaltige Striemen am Oberkörper bei, daß er blutete.

Wir kamen zur *Madonna* und warteten, bis der Saal leer war. Dankbar machte Smedjebakken seinen Mantel auf, und die Katze sprang heraus und sauste mit bald sechzig Meilen die Stunde davon. Sie sollte in den Saal nebenan, wo ein Wärter postiert war: Auf drei Säle kam ein schläfriger alter Mann in Uniform, der sich den ganzen Tag über nicht hinsetzen durfte und der nie etwas erlebte.

»Fangt die Katze da!« schrie ich aus Leibeskräften. Als die Katze vorbeigeschossen kam, rannte der Wärter unwillkürlich hinterher. Smedjebakken erhob sich aus dem Stuhl, in der rechten Hand die Schere, und ich nahm das Bild von der Wand. Den Kasten hatte ich schon geöffnet. Als ich das Bild abnahm, zerschnitt Smedjebakken den Draht, und alle Glocken auf der Welt begannen zu läuten.

Er nahm die Kopie aus dem Gestell und ließ sich gegen die Wand fallen. An ihre Stelle legte ich das Original, schloß die Klappe mit dem Fuß und warf den Rollstuhl um. In den letzten paar Sekunden öffnete ich Smedjebakkens Mantel, um seine blutbeschmierte Brust zu entblößen. »Stöhnen«, befahl ich.

»Es ist doch noch keiner hier«, flüsterte er.

»*Ars gratia artis*«, sagte ich.

Er begann zu stöhnen. Das Ganze hatte nicht einmal zehn Sekunden gedauert. Wir warteten und warteten, bis wir schließlich viele Füße herbeieilen hörten. Kurz bevor eine Phalanx von Wachleuten eintraf – zwei mit Schrotflinten –, unterbrach Smedjebakken sein Gestöhne und sagte: »Wir hatten soviel Zeit, wir hätten das Kreuzworträtsel lösen können.«

»Stöhnen!« sagte ich. »Jetzt kommt der Augenblick der Wahrheit.«

Als erstes nahmen sie Smedjebakken das Bild aus den Händen, und als die Alarmglocken losgingen und Smedjebakken (bloß aus heller Aufregung) zu schreien begann, fing auch ich an zu schreien. »Er ist von einer Katze angefallen worden! Er ist von einer Katze angefallen worden!«

Die Katze, so scheint es, war stracks zum Haupteingang hinaus und in die Upper East Side verschwunden. Die meisten Wärter hatten sie gesehen, wenn auch nur als verschwommenen Fleck, und Smedjebakkens Wunden waren ja nun mehr als echt: Von seinem Blut wurde der Fußboden um uns herum glatt wie Eis.

Die Wachleute hatten absolut keine Ahnung, was sie tun sollten. Nachdem sie das Bild sichergestellt hatten, das sie für das ihre hielten, sahen sie sich einem Mann gegenüber, den sie für das Opfer eines Katzenangriffs hielten. Einer von ihnen verkündete, daß er einen Krankenwagen rufen wolle, und lief in unendlich viele flämische Landschaften davon.

Dann erschien, in einem teuren Anzug – der stellvertretende Direktor. (Der Direktor weilte natürlich in Florenz.) »Was ist hier los?« fragte er den Oberwärter. Während er informiert wurde, war ich wie versteinert. Das war ein Kommilitone von mir aus Harvard – Cuckoo Prescott, der sich einen Namen gemacht hatte dadurch, daß er im letzten Semester von der Ornithologie zur Kunstgeschichte gewechselt war. Seine Arbeit hatte den Titel ›Evolutionäre Strukturen von Greifvogelschwärmen in den Gemälden von Sir Thomas Boneys‹ gehabt. Ich hatte ihn erkannt, und genausogut konnte er mich erkennen, es sei denn, er wäre zu verwirrt. Ich fürchtete, daß seine Erinnerung an mich noch ziemlich lebhaft sein könnte, denn ich hatte ihn, weil er Kaffee getrunken hatte, bestraft, indem ich ihm des Abbé Bobigny-Soissons-Lagares *Les Mals du Café* vorlas; zuvor hatte ich ihn chloroformiert und in richtiges Mumienband eingewickelt, das ich von den Archäologen erhalten hatte.

Was konnte ich bloß tun? Ich zerwühlte mir das Haar, verzog das Gesicht und begann zu sprechen, als ob ich eine Hollywood-Version eines mexikanischen Banditen wäre. (Leider blickte Cuckoo Prescott zu mir her, als ich mich für diese Rolle rüstete.) »De Katze fast tooten meinen Sohn!« schrie ich. »Wir weerden das nicht vergeess!«

Cuckoo sah uns erstaunt an. »Wer sind diese Leute?« fragte er.

»Besucher«, lautete die Antwort.

Die ganzen laschen Gene Cuckoos verschworen sich, verantwortlich, besorgt und höflich zu sein. Ich konnte sehen, daß viele Walfangkapitäne sich in den Gräbern von Salem und Gloucester umdrehten und mystische Übertragungen in puncto Haftung aussandten. Es funktionierte: Seine Entschuldigungen waren so überschwenglich, daß sein Verdacht darin unterging. Ich versuchte, ihn nicht direkt anzusehen, und verfluchte mich selber, als aus meinem mexikanischen Banditen ein italienischer Schmierenkomödiant wurde. Aber ich konnte nicht anders. Der eine ging in den anderen über.

»He! Macht nix. Wir gehen Krankhaus und sein okay.«

»Woher kommen Sie?« fragte Cuckoo, sein Unterbewußtsein arbeitete peinlich genau.

Worauf Smedjebakken antwortete: »District of *Colombia*.«

Was konnte Cuckoo da sagen? Die Leute vom Krankenwagen kamen und bugsierten Smedjebakken wieder in den Rollstuhl. Dann erhielten wir eine königliche Eskorte durchs Museum mitsamt Angeboten einer Mitgliedschaft auf Lebenszeit sowie riesiger Rabatte im Café und der Geschenkboutique.

Im Lenox Hill Hospital bepinselte ein Arzt Smedjebakkens Brust mit Mercurochrom und gab ihm eine Tetanusspritze. Als er entlassen wurde, begaben wir uns schnurstracks in die Wohnung, zeigten Angelica das Bild, die sehr beeindruckt war, und packten es in Seidenpapier und grünes Band ein. Als der Abend anbrach, ging ich hinaus in die klare Dämmerung, da orangefarbene und gelbe Lichter über Manhattan aufflammten. Das Päckchen brachte ich ins Museum an den Hauptschalter, kurz bevor geschlossen wurde.

»Das ist ein Paket für Mr. Prescott«, sagte ich zu der Empfangsdame, die sehr liebenswürdig war. »Würden Sie eine Nachricht für ihn aufschreiben?«

»Aber gewiß«, sagte sie und zückte Papier und Stift.

»Erstens: Es ist immer besser, wenn ein Museum Originale ausstellt, und das hier ist das Original.

Zweitens: Er kann die Kopie behalten.

Drittens: Kaffee ist von Übel.«

Nachdem wir die *Madonna del Lago* gestohlen – und zurückgegeben – hatten, waren wir für den richtigen Coup bereit.

Am Tage des Raubs war ich so aufgeregt wie nur je in meinem ganzen Leben. Als ich mich am 4. Juni im frischgrünen Astoria erhob, war mir, als ob ich diese Akademie des Verlusts und Bedauerns verlassen und in eine andere Welt gehen sollte, die gleichzeitig versöhnlicher, genauer und neu wäre. Das ist wohl ein Gefühl, denke ich mir, das man hat, wenn man mit achtzehn die High School absolviert hat und die ganze Welt vor einem liegt. Ich habe nie einen Abschluß an einer High School gemacht. Meine höhere Schulbildung war angespannt und stürmisch, und als ich fertig war, hatte ich nur das Gefühl, daß ich von einem Karussell abgesprungen sei.

Das war an diesem sonnigen Morgen aber alles vergessen, als ich das Haus in Astoria verließ und den Schlüssel im Schloß umdrehte, wohl wissend, daß ich es nie wieder betreten würde. Drinnen, auf einem Tisch im Flur, lag ein Drugstore-Vermächtnis, das die Werkzeuge einer Berufsschule und das Haus den Campfire Girls hinterließ. Die »Lagerfeuermädels« hatte ich immer gemocht, weil sie, gemessen an den Pfadfinderinnen, so unterlegen waren.

Es war so kühl, daß die Himmelsbläue fließendem Wasser glich. Der Farbton war wärmer als der Ton des Herbstes, aber genauso tief und genauso ruhig. Als die U-Bahn auf der Hochbahnstrecke dahinfuhr, erinnerte ich mich an meine Jugend, wenn ich im Sommer meine Tage im Zug begann, auf den Hudson blickte, der unter einer funkelnden Nebeldecke schimmerte. Damals hatte ich das gleiche Empfinden wohliger Erregung wie jetzt, aber das hatte ich jeden Tag, und ich hatte es nicht, weil ich im Begriff war, die größte Bank der Welt auszurauben, sondern bloß, weil ich darin arbeiten würde.

Dies wäre meine letzte Fahrt mit der U-Bahn. Wäre sie zu Ende, ginge ich zum letzten Mal durch die Schluchten der Wall Street, bevor der Stein von der Sommersonne erwärmt war, denn wenn ich an diesem Abend wieder auftauchte, würden die Granitwände die Hitze des Tages an die Luft abgeben.

Es war das letzte Mal, daß ich mit dem Fahrstuhl in den Tresor hinunterfuhr, das letzte Mal, daß ich gewogen wurde, das letzte »Guten Morgen, Sherman« zu Oscovitz, und als ich ihn grüßte, geschah das mit einem solchen Funkeln, daß er scheu den Blick abwendete, denn alles, was von dem Trott abwich, in den er ständig eingebunden war, machte ihn nervös.

»Guten Morgen, Sherman! Was für ein herrlicher Tag! Es ist der Tag der Tage!« Im Film hätte ihn das alarmiert. Im wirklichen Leben jedoch konnte ihn nichts alarmieren. Er beugte den Kopf tiefer über den Schreibtisch und tat so, als läse er die *Daily News*.

»Sherman! Dem Mond und den Sternen sei hiermit bekannt, daß Sherman Oscovitz ist in Liebe entbrannt. Und für sie, die Liebste, hat Amor entschlossen den Pfeil dir in den Arsch geschossen! Also fahr mit ihr auf das Südseeatoll, wo die Mädchen nackt sind und der Sex einfach toll!«

Und das zu Sherman Oscovitz, wo der Ärmste doch nie eine Frau geküßt hatte und nie umarmt worden war und an einer Million Frauen vorbeigegangen war, die nie geküßt und nie umarmt worden waren, der sich nie getraut hatte, sie lange genug anzusehen, um Blickkontakt herzustellen, und der einmal gesagt hatte: »In Brooklyn hat es etwa vier Zentimeter geschneit. Das nenne ich einen *Penis*schnee«, und rot geworden war, bis er wie ein kochendes Marmeladentörtchen ausgesehen hatte.

»Sherman, Sherman«, sagte ich. »Wie viele Jahre bleiben Ihnen noch? Warum zerhauen Sie nicht den Knoten? Fahren Sie Wasserski. Besuchen Sie die Verbrauchermesse in Syracuse. Dort gibt es Kußkabinen. Kaufen Sie sich einen Kuß von einer Frau in einer Kußkabine: Sherman, vor dem Grab.«

Im Begriff zu fliehen, sagte er: »Sie sind ja übergeschnappt!« Er war ziemlich erregt.

»Sherman!« schrie ich. »Um Himmels willen, steigen Sie in den Zug nach Syracuse! Noch heute.«

»Mein Job«, sagte er.

»Scheiß drauf«, flüsterte ich.

»Er hat *Scheiß* gesagt!« verkündete er, wie zu einem unsichtbaren Richter.

»Ja, hab ich.«

»Sie haben es gesagt. Sie haben's gesagt. Das werde ich Mr. Piehand erzählen. Das werd ich ihm erzählen.«

»Mr. Piehand ist auf Formosa«, konstatierte ich, denn ich wußte in der Tat, wo sich an diesem Tag jeder leitende Angestellte der Bank aufhielt.

»Dann sag ich's ihm eben, wenn er wieder da ist.«

»Tun Sie das.«

Ich verließ Sherman Oscovitz, der nun blaurot verfärbt war, und begab mich in Käfig 47. Eine von Smedjebakkens Hauptsorgen war, daß ich, nachdem wir unser Leben dem Ziel verschrieben hatten, einen Tunnel in die Stahlkammer 47 zu graben, woandershin versetzt würde. Ich versicherte ihm, daß das nicht geschehen würde.

»Woher wissen Sie das?«

»Ich bin mir ganz sicher, daß ich in Käfig 47 ewig bleiben kann, wenn es nötig sein sollte. Oscovitz hat keinen Begriff von der Zeit. Die Zeit erfordert mindestens zweierlei – Bewegung und Veränderung. Wenn alles still wäre, könnte die Zeit nicht vergehen, es gäbe sie nicht. Ohne Veränderung gäbe es keine Bewegung, und, durch Verlängerung, die Zeit. Für Oscovitz gibt es weder Bewegung noch Veränderung. Er ist ein Bürokrat. Wenn Sie ihn in Bernstein fallen ließen und der Bernstein nach zehn Milliarden Jahren aufbräche, würde er nicht einmal mit der Wimper zucken. Glauben Sie mir, wenn in den nächsten Millionen Jahren keiner stürbe und nichts geschähe, würde er sich jeden Tag außer an den Bankfeiertagen und Yom Kippur blicken lassen, und er würde nicht einmal etwas merken.

Ich kann in Käfig 47 so lange brauchen, wie ich will, ewig, wenn ich möchte, um mit dem Umstapeln des Goldes fertig zu werden, und Oscovitz wird keinen Gedanken darauf verschwenden.«

Und das war die Wahrheit. Ich blieb in Nummer 47 von dem Zeitpunkt an, da wir den Raub zu planen begannen, bis zum Tag der Ausführung – zehn Monate –, um eine Arbeit zu machen, die nicht länger als eine Woche hätte dauern dürfen.

Andere Probleme waren ernster und verzwickter, doch ganz egal, Smedjebakkens technisches Genie löste sie alle. Er war ein Vertreter einer Zeit, die vergangen ist, und wie bei jedem in dieser Lage erwuchs daraus, daß er nur schlecht in diese Zeit paßte, zuweilen Erleuchtung.

Er war für das Zeitalter Edisons, Brunels und John Dees geschaffen. Mit John Dee verwechsele ich ihn oft, denn obgleich sie einander nicht ähnelten, hatte sie doch derselbe rebellische Engel geküßt, und ihre Unternehmungen waren, wenn nicht ähnlich, so doch durch die Wahrscheinlichkeit ihres Herangehens vergleichbar. In der Jahrhundertmitte waren die Produkte der Technik, welche die Mechanik der Zeit bestimmten, weder so kalt noch so unfreundlich oder so maßgeblich wie heute. Sie waren immer noch aus Metall und Holz. Sie rochen noch nach Maschinenöl, bargen Feuer, spien Dampf aus oder wurden von Wasser oder Luft oder offenen, an einem glänzenden Schaft sich drehenden Magneten angetrieben. Sie schienen den Naturgesetzen nicht zu widersprechen oder sich ihnen zu entziehen. Sie verkörperten eine gänzlich andere Geisteshaltung als diese grauenhaften, empfindungslosen Kästen, die da Computer heißen. Sie waren Schmelztiegel für Erde, Wasser, Wind, Feuer, Schwerkraft und Magnetismus. Riechen konnte man sie, sie hören, ihre Schwingungen im Boden spüren. Sie standen nicht bloß wie angewurzelte Blödmänner da auf einem Fleck, bis sie eine Stadt in die Luft sprengten. Sie leuchteten einem nicht unverschämt in idiotischem Grün entgegen, übermäßig geduldig, bar jeder Stimme oder Verletzlichkeit.

Die Maschinen und Verfahren, die Smedjebakken so liebte, waren beinahe selber lebendig und hatten nicht die sterile Barriere unvergänglicher Präzision überschritten, die Mensch und Gott trennt. Auch hatte sie nicht jemand in eitlem Perfektionismus überschritten. Du siehst also, Smedjebakken war nicht arrogant. Sogar wenn er sich täuschte, war der Fehler noch nicht allgemein bekannt, und all seine Leistungen wurden mit einer geistigen Unschuld vollbracht, die es, so darf ich wohl behaupten, nicht mehr gibt.

Unser größtes Problem bestand darin, einen Schacht durch den gewachsenen Felsen hinaufzutreiben, so daß er genau dort in Käfig 47 seine Ausgangsöffnung hätte, wo wir es wollten, nicht nur im Hinblick darauf, daß das Gold, ohne daß es von außen beobachtet werden könnte, dort durch müßte, sondern, und das war viel kritischer, mit dem Ziel, daß die Öffnung zwischen die Alarmdrähte käme, die in Abständen von dreißig Zentimetern in den Betonfußboden eingegossen waren. Das war eine ausgesprochen schwierige Aufgabe, und mit der Überwindung einer Schwierigkeit entstand eine neue und wieder eine neue, scheinbar ohne Ende. Doch das, so sagte mir Smedjebakken, sei eben die Technik. Und der Techniker lebt nicht nur in dem

Glauben, daß alle Schwierigkeiten überwunden werden können, sondern auch, daß sie der Zahl nach endlich seien.

Zunächst mußten wir eine dreidimensionale Karte von beispielloser Genauigkeit anfertigen. Da unsere Fixpunkte durch eine halbe Meile und ein halbes Dutzend Winkel getrennt waren – befand sich ein Fixpunkt doch im Eckstein des Gebäudes von Stillman & Chase und ein zweiter (ein Absteckpflock) auf der Straße beim nächsten U-Bahn-Eingang – und da die vertikale Entfernung 75 Meter betrug, war unser Diagramm ein gezackter Schlängelpfad von annähernd 1760 Metern. Beginnen mußten wir an einem Punkt, den wir nur indirekt und heimlich festlegen konnten, um nach 1760 Metern und über hundert Winkelmessungen, blind, an genau denselben Punkt zurückzukehren. Damit die Vinylauskleidung hineinpaßte, die das Gold aufnehmen würde, und, was noch wichtiger war, damit die für die Länge, die wir bohren mußten, entsprechend dicken Teleskopbohrer hineinpaßten, mußte der Schacht einen Durchmesser von zwanzig Zentimetern haben.

Somit blieben fünf Zentimeter auf beiden Seiten der Alarmdrähte im Fußboden. Nur dem Längenmaß nach bedeutete dies ein 34 680stel, eine ziemlich enge Toleranz. Wenn man nun aber die über hundert Winkelmessungen mit einbezog, stellte es eine Aufgabe von solcher Präzision dar, die beinahe unmöglich schien.

Wenn man obendrein noch bedenkt, daß wir nicht wußten, wo die Alarmdrähte im Fußboden einbetoniert waren, wird man verstehen, warum ich, nachdem ich von Smedjebakken erst einmal darüber unterrichtet worden war, aufgeben wollte.

»Aber nicht doch«, sagte er. »Als Sie mir den Plan darlegten, war ich mir sogleich darüber im klaren, welche Schwierigkeiten damit verbunden wären. Ich wußte aber auch, daß sie überwindbar wären. Wir müssen nur einen Schritt nach dem andern tun.«

»Was ist der erste Schritt?« fragte ich.

»Wo kaufen Sie Ihre Schuhe?«

»Früher habe ich die bei Paul Stewart gekauft«, sagte ich wehmütig.

»Also los, wir kaufen Ihnen mehrere Paar neue Schuhe in einer sehr großen Größe, so daß ich sie mit Magnetometern ausrüsten kann.«

Smedjebakken hatte in der wohlausgestatteten Maschinenwerkstatt, die einmal seine vier Wände gewesen waren, geheimnisvoll gearbeitet und ohne mein Wissen fünf Labormagnetometer umgebaut, so daß sie in ein Paar Schuhe montiert werden konnten, jeweils eines, und ihre Werte auf einem als Uhr getarnten Meßgerät anzeigten.

Warum fünf Magnetometer von drei verschiedenen Herstellern? Das sei ganz einfach, sagte er mir, und dann führte er mich in ein Grundprinzip ein, das ich instinktiv kannte und das Teil vieler Verfahren in der Technik ist.

Es liegt in der Natur der Sache, daß die Magnetometer, als Magnetometer, nur bis zu zwanzig Prozent der angezeigten Werte genau waren. Es liegt in meiner Natur, daß ich, als Mensch, nur mit etwa zehnprozentiger Genauigkeit das Meßinstrument ablesen und die Meßspitzen anbringen könnte. Wir mußten also mit einem Genauigkeitsgrad von 72 % fertig werden, wo jede Messung 99,99712 % genau sein mußte, um dem geforderten 3468ostel zu entsprechen.

Was dies verlange, erklärte Smedjebakken, sei nun zwar langwierig, doch sehr einfach. Nachdem wir mit jedem der fünf Magnetometer je hundert Meßstände abgelesen hätten, bekämen wir ein Streuungsdiagramm, das wie Pinocchios Hut aussehe. Der Wert auf der Horizontalachse an der Spitze des Hutes sei der genaueste, den wir in puncto exakter Messung erreichen könnten.

Das Ganze würden wir fünfmal durchführen, wobei die späteren Versuche mehr ins Gewicht fielen, insofern sie nach soviel Praxis eine angenommene Steigerung der Kompetenz meinerseits widerspiegeln dürften.

Ich war einer Ohnmacht nahe ob der Aussicht, 2500 Magnetometerstände abzulesen, doch kriegte mich wieder ein, als Smedjebakken mich daran erinnerte, daß es eben eine Heidenarbeit erfordere, wenn man ein Heidengeld stehlen wolle.

»Schön«, sagte ich, »wie kartieren wir die Lage der Drähte, so daß wir die Messungen eintragen können?«

»Wir kalibrieren den Fußboden.«

»Wie kalibriert man einen Fußboden?«

»Mit einem Lineal und einem mit Diamantkörnern der Härte 5 bestückten Spitzeisen, beides tragen Sie in den Schuhen oder in den Taschen. Solange Ihr Gewicht den Erwartungen entspricht, wird man nichts merken. Auch einen Fotoapparat müssen Sie hineinbringen, ein Stativ und eine Mikrometerschraube.«

»Warum?«

»Sie sollen jede Markierung fotografieren, die Sie auf dem Fußboden machen. Wenn Sie das Stativ benutzen, sind die Größenverhältnisse einheitlich. Wenn ich die Punkte vergrößere – wenn ich den Vergrößerungsapparat feststelle –, dann erhalte ich gute Messungen, die ich mit der Schablone auf dem Foto vergleichen kann. Natürlich werden wir den Vorgang mehrere Male durchziehen.«

»Ich soll also jede Markierung auf dem Fußboden fotografieren«, wagte ich mich vor, »so daß Sie sie messen können, so daß ich, wenn ich den Abstand messe, mich von Rand zu Rand bewegen kann und Sie die Breite der Markierungen ergänzen können.«

»Richtig. Beim Messen verwenden Sie eine Lupe.«

»Wie oft muß ich messen?«

»Ein paar hundertmal.«

»Glauben Sie, wir können mit alledem fertig werden, ehe wir sterben?«

»Wir werden uns ranhalten«, sagte er.

Vor dem wochenlangen Kalibrieren, das dann zu monatelangen Magnetometerexperimenten führte, fragte ich Smedjebakken, warum wir nicht davon ausgehen könnten, daß die Alarmdrähte keinen Strom führten, wenn der Tresor offen war. Schließlich müßten wir nur einmal durchlochen.

»Was ist, falls das stimmt«, fragte er, »und wir müssen abschließen, weil die Verkehrsbehörde eine ungeplante Inspektion im Tunnel vornimmt oder weil Mr. Edgar John Foster Dulles angeschleppt bringt, sich das Gold im Tresor anzusehen? Was ist dann? Sie stellen die Alarmanlage über Nacht an, und es ist aus.«

»Sie haben recht.«

»Und nicht nur das, aber wer sagt denn, daß alles an ein und demselben Stromkreis angeschlossen ist? Ich denke mir, daß sehr viele verschiedene Stromkreise in den Alarmraum gehen und daß nur die, die unterbrochen werden müssen, unterbrochen werden, während der Rest eingeschaltet bleibt.«

Die Präzision, mit der wir an das Vortreiben des Tunnels herangingen, verdankten wir nicht nur Smedjebakkens technischer Ausbildung, sondern auch meiner eher profanen Erfahrung mit Navigation. Indem wir die Methoden der Landvermessung und der Astronavigation kombinierten, erreichten wir engere Toleranzen. Einen Punkt auf der Erdoberfläche innerhalb 150 Metern von seiner tatsächlichen Position zu orten – was ein guter Navigator nur mit einem Sextanten und einem Chronometer kann – stellt schließlich eine Genauigkeit von einem Siebenmilliardstel dar: d. h. das Verhältnis einer Kreisfläche mit einem Radius von 150 Metern zur Gesamtfläche der Erdoberfläche, die ja, wie jedes Schulkind weiß, 510 Millionen Quadratkilometer beträgt.

Und das konnte auf einem Schiff vollbracht werden, das durch die Wellen fuhr, wo die Sonne mit Schätzungen angepeilt wurde, die auf das Auge und die Nerven angewiesen waren. Da waren unsere Messungen, mit Fixpunkten, die mit Diamanten in Marmor geritzt waren, doch weitaus genauer. Wir hatten Hoffnung.

Um die Vermessung durchführen zu können, begannen wir ein U-Bahn-Projekt in der Nähe. Wenn ich sage, wir, meine ich in erster Linie Smedjebakken, der bei der Verkehrsbehörde in so hohem Ansehen stand, daß man ihm glaubte, als er sagte, seiner Meinung nach stehe der Felssockel unter der Wall Street durch die Kontinentaldrift unter Druck und könnte plötzlich verschoben werden, wodurch ein Erdbeben ausgelöst würde. Man finanzierte seine Untersuchung der Bewegung des Muttergesteins und erteilte ihm die Erlaubnis, von Amts wegen alle Bereiche des Stillman-&-Chase-Megaliths zu betreten, einschließlich des Kellergeschosses, einschließlich des Tresorraums.

Als er mit seinem Team kam, war ich natürlich da. Als sie im eigentlichen Tresorraum waren, beschattete sie ein halbes Dutzend Wachen – mit Schrotflinten bewaffnet. Beim Anblick des Goldes, das er, in immensen, die Ausmaße einer Stadt annehmenden Stapeln, zum ersten Mal sah, trat ein engelsgleiches Lächeln in Smedjebakkens Gesicht. Er hatte es rein gefühlsmäßig nicht begriffen, als ich ihm erzählt hatte, daß es in Wällen, Mauern und Kuben, so groß wie kleine Gebäude, aufgeschichtet sei.

Als ich zum ersten Mal in unmittelbarer Nähe von 150 Milliarden

Dollar, das wäre der heutige Wert, dastand, war ich vor Habgier wie elektrisiert, und ich dachte bei mir, das ist hier, ich kann's anfassen, ich kann's aufheben... ich kann's stehlen. Der Anblick des Goldes ließ Smedjebakken arbeiten wie Puschkin in Boldino oder Händel in seinen großen zwei Wochen. Geld bedeutet nichts und macht nicht glücklich, aber es läßt sich so schnell in so interessante Dinge verwandeln – Kaschmirmäntel, Duesenbergs, Schweben, vollkommen weiße, gerade Zähne, englische Schrotflinten, Skihütten, Blumen, Kleider und Zufriedenheit oder so etwas Ähnliches für bedürftige Waisen, Tafeln Schokolade, Japanischlehrer, Surfen in Australien, Streichquartette, Zedernhaine, Erstausgaben, Räucherlachs, Einmann-Rennruderboote. Ich könnte beliebig fortfahren, doch das sind nur einige der Dinge, die ich mag.

Und was Smedjebakken betraf, so bedeutete es einen kristallklaren Swimmingpool und einen gläsernen Wintergarten in einem Pinienhain mit Blick auf den Genfer See (was nicht heißen soll, daß er schließlich dort landete). Es bedeutete, daß seine Tochter trotz ihres Gebrechens Gesellschaft finden und Aufmerksamkeit verlangen könnte. Es bedeutete, daß sie vielleicht sogar Liebe fände. Und es bedeutete, daß sie die von Herzen empfundene Freude hätte, ihren gewaltigen Reichtum denen zu spenden, die das gleiche Schicksal teilten, und vielleicht zu sehen, wie das eigene Kind, oder die Kinder, dem Gefängnis entschweben, in dem sie vom Augenblick der Geburt an gefangen war und aus dem sie selber nie entfliehen konnte.

Ein dutzendmal kamen Smedjebakkens Vermesser und arbeiteten so gewissenhaft, daß es, als es erledigt war, erledigt war. Ihre große Sorge beim Anätzen von Fixpunkten und Markierungspunkten, die Repetitionen, ihre schweren Theodolite – ihrer fünf –, das alles war im Rahmen der Aufgabe, in einer großen ebenen Fläche anstehenden Gesteins eine Verwerfung von nur Tausendsteln eines Zentimeters aufzuspüren, absolut sinnvoll. Keiner argwöhnte etwas, und dennoch hatten wir, als es zu Ende war, eine der exaktesten Meßreihen und eine der vollkommensten Karten der Weltgeschichte.

Übrig blieben drei Probleme: die Mechanik, die Logistik und der zeitliche Ablauf.

Die Vinylausfütterung mußten wir uns in New Jersey in einer Fabrik für Schwimmbecken vorfertigen lassen. Dort war man ungeheuer neugierig, was uns betraf, und wollte wissen, was wir mit einem 39 Meter langen PVC-Rohr mit einem Durchmesser von 16,35 Zentimetern vorhatten. Wir konnten ihnen doch schlecht sagen, daß die Entfernung der Tresorraumetage von Stillman & Chase bis zu einem Punkt 60 Zentimeter oberhalb der Plattform eines offenen Güterwagens auf einem Abstellgleis darunter 39 Meter betrug und daß wir vermittels der Rekonstruktion eines falschen Goldbarrens nach einem Tag sorgfältigen Messens, dem Kauf einer Unmenge Goldschmucks (damals durften Privatpersonen Gold nur in Form von Schmuck, Goldfüllungen oder Antiquitäten besitzen), nachdem wir mit Bienenwachs herumgespielt hatten, um ein Modell herzustellen, und selber im Frischfeuer gebrannt hatten, nach vielen Experimenten beschlossen hatten, daß das Futter exakt diesen Durchmesser haben müsse, um den Goldbarren 39 Meter hinunterzubefördern, ohne daß er in der teuersten Verstopfung der Welt steckenbliebe oder mit der Geschwindigkeit einer freifallenden Bombe abginge.

Als man uns bat, doch den Zweck des Dinges auf der Blaupause zu erklären – das zugegebenermaßen ausgesprochen seltsam aussah –, sagten wir: »Wissen wir nicht.«

Dann mußten wir eine Maschine und einen 39 Meter langen Bohrstahl in die U-Bahn bringen und an der richtigen Stelle plazieren. Zum Glück gehörte das Nebengleis, von dem aus wir bohren würden, zu einer 45 Meter langen Stichbahn, wo wir alles, was wir brauchten, unterbringen konnten. Am Eingang errichtete Smedjebakken eine Mauer und setzte eine zweiflügelige Eisentür ein, darauf ein Schild mit einem Blitz und VORSICHT: HOCHSPANNUNG warnte. Dieses gewaltige Abteil diente zur Aufbewahrung unserer Ausrüstung sowie zur Lagerung der Gesteinsabgänge aus dem Bohrloch. Die Türen waren mit zwei überaus furchteinflößenden Schlössern gesichert, wie sie des Sheriffs von Nottingham würdig gewesen wären.

Die Maschine selber war eine Schweizer Bergwerksmaschine, die Smedjebakken hochrot vor Begeisterung werden ließ. Er hatte die Verkehrsbehörde zu ihrem Kauf überredet und hatte überhaupt keine Schuldgefühle, dafür das Geld des Steuerzahlers ausgegeben zu haben, weil sie, wie er mir sagte, der Stadt endlich eine Präzision beim

Ziehen von Bohrkernen ermögliche, die jede Menge Kapital für Tiefbauzwecke spare und wahrscheinlich sogar Menschenleben rette. »Maschinen, die schwere Arbeit verrichten«, sagte er, »sind selten präzise, weil sie aus der Flucht geraten, sobald sie mit dem Medium in Kontakt kommen, für das sie konstruiert worden sind. Außerdem führt allein schon die Masse ihrer Bauteile zu extrem großen Toleranzen. Wenn Sie bei Schwermaschinen Präzision wünschen, haben Sie zwei Möglichkeiten – man kann sie technisch überfrachten, daß sie so riesig und schwer werden, daß die Umgebung sie nicht mehr aus der Flucht bringt, oder man kann sie so konstruieren, daß sie sich selber korrigieren. Das heißt, wenn so eine Maschine aus der Flucht kommt, stellt sie sich neu ein.

Der erstere Maschinentyp ist für einen U-Bahn-Tunnel zu groß. Der letztere ist sündhaft teuer, doch so einen haben wir nun. Weil die Bauteile nicht massiv sind, müssen sie ungewöhnlich stark sein. Schon allein die Legierungen herzustellen ist unglaublich teuer, und dreimal soviel geht für das Gießen und den Mechanismus drauf. Ist die Maschine aber erst einmal fertig, ist sie großartig. Bei der Tinhoff-Maschine wird die Welle von zwölf Nocken gehalten und gesteuert – alle dreißig Grad eine. Jede Nocke hat zwei Zähne pro Bogenminute, die beide auf einem schweren Molybdänzahnkranz aufliegen. Wenn sie vollkommen aufsitzen, schließen sie einen elektrischen Stromkreis. Der Kontakt ist so geeicht, daß er ein Dreißigstel einer Bewegungsminute darstellt. Wenn eine der Nocken genügend wackelt, so daß der Stromkreis unterbrochen wird, weiß die Maschine, daß sie aus der Flucht gerät, und es wird Druck ausgeübt, damit der Nockenzahn wieder aufsitzt.

Es ist vielleicht schwer vorstellbar, aber das bedeutet, daß die Welle auf eine Bogensekunde genau aufliegt und daß sie, wenn sie rauskommt, sofort korrigiert wird. Die Schweizer haben das erfunden, um beim Bau von Eisenbahntunnels Gebirgszüge durchbohren zu können.«

Mit dem Bohren fingen wir schon früh an, noch bevor viele andere Teile des Plans an Ort und Stelle waren. Ehe Smedjebakken die Welle ausrichtete, hängte er einen schwarzen Samtvorhang unter den Felsen, was er damit erklärte, daß er sich im Unterbewußtsein nicht durch die

Neigung der Decke beeinflussen lassen wolle. »Ohne daß man's überhaupt weiß, nimmt man Rücksicht«, sagte er, »darum muß Justitia ja auch blind sein.«

Als der Bohrer den schwarzen Samt durchstieß und den Schiefer angriff, dachte ich an meine ehemaligen Kollegen hoch da oben, wie sie selbstgefällig ihre Golfschläge auf alten Teppichen übten, den Beginn der Segelsaison herbeisehnten und – falls sie je einen Gedanken an mich verschwendeten – sich vorstellten, daß ich viele Meter tief drunten im Felsen sicher begraben sei und wie ein Idiot arbeitete.

Zuerst schafften wir anderthalb Meter pro Tag, doch gegen Ende gingen wir herunter bis auf nur wenige Zentimeter. Das kam daher, daß wir ständig wieder die Länge und Lage des Schachtes überprüfen mußten, und dazu mußten wir den Bohrer mitsamt seinen vielen Segmenten abnehmen. An den allerletzten Tagen kamen wir jeweils nur zwei Zentimeter voran. Wenn wir spät in der Nacht nicht mit dem eigentlichen Bohren befaßt waren, kümmerten wir uns um viele andere Aufgaben.

Für den letzten Abschnitt des Schachts konstruierte Smedjebakken eine Reihe von Spezialwerkzeugen. Als er sicher war, daß das Loch kaum noch dreißig Zentimeter vom Tresorraumboden entfernt war, wechselte er zu einem dünneren Bohrer, der mit eigenem Motor oben am verlängerten Bohrgestänge lief. Zehn Tage lang hob er diesen in sein winziges Loch und trieb ihn vor, nur einen halben Zentimeter von einer Stelle entfernt, die nach seiner Schätzung zehn Zentimeter unter der Oberfläche lag. Es fehlte nur noch ein kleines bißchen. Als ich am neunten Tag früh den Käfig betrat, sah ich einen winzigen schwarzen Fleck, um ihn herum ein vollkommen kreisförmiges Häufchen Marmorstaub, nicht größer als ein Tupfen.

Er war beinahe exakt zwischen zwei Alarmdrähten hochgekommen. Ich war so stolz, daß ich fast den ganzen Vormittag hinter meiner schützenden Mauer aus Gold tanzte und sang, glücklich, daß wir die Mühe auf uns genommen hatten, genau sein zu wollen. In dem ganzen mühsamen Geduldsspiel lagen wir um weniger als einen halben Zentimeter daneben.

Smedjebakken hatte einen kreisförmigen Fräsapparat erfunden, der den Beton und Marmor abschabte, bis er nur noch so dick wie ein

Topfdeckel war. Das winzige Bohrloch hatte er als Mittelpunkt für das Mahlen benutzt, und ich verwendete es als meinen Mittelpunkt für einen kreisförmigen Gehrungsschnitt in den Marmor. Nachdem ich fünf Tage sorgfältig und in aller Stille geschliffen hatte, hob ich den Deckel ab und stellte fest, daß er so fest und gleichmäßig auf dem Schacht lag wie eine Kugel in der Kammer einer Wettkampfpistole.

Diesen Deckel zu öffnen, gebrauchte ich eine kleine gebogene Zinke. Als ich hineinspähte, konnte ich nichts sehen, aber ich konnte die Luft der U-Bahn riechen und ferne Züge über die unterirdischen Prärien rumpeln hören. Der Schacht ging in leichtem Winkel bis zum Dach über dem Nebengleis hinunter.

Als nächstes kam die PVC-Auskleidung. Die Montage dauerte eine Woche, allein ein ganzer Tag ging darüber hin, den oberen Teil an die Seiten des Schachtes unter dem Deckel anzukleben. Nun waren wir bereit, es konnte losgehen, doch wir zögerten noch. Wir trafen unsere logistischen Vorkehrungen und sorgten uns um den zeitlichen Ablauf, denn es sollte einfach klappen.

Von da an, als der Schacht an seinem Platz war, vollkommen versteckt und bereit, die Goldbarren aufzunehmen, war mir schwindelig wie einem mit dem Kopf nach unten gehaltenen Baby. Obgleich wir nicht vorhatten, alles zu stehlen, hatte zum derzeit gültigen Preis das Gold in Käfig 47 einen Wert von beinahe drei Milliarden Dollar.

Gleich nachdem der Schacht fertig war, wurde ich von etwas gepackt, das die Kluft zwischen Glück und Unglück überbrückte. Zunächst dachte ich, daß mein plötzliches Gefühl von Überschwang, Optimismus und Freude vielleicht darauf zurückzuführen sei, daß ich die Jahrhundertmitte überschritten hatte. Doch nie hatte einer zu mir gesagt: »Als ich die fünfzig überschritt, wachte ich auf und war selig.« Die Chronologie war bestimmt nicht die Ursache. Was für ein Glücksgefühl mich auch immer ergriff, es stellte bei weitem jedes Rachegefühl in den Schatten und überstrahlte leicht jeden Gedanken an Geld. Ich machte mir nichts aus Geld. Ich mache mir auch jetzt nichts aus Geld.

Die Aussicht, mich mit ein paar Milliarden Dollar aus dem Staub zu machen, versetzte mich, das gebe ich zu, nun schon ein wenig in Entzücken, aber nicht mehr als, sagen wir, die Rückkehr, wenn man einen Bomberverband begleitet hatte. Vielleicht war es das. Ich war wieder jung und lebendig, gleichsam zurückversetzt aufs Meer oder in die Luft, in die Zeiten, da ich alles zu verlieren oder alles zu gewinnen hatte, wo ich nur in der Gefahr Zufriedenheit fand, denn im Lichte der Gefahr fängt jede Erdenfarbe himmlisches Feuer. Die Wunden, die mir die Scheidung geschlagen hatte, verschwanden einfach, und anstatt die Frauen als Teil eines mit Constance verbundenen Systems zu sehen, wurden sie in meinen Augen mit der ganzen komplexen Schönheit und Würde wiedergeboren, wie ich sie vorher verstanden hatte. Nach Jahren, in denen ich die Liebe vergessen hatte, verliebte ich mich noch einmal. Wie üblich, blieb meine Liebe unerwidert.

Zwei Tage, nachdem wir den Schacht fertig hatten, kam eine Gruppe mexikanischer Bankiers und Beamter des Finanzministeriums, um den Tresorraum zu besichtigen. Früher hätte ich sie oben empfangen und im kleinen Speisesaal ein Mittagessen für sie gegeben. Ich hätte sie in die verschiedenen Abteilungen herumgeführt und sie ins Gewölbe heruntergebracht. Nun machte das Piehand, der fette Wichtigtuer.

Als sie an meinem Käfig vorbeikamen, sah ich kaum hoch, doch dann roch ich Parfüm, und mein Kopf fuhr blitzschnell herum. Sobald ich den Blick hob, sah ich eine Frau im Profil. Sie war nicht älter als sechsundzwanzig oder siebenundzwanzig, ungefähr fünfzehn Zentimeter größer als ich, hielt den Rücken gerade, als hätte sie einen Ladestock verschluckt, hatte breite weiche Schultern und die königlichste Haltung, die ich je gesehen hatte. Das lange schwarze Haar hatte sie im Nacken gebunden, und wenn sie sich bewegte, wippte es im Gegenschwung, daß ich die Luft anhielt. Geradezu unbeschreiblich fand ich das Ebenmaß ihres Gesichts, die tiefinnerliche Freude in ihren Augen, die Anmut der Hände, die Schönheit des Ganges. Sie schien entschlossen, alles zu sehen, was sie sehen konnte, doch ich spürte, daß sie jemanden bei sich haben wollte. Kaum daß sie stillstehen konnte: obgleich sie mit natürlicher Würde ging, war es klar, daß sie eigentlich tanzen wollte.

Ich erhob mich und preßte mich gegen den Maschendraht. Als sie

mich hörte, drehte sie sich um. Normalerweise hätte so eine Frau mit
einem Mann im blauen Arbeitskittel nichts zu tun – einem, der Sachen
zählte, der stapelte, der in eine möblierte Einzimmerwohnung heim-
kehrte –, aber ich war auf einmal so voller Liebe für sie, mir meiner
selbst so sicher, so wiederauferstanden aus dem, was ich einst gewesen, daß sie sich, als ich sie durch den Draht hindurch ansah, nicht
abwenden konnte.

Einen Augenblick lang meinte ich, daß ich der Mann sein könnte,
den sie wollte. Wie durch Zauberhand hatte ich mit meinem Blick in
die Zukunft und meiner Erinnerung an die Vergangenheit, mit, so darf
ich wohl sagen, der Liebe die Klassenschranken hinweggefegt.

Ihre Kollegen drehten sich um und starrten verdutzt. Im Gesicht
des einen sah ich Wut, denn er war wohl zu dem Schluß gekommen,
daß ihre Blicke und die meinen nur deshalb leuchteten und nicht
voneinander ließen, weil ich sie beleidigt hätte, und, als Lateinameri-
kaner, durchaus bereit, ihr beizuspringen.

Ich lächelte und sagte: »*Buenos días*«, mit einem Akzent, den ich
von Zorro gelernt hatte. So sicher war ich mir meiner Sache, daß selbst
der blaue Arbeitskittel mir ein Fechtumhang dünkte.

Du hättest sie sehen sollen. Sie lächelte, und ihre Augen leuchteten. Ich war zwar durch ein Stahlgeflecht von ihr getrennt, doch ich
spürte sie in meinen Armen. Zu lange stand sie da, und zu schön
lächelte sie, als daß sie kein Aufsehen erregt hätte. Und dann wandte
sie sich ab.

Ich hätte sie an diesem Abend suchen können. Ja, schon am Nachmittag hätte ich sie suchen können, doch da ich fünfzig Jahre alt war,
dachte ich an ihren Vater und ihre Mutter, und ich sah das Ganze aus
ihrer Sicht: wie fürchterlich, daß ihre fabelhafte, hinreißende Tochter,
der die Welt zu Füßen lag, mit einem Bankräuber aus Nordamerika auf
und davon war. Also suchte ich sie weder auf, noch wurde ich weniger
glücklich. Das Glück lohte in mir wie eine Flamme, und obgleich ich es
nicht erklären konnte, hoffte ich, daß es möglichst ewig währe.

Da Gold sehr schwer und ziemlich auffällig ist und uns keiner half,
hatten wir uns viel Gedanken um die Logistik gemacht. Es war
dringend erforderlich, daß wir die Goldbarren, sobald sie erst einmal

in unseren Händen wären, gleich an einen sicheren Ort schaffen könnten.

Wir kauften also ein Flugzeug, zuvor aber kauften wir natürlich eine Milchviehfarm in New Jersey. Das mag vielleicht abwegig klingen, war es aber nicht. Das Land bestand aus einem langen Rechteck von achtzig Morgen und wurde erst seit kurzem von einem Kriegsheimkehrer bebaut, der den Boden nicht berücksichtigt hatte. Pech für ihn, aber die Kühe gaben Milch, die einen leichten Beigeschmack von Zwiebeln hatte, wodurch er sich genötigt sah, sie zum Schleuderpreis an eine chemische Fabrik zu verkaufen, die sie zur Herstellung von Malerfarben verwendete.

Wie er so langsam scheiterte, schlachtete der Exsoldat seine Herde. Als ihm nur noch drei oder vier Tiere geblieben waren, versuchte er, während eines Gewitters den Stall niederzubrennen, doch regnete es so stark, daß der Regen das Feuer löschte, und das noch so, daß der Feuerwehrhauptmann Blitzschlag als Ursache auszuschließen vermochte. Die Versicherung zahlte ihm nichts, und er stand da mit einem verkohlten Stall, drei verdächtigen Kühen, die Zwiebelmilch gaben, und achtzig Morgen Land, wo inzwischen, van Gogh läßt grüßen!, der Löwenzahn wahre Orgien feierte.

Er verlangte 7200 Dollar, und wir kauften das Ganze für 6000 Dollar, denn sein nutzloses Löwenzahnrechteck gab einen brauchbaren Flugplatz ab. Nachdem wir den Stall aufgeräumt und frisch gestrichen sowie einen Zaun errichtet hatten, hängten wir ein Schild auf, darauf stand: »Ramapo-Flugmuseum«.

Ich ließ Briefpapier drucken und eröffnete unter dem Namen Colonel Werner Guerney, USAAF Ret., ein Bankkonto, während aus Smedjebakken der Attaché Paul Coligny St. Maurice de Longpoint vom Fliegerkorps Französisch-Äquatorialafrika wurde. Daß er kein Wort Französisch sprach und nicht einmal den eigenen Namen aussprechen konnte, spielte dabei keine Rolle, denn das Flugzeug kauften wir in Arizona, wo man seine gelegentlichen Ausrufe auf Schwedisch sowohl für sehr gallisch als auch sehr galant hielt. Wann immer wir im Verlaufe der Arbeiten am Flugzeug oder Museum (das der Öffentlichkeit zugänglich zu machen, wir unterließen) auf Air-Force-Typen stießen, wurde ich sehr wohl als Colonel Guerney anerkannt, denn nach meinen Jahren als Kampfflieger hatte ich etwas Authentisches an mir. Und nie traf ich jemanden, der mich kannte, vielleicht weil die meisten von ihnen tot waren.

Indem ich die mir verbliebenen finanziellen Reserven fast so weit ausschöpfte, daß die Seele vom Leibe erlöst ward, kauften wir aus Armeerestbeständen eine C-54, die den Zweiten Weltkrieg und Korea mitgemacht hatte, die aber gegen Ende des Koreakrieges in Erwartung weiterer Kriegsjahre überholt worden war. Sie besaß vier Pratt-&-Whitney-R-2000-11-Motoren und konnte 15 000 kg Fracht auf Flugstrecken von fast 2000 Kilometern transportieren. Das ließ sich hübsch akkurat in 1111 Goldbarren übersetzen, die heute etwa 325 Millionen Dollar wert wären.

Wir kauften Start- und Landestreifen in zwei Richtungen vom Ramapo-Flugmuseum, weil wir nämlich zwei Ladungen zu zwei verschiedenen Orten bringen wollten: eine für Smedjebakken und eine für mich. Wir hätten auch mehr nehmen können, aber wir wollten nicht zu gierig sein. Und 2222 Barren konnte ich aus der Mitte des Stapels wegnehmen und dabei eine scheinbar völlig intakte Struktur hinterlassen. Daß sie hohl war, hätte man nur feststellen können, wenn man oben drübergesehen hätte, aber weil der Kubus fast bis an die Decke des Gewölbes reichte, war es keinem Menschen möglich, den Blick hoch genug zu heben, daß er das hätte sehen können. Daß der Stapel im Kern leer war, hätte man also nur erkennen können, wenn man den Stapel abgetragen hätte. Das geschah alle fünf oder zehn Jahre, und vor meiner Kündigung wäre ich damit ja gerade erst fertig geworden.

Ich war überrascht, wie leicht es war, Landebahnen zu kaufen. Den Leuten in trostlosen ländlichen Gegenden muß die Vorstellung, daß jemand ihr beinahe wertloses Land für einen Behelfsflugplatz kauft, wohl gleichviel gelten wie den Städtern, die in Bonbonläden auf Coca-Cola-Kästen hocken, die irischen Sweepstakes. Wenn man sagt: »Ich möchte gern Ihre Farm kaufen«, kommt prompt die Frage: »Für eine Landebahn?« Das lag wohl auch daran, wie ich angezogen war. Als Inhaber des Ramapo-Flugmuseums mußte ich ja echt aussehen, also warf ich mich in Bomberjacke, Fliegermütze und -brille, weißen Schal und Chronometer (bis ich zur Air Force kam, schlicht eine *Armbanduhr* geheißen).

Ein Teil des Landes, das ich gekauft habe, dürfte mir noch immer gehören. Die Farm in den Ramapos lief auf den Namen von Colonel Werner Guerney, desgleichen die Landebahn in Florida auf einer von Schlangen wimmelnden Salztonebene bei Fort Myers, derentwegen wir Todesängste ausstanden, weil die Piste bei Brandung immer unter Wasser stand.

Das Land, das ich in Kolumbien gekauft habe, auf der Península de Guajira, wird jetzt wahrscheinlich von Drogenschmugglern benutzt. Die Besitzer, zwei Banditen in einem Städtchen namens Inusu, wollten nicht einmal meinen Namen wissen. Außerdem fühlte sich Smedjebakken im südamerikanischen Busch ausgesprochen unwohl, und wir fuhren wieder ab, bevor wir irgend etwas Schriftliches hatten, so sieht es denn ganz danach aus, daß das, was wir bezahlt haben, nur eine Art Schlüsselgeld gewesen ist.

Der nächste Zwischenlandeplatz lag übrigens in Brasilien, in einer winzigen Siedlung namens Boa Esperança, in der Savanne in der Nähe des Rio Branco. Dort kauften wir für fünfundvierzig Dollar hundert Morgen. Tausend Meilen weiter, in der Stadt Alto Parnaíba, kauften wir noch einmal hundert Morgen für, mehr oder weniger, noch einmal fünfundvierzig Dollar, und so ging es denn. Die einzige Person, die den letzten Landeplatz kennt, ist Funio, der aber nicht weiß, daß er das weiß. Marlise könnte ihn auch kennen, aber das bezweifle ich. Einmal, an einem sehr einschneidenden Punkt in unserer Familiengeschichte, dachte sie wahrscheinlich an irgendeinen französischen oder rumänischen Akrobaten, während Funio und ich in Gedanken ganz woanders waren. Nun habe ich Marlise zwar versprochen, Funio nichts von dem Gold zu erzählen, aber ich habe nicht versprochen, mich nicht auf liebe Erinnerungen zu beziehen, die Funio und ich teilen, oder?

Nie habe ich einen Kerl gesehen, der so wenig in seinem Element war wie Smedjebakken, als er einen im gottverlassenen Landesinneren Brasiliens reisenden Fliegerattaché aus Französisch-Äquatorialafrika mimte. Sein Schwedengesicht war immer so gerötet, daß ich regelmäßig nachgucken mußte, ob er nicht etwa von einer Boa constrictor erdrückt würde. Einmal, als uns zwei Indianer, die genau wie meine Tante Louise aussahen, auf einem kühlen Nebenfluß des Amazonas dahinruderten, wurde Smedjebakkens Strohhut urplötzlich von einer Windbö erfaßt und durch die Luft gewirbelt, bis er auf die spiegelgleiche Oberfläche des Flusses fiel. »Gottverdammich!« schrie Smedjebakken. Mit der Sonne im Haar glich er dem mittelalterlichen Bild eines Apostels mit einem elektrisierten Heiligenschein. »Ohne den Hut komme ich um.« Er wandte sich an die Indianer: »Huttu! Huttu! Holt Huttu!«

Sie waren verdutzt, doch mit Händen und Füßen sowie einem Kauderwelsch, das Portugiesisch sein sollte, machte ich ihnen klar, worum es ging. Der Haken dabei war, daß der Huttu auf eine Gabelung im Fluß zutrieb, welche die Indianer die »Wolken ohne Wiederkehr« nannten. Ich wies Smedjebakken darauf hin, und seine Antwort, ich erinnere mich lebhaft daran, lautete: »Das ist mir doch scheißegal!«

Die Indianer beobachteten seine Gesten und wütenden Kommandos und waren verblüfft. In ihrer Kultur gab es Wut und Heftigkeit nicht. Selbst den Konflikt gab es nicht. Sie lebten in völliger, hypnotischer Harmonie mit der Natur, und von ihrer sanften Art können wir viel lernen. Wenn sie zum Beispiel das Bedürfnis verspürten, dann würden sie dich ruhig und sanft mit einem Giftpfeil erschießen, dich schlachten, verzehren und aus deinem Kopf einen Schrumpfkopf machen. Sie kannten weder Angst noch Schuldgefühle, und man konnte sie einfach nicht reizen. Selbst als Smedjebakken seiner Hysterie Luft machte, sahen sie auf eine freundliche, sonderbare Art zu, wie Hausfrauen, die eine Fleischauslage betrachten.

Auch schienen sie sich nicht vor dem Tod zu fürchten, und sie brachten das Kanu gefährlich nahe an eine Stelle im Fluß heran, wo wir spüren konnten, wie unsichtbare Gummibänder uns stromabwärts zogen, mit der gleichen Anziehungskraft, wie sie von der anderen Seite des Geländers, auf einer Brücke über schwarzem Wasser, auf einen wirkt. Vielleicht hatten sie auch bloß deshalb keine Angst, weil sie mit dem Wissen lebten, daß sie jeden Augenblick womöglich nur noch wenige Minuten vom großen Kehraus waren, doch woraus auch immer ihr Fatalismus erwachsen mochte, sie paddelten unentwegt mit einer Präzision und einem Elan, daß ihre Muskeln anschwollen und die Luft genauso war wie die Luft vor Nathan's in Coney Island. Auch ohne Worte schienen sie zu sagen, daß wir nun die Wahl hätten, aber als Smedjebakken sah, wie es seinen Hut auf dem sich immer mehr zu homerischen Fluten wandelnden Wasser hin und her warf und herumwirbelte, war ihm die Lust zu der Verfolgungsjagd vergangen. »Fahren wir lieber weiter«, sagte er ruhig. »Ich brauche ihn nicht.«

»*Avanti!*« befahl ich, als wäre ich in einem italienischen Hotelzimmer und ein Bursche brächte die frischgeputzten Schuhe. Zu unserem Glück bedeutete das in ihrer Sprache aber wohl nicht soviel wie »Also los«, und so kehrten wir denn bald wieder zurück zur sonnigen Plackerei rhythmischen Paddelns in einer grünen Unendlichkeit.

Smedjebakken mochte das Essen in den kargen Siedlungen nicht, weil es so seltsam und gefährlich war, doch ich genoß es. Gleich nach Sonnenuntergang saßen wir im Scheine eines Kohlenbeckens, schlürften warmes Bier aus braunen Flaschen ohne Etikett, während ein Mann, der sich seit der Schlacht von Hastings nicht mehr rasiert hatte, etwas grillte, das Tapirkabab sein sollte. Das gab es brutzelnd heiß, dabei schwammen die Spieße in einer Cayennepfeffersoße, mit der der Teufel seinen Bentley lackiert hatte.

Mit weit aufgerissenen Augen, schweißüberströmt, der Magen schrie förmlich aus Verzweiflung, so aßen wir dieses personifizierte Feuer, soffen warmes Bier und versuchten, mit einem Bohnengericht fertig zu werden, dessen Rezept begann: ›Man nehme eine Bohne und tausend Pfund Knoblauch...‹

So wie wir schwankten und stöhnten, konnte es fast nicht ausbleiben, daß wir von den wackligen Holzstühlen herunterfielen und die Tische umstürzten, auf denen das Essen stand, mit dem wir so kämpften. Doch ich mochte das sehr, ich mochte es sogar, wenn wir vor lauter Pein die ganze Nacht schrien, weil im Bauch winzige deutsche Wissenschaftler immer wieder die Hindenburg bauten und in die Luft sprengten. Ich mochte es, weil es so beschwerlich war und weil Dinge, die beschwerlich sind, doch gut sind.

Smedjebakken sah das anders. Schließlich war er an goldenen Zwieback gewöhnt, wolkenweiße Milch und zuckersüße Preiselbeeren. Er sagte: »Ich glaube, ich glaube, Sie mögen das hier, und ich glaube, Sie sind verrückt. Und *ich* muß wohl auch verrückt sein, daß ich Sie die Restaurants aussuchen lasse. Jedesmal, wenn wir essen, kommt es zur zweiten Marneschlacht.«

»Hier gibt's doch bloß ein Restaurant«, sagte ich, wobei ich vor Bauchgrimmen glücklich und zufrieden halluzinierte. »Es gibt doch bloß das eine Haus.«

Jeden Abend ›wählte‹ ich das Lokal, und jeden Abend war es dasselbe. In unserem Bauch zogen gleichsam Soldaten in die Winterschlacht, und noch heute erinnere ich mich so deutlich an den Kampf, daß es ist, als wäre die Zeit stehengeblieben. Sogar die Eidechsen hatten gleich hinter dem Feuerschein Posten bezogen und beobachteten uns, wie es uns wohl ergehen mochte. Olé!

In Rio nahmen wir Magenmittel. Ich eröffnete ein Konto, suchte eine Wohnung und arrangierte alles so sorgfältig, daß ich langsam nervös wurde. Die Wohnung war klein, aber elegant, das Wohnzimmer ging auf eine Terrasse, die meisterhaft mit Zwergzitrusbäumen, Strandkiefern und Geranien bepflanzt war. Schon der Duft genügte, einen ganz wahnsinnig zu machen vor Glück, und genauso freute ich mich darüber, daß ich die Wellen hören konnte, die leise auf den Strand herauf rollten. Nachdem ich im Wohnzimmer Bücherregale hatte einbauen lassen, ging ich im Laden für englische Bücher ganz groß einkaufen. Ich habe heute noch alles, was ich damals gekauft habe – die Taschenausgabe (man hätte schon grotesk große Taschen haben müssen) der elften Auflage der *Encyclopaedia Britannica*, sämtliche Bände des *Oxford English Dictionary*, geistliche Texte, die griechischen Tragödien, Homer, Dante, Shakespeare, Wörterbücher, fremdsprachige Lexika, die großen Geschichtswerke, Clausewitz, W. B. Yeats' gesammelte Gedichte, das ›Alte Testament‹ auf hebräisch, Dantes *Commedia* auf italienisch, die Werke Pagnols, die ich höher schätze als die von Colette oder Proust, und noch 495 andere Bücher.

Wenn man am Geländer des steinernen Balkons nicht vom heraufziehenden Duft betäubt war, konnte man die Brandung sehen, den weißen Sand und Hunderte halbnackter Frauen, die in der Sonne lagen. In klaren Nächten gingen in stillem Glanz die Sterne auf, und bei Vollmond kreuzte eine Perlmuttbahn die Bucht, in deren Licht die

Wasser zu beiden Seiten schimmerten, daß die vom warmen Wind gen Land getriebene Dünung zu erkennen war.

Die Küche war reichlich mit Vorräten versehen und bewußt einfach: sie war zum Hof hinten offen, wie ein Balkon, und der Abfluß befand sich auf dem Flur. Ich hatte einen Schreibtisch, eine Lampe, einen Aktenschrank und ein Bord mit Schreibzeug, aber kein Telefon.

»Was werden Sie hier machen?« fragte Smedjebakken, als wir im Licht eines schwindenden Nachmittags dasaßen.

»Warum fragen Sie?«

»Es ist zu schön. Sie werden sterben. Sie wissen, so wie in Florida.«

»Ich werde mir eine Herausforderung ausdenken.«

»Zum Beispiel?«

»Zum Beispiel, alle Kaffeeplantagen in Brasilien zu vernichten.«

»Das geht nicht, und das wissen Sie.«

»Sie haben recht.«

»Was werden Sie also dann machen?«

»Einfach leben.«

»Nichts dergleichen«, sagte Smedjebakken. »Sie brauchen etwas, wovor Sie fliehen und die Flucht planen können.«

»Erinnerungen.«

»Denen können Sie nicht entfliehen.«

»Vielleicht heirate ich und habe Kinder, und ich kann ganz von vorn anfangen. Bis dahin werde ich lesen, an den Strand gehen und versuchen, schlank zu bleiben.«

»Sie sind doch schon spindeldürr.«

»Nach zwei Wochen Tapirkababs wäre jeder spindeldürr. Aber das kann ja nicht ewig so weitergehen, und wir sind in einem Alter, wo wir dazu neigen, dick zu werden.«

»Das ist mir egal«, sagte Smedjebakken. »Ich bin Familienvater. Ich muß mir nicht wegen zwanzigjähriger Dinger den Kopf zerbrechen, die möchten, daß ich wie ein Galeerensklave aussehe.«

»Was werden Sie machen?«

»Das wissen Sie doch. Sie waren doch mit.«

»Nur bis Schottland.«

»Wir fahren mit einem Schiff von Glen Larne. Dann verschwinden wir.«

Am Morgen des Tages, an dem es geschah, erwachte ich in dem Haus in Astoria und wußte, ich würde New York nie wiedersehen. Einerseits war das ein Segen, andererseits aber auch nicht. Wie ich gehört – und auf Fotos und in Filmen gesehen – habe, hat die Stadt ihre Zivilisiertheit verloren. Es war immer eine schwierige Stadt, aber ihre Bewohner hatten es verstanden, dies mit einer rauhen Offenheit und Herzlichkeit wettzumachen, die bei meinem Weggehen gang und gäbe waren, und ich hätte nie im Traum daran gedacht, daß es damit vorbei sein würde oder könnte.

Auf meiner letzten Bahnfahrt betrachtete ich die Gesichter und Mienen meiner Mitreisenden beinahe so liebevoll, als sähe ich eine Fotografie aus längst vergangenen Tagen an. Sie wußten nicht, daß sie ein Bild abgaben. Sie begriffen nichts vom schwindenden Hintergrund ihres Lebens: dem Wind, der in den Blättern am Union Square und im Central Park rauscht, und dem Sonnenschein, der heiß aus unendlich vielen goldenen Fenstern reflektiert wird; den Rinnen der Wasserbehälter auf den Dächern; dem Spinnengeweb der Feuerleitern; dem schwindenden Kielwasser der Fähren und Schlepper, die das Wasser im Hafen aufwühlen und selbst im heißesten Sommer Linien des weißesten Schnees hinter sich aufwehen. So gar nicht schienen sie sich dieser Denkmale, Zeichen und Zeugnisse bewußt.

Ich liebte die Stadt. Dort war mein Blut, meine Familie. So viele Male hatte ich sie verlassen und war zurückgekehrt, daß das, was ich für sie empfand, Liebe gewesen sein mußte. Ich hatte sie zu Kriegszeiten erlebt, reich hatte ich sie gesehen, dynamisch und hingerissen, in Metallgrau hatte ich sie gesehen, nach einem Schneesturm, und ich hatte sie während der Weltwirtschaftskrise erlebt, als lauter Holzfeuer auf den Straßen brannten, wie auf den Straßen, die aus mittelalterlichen Städten herausführten – ganz ruhig, gespannt, in Erwartung eines Lichtstrahls, genauso demütig und vollkommen wie ein Kind.

All das hatte ich gesehen und geliebt, und nun war ich unterwegs. Während ich Tausende von Bildern in mich aufnahm, die ich hinter mir lassen würde, wurde ich traurig, aber ich kannte den Wert eines letzten Augenblicks, der die Fasern der Zeit wie ein Schwerthieb durchtrennt. Wiewohl erschreckend jäh, verleiht er doch allem, was so abrupt verloren scheint, ewiges Leben. Und er legt den Grund für

Ergebenheit, etwas, das in bewegten, unversehrten Leben, die sich planmäßig abspielen dürfen, einfach nicht existiert.

Als ich die Bank betrat, glich die Elektrizität, die ich überall in mir knistern spürte, einem Gewitter in zwölftausend Meter Höhe, in dem es nie aufhört zu blitzen und die Blitze wie Regentropfen auf einem sonnensatten Teich tanzen. Ich hatte Angst, den Alarm auszulösen.

Es reichte nicht, Oscovitz lediglich in die Themen Küssen und Existentialismus verwickelt zu haben. Ich war so voller Überschwang, daß ich aus dem Käfig und wieder zu ihm hinaustrat. Als er mich kommen sah, zuckte er zusammen.

»Sherman«, sagte ich, »Gorilla Boy läßt grüßen.«

»Wer?« fragte Oscovitz.

»Gorilla Boy.«

»Gorilla Boy wer?«

»Gorilla Boy, Träger des Ordens des britischen Empire.«

»Ich weiß nicht, wovon Sie reden«, sagte Oscovitz, der anfing, den Rückzug anzutreten, worauf er sich immer dann verlegte, wenn ich Stimmungen hatte, die er nicht ergründen konnte.

»Gorilla Boy sagt: L, schmier deinen Kopf mit Sonnenöl ein; B, öffne dein Herz für die Liebe einer Frau, die dich liebt; F, lerne, auf einem Pferd zu galoppieren und Kürbisse mit einem Samuraischwert zu zerhauen; und E, wenn du glücklich bist, wirf dem Spanferkel in der Fleischauslage bei Aiello's eine Kußhand zu.«

»Wer *ist* denn Gorilla Boy?« verlangte er mit ungewöhnlicher Entschlossenheit zu wissen.

Mit dem Daumen deutete ich auf meine Brust. »*Ich*, Sherman. *Ich*. Ich bin Gorilla Boy. Ich arbeite für Sie. Gorilla Boy... arbeitet für Sie. Und heute wird Gorilla Boy mit dem Stapeln von Käfig Numero Siebenundvierzig fertig.«

»Gut, gut«, sagte er. »Morgen können Sie anfangen, Käfig Achtundvierzig umzustapeln.«

Für ihn war das ein ziemlich bedeutender Augenblick, und ich glaube, daß er glaubte, daß ich glaube, es sei ein ziemlich bedeutender Augenblick. Ich grinste übers ganze Gesicht und tänzelte in Käfig 47 zurück, und als das Gitter hinter mir zuschnappte, hörte ich das

großartige Geräusch der wie Maschinengewehre losknatternden An-
lasser an meinen vier heiligen Motoren, und ich sah den Himmel vor
mir, der sich wie ein herrlicher runder Teppich aus Babyblau und
Baumwollknäueln erstreckte.

Ich hatte das Vorgehen genau geplant, um die Stapelwände zu
versetzen, die Mitte auszuräumen, die Barren hinunterzuwerfen und
die äußere Begrenzung wieder zu errichten. Wenn das Ganze vollbracht wäre, würde der kaum erkennbare Schachtdeckel, den ich in
den Marmorfußboden geschnitten hatte, von Tonnen Goldes bedeckt, und Käfig Siebenundvierzig würde wahrscheinlich jahrelang
nicht wieder besucht.

Nie hat mir körperliche Arbeit mehr Spaß gemacht als in den acht
Stunden, in denen ich ununterbrochen die Goldbarren in das bescheidene, doch unersättliche Maul des Schachtes fütterte, den Smedjebakken gebaut hatte. Nach ein paar hundert Barren war ich mir sicher,
daß Smedjebakken unten auf dem Abstellgleis war und sie in Empfang
nahm. Wäre er nicht da gewesen, hätten sie sich aufgestaut.

Nach weiteren vierhundert begann ich die Anstrengung zu spüren,
aber je stärker ich die Anstrengung spürte, desto mehr fing ich Feuer.
Ich spürte, wie der große körperliche Einsatz Wellen des Hochgefühls
erzeugte. Die Muskeln krampften sich zusammen und brannten wie
bei einem Möbelpacker, der Überstunden macht, und ich fragte mich,
ob ich am nächsten Tag noch imstande wäre, die C-54 nach Neufundland zu fliegen, wie wir es geplant hatten.

»Käfig Siebenundvierzig ist fertig«, sagte ich zu Oscovitz.

»Ach, gut, hm... Gorilla Boy«, sagte Oscovitz. »Morgen fangen
Sie dann mit Achtundvierzig an.«

»Nein, Sherman«, entgegnete ich, nüchtern, ernst, ruhig. Die
Worte kamen mir wie Macheten vor, die sich durch einen ersticken-
den Dschungel hieben, hinter dem das offene Meer lag.

»Nein?«

»Nein, Sherman.«

»Warum nicht?«

Ich zögerte. Und dann sagte ich sanft: »Sherman, Sie sehen mich
nie wieder.« Ich lächelte, machte kehrt und ging zum Aufzug.

Es war die Zeit der Hurrikane. Baseballspiele fielen ins Wasser, Häuser am Strand wurden mit Brettern vernagelt und auf dem Wasser tanzende Boote vergebens an Piers festgemacht, die ein Spiel des Windes wurden. Ich hatte versucht, Smedjebakken davon zu überzeugen, die Hinflüge zu verschieben, doch er mußte einen Plan einhalten.

Während ich mich damit befaßt hatte, die Umsiedlung in allen Einzelheiten zu organisieren, hatte er, der besser mit Leuten umgehen, auch mehr Vertrauen aufbringen und sich besser mit der Arbeit innerhalb einer Organisation abfinden konnte, anderen die Aufgaben übertragen, an denen ich mir bald die Zähne ausbiß, da ich mich abmühte, Formulare auf portugiesisch auszufüllen, und anderthalb Stunden auf dem Postamt Schlange stand, zusammen mit Bürogehilfen, die Groschenromane lasen, über Baseball redeten und Garnelenbonbons aßen. Die brasilianischen kandierten Garnelen habe ich nie gemocht: Sie stinken beinahe genausosehr wie Kaffee. Die schlimmsten Süßigkeiten sind aber die chinesischen Taubenkuchen. In Singapur habe ich einmal ein Stückchen davon abgebissen und mußte für eine Woche ins Krankenhaus.

Smedjebakken reiste in eine europäische Stadt und suchte sich einen einflußreichen Bürger, dem er folgenden Vorschlag machte. Er wolle für sich, seine Frau und seine Tochter die Staatsbürgerschaft samt neuer Identität. Er wolle in Hauptstadtnähe ein Château, das für sich in einem eigenen ausgedehnten Park lag. Er wolle an dem Haus umfangreiche Umbauten vornehmen lassen, inklusive Schwimmhalle. Er wünsche fähiges, vertrauenswürdiges Personal, ein Sommerhaus an der Küste, mehrere auf seinen neuen Namen zugelassene Autos und eine bescheidene, aber elegante Zweitwohnung in angenehmer Umgebung der Hauptstadt. Und er wünsche den Schutz der Regierung, sollte er dessen bedürfen, auf unbestimmte Zeit.

»Sind Sie ein Diktator? Ich kenne Sie nicht«, lautete die Antwort.

Diese Frage war leicht zu beantworten, doch die nächste, die Smedjebakken zögern ließ, lautete: »Sind Sie ein Krimineller?«

»Dieses Land, dessen Namen ich nicht preisgeben kann«, erzählte mir Smedjebakken, »ist ein Land von Moral*philosophen*. Die Schulkinder lernen dort Kategorien der Moralphilosophie, wie die Schulkinder in Amerika etwas über die Indianer lernen. Also habe ich zu ihm gesagt: ›Moralisch gesehen, bin ich kein Krimineller, denn ich habe einem *Amoralischen* eine Unmenge Reichtum weggenommen. Ich bin so unschuldig wie der heilige Franz von Assisi.‹

›Der heilige Franz von Assisi?‹ lautete die Antwort. Schließlich war es ein merkwürdiger Vergleich.

›Und jeder, der mir hilft, ist ein *Moralist* höchsten Grades. Wer mir hilft, wird nicht nur gerechten Lohn bekommen, sondern auch ein gewisses Maß an Ehre.‹«

Smedjebakken sagte, daß der Mann, mit dem er sprach, tief Luft geholt habe, bis seine Brust schwoll und er regelrecht aufgeplustert aussah. Schnell war er einverstanden, und ohne Skrupel setzte er eine Gebühr fest.

Beim heutigen Goldpreis kostete sein Neuanfang Smedjebakken 35 Millionen Dollar, wovon 10 Millionen an den aufgeplusterten Dicken gingen, aber das war die Sache wert. Angenommen, er behielt das Gold, dann hat er jetzt mindestens 250 Millionen für die Brötchen, also mußte er sich keine preisgünstige Zuflucht suchen.

Ich bin da ein wenig anders. Ich muß alles selber machen, und ich bin ein großer Sparer, weshalb ich ja auch noch etwa 324 Millionen übrig habe, auch wenn die in einem sehr schwierigen Versteck sind. Was Smedjebakken getan hat, wollte ich auch tun, doch war ich in den europäischen Kreisen zu gut bekannt und somit gezwungen, ans andere Ende der Welt zu fliehen, wo mich keiner kannte und alles so verwirrend auf dem Kopf stand.

Da Zahlungen erfolgen und Offizielle bestochen werden mußten, ein Château herzurichten und ein Swimmingpool zu bauen war, mußte Smedjebakken das Gold zur Hurrikanzeit über den Atlantik bringen. Die beste Zeit aber, den Nordatlantik zu überqueren, ist der September, wo die Hurrikane nur in so abgeschwächter Form auftreten, daß sie bloß noch dazu ausreichen, die schwindenden Eisberge mit Tau zu benetzen.

Für mich war diese Zeit etwas gefährlicher. Gleich nachdem ich von Glen Larne zurück wäre, müßte ich das Flugzeug beladen und nach Fort Myers, über die Karibik, zum Amazonas und weiter. Das Flugzeug trüge dann seine Höchstlast und hätte keinerlei Treibstoffreserven, was bedeutete, daß man nicht um die Stürme drum herum fliegen, sich auch nicht über sie emporschwingen könnte, sondern sich höllisch durch sie hindurchquälen müßte.

Am Abend traf ich Smedjebakken zu einem stärkenden Mahl, bevor wir die Goldbarren von einem Reparaturzug der Verkehrsbehörde auf einen Pritschenwagen am Ende einer nicht mehr benutzten U-Bahn-Stichbahn in Washington Heights luden. In dem Luftfahrtmuseum hatten wir immer gut gegessen – Wildbret, frischen Mais, Tomaten, Spinat, Basilikum, Muschelsuppe –, doch wir hatten uns für Eierspeisen und mit Rindfleisch belegte Brote entschieden.

Wir saßen an der Theke eines Delikatessenladens 100. Straße Ecke Broadway, eine Gegend, die ich aus meiner Zeit als Bote gut kannte. Der Inhaber, eine lebensechte Kopie Otto Premingers, wagte sich nie weiter als anderthalb Meter von uns weg, so daß wir verschlüsselt sprechen mußten.

»Haben Sie die Büstenhalter?« fragte ich Smedjebakken.

»Ja«, sagte er. »Jeden einzelnen davon.«

»Hat es jemand gesehen?«

»Keine Menschenseele. Ich dachte, ich würde sterben, als ich sie aus der Röhre nahm. Ich habe fürchterlichen Muskelkater. Wie steht's mit Ihnen?«

»Ich bin okay, aber vergessen Sie nicht, ich habe sie gerade in das Loch hinuntergeworfen.«

Ich konnte sehen, wie Otto Preminger von dem, was wir da redeten, immer stärker angezogen wurde. Zwar versuchte er, sein Interesse zu verbergen, indem er ein Glas blankrieb und vor sich hin starrte, dabei aber die Ohren spitzte. Das störte uns aber kaum, denn er konnte beim besten Willen nicht wissen, wovon wir da redeten.

»Wo sind die Büstenhalter jetzt?« fragte ich Smedjebakken.

»Sicher im Tunnel.«

»Wenn es dunkel ist, bringen wir sie fort.«

»Warum fahren wir nicht einfach los, wenn wir hinkommen?« fragte Smedjebakken.

»In New Jersey ist die Polizei notorisch mißtrauisch, und die Straßen wimmeln von Polizei. Tagsüber, besonders im Licht der untergehenden Sonne, leuchten die Büstenhalter mit einem diffusen Glanz. Es ist besser, sie bei Nacht zu transportieren.«

»Ich hoffe nur, daß wir keinen Platten kriegen«, sagte Smedjebakken. »Auf der ganzen Welt gibt es wohl keinen Wagenheber, der den Laster heben könnte. Wir müßten jeden einzelnen Büstenhalter abladen und am Straßenrand aufstapeln.«

»Keine Sorge«, sagte ich zu ihm. »Morgen abend um diese Zeit stecken Sie mitten in den Wäldern Neufundlands.«

Mit mehrmotorigen Flugzeugen kannte ich mich nicht besonders gut aus. Ja, vor der C-54 hatte ich noch nie eines geflogen. Ich las zwar ein paar Handbücher und dachte viel darüber nach, ehe wir nach New Jersey zurückflogen, doch so etwas muß man eigentlich zusätzlich lernen, indem man die Manöver unter Anleitung eines erfahrenen Lehrers übt. Leider mußte ich alles sofort und zum ersten Mal tun.

Wir waren sicher, daß unser letztes Stündlein geschlagen hätte, als das Flugzeug beim Start mit der Spitze der linken Tragfläche auf die Startbahn schlug. Zu der Zeit war ich schließlich vollkommen aus der Übung, selbst was das Fliegen einmotoriger Flugzeuge betraf.

Auch die Landung war nicht so toll. Nie bin ich so geholpert wie da auf dem löwenzahnübersäten Landestreifen des Flugmuseums von Ramapo, und ich fürchtete mich davor, das Flugzeug aufzusetzen, als es voll beladen war. Trotzdem wollten Smedjebakken und ich auch nicht einen Barren zurücklassen, auch auf die Gefahr hin, unser Leben aufs Spiel zu setzen. Wir hatten uns eine Aufgabe gestellt, und es ging nicht um das Geld, sondern vielmehr um ein Vollständigkeitsempfinden. Die meisten Diebe hätten wahrscheinlich unsere Erwartungen unbegreiflich gefunden.

All unsere Zahlen mußten gerade oder bemerkenswert sein, alle Zeiten genau. Vielleicht meinen Leute, die nie etwas gestohlen haben, daß man stiehlt, weil man etwas haben will. Dem ist aber nicht so. Man stiehlt aus demselben Grund, aus dem man ansonsten arbeitet oder etwas wagt – und Stehlen ist Arbeit, das kannst du mir glauben. Man stiehlt aus demselben Grund, aus dem ein Schlittschuhläufer für die Olympiade trainiert, ein Komponist komponiert, ein Lkw-Fahrer sich bemüht, schneller ans Ziel zu kommen.

Es handelt sich dabei um genau denselben Funken, der die Fabriken rund um die Uhr arbeiten läßt, der John Henry dazu bewog, es mit einem Dampfhammer aufzunehmen, der einen Schlittenhund fröhlich zehn Stunden in einer Kälte rennen läßt, in der sogar der Rauch gefriert. Genau das, was die Maschinen singen und unser Blut fließen läßt.

Ich spreche nicht davon, jemandem die Brieftasche zu klauen oder in ein Haus einzubrechen und alle Schubladen aufzuziehen, um die grünen Wertmarken von S & H zu suchen. Auch ist hier nicht davon die Rede, Bensonhurst-Pensionären in Florida Land zu verkaufen, das von Wasser bedeckt ist, in dem es, als wären's Maden, von Alligatoren nur so wimmelt. Auch nicht davon, völlig Unschuldige in Gefahr zu bringen, indem man mit einer Halskette aus Dynamit in eine Bank spaziert. Meine Definition von Stehlen heißt, den Louvre, Fort Knox, den Tower in London oder die Zentralen Diamantentresore Antwerpens auszurauben.

Alles übrige ist für die Termiten. Und, ich frage dich, was hast du denn erwartet? Sollte ich denn vergessen, was ich gesehen hatte und was ich getan hatte? Ich habe Berlin angegriffen, als Hitler noch dort war. Ich bin aus einer Schweizer Nervenheilanstalt geflohen, um mit einer Frau durchzubrennen, die ich noch immer liebe, auch wenn sie tot ist, und wir waren am nördlichen Polarkreis, unterm Nordlicht. Einst war ich einer der reichsten Männer der Welt und einst ein Kind, das schwer gearbeitet und sein Geld für einen gezuckerten Donut und ein paar Notenblätter gespart hat. Zusammen mit den Engeln habe ich gekämpft, hoch droben über der Erde, wo die Luft so dünn wie Helium und eine Niederlage eine explodierende Sonne ist. Ich habe ganz fest gehalten und die Augen zusammengekniffen, als ich auf das Geschützfeuer wie die Schwerkraft zugerast bin. Ich war in einer großen Armee, die Jahre gebraucht hat, um die halbe Welt zu besiegen. Ich bin über den Ozean gefahren, wie eine Rakete in die Wolken geschossen, bin dicht über dem Hudson geflogen und habe seine Seerosenblätter mit meinem Propeller zerschnitten, und ich habe Nationen untergehen und neue Nationen entstehen sehen.

Warum also nicht den Louvre? Er ist doch nur ein großes Gebäude voll der genialsten Widerspiegelungen dessen, was wir tagtäglich erfahren, im Großen wie im Kleinen. Wäre dies ein ruhiges Jahrhundert gewesen und wäre mein Land tiefste Provinz gewesen, vielleicht wäre ich dann leichter zufriedenzustellen gewesen, doch große, schreckliche Dinge überrollten die Welt, und ich war mittendrin.

Sie glichen der Kraft, die das Nordlicht entzündet, indem sie Heerscharen unbedeutender Partikel erstarren lassen und in einen Flammenvorhang feuern. In Zeiten voller Größe wird jedermann ein König, das ist der Preis, den Könige zahlen, wenn sie den Energien nicht Einhalt gebieten können, die sie auf dem Thron halten.

So schleppten wir denn das ganze Gold fort, selbst auf die Gefahr hin, das Leben zu verlieren, weil es wichtig war, nichts verstreut zurückzulassen. Was wir getan haben, ist nicht zu rechtfertigen, außer man sagt, es sei ganz wie mit der Musik, wo keine Theorie die Freude oder Tiefe erklären kann, wo die widerspenstige Schönheit nicht durch Mathematik zu erhellen ist, aber wo die Dinge, wenn sie zusammenkommen, eine jedermann begreifbare Vollkommenheit erreichen.

Und so kam es denn, daß ich, als ich an einem feuchten, wechselhaften Morgen startete, da hohe dicke Wolken auf Winden dahintrieben, die große Stücke naßblau polierten, glücklich war. Mir wie auch Smedjebakken bedeutete das, was wir getan hatten, nicht Reichtum und nicht Rache, sondern Wagemut und Glauben. Und als wir uns in die stürmische Luft erhoben, waren wir unbegreiflich gerührt.

Ich schlug einen nordöstlichen Kurs ein, und wir flogen allein dahin auf die blaugrünen Wälder Neufundlands zu. Bald war der Hudson nur noch eine kleine silberne Schnur, und das weite Land, durch das er floß, wo ich aufgewachsen war, lag unter Wolken verborgen.

1914

(Falls du es noch nicht getan hast,
leg bitte die vorhergehenden Seiten wieder
in das ameisensichere Kästchen.)

Die Marineakademie hat mich aus ihren Diensten entlassen. Während
ich im Krankenhaus lag, übernahm Watoon meinen Unterricht. Da
dies mehr als das Doppelte seines gewohnten Lehrpensums bedeutete
und keiner da war, an den er sich um Hilfe in sprachlichen Dingen
wenden konnte, erlitt er eine Art Nervenzusammenbruch. Außerstande weiterzumachen, griff er zu seinem heiligen Buch, und die
Studenten mußten direkt daraus pauken.

Während dieser Zeit besichtigte der englische Botschafter, eine
würdevolle, imposante Persönlichkeit, die Akademie. Als man ihn in
Watoons Klasse führte, bedeutete er, daß sie weitermachen sollten, als
ob er nicht da wäre – und so geschah es, eine Weile wenigstens. Es
muß ziemlich komisch gewesen sein.

»Redewendung, um englische Person aus England zu begrüßen!«
rief er seinen Schützlingen zu.

»Du kannst mich mal!« erklang es unisono im Sprechchor.

»Du kannst mich mal was?« fragte er, dabei wandte er den Kopf
und hielt die Hand ans Ohr.

»Du kannst mich mal, du englischer Scheißer«, riefen sie, ohne die
leiseste Ahnung zu haben, was sie da von sich gaben.

»Sagen Sie's noch einmal für unseren Gast. Stehen Sie auf dazu.«

Sie alle standen auf, sahen den fassungslosen Botschafter an und
schrien: »Du kannst mich mal, du englischer Scheißer!«

Der Botschafter drehte sich zu dem Commandante um, der still
lächelte, und als er merkte, daß er keine Unterstützung fand, warf er
Watoon einen wütenden Blick zu.

Worauf Watoon, mit einem Ausdruck völliger Unschuld und einem breiten Grinsen erwiderte: »Leck mich am Arsch.«

Damit war Watoon natürlich erledigt. Und ich war auch erledigt. Um seine Haut zu retten, erzählte Watoon dem Commandante, daß ich ihn alles, was in seinem heiligen Buch stand, gelehrt hätte, und weil der Commandante seit Jahren wußte, daß Watoon bei jeder Gelegenheit zu mir um Hilfe gerannt kam, flog auch ich raus.

Selbst wenn ich die Energie aufgebracht hätte, das beim brasilianischen Marinegericht anzufechten, hätte das wenig Sinn gehabt. Die Akademie hat uns durch zwei Engländer ersetzt, die, so heißt es, wunderbar sprechen und sich ausgezeichnet darauf verstehen, Englisch als Fremdsprache zu unterrichten. Offen gesagt, den Kadetten dürfte es wohl ziemlich schwerfallen, Worte wie *air* zu sagen, was sie nun »A, ah« werden aussprechen müssen, aber verglichen mit den meinen, sind ihre Probleme wesentlich kleiner.

Ich wurde mit einem wöchentlichen Ruhegehalt in Rente geschickt, das gerade reichte, um eine Mango, zwei Aspirintabletten und eine Briefmarke zu kaufen. Ich habe zwar das Gold, aber ich bin körperlich nicht in der Lage, es zu holen, und, einmal ganz abgesehen davon, bin ich immer der Meinung gewesen, daß enormer Reichtum Marlise verderben würde. Großer Reichtum ist wie ein Tiger – schön, bezaubernd, und wenn man ihn hat, frißt er einen auf. Sogar Constance hat er aufgefressen, und Marlise in Bestform ist weniger aufgeweckt als Constance nach ein oder zwei Anderthalbliterflaschen Champagner.

Bei aller Genialität wäre Funio nicht imstande, auch nur einen einzigen Barren zu bergen oder auch nur dorthin zu gelangen, wo das Gold liegt. Dazu muß er viel älter und viel größer sein, und ich habe Marlise mein Ehrenwort gegeben, daß ich ihm weder sage, wo der Schatz liegt, noch auch nur, daß wir ihn haben. Marlise kennt den Tiger, und sie möchte nicht, daß er ihr Kind auffrißt.

Ich selber habe nicht mehr genug Kraft, und ich traue keinem, weil ich keinen kenne, dem ich vertrauen könnte. Und was würde ich denn mit dem Reichtum anderes machen als ein Leben verlängern, das mir jeden Tag immer mehr zu verstehen gibt, daß es sein natürliches Ende erreicht hat? Wenn ich sterbe, bringe ich die Mörder um ihre Chance, mich zu töten. Doch sollte es ihnen gelingen, mich zu finden, bevor ich sterbe, würden mir ihre Kugeln vollkommene Zufriedenheit verschaffen.

Ich bin in dem Garten in Niterói. Wieder einmal ist es frühmorgens. Es hat soeben geregnet. Die blauen Wellen drunten, still hier oben, ziehen mich wieder einmal an. Die Blumenbeete dampfen, und ich bin hier der einzige. Manchmal frage ich mich, was wohl der Sinn all der Jahre seit 1914 gewesen ist. Damals hätte ich sterben sollen. Das wollte ich auch. Ich war neun Jahre alt, als meine Zeit gekommen war, und seitdem lebe ich mit ungeheurem Leid. Für mich wird der Tod wie der tröstlichste Schlaf sein.

Früher besaß ich ein Foto von meinem Vater als Armeeoffizier auf den Philippinen während des Spanisch-Amerikanischen Krieges. Von zwei philippinischen Soldaten flankiert, kniet er auf einem Knie. Die drei betrachten eine Karte unten im Sand, die Philippinos stützen sich auf Gewehre, mein Vater hingegen nicht. Er trägt eine Nickelbrille, und zwischen seinen Zähnen klemmt eine Pfeife. Jemand muß etwas Lustiges gesagt haben, weil die drei lachen. Es ist weder ein höfliches, nervöses Lachen noch die Art von Gelächter, die so stark ist, daß man die Augen schließt, aber dennoch ist es glücklich, in vollem Bewußtsein. Ja, sie sehen so glücklich und gesund aus, wie man nur kann. In meinen ganzen achtzig Jahren habe ich nie jemanden so entspannt, so stark und so zufrieden gesehen. Als Kind starrte ich dieses Foto immer an und träumte davon, daß ich, wenn ich groß wäre, das gleiche Gefühl kennenlernen würde wie diese Männer, die da im Dreck kauern, und zuweilen ist es mir wohl auch widerfahren.

Das Foto, das ich von meiner Mutter hatte, war ganz anders, obwohl es ungefähr zur gleichen Zeit aufgenommen worden sein mußte. Aus einem Pavillon in der Nähe des Piers einer Ferieninsel im Eriesee blickt sie in den Fotoapparat, groß und aufrecht steht sie da in einem weißen viktorianischen Kleid und steifen Strohhut mit Bändern, das dunkle Haar fällt ihr wie Kaskaden über das sonnenverbrannte Gesicht. Für hübsch hatte sie nie gegolten, weil sie zu groß war und ihre Gesichtszüge recht ungewöhnlich waren, doch ihr Gesicht hatte so viel Ausdruck und war so lebendig, daß sie geradezu eine große Schönheit war. Das Frauenideal der Zeit war pummelig, schwach und rund, und sie war eckig, dünn und stark. Heute käme sie besser weg, doch selbst da entspräche sie nicht den gedankenlosen Normen, die so oft in puncto Schönheit herrschen.

Als Kind sah ich mir diese Fotografien immer wieder an, davon überzeugt, daß ich weder die Kraft und Vitalität meines Vaters noch das Glück hätte, einer Frau wie meiner Mutter zu begegnen... Und dann traf es mich wie ein wunderbarer Blitz, ein gleichsam wohltuender Abpraller, als mir dämmerte, daß ich ja, eben weil ich Vaters und Mutters Sohn war, immerhin eine Chance hatte, zu ihren Stärken und guten Eigenschaften heranzuwachsen.

Diese Fotografien wurden gleichsam Ikonen. Ein Blick genügte, mich mit Erinnerungen und Liebe zu erfüllen, sorgfältiges Betrachten ließ mich die Gegenwart vergessen, und gründliches Nachdenken versetzte mich gar in der Zeit zurück, bis ich nicht mehr wußte, ob ich sie beide tatsächlich je verlassen hatte.

Und ich hütete die Fotografien wie das kostbarste Gut. Sie sollten bei mir sein, wenn ich begraben oder eingeäschert würde, so daß sie und ich zusammen vergingen. Doch ich habe sie verloren, als ich in Brasilien landete. Sie fielen dem tosenden Wasser anheim, dem alles auflösenden Wasser, dem Wasser, das da fließt und voller Sauerstoff ist.

Ende Dezember 1904 wurde ich glücklos geboren. Immer war ich der Meinung, wiewohl es vielleicht aller Logik entbehrt, daß Kinder, die im Hochsommer geboren werden, wenn die Welt in Licht getaucht ist, den Sommer und alles, was hell ist, vorziehen und daß Kinder, die in der dunkelsten Zeit geboren werden, lediglich die Kälte und Dunkelheit fürchten. Zwar habe ich zuzeiten den Winter geliebt, wenn er trocken ist und die Sonne und der Mond über weite Schneefelder scheinen, im großen und ganzen aber fürchte ich ihn. Nie war mir im Winter warm genug. Unser Haus hatte keine Zentralheizung, und nicht nur, daß ich höchst ungern den Holzofen feuerte, ich ärgerte mich auch darüber, daß, wenn eine Passage in einem Buch oder ein Problem in einem Text meine Aufmerksamkeit fesselte, dann die eine Hälfte von mir nahezu geröstet wurde, während die andere fast erfror. Winter mit einem Ofen für Holzfeuerung war, als ob man auf dem

Mond wäre: da gab es Feuer, und da gab es Eis, und dazwischen gab es nichts.

Mein Geburtstag und Weihnachten waren wie siamesische Zwillinge. Angesichts des Zusammentreffens investierten meine Eltern einfach so viel in ein einziges Geschenk, wie sie sonst für zwei ausgegeben hätten. Doch das war für mich kein Trost. Ich war ein Kind, und arglos wollte ich alles haben.

Natürlich bekam ich nie alles, doch mein größtes Geschenk wurde mir im Januar, wenn das Licht wieder stärker wurde und jeder Tag länger wurde, wenn die Weihnachts- und Geburtstagsgeschenke vergessen waren ob der Anzeichen, daß die ganze Welt sich aufhellte. Selbst im Februar, dem Monat der Verzweiflung, wenn das zunehmende Licht unter zunehmenden Wolken versteckt wird, einem Monat, der nach meiner Erfahrung nie so kristallklar gewesen ist wie der vorherige; und sogar im März, dem Monat des Verrats, wenn Sturm und Wind gegen das aufkommende Licht ankämpfen; und selbst im April mit seinen wohlbekannten Grausamkeiten und viel zuviel Regen; selbst im verbleibenden Winter, der langsam ausgespielt hat, wurde das Licht in einem großartigen Crescendo stärker.

Lange vor Juni war mein gebrochenes Herz wieder heil, und die Welt wirkte heiter. Wir lebten am Hudson, und um an den Fluß zu gelangen (wie ich es mit einer unglaublichen Geschwindigkeit konnte), mußte man über zwei wunderschöne, sonnengetränkte Felder und einen steilen Pfad durch einen Eichenwald hinuntergehen, über einen Steindamm und dann über den Spalt springen, der die Überlaufrinne bildete, noch einen kleinen Hügel hinunter und sich durch einen Hain aus hohem Schilf hindurchschlängeln, hinaus auf das Gleisbett der Eisenbahn, der New York Central Railroad. Erst hinter den Schienen öffnete sich das Ufer auf ein weites Wasserbecken und ferne Berge. Die Fahrrinne, durch die immer, außer in den Wintermonaten, die ich am meisten fürchtete, Segelschiffe und Dampfer fuhren, verlief in der Ferne meilenweit über Wasser oder Eis.

Mein Tempo nahm zu, als ich älter und kräftiger wurde und jahrelange Praxis mich jeden Winkel, jeden Halt, jeden Abhang lehrte. Ich konnte mich über Bäume hinwegkatapultieren, die auf den Weg gefallen waren, wobei ich einfach lossprang, ohne die andere Seite zu sehen, denn nach Tausenden Übungsläufen kannte ich alles genau. Als ich immer geschickter wurde, lief ich schneller, machte längere Schritte und segelte immer höher über umgestürzte Bäume und Rinnen auf meinem Weg.

Zuweilen erschrak ich selber, wenn meine Gliedmaßen, die besser als ich sowohl den Weg kannten als auch das, was sie vermochten, sich länger streckten und sich mehr ins Zeug legten, als ich es selber wollte. Manchmal, so schien es, schwebte ich so lange in der Luft, daß ich geradezu flog.

Nachts träumte ich davon, ich würde den Pfad verlassen und nie wieder landen. Dieser Traum schien wirklicher zu sein als das Leben selbst, so richtete ich denn alle Anstrengungen darauf zu lernen, wie ich denn fliegen könnte – nicht indem ich etwa glitte oder von einem Ballon hochgehoben würde, sondern als eine Art menschlichen Projektils, wie ein aus dem Gleise von Anmut und Kraft losgelassener Pfeil. Ich war neuneinhalb Jahre alt. Es war der Sommer 1914.

Obgleich viele nun glauben, dies sei der letzte unschuldige Sommer gewesen, den die Welt je erleben sollte, ist dies doch die Ansicht einer jüngeren Generation, die nicht wie ich die Gelegenheit hatte, die Soldaten des Bürgerkriegs zu kennen. Wie unschuldig aber waren die Männer von Gettysburg oder Chancellorsville? Die einzige Unschuld, welche die Welt je erfahren, war die Unschuld Edens, Woodrow Wilsons Verständnis auswärtiger Angelegenheiten und in den Herzen jeder neuen Woge von Kindern. 1914 lebten nicht alle so heiter wie ich, und das wußte ich.

Am vierten Juni 1914, einem Donnerstag, war ich nicht mehr in Winterkleider gehüllt, die sowieso nicht warm genug hielten, nicht mehr ein Gefangener von Schlamm und Schneematsch auf meinem fünf Meilen langen Schulweg, zu jung für die Abschlußprüfung und, da der Sommer vor mir lag, außergewöhnlich glücklich. Weil die Lehrer gebraucht wurden, bei den Prüfungen für die älteren Klassen die Aufsicht zu führen, fand kein Schulunterricht mehr statt, und die jüngeren Kinder verbrachten den größten Teil des Tages im Freien. Das war mir nur recht.

Mein königlicher Nachmittag, da ich den Bach andämmte, fand ein jähes Ende, als wir zur Arbeit hineingerufen wurden. Unser Lehrer war ein pensionierter Marinemajor, der die Schlacht von Mobile Bay mitgemacht hatte. Er war Werkstattleiter und der geborene Archivar, und von den Sparren des riesigen Dachbodens, wo er unterrichtete, hingen eine Flugmaschine vom Typ der Gebrüder Wright herab, ein Eskimokajak, ein gebrauchter ausgestopfter Tiger und Hunderte kleinerer Gegenstände wie Bumerangs, Gatlings Revolverkanonen, ägyptisches Besteck, japanische Küchengeräte, Masken, Schwerter, Gemälde von auf den Strand gezogenen Walen und ein ungeheuer schweres Pendel, das aller Zweckdienlichkeit der Erdrotation trotzte und seinen Platz getreulich nur unter Bezugnahme auf das Unendliche behauptete.

Der Major war ein braver, reizbarer Mann, der uns beten ließ, bevor wir unsere Maschinen bedienten. Auf dem Mechanikboden faltete dann die ganze Klasse still die Hände und senkte den Kopf, während Strahlen sonnenhellen Staubs den Raum langsam in vollkommene Sektionen teilte und verirrte Bienen durch das Licht schwirrten wie Tropfen schmelzenden Goldes. Unser Gebet war einfach: wir baten darum, daß wir uns, wenn wir etwas herstellten, nicht in die eigenen Fähigkeiten verliebten, und wir beteten, daß wir uns nicht die Finger abhackten.

Die Maschinen waren gefährlich; Bandsägen, Kreissägen, die für »Die Gefahren Paulines« getaugt hätten, Pressen und Schneidewerkzeuge, die ein Kind genauso schnell seiner Extremitäten berauben konnten, wie eine Froschzunge nach einer Mücke schnappt, und nicht weniger erbarmungslos. Heute dürften Kinder nicht in die Nähe solcher Gefahren, doch damals stellten solche Maschinen die Verheißung der Zukunft dar, ihre Leistungen wurden noch nicht von bösen Schatten zugedeckt. Und dann gab es da noch ein bemerkenswertes lokales Problem, nämlich daß viele Hände ohnehin mehr Finger hatten, als sie hätten haben sollen.

Der Major wollte nicht, daß den Kindern in seiner Obhut die Hände abgehackt würden, so daß er zusätzlich zu den Gebeten noch eine Strategie verfolgte. Er gebrauchte Kaffee oder, genauer gesagt, Kaffeebohnen, die er in einem weißen Pappbecher aufbewahrte, mit einem Totenkopf und gekreuzten Knochen darauf. Weil er es gewöhnt war, von der Brücke eines Kriegsschiffs aus die Weiten des Meeres abzusuchen und Feinde an Land zu sichten, wenn sie aus tiefem Dickicht hervorspähten, entging seiner Aufmerksamkeit nicht viel.

Während er da stand und eine kubanische Zigarre rauchte, hatte er die ganze Klasse zugleich im Blick, und wenn er ein Kind sah, das die Hände an der falschen Stelle hatte, oder ein anderes, das dabei war, unter einem gärenden Blatt eine Blockierung wegzureißen, dann zog er kräftig an einem gewaltigen Hebel, um die obenliegenden Wellen auszukuppeln, von denen Lederriemen herabgingen, um die Schwungräder verliefen, die an den Antriebsteilen jeder Maschine befestigt waren.

Nachdem er dem Missetäter die Finger gerettet hatte, schickte er sich an, seine Seele zu retten, weswegen ich am vierten Juni 1914 den Befehl erhielt, mich dem Becher mit dem Totenkopf und den gekreuzten Knochen zu nähern.

Der Major sprach mich mit der besonderen Förmlichkeit an, wie er sie den jüngeren Kindern vorbehalten hatte: er nannte uns dann »Miss Adams« oder »Mr. Bernstein«, und wenn er einen Grundzug unseres Charakters hervorheben wollte, »Dr. Smith«, »Professor Alford«, »General Osborne« oder »Reverend Antrobus«. Er verspottete uns, aber es war leiser Spott, und sein Ton war immer ermutigend und respektvoll, wie wenn er in die Zukunft blicken könnte.

Ich wußte, daß ich Ärger hatte, als er mich mit »Insasse« anredete und meine Verfehlung zuerst in einer südafrikanischen Sprache zusammenfaßte, die er als Beobachter bei der britischen Armee gelernt hatte und in die er nur verfiel, wenn er wütend war. Um was für eine Sprache es sich handelte, weiß ich nicht einmal, geschweige denn, was er sagte, doch es kam schnell heraus und wütend, und es klang wie: »*Satto cooca satibelay, amandooka helelay pata pata. Desanday nooca, gezingay po walela. Soocowelay demandica coomanda. Ma me rotsuna contaga tu ay vaca doganda.*« Es ähnelte Italienisch mit vielen Schnalzlauten, und es faszinierte uns.

Als ich vor dem Becher mit dem Totenkopf und den gekreuzten Knochen stand, versammelten sich die anderen Kinder schweigend drum herum, wie um meiner Hinrichtung beizuwohnen. Am Ende meiner Anklage in der afrikanischen Sprache, die der Major – soviel ich weiß – erfunden hatte, wurde ich mit der Frage auf englisch überrascht: »Nun, was hast du zu deinen Gunsten vorzubringen?«

»Was habe ich denn gemacht?« fragte ich.

»Das sagst du uns«, befahl er.

»Ich weiß es nicht.«

»Habe ich es dir denn nicht eben gesagt?«

»Wann?«

»Jetzt eben.«

»Ja.«

»Also, sag's uns.«

»Okay«, sagte ich und verzog das Gesicht, um meinem Gedächtnis nachzuhelfen. »*Satto cooca?*«

»Ja, weiter.«

»*Satto cooca satibelay, amandooka helelay pata pata. Desanday nooca, gezingay po walela. Soocowelay demandica coomanda. Ma me rotsuna contaga tu ay vaca doganda.*«

»Schön«, sagte der Major, »aber *ich* hab's nicht getan, also beschuldige nicht mich.«

»Entschuldigung.«

»Braun, grün, braun«, verkündete er, womit das Urteil gefällt war.

Da ich andere Hinrichtungen beobachtet hatte, wußte ich, was zu tun war. Ich langte in den Pappbecher und zog eine braune Kaffeebohne heraus. Die, so hatte ich gehört, seien etwas erträglicher als die grünen.

Da war sie nun, zwischen meinen Fingern, eine teilweise gespaltene, erdbraune Bohne, offensichtlich sehr hart und trocken. Das war das Zeug, das die Erwachsenen tranken, wenn sie morgens aufstanden und damit sie ihre Mahlzeiten besser verdauen konnten. Auch wenn die Bohne noch nicht zu dem beliebten Getränk verarbeitet wäre, ich stellte mir vor, daß sie vielleicht gar nicht so schlecht war. Im Lebensmittelgeschäft hatte ich ein Glas mit Kaffeebohnen in Schokoladenguß gesehen. Wenn es sich dabei tatsächlich um Süßigkeiten handelte, konnten sie denn dann so schrecklich sein? Vielleicht waren meine Klassenkameraden, die in einer ähnlichen Situation gewürgt und sich gekrümmt hatten, einfach zu beeinflußbar. Ich machte mir überhaupt keine Sorgen. Schließlich hatte ich immer Dinge tun können, die andere Kinder nicht konnten. Mein Vater hatte mir so eine Art Hindu-Technik beigebracht, um Schmerzen gleichsam auf ein Nebengleis abzuschieben, wo sie, obgleich ich sie spürte, doch nur wenig mit mir zu tun zu haben schienen, sondern eher etwas darstellten, das ich bei anderen beobachtete.

Deswegen und wegen meiner anderen Vorlieben verstand ich mich darauf, Angriffe durchzustehen, und ich besaß eine für ein Kind ungewöhnliche Selbstdisziplin. Ich wohnte in einem umgebauten Stall, wo es wunderbar war, aber von sehr großen Ratten wimmelte, die wir »Rinderratten« nannten. Schon zeitig lernte ich, sie mit einer Hacke oder einem Schüreisen zu töten, was weder leicht noch ungefährlich war, da sie sich wehrten. Schließlich handelte es sich dabei nicht um kleine Hühnerkroketten mit Beinen, sondern sie waren so groß wie Meerschweinchen und kleine Katzen. Der Kampf mit ihnen lehrte mich innere Stärke, wie auch die fehlende Zentralheizung in unserem Haus, die zehn Meilen Schulweg, die ich jeden Tag zu Fuß zurücklegte, und die Prügel, die ich regelmäßig bezog, wenn ich durch die raueren Viertel der Stadt kam.

Was hatte ich da von einer kleinen Bohne zu befürchten, ich, der ich stillhalten konnte, während ein Zahnarzt mit der Handbohrmaschine arbeitete – an mir –, ohne Betäubung, ich, der ich bei einem Unfall in der Mühle fast in Stücke gerissen und mit Dutzenden tiefen Stichen wieder zusammengeflickt worden war, abermals ohne Betäubung? Diese Bohne wurde auf der ganzen Welt hochgeschätzt. Sie wurde auch als Süßigkeit verzehrt.

Ich steckte sie in den Mund und begann langsam zu kauen, wie eine Kuh. In den ersten Sekunden schmeckte ich nichts, und ein Ausdruck großspuriger Überlegenheit zog langsam über mein Gesicht. Doch sobald die Bohne anfing, meinen Mund in Besitz zu nehmen, weiteten sich meine Augen, und ich holte durch die Nase Luft, wie man es tut, wenn man gleich gegen etwas kracht. Im selben Moment dachte ich an die abschätzigen Bemerkungen, die meine Eltern gelegentlich über Kaffee machten, und ich fragte mich, warum sie, ausgesprochene Teetrinker, sich nicht nachdrücklicher geäußert hätten.

Ein bitterer Bach wurde zu einem Netz von Strömen, die wie ein Fluß, der sich über ein Delta zerteilt, oder ein Blitz, der den blauschwarzen Himmelsspiegel zerschnitt, über meine Zunge liefen. Ich scheute mich, zu würgen oder mich zu krümmen, also litt ich einfach und nahm mit jedem keuchenden Schlucken die gräßliche innere Vergiftung hin.

Dann kam die grüne, die um vieles stärker wirkte als die braune. Schmerzen hatte ich kennengelernt, aber nie hatte ich Bitterkeit kennengelernt. Bitterkeit, so wollte es mir scheinen, sosehr ich damals fühlen oder denken konnte, war, als würden sich Leib und Seele gegeneinander wenden, und das hatte ich nie erfahren. Obwohl mir die Tränen aus den Augen liefen, stand ich aufrecht und stolz da, vollkommen still. Ich kämpfte gegen die Bitterkeit an, indem ich mich nicht krümmte, und da ich mich nicht krümmte, dachte ich, ich hätte gewonnen. Aber dem war nicht so, weil ich nicht begriffen hatte, daß dies nur ein Zeichen war, ein Vorbote.

Es ist schon lange her, seit ich mit jemandem gesprochen habe, der kaltes Wetter kennt, den Wechsel der Jahreszeiten, das Herannahen des Frühlings, die Pracht des Sommers, die Dunkelheit der Weihnachtszeit und Landschaften in Blau und Weiß. Eine Stadt in den Tropen mit 200000 Menschen pro Quadratmeile ist etwas anders als ein Ort, wo es gewöhnlich zehn Grad unter Null ist und wo weniger als zwanzig Einwohner auf eine Quadratmeile kommen. Wenn ich die Stille, Kälte und Ruhe meiner Jugend nach Rio einführen könnte, wäre ich der reichste Mann in Brasilien. Natürlich bin ich vielleicht schon der reichste Mann in Brasilien.

Über die Jahre habe ich mit vielen Amerikanern gesprochen, die hierherkommen, und manchmal erwähne ich auch, daß mein Vater Farmer war. Je mehr Zeit vergeht, so habe ich festgestellt, desto mehr starren sie mich an wie Rehe, die von einem Bogenlicht wie gelähmt sind. Noch fragen sie nicht: »Was ist ein Farmer?«, aber die meisten haben nie einen kennengelernt.

Mir bedeutet Landwirtschaft viel mehr als die Summe ihrer Arbeiten. In gewisser Weise ist es, wie wenn man ein Kind großzieht. Man muß arbeiten und planen und nehmen, was kommt. Man sät, man erntet, und man hat eine Hand auf der Erde und ein Auge auf das Wetter. Sofort sagen mir Intellektuelle, daß meine Erinnerungen an die Kindheit mit der Zeit romantisch verklärt worden seien, doch erinnere ich mich an vieles, was sie möglicherweise nicht wissen konnten, und ich habe volles Vertrauen in diese Dinge, weil ich sie erlebt habe.

Schließlich wurden wir von unserer Farm vertrieben, und obwohl die Zeiten, als wir noch dort waren, immer schwieriger wurden, war es doch das beste Leben, das ich mir vorstellen kann. Am nächsten kommt dem, was ich seinerzeit kannte, wohl das Leben der Küstenfischer hier. Tag für Tag fahren sie hinaus aufs Meer und holen fabelhafte Kampffische, die sie verkaufen oder essen. Zwar werden sie nie reich sein, doch werden sie auch nie von der Schönheit des Meeres getrennt. Sie üben ein kompliziertes Gewerbe aus, worin Geheimnisse und Lehren ruhen, die so alt sind wie die Welt. Und die Welt kann sich drehen und wenden, wie sie will, während das, was sie tun, bleibt.

Auf einem Plateau über dem Hudson nördlich von Ossining besaßen wir siebzig Morgen. Flaches Land so nahe am Fluß war selten, und hier handelte es sich um besonders schönes Land mit gewaltigen Eichen, die in Senken zwischen den Feldern standen, und Blick auf die Berge und den Fluß. Wir bauten Getreide an, Äpfel, Gemüse und machten Heu für unsere zwanzig Milchkühe. Als kleines Kind fuhr ich mit meinem Vater im Pferdewagen, um das, was wir geerntet hatten, an den Pier in Sparta zu bringen, wo wir alles auf Segelschiffe und Raddampfer luden. Als ich älter wurde, transportierten wir immer mehr mit der Eisenbahn und dann per Lkw, aber die Stadt New York mit ihren unersättlichen Millionen war immer unser Markt.

Mit den weitaus effizienteren Farmen des Mittelwestens und sogar Kaliforniens hatten wir konkurrieren können, weil unsere Produkte frisch waren. Doch als der Transport besser wurde und die Landwirtschaft sich mit dem Aufkommen von immer mehr Maschinen in ihrem Wesen änderte, waren die riesigen Farmen in anderen Teilen des Landes in der Lage, Lebensmittel anzubieten, die attraktiver waren, und ihre Grenzkosten in dem Maße zu senken, wie unsere stiegen.

Von der Zeit an, da ich geboren wurde, mußte ich mit ansehen, wie mein Vater scheiterte. Zuerst wußte er es noch nicht einmal oder wollte es nicht wahrhaben. Dann gab er zu, daß er ein paar schlechte Jahre durchmache. Als die schlechten Jahre nicht besser wurden, suchte er die Schuld bei sich selber und arbeitete fast noch schwerer, als menschenmöglich war. Als auch das unseren Niedergang nicht aufhalten konnte – ich weiß noch genau, wie sehr es mich nach gekochten Kartoffeln gelüstete und welch unendliches Wohlbehagen ich nach dem Verzehr eines kleinen Stückchens Fleisch empfunden habe –, probierte er neue Strategien. Mit einem Mal bauten wir allerlei seltsame, köstliche Dinge an oder versuchten jedenfalls, sie anzubauen: Himbeeren, Endivien, fremdländische Melonen. Er plante, aus dem Frachtgeschäft Kapital zu schlagen. Doch diese Früchte waren empfindlich, und man mußte sofort Erntearbeiter haben, sonst würden sie verderben. Bald kehrten wir zum Gewohnten zurück, und dann kamen die Projekte – ein Ferienort, eine Uhrenfabrik, Eis zerhacken, Pferde in Kost nehmen. Vielleicht hätten einige sogar funktioniert, aber keines wurde ausprobiert: er glaubte nicht, daß ihm noch genügend Zeit bliebe, um noch einmal von vorn anzufangen, und dafür wäre er sowieso nicht der Typ. Wie ich hatte er die Nichtigkeit des Erfolgs begriffen, und er war niemand, der herumspielte.

So scheiterte er denn, und je mehr er scheiterte, desto mehr liebte ich ihn, und desto mehr verstand ich ihn. Als ich neuneinhalb Jahre alt war, kannte ich nichts als Liebe und Scham, und da ich selber keine Kräfte hatte, noch nicht einmal schlummernde Kräfte, hatte ich noch nicht einmal daran gedacht, ihn zu rächen. Ich kannte nur die beispiellose Zuneigung, wie man sie für die empfindet, die man liebt und die wanken.

Dennoch, als ich acht war, lernte ich, wie man ein Pferd vor einem Pflug führt, und das tat ich mit verhohlener Freude und viele lange harte Tage, weil mein Vater mich brauchte. Der Boden gibt einem mehr oder weniger das zurück, was man hineingesteckt hat. Es war nicht der Boden, der sich verändert hatte, oder der Gehalt dessen, was wir taten, oder die Tugenden, sondern alles andere auf der Welt. Wir verstanden das. Sogar ich verstand das. Sogar damals.

Die großartigen Projekte wurden nie in Angriff genommen, und mein Vater bearbeitete weiter das Land. Im Winter räumte er Schnee, lieferte für den Drogisten, malerte und hackte Holz. Meine Mutter nähte zu Hause, und noch vor Tagesanbruch, bei Lampenlicht, in der bitteren Kälte, fing sie an, Hemden zu nähen.

Auch mein Vater und ich standen auf, bevor es hell wurde. Es dauert eine Weile, zwanzig Kühe zu melken, wenn man keine Melkmaschine hat, und dann muß man sie füttern, die Ställe saubermachen und die Tiere an Tagen, da es nicht zu kalt ist, hinausbringen.

Nach dem Frühstück gingen Vater und ich – er, um die Milch zu verkaufen und arbeiten zu gehen, welche Arbeit das auch war, und ich zur Schule. Bis auf einen Fußmarsch von zwei Meilen in die Stadt zum Einkaufen und wieder zurück mit den Lebensmitteln rackerte sich meine Mutter den ganzen Tag zu Hause ab mit Kochen, dem Haushalt und ihrer Akkordarbeit.

Von den Schulstunden abgesehen, war die kurze Zeit vor dem Essen die ganze Zeit, die ich hatte, um zu lernen, was ich lernen mußte. Essen gab es um fünf, und halb sechs war es vorbei. Während meine Mutter abwusch, versorgten Vater und ich die Kühe. Dann legten wir mehr Holz aufs Feuer und drehten die Petroleumlampe auf dem Küchentisch weiter auf.

Über ein riesiges, mit grünem Filz bespanntes Brett gebeugt, reparierte mein Vater Uhren. Er konnte jede Maschine in Ordnung bringen, dafür war er seit seiner Kindheit bekannt. Zuerst hatte er es umsonst gemacht, doch bald wurde daraus Erwerb. Dazu brauchte er zwei Tabletts mit Werkzeugen und drei Tabletts mit Ersatzteilen, und die Lampe mußte hell brennen.

Mutter nähte, die fertigen Hemden stapelte sie in eine dünne, außen rote Holzkiste, obgleich es, je nach Auftraggeber, manchmal auch blaue Pappkartons mit Goldbuchstaben waren. Selbst noch Anfang der fünfziger Jahre konnte ich nicht ohne Traurigkeit an den älteren Kaufhäusern in New York vorbeigehen. Wenn ich in die erleuchteten Fenster sah, versetzte mich der kurze Blick auf goldene Firmenzeichen zurück in die Zeit und zu den Menschen, denen ich immer treuer anhing, je mehr Zeit und Abstand zwischen uns kam. Auch für meine Mutter mußte das Licht stark sein, denn sie machte feine Näharbeiten, und die Stiche mußten vollkommen gleichmäßig und absolut gerade sein.

Während dieser Zeit verrichtete auch ich Stückarbeit. Mit Mutters Hilfe hatte ich, mit sieben Jahren, mich um einen Vertrag beworben und ihn auch bekommen, ein elegantes Herrenartikelgeschäft, das schon lange vom Union Square verschwunden ist, mit Siegelwachsmedaillons zu beliefern. Über ihren Mahagonitüren befand sich eine vergoldete Miniatur zweier tanzender Delphine. Das war ein höchst erfreulicher Anblick und zog immer die Aufmerksamkeit der Passanten an. Ich denke, die wunderschön geschnitzte Form der beiden Delphine, die sich da in glattem, reinem Gold erhaben darbot, veranlaßte tatsächlich die Leute dazu, den Laden zu betreten und mit etwas in einer dunkelblauen Schachtel herauszukommen.

Auf einem Überzug aus dunkelblauem Glanzpapier kreuzten sich goldene Bänder unter einem dicken Siegelwachsmedaillon der Delphine. Jahrelang war ich der Exklusivlieferant dieser ovalen Skulpturen von der Größe ziemlich großer Kekse, und das ganze Jahr hindurch arbeitete ich jeden Tag, um den Mindestauftrag von fünftausend herzustellen. In einer guten Saison mußte ich doppelt soviel machen.

Angefangen hatte ich ganz primitiv, doch als ich neun Jahre alt war, waren meine Produktionstechniken äußerst effizient. Unser Herd hatte vier Ringe, darauf stellte ich vier Gußeisentöpfe mit langen geraden, ebenholzummantelten Henkeln. Das waren keine Kochgeräte, sondern Gefäße, wie sie Metallurgen verwendeten. Da jeder Ring eine andere Temperatur hatte, hielt ich das Wachs auf unterschiedlichen Stufen der Verflüssigung. Das Verfahren erforderte, daß das Feuer gleichmäßig stark blieb, und um das zu erreichen, legte ich ständig nach, und zwar mit Holz, das ich vorher zurechtgeschnitten hatte. Ich hatte Scheite in drei Größen, die sämtlich nach Dichte, Alter und Feuchtigkeitsgehalt gleich waren. Vermittels einer genauen Uhr und Thermometern in den Wachstöpfen, konnte ich das Wachs in jedem Stadium bis auf ein Grad genau auf der idealen Temperatur halten – was monatelanges Experimentieren erfordert hatte. Wenn ein Gefäß leer war, füllte ich es mit goldfarbenen Wachsblöcken und verschob im Wechsel die Töpfe. Nachdem ich mich ums Feuer gekümmert und meine Werkzeuge und Oberflächen gereinigt hatte, war wieder genug Nachschub an heißem Wachs für die nächste Runde bereit.

Durch ein feines Sieb streute ich Talkum auf ein blankpoliertes Stück Schiefer von der Größe einer aufgeschlagenen Zeitung, zauberte es so gleichsam weiß. Auf einem Teil des bestreuten Schiefers legte ich fünf ovale Bänder aus Edelstahl in eine Reihe – jedes einen Zentimeter hoch und jedes mit einer zwei Drittel hoch auf der Innenseite eingravierten Linie. Dann nahm ich eine Schöpfkelle, um das Wachs in die Ovale zu gießen. Damit das Wachs flach würde und genau bis an die Linie ging, mußte es geschmolzen sein, obgleich es, wenn es zu heiß wäre, am Metall kleben bliebe. Bis ich den Topf wieder auf den Herd gestellt hatte, war das erste Oval beinahe fertig zum Stempeln.

Wenn man irgendwelches Öl oder Puder auf dem Stempel selbst verwendete, so veränderte dies die Oberflächeneigenschaften und, zuweilen, die Farbe des Medaillons. Das einzige wirksame Schmiermittel, das keine Spur hinterließ, war der Schweiß vom Handteller, und den erzeugte ich, indem ich den Stempel gegen die Hand preßte, nachdem ich diesen ziemlich stark erhitzt hatte, aber nicht zu sehr, weil eine zu hohe Temperatur die Oberfläche völlig verderben und somit die feine Gravur ruinieren würde.

Ohne ein Thermometer im Wachs bestand die einzige Möglichkeit, festzustellen, ob es fertig war, die Prägung aufzunehmen, darin, die Qualität der Oberfläche zu beurteilen. War das Wachs zu heiß, klebten Stücke davon am Stempel. Sie abzuzupfen, nachdem sie durch Eintauchen in kaltes Wasser fest geworden waren, war schwierig und zeitraubend. Inzwischen hätte man auch die Ovale abreißen müssen, damit das Wachs nicht auch an ihnen festklebte. Wenn man andererseits zu lange wartete, dann klebte der Stempel am Siegel oder das Wachs nahm überhaupt keinen Abdruck auf. Den Stempel von Wachs zu säubern war immer ein Alptraum, weil man es nicht einfach abschmelzen konnte, aus Angst, daß Kohle daraus würde.

Wenn alles glattging, wie es der Fall war, als ich den Bogen raushatte, machte ich meine Abdrücke, entfernte die Ovale, und da lagen dann vor mir fünf goldene Medaillons, auf denen anmutig Delphine tanzten, ein leises Lächeln im Gesicht, und die Wölbung ihres Rückens stieß nur ganz leicht mit der Wölbung der ovalen Siegel zusammen.

Als ich in hartem, gleichmäßigem Tempo für relativ wenig Geld arbeitete, war ich glücklicher als später, da ich für so viel Geld, daß

Geld nichts mehr bedeutete, kaum noch arbeitete. Und dort, in der Wärme des Feuers, das meine Wachstöpfe erhitzte, und im Licht der voll aufgedrehten Lampe lernte ich meine Mutter und meinen Vater richtig kennen – ihre Vergangenheit, ihren Glauben und ihre Träume. Zwar hatten die meisten Kinder, die auf Farmen wohnten, Pflichten, doch ich war Akkordarbeiter geworden, und ich wußte, wie dankbar mir meine Eltern für meinen Fleiß waren, wie es sie betrübte, daß ich derartig arbeiten mußte, und daß der Ursprung wie auch die Einheit dieser beiden Empfindungen nichts mehr oder weniger waren als ihre Liebe zu mir.

Ich sitze im Park in Niterói, blicke hinab aufs Meer und rekonstruiere meine Erinnerungen. Die Zufriedenheit, die ich dabei empfinde, gleicht der bei einem Kuß. Außer bei den Küssen, die mit Sex befrachtet sind, neigt man dazu, die Augen zu schließen, als wolle man, daß er ewig währe. Wenn man jemanden aus wahrhafter Liebe küßt, dann ist das, als wäre dies das letzte, was man überhaupt täte, um dann im unendlichen Dunkel zu verschwinden. Deswegen vielleicht hält man unmerklich den Atem an, oder vielleicht sogar noch länger, und darum wohl auch atme ich leicht zufrieden ein, wenn ich mich an einfache Dinge aus meiner Kindheit erinnere, schließe einen Moment die Augen und spüre ein Lächeln, so zart, daß es wahrscheinlich nicht zu sehen ist.

Und dann öffne ich die Augen, und sie sind vom Meer erfüllt, und mir fällt ein, daß auch ich, im Sommer und an den Wochenenden das ganze Jahre über, gefischt habe. Es war kein Sport, und ich besaß keine Ausrüstung, die das Hundertfache dessen wert gewesen wäre, was ich am Tag in Geld umgesetzt hätte, wenn ich meinen Fang verkauft hätte, wie ich es manchmal tat, wenn es viele Fische gab oder die Krebse in meinen Fallen eine Konferenz abhielten. Für gewöhnlich aber ließ ich's gut sein, wenn eine Mahlzeit beisammen war.

Viele Stunden verbrachte ich an den schmalen Ufern der Croton Bay. Wenn ich im Flußbett angeln wollte, wo das Wasser tiefer war und die Fische ihren Hauptverkehrsweg hatten, lief ich fünf Meilen bis zur Spitze von Teller's Point. Damals war die Welt mein Fischladen, und ich brachte Barsche, Shad, Lachse, Krebse, Austern und Muscheln nach

Hause. Aus Süßwasserteichen holte ich Welse, Flußbarsche, Sonnen-
fische und Langusten. Und dann war Saison für Brombeeren, Himbeeren, Walderdbeeren und Maulbeeren. Pilze rührte ich nicht an, und auf
die Jagd ging mein Vater, denn das war etwas, das mir, einem Kind, das
Tiere liebte, zuwider war, und später dann, als älterer Junge, dessen
Eltern ermordet worden waren, hätte ich nicht einmal daran denken
können.

Für ein Kind, dem die Eltern auf solche Weise genommen werden, ist
die Welt, wenn nicht für immer zerbrochen, so doch wenigstens für
immer verzerrt. Wenn, wie in meinem Fall, die eigentlichen Mörder nie
vor Gericht kommen, dann ist man dazu verurteilt, sein Leben in dem
Wissen zu leben, daß sie irgendwo da draußen sind; daß sie dich
ruiniert, betrogen und geschlagen haben; daß sie nun vielleicht deinet-
wegen kommen; daß jeder Mann, mit dem du es zu tun hast, jeder, den
du triffst, egal, wie er lächelt oder wie sympathisch oder wie gut er sein
mag, solange er einem gewissen Alter angehört, der leibhaftige Satan
sein kann und daß du deshalb keinem trauen oder glauben oder
vertrauen kannst; daß dein Leben ein Ausdauerkampf werden muß, so
daß du hundert werden kannst, damit du endlich sicher sein kannst,
daß die Mörder vor dir tot sind, was, so denkst du, der innigste Wunsch
deiner Eltern und ihr tiefes Bedürfnis wäre; und daß deine Eltern, als sie
starben, in panischer Angst gestorben sind, weil sie fürchteten, daß ihre
Angreifer sich auch gegen dich wenden könnten, das Kind, für das sie
gern gestorben wären, für das sie aber zuletzt absolut nichts tun
konnten.

Am Freitag, dem fünften Juni 1914, einen Tag, nachdem ich drei
Kaffeebohnen hatte kauen müssen, wurden wir zwei Stunden eher aus
der Schule entlassen. Die Lehrer, Schüler und sogar – oder vielleicht
gerade – der Direktor hatten genug von Sackhüpfen, Picknicks und
Fahne-Erobern. Die Abschlußprüfungen waren am Mittag unter dem
Lärm von jeder Menge Geometrieschülern zu Ende gegangen, deren
Anzüge und Kleider für die stickige Turnhalle viel zu warm waren, wo
sie drei Stunden, die nicht länger als drei Minuten schienen, zugebracht und mit der verzweifelten Tüchtigkeit eines Bomberkomman-
dos mit Zirkel und Winkelmesser hantiert hatten. Die Tische, an

denen sie arbeiteten, waren zu klein für das, was sie zu tun hatten, so war die Halle denn von Stöhnen, Seufzern und angespanntem Atmen erfüllt gewesen.

Dann, den Kopf mit Lehrsätzen vollgestopft, räumten sie das Mobiliar wieder aus der Turnhalle und warteten auf die feierliche Abschlußfeier eine Woche später. Ich mit meinen neuneinhalb Jahren blickte der eigenen Abschlußfeier mit derselben ehrfurchtsvollen Scheu entgegen, wie ich sie jetzt dem Tod gegenüber empfinde.

Einige der Absolventen würden binnen Wochen heiraten, was hieß, daß das Ehepaar, wenn es wollte, in ein Zimmer gehen, die Tür schließen und sich ausziehen konnte. Selbst mit neuneinhalb hielt ich das für einen guten Grund, mit der High School weiterzumachen, und obschon ich nicht genau wußte, was denn dann passierte, nachdem die Tür geschlossen war, ließ mich schon der Gedanke daran von Kopf bis Fuß wohlig erschauern. Hundert Jahre für die Lippen, zweihundert für die Schultern... Und doch wußte ich darüber hinaus nichts, keine Mechanik, keine Hydraulik, keine Biologie, keine Geologie, kannte einfach nur Liebe und Verehrung.

Ich ging durch die Stadt nach Hause, starrte auf Rasierklingen und Senfpflaster im Schaufenster des Drugstore, Kurbeln, Wagenheber und Laternen im Schaufenster der Eisenwarenhandlung. Die Kleider- und Lebensmittelgeschäfte ignorierte ich, warf einen Blick auf die geschnitzten Holzaffen, die der Friseur schon seit einer Ewigkeit ausgestellt hatte (ohne daß in der ganzen Zeit je staubgewischt worden wäre), und ging auf dem Weg zur Eagle Bay über den Aquädukt.

Mein Vater bestellte gerade ein Feld, und als ich zu ihm hinrannte, konnte er mir nur einen kurzen Blick zuwerfen, während er gerade Furchen zog. Sein gemustertes Baumwollhemd war naß, und er atmete schwer, doch er sah ganz vergnügt aus, als er den Pflug umsetzte und die Zügel in ständigem, Gleichgewicht und Kraft erforderndem Kampf hielt. Ich erinnere mich noch an unser kurzes Gespräch, weil es, obwohl es keiner von uns wußte, unser letztes war.

»Wieder da?« fragte er.

»Ja.«

»Das war's dann«, sagte er, was heißen sollte, *die Schule ist aus*.

Ich wiederholte seine Worte: »Das war's dann.«

»Was willst du nun machen?« So wie er es sagte, wußte ich, er meinte, nicht im Sommer, sondern mit dem angebrochenen Tag.

»Angeln.«

»Bis um acht bin ich hier«, sagte Vater zu mir. »Sei zum Essen da.«

»Okay.«

»Und angle nicht vom Stellwerk aus.«

Ich war bereits auf dem Weg, als er diese – seine letzten Worte zu mir – sagte. Weil ich aber vom Stellwerk aus angeln wollte, gab ich keine Antwort. Wenigstens hatte ich nicht gelogen.

Mutter war oben im Haus. Drinnen spürte ich ihre Gegenwart, vielleicht habe ich sie auch gehört, aber ich wollte bloß schnell mein Angelzeug holen und zum Fluß laufen. Als ich den Riemen festschnallte, der die Umhängetasche an der Taille hielt, damit sie beim Laufen nicht gegen die Seite schlug, machte ich das ganz leise. Und dann ging ich, froh, aber auch mit schlechtem Gewissen, daß ich meiner Mutter aus dem Weg gegangen war, denn sie hatte mich wahrscheinlich gehört und hatte mich in die Arme nehmen wollen, wie immer, wenn ich aus der Schule kam, wie um die flüchtige Kindheit aufzuhalten; doch ich machte mir weiter keine Gedanken darüber, denn kaum hatte ich den Weg zum Fluß erreicht, begann ich zu fliegen, die beiden Hälften meiner Angelrute aus meinen ausgestreckten Armen nach vorn gerichtet, wie die windgeschüttelten Speere an den Flügelspitzen eines Jagdflugzeugs.

Ich sollte das Stellwerk meiden, nicht weil Vater Angst gehabt hätte, ich könne schlechte Sitten annehmen – einem neunjährigen Jungen dürfte es sehr schwerfallen zu sündigen, auch wenn er es darauf anlegte –, sondern weil Vater nicht wollte, daß mir schlechte Sitten allzu vertraut würden. Es ist nicht so notwendig, daß Eltern ihren Kindern mit gutem Beispiel vorangehen, sondern daß sie nicht mit schlechtem Beispiel vorangehen. Wichtig ist nicht, daß man seinen Vater zum Beispiel, wie im Fall des städtischen Friseurs, fleißig Holzaffen schnitzen sieht, sondern vielmehr daß man nicht sieht, wie er Opium raucht oder Tiere tritt. Wenn Eltern, um ein anderes Beispiel zu geben, ihre Kinder nicht mit dem Kaffeetrinken vertraut machten, tränken die Kinder nicht eher Kaffee, als sie ihr ganzes Geld für Tätowierungen ausgäben.

Die Stadt Ossining war damals, in der Öffentlichkeit, ohne Sünde; alle Laster und die meisten Tugenden wurden, wenn überhaupt, zu Hause gelernt und praktiziert. Indem meine Eltern also die zehn Gebote befolgten und noch einige mehr, verhalfen sie mir zu einem guten Start. Im Stellwerk jedoch lauerten alle möglichen Gefahren und kleinen Sünden.

Das Eigentliche dort war – etwas, das an sich kein Laster darstellte, sondern auf seine Weise ein Vorzimmer zur Welt des Lasters –, daß es die ganze Nacht offen war. Als Stellwerk auf der Hudsonstrecke der New York Central Railroad mußte es das ja auch. Immer brannte Licht, die kleinen Birnen an der Schalttafel leuchteten auf, wenn Züge ein- oder ausfuhren, das Telefon läutete die ganze Nacht über, und oft spielte ein Grammophon noch lange, wenn fast alles in der Stadt schon schlief; sein Trichter zeigte aus dem Fenster auf den Fluß, weil die Musik zu laut war, wenn sie von den Fenstern widerhallte, die auf die Gleise gingen.

Obgleich sie's eigentlich nicht durften, bewahrten die Weichenwärter in einem Fach der Täfelung eine Flasche Scotch auf. Hätten sie Mißbrauch mit dieser Flasche getrieben, wäre es ihnen womöglich ganz schön schwergefallen, all die Lichter zu deuten, die wie Leuchtkäfer und Glühwürmchen über die Tafel zuckten, oder in der langen schwarzen Reihe von Weichen, die wie in einem Arsenal gestapelte Gewehre aussahen, den richtigen Hebel zu ziehen. Also hatten sie eine Regel, die besagte, daß keiner von ihnen etwas trinken könne, ohne daß der andere auch etwas trank, und daß jederzeit nur eine Flasche im Stellwerk erlaubt sei. Auf diese Weise waren sie automatisch auf eine halbe Flasche pro Schicht beschränkt, was für die vollbesetzten Personenzüge und die schwerbeladenen Güterzüge, die jeweils mit siebzig Meilen in der Stunde in entgegengesetzte Richtungen fuhren, wohl ein Glück war.

Die Angewohnheit, eine Flasche in der Wandverkleidung zu verstecken, machte mich zum ersten Mal mit einer der seltenen schönen Seiten im Rechtssystem bekannt. Eines Tages, während eines Schneesturms, war ich im Stellwerk und erwartete aufgeregt die Durchfahrt des Schneepflugs, als von Süden ein Güterzug nahte. Weil die Weichensteller gespannt das Räumfahrzeug erwarteten, das jeden Augenblick von

Norden her auftauchen mußte, versäumten sie, eine ihrer Weichen zu stellen, und der in Richtung Norden fahrende Güterzug entgleiste und landete im Sumpf, wo zwei Lokomotiven, ein Kohlenwagen und drei weitere Waggons zur Hälfte einsanken, während die vierzig oder fünfzig Güterwagen dahinter einfach neben dem Gleis standen.

Es war, wie wenn eine Flutwelle hereingeschwappt wäre und wir bis zum Hals in Wasser stünden. Die beiden Weichensteller wußten sogleich, daß sie ihre Arbeit verloren hatten, daß ihre Familien in Gefahr waren und daß sie selber, falls es Tote gegeben hätte, den Rest ihrer Tage nur noch halb lebendig oder nicht mal das leben würden. Und das alles, weil sie genauso gespannt gewesen waren wie ich, den Schneepflug zu sehen.

Und dann kam der Schneepflug durch, sogar noch bevor wir wußten, ob jemand verletzt worden wäre. Er loderte förmlich die Strecke entlang, wobei sein helles Licht dem Blizzard eins auswischte, und hinter ihm war freie Bahn.

Ehe sie oder ich auf den geräumten Gleisen Richtung Sumpf losrannten, hielten wir spontan eine Gerichtsverhandlung ab, in der die Weichenwärter, die die Angeklagten waren, sich selbst vertraten, und ich den Staatsanwalt, Ermittler, Richter und die Geschworenen darstellte. Diese Verhandlung dauerte an die zehn Sekunden, doch sie war eines der besten Beispiele für Gerechtigkeit, die ich erlebt habe. Einer der Männer hob rasch das Brett in der Täfelung hoch und zeigte auf die Flasche. »Guck, Kleiner«, sagte er. »Das Siegel ist noch nicht mal angebrochen.« Es war nicht angebrochen. Die Flasche war voll. Während die Sekunden verstrichen, wurde mir meine Rolle bei dem Ganzen klar, und ich nickte und bewahrte sie vor einer unnötigen Kreuzigung, denn ich wußte genau, warum sie nachlässig gewesen waren, und ich zeigte mich einverstanden, die Dinge nicht dadurch zu komplizieren, daß ich die Existenz der Flasche zur Sprache brächte.

Während der eine anrief, um den Unfall zu melden, eilte der andere die Schienen entlang. Zehn Minuten später kam er mit ein paar nassen, schlammbeschmierten Eisenbahnern wieder, die uns keines Blickes würdigten. Als die beiden Weichensteller an dem Abend gingen, nahmen sie ihre Sachen mit, und sie kamen nie wieder. Die ganze Nacht hindurch arbeiteten die Bergungsmannschaften in dem

Schneesturm, um den Güterzug wieder aufs Gleis zu bringen; von den Fenstern unseres Hauses aus konnten wir ihre Scheinwerfer sehen. Offiziell wurde als Grund für den Unfall angegeben, daß er sich während eines Blizzards ereignet habe – und das traf ja auch den Kern der Sache, auch wenn die Eisenbahnleute es nicht richtig wußten.

Der nächste Tag brach an, als wenn nichts geschehen wäre. Der Güterzug war weg, das Gleis repariert, die Vertiefungen im Boden und die kaputten Schwellen unter Schneewehen begraben, und eine neue Besatzung war im Stellwerk eingezogen. Sie tauten erst zum Frühling auf, als sie schließlich begriffen hatten, wessen Stellwerk das eigentlich war, und mir erlaubten, von der eisernen Feuerleiter über dem Hudson zu angeln. Von dem Scotch habe ich nie jemandem erzählt, und wenn es das Stellwerk trotz des Aufkommens automatischer Weichen noch geben sollte (Anfang der fünfziger Jahre war es noch da; ich sah es immer vom Zug aus, dem Twentieth Century Limited, wenn ich nach Chicago fuhr), dann steht da noch immer eine Flasche siebzig Jahre alter Glenlivet hinter der dritten Tafel von rechts in der Wandverkleidung auf der Flußseite.

Die neuen Männer im Stellwerk waren gar nicht soviel anders als ihre Vorgänger. Auch sie brachten Magazine mit, die nach den seinerzeitigen Maßstäben unverschämt pornographisch waren.

»Kleiner, hast du schon mal einen Busen gesehen?«

»Nein.«

»Willste mal sehen?«

»Zeig's ihm nicht, Newton, er ist noch zu jung.«

»Nein, bin ich nicht.«

»Ist der doch. Er wüßte ja nicht, was er da sieht.«

»Darum will ich's ihm ja zeigen, damit er's weiß.«

»Das ist nicht recht. Man versaut doch keine Kinder.«

»Ich willse aber sehen, die B...«, sagte ich und wurde unterbrochen.

»Du hältst den Mund. Wenn du Busen siehst, sagst du's deiner Mama, und die kommt dann her und macht uns zur Schnecke. Ich habe Kuchen mit. Geh raus auf die Feuerleiter und iß welchen.«

Während ich auf der Feuerleiter Heidelbeerkuchen aß, beobachtete ich sie, wie ihre Augen hin und her gingen, als sie jede Seite eines Magazins namens *Die Schönen der Heizer* studierten. Selber hab ich's nie gesehen. Sie verwahrten es im mittleren Schreibtischfach, und um an dieses Fach zu kommen, hätte man den riesigen Gürtel eines der Weichenwärter fortschieben müssen, als er es zusperrte, während er sich dagegen lehnte und in das zweiteilige Telefon brüllte. Wenn sie in dieses Gerät sprachen, lehnten sie sich nie zurück, sondern beugten sich immer angestrengt nach vorn und schwebten förmlich über der grünen Schreibunterlage wie ein Nilpferd über Ebbets Field.

Wenn am frühen Abend die Nachtzüge vorbeifuhren, nach Montreal, Chicago und Orten westlich davon, blickten wir sehnsüchtig in die erleuchteten Fenster, wo, wie wir glaubten, das wirkliche Leben zu sehen wäre. Im Stellwerk herrschte ständig Halbdunkel – nur die roten Lämpchen an der Tafel und zwei Fünfzehn-Watt-Birnen über den Fahrplänen nach Norden und Süden erhellten den Raum, so daß es, wenn die großen Züge vorbeisausten, ihre Abteile und Speisewagen in eine Farbe getaucht, die ein Zwischending zwischen Butterblume und Weiß darstellte, war, als sähe man einen Film mit zufällig angeordneten Einzelbildern.

Was ich in diesen schlangenförmigen Laternae Magicae sah, die zuweilen mit Geschwindigkeiten von fünfundsiebzig Meilen die Stunde dahinfuhren, vermittelte mir das erste richtig verzerrte Weltbild, was nicht im mindesten heißen soll, daß das, was ich wahrnahm, etwa nicht akkurat gewesen wäre oder daß ich kapituliert hätte. Wie fast jeder versuche ich beharrlich, die Dinge zurechtzubiegen, aber ich glaube, daß die Welt einem Stück Papier gleicht: es kann nur eine bestimmte Anzahl von Malen gefaltet werden, und dann läßt sie sich nicht weiter anpassen. Meiner Meinung nach bestehen historische Zyklen einfach aus diesem Zusammenfalten und Auseinanderfalten, aber mit einer Art Tanzrhythmus.

Ehe ich die große Stadt im Süden kannte, ehe ich Verbrechen oder Leiden oder den Tod kennenlernte, wurden zigtausend hell erleuchtete Bilder vor meinem erstaunten Blick vorbeigezogen. Ich lernte, daß ein gewisser Prozentsatz dieser Szenen immer einen Mann und eine Frau enthielten, die, mehr oder weniger unbekleidet, einander wie Ringer umklammerten. Das sagte mir wenig, da die Abfolge nicht in der richtigen Reihenfolge dargeboten wurde, wobei das ganze Programm über einen Zeitraum von etwa zwei Jahren anschaulich wurde, unter gänzlich willkürlicher Berücksichtigung von, sagen wir, Küssen aufs Ohr. Höher im Kurs stand die weibliche Nacktheit, frontal und zur Gänze, etwas, das weitaus häufiger vorkam, als man erwarten sollte, weil nachts die Zugfenster für die, die sich in den hell erleuchteten Coupés befanden, zu Spiegeln wurden. Dennoch aber geschah es selten. Im ganzen vielleicht viermal, würde ich sagen – einmal bei 120, einmal bei 100, einmal bei 70 und einmal bei, Gott segne den Lokführer, acht Stundenkilometern, und da erfuhr ich denn nicht nur, welch großartige Schönheit die Erfordernisse des Anstands meinen Augen vorenthalten hatten, sondern auch, daß selbst fünf Meilen pro Stunde noch viel zu schnell sein kann.

Wiewohl ich für immer nach Perlen griff, sauste so mancher reizbare Krake an mir vorbei. Unter den zigtausend Szenen, die jetzt verschwunden sind, sehe ich noch einen winzigen, an einen Ziegenbock erinnernden Mann mit einem Kneifer vor mir, der einen Haufen Edelsteine betrachtete, die aus einem Geigenkasten auf einen Kartentisch geschüttet worden waren. Er muß wohl eine Art Juwelendieb gewesen sein, aber wie er's gemacht hat, das wissen die Götter. Ich sah dicke Männer, eine Melone auf dem Kopf, die Siegestänze vollführten. Ich sah, wie ein Blinddarm entfernt wurde, denke ich jedenfalls. Ich sah ein Mädchen, während sie mit weniger als einer Meile die Stunde vorbeischlich, sie steckte in einem Pullover, den sie sich über den Kopf zu ziehen versuchte. Zuerst hatte ich keine Ahnung, was ich da sah. Sie glich einem Elefanten oder Nashorn en miniature, wie sie da so gegen das Paneel des Schlafwagenabteils stieß. Dann dämmerte mir, was es war.

Obwohl in den Speisewagen oft großer Betrieb herrschte, aßen viele Leute in ihren Abteilen. Die Menschen sind scheu, und einige konnten sich offensichtlich ein Schlafwagenabteil leisten, aber nicht das Pullman-Essen, so daß sie sich Proviant mitbrachten. Ich spielte gewöhnlich ein Spiel, bei dem ich die Salamiwürste wie die Zeiger einer Uhr ablas. »Es ist zwanzig Minuten vor...«, sagte ich dann, wenn eine Salami vorbeikam, die gen West Virginia zeigte, und dann, vielleicht ein paar Züge später, »drei«, als eine Salami vorbeikam, die gen New Haven zeigte.

Manchmal beobachteten wir Kämpfe oder Männer, die Frauen

schlugen, obgleich wir auch Frauen sahen, die Männern einen Faust-
hieb versetzten. Einmal, in einem Zug nach Süden von Chicago nach
New York, sahen wir zwei Affen (ich bin mir ziemlich sicher, daß es
Affen waren), die einander anstarrten, als wären sie verliebt.

An einem Sommerabend beobachteten wir mehrere Wagen, die
langsam vorbeifuhren, die Fenster zum Teil geöffnet, ein Musiker in
jedem Abteil, jeder spielte einen anderen Part desselben Klavierkon-
zerts von Beethoven. Entweder war das ein Symphonieorchester auf
Tournee oder einer der größten Zufälle, die man sich denken kann.

Man kann so gut wie alles anführen, was es im Leben so gibt
– Rabbis, Akrobaten, weinende Frauen, Windhunde, Buchhalter, ge-
langweilte Kinder, liebestolle Affen, todkranke Sizilianer –, wir sahen
es vorbeifahren. In diesem Universum konnte man nach der Richtung,
in die Salamis zeigten, sagen, wie spät es war, und Sex wurde in völlig
falscher Reihenfolge vollzogen, während die Nackte noch immer
atemberaubend schön war, hell beleuchtet, bei fünf oder fünfzig
Meilen pro Stunde. Wenn ich auch die hinreißende 5-Meilen-pro-
Stunde-Nackte nie kennenlernen konnte und sie nun entweder tot
oder hunderteins ist, habe ich sie doch in ihrer ganzen Anmut zehn
Sekunden lang gesehen, und seitdem liebe ich sie über alles.

Die Krönung waren jedoch die Privatwaggons. Manche hatten
Konzertflügel, Marmorküchen und Badewannen, die groß genug waren, einen Elefanten darin zu baden. Wenn diese rollenden Datschas
mehrmals jeden Tag erschienen, konnte man sehen, wie große Diners
serviert, Sitzungen abgehalten wurden und Industriemagnaten an
riesigen Schreibtischen und in burgunderroten Ledersesseln, die so
groß waren wie italienische Autos, bei der Arbeit saßen.

Die reichen, von elektrischem Licht oder dem Schein eines Feuers
erhellten Interieurs boten einen wunderbaren Anblick, nicht etwa der
Ausschmückung oder reinen Farbigkeit wegen, sondern um dessentwillen, woran sie denken ließen. Das wahre Leben nämlich, darauf
waren die Gedanken und die Sehnsucht gerichtet, die sie in mir
weckten, obgleich das wahre Leben genau das war, was ich hatte, auch
wenn ich es nicht wußte. Wie viele Jungen war ich dem weitverbreite-
ten Irrtum verfallen zu glauben, das wahre Leben bestehe darin, vieles
und viele zu kennen, an weit entlegenen Orten gefährlich zu leben,

über die Meere zu fahren oder am Columbia River ein neues Kraft-
werk zu errichten, in Bolivien eine Dampfschifflinie zu gründen.
Immer fragte ich mich, wer die großen, eleganten Frauen in den
Privatwaggons wohl wären, die so prachtvoll gekleidet waren, daß sie
wie die Heroinnen auf Münzen aussahen. Wer waren sie, die da so
viele Sünden kannten und so ruhig dasaßen und rubinroten Wein
tranken? Einst, wußte ich, waren sie kleine Mädchen gewesen, wie
meine Klassenkameradinnen, so scheu wie Faune, geliebt, mit Gondo-
lierehüten mit langen Bändern. Was war ihnen, die da in den Privatwagen saßen, geschehen, und würde es wohl auch mir widerfahren, oder
handelte es sich da um etwas, das einfach eintrat, wenn man zu Riesen
heranwuchs wie die Industriemagnaten, die so groß waren, daß sie in
ihren eigenen Eisenbahnwagen umherfahren mußten?

Ich wußte genug, als ich neun Jahre alt war, um nur mit einem Blick
in die Zugfenster zu begreifen, daß diese Magnaten, als Gruppe,
kreuzunglücklich waren. Wie Viehwaggons nach Vieh rochen, so
strömten ihre prachtvollen, teuren Nester dieses Unglücklichsein aus.
Wenn der Wind in der richtigen Richtung und mit der richtigen
Geschwindigkeit ging, dann konnte man einen Viehtransportzug
schon eine halbe Stunde riechen, bevor er durchkam, und noch lange,
nachdem er weg war. So war es auch mit den Magnaten, deren
Unglücklichsein beinahe wie durch Zauberei von ihrer Anwesenheit
kündete.

Es gab wenigstens vierhundert Magnatenfamilien, vielleicht auch
abertausend, aber wir kannten nur die ganz berühmten oder die mit
einem lokalen Bezug. Ihre Namen waren uns geläufig, wie Kindern
heute die Namen von Filmstars und Baseballspielern geläufig sind,
und darin lag das Rätsel, vor dem der einzige Detective bei der
Städtischen Polizei von Ossining stand, denn irgendwie waren aus
dem Büro des Bahnhofsvorstehers im Grand Central, aus der Fahr-
dienstleiterzentrale, aus Harmon, sogar aus Chicago die Unterlagen
über die Abendzüge verschwunden. Für den Abend des 5. Juni 1914
wies die Geschichte der Züge einen weißen Fleck auf.

Etwa zwanzig Minuten vor acht saßen die beiden Weichenwärter
und ich kerzengerade da. Eine einzelne Lokomotive kam mit einem
Wagen von Süden her auf der Güterzugstrecke angefahren, außerplan-

mäßig und unangemeldet, abgesehen von den automatischen Lämpchen auf der Anzeigetafel. Da es sich quasi um eine Schwarzfahrt handelte, bemühten sich die Weichenwärter, die Seriennummer auf der Lokomotive zu erkennen, und waren erbost, daß es da keine zu geben schien. Ich jedoch hatte Zeit, mir den Anhängerwagen anzusehen, einen Privatwagen mit verdunkelten Fenstern, ohne Licht. Es hatte den Anschein, als wolle er auf das Ausbesserungswerk nach Harmon zur Wartung oder Überholung, aber er war anderntags nicht in Harmon, und er hätte die ganze Strecke nach Westen fahren können, ohne zu halten, bis er auf einem Abstellgleis jwd. in Montana oder in einem Orangenhain in San Diego zum Stillstand käme. Wer weiß?

Ungefähr hundertdreißig Meter nördlich von uns schien er kurz anzuhalten, und in dem schwindenden Licht glaubten wir, zwei Gestalten vom Aussichtsperron abspringen zu sehen. Wieso hatte die Lokomotive keine Nummer? Die Weichenwärter waren der Meinung, sie habe eine gehabt, doch wäre sie ihnen durch eine Verkettung verschiedener Umstände wie Ungeschick, Zufall oder trügerisches Licht entgangen.

»Aber an der Seite des Privatwagens habe ich die Initialen gesehen«, sagte ich stolz.

»Ach ja?«

»Ja.«

»Und die wären?«

Wenn ich auch nicht groß genug war, um hinter dem Pult stehend ganz übers Fensterbrett sehen zu können, hatte ich doch, in sonderbaren, modernistischen Buchstaben, die Initialen F. P. F. gesehen.

Erst später ging der Chef der Kriminalpolizei von Ossining (als einziger der Ermittler) wirklich die Prominentenregister auf der Suche nach F. P. F.s durch und stieß auf allerhand – Franklin P. Fellows, F. Paterson Ford, Farley Peter Fainsod und andere, die sämtlich nicht nur nachweisen konnten, wo sie an diesem Abend waren, sondern, was noch wichtiger war, auch, wo ihre Eisenbahnwagen gewesen waren, falls sie tatsächlich Eisenbahnwagen besaßen.

Nicht der Detective, sondern der Reporter der Lokalzeitung brachte zuerst Licht in das Verbrechen. Der Detective versuchte, Gipsabdrücke der Fußspuren zu nehmen (er war sehr gründlich, doch sogar ich wußte, daß meine Eltern nicht von einem Hirsch ermordet worden waren), die Eisenbahner über die Züge zu befragen, die an dem Abend durchgekommen waren (zehn Tage später konnten sie sich, wie es den meisten Leuten ergangen wäre, nicht mehr erinnern), und die charakteristischen Merkmale der Kugeln zu analysieren, die Art der Ausführung usw. Von alledem spreche ich in weltlichen Begriffen und so, als ob ich ein Fremder wäre, doch du solltest nicht daran zweifeln, daß ich dabei eine tiefe Sehnsucht nach meinen Eltern verspüre, die ich in meiner Erinnerung so vor mir sehe, wie ich sie zuletzt gesehen habe, still und stumm.

Im Gegensatz zum Detective interessierte sich der Zeitungsreporter für das Motiv. Ob mein Vater Schulden hatte? Weder mein Onkel noch ich wußten davon. Ob etwas aus der Vergangenheit wieder aufgetaucht sei? Aus dem Krieg? Wir wußten es nicht. Der Reporter hatte jedoch eine Theorie – eine Theorie, die weder bewiesen noch widerlegt werden konnte. Er war ein Mann, der Theodore Roosevelt sehr ähnlich sah, bloß daß er es nicht sehr weit gebracht hatte und daran gewöhnt war, Respekt zu erweisen, da er oft zu Interviews mit Leuten geschickt wurde, die gerade großen Erfolg gehabt hatten oder die schon lange daran gewöhnt waren, sich durchzusetzen.

Ich gehörte kaum zu diesen Leuten, aber er interessierte sich für meine Geschichte, weil ich gerade alt genug war, für den Rest meines Lebens alles so lebendig in Erinnerung zu behalten, daß es nie mehr mein eigenes Leben wäre, ganz gleich, wie sehr ich mich mühte, ganz gleich, was ich täte.

So nahm er mich denn einmal – ich weiß nicht mehr, wann – in die Arme, als ich weinte und nicht zu trösten war, und nach ein paar Minuten hob er mich aufs Fensterbrett und blickte mich mit erstaunlicher Eindringlichkeit an.

»Hör mal bloß für einen Augenblick auf zu weinen«, sagte er sanft. »Vielleicht finden wir nie die Mörder deiner Eltern. Wenn die beiden Männer, die es getan haben, tatsächlich aus dem privaten Eisenbahnwagen gesprungen sind, dann waren sie bloß Handlanger, und es erhebt sich die Frage: Wer hat sie geschickt? Um zu wissen, wer das war, müssen wir wissen, warum, und da kann keiner mit etwas aufwarten. Aber ich habe da eine Theorie. Auch wenn sie eigentlich jeder

Grundlage entbehrt, muß ich doch unaufhörlich darüber nachdenken. Sie geht mir immer wieder durch den Kopf. Nur Gott weiß, ob sie stimmt, und wenn Er will, kann Er die Menschen auf immer im dunkeln lassen. Seit dem letzten Jahr ist mir da etwas zu Ohren gekommen, es geht das Gerücht, daß jemand – vielleicht ein Syndikat – irgendwo hier eine Brücke über den Hudson bauen will und daß der Wert des Landes zwischen der Straße und dem Fluß steigen wird.

Nicht das ganze Land... nur das Land, wo die Brücke hinkäme. Kannst du dich irgendwie erinnern, ob irgend jemand deinen Vater gefragt hat, ob er seine Farm verkaufen würde?«

Ich konnte mich an nichts dergleichen erinnern. Wenn dem so gewesen wäre, dann hatte ich nichts davon erfahren. Wenn dem so war, dann hatten Vater und Mutter vielleicht monatelang insgeheim darüber geredet, weil sie mich nicht damit belasten wollten. Kinder wollen nicht woandershin ziehen. Oder vielleicht hatte es auch mein Vater ganz für sich behalten.

»Sie sollten meinen Onkel danach fragen«, sagte ich.

»Ich habe ihn und alle anderen schon gefragt. Denk mal genau nach.«

»Nein«, sagte ich. »Er hat nie gesagt, daß jemand unser Land kaufen wollte.«

»Dann müssen wir eben abwarten. Wir werden ja sehen, ob sich jemand für die Erbmasse interessiert.«

Ich wußte nicht, was er mit Erbmasse meinte, aber er erklärte es mir.

Ein Jahr, nachdem die Erbmasse in ein Treuhandverhältnis aufgelöst worden war, das zu meinen Gunsten begründet worden war, kam zu meinem Onkel, der der Treuhänder war und der unsere Felder an verschiedene Nachbarfarmer verpachtet hatte, ein Mann, der sagte, er vertrete einen Interessenten, der das Grundstück kaufen möchte. Mein Onkel fing davon beim Essen an, es war eine dieser schweigsamen, traurigen Mahlzeiten, wie immer, seit ich bei ihm und seiner Frau lebte. Ich war kein normales Kind, das erwartete auch keiner von mir. Die meiste Zeit verbrachte ich allein, und lange sagte ich so gut wie nichts: es tat einfach zu weh. Und als alle vergessen hatten, was mir widerfahren war, nahmen sie mir mein Benehmen und mein Schweigen übel, und dann haßten sie mich dafür, was noch mehr weh tat, doch was konnte ich tun? Ich hatte eine lebenslange Aufgabe vor mir, daneben erschien die Vorstellung, ob man mich gern hätte, völlig unwichtig.

Bei diesem speziellen Abendessen hatte ich aus einem Bleikristallglas getrunken, und es gab Brathähnchen. Daran gewöhnt, daß bei mir Ausbrüche und Schweigen abwechselten, verkündete mein Onkel, der mich auf seine Weise liebte, nervös, optimistisch und völlig arglos, daß ein Mann sich erkundigt habe, ob das Land zum Verkauf stehe.

Auf einmal knallte ich das Glas hin, spannte die Muskeln, ballte die Fäuste und spürte, wie mir die Haare zu Berge standen. »Wer!?« schrie ich, Tränen traten mir in die Augen.

»Ich weiß nicht«, sagte mein Onkel erschrocken.

»Wer!« brüllte ich. Das war das erste Mal, daß ich einen Tisch umwarf. Ich liebte meinen Onkel: ich wollte den Tisch gar nicht umwerfen.

Ich wurde bald wahnsinnig, tagelang, bis wir's wußten. Ich schmiedete Pläne, daß jeder Polizist im Staate New York hinter der Treppe lauern sollte, wenn dieser Mann käme. Im Rübenkeller versuchte ich ein Gefängnis zu bauen, um ihn dort einzusperren und zu foltern, bis er den Namen seines Auftraggebers preisgäbe. Obwohl mir klar war, daß ich, wenn ich ihn umbrächte, nie erfahren würde, wer ihn geschickt hatte, polierte ich meine einläufige Schrotflinte, Kaliber .20, bis sie wie eine homerische Rüstung glänzte. Sogar die Patronen putzte ich blitzblank und verbrachte Stunden damit, zum Schein die Waffe zu laden und drohend auf jemanden zu richten, alles vor einem ovalen Spiegel, in den Mutter einst prüfend geblickt hatte, wie ihr Hut saß und Cape oder Mantel fielen.

Als der Onkel im Rübenkeller zwei flache Holzklötze entdeckte, die mit krummen Nägeln an die Pfosten genagelt waren, rief er mich, damit ich erklärte, was das solle. Eine leicht um die krummen Nägel gebundene Wäscheleine war als Handfessel gedacht. »Warum warten wir nicht einfach ab, was er sagt?« fragte mein Onkel.

Der Mann, den ich in den Kerker werfen wollte, war ein beinahe zwergenhafter alter weißhaariger Kerl namens Smith. Abgesehen davon, daß er flink wie eine Ameise war, zeichnete er sich nicht durch etwas Besonderes aus. Er hatte keinen Akzent und sprach nicht Dialekt. Er redete nicht mit den Händen oder äußerte Emotionen oder Begeisterung. Ich war sicher, daß die Mörder meiner Eltern seine Hintermänner waren.

Er frage, sagte er, im Namen der Dominikanerinnen für die Siechen und Armen. Zu jedem Zeitpunkt erwartete ich, daß sich dies als bloße Tarnung entpuppte, um die es sich, davon ging ich aus, doch handeln müsse. Als die Mutter Oberin kam, um mit dem Onkel über die Klausel zu sprechen, die uns bis 1930 die Rechte der landwirtschaftlichen Nutzung des Landes ließ, gehörte sie für mich in die Rubrik Schauspielerin und Schwindlerin. Als die Papiere schließlich unterschrieben waren, hielt ich sie für falsch. Als die Abtei errichtet wurde, wartete ich darauf, daß daraus eine Zollstation würde. Und als die Nonnen einzogen, hielt ich das Ganze für einen Trick, bald würden sie umkehren und alles an den Magnaten verkaufen, der eine Brücke bauen wollte. Doch die Dominikanerschwestern für die Siechen und Armen blieben und blieben, und sogar auf dem Weg nach Neufundland flog ich über die Abtei, die da mitten in Feldern lag, die noch immer schön waren und von denen ich jeden Winkel kannte, und dort, in einem zerklüfteten Tal, sah ich mein Haus. Es sah aus wie ein ziegelroter Zuckerwürfel, ein Modell, das zu einer Schweizer Modelleisenbahn gehörte. In all den Jahren waren die Bäume gewachsen, doch Schiefer und Ziegel waren unverändert geblieben. Obwohl ich die unvermeidliche Veränderung von Einzelheiten nicht sehen konnte, die, wäre ich je zurückgekehrt, mir noch einmal das Herz gebrochen hätte, konnte man sie sich doch leicht vorstellen.

Als die beiden Gestalten aus dem Eisenbahnwagen sprangen, war es noch nicht dunkel, doch die Sonne stand tief am Himmel, ihr schwächer werdendes Licht drang durch die Bäume von Teller's Point. Die Folge war ein durchbrochenes Muster, das, bei dem schwindenden Licht und den Bäumen im Hintergrund in der Nähe des Bahnkörpers, alles, was auch immer passierte, zu reinem Schatten machte.

Daß auf diesem Gleisabschnitt jemand aus einem Zug aussteigt, außer Eisenbahnern, die auf- und abspringen, hatten wir nie erlebt. Es war aufregend und geheimnisvoll, die Gestalten zu sehen, die sich in den Sommerschatten wie kaum wahrnehmbare Rauchwölkchen abzeichneten. Kein Zweifel, die Vögel entlang der Gleise waren verstummt, aber dennoch hörten wir den Lärm eines goldenen Sommerabends.

Kurz vor acht ging ich und machte mich auf den Heimweg. Als ich zu unserem Feld kam, das gleich beim Fluß lag, hatte ich die geheimnisvolle Begebenheit mehr oder weniger vergessen und stellte mich sehr ernsthaft aufs Essen ein.

Doch sobald ich aus dem Wald trat, blieb ich wie angewurzelt stehen. Gleich am Rande des Felds, zwanzig Meter zu meiner Linken, standen zwei Männer und blickten zum Haus hin.

Ich ging zu ihnen, und als ich bei ihnen war, sagte ich stolz: »Privatbesitz.«

»Entschuldigung«, sagte einer. »Wir versuchen bloß, zur Straße zu kommen. Wir sind müde und haben Hunger.«

»Ach«, sagte ich.

»Wir müssen doch hoffentlich nicht zu den Gleisen zurück. Können wir nicht einfach bis zur Straße durchgehen?«

Sie waren für die Stadt gekleidet – Anzug, Weste, Hut, Uhrkette. Es wäre wohl grausam gewesen, dachte ich, sie im Sumpf herummarschieren zu lassen, so sagte ich denn, es sei in Ordnung, sie könnten bis zur Straße durchgehen.

Sie gehörten zu der Sorte von Männern, die bei schlechter Gesundheit sind, aber die schon allein aufgrund des Gewichts und der Hebelgesetze zehnmal kräftiger sind, als sie aussehen, und, vielleicht weil sie so groß waren, wirkte ihre übertriebene Dankbarkeit angemessen und irgendwie aufrichtig.

»Das ist sehr nett von dir«, sagte einer von ihnen. »Du kennst doch die Gegend hier, nicht wahr? Und du bist schnell: du bist ja ein Kind. Hättest du etwas dagegen, in die Stadt zu laufen und uns etwas zu essen zu holen? Wir sind seit gestern unterwegs, sind die ganze Strecke von Indiana gefahren, und wir haben großen Hunger.«

»Das geht nicht«, sagte ich. »Ich muß zum Essen.« Es kam mir komisch vor, daß sie aus Indiana kamen, wo sie doch New Yorker Akzent sprachen, wie Kneipengeher aus Chelsea angezogen waren und ihr Zug aus Richtung Stadt gekommen war.

»Es wären doch nur paar Minuten, und es würde uns wirklich helfen.«

Ich schüttelte den Kopf. Mir wurde langsam mulmig, ja ich bekam geradezu Angst. Am liebsten wäre ich zum Haus gerannt.

»Hör mal«, ließ sich der eine vernehmen, der das Reden übernommen hatte. »Wir brauchen bloß etwas, das uns in Gang hält. Gibt's hier in der Nähe irgendwo Kaffee?«

»Ja«, antwortete ich, obgleich es eigentlich nicht ganz in der Nähe war.

»Na dann«, sagte der, der das Reden besorgte, und zog etwas aus der Tasche. »Hier nimm.«

Er hielt mir ein Zwanzig-Dollar-Goldstück vor die Nase. Solche Münzen versuchte mein Vater zu sparen, und schaffte es fast nie. Ich wußte, was es wert war, wie schwer es zu bekommen war und wieviel schwerer es noch war, es zu behalten. Ich nahm das Goldstück.

»Hier hast du zwei«, setzte er hinzu, »da mußt du die Münze nicht anreißen, wenn du den Kaffee holst.«

Die ganzen Jahre über haben mir viele Leute gesagt, mich treffe keine Schuld. Ich war noch nicht einmal zehn Jahre alt. Woher hätte ich wissen können, was passieren würde? Doch als ich loslief, um den Kaffee zu holen, beschlich mich ein Gefühl von Schuld und Sorge. Ich hoffte inständig, daß ich alles schnell genug erledigen könne, um die Gefahr zu bannen. Wenn ich, so schnell ich konnte, hinsausen und gleich wieder zurückrennen würde, wäre alles in Ordnung.

Als ich ins Highland Café kam, war ich völlig außer Atem und konnte nicht sprechen, so schnell war ich gerannt. Und doch konnte ich nicht warten, um zu verschnaufen, also knallte ich die Silberlinge auf die Theke, zeigte auf die Kaffeemaschine, hielt Zeige- und Mittelfinger der rechten Hand erst hoch und dann nach unten und ließ sie über den Tresen spazieren. Bald hatte ich zwei Kaffee zum Mitnehmen, nachdem ich abgewinkt hatte, als die üblichen Fragen nach Milch und Zucker kamen.

Damals hatten die meisten Restaurants Stapelbehälter zum Mitnehmen. Diese waren aus Weißblech und wurden unter einem Griff gestapelt, wie man es auch in einem chinesischen Milchladen sehen kann. Ich trug zwei solche Behälter übereinander, doch hatte ich keinen Griff, und sie verbrannten mir die Hände. Alle paar Schritte mußte ich stehenbleiben, sie absetzen und mir in die Handflächen blasen. Nach einer Weile, als das Zeug nicht mehr ganz so heiß war, hielt ich's fest und rannte.

Ich wollte wieder zum Feld zurück, so daß ich die beiden Männer sehen könnte. Ich würde erst dann langsamer laufen, nachdem ich mich überzeugt hätte, daß sie noch da wären. Wie ich so rannte, schwappte der Kaffee aus den Behältern und verbrühte mir die Hände. Er lief mir die Arme hinunter und machte die Ärmel naß. Das Hemd war vorn ganz mit Kaffee getränkt, und auf den Hosen bildete sich vorne ein ovaler Fleck.

Obgleich nur noch die Hälfte von dem Kaffee da war, steckte die Goldmünze sicher in meiner Tasche, und ich dachte, wenn es den beiden Männern nicht paßte, könnte ich ihnen die Münze ja allemal wiedergeben. Doch noch ehe ich am Feldrain war, konnte ich durch die Bäume sehen, daß sie nicht da waren.

Während ich wie erstarrt stehenblieb und die Blechgefäße mit dem Kaffee vorsichtig in den Händen hielt, hatte ich vor allem Angst, meine Eltern könnten denken, ich hätte sie verraten. Meine Gedanken waren schemenhaft: ich wußte, was käme, und doch auch wieder nicht. Vater hatte alles gesehen. Er wäre beherrscht, ganz gleich, welches Schicksal ihn ereilte. Einmal hatte er zu mir gesagt, daß er sich mit jedem Tag seines Lebens weniger vor dem Tod fürchte und daß letzten Endes kein Schock, keine Überraschung nicht zu ertragen wäre. Doch Mutter war anders. Sie ging an alles mit ganzem Herzen heran, und das konnte brechen.

Ich warf die Blechbehälter weg und rannte los. Als ich mich dem Haus näherte, sah ich, wie sich einer der vorderen Fensterläden langsam im Wind bewegte. Das hätte Vater nicht geduldet. Er hätte ihn festgehakt.

Mir wurde regelrecht schlecht vor Angst. Gleichzeitig war ich mir sicher, daß ich bestimmt ausgeschimpft würde, weil ich über eine halbe Stunde zu spät kam und lauter Kaffeeflecke auf den Kleidern hatte. Ich hatte Angst, daß Vater streng mit mir ins Gericht gehen würde, weil ich von Fremden Geld angenommen und mich von unserem Grund und Boden entfernt hätte, ohne zu melden, daß

Fremde da seien, ja sogar, weil ich den Kaffee weggeworfen hätte, bevor ich ihn ihnen gebracht hätte. Wie peinlich das wäre, dachte ich, wenn die beiden Männer in der Stube säßen und auf den Kaffee warteten, der im Boden versickert war.

Zur selben Zeit war ich mir aber bewußt, daß etwas völlig Unbekanntes und weit Schlimmeres mir ermöglichen würde, diesen kleineren Katastrophen zu entgehen. Das Schrecklichste, das ich mir vorstellen konnte, hatte darum seinen Reiz, und auch wenn ich spürte, daß die verheißene Freiheit gänzlich falsch war, wurde ich doch davon angezogen. Als ich auf das Haus zurannte, versuchte ich, meine Gedanken zu vertreiben, doch was nützt es, wenn man Gedanken zu vergessen sucht, die man schon gehabt hat?

Trotzalledem war ich mir sicher, daß alles in Ordnung wäre, daß meine Kindheit nicht mit einem Schlag zu Ende wäre, und als ich die Haustür öffnete, waren meine qualvollen Ängste schon ein wenig verflogen. Von den mit Kaffee getränkten Kleidern einmal abgesehen, war ich wenigstens einigermaßen vorzeigbar. Wenn die Männer da wären, würde ich ihnen das Geld wiedergeben und mich für alles andere entschuldigen. So etwas passiert eben mal. Sie würden mich für einen ehrlichen Jungen halten, der sich große Mühe gegeben hat und dem ein Malheur passiert war.

Doch sie waren nicht in der Stube, und im Haus war alles still. Ich rief. »Mama?« fragte ich, aber keiner antwortete. »Mama?« rief ich wieder mit zitternder Stimme.

Die ganze Welt veränderte sich für mich, als ich sah, daß der Tisch im Eßzimmer umgestürzt war und daß alles – Essen, Geschirr, Besteck, Wasser, Kerzen, Brot – auf dem Fußboden lag.

Ich ging in die Küche, wo meine Mutter und mein Vater, weniger als einen Meter voneinander entfernt, tot dalagen.

Ruhig rief ich sie, doch sie regten sich nicht. Ihre Augen standen offen. Vater hielt ein Küchenmesser, das blutverschmiert war. Er hatte sich gewehrt. Und doch lag Zufriedenheit auf seinem Gesicht. Und das meiner Mutter, wie ich hätte voraussagen können, war angsterfüllt.

Sie hatte ein kleines Einschußloch im Hinterkopf: sie war hingerichtet worden. Auch Vater hatte einen kleinkalibrigen Einschuß in der Stirn, doch er hatte mehrere Einschüsse von einer.45er, und das Blut auf dem Fußboden stammte von ihm. Es mußte auch von seinem Angreifer herrühren, denn an der Messerklinge war kein Fleckchen mehr blank.

Ich sagte nur: »Oh oh oh«, immer und immer wieder. Dann hörte ich auf. Tränen stürzten mir aus den Augen, doch blieb ich vollkommen still. Ich legte mich zwischen sie, in das Blut meines Vaters. Ich legte meine Hände auf ihre Körper und spürte mit den Fingerspitzen, daß sie wenigstens da waren, daß ich sie noch anfassen konnte. Und dann schloß ich die Augen. Als ich einschlief, war ich sicher, daß ich ihnen folgen würde, und das werde ich natürlich auch eines Tages.

Der Hang in São Conrado

(Falls du es noch nicht getan hast,
leg bitte die vorhergehenden Seiten wieder
in das ameisensichere Kästchen.)

Als Kind hörte ich oft von der »*resilience* des menschlichen Geistes«
reden, was ich, zum Glück, als die »*Brazilians* des menschlichen
Geistes« verstand, statt »Unverwüstlichkeit« die *Brasilianer* also. Dieses (in der englischen Aussprache durchaus plausible) Mißverständnis
hat mir eine beinahe theologische Ehrfurcht für ein Volk eingeflößt,
das ich ansonsten als hoffnungslos und ausschweifend wahrgenommen hätte. Obgleich sie verschwenderisch, undiszipliniert und moralisch verwildert sind, kann ich nicht anders, als, wegen eines Mißver-
ständnisses in der Kindheit und weil ich auf diese Stimmen achtgebe,
die ich zuerst gehört habe, ihre Erlösungsseite zu sehen.

Während es schneite und das Feuer brannte, hatte meine Mutter
aus dem Halbdunkel gesprochen, sie hieß mich, niemals die »Brasilianer« des menschlichen Geistes zu unterschätzen. »Wenn du ein Mann
bist«, hatte sie gesagt, »wirst du viele Prüfungen zu bestehen haben,
die du dir jetzt nicht einmal vorstellen kannst, und du wirst jede
bestehen, wenn du von Anfang an auf die großartigen ›Brasilianer‹ des
menschlichen Geistes vertraust.«

Wer choreographiert diese Brasilianer, die in Abermillionen
schwärmen und streben, die Esplanaden wie Kalifornische Ährenfi-
sche sexualisieren, von Eitelkeit und Leidenschaft besessen, durch die
Tage und Nächte wirbeln wie so viele Paolos und Francescas, offensichtlich wie Marionetten getrieben. Man sieht sie an Land, im Wasser
und in der Luft, wo sie in trägen Zickzacklinien am Himmel kurven,
nachdem sie unter Hängegleitern vom Gavea-Felsen heruntergesegelt
sind.

Die Tollkühnen unter den Drachenfliegern tragen weder Kleidung noch Helme, bloß den Windsack, den man für einen Lendenschurz an den südatlantischen Stränden halten kann, und sie so nackt und massenweise am sonnenhellen Himmel fliegen zu sehen ist, als sähe man eine Invasion von Engeln, denn um richtig zu gleiten, müssen sie die Glieder recken und strecken wie Figuren auf Renaissancegemälden – Tänzer, Engel, lagernde Götter. Wer hat diesen außergewöhnlichen Flug wohl choreographiert? Der Zufall? Es will mir scheinen, daß in diesem Leben die vollkommene Mischung der Farben allein dahin tendiert, so etwas wie Knall und Fall und andere ›Sonderbarkeiten‹ auszuschließen, obgleich ich weiß, daß heutzutage, wenn die Leute an etwas glauben, sie meistens an einen plötzlichen Aufschwung glauben. »Der Boom ist mein Hirte, mir wird nichts mangeln...«

Ich bin an einer Bucht des Hudson aufgewachsen, die durch historischen und natürlichen Zufall eine Zuflucht für Adler darstellte. Während die ganze Nation darüber klagte, daß es sie nicht mehr gäbe, sah ich sie viele Male am Tag, und ich dachte, sie seien genauso gewöhnlich wie Möwen. Unter anderem lernte ich, die Anwesenheit eines Adlers zu erahnen, wenn ich ihn nicht sehen konnte, in den gebrochenen Mustern gewöhnlicher Vögel, die in Scharen dahinflogen. Zuweilen genügten äußerst feine Variationen, um die Anwesenheit des anderen anzukündigen. Ihre Einheit und Sicherheit zerbrach, und ihre Flügel waren angespannt, sie waren bereit, auszuweichen, indem sie die Rolle machten oder in den Sturzflug gingen. Manchmal flogen sie über die Bäume in einem gleichmäßigen Muster vor den Wolken, wie die Flecken eines Hermelinmantels oder die Lilien einer Tapete, und dann zerbarst ihre geordnete Formation auf einmal zu Chaos, ein trauriger Anblick und eine gute Lehre.

Die Drachenflieger von São Conrado folgen einer Choreographie chaotischer Pracht. Ich komme hierher, um sie vor dem blauen Himmel zu beobachten, weil ich entdeckt habe, daß man gegen Ende des Lebens die Vorstellung von Engeln begreifen lernt. Seit vielen Jahren sehe ich Engel in Kindergesichtern, nehme sie wahr in den wunderschön langgezogenen Tönen von Sängern, in der Malerei und in der Dichtung. Doch erst vor kurzem habe ich gelernt, daß sie auch jenseits aller Vollkommenheit erscheinen können, daß es ihr Schicksal ist, über den Himmel verstreut zu sein, in gesprengten Formationen, wenn das Herz vor Schreck stillsteht.

Ich postiere mich auf dem gewaltigen Hang in São Conrado, einem grauen Felshang, der ins Meer ragt, und verbringe den Tag damit, hinauf zu den Drachenfliegern zu schauen. Dafür habe ich auch ein ganz praktisches Motiv. Der Strand, wo sie landen, ist weiß und breit, doch (wenn auch nicht nach brasilianischen Maßstäben) nach meinen Maßstäben ist er ziemlich bevölkert, und von den Kaffeekarren auf der Esplanade zieht Espressogeruch herauf.

So habe ich denn einen Vorsprung an dem Felshang gefunden, wo ich den Nachmittag über sitzen kann, mit einer Zeitung, einer Wasserflasche und dem ameisensicheren Kästchen. Obwohl der nahe Strand von Menschen übersät ist wie ein mit Puderzucker bestreuter Kuchen, habe ich auf diesen Felsen doch noch nie eine Menschenseele gesehen. Nur ein Bäumchen ist da, mir Gesellschaft zu leisten.

Sein glatter Stamm ist gebogen und wettergegerbt, vom Wind und Meer geschmiedet. Er ist härter und gleichzeitig biegsamer als seine Vettern, und er ist der letzte Baum so weit draußen, unauslöschlich im Felsen verwurzelt, durch den er, als er noch sehr jung war, hindurchbrechen mußte.

Den Garten in Niterói habe ich, wenigstens für eine Weile, verlassen, weil ich dort Gefahr witterte. Nachdem ich mich durch die Wirrnis von Rio hindurchgeschlängelt habe, kann ich hierherkommen, in der Gewißheit, daß ich allein bin und es auch bleiben werde. Obgleich ich hoch oben in der Luft bin, ist das Meer so nahe, daß manchmal der Wind sogar Gischttröpfchen herträgt und mir das Gesicht oder die Seite Papier naßmacht, – so nahe auch, daß ich gesehen habe, wie Flossen den smaragdgrünen Wasserspiegel zerteilten. Wenn ich einatme, schmecke ich das Salz des Atlantiks.

Ich genieße die sengende Sonne wie noch nie. Wenn ich hier bin, esse ich nichts, obwohl ich mir gelegentlich bis ins kleinste Detail richtiggehende Diners vorstelle, aber trinken muß ich, so habe ich denn eine Wasserflasche, die ich mit dem Wasser fülle, das ich seinerzeit in Rom getrunken habe. An dem Abend, an dem ich die großen Sänger traf, hatte es mich auf dem Weg von der Villa Doria ins Hassler danach gedürstet, und ich war in die Bar gegangen, mir welches zu holen, und so hatte ich sie getroffen. Auch während unserer Unterhaltung hatte ich welches getrunken, und dann, am nächsten Tag, hatte ich dieses Wasser getrunken, als ich die Straßenbahn gesehen habe.

Es fällt mir schwer, Straßenbahnen auch nur zu erwähnen, nachdem ich dir die Augen zugehalten habe, wann immer eine vorüberkam, auf der Jungs gleichsam wie auf Wellen ritten (nun weißt du, daß ich weiß, wer du bist). Ich habe versucht, dir von klein auf eine natürliche Abneigung gegen diese Unsitte einzuflößen, da dadurch so viele Kinder einen sinnlosen Tod gefunden haben. Obgleich ich immer große Stücke auf deine Intelligenz gehalten habe, besitzen heranwachsende Jungen doch keine Redlichkeit. Wenn du irgendwie mir gleichst, dann wirst du überleben, doch nur um Haaresbreite, und, ehrlich gesagt, das macht mir angst.

Du denkst vielleicht, es sei eine Art Manipulation, dir die Augen vor Jungen zu verschließen, die auf Straßenbahnen reiten. Ja, das war's, und auch in anderer Hinsicht habe ich dich manipuliert. Vielleicht hast du inzwischen entdeckt, daß nicht alle kleinen Jungs die *Encyclopaedia Britannica* durchlesen müssen. Ja, in ganz Brasilien bist du vielleicht der einzige Junge, ganz gleich welchen Alters, gewesen, der sich einer solchen Pflicht unterzogen hat. Auch Logarithmentafeln müssen andere Kinder nicht auswendig lernen, doch glaube ich, daß du mir eines Tages dankbar sein wirst, wenn andere ob deiner geistigen Beweglichkeit ehrfürchtigen Respekt bezeigen.

Ich entschuldige mich, wenn auch nicht in aller Demut, dafür, daß ich dich manipuliert habe, das letzte Beispiel dafür ist deine Entdeckung dieser Memoiren. Jahrelang habe ich Schokolade in das Geheimfach in der linken Schublade des Schreibtischs gelegt. Du bist außerstande, in mein Arbeitszimmer zu kommen, ohne in diese Schublade zu gucken. Da ich das ameisensichere Kästchen dort hineintun werde, wenn ich meinen Bericht fertig habe, rechne ich damit, daß du ihn finden wirst.

Ich kenne das, weil ich, als ich drei oder vier Jahre alt war, in einem Fach unserer Porzellanvitrine Früchtebonbons entdeckt hatte. Bis auf den heutigen Tag kann ich es mir nicht verkneifen, in Schubfächer zu gucken, sogar bei anderen Leuten. Ich war oft in einer peinlichen

Lage, wenn mich Leute dabei erwischt hatten, wie ich geradezu zwanghaft in ihren Schreibtisch sah.

»Mit Verlaub«, sagen sie. »*Was* (die Betonung liegt dabei immer auf dem *was*) machen Sie denn da?« Am Ende dieser Frage schnaufen sie leicht.

»Haben Sie vielleicht Früchtebonbons?« frage ich.

»Nein. Ich habe *keine* (Betonung immer auf dem *keine*) Früchtebonbons.« Noch mehr indigniertes und verwundertes Schnaufen.

»Schon gut«, sage ich, »ich *mag* (Betonung immer auf dem *mag*) Früchtebonbons ja nicht einmal«, nein, ich mag sie nicht.

Ich habe nie viele Freunde gehabt, und das ist nur ein Grund, warum nicht. Dabei ist es doch eigentlich gar nicht so schlimm, Fächer aufzumachen, und außerdem kann ich ja nichts dafür: ich mache auch andauernd meine eigenen Fächer auf, manchmal gleich wieder, nachdem ich reingeguckt habe. Während meiner Studienzeit war ich *einmal* (Betonung auf *einmal*) am Thanksgiving Day zum Essen zu Hause bei einem Kommilitonen, der in Beverly Farms lebte. Vielleicht weil sein Vater Kabinettsmitglied gewesen war, gab es im ganzen Haus Unmengen an Schränken und Schubladen.

Wir gingen nach oben, um seinem Vater, der auf dem Bett saß und versuchte, sich die Reitstiefel auszuziehen, zu sagen, daß im Kohlenkasten eine Schlange sei. Und stell dir mal vor, ich ging doch hinüber und riß eine Schublade der Frisierkommode auf, und, typisch für mich, da drin entdeckte ich eine aufblasbare Sexpuppe. Natürlich wußte ich nicht, was das war, also zog ich sie heraus und fragte: »Was ist das?«

Mein Freund kam her, um sie in Augenschein zu nehmen. »Das ist eine aufblasbare Sexpuppe, Dad. Wem gehört die?«

»Deiner Mutter wohl nicht«, sagte ich.

»Nein, du kleiner Scheißkerl«, kriegte ich zu hören. »Die gehört nicht meiner Frau, aber da du deine Nase reingesteckt hast, solltest du vielleicht wissen, daß sie auch eine hat und daß meine und ihre ein Verhältnis haben.«

»Ach«, sagte ich.

»Warum behältst du sie nicht«, fragte er bitter.

»Sie ist nicht mein Typ.«

414

Das Essen an diesem Thanksgiving Day verlief ziemlich peinlich.

Straßenbahnen. Wenn da nicht eine Straßenbahn gewesen wäre, wäre ich nicht hier, und du würdest wahrscheinlich in einer *Favela* leben.

Was vielleicht gar nicht so schlecht wäre. Es kommt ganz darauf an, wie man's nimmt. Schließlich, und das ist die Wahrheit, ging es mir am besten, als ich ganz und gar arm war, zumindest als ich jung war. Junge Leute mit Charakter brauchen kein Geld. Erst wenn das Alter einem die Freude vermiest, dann braucht man bare Münze, um der nachlassenden Fähigkeit des Wohlbefindens nachzuhelfen. Wenn ich an die Zeiten zurückdenke, die ich am meisten liebte, so wird mir bewußt, daß die Welt immer besonders bunt und voll schien, wenn ich nichts hatte. Auf dem Flugplatz in Monastir nannte ich ein paar Uniformen, zwei Bücher und eine Pistole mein eigen. Jeden Tag setzte ich mein Leben aufs Spiel, und jeden Tag kehrte ich zu einer Mahlzeit und einem Zelt zurück. Doch ich lebte und schwebte in den Wolken. Reichtum gebrauche nur, um die Lebenskraft zu erhöhen, denn in dem Augenblick, da du dich darauf verläßt, bist du verloren.

Straßenbahnen. Ich sehe Männer in Anzügen, die in klimatisierten Limousinen zur Arbeit fahren. Da sitzen sie, von Krawatten, Gurten und ihrer eigenen einengenden Würde gefesselt. Auch sehe ich Leute, die mit der Santa-Tereza-Straßenbahn fahren, da sie den Aquädukt Arcos da Lapa überquert. Du hast sie auch gesehen. Da hängen sie, zwanzig Meter hoch in der Luft, an der Seite einer quietschenden, ratternden, safrangelben Klapperkiste, während sie zu afrikanischen Rhythmen über den Abgrund braust.

Die Santa-Tereza-Straßenbahn verkörpert das Leben in der Sonne, sie ist Bewegung, Musik, Gefahr und Farbe. Und die klimatisierten schwarzen Autos sind weiter nichts als Särge. Ist es das, wonach die Menschen streben? Ist das ihr Traum? Wegzukommen von einer windigen Straßenbahn, die über Santa Tereza in der Sonne und Luft fliegt, und sich in einen schwarzen Sarg zu setzen, der auf der Assembléia im Stau steht?

Straßenbahnen gehört meine unendliche Liebe, nicht zuletzt, weil mich der Anblick einer, von der Seite, aus meinem langen Traum geweckt hat. Es war in Rom, an dem Tag, da ich mit dem Abendzug nach Paris fuhr, dem Tag, an dem der Empfangschef gesagt hatte: »Mi-ne-ral-was-ser, Mi-ne-ral-was-ser, Pistazien, Mi-ne-ral-was-ser, Mi-ne-ral-was-ser...«

Durch eine wundersame Fügung hatte ich schon beschlossen, Stillman & Chase auszurauben. Den Anstoß zu meinem Entschluß hatten die drei Sänger gegeben, und die Mi-ne-ral-was-ser-Arie des Empfangschefs hatte mich darin bestärkt.

Von meiner eigenen Entscheidung wie benommen, begann ich durch Rom zu wandern. Wohl wissend, daß ich in meinem Lieblingslokal in einem Viertel südlich vom Bahnhof zu Abend essen würde und daß ich mich dann durch einen milden Abend in die absolute Abgeschiedenheit meines Abteils begeben würde, wo ich unter einer schimmernden buntkarierten Decke schlafen würde, während kühle Alpenluft hereinströmte und der Zug durch die Nacht fuhr, über Flüsse, die zum Bersten frisch und kühl waren, aß ich den Tag über nichts. Die Trattoria Minerva grenzte an ein Wunder, und ich wollte sie nicht mit leichtfertiger Konkurrenz belasten. Es war so etwas wie die Kneipe um die Ecke, die nicht in Reiseführern stand. Fenster und Türen hatten weiße Vorhänge, auf einem Tisch in der Nähe eines Kamins befand sich ein kaltes Büfett, und das Essen war so gut, daß ich, der ich jahrelang über das Spesenkonto eines Investmentbankers verfügte, niemals besser gegessen hatte. Ob es das wohl noch gibt? Ich kann dich nicht hinschicken – ich müßte hinlaufen, um es zu finden –, und selber kann ich nicht hingehen. Erstens wäre da die Rechtsfrage, und zweitens wäre da etwas, das viel ernster ist als das Gesetz. Wenn du das hier liest, bin ich tot. Und Tote gehen nicht in Restaurants (außer in New York).

Den ganzen Tag bin ich damals durch Rom gelaufen, zwanzig Meilen durch Museen, Kirchen, Palazzi und Arkaden, an denen Hunderte der größten Künstler der Welt und Zehntausende ihrer größten Kunsthandwerker Tausende von Jahren gearbeitet haben. Brasilien erlebt immer wieder mal eine wahre Science-fiction-Manie, und in den letzten zehn Jahren oder so haben viele der Filme, die diese Mode nähren, drei oder vier obligatorische Minuten, in denen die Verwerfung im Raum-Zeit-Kontinuum durchbrochen und das Universum verlassen wird. Im Kanon dieser Filme ist der Tunnel, der auf die andere Seite von allem führt, eine verrückt spielende Lavalampe, und bei diesen Szenen, die gerade so theologisch sind, wie es Hollywood eben sein kann, habe ich immer das Gefühl, als ob ich in einen Tornado hineingezogen würde, zusammen mit zehn Millionen Schüsseln Hummer auf kantonesisch.

Doch die langen Farbtunnel, durch die ich an dem Tag in Rom ging, hatten keine ausgefransten Ränder oder nichtssagende Farben, die nicht wußten, was sie mit sich anfangen sollten. Die Weisheit, Vollkommenheit und Schönheit der Farben und Formen, an denen ich vorüberkam, waren in ihrer Gesamtheit mehr als genug, um die Prinzipien anzudeuten, die das Jenseits regieren, was immer das auch sein mag. Ja, sogar ein Detail eines einzigen Gemäldes kann in dieser Hinsicht die Richtung weisen, wenn man hinzusehen versteht.

Ich schwebte förmlich in höheren Gefilden, wie man es erwarten durfte, wenn einer zwanzig Meilen so außergewöhnliche Schönheit durchwandert hatte, und das nach Monaten und Jahren der Einsamkeit, nachdem ich an dem Tag und vielleicht auch am Tag zuvor nichts gegessen hatte – außer Sellerie, Pistazien und Mi-ne-ral-was-ser. Doch obgleich ich förmlich in höheren Gefilden schwebte, war die Entdeckung, die ich machte, die mich aus meinem langen Traum riß, purer Zufall. Zugegeben, es war ein merkwürdiger Zufall, der auch auf merkwürdige Weise mit der Begegnung der Sänger zusammentraf, aber es war ein Zufall und hing auch nicht von meiner Gemütsverfassung ab.

Ich ging über den Tiber von Trastevere her, folgte der Aurelianischen Mauer, bis ich mich dem südlichen *borgo* näherte, wo sich das Lokal befand. Bis auf die Zugänge zur Via Appia zieht hier nichts in dieser Gegend Touristen an. Nichts hier, wenigstens an der Oberfläche, ist sehr alt. Hier leben und wachsen Familien, werden Kinder geliebt, werden Ehen zu Ende gespielt, indem sie entweder in kluge Zufriedenheit oder andauerndes Grauen münden. Ein Zufluchtsort, wie Brooklyn Heights oder Beacon Hill, und man kann ihn nicht betreten, ohne daß Blutdruck und Puls heruntergehen.

Nicht weit von meinem Restaurant entfernt entdeckte ich einen kleinen Park mit einem Springbrunnen in der Mitte. Ich kaufte eine große Flasche Mi-ne-ral-was-ser, ging zu dem Springbrunnen hinüber und setzte mich zutiefst erleichtert hin, wie es einer, der dreißig Kilometer Fußmarsch hinter sich hat, eben tut.

Eine halbe Stunde lang lauschte ich dem Klang des herabfallenden Wassers und spürte, wie das Blut in lebhafter Erschöpfung durch mich hindurchströmte. Ich atmete langsam. Mein Puls sank auf 45 oder 50, was er sogar jetzt noch tut, wenn ich mich ruhig und stark fühle. Ich dachte weder an Stillman & Chase noch an Constance oder an irgend etwas, auf gar keinen Fall an Enttäuschungen. In meiner Erschöpfung spürte ich nur ein schönes Gefühl der Gelassenheit in mir aufsteigen. Ich schloß die Augen.

Ich weiß nicht, wie lange ich sie geschlossen hielt – nicht lange –, oder selbst wenn ich einen Moment schlief, doch ich öffnete sie, als ich einen Funken hörte. Nichts auf dieser Welt klingt genauso wie ein elektrischer Funke einer Hochspannungsleitung.

Nahezu geräuschlos glitt, die Motoren ausgekuppelt, den Stromabnehmer heruntergeklappt, eine organgefarbene Straßenbahn von rechts in mein Blickfeld. Nahezu unhörbar glitt sie heran, bis auf ein unvergängliches Geräusch von Metall, das auf Metall läuft, bis sie die kleine Haltestelle erreichte, wo sie auf ihre Abfahrt in nördlicher Richtung wartete. Während sie anhielt, roch ich Ozon und verbranntes Öl.

Ich dachte mir nichts dabei und schloß wieder die Augen. Dann öffnete ich sie. Die Straßenbahn (in nördlichen Ländern sind die Straßenbahnen häufig grün; in südlichen orange, gelb oder safranfarben) stand halb von einer niedrigen Steinmauer verdeckt da. Wäre ich aufgestanden, hätte ich das Fahrwerk und die Räder sehen können, aber so konnte ich nur die obere Hälfte des Wagens sehen. Trotz der Bedeutung dessen, was da vor mir war, brauchte ich ein paar Sekunden, um wach zu werden.

An der Wagenseite war ein Reklameschild angebracht, etwa drei Meter lang und einen Meter hoch, doch ich konnte nur den oberen Teil davon erkennen. Dort standen, in Großbuchstaben, die Initialen – oder was ich für die Initialen hielt – F. P. F. Sie standen sehr weit auseinander, was darauf schließen ließ, daß es volle Großbuchstaben waren und die ganzen Worte deutlich würden, wenn ich nur aufstünde.

Als ich das letzte Mal die Initialen F. P. F. gesehen hatte, war dies auch auf der Seite eines Eisenbahnwagens gewesen, und auch damals hatte ich, was ich aber erst jetzt begriff, nur den oberen Teil der Buchstaben sehen können, weil ich zu klein war, um über das, was mir die Sicht versperrte, drüber hinwegsehen zu können. Nie hätte ich geglaubt, daß diese Buchstabenfolge zweimal im Leben an Fahrzeugen vor mir erscheinen würde.

Wider alle Vernunft dachte ich, daß ich, wenn ich aufstünde, den Namen des Mörders da vor mir sähe. Selbstverständlich war das unsinnig. Wieso sollte er wohl vierzig Jahre später an der Seite einer römischen Straßenbahn stehen? Das ergab überhaupt keinen Sinn, aber dennoch stand ich auf, wie wenn ich mich anschickte, meinem Scharfrichter gegenüberzutreten. Ich atmete nicht, und in mir tobte die Elektrizität wie ein Gewitter in einer Glasglocke.

Wie enttäuscht war ich aber, als ich, neben dem Bild einer Kaffeebohne, die Worte *Expresso Brigante Eccelente* las.

Ich setzte mich. Natürlich war es nicht der Name des Mörders, sondern nur eine Reklame für – was denn sonst – eine Kaffeesorte. Ja, es hatte nicht einmal F. P. F. da gestanden. Vielmehr E. B. E., aber der untere Teil war verdeckt gewesen.

»O Gott!« sagte ich. »Du lieber Gott!« Denn da gingen mir die Augen auf.

Als Kind hatte ich nicht F. P. F. gesehen, ich hatte E. B. E. gesehen, und obwohl die Jahre vergangen waren und auf die Gräber meiner Eltern hundertmal Schnee gefallen war, hatte ich es bis jetzt nicht gewußt. Die F. P. F.s waren unschuldig. Die meisten von ihnen hatten ja nicht einmal Eisenbahnwaggons besessen. Törichterweise hatten wir die F. P. F.s verfolgt, und die ganze Zeit... war es doch E. B. E. gewesen, der meine Eltern getötet hatte.

Und wer sonst war denn E. B. E., wenn nicht Eugene B. Edgar?

Gemach, dachte ich bei mir, gemach! Was, wenn es jemand anders wäre? Und dann dachte ich, wie seltsam es doch sei und vielleicht auch wie gerecht, daß ich in der Lage wäre, die längst vergessenen Dokumente von Stillman & Chase zu untersuchen, und daß ich gelernt hatte, Schätzungen zu machen und Schlüsse zu ziehen und eine Spur bis zu ihrer absolut unbezweifelbaren Quelle zu verfolgen.

In meinem Restaurant habe ich nicht gegessen; ich war viel zu aufgeregt. Und im Zug habe ich auch nicht geschlafen. Die ganze Nacht stand ich am Fenster, sogar wenn wir durch höllische Tunnel brausten, und ich trank Mineralwasser und warf die Flaschen in den Wald. Sie funkelten, und sie fielen im Mondschein hinab, während wir in die Schweiz hinauffuhren, die großen weißen Ströme überquerten, die von uralten Gletschern vor kurzem abgetaut waren und nun vor Freude darüber tanzten, daß sie aus einem zehntausend Jahre währenden Schlaf erwacht waren. Ich fühlte mich lebendig wie seit 1914 nicht mehr.

Ich war davon ausgegangen, daß ich mit Tarquinius' atemberaubenden Schritten nach New York zurückkehren, die Stillman-&-Chase-Archive plündern und, den Beweis in den Händen, Eugene B. Edgar aus seinem Gold-und-Mahagoni-Rollstuhl heben und ihn töten würde, indem ich ihm den widerlichen kleinen feigen Hals bräche. Doch so einfach war das nicht.

Obzwar ich schon lange im Mannesalter und nun weit in den mittleren Jahren war, schleuderte mich die Erkenntnis, die mir die Straßenbahn beschert hatte, förmlich in der Zeit zurück, bis ich ein schlotternder Zehnjähriger war, wie wenn die vorangegangenen vier Jahrzehnte meines Lebens nicht existiert hätten. Ich empfand alle Ängste, die ganze Verletzlichkeit eines Kindes, und es fiel mir schwer, mir vorzustellen, daß ich wußte, was ich wußte. Der Widerstreit und die Anspannung, gleichzeitig in zwei Geisteszuständen zu leben, katapultierte mich in einen leichten Nervenzusammenbruch.

Ich weiß das, weil ich, unter anderem, eine neue Farbe sah. Die Augenärzte halten mich immer für ein wenig sonderbar. Anscheinend ist ihnen das, was ich sehe, wenn ich die Augen schließe, gänzlich unbekannt, weil sie, wenn ich es ihnen beschreibe, fragen, ob ich Drogen nehme. Dabei bin ich vielleicht der drogenfreieste Mensch, den es gibt, aber wenn ich die Augen schließe, sehe ich die Schlacht von Baltimore, das Sternenbanner, explodierende Bomben, Leuchtgeschosse, Feuerwerk, das chinesische Neujahr, sich schlängelnde Feuerdrachen. Das Panorama von Lichtblitzen ist so breit und so detailliert, so überraschend, kompliziert gemustert und unvorhersag-

bar, daß ich, wenn ich auch nur eine halbe Sekunde davon zurückho-
len könnte, eine Stunde brauchte, diese zu beschreiben. So ist es
immer gewesen, aber nachdem ich aus Rom zurückgekehrt war, verschwanden die Blitze, und statt dessen floß da eine tiefe, leuchtende,
höchst ungewöhnliche Farbe, wie ich sie nie zuvor gesehen hatte und
seitdem nicht mehr gesehen habe. Ganz wie ein grelles Magentarot –
obgleich nicht Magenta –, eine Farbe, die beunruhigend, hartnäckig
und nicht zu erklären war.

Dann stand da auch die Frage meiner Beziehungen zum anderen
Geschlecht. Ich war mir gänzlich unsicher, was ich tun oder sagen
sollte, doch die Aussicht, mit einer Frau zu schlafen, war zu erstaunlich, als daß Worte sie hätten beschreiben können. Ich rief eine von
Constances Freundinnen an, die ich seit der Trennung nicht mehr
gesehen hatte. Wie Constance, so war auch diese Frau außerordentlich sportlich und hinreißend schön. Wenn sie und ich ein Tennisdop-
pel gegen Constance gespielt hatten, die so gut war, daß sie Doppel
immer ohne einen Partner spielte, geriet ich immer, wenn sie sich nach
dem Ball reckte, in diese schwerelose Verzückung, ein Gefühl, als wäre
man aus einem Flugzeug herausgeschleudert worden, und wenn sie
dann vor Anstrengung schwitzte, war ich praktisch zu nichts mehr zu
gebrauchen.

So rief ich sie denn an, und ich sagte: »Sydney, ich weiß nicht, wie
ich dir das sagen soll, außer direkt und unverblümt.«

»Was?« fragte sie nervös.

»Es ist etwas passiert. Mein Abakus ist zurückgeschnappt in die
Zeit, da ich zehn war.«

»Dein Abakus?«

»Ja. Ich bin ein erwachsener Mann, aber ich bin zehn.«

»Geistig?«

»Nein.«

»Physisch?«

»Nein.«

»Emotional?«

»Vielleicht.«

»Ach«, sagte sie. »Ich weiß nicht, was ich sagen soll. Das ist schon
ungewöhnlich, nicht wahr?«

»Ja«, sagte ich.

»Kann ich irgendwie helfen?«

»O ja. Und ob. Und ob.«

»Hm, möchtest du vielleicht reden? Soll ich dir etwas vorlesen?«

»Eigentlich nicht, Sydney. Es ist viel mehr nötig als das.«

»Sag mir's doch einfach.«

»Sydney«, sagte ich – daß so eine bezaubernde Frau so einen Namen hatte, war eigentlich ein Verbrechen. »Wenn es geht... und ich bin mir nicht sicher, ob es geht... muß ich ungefähr vier Tage hintereinander mit dir schlafen, ohne aufzuhören, in einer endlosen Trance.«

Trotz der Stille am andern Ende fuhr ich fort: »Du müßtest deinen Freunden sagen, daß du fortfährst, du müßtest die Post und Zeitungen abbestellen, deine Verpflichtungen absagen, das Telefon abstellen und Essen vorrätig haben – jede Menge sahnige kalte Sachen, gefrostetes Obst, Austern, Champagner und Schokolade.« Ich sagte nicht: »und große saftige Steaks«, weil ich sie nicht aufregen wollte und sie nicht denken sollte, ich sei ein Hund.

»Geht's dir gut?« fragte sie.

»Nein. Ich bin zehn. Ich war noch nie mit einer Frau zusammen. Ich möchte mich also ganz der Entdeckung und Vergötterung jedes einzelnen Teils von dir widmen. Deswegen brauche ich ja mindestens vier Tage.«

Die Totenstille in der Leitung dauerte so lange, daß ich schon dachte, sie hätte aufgelegt. Dann sagte sie: »Komm her, und zwar so schnell du kannst, und bis du kommst, bin ich auch wieder mit den Erdbeeren und dem Dickrahm von Gristedes zurück.«

Und dann gab es andere Dinge – andere Frauen, andere Farben, Besuche im Palisades Park und Spielwarengeschäft von F. A. O. Schwarz –, doch schließlich und endlich stellte ich mich meiner Angst, mir die Unterlagen anzusehen, die bestätigen dürften, daß ich beinahe vier Jahrzehnte lang dem Mann gedient hatte, der meine Mutter und meinen Vater getötet hatte.

Dann ging es mir langsam wieder (relativ) gut. Wenn ich die Augen schloß, sah ich keine unirdischen Farben mehr oder mußte auch nicht mit Sydney eine Woche am Stück schlafen oder Unsummen Geldes für

Achterbahnen, Zuckerwatte und Spielzeugpistolen ausgeben. Während dieses seltsamen Zwischenspiels hatte Piehand meine Verwundbarkeit erahnt und die Kette von Ereignissen beschleunigt, die mich zu schlechter Letzt in die Besenkammer bringen sollten.

Doch meine innere Maschinerie erholte sich langsam wieder, und eines schönen Tages war ich wieder ein Mann. Zwar war ich, als ich mich ins Archiv hinunterbegab, so nervös wie ein Kind vor einem Klavierauftritt, doch war ich kein Kind mehr, und meine Erfahrung kam ins Spiel. Bis ich aus dem Fahrstuhl trat, war mein altes Ich gerade noch rechtzeitig zurückgekehrt, um praktischen Schwierigkeiten zu unterliegen.

Ich war nie im Archiv gewesen. Es war von der Bibliothek getrennt, wo ich jahrelang Studien getrieben hatte, und war nur Wirtschaftshistorikern von Nutzen, obwohl weder Wirtschaftshistoriker noch sonst jemand hinein durfte. Ich hatte die Absicht, den kläglichen Rest meiner rasch schwindenden Stellung zu nutzen, um mir mit List und Tücke Zugang zu verschaffen.

Das getäfelte Vorzimmer des Gewölbes zu betreten, wo die alten Akten aufbewahrt wurden, war ziemlich einfach, und dort stand ich dann auf einem Perserteppich, der so dick war, daß ich nur schwer das Gleichgewicht halten konnte, und fragte die Archivarin, ob ich die Akten der Jahre 1913 und 1914 einsehen könne.

Diese Frau war eine Kreuzung zwischen der Bibliothekarin, wie sie im Buche steht, und Sophia Loren. Mit ihr zu reden, fand ich schwer. »Natürlich nicht«, sagte sie. »Das Archiv ist geschlossen.«

»Ich bin der amtierende Vizepräsident für Forschung und Investitionspolitik«, sprach ich zu ihr, »und Komplementär.«

»Das heißt einen Dreck«, sagte sie, und sie hatte ganz recht.

»Wozu ist ein Archiv gut, wenn es keiner benutzen kann?«

»Es kann ja benutzt werden«, konstatierte sie.

»Von wem?«

»Von Mr. Edgar.«

»Er kann sich kaum bewegen, und er kann nicht lesen. Er könnte auch nicht das Gewicht einer Schublade aushalten«, sagte ich und deutete ins Innere des Gewölbes, wo die Informationen in riesigen

Stahlfächern aufbewahrt wurden, deren jedes – so stellte ich fest – drei Schlösser hatte.

»Mr. Piehand und ich sollen Mr. Edgar begleiten, um ihm mit dem Material behilflich zu sein.«

»So sehen Sie es also.«

»Nein. Ich kann nicht durch Aktendeckel durchsehen.«

»Aber Sie und Mr. Piehand haben Zugang dazu.«

»Nein, Mr. Piehand hat einen Schlüssel, ich habe einen Schlüssel, und Mr. Edgar hat einen Schlüssel. Ich weiß, daß nur Mr. Edgar die Unterlagen sehen darf, und Mr. Piehand weiß, daß nur Mr. Edgar die Unterlagen sehen darf, und Mr. Edgar weiß, daß nur Mr. Edgar die Unterlagen sehen darf. Sie können mir glauben, die Unterlagen sieht nur Mr. Edgar.«

»Aber wieso? Was ist so geheimnisvoll daran?«

»Keine Ahnung. Sie gehören Mr. Edgar.«

»Wie oft kommt Mr. Edgar, um etwas einzusehen?«

»Wenn Mr. Edgar käme, um etwas einzusehen, würde ich Ihnen raten, doch *ihn* zu fragen. Aber die Wahrheit ist, er kommt nicht.«

»Überhaupt nicht?«

»In den fünfzehn Jahren, die ich hier bin, nie.«

»Sie sagten, Sie können nicht durch Aktendeckel durchsehen.«

»Ich stehe zu dem, was ich gesagt habe.«

»Warum haben Sie das gesagt, wenn Sie nie welche gesehen haben?«

»So ist die Prozedur, für den Fall, daß er etwas sehen möchte.«

»Wahrscheinlich hat er vergessen, daß dieses Archiv existiert«, sagte ich zu ihr, wobei sich Ärger mit Erstaunen mischte. »Er ist nämlich genauso senil wie ein Baseballschläger.«

Sie drehte die Handinnenflächen nach oben, was soviel bedeuten sollte wie: *na und?*

»Sie sitzen also hier, in einem Büro, das für den Präsidenten von Frankreich angemessen wäre, und einmal im Jahr bekommen Sie gesammeltes neues Material.«

Langsam schüttelte sie den Kopf. »Dieses Archiv umfaßt nur die Zeit von der Gründung der Firma bis zur Schaffung des Börsenaufsichtsamtes 1934.«

»Was machen Sie denn den ganzen Tag? Warum sind Sie hier?«
fragte ich, als ob eine Investmentbank allen Grund hätte, sich über
Effizienz und Aufwand den Kopf zu zerbrechen.

»Ich bin hier für den Fall, daß Mr. Edgar das Archiv benutzen
möchte. Was ich den ganzen Tag mache, ist meine Sache.«

»Aber was *machen* Sie?« fragte ich aus purer Neugier.

»Sie könnten ja mal runterkommen, um das herauszufinden«, sagte
sie mit einem durchdringenden Blick, der mir den Atem verschlug.
»Hier ist es *sehr* ruhig.«

Ich schwankte davon. Ja, sie war vollbusig, und hätte sie ihre Brille
abgenommen – ein schweres schwarzes Plastikgestell mit Gläsern, die
ihre Augen auf die Größe von Pailletten verkleinerten –, wäre sie
umwerfend attraktiv gewesen. Doch man kann im Büro keine Affären
haben, egal, wie sehr man es vielleicht möchte, und nicht nur das, aber
angesichts der Tatsache, daß ich so dringend ihren Schlüssel brauchte,
hätte alles, was auch immer ich getan hätte, mich mit Sicherheit zum
Gigolo gemacht.

Das war lange, bevor ich mich mit Smedjebakken zusammentat,
und dieses Gewölbe befand sich hoch über der Straße. An diesem
Punkt begann ich, über Gewölbe nachzudenken, doch ich gestehe,
daß keines der Mittel, die ich erwog, mich von dem Mord an Mr.
Edgar abgehalten oder zugelassen hätte, daß ich bei Stillman & Chase
blieb.

Ich war an einem toten Punkt angelangt.

Ich stellte mir alles vor, angefangen von einer Affäre mit Fräulein
Dickstein, der Archivarin, was ich aus Prinzip nicht tun würde, über
eine Affäre mit Dickey Piehands Sekretärin, was ich aus Prinzip nicht
tun würde, bis hin zu einer Affäre mit einer von Mr. Edgars ›Pflegerinnen‹, was ich aus Prinzip nicht, vielleicht aber doch getan hätte, wenn
ich nicht hätte widerstehen können. Seine Pflegerinnen waren die
allerschönsten Frauen der Welt. Ich glaube, nicht eine einzige von
ihnen war kleiner als ein Meter achtzig, und sie alle waren buchstäblich hinreißend. Ich konnte die Augen nicht von ihnen wenden.
Keiner konnte das. Obgleich Mr. Edgar die besten Ärzte der Welt
hatte, war es doch die Gegenwart dieser Frauen, was ihn so lange über

seine Zeit hinaus am Leben hielt – ein alter, vornehmlich Königen bekannter Trick.

Ihre Beziehungen waren natürlich rein platonisch; sein Körper war längst hinüber. Was ihn in Gang hielt, war eine Reihe wunderbarer Ideen, die in seinem halbtoten Herzen widerhallten. Doch selbst wenn ich es vermocht hätte, eine Pflegerin, oder auch zwei, herumzukriegen, die Chancen, Miss Dickstein herumzukriegen, waren gleich Null, und ob Piehands Sekretärin Zugang zu seinen Schlüsseln hatte, wußte ich nicht einmal. Trotz aller Verlockung kam ein sexuelles Herangehen aus vielerlei Gründen nicht in Frage, darunter einem, den ich bisher nicht erwähnt habe, nämlich daß es, obgleich ich immer verliebt war und fast immer auch eine Frau zum Lieben hatte, doch ein blindes Zusammentreffen nach dem andern war, ein ständiges Zufallsspiel. Wann immer ich es mir in den Kopf gesetzt habe, eine bestimmte Frau zu gewinnen, endete das in einem Desaster. Und dann hatte ich doch schließlich sogar Angst, daß Miss Dickstein ihre Liebschaften so intensiv betreiben würde, daß ich nach unserer ersten Begegnung auf den mysteriösen Rest reduziert würde, der vermeldet, wo ein Vogel mit einer Katze gekämpft hat. Soviel dazu.

Und dann kam die nächste Reihe von Möglichkeiten – gewaltsames Eindringen und Kommandoaktionen, die vom schnellen Hineinkommen, von rücksichtsloser Ausführung, einem Stab Plastiksprengstoff, um die Tür des Schließfachs wegzusprengen, und rascher Flucht abhingen. Leider wäre dabei die Ermordung Miss Dicksteins oder das Auslöschen ihres Gedächtnisses erforderlich. Da ich keine unschuldige Person getötet hätte, um herauszufinden, wer meine Eltern ermordet hatte, und da es sich zweifellos als weitaus schwieriger hätte erweisen dürfen, Miss Dicksteins Gedächtnis auszulöschen, als eine Affäre mit ihr zu haben, wurde mir klar, daß ich den S. A. S. (Special Air Service) nicht neu erfinden konnte. Ich müßte allein mit List vorgehen. Keiner dürfte wissen, daß ich rein und raus wäre. Ich brauchte die Schlüssel, denn ohne sie müßte ich die Schlösser beschädigen, wonach Miss Dickstein, die mich in mehr als einer Hinsicht auf dem Kieker hatte, nur noch der Polizei meine Adresse zu sagen brauchte.

Ergo der nächste Weg – Chloroform. Ich würde einfach alle drei lange genug in Ohnmacht versetzen, um einen Abdruck ihrer Schlüssel machen zu können. Mit Miss Dickstein wäre das wohl gegangen, aber bei den anderen wäre es zu riskant gewesen. Entweder würde ich nie an sie alleine herankommen, oder es würde eine Ewigkeit dauern, und Mr. Edgar hätte keine Ewigkeit mehr vor sich. Ja, mein Hauptproblem bestand darin, daß ich einen Wettlauf mit der Zeit veranstalten müßte, damit ich ihn töten konnte, bevor er starb.

Getötet hatte ich nur Menschen, die im Begriff gewesen waren, mich oder jemand anderen zu töten, und allen hatte ich einen Ausweg offengelassen. Hätten sie nur ihre Angriffe eingestellt, hätte ich ihnen nichts getan. Das hier wäre anders. Hier handelte es sich um Rache, und es wäre vorsätzlich, und der Mann wäre völlig hilflos.

Würde der Beweis ausreichen, und könnte ich das beurteilen? Ich dachte geraume Zeit darüber nach und kam zu dem Schluß, daß mein Widerwillen, die Tat zu vollbringen, eine Garantie dafür böte, daß der Beweis wirklich eindeutig wäre. Und wenn er es wäre, dann würde ich nicht davor zurückschrecken, was ich tun mußte. Auch würde es mir kein Kopfzerbrechen bereiten, traditionelle Formen der Jurisprudenz aufzugeben oder das Recht in die eigene Hand zu nehmen. Ich wußte, daß Mr. Edgar, selbst wenn er noch vor seinem Tode angeklagt würde, fünfhundert Millionen für Rechtsanwälte ausgeben würde und daß sie, egal, wie schuldig er wäre, die Verhandlung seines Prozesses so lange verzögern würden, bis er es sich in seinem personell gut ausgestatteten Mausoleum in aller Ruhe wohl sein lassen könnte. (Seine Lieblingsköche, -dienstmädchen und -gärtner, hauptsächlich aber -mädchen, würden sich für den Rest seines Todes um ihn kümmern. Wer lebendig war, staubte das Mausoleum ab und nahm Telefonanrufe entgegen, wer tot war, wurde aufrecht neben dem Parthenon begraben, in dem er ruhen würde). Außerdem wußte ich, daß er, selbst wenn er verurteilt würde, so eine Art gemeinschaftsdienliches Resozialisierungsurteil erhielte – was nichts anderes hieße, als daß er dafür, daß er meine Eltern mit Kopfschuß erledigen und auf dem Fußboden sterben ließ, drei Monate lang mit Waisenkindern Tischtennis spielen oder Leuten einer bankrott gehenden chemischen Reinigung erklären müßte, wie der Gewinneinbehalt zu maximieren und die Ausgaben zu reduzieren seien. Doch der Scheißkerl konnte ja nicht einmal Tischtennis spielen, und zu reden weigerte er sich auch, so daß sein Urteil praktisch darauf hinauslaufen würde, daß er weiter seine skandinavischen Pflegerinnen anstarren könnte.

Ich fragte mich, ob ich es wohl zu tun vermöchte, und ich wußte es nicht. Unterdessen hatte ich keine Ahnung, wie ich in die verschließbaren Kassetten der Jahre 1913 und 1914 reinkäme.

Das heißt, bis Smedjebakken und ich auf dem besten Wege waren, den Goldtresor auszurauben. Da kam ich drauf, und es war ganz einfach, obgleich er strikt dagegen war, unser Hauptvorhaben durch eine weitere nebensächliche Aktion wie den Gemäldediebstahl zu gefährden oder aufs Spiel zu setzen. Er weigerte sich, bis ich ihm erzählte, wie ich an einem Tag Anfang Juni zwischen meiner Mutter und meinem Vater gelegen hatte und wie ich dann in der kalten Nacht aufgewacht war.

»In Ordnung«, sagte er, »ich werde Ihnen dabei helfen. Was schwebt Ihnen denn so vor?«

»Ich muß an die Schlüssel rankommen.«

»Wie?«

»Da müßten Sie sich einschalten.«

»Vergessen Sie nicht«, wies er mich hin, »ich kann das Gebäude nicht betreten. Schließlich bin ich schon als Geodät dort gewesen. Und selbst, wenn das ginge, wie könnte ich an die Schlüssel kommen? Ich bin schließlich kein Taschendieb.«

»Denken Sie etwa, ich hätte keinen Plan?« fragte ich.

Zunächst kauften wir einen Lieferwagen. Heutzutage sind Lieferwagen gang und gäbe, schnittig und autoähnlich. Damals waren es Mordsdinger, hinten waren sie abgerundet, und sie sahen wie Leichenwagen aus. In die Seite machten wir ein Fenster, und auf die Ladefläche stellten wir ein paar Maschinen auf einen Rolltisch. Ein Schildermaler beschriftete die Blenden des Lkws, und es konnte losgehen. Wenn man bedenkt, daß wir die Maschinen bereits hatten und daß der Lkw gebraucht war, waren die Anlaufkosten minimal.

Die Aufschriften auf den Blenden informierten die Passanten, daß sie hier ihre Schlüssel »glanzschleifen, polieren, entgraten und mit Glyzerin dauerwachsen« lassen konnten. Wenn sie das täten, so wurde verhießen: »Nie wieder Probleme beim Aufschließen! Sparen Sie wertvolle Zeit! Schluß mit der Angst, einen Schlüssel im Schloß abzubrechen! Erhalten Sie Ihre wertvollen Schlüssel! Geben Sie Ihren Schlüsseln einen angenehmen neuen Geruch und Klang.« Und das Allerbeste, es kostete »Nur 5 Cents!«, und es ging »Schnell! Schnell! Schnell!«

Es schlug ein wie eine Bombe. Smedjebakken brachte Tage und Nächte in dem Lieferwagen zu, der Ärmste, und polierte, entgratete und wachste die Schlüssel der Büroangestellten der ganzen Wall Street. Zur Mittagspause standen sie zu zehnt hintereinander Schlange. Jeder zweite Kunde fragte ihn, wie er denn davon leben könne bei nur fünf Cent pro Stück, und er sagte ihnen, daß er davon geträumt habe, den Preis zu verdoppeln und daß er darüber nachdenke.

Über einen Zeitraum von mehreren Wochen hatten wir ihn überall im Umkreis von Stillman & Chase postiert. Aus den anfänglichen vier Blocks, die sein Standplatz davon entfernt war, wurden drei, dann zwei, dann einer, bis er schließlich direkt vor dem Haupteingang von Stillman & Chase stand.

Natürlich hofften wir sehr, daß Miss Dickstein, Piehands Sekretärin und irgendwie auch Mr. Edgar selber ihre Schlüssel auf der Straße polieren ließen. Und tatsächlich, Piehands Sekretärin kam auch, aber den Schlüssel zu den verschließbaren Kassetten hatte sie nicht dabei. Den trug wohl Piehand selber bei sich, und er ging immer eilig vorbei.

Wohl oder übel mußten wir hineingehen. Das war nicht sehr schwierig. Alle waren sie bei Stillman & Chase an die Anwesenheit des Schlüsselpolierdienstes gewöhnt, und ich brachte Reklamezettel an, die bekanntgaben, daß Stillman & Chase vereinbart hätten, daß jedem kostenlos am Arbeitsplatz die Schlüssel poliert würden.

Am festgesetzten Tag rollte Smedjebakken den Wagen mit den Entgratern, Poliergeräten und dem Wachs direkt zu Stillman & Chase hinein und begann mit den vielen Schlüsseln des Sicherheitspersonals am Empfang. Den Vermesser, den sie vor gar nicht so langer Zeit mehrere Stunden lang begleitet hatten, erkannten sie nicht, weil... na ja, und das mochte Smedjebakken nun gar nicht.

Der Schlüsseldienst nannte sich »Mr. Tubbys perfekter Schlüssel«, und Mr. Tubby war Smedjebakken. Wir hatten ihm ein Paar Hosen für Dicke gekauft, solche Hosen also, die wie ein Trichter an einem Steinbrecher oder eine Entlüftungshaube auf der *Queen Mary* aussehen, und banden ihm zwei Daunenkissen um die Taille. Mit einem falschen Schnurrbart und einem weichen Filzhut wurde er Mr. Tubby.

Fast eine Woche lang arbeitete Mr. Tubby im Hause Stillman & Chase und polierte allen die Schlüssel, sogar Mr. Edgar. Weil er ihnen diesen so wertvollen Dienst gratis anbot, womit sie ein ganzes Fünfcentstück pro Schlüssel sparten, war jedermann bei Stillman & Chase, von den Portiers (die, zugegeben, eine Menge Schlüssel hatten) bis hin zu Mr. Edgar höchstpersönlich, hocherfreut. Noch Wochen danach konnte man Bemerkungen hören – nein, ganze Unterhaltungen – über den ganz neuen Klang, den ein Schlüssel hätte; oder wie einfach doch nun das Aufschließen geworden sei; oder über die Freuden und Wunder des Glyzerinwachsens; wie gut sich doch die Schlüssel anfühlten; wie angenehm sie röchen; wie sie glänzten.

Zwischen dem ganzen Maschinenkram und den Wachstöpfen hatte Smedjebakken auf seinem Rollkarren auch Wachsblöcke, die überhaupt nicht aussahen, als gehörten sie nicht dazu, und auf die er geschickt die Kassettenschlüssel und die großen Schlüssel zu den Gittern preßte, die den Eingang in das Gewölbe tagsüber versperrten. Er wußte, welche das waren, weil er es sich angelegen sein ließ, Miss Dickstein zu bedienen, bevor er auf die Chefetage ging, wo er Piehands und Edgars Schlüssel in einer einzigen halben Stunde erledigte. Nach einem weiteren Tag bei Stillman & Chase war Mr. Tubby wie vom Erdboden verschwunden. Keiner machte sich Gedanken darüber. Keiner in New York macht sich je Gedanken.

Ich hielt die Zeit von Miss Dicksteins Mittagspausen fest. Weil sie den ganzen Tag nichts zu tun hatte, mußte die Mittagspause eine sehr große Rolle spielen. Da sie nicht nur sinnlich, sondern auch akkurat war, ging sie immer um 11 Uhr 50. Ich folgte ihr dann durch den ach so hellen Sonnenschein im Finanzviertel, wo die Leute, wenn sie aus ihren Büros kamen, die Augen vor dem Licht des Vormittags und den funkelnden Blitzen von den Bürgersteigen schützten, die mit Bruchglas eingefaßt waren.

Jeden Tag, den der liebe Gott werden ließ, ging dieses verrückte Frauenzimmer garantiert zwölf Blocks in ein Lokal in der Nähe der City Hall, und jeden Tag bestellte sie das gleiche: eine Schüssel geräucherte Austern und Brunnenkresse, einen Gin Tonic und einen Bananensplit. Nach dem Essen verweilte sie lange bei einer Tasse Tee, während sie ein Kapitel in *Die Wirtschaftsgeschichte Liberias* fertiglas. Da sie beim Lesen die Brille nicht aufhatte, sah ich, daß sie ziemlich schön war und daß sie trotz ihrer täglichen Bananensplits recht proper war. Sie machte immer anderthalb Stunden Mittag, und auch wenn sie eher fertig war, ging sie um den Block, bis sie zurück mußte.

Eines schönen Tages trat ich um 11 Uhr 51 in der Archivetage aus dem Fahrstuhl und ging durch Miss Dicksteins großartiges Büro. Ich konnte noch immer ihr Parfüm riechen. An dem Gitter benutzte ich einen gewachsten, polierten, entgrateten und duftenden Zweitschlüssel und schloß die Tür zum Gewölbe auf. Das 1913er Schließfach war zu meiner Linken. Sobald ich davortrat, war ich weder vom Büro noch dem Flur aus zu sehen.

Obgleich ich schauderte, als ich ein Schließfach weiter nach rechts blickte und die Ziffern *1914* las, gebrauchte ich zunächst meine glitzernden Schlüssel für 1913, öffnete mit einem Schwung die Tür und zog den Kasten heraus. Er wog an die fünfzig Pfund. Ich trug ihn zu einem lederbezogenen Tisch in der Ecke, und als ich eine Leselampe anknipste, die viele Jahre nicht gebrannt hatte, oszillierte der Glühfaden gleichsam vor Schreck.

Die Akten selber rochen wie New York in den Jahren vor 1920. Vielleicht lag es an der Art, wie man damals Papier herstellte, oder daran, wie das Alter auf Leder wirkte, aber wenn ich die Augen schloß, konnte ich mir einbilden, ich sei wieder ein Junge und an jedem Block könne man Pferde sehen, ihr Wiehern hören und das Zaumzeug riechen. Ich lauschte den knisternden Feuern und sah zu, wie viele Rauchsäulen, Holz und Kohle, in den trotz alledem klaren blauen Himmel aufstiegen. Ich fühlte mich ganz zu Hause und in meinem Element. Das war *meine* Zeit, ich hatte sie gekannt, ich war im vorangegangenen Jahrzehnt geboren, und jede Wahrheit, die ich finden könnte, wäre mir vertraut.

Die Befürchtung, daß die Papiere unsystematisch seien, war grundlos. Sie waren in Aktendeckeln abgelegt und mit Reitern versehen, und ich ging sie nur durch. Es war ein hartes Jahr für Mr. Edgar gewesen. Auf den Reitern stand: *16. Abänderung* (die Einkommensteuer); *Pujo-Bericht* (die Ergebnisse des Bankausschusses des Abgeordnetenhauses über Monopolkonzentration); *Zentralbank*; *Owen-Glas*; *Panama-Konkurs*; *Mexikanische Revolution.* Das waren die offensichtlichen Fälle. Dann waren da andere: *Knox contra Nichols*; *gescheiterte Obligationen*; *Pacific Palisades*; *Sharpton Steel.* Und auch noch andere, aber bis 12 Uhr 40 hatte noch nichts auch nur einen Hinweis darauf ergeben, wonach ich suchte. Mir blieb nur noch eine halbe Stunde, und ich wurde nervös. Mehr als nervös. Auf einmal hatte ich schreckliche Angst.

Schnell atmend, brachte ich 1913 zurück und öffnete 1914. Die Schublade zu einem Tisch zu tragen, schien Stunden zu dauern, den Deckel zu öffnen, Minuten.

Die Etiketten erzählten von *Claytons Antitrustgesetz*, dem *Handelsministerium* und da, wenn auch nicht gerade von der Einführung, so aber den Folgen der *Einkommensteuer*. Ich las weiter: *Vera, S&O, Vertrag mit Dutch Steel, Kursgewinne*, und da ... und da, ich war wie geblendet. Ich konnte kaum atmen. Ich hatte einen Aktendeckel gefunden, der die Aufschrift trug: *Hudson-Brücke*.

Da hatte ich nur noch zehn Minuten, und ich wagte nicht, darin zu lesen. Außerdem war ich gar nicht ganz Herr meiner selbst. Ich brachte die 1914er Kassette zurück, schloß sie ein, schaltete das Licht über dem Schreibtisch aus (womit ich es dazu verurteilte, vielleicht wieder zig Jahrzehnte zu schlafen) und ging, wobei ich die Mappe ganz lässig in der Hand hielt.

Als die Fahrstuhltür auf der Archivetage aufging, kam Miss Dickstein heraus, und ich ging hinein. Sie lächelte mir zu, und ich lächelte ihr zu. Auch wenn sie bemerkt hätte, was ich da trug, was ich aber nicht glaube, hätte sie es doch nicht erkannt. Ich bin mir nicht sicher, ob sie jemals tatsächlich eine der Akten gesehen hat, die sie hütete. Und selbst wenn sie Verdacht geschöpft hätte, daß ich etwas aus ihrem Reich entwendet hätte, so hätte sich ihre Sorge wahrscheinlich zerstreut, wenn sie bei ihrer Rückkehr feststellte, daß die Schlösser fest und unversehrt an ihrem Platz waren.

Das war ein Freitag. Als ich dem Schwachkopf Sherman Oscovitz sagte, daß ich eher gehen wolle, versuchte er, den medizinischen Detektiv zu spielen.

»Ach?« sagte er. »Warum denn?«

»Ich fühle mich nicht wohl.«

»Wo?«

»Im Mongus«, sagte ich.

»Sind's dumpfe oder stechende Schmerzen?«

»Es ist eine spannende Tortur.«

»Haben Sie Fieber?«

»Ich weiß nicht«, antwortete ich. »Fühlen Sie meine Stirn.«

In dem Augenblick, da Sherman Oscovitz näher trat, die rechte Hand hob und sie langsam an mein Gesicht brachte, schloß ich die Augen und dachte an das, was Sydney von mir verlangt hatte, wovon ich nie zuvor gehört hatte, wovon sie nie zuvor gehört hatte, und meine Temperatur stieg auf etwa 40,5 Grad Celsius. Oscovitz wich erschreckt zurück.

»Sie glühen ja richtig!«

»Assoziative Koffeinthrombolyse«, sagte ich und machte mich auf ins Wochenende.

Meine Wohnung hatten inzwischen Angelica und Constance Smedjebakken übernommen, und nach Astoria oder zu Sydney wollte ich nicht, ersteres, weil ich es bedrückend fand, wenn Smedjebakken nicht da war, und letzteres, weil ich meine Fähigkeit zu laufen wiedergewinnen mußte.

Statt dessen fuhr ich den Hudson hinauf nach Athens, die ruhigste, gottverlassenste Stadt auf der Welt, und blieb dort im Hotel. Im Zug griff ich immer wieder nach meiner Aktentasche, aber anstatt sie zu öffnen, las ich das *Wall Street Journal* und die *New York Herald Tribune.* Zwar brauchte ich keine Zeitungen mehr, weder beruflich noch persönlich, aber das war eine alte Gewohnheit, und ich war froh, daß sie mich von meiner Aufgabe abhielten.

Sobald ich im Hotel war, postierte ich mich am Fenster und hungerte, zwei Tage lang. Die Direktion dachte schon, ich wäre gekommen, um Selbstmord zu begehen, und schickte alle paar Stunden das Zimmermädchen, um nach mir zu sehen. Schließlich sagte ich: »Kommen Sie ja nicht wieder herein, und sagen Sie dem Inhaber, er brauche sich keine Sorgen zu machen, daß ich Selbstmord begehen wolle. Ich bin Physiker, und ich brauche absolute Ruhe, um die Newtonsche Mechanik mit der Relativitätstheorie in Einklang zu bringen.«

Ich glaube nicht, daß sie mich verstanden hatte, weil mir nämlich, ehe ich mich's versah, die Küche einen Teller *Fig Newtons* schickte, aber dann, vielleicht zufrieden, daß ich überhaupt etwas aß, ließen sie mich in Ruhe.

Zwei Tage lang starrte ich auf den Hudson, ohne ein einziges Boot zu sehen, und zwei Tage lang blickte ich unentwegt auf die Bahngleise und sah keinen Zug. Ich liebe gottverlassene Städte, denn in gottverlassenen Nestern kann man es genießen, wenn sich die Gardinen leise im Wind blähen, und in gottverlassenen Nestern kann man leicht atmen und dem Ticken einer Uhr lauschen und sehen, wie es langsam hell wird. In gottverlassenen Nestern ist die Welt nicht eine Sinfonie verwirrender Geräusche, sie tönt lieblich wie der Wind, der übers Wasser weht, oder ein alter Baum, der sich unter der Last seiner halben Million junger, ungeduldiger Blätter neigt. Ich saß am Fenster in dem Hotel in Athens, neben mir auf dem Tisch den grünen Ordner, und rührte mich zwei Tage lang nicht, während ich wieder in die Ehrfurcht der Kindheit verfiel. Ich kannte Gott, als ich ein Kind war, sah Seine Gegenwart an jeder Ecke. Es war leicht – Heilige und Lämmer und ein Auge, das gerade erwacht und für das Detail geschärft war. Und vor allem war ich glücklich in der tiefen, bedingungslosen Liebe zu meinem Vater und meiner Mutter und darum frei, über die irdische Mühsal hinauszusehen.

Der Wind bauschte leise die weißen Vorhänge, kräuselte den Fluß, wo er eine Biegung machte, und säuselte ganz leicht, gerade so, daß ich's hören konnte, in den Bäumen. Im Heizkörper zischte und klopfte es. Ab und zu hörte ich eine Tür zuschlagen, ein Auto vorbeifahren oder Schritte auf der Treppe. Die Mappe konnte ich nicht öffnen.

Ich starrte auf den Teppich, er war grün, blasse Rosen waren in einer schmutzigroten Girlande gewebt. Ich schlief und träumte. Ich schaute auf den Fluß. Nicht, daß ich Angst gehabt hätte. Ich hatte keine Angst. Auch nicht, daß ich auch nur einen Augenblick gedacht hätte, daß ich die Mappe nicht öffnen würde. Ich wußte, ich würde sie öffnen.

Nein, ich trauerte, ich betrauerte die, wie ich meinte, unmittelbar bevorstehende Zerstörung der vorangegangenen vierzig Jahre, und ich machte mich auf eine große Veränderung gefaßt. Solange Mutter und Vater auf rätselhafte Weise gestorben und ungerächt waren, hatte mein Herz ihnen offen gestanden. Nun machte ich mich darauf gefaßt, das Kapitel und, so fürchtete ich, mein Herz zu schließen.

Ich konnte kaum die Augen von dem Fluß und den Gewässern abwenden, die ich einst so gut gekannt hatte. Ich beobachtete, wie der Wind die durchsichtigen Gardinen zauste. Vermutlich sagst du, ich sei verrückt gewesen, doch was mich bewegte, war Liebe. In dieser schon lange verlassenen, schon lange verlorenen Stadt am Ufer des Hudson, verbrachte ich zwei schlaflose Tage, voller Liebe zu den stillen Dingen, die mir geblieben waren, und bereitete mich innerlich darauf vor, Abschied zu nehmen.

Als ich schließlich am Sonntagabend im Zug nach New York den Hefter öffnete, waren meine Augen so kalt wie Stahl. Draußen war es dunkel, und da die ganzen Vassar-Mädchen in die Gegenrichtung fuhren, war der Zug nahezu leer. Im gelben, von den schwarzen Fenstern gnadenlos reflektierten Licht wurde ich nicht länger von Zärtlichkeit behindert, und das war gut so, denn wiewohl Zärtlichkeit ihren Platz hat, wird das Leben doch nicht von Zärtlichkeit, sondern von Kraft angetrieben.

Obgleich der Ordner zwei Zenimeter dick war, wußte ich in ein paar Augenblicken, daß das Rätsel gelöst würde. In zehn Minuten hatte ich die Akten überflogen und hatte eine Anklage zusammen, und bis ich zur Grand Central Station kam, hatte ich den gesamten Ordner gelesen und wußte es unauslöschlich.

Das Ganze war relativ einfach. Die erste Eintragung war ein Brief, datiert vom 27. August 1909, als ich noch nicht ganz fünf Jahre alt war. Darin wies ein Mr. Schellenberger einen von Mr. Edgars Stellvertretern darauf hin, daß es technisch möglich sei, eine Brücke über den Hudson zu bauen. Ihm schwebe ein Einhängeträger vor von den Palisades bis zu den Anhöhen von Kingsbridge in der Bronx.

Eine solche Brücke wäre spektakulär gewesen, zumal man, um die Höhe der Palisades zu erreichen, auf der New Yorker Seite eine große Rampe hätte bauen müssen. Zu sehen sei die Brücke, behauptete Schellenberger, von den Catskills, dem Long Island Sound, den Ramapos und wenn man sich New York vom Meer her nähere. Entscheidend für ihren Standort sei einfach, daß der Fluß an der vorgeschlagenen Stelle relativ schmal sei.

Mr. Schellenberger verschwand, doch im Jahr von Wilsons Wahl kam eine Flut von Mitteilungen, Notizen und Briefen, in denen sich der Brennpunkt gen Norden verlagerte. Die Stadt New York stand einer öffentlichen, zu privatem Vorteil gebauten Brücke nicht aufgeschlossen gegenüber. Da dort das Holz zu hart war, mußte Mr. Edgars Schnitzmesser woanders ansetzen, doch sosehr sich die Yonkers-Politiker auch über Bestechungsgeld gefreut hätten, sie waren den Bossen in der großen Stadt verpflichtet, auf der Yonkers nun einmal, das war sein Schicksal, für immer hockte, wie eine Katze auf einem Percheron.

Nördlich von Yonkers wurde der Fluß breiter, und der Fels machte Sumpfland Platz. Beratern zufolge, die Stillman & Chase angeheuert hatte, war es technisch nicht durchführbar, über das Tappan Zee eine Brücke zu bauen – zu viele Verwerfungen im Flußbett und zu breit. Der nächstgelegene Standort sei Teller's Point, wo die Entfernung zwischen den beiden Ufern des Flusses eine Meile betrage und die geologische Beschaffenheit günstig sei.

Mr. Edgar erhielt die Einschätzung, daß, wenn eine Brücke und die damit verbundenen Zufahrtswege an dieser Stelle gebaut würden, an beiden Ufern des Hudson eine riesige Stadt entstehen würde. Da das Auto die Entfernung besiegt habe, würde es sich keiner zweimal überlegen, nach New York vom restlichen Kontinent über eine Brücke zu fahren, die gerade mal dreißig Meilen nördlich läge.

»Warum nicht einfach den Fährverkehr übernehmen?« hatte Mr. Edgar an den Rand gekritzelt. Die Antwort muß wohl mündlich erfolgt sein, weil sie sich nirgends in der Mappe fand, doch lautete sie zweifellos dahingehend, daß keine Fähre jemals mit einer Brücke konkurrieren könne.

Im Januar 1914 verfaßte Mr. Edgar Anweisungen an seine Stellvertreter. Das Projekt solle vorangetrieben werden. Alles müsse unter größter Geheimhaltung geschehen. Denn andernfalls würde der Preis für das umliegende Land steigen, wodurch dem Projekt zuallererst einmal die logische Grundlage entzogen würde, indem die Baukosten im Verhältnis zu den wahrscheinlichen Gewinnen in unannehmbarer Weise erhöht würden. Die wichtigsten Landstücke seien ganz offensichtlich die, durch die die Trasse direkt führe, und die anliegenden, und man werde keine Mühe scheuen, sich diese zu sichern. Die Farmer würden wahrscheinlich ihr Land nicht zu Preisen verkaufen wollen, die niedrig genug seien, den Verdacht zu zerstreuen, es handle sich um Erschließungsmaßnahmen. »In diesem Falle«, schrieb er, »tun Sie alles Notwendige, um die Grundstücke zu beschaffen, indem Sie mit aller erforderlichen Härte gegen die ersten Leute vorgehen, mit denen Sie es zu tun haben, so daß die anderen begreifen und nicht mehr aus der Reihe tanzen.«

Als ich das las, dachte ich an Mr. Edgar, und obgleich er nicht da war, sagte ich zu ihm: »Es mag vierzig Jahre gedauert haben, doch Sie haben's geschürt, und Sie müssen sterben.« Diese Zeilen machten mich hart bis zu dem Punkt, wo meine Gewissensbisse, einen hilflosen Mann zu töten, soweit verschwanden, daß ich sie nicht mehr spürte.

In der Mitte des Dossiers war eine Faltkarte von beiden Ufern des Hudson und Teller's Point eingebunden. Die Farm meines Vaters war deutlich gekennzeichnet. Quer über das Grundstück war in der für Ingenieure und technische Zeichner typischen Art die Hauptauffahrt für die Brücke sowie der östlichste Pfeiler samt Ankern eingezeichnet. Die Fahrbahn ging direkt durch unser Haus.

Mr. Edgar hatte wohl recht. Mein Vater hätte nie verkauft, weil es hier nicht um Geld, sondern um Liebe ging. Hätte er meinen Vater nicht getötet, hätte Mr. Edgar seine Brücke niemals an dieser Stelle bauen können.

Aber obgleich er meinen Vater getötet hat (und, sicherheitshalber, auch noch meine Mutter), hat er doch die Brücke nicht gebaut. Er hätte sie wohl gebaut, aber in dem Sommer kam der Krieg. Statt dessen baute er dann Schiffe und lenkte sein Kapital in die Erweiterung der Stahl- und Gummiproduktion. Meine Eltern wurden also

nicht einmal wegen einer Brücke getötet. Sie wurden umsonst getötet, wie Vögel, welche von Jägern geschossen und auf der Wiese
liegengelassen werden.

Ich zweifelte nicht daran, daß die Beweise soweit ausreichten, auch
wenn sie vor einem ordentlichen Gericht vielleicht nicht genügt hätten, doch alle eventuellen Unklarheiten verschwanden, als ich auf zwei
Empfangsbestätigungen stieß, die an den Seiten der Mappe befestigt
waren. Beide trugen das Datum des 8. Juni 1914 und waren jeweils
über 1000 Dollar ausgestellt. Eine war von einem Mr. Curtin unterschrieben, und die andere von einem Joseph Nevel. Mit geschäftsmä
ßiger Handschrift, die zu keiner der Unterschriften paßte, hatte jemand geschrieben: »Für am 5. Juni 1914 erwiesene Dienste.«

Niemals habe ich etwas so gelassen gesehen wie anfänglich den Mord
an Eugene B. Edgar. Mir ist klar, das kann vielleicht kaltherzig
scheinen, doch sieh mal, er hat ja meine Mutter und meinen Vater
getötet. Auch ist mir bewußt, daß viele Leute den Drang verspüren
dürften, ihn zu *rehabilitieren*. Dazu kann ich nur sagen, sollen sie doch
den Mördern ihrer Familien helfen und sie rehabilitieren, soviel sie
wollen, mit den Mördern der meinen werde ich anders verfahren.
Weder war ich stolz auf das, was ich zu tun gedachte, noch schämte ich
mich dessen. Zwar würde ich es nicht gern tun, doch wußte ich, was
von mir verlangt wurde und daß es unvermeidlich war.

Werkzeuge oder Waffen hatte ich nicht dabei, meine Ausrüstung
bestand lediglich aus einem Paar florentinischen Autofahrerhandschuhen, einem marineblauen Polohemd, einem Paar Khakihosen
und Schuhen mit Gummisohle. Das hätte ich auch normalerweise
angehabt, außer den Handschuhen, die ich in der Hosentasche trug,
bis ich sie brauchte. Sie waren aus sehr starkem, biegsamem Leder,
äußerst dünn, und in meiner Tasche sahen sie aus wie ein zusammengefaltetes Taschentuch. Ich nahm auch etwas Bargeld mit, in 20-
Dollar-Scheinen, für die Eisenbahnfahrkarte, Benzin und Maut, und
ich hatte auch eine Zeitung bei mir. Ich bin immer gern mit leichtem
Gepäck gereist.

Das Gold war bereits im Flugzeug verstaut, zusammen mit ein paar
Fotografien, Briefen und Andenken: Vaters Taschenmesser, seine

Goldrandbrille, Mutters Trauring, ein Medaillon mit ihrem Haar, meine Pistole aus dem Krieg und einen wunderschönen kleinen Sargent, den Constance mir einmal geschenkt hatte, darauf war eine Frau in einem weißen Kleid, die einen Gartenweg entlanggeht und ein kleines Kind an der Hand hält.

Die Smedjebakkens waren schon fort; meine ganze Habe war verkauft, verschenkt oder verbrannt. Was von meinen Bankguthaben übrig war, befand sich, in Schweizer Franken umgetauscht, zusammen mit der Pistole in meiner Reisetasche. Die Flugfelder waren vorbereitet, die Wohnung in Brasilien wartete. Zu meiner größten Beruhigung waren die Smedjebakkens sicher an ihrem Ziel angekommen, was ich daher wußte, daß ich ein Telegramm bekommen hatte, auf dem stand: »ÜBERGLÜCKLICH MOZART SCHNEEBEDECKTE BERGE GROSSARTIGE STÄDTE MARMORHALLEN KRISTALLPOOLS UND SCHOKOLADENKUCHEN STOP PAOLO.«

Keiner wußte, daß das Gold fehlte. Keiner wußte, daß das Flugzeug aufgetankt und beladen im Schuppen wartete. Keiner wußte, daß ich alles, was ich besaß, liquidiert hatte und daß die Smedjebakkens ein neues Leben begonnen hatten. Keiner wußte, was ich vorhatte oder wo ich zu finden wäre noch daß ich's tun wollte. Sogar Sydney hatte mit mir Schluß gemacht, sie hatte gesagt, so etwas sei nur einmal im Leben zulässig und nicht allzu lange, was ich sowohl vernünftig als auch eine große Erleichterung fand. Ich war frei. Ich hatte weder Freunde noch Familie, und niemand würde mich vermissen, nein, ich war frei. Ich ging durch die Straßen New Yorks wie ein Besucher von einem anderen Stern, und dennoch war dies meine Stadt, die ich so gut kannte und so sehr liebte. Doch war ich trotzdem von einer Leichtigkeit, wie man sie empfindet, wenn man nach bestandener Abschlußprüfung von einer Institution abgeht, die man für immer hinter sich lassen möchte.

Es war Anfang September und noch immer heiß. Die Gewitterregen hatte sommerliche Hitze abgelöst, die Tage wurden kürzer, der goldene Herbst kündigte sich an. Ich fuhr im Berufsverkehr mit einem Pendlerzug nach Greenwich, dabei saß ich im hinteren Wagen bei den Schaffnern auf ihrer letzten Tour. Die Bankleute der Investmentbranche frequentierten die vorderen Wagen, das wußte ich, also war ich zeitig eingestiegen und stieg als letzter aus. In Greenwich dämmerte es, und keiner sah mich, da auf den Parkplätzen Hunderte von Motoren ansprangen und sich alles in das Gewühl stürzte, um für das Rennen nach Hause, auf überaus kurvenreichen Straßen, eine gute Ausgangsposition einzunehmen. Bei Einbruch der Dämmerung schritt ich rüstig aus auf der Fishcake Lane, und als es dunkel wurde, hatte ich das Ufer des Sound erreicht und blickte über wunderschön gewelltes Heideland auf das Licht aus Dickey Piehands Anwesen in Mianus hinüber.

Es war so groß wie ein Ozeanriese, der sich funkelnd vor East Hampton im Meer wiegt. Alle Lichter waren an, und aus dem noch immer süß duftenden Pflanzendunkel schimmerte es so hell, wie wenn jemand drinnen einen Film drehte. Ich fragte mich, ob Ed Murrow wohl Dickey Piehand einen Besuch abstattete, aber nicht ein Lastwagen war zu sehen.

Im Dunkeln ging ich über die Heide, roch den Sand, das Heidekraut und viele Pflanzen, die ich nicht bestimmen konnte. Ich mag Pflanzen, aber es war mir schon immer ein Greuel, wenn Leute von einer zur andern gehen und die Namen hersagen. Recht häufig überkommt solche, ganz besonders sehr reiche, Leute geradezu freudige Verachtung, wenn ich nicht weiß, wie irgend so eine bescheuerte Pflanze heißt. »Wollen Sie etwa sagen, Sie wissen nicht, daß das hier Helichrysum palustris ist?« Darauf pflegte ich gewöhnlich zu erwidern, daß diese Pflanzen, denen sie eine so alberne Ehrfurcht bezeigten, ja auch nicht wüßten, was sie seien. Und bloß weil vor zweihundert Jahren ein Angestellter eines dänischen Arboretums das Grünzeug, das hier in Rede stehe, Helichrysum palustris genannt habe, bedeute das noch lange nicht, daß es auch wirklich Helichrysum palustris sei. Die Pflanze sei, was sie sei, und zum Teufel mit dem Helichrysum palustris.

Beinahe überwältigt vom Geruch des Meeres, näherte ich mich im Schutze der Dunkelheit dem Haus, und je näher ich kam, desto deutlicher hörte ich eine Hi-Fi-Anlage. Es war die Aufnahme einer Frauenstimme, die eine Ballade aus einem Broadway-Musical sang. Perfekt.

Die Garage befand sich in gebührender Entfernung vom Haus. Wie ich von meinen Besuchen her wußte – schließlich war ich mehrmals bei Piehand auf Soireen und Picknicks gewesen –, lag sie weit genug weg, daß das Anlassen eines Motors nicht zu hören wäre. Und wo im Haus nun gar noch eine Platte lief, hätte ich ein Artilleriesperrfeuer legen können, ohne daß es jemand gemerkt hätte. Vielleicht weil es ein so milder Abend war, daß selbst Dickey Piehand keine Angst hatte, die Nachtluft könne seinen Autos schaden, stand das Tor offen.

In dem kleinen MG war das Verdeck unten, und eine Katze saß auf dem Faltdach, das über dem Zwischenraum hinter dem Sitz einrastete. »Fort mit dir!« sagte ich. Sie rührte sich nicht, also hob ich sie hoch, doch noch ehe ich sie wegschleudern konnte, sprang sie mir aus den Händen und machte sich's auf dem Beifahrersitz bequem. »Na schön«, sagte ich. »Wenn du willst, kannst du mitkommen.« Die Katze blinzelte, wie Katzen eben blinzeln, richtig königlich.

Ich sprang in den MG, steckte den Schlüssel ins Schloß, den Mr. Tubby geliefert hatte, und rollte langsam, ohne Licht, die Auffahrt hinunter. Als ich die Fishcake Lane erreichte, schaltete ich die Scheinwerfer ein und trat aufs Gas. Obwohl ich in einer mondhellen Sommernacht in einem Sportwagen auf kurvenreichen Straßen dahinfuhr, war ich gedrückter Stimmung. Ich dachte an traurige, aber wahre Dinge, und bevor ich mich's versah, flogen die Katze und ich hoch oben über dem Sund auf der stählernen Plattform der Throgs Neck Bridge dahin.

Ein dutzendmal war ich in Mr. Edgars Haus am Biscuit Neck gewesen, zu Partys, kleinen Abendessen mit Finanzministern und, erst kürzlich, um Mr. Edgar zu informieren, da er ans Krankenbett gefesselt war. Ich kannte das Haus, drinnen wie draußen, die Anlagen, die Waldwege, die Sportpavillons, Tennisplätze und Swimmingpools.

Ganz Biscuit Neck gehörte ihm, sogar der Ort. Die Polizei von Biscuit Neck war zwar eine öffentliche Einrichtung, aber er war der einzige Steuerzahler, und so bestand ihre Hauptaufgabe darin, sein 2000 Morgen großes Anwesen zu bewachen. Natürlich war das Städtchen reich, auch wenn es nicht viele Einwohner zählte. Da Mr. Edgar niemanden gezeugt hatte, der jemand anderen gezeugt hätte, gab es keine Schulen. Weil sein Anwesen eine eigene Abwasser-, Wasser- und Stromversorgung hatte, gab es nichts Nennenswertes instandzuhalten:

wenn auf der Hauptstraße ein Schlagloch in Ordnung zu bringen war, dann machten das die Gärtner, und sie verstanden sich darauf, weil sie die 70 Kilometer Straße oben am Haus immer neu pflasterten. Die Läden im Ort waren winzige Abkömmlinge von Tiffany, Dunhill, Mark Cross, S. S. Pierce usw., dabei handelte es sich eigentlich nicht um richtige Geschäfte, sondern um Büros, von denen aus das Anwesen versorgt wurde.

Ich parkte im Dunkeln zwischen dem Ort und dem schweren Speerspitzenzaun, der viele Meilen lang um das Edgarsche Grundstück herumging. Daß die Polizei sorgfältig das Auto inspizieren und das Kennzeichen registrieren würde, das stand mit hundertprozentiger Sicherheit fest.

Während die Katze direkt durch die Stangen paßte und teilnahmslos auf der anderen Seite wartete, mußte ich drüberklettern. Aufmerksam horchte ich, ob Streifenwagen kämen, und als ich nichts hörte, nur die herrschende Stille, kletterte ich über den Zaun, wobei ich gefährlich auf der Querstange unter den Speerspitzen balancierte und mich dann auf den Boden fallen ließ. Wären die Speere angespitzt gewesen, wäre das nicht gegangen. Offen gesagt, verstehe ich nicht, wieso Mr. Edgar sechs Millionen Dollar ausgegeben hat, um den Zaun zu bauen, und die Speerspitzen dann stumpf gelassen hat. Für eine weitere halbe Million hätte er statt dessen rasierklingenscharfe Blätter anbringen lassen können, und obgleich er heute auch nicht mehr am Leben wäre, so hätte er doch wenigstens noch das Farbfernsehen erleben können.

Die schnurrende Katze im Arm, ging ich eine halbe Stunde über kleine Hügel und durch bewaldete Haine dahin, über weite Wiesen, von denen man das Heu gerade eingebracht hatte, und unter dem massiven schwarzen Schatten, den die englischen Eichen im Mondlicht auf den hundert Morgen großen Rasen warfen.

Mr. Edgar aß um vier. Daß er keine vollkommen italienischen Eßgewohnheiten hatte, war bekannt. Jedoch bezweifelte ich, daß er schlief, weil in seinem Schlafzimmer helle Lichter brannten. Er war zu Hause und nicht in irgendeinem seiner Châteaus oder Stadthäuser oder auf irgendeiner der Jachten, deren drei größte *Zins*, *Dividende* und *Kapitalertrag* hießen.

442

Plötzlich schwenkten blendende Lichter in meine Richtung, und Hunde begannen zu heulen. Wären die Hunde los gewesen, hätten sie kurzen Prozeß mit mir gemacht. Bei Bulldoggen hat man keine große Chance, denn was sie auszeichnet, das ist ihre Leidenschaft, Menschen zur Strecke zu bringen.

Zu meinem Glück wollte Mr. Edgar nicht, daß seine Hunde die Wege verunreinigten, so daß die Hundeführer sie in Golfkarren umherfuhren, und Golfkarren sind sehr langsam. Ich lief mit der Katze hinter den Hecken entlang, die den Swimmingpool den Blicken entzogen. Ihre Nasen führten die Hunde immer weiter zu uns, und sie kamen so nahe, daß man hören konnte, wie die Federn der Golfkarren knarrten, als die Hunde mit aller Macht versuchten, herauszuspringen. Sie waren kaum fünf Meter entfernt, und die Scheinwerfer blendeten sogar durch die Hecken. Hundegeifer hing in der Luft. Die Tröpfchen funkelten in dem grellen Licht und wurden dann von der Nacht aufgesogen. Ganz wie die Fontana Trevi bei starkem Wind.

In dem Augenblick, als ich hörte, wie die Leinen gelöst und die Golfkarren erschüttert wurden, als die Hunde sie verließen, hielt ich die Katze durch die Hecke und kniff sie in die Flanken. Im Nu schoß sie davon, schnurstracks wie eine Rakete und laut wie ein Krankenwagen, und sie führte die Hunde so tief ins Dunkel, daß ich nach nicht einmal einer Minute kaum noch die Golfkarren hören konnte, die heulend hinterdreinjagten. Dann waren auch sie verschwunden, und ich war im wiedergewonnenen Gezirpe der Grillen allein.

Ich setzte mich auf eine der Liegen am Pool. Das Wasser war schwarz, sauber und gluckerte. Zu den Extras, um die ein Mann mit soviel Geld wie Mr. Edgar nicht umhin konnte, gehört, daß das Filtrierhaus eine Viertelmeile weit weg steht, so daß man am Pool sitzen kann, ohne an den West Side Highway zu denken. Ich legte mich hin und schaute zu den Sternen hinauf. Im Westen wurde der Himmel von einem orangeschimmernden Bogenrand begrenzt, da New Yorks gewaltiges Beleuchtungssystem die Wipfel der Eichen von hinten anstrahlte. Genau über mir flackerten die Sterne, und Sternschnuppen blitzen in atemlosen weißen Linien auf. Irgendwo war auch der Mond, erhellte irgendwie den schwarzen Himmel. Ich schlief mindestens eine Stunde lang.

Als ich aufwachte, war ich ruhig und ein wenig müde. Ich setzte mich auf und schwang die Füße auf den Boden, während ich darüber sinnierte, mit welchen Mitteln Mr. Edgar seinen Reichtum angehäuft hatte. Unzweifelhaft hatte er viel Großartiges geleistet. Das konnte jedoch nicht seine Verderbtheit aufwiegen. Was für ein Fehler ist es doch, wenn Geschworene und Richter die guten Taten eines Menschen ins Kalkül ziehen, wenn sie seine Verfehlungen abwägen. Der und der Kerl hat an jemandes Tochter einen Lustmord begangen, doch hat er für wohltätige Zwecke gespendet, und er war immer fröhlich. In der Endabrechnung kann so manche Eintragung jede andere leicht untauglich machen, denn nichts Böses zu tun ist doch allemal wichtiger, als Gutes zu tun.

Wie ich so am Pool saß und versuchte, richtig wach zu werden – was gewöhnlich sehr schnell geht, indem ich mit den Zehen wackele –, fiel mir eine Sitzung ein, die ich zusammen mit Mr. Edgar und einem halben Dutzend anderer im River Club besucht hatte. Ich sollte dort eine Landeseinschätzung geben, doch dazu bin ich nie gekommen: Mr. Edgar war in Rage, und wie eine Bulldogge verbiß er sich in ein einziges Thema.

»Wir haben viele Milliarden a conto von Institutionen, Regierungen und einzelnen Investoren«, sagte er.

»*Trilliarden*«, behauptete ein junger Großneffe Edgars. Das war sein Ende.

Mr. Edgar zog einen Zigarrenabschneider heraus und legte ihn auf den Tisch. »Tu deinen kleinen Finger hier rein, Selwyn«, befahl er dem Neffen, der gehorchte. »Gut. Du hältst jetzt den Mund. Wenn du den Mund auch nur aufmachst, verfüttern wir deinen Finger an die Fische.«

Nachdem der Neffe zum Schweigen gebracht worden war, wandte er sich an den Revisor. »Wie ist unser laufender Ertrag?«

»Viereinhalb Prozent, netto.«

»Was hauptsächlich aus Anleihen und Investitionen stammt.«

»Ja, Sir.«

»Wieviel genau?«

»Drei Punkte, mehr oder weniger.«

»Und wieviel ist es netto, gegenwärtig, aus Beteiligungen?«

»Ungefähr eineinviertel.«

»So sagen Sie mir doch, wo dieser andere Viertelpunkt reinkommt«, heischte Mr. Edgar.

»Einkünfte aus Vermietung und Verpachtung, im voraus bezahlte Kosten, die nicht als Rückzahlungen rechnen, und Gebühren.«

»Gebühren!« donnerte Mr. Edgar. »Gebühren!«

»Ja, Sir.«

»Wie viele Punkte?« fragte er.

»Ein achtel Punkt, Sir.«

»Esel!« sagte er. »Gebühren! Keiner stellt sie in Frage. Sie machen sich die lebenslange Passivität der Leute zunutze, ihre Jahre der Ausbildung und Formung. Es gibt zwei Arten von Kreaturen im Dschungel – den Tiger und den Leguan. Der Tiger setzt die Gebühren fest, und der Leguan bezahlt sie. Ich will *mehr Gebühren.*«

»Willkürlich, Sir?«

»Was zum Teufel, denken Sie wohl, ist eine Gebühr, Nichols?« brüllte er Nichols an. »Haben wir Transaktionsgebühren?«

»Worauf?«

»Auf alles.«

»Nein.«

»Erheben Sie Transaktionsgebühren. Und Unterhaltungsgebühren. Und Kontoeröffnungsgebühren, Kontoschließungsgebühren, Gebühren dafür, daß man weniger als drei Konten hat und mehr als zwei Konten hat. Ich möchte Spätzuschläge, Frühzuschläge und Gebührenzuschläge auf andere Gebühren. Ich möchte eine Gebühr für Devisenkonten, eine Gebühr für Inlandskonten und eine Gebühr für Konten, die prüfungspflichtig sind. Haben Sie's kapiert? Verdoppeln oder verdreifachen Sie diese Gebühren allmählich über einen Zeitraum von zwei oder drei Jahren, und passen Sie sie dynamisch an die Inflation an. Führen Sie eine Kontaktgebühr ein, einen Telefonzuschlag, einen Buchführungsanpassungszuschlag, eine Emissionsgebühr, eine Tilgungsgebühr, und Sie, Nichols, gehen in die New Yorker Stadtbibliothek und – egal, wie lange es dauert – suchen fünf Gebühren, von denen keiner je gehört hat. Sehen Sie besonders genau bei Babylonien, den Sumerern, Byzanz und dem Heiligen Römischen Reich nach. Diese Kerle wußten, was sie taten, und sie hatten Mumm.«

»Aber Mr. Edgar, wir werden doch unsere Kunden vergraulen.«

»Nein, werden wir nicht. Aber machen Sie sich nur bereit, die Gebühren eines jeden Kunden zu senken, der aus seiner Drohung, woandershin zu gehen, Ernst machen will, und erhöhen Sie die bei denen, die bleiben, wo sie sind. Das klappt immer.«

»Ja, Sir.«

Als Mr. Edgar an diesem Abend den River Club verließ, war er – wenngleich nicht auf der Stelle – um etliche hundert Millionen Dollar reicher. Zehn Prozent davon gab er wieder für wohltätige Zwecke aus, und dafür ward ihm überall Anerkennung zuteil. Wie er eben sagte, es gibt zwei Arten Tiere im Dschungel: den Tiger und den Leguan. Der Tiger setzt die Gebühren fest, und der Leguan bezahlt sie.

Ich stand auf, dabei fühlte ich mich durchaus nicht wie ein Leguan, und ging über den Rasen. Vor Mr. Edgars Zimmer befand sich über der Schwimmhalle ein riesiger Dachgarten. Wie ein kleiner Park, der vier Meter über dem Boden schwebte, war er sechzig Meter lang und dreißig Meter breit, mit vollkommenen Steinbrüstungen, einem Springbrunnen in der Mitte, Wegen aus Marmorschotter, dichten, winzigen Rasenflächen und natürlich Blumen. Wenn es das Auge ertragen konnte, über die roten, weißen und gelben Bündel hinauszublicken, sah man den weiten Rasen mit seinen Wasserläufen und Fichten- und Kiefernbeständen, und dann, dahinter, den Hafen von Biscuit Neck, wo ein halbes Dutzend Segeljachten vertäut waren, so als hätte es ein Marinemaler entworfen.

Es war Mr. Edgars Pech, daß das Mauerwerk natürlich großartig ausgeführt war und die vollkommen behauenen Granitblöcke an der Ecke, die aneinanderstießen, als hätte sie ein Tischler zusammengefügt, bis ganz hinauf eine richtiggehende Steinleiter bildeten.

Ich ging über den Rasen statt auf den Wegen und sprang von einem Grasrechteck zum andern über die Blumenbeete, dabei war ich nicht lauter als ein Salamander. Die Glastüren, die vom Schlafzimmer auf die Terrasse führten, standen weit offen, ohne Fliegengitter. Je nach Örtlichkeit, Temperatur, Wind, Zeit und Feuchtigkeit kann auf Long Island im September der Tag der Befreiung von Insekten kommen.

Mr. Edgar betrachtete den Papierstreifen eines Börsentelegraphen, der vielleicht mit dem Tokioter Markt oder der Mentholbörse in Neu-

446

Delhi verbunden war – ich habe es nie erfahren –, und er zog es durch die Hände wie jemand, der einen Faden spinnt. Neben ihm auf dem Schreibtisch befand sich ein Kabelschalter mit einer Reihe von Knöpfen, zweifellos um die Sicherheit, eine Pflegerin, einen Butler oder eine Sekretärin zu rufen. Ich trat hinter ihn, fand die dazugehörige Steckdose in der Wand und zog den Stecker heraus. Dann kam ich vorn um den Schreibtisch herum und setzte mich. Ich beugte mich vor und schaltete den Streifen aus dem Ticker ab.

»Es ist noch eine halbe Stunde bis zum Börsenschluß, Sie Idiot«, sagte er zu mir. Obwohl er mich kannte, gehörte ich doch so wenig hierher, daß er mich nicht erkannt hatte. Dennoch war er nicht beunruhigt. Er hatte wohl so viele Dienstboten und Hilfen, daß mein plötzliches Erscheinen nachts in seinem Schlafzimmer ihn nicht störte.

»Nein«, sagte ich. »Es sind nur noch ein paar Minuten bis zum Schluß, aber es wird keine Glocke läuten.«

»Was! Stellen Sie's wieder an!«

»Halten Sie den Mund«, sagte ich, »und hören Sie mal zu.«

Da begann er wie wild Knöpfe zu drücken, wie ich es noch nie gesehen hatte und auch erst wieder sah, als, viele Jahre später, Videospiele in Brasilien Einzug hielten. Er arbeitete so schnell wie ein Gerichtsstenograph, doch als er weder Klingeln noch Pfeifen hörte, blickte er zur Wand und sah, daß die Schnur herausgezogen war. Wie um sich zu vergewissern, zog er sie zu sich her und hielt sich den Stecker vors Gesicht.

»Richtig«, sagte ich. »Der Stecker ist raus.«

»Hilfe! Hilfe! Hilfe!« schrie er mit so schwacher Stimme, daß ich Mühe hatte, die Worte zu verstehen.

»Sehen Sie«, sagte ich zu ihm, »wenn ich Sie schon nicht hören kann, hört Sie auch sonst keiner. Ist Ihnen eigentlich bewußt, daß Sie, durch irgendeine Laune der Natur, lauter sprechen, als Sie schreien?«

»Was wollen Sie?«

»Die Brücke über den Hudson, neunzehnhundertvierzehn.«

»Was für eine Brücke?«

»Sie wissen, was für eine Brücke.«

»Nein nein nein nein nein!« sagte er. »Keine Brücke.«

»Versuchen Sie's doch mal.«

447

Hinter seinen Augen konnte ich sehen, wie die große Maschinerie blitzschnell arbeitete, die die ganzen Jahre hindurch seinen geschwächten Körper auf solche Kommandohöhen manövriert hatte, die jetzt absolut nichts bedeuteten. »Was ist damit?« fragte er.

»Sie hatten beschlossen, mit aller Härte gegen die ersten vorzugehen, die sich Ihrem Angebot für ihr Land widersetzten, so daß andere kooperieren würden.«

»Na und wenn?« Dann erkannte er mich. »Ich kenne Sie«, sagte er.

»Natürlich. Ich bin seit damals, mit Unterbrechungen, in der Firma.«

»Wenn es etwas betrifft, das damals passiert ist«, sagte er mit ganz schön geölter Stimme, umsonst, »können wir uns arrangieren. Bringen Sie's auf der nächsten Sitzung vor. Sie sind schon geraume Zeit nicht auf den Sitzungen gewesen. Wo haben Sie gesteckt?«

»Ich wurde degradiert, in den Goldtresor.«

»Wenn es das ist ... Ja, ich erinnere mich, die Kaffeeanzeigen. Warum haben Sie das getan? Das war völlig unnötig. Doch Ihre Lektion haben Sie gelernt. Wir können Sie zurückbringen. Mit einer Gratifikation.«

»Ich habe schon meine Gratifikation – eine ungewöhnlich große Gratifikation, darf ich hinzufügen.«

»Brrr, Burrrrr!« sagte er, sich räuspernd. »Wie groß?«

»Wahrscheinlich die größte in der Geschichte der Firma. Sehen Sie, ich habe folgendes gemacht, ich habe einen der größeren Käfige im Tresorgewölbe ausgeräumt. Ich habe die Barren durch einen Schacht unten in einen U-Bahn-Tunnel geworfen. Der Stapel, der noch da ist, ist hohl. Die Hälfte von unserer Beute ist schon fort, in Europa. Mit der anderen Hälfte ist eine wartende C-54 beladen, mit der ich morgen früh nach Brasilien fliege.«

Mr. Edgar war ein genialer Mann, der sogleich begriff, als er das hörte, daß ich ihn töten würde. Und ich bedaure, sagen zu müssen, daß er auch ein mutiger Mann war, denn von dem Augenblick an zeigte er weder Scheu noch Angst.

»Wer waren diese Leute für Sie?« fragte er. Du siehst also, er wußte Bescheid. Er war derjenige, welcher.

»Das waren meine Eltern«, sagte ich, endlich doch gerührt, aber nur zu Trauer.

»Ich habe Ihre Mutter und Ihren Vater getötet?«

»Ja.«

»Tut mir leid.«

»Mir auch.«

»So lange hat es gedauert, das herauszufinden?«

»So lange hat es gedauert.«

»Und nun sind Sie gekommen, mich zu töten.«

»Ja.«

Er dachte eine Weile nach, und ich ließ ihn auch, vielleicht weil ich irgendwie sehen konnte, daß er nicht an Entkommen dachte. »Junger Mann«, sagte er, »das war das Schlimmste, was ich je getan habe. Unverzeihlich. Später, doch erst später, hat es mir viel Kummer gemacht. Das müssen Sie nicht glauben. Was immer ich auch bin, ich weiß, was recht ist, und ich weiß, was nicht recht ist, und ich weiß, was ich getan habe.« Er lachte. »Nur zu«, sagte er. »Es wird mir Frieden bringen. Und Ihnen wird es hoffentlich ein Trost sein, obgleich ich das, nach dem, was ich Ihnen vor so langer Zeit angetan habe, bezweifle.«

Danach wollte ich ihn nicht mehr töten. Und eine hilflose Person zu töten ist das Gräßlichste, was man nur tun kann. Mein Lebtag lang habe ich diese Lektionen in Ehren gehalten: Verteidige die Hilflosen, schütze die Unschuldigen, liebe das Kind im Manne.

Und hier saß vor mir ein alter Mann in einem Rollstuhl, mit einer Stimme, die nicht rufen konnte, und einem Körper, der sich nicht bewegen konnte. Ich wußte, wenn ich ihn töten würde, wäre es mindestens um die Hälfte von mir geschehen, und er könnte schließlich vollenden, was er 1914 nicht geschafft hatte, den Mord an meiner ganzen Familie nämlich. Und ich dachte bei mir, daß Mutter wie auch Vater das nicht gewollt hätten. Es war klar, daß sie nur eines gewollt hätten, mich sicher und glücklich zu wissen, und daß dies ihre letzte Umarmung wäre, ihr innigstes Verlangen, ihr letzter Wunsch – wie es auch meine bei meinem Kind wären.

Doch dann dachte ich an Mutter und Vater, wie sie in dieser Blutlache gelegen hatten und ich zwischen ihnen so sehr versucht hatte, sie ins Leben zurückzuwünschen. Und ich dachte, zum Teufel mit mir, auf mich kommt's hierbei ja wirklich nicht an.

Da tat ich denn das Schlimmste, was ich je getan habe. Ich tötete ihn, und damit tötete ich auch den Teil in mir, der am besten war. Doch nahm ich das Opfer auf mich, und sei es nur aus dem Verlust einer Liebe, die so stark war, daß sie sich letzten Endes selbstzerstörerisch gegen mich selbst wendete.

Ich bewegte mich rasch auf ihn zu, schlug ihn mit einem massiven Briefbeschwerer aus Zinn bewußtlos und tötete ihn mit einem Nackengriff. Meine Kindheit war vorbei, der Kreis hatte sich geschlossen.

Als ich in westlicher Richtung zu den Brücken fuhr, begann ich zu bedauern, daß mein Plan Dickey Piehand belasten würde, so fuhr ich denn, anstatt sein Auto über die Throgs Neck Bridge zurückzubringen und in aller Stille wieder in die Garage zu stellen, den ganzen Weg in die Stadt. Zuerst hatte ich gedacht, es könne ein Heidenspaß werden, zu beobachten, wie Dickey versuchen würde, sich eine Mordanklage vom Halse zu schaffen, doch dann dämmerte mir, daß er andernfalls auf den elektrischen Stuhl käme. Nun schickt man nicht jemanden gleich auf den elektrischen Stuhl, bloß weil er ein Arschloch ist, bloß weil er einen peinigt, bloß weil er versucht, einen bei ein paar Schwachköpfen lebendig zu begraben. Man möchte es zwar, aber man macht's nicht. Weil er an diesem Abend zu Hause war, ohne ein Alibi, mußte ich sicherstellen, daß die Behörden wußten, daß sein MG gestohlen worden war und daß die Person, die ihn gestohlen hatte, nicht einfach Dickey Piehand war, der vorgab, jemand anders zu sein. Was ich mit seinem Auto machte, war ziemlich dramatisch und einigermaßen riskant, doch immer noch viel leichter, als auf der Upper East Side einen Parkplatz zu finden.

Ich wollte die Polizisten nicht verletzen, und dennoch wußte ich, daß ich ihren Wagen lahmlegen mußte, also fuhr ich hinterher, bis ich im richtigen Winkel herankommen könnte, obgleich es mit einem wendigen kleinen Sportwagen leicht war, sich schnell in Angriffsposition zu manövrieren. Die Geometrie eines solchen Unterfangens ähnelt ganz der eines Hundekampfes.

Nachdem ich ihnen eine halbe Stunde lang gefolgt war, wurden sie mißtrauisch und hielten neben einem Müllauto an, dabei winkten sie mich heran. Ich konnte sehen, daß die rechten Türen ihres Streifenwagens beinahe das Müllauto berührten. Ich mußte also nur eine Schleife ziehen und sie direkt von links treffen. Ich wußte, das müßte ich schnell tun, also ließ ich den Motor aufheulen, fuhr ein wenig den gegenüberliegenden Bürgersteig hinauf, zertrümmerte ein paar Schaufenster und kam frontal auf ihre linken Türen zu.

Verletzen wollte ich sie nicht: ich wollte sie bloß verblüffen und in ihrem Fahrzeug einklemmen. Um also das enorme Tempo zu verringern, das sonst vielleicht das Auto eingedrückt und sie verletzt hätte, ging ich voll in die Bremsen und schaltete in den Rückwärtsgang. Was für ein Lärm! Doch die Geschwindigkeit, mit der ich auf sie zutrieb, während meine Hinterräder quietschten und qualmten, war goldrichtig, und ich schrammte so dagegen, daß ihre Türen und Fenster nicht mehr aufgingen.

Sie waren fassungslos. Ich lief zu ihrem Auto hinüber, drückte das Gesicht gegen die Windschutzscheibe und schrie: »Alles in Ordnung? Sind Sie okay? Was haben Sie nur mit meinem Auto gemacht? Sehen Sie nur, was Sie mit meinem Auto gemacht haben!« Was konnten sie da tun? Man kann doch nicht jemanden erschießen, bloß weil er ein schlechter Fahrer ist, jedenfalls nicht auf der Stelle.

Sie gaben sich alle Mühe herauszukommen, nur um das Gesicht zu wahren, denn sie wußten sehr wohl, daß sie auf die Feuerwehr warten müßten. Unterdessen wußte ich, daß sie nie vergessen würden, wie ich aussah, was hieß, daß sie mich und Dickey Piehand sehr wohl unterscheiden könnten. Ich sagte ihnen, sie sollten bleiben, wo sie waren, ich würde Hilfe holen. Ich sagte: »Warten Sie hier, ich hole die Polizei!« Dann winkte ich mir seelenruhig ein Taxi und bat den Fahrer, Richtung Uptown zu fahren. Nach ein paar Blocks ließ ich ihn rechts abbiegen und zur Park Avenue hinüberfahren, die er dann blitzschnell hinunterraste, um mich an der Grand Central Station abzusetzen, wo ich in den U-Bahn-Pendler stieg, am Times Square umstieg und schließlich einen Bus nach New Jersey nahm.

Der Bus hielt in New Jersey in beinahe jeder Stadt, und die letzten fünf Meilen mußte ich zu Fuß gehen, so daß ich erst kurz vor Tagesanbruch ins Flugzeugmuseum kam. Ich wußte, ich müßte mich ausruhen, ehe ich losflog, und unterdrückte die natürliche Regung, darin eine Verzögerung zu sehen. Ich mußte mich an keinen Plan halten und lief nicht vor irgendwem davon. Ja, die Zeit selber war mit einem Mal so angenehm wie der Juni, wenn die zottigen Sträucher des Winters einen nicht nur mit Blättern, sondern mit Blüten überraschen.

Niemand wußte, wo ich war oder was ich getan hatte, und niemand würde das vielleicht je erfahren. Selbst wenn Stillman & Chase oder die Polizei sich das an ebendem Morgen alles zusammengereimt hätten, hätte das kaum eine Rolle gespielt. Wahrscheinlich hätte ich ein Jahr lang ungestört im Fliegermuseum leben können.

Die aufgehende Sonne schien auf das Flugzeug, das während des wahnsinnigen Treibens der vorangegangenen Stunden reglos und startklar im Schuppen geblieben war, der Treibstoff absolut still im Tank, ohne das leiseste Kräuseln, der Motor geölt, die Beine und Querruder genauso steif, wie ich sie zuletzt gesehen hatte.

Ich duschte und rasierte mich, dabei bedeckte ich das Gesicht mit dreißig Zentimeter dickem Mentholschaum: Mindestens zehn Minuten lang – wie Lady Macbeth – putzte ich mir die Zähne, mit fünf Ladungen äußerst minzehaltigen Zahnpulvers. Anstatt zu frühstükken, trank ich einen Liter Eiswasser. Mager, gereinigt, erschöpft und ohne mich anzuziehen, nahm ich eine neue Zeltplane und ging mitten auf den Flugplatz.

Das Tor war zu, es kam sowieso nie jemand bis auf eine halbe Meile im Umkreis heran, und ich befand mich inmitten von siebzig Morgen mit Wiesenblumen übersäten Landes, im hellen Sonnenlicht, das vom klaren Himmelsäther herabflutete. Ich rollte die Zeltplane aus und legte mich darauf. Noch nie im Leben hatte ich völlig unbekleidet in der Sonne gelegen, doch jetzt war es beinahe, als ob ich auf Weisung handelte, als ob ich keine andere Wahl hätte.

Die Morgenluft war kühl, und ich zog die Plane wie eine Tagesdecke über mich. Mittags wurde es dann so heiß, daß ich stundenlang schwitzte und die Tropfen auf meiner Haut in der Sonne glänzten, während sie verdunsteten. Inzwischen hatte ich aber genug geschlafen. Ich zog meine Khakishorts an und ging zum Tor hinaus, die Straße hinunter an den Fluß. Es war ein Wochentag im September, in der ländlichsten Gegend New Jerseys. Ich sah keine einzige Menschenseele, und ich empfand ein wunderbares Gefühl von Frieden.

Ich schwamm im Fluß, der warm und frisch war, und ging zurück ins Flugzeugmuseum, wo ich mir Essen kochte, gedünstetes Gemüse, Bouillon und gegrillten Lachs. Nachdem ich wieder diese verrückte Zähneputzerei absolviert hatte, ging ich ins Bett und schlief so überaus ruhig wie seit vierzig Jahre nicht mehr.

Als es Morgen wurde, buk ich mir Pfannkuchen. Jetzt esse ich keine Pfannkuchen mehr – sie machen zu dick, und sie sind in Brasilien nicht so bekannt –, doch als ich ein Junge war, hatte mein Vater mir immer welche gemacht, also tat ich denn so, als ob ich er wäre, und ich servierte sie mir, und einen flüchtigen Augenblick lang war es, als ob er da wäre.

Dann putzte ich mir wieder zwanzig Minuten oder so die Zähne, dabei dachte ich bei mir, daß ich wohl bald keinen Zahnschmelz mehr hätte, wenn ich so weitermachte. Also beschloß ich, die Zähne weniger zu putzen, und seitdem führe ich einen ständigen Kampf. Selbst jetzt noch muß ich eine Eieruhr einsetzen, damit ich nach drei Minuten damit aufhöre.

Ich überlegte, ob ich noch einmal das Grab meiner Eltern besuchen sollte. Die Woche zuvor hatte ich einen Tag dort verbracht, wohl wissend, daß ich nie zurückkäme, und ihnen mein Herz ausgeschüttet. Als ich noch ganz jung war, gleich nach ihrem Tod, hatte ich immer auf der Erde gelegen und das Gesicht an den Grabstein gepreßt. Das machte ich nicht mehr, doch als ich das letzte Mal dort war, tat ich es noch einmal.

Immer wenn ich von Übersee zurückkam, ging ich ungeheuer aufgeregt dorthin, so als ob Mutter und Vater noch lebten, um ihnen zu sagen, daß ich überlebt hätte. Und als ich dann zu den Grabsteinen kam, war ich verlegen, und ich sagte: »Aber keine Sorge, es ist nur eine Frage der Zeit. Bald.«

Es war besser, nicht wieder hinzugehen. Statt dessen rollte ich das Flugzeug auf das Feld und saß vielleicht bis um acht, diesmal völlig bekleidet, daneben, und ich empfand die Angst und das Bedauern eines Menschen, der im Begriff ist, alles, was er kennt, für immer zu verlassen. Da tat ich, was ich immer getan hatte, wenn ich vor einem Einsatz nervös war. Ich stand auf, wischte mir den Dreck von den Händen und sagte: »Scheiß drauf.«

Die Motoren der C-54 sprangen langsam an, doch ich brachte sie soweit, daß das Flugzeug sich gegen die Bremsen stemmte und die Propeller ihre magischen Silberkreise beschrieben. Ich weiß nicht, was es mit Propellern auf sich hat, wenn sie so schnell herumwirbeln – vielleicht liegt es daran, daß man sein eigenes Wort nicht hören kann oder weil es in der Brust so klopft, wie ein aufgeregtes Herz, oder vielleicht liegt es auch an einer Störung der Magnetfelder –, aber wenn Propeller schneller werden, dann wecken sie die Welt auf.

Ich ließ den Blick von links nach rechts wandern, um die Motoren per Augenschein zu kontrollieren, löste die Bremsen und erhöhte auf volle Leistung. Ach so langsam, doch dann immer schneller, rollte das Flugzeug auf dem langen Streifen leuchtender Wiesenblumen dahin. Ich konnte den Duft nicht riechen, der aufgestiegen sein muß, da sie zermalmt wurden, wie ich so schnell davonraste.

Und dann zog ich den Steuerknüppel zurück, und ich erhob mich in die Luft. Langsam, schwer ging es in den Steigflug, und voller Sorge näherte ich mich den Bäumen, die wie eine Barriere dastanden, doch das Flugzeug flog gerade so darüber, indem es die geschmeidigen Wipfel eines halben Dutzends immergrüner Bäume zurückbog.

Links sah ich den Hudson und die wundersame graue Masse New Yorks. Dampf und Rauch strömten aus im Gegenlicht glitzernden Wolkenkratzern und langen Steinwällen. Der Fluß glänzte in der Morgensonne wie ein Spiegel, und wie auf einem Messingtablett fuhren Fähren drüberhin und wühlten das glitzernde Wasser hinter sich auf. Die Brücken waren überladen mit dahinkriechenden Autos, die Parks wie ausgestorben, die Büros noch verwaist.

Ich dachte an all die Kinder, die gerade erwachten oder auf dem Schulweg waren. Ich dachte an ihre Mütter und Väter, die immer zu tun hatten und sie immer für selbstverständlich hielten. Wenn sie gewußt hätten, wie fern und traurig sie in diesem letzten Blick von hoch oben aussahen, hätten sie es vielleicht sein gelassen, was sie gerade taten, die Kinder gerufen und sie in die Arme genommen, als wollten sie sie nie wieder loslassen.

Ich stieg auf 7000 Meter und glitt über den großen Zuckerhut aus Luft, der von West nach Ost entlang der Appalachen hervorquillt. Ich hatte keine Mannschaft, mein Flugzeug befand sich in fragwürdigem Zustand, ich war schwer beladen, flog ohne einen Flugplan und steuerte auf Landebahnen zu, die ich monatelang nicht kontrolliert hatte. Meine Ladung bestand aus über tausend Goldbarren, und ich gedachte, entweder die erste Nacht oder einen Teil des zweiten Tages und dann die zweite Nacht auf der Halbinsel de la Guajira zu verbringen, wo es drei Berufe gab – Bauer, Priester und Bandit. Ich spürte eine belebende Spannung.

In Fort Myers wollte ich nicht über Nacht bleiben, weil die Flut in dieser Nacht steigen würde. Ich müßte dann warten, bis das Wasser zurückging, doch wenn die Räder durch die Salzkruste kaputtgingen, käme ich nie weg. Und die Nacht in Fort Myers zu verbringen würde auch eine viel längere Wartezeit als sonst in Inusu bedeuten, weil ich, außer am hellichten Tag, nicht damit rechnen konnte, in Boa Esperança, der nächsten Zwischenstation, zu landen (oder es auch nur zu finden).

Dann war da die normale Flugangst. Passagiere haben ihre eigenen Ängste, doch die Angst der Piloten ist anders. Ein Pilot muß von Berufs wegen das Unmögliche in Schach halten. Sein Flugzeug, das heißt viele Tonnen und Zehntausende Teile, erhebt sich in die Luft, um durch Turbulenzen und Gewitterwolken hindurchzurasen. Wenn sich eine Mutter löst, ein Schlauch abgeht, ein Kabel bricht oder ein Kolben blockiert, macht das Unmögliche seine Autorität wieder geltend.

Gewöhnlich halten nun aber die Dinge nicht ewig zusammen oder sind für immer stark. Die Dinge haben keinen Mut, sondern nur Haltbarkeit, die nicht durch ein Wunder des Herzens verlängert werden kann, wie es bei der menschlichen Ausdauer möglich ist. Wenn ihre Zeit gekommen ist, gehen sie entzwei, ohne Bedauern oder Entschuldigung. So haben denn die Augen niemals Ruhe. Sie müssen von einem Meßinstrument zum andern springen, während man jede Messung im Kopf speichert, und blitzschnell ganze Reihen Warnlichter absuchen, ob da nicht irgendwo das furchtbare Rot aufleuchtet. Man blickt angestrengt in alle Richtungen, beobachtet den Himmel und taxiert das Wetter vor einem. Für Jagdflieger ist dies eine Angewohnheit, der sie besonders Tribut zollen. Egal, wie lange man den

Kampf kennt, man hält es nie für selbstverständlich, daß der Himmel ein friedlicher Ort sei. Die Augen akzeptieren nicht den Gang der Geschichte, sondern durchkämmen statt dessen die Luft, halten Ausschau nach einem rasenden schwarzen Punkt, der, immer größer werdend, auf einen zukommt. Man kann sich dieses zwanghaften Absuchens des Himmels nicht enthalten, man kann sich auch nicht enthalten, auf Störungen im Motorengeräusch zu horchen, und man kann die Hände nicht davon abhalten, wie kleine Vögel umherzuflattern, um zur Beruhigung die wichtigen Schalter zu berühren, den Knüppel und die Hebel, die man braucht, damit die Kanzelhaube aufgeht.

Auf den vielen geschäftlichen Flügen, die ich nach dem Krieg für Stillman & Chase widerwillig unternahm, vermochte ich Veteranen der Air Force daran zu erkennen, daß ihre Augen niemals stillhielten. Sie, wie ich auch, hatten das Gefühl, daß die Stille der Passagierkabine ein schlechtes Omen sei. Es gefiel ihnen nicht, geflogen zu werden, und mir auch nicht. Zivilisten halten einen für verrückt oder Angsthasen, doch daß man geflogen wird und zu essen bekommt, gibt einem Militärpiloten das Gefühl, daß er nachlässig gewesen ist, daß vieles unterblieben ist, daß da etwas ganz und gar nicht stimmt.

Während ich mich durch Gewitterwolken hindurchschlängelte und ungeheure Wolkenpyramiden durchschnitt, arbeitete ich ohne Unterlaß. Ab und zu mal dachte ich an die Erde drunten oder den blauen Himmel, doch dann war ich gleich wieder bei den schnellen Augenbewegungen und den Selbstgesprächen, dem ganzen Zeug, was man so macht, wenn man lange nicht geflogen ist und ein überlastetes viermotoriges Flugzeug fliegt.

Im Süden veränderten sich die Berge nach Farbe und Form, die Felder und Flüsse wandelten sich, und das Land wurde flacher und die Luft feuchter. Nachmittags zwei Uhr landete ich in Fort Myers.

Das Salz und der Sand blendeten, die Luftfeuchtigkeit wurde schon beinahe unnatürlich, als die Seeluft durch mein Cockpitfenster strömte, wie wenn sich Wasser durch ein Loch in ein U-Boot ergießt. Ich ließ das Flugzeug bis zum Ende des Platzes rollen, wo die Ölfässer waren, und drehte das Heck herum. Das nahe Meer war so intensiv blau, daß es das Licht wie ein Gel speicherte, und obwohl ich gerade einen New Yorker Sommer überstanden hatte, wäre ich vor Hitze und

Grelle beinahe umgekippt, als ich aus dem Flugzeug auf den Boden sprang.

Ich aß ein geräuchertes Hähnchen und ein Sandwich mit Brunnenkresse, trank zwei Coca-Cola und ging über einen Sumpfstreifen ans Meer. Während mir die Sonne ins Genick brannte, als ich mich zu dem plätschernden Wasser hinabbeugte, putzte ich mir ungefähr acht Minuten lang die Zähne, wobei ich mich verwundert fragte, warum mich dieser Zwang gepackt hatte (im allgemeinen bin ich kein zwanghaft handelnder Mensch), doch das Wasser roch gut, und ich freute mich, am Leben zu sein.

Ich ging über den Sumpf zurück, um mit dem Auftanken zu beginnen. Obgleich ich eine Treibstoffpumpe mithatte, hatten wir uns dafür entschieden, bei den Ölfässern jeweils einen Handwagen zu lassen. Leider hatte jemand den Handwagen in Fort Myers gestohlen. Die Fässer zu rollen und hochkant zu stellen erhöhte die Anstrengung noch, die es sowieso schon bedeutete, jede Unze Treibstoff mit einer Handkurbel in die Tragflächen zu pumpen. Nach mehreren Stunden tat mir jeder Muskel im Leibe weh, ich war ganz rot vor Sonnenbrand, durch den Schweiß waren meine Haare verfilzt, an den Händen hatte ich Blasen. Ich trank fünf Liter warmes, schlecht schmeckendes Wasser und genoß jeden Tropfen. Rot, mit fliegendem Puls, verschloß ich dann die Tankdeckel, stieß die leeren Ölfässer weg und kletterte wieder ins Flugzeug. Ich mußte über die Karibik fliegen, ehe es dunkel wurde, und ich sputete mich.

Als ich die Tür schloß, entdeckte mein Blick etwas. Vor dem Hintergrund von Schilf, das in dem heißen, vom Meer her wehenden Wind hin und her schwankte, stand ein kleiner Junge stockstill da am Feldrain und beobachtete mich. Nicht älter als sieben oder acht – er hatte noch immer ein paar Zahnlücken, die Haare schimmerten platinblond, und seine Haut war sonnengebräunt.

Na schön, dachte ich, Kinder lieben Flugzeuge, und sie erfinden Dinge. Keiner wird ihm glauben, wenn er ihnen erzählt, was er gesehen hat. Andererseits, was ist mit den leeren Ölfässern und den Spuren im Sand? Ich verriegelte die Tür, und los ging's. Die Motoren starteten mit großer Ungeduld, als sehnten sie sich danach, Bahnen durch die Luft zu ziehen. Ich hielt die Propeller gerade unter der magischen Schwelle, jenseits derer das Flugzeug anfangen würde, mit aller Kraft vorwärtszuzerren, doch dann verminderte ich bei jedem Motor die Umdrehungszahl, löste den Gurt und lief nach hinten. Als ich die Tür aufmachte, winkte ich meinem Publikum zu, doch zum Flugzeug zu kommen, und ich begann, Goldbarren hinauszuwerfen. Ich weiß nicht, wie viele ich abgeworfen habe. Ich mußte sie ganz symmetrisch wegnehmen, damit die stabile Fluglage erhalten bliebe, und zum Schluß band ich die Ladung wieder fest. Ich sprang auf den Boden und stand inmitten von Goldbarren im Werte von mehreren Millionen Dollar, die ich soeben verstreut hatte.

Der Junge kam vorsichtig heran. Ich legte ihm den Arm um die Schulter und brüllte, damit er mich bei dem Motoren- und Propellerlärm hören konnte.

»Ich muß fort«, schrie ich. »Das hier ist Gold. Ich habe es gestohlen. Ich werde nie wiederkommen, und keiner ist hinter mir her. Nimm's...« Ich blickte mich um und sah nichts als Sumpf und Sand. »Bring es irgendwo in Sicherheit, vergrab es. Wenn du älter bist, wenn du Geld brauchst, verwende es langsam, einen Barren auf einmal. Du darfst nie jemanden die Siegel oder Nummern sehen lassen. Schmilz die Barren ein, indem du sie in einen Topf über heißem Feuer tust. Gieß das geschmolzene Erz in Tonformen. Das ist ganz leicht. Das Gold ist rein, und du kannst es ungefähr zu dem Preis verkaufen, der im *Wall Street Journal* steht.«

Er sah mich verdutzt an, vom *Wall Street Journal* hatte er nie gehört.

»Wieviel es bringt, kannst du aus der Zeitung ersehen«, brüllte ich. »Sei vorsichtig.«

Er nickte. Ich straffte die Schultern und lächelte ihm zu.

»Wer sind Sie?« schrie er zurück, mit einer Stimme, die das Motorengedröhn leichter durchdrang, als es meine vermocht hatte.

Bevor ich antworten konnte, mußte ich nachdenken. »Siehst du das da?« fragte ich, indem ich auf das Flugzeug wies und noch immer durch den Lärm hindurch brüllte. »Das ist eine Zeitmaschine. Ich bin wieder hierhergekommen, um dir zu helfen. Verstehst du?«

»Ja. Aber wer sind Sie?«

»Weißt du das denn nicht?« fragte ich und sah ihm geradewegs in die Augen. »Ich bin du.«

Als ich über die Karibik flog und die Sonne meine rechte Windschutz-scheibe hinunterglitt, wurde ich sorglos, aber glücklich. Ich hatte viele Gründe, nicht mehr auf der Hut zu sein. Ich war wohlig erschöpft, und ich brauchte Ruhe: in Anspannung zu bleiben, hätte mich nur noch mehr erschöpft. So blieb mir die Hoffnung, daß das Glück mit mir sei, während ich im Halbschlaf dahinflog, und daß ich, bis ich in Inusu landete, den toten Punkt überwunden und gewissermaßen den zweiten und dritten Wind gleichermaßen hätte.

Und nachdem ich dann Kuba überflogen und die Ostküste Jamai-cas rechts liegengelassen hatte, befand ich mich über dem Wasser und konnte nicht mehr zurück. Sollte ich abstürzen, würde ich abstürzen. Mein Unternehmen würde scheitern, und das Gold wäre im Meer verloren, ganz zu schweigen von mir. Warum dann also den Öldruck kontrollieren? Warum den Himmel nach nicht existierenden feind-lichen Kampffliegern absuchen? Warum irgendwelche Seelenpein er-leiden, wenn da unten nur das Meer war, das Flugzeuge und Piloten rasch in der blauen Unsichtbarkeit verschluckt.

Die Welt unter mir veränderte sich, die Inselchen, Kaps und Küsten waren in ihrem Charakter ganz anders als die im Norden. Hier war alles grün und sonnig, und das Meer leuchtete in tausend Farben. Die Palmen wirkten sanft und einförmig wie brave Schoßhunde. Wie auf Befehl säumten sie die Strände und wuchsen in Reihen. Die Palme ist ein Konformist, Stamm und Wedel monoton reguliert, wogegen die Eiche zum Beispiel sich genauso eigenwillig gibt wie ein englischer Aristokrat und mit ihrem Hartholz Stürmen trotzt und sich behaupten kann. Und die Eiche ist bescheiden: sie hat Eicheln, nicht Kokos-nüsse. Die Wellen waren anders gekräuselt und träge, und die Farbe der Tiefen und Untiefen wirkte, selbst aus 3000 Meter Höhe, satt und gelöst.

Ich wußte, wohin ich flog, dort wäre nichts mehr so wie gehabt, und dort bewegten sich die Dinge nicht, sondern trieben so dahin. Ob-gleich die meisten derer, die sich in diese Regionen der Welt verirren, wo das Schicksal kein Feind, sondern Verbündeter ist, zurückkom-men, sind einige für immer verloren. Längst vergessen in den Städten des Nordens, in deren Klarheit und Kälte, sterben sie dort in unbe-wußter Ekstase.

Da ich nicht zurückkehren konnte, war es, wie wenn ich ans Ende der Dinge gekommen wäre, wie wenn ich bereits gestorben wäre, weshalb ich so entspannt war. Zuweilen schloß ich sogar die Augen und flog nach Gefühl. Da ich für die anstehenden Probleme keine Lösung parat hatte, also nicht wußte, wie ich nach Einbruch der Dunkelheit auf einem unbeleuchteten Landestreifen landen und mich und meine Fracht gegen Banditen verteidigen könnte, in deren Kodex das Töten für die Selbstachtung notwendig ist, wollte ich mir keine Sorgen machen. Statt dessen sammelte ich fröhlich Kraft für die bevorstehenden Improvisationen.

Wenn man ostwärts fliegt, geht viel Licht verloren, und ich sah die Halbinsel vor mir in mitternächtlichem Blau dräuen, obgleich ich zu meiner Rechten noch immer die Glut der scheidenden Sonne sehen konnte. Nur weil ich so hoch war, konnte ich gleichzeitig die Dämmerung und tiefe Nacht beobachten: auf Meereshöhe würde sich auch nicht eine Spur des Tages mehr zeigen.

Wie sollte ich bloß im Dunkeln die Landebahn finden? Es kümmerte mich nicht einmal, und dann kam wie durch Zauberhand in überirdischem Safrangelb der Mond über den Horizont herauf. Ich drosselte die Eigengeschwindigkeit und begann hinunterzugehen, denn ich wußte, daß der Mond, bis ich die Mitte der Halbinsel erreicht hätte, weiß wie ein Haus auf einer griechischen Insel und tief genug wäre, um scharfe, erkennbare Schatten zu werfen. Und so war's denn auch. Die Lichter von Inusu im Nordosten, fand ich das Flüßchen, das mal aufblitzte wie ein weißer Faden, mal schwarz wurde, wenn sich mein Winkel änderte, und ich fand die Kluft in den Hügeln, und dort war die Landepiste, ein schwarzer Sockel, der umgestürzt war und nun atemlos auf dem Rücken lag.

Die Positionsleuchten hatte ich ausgemacht, doch kam ich mit Motorengedröhn herein, ohne ging es ja nicht. Als der Boden so nahe war, daß die Tragflächen nicht mehr im Mondschein schimmerten und in Schatten getaucht waren, schaltete ich die Landescheinwerfer ein. Nach stundenlanger Dunkelheit wirkte ihre helle Beleuchtung beinahe wie Tageslicht. Doch sobald ich auf drei Punkten aufgesetzt hatte, löschte ich die Lichter. Ich hätte auch die Motoren abgestellt, doch mußte ich noch die letzten 60 Meter bis zum Ende der Piste rollen, wo ich, wie in Fort Myers, das Heck herumschwenkte und die Nase in Startrichtung zeigen ließ.

Nach einem Tag des Fliegens war die Stille schwer zu ertragen. In meinen Adern hämmerte das Blut so stark, daß ich nichts anderes hören konnte.

Die Nachtluft duftete süß. In Florida war sie auch von Wohlgeruch erfüllt gewesen, doch das Salz und Jod des Meeres hatten einen Kontrapunkt zu dem süßen Duft dargestellt. Hier kam ich mir vor, als wäre ich im Innern einer gezuckerten Ananas.

Obwohl ich gern ein Feuer gemacht hätte, um zu kochen, wagte ich es nicht. Ich hatte keine Ahnung, wer meine Motoren gehört hatte, wie neugierig der oder die vielleicht wären, ob sie mich finden könnten, wie lange es dauern würde und was sie wohl wollten. Im Augenblick fühlte ich mich ziemlich sicher, also verließ ich das Flugzeug und ging zum Treibstoff. Er war nicht angerührt worden, und der Handwagen war auch da. Es war durchaus möglich, daß keiner seinen Fuß auf unsere Landebahn gesetzt hatte, seit wir sie gekauft hatten.

Ich ging zum Flugzeug zurück und aß zwei Dosen Thunfisch, ein Bund Sellerie und ein französisches Brot, das so hart wie ein Torpedo war. Und dann gab es Mi-ne-ral-was-ser. Ich putzte mir die Zähne. Obwohl ich vorgehabt hatte, im Dunkeln aufzutanken, wurden mir die Glieder taub, und ich wußte, daß ich, egal, was ich tat, schlafen müßte, also kletterte ich ins Flugzeug, schloß die Tür und schlief in der süßen Luft, die sacht durch die Cockpitfenster strömte. Ich schlief so tief, daß ich sogar, noch ehe ich die Augen zumachte, vergessen hatte, wer ich war oder wo ich war, und mir einzig der aromatischen Luft bewußt war. Ich schlief nicht den unruhigen Schlaf desjenigen, der sterben möchte, sondern wie einer, dem alles egal ist, und dabei fand ich wunderbare Ruhe.

Als ich im Morgengrauen erwachte, öffnete ich die Tür des Flugzeugs auf einen Teppich goldener Gräser. Der Platz war leer, kein Lebenszeichen. Ich konnte mir nicht vorstellen, daß jemand, der mir ans Leder wollte, zu so früher Stunde auf wäre, denn nach meiner Erfahrung ist die aufgehende Sonne Verbrechern ein Greuel. Doch etwas trieb mich zur Eile an, ich ließ das Frühstück ausfallen und rasierte mich auch nicht. Obgleich es Jahre her zu sein schien, war ich doch noch nicht einmal seit vierundzwanzig Stunden aus New York weg, und schon empfand ich Behagen im Unbehagen. Ja, Behaglichkeit betrachtete ich voller Ekel.

Ich hetzte mich mit den Ölfässern ab, als ob mein Leben davon abhinge, und rannte mit dem Handwagen durch die brennende Sonne. Je mehr ich pumpte, desto besser fühlte ich mich, auch wenn mir Bauch und Arme von der Anstrengung glühten und die Augen vor Schweiß brannten. Und je mehr Treibstoff ich lud, desto später wurde es, und ich rackerte mich noch mehr ab. Ich war ein einzelner Mann, im Freien, mit nur einer Pistole.

Als noch drei Fässer zum Tanken übrig waren und ich mich fast zu Tode geschunden hatte, 57 Treibstofffässer hin und her zu bugsieren und von einer Tragfläche zur andern zu rennen, indem ich mich unter dem Flugzeugrumpf wie Toulouse Lautrec duckte, kletterte ich hinauf, um den Deckel einzusetzen. Wie ich so auf der Tragfläche kauerte, blickte ich ans Ende der Wiese, und ich hielt den Atem an. Etwa eine halbe Meile weit weg waren ein halbes Dutzend Männer, die auf mich zukamen. Während ich gepumpt hatte, hatten sie mich nicht sehen können, doch nachdem ich auf die Tragfläche geklettert war, fingen sie an zu rennen. Jeder hatte ein Gewehr auf dem Rücken, und sie drängten herbei, wie seit alters her Jäger vorrücken, um Wild zur Strecke zu bringen.

Nie im Leben habe ich mich schneller bewegt. Ich verschloß den Deckel auf der Tanköffnung so schnell, daß ich mir die Hände aufschnitt. Dann sprang ich von der Tragfläche herunter und packte die Treibstoffpumpe mit solcher Gewalt, daß der Schlauch an mir vorbeischnellte und die Seite des Flugzeugs mit Benzin vollspritzte. Ich warf die Pumpe ins Flugzeug, rannte, ohne das Tempo zu vermindern, nach Zwergenart drunter weg und sprang auf die andere Tragfläche. Der Verschluß dort war noch fixer zu als der erste, und gleich darauf war ich im Flugzeug und atmete wie eine Antilope.

Ich zerrte die Schläuche herein, so daß ich die Tür schließen konnte, und wurde mit Benzin vollgespritzt. Egal. Die Tür war zu. Ich hatte mir nicht mal die Zeit genommen, nachzusehen, wie weit die sechs Männer herangekommen waren, ich wußte also nicht, wie nahe sie waren. Erst durchs Cockpitfenster sah ich, daß sie langsamer geworden waren. Sie waren keine Läufer, es war heiß und feucht, und sie trugen schwer. Sie sahen elend aus, doch wollten sie nicht aufgeben, und sie waren nun nahe genug, daß ich sie deutlich sehen konnte.

Allesamt waren sie dünn und schmutzig, und sie trugen Schulterpatronengurte. So schnell ich nur konnte, ging ich das Programm durch und startete die Motoren, die sofort bereitwillig ansprangen, wie es oft bei Hitze der Fall ist. Schneller, als gut war, brachte ich sie auf Vollgas, und ich spürte, wie das Metall erzitterte.

Das Aufheulen von über 5000 Pferden war ermutigend. Ich löste die Bremsen und begann zu rollen. In dem Augenblick, als sich das Flugzeug in Bewegung setzte, begannen meine Freunde die Arme zu schwenken. Dann knieten sie sich, einer nach dem andern, hin und hoben die Gewehre.

Das Flugzeug war schwer beladen und bewegte sich auf einer rauhen Oberfläche, so daß es sehr langsam dahinrollte. Ich hieb mit der rechten Faust auf die Mittelkonsole und schrie: »Los! Los! Los!«, und noch bevor sie das Feuer eröffneten, hatte ich begonnen, nach vorn zu schielen und unten zu bleiben.

Als die C-54 anfing zu rollen und zu beschleunigen, wobei sie geradewegs auf die Männer zufuhr, sah ich selbst in der Morgensonne die Mündungsfeuer. Zuerst ging jeder Schuß daneben, doch dann trafen sie allmählich. Als die Schüsse in den Rumpf des Flugzeugs einschlugen, hörte sich das an, als würden Pflaumen gegen eine Mauer geworfen, und als sie die Propeller trafen, klang das, wie wenn es in einer Bingohalle läutete. Ich atmete kaum.

Je näher ich kam, desto besser schossen sie. Wie elektrisiert sträubte sich mir jedes Haar am Leibe, als die Windschutzscheibe von ziellosen Einschlägen zerbarst, die sogleich auf der Trennwand hinter mir ein zweites Loch schlugen. Dreißig Sekunden, und ich würde über den Gewehren segeln, doch die Schüsse dauerten an.

»Herrgott nochmal!« sagte ich und biß die Zähne zusammen, als ich sah, wie sich direkt vor mir im Glas ein Loch auftat und die linke Windschutzscheibe sich rot färbte. Ich konnte mir nicht einmal mit einer Hand an den Kopf fassen, weil ich genau in dem Moment den Knüppel zurückzog und festhielt. Ich schwebte in der Luft über den

Männern, die auf mich geschossen hatten, so niedrig, daß sie wie Schatten auf dem Pflaster den Boden küssen mußten. Blut ist rot, dachte ich bei mir, während es sich rhythmisch im Takt meines Herzschlags über mich ergoß, und zwar aus dem gleichen Grunde, aus dem die Feuerwehrautos rot sind, damit man's ganz sicher zur Kenntnis nimmt.

Als ich gen Südosten und in die Sonne aufstieg, wickelte ich mir mein Hemd um den Kopf, überrascht, daß ich noch am Leben war. Ich wußte, daß man richtige Kopfwunden nicht spürt, und war dankbar, daß ich bei dieser einen furchtbar stechenden Schmerz empfand. Die Kugel war am Knochen entlang gegangen und hatte eine Furche in meine Kopfhaut eingeschnitten, und bis auf den heutigen Tag habe ich dort eine lange Narbe. Ist es nicht komisch, dachte ich, daß die Männer, die auf mich geschossen haben, keine Ahnung hatten, was in dem Flugzeug war?

Doch egal, ich war wieder in der Luft, als wäre ich seit vielen Jahren ein Buschpilot, und so ginge es eben zu. Von meiner jüngsten Vergangenheit war ich so weit weg, wie ein Mensch nur sein kann, flog über den Golf von Venezuela und auf ein Landesinnere zu, das so unermeßlich war, daß es das Schwert der Zeit zerbrach. Der Wind pfiff durch das durchlöcherte Glas in der seltsamsten Harmonie, die ich je gehört habe. Es klang wie eine Kreuzung von einer Glasharmonika, einer Blechflöte und dem Chor der Scala.

Nur zehn Jahre war es her, daß ich derlei jeden Tag gemacht hatte, und obgleich ich damals mehr Glück hatte, war ich jetzt nicht unglücklich. Es gefiel mir, weil es, unter anderem, auf hervorragende Weise bestätigte, daß ich nicht bloß ein zweiter Dickey Piehand wäre.

Nicht lange nachdem ich die Reiseflughöhe erreicht und den Golf von Venezuela überquert hatte, stiegen zu meiner Begrüßung zwei Jagdflugzeuge auf. Selbst wenn ich ohne Flugplan ihr Land überflog, hatte ich das Überflugsrecht.

»Was ist Ihr Flugziel?« fragte der zu meiner Linken.

»Abadan.«

»Wo werden Sie auftanken?«

»Recife.«

»Welches ist Ihr Ausgangsflughafen?«

»Los Angeles.«

»Was haben Sie geladen?«

»Fliege leer«, log ich. »Ich werde einen Affen, zwei Strauße und eine Boa Constrictor zurückbringen.«

Obwohl ihn das für eine Weile verstummen ließ, merkte ich, daß er mich anstarrte. »Was haben Sie da am Kopf?« fragte er.

»Mein Hemd«, erwiderte ich. »Ich habe kein Hemd an, weil ich's auf dem Kopf habe.«

»Warum?«

»Die Heizungsregler sind kaputt. Es ist sehr heiß hier drin. Ich habe das Hemd naß gemacht. Haben Sie Eis?«

Kurz bevor sie im Sturzflug davonschossen, teilten sie mir mit, daß sie welches besorgen würden. Es waren zwei junge Männer in Düsenjägern, und ich war fortgeschrittenes Mittelalter, hatte ein Hemd um den Kopf, in einer ramponierten C-54. Sie wollten sich nicht mit mir aufhalten. Sie waren abweisend. Ich weiß nicht, ob sie sich an die Vorschriften hielten oder nicht, weil ich nicht wußte, was erforderlich war, doch bald war ich allein, außerhalb jeder Reichweite, über dem Amazonas.

Der Amazonas hat viele Merkmale des Meeres. Er scheint nie zu enden, und die Wolken über ihm sind, wie die Wolken über dem Meer, frei von menschlicher Beobachtung. Ich stelle mir vor, daß die Wolken über Chicago, dem Mississippi-Delta oder Ulan Bator sich von ihrer besten Seite zeigen und ziemliche Hemmungen haben. Jedenfalls sehen sie so aus. Doch über dem Ozean und fern von den Seeschiffahrtsstraßen sammeln sie sich in unermeßlichen Säulen, die über Tausende Quadratmeilen den Himmel füllen, und steigen so hoch, so majestätisch und prächtig, daß ich, wenn ich's nicht besser wüßte, meinen möchte, daß sie sich hier paaren und sterben. Und die Wolken über dem Amazonas sind Meereswolken, auch wenn ihr Meer grün ist.

Die Flüsse waren zuerst klar, doch dann nahmen sie die Farbe des Afrika Corps oder von Café au lait an. Die nahezu gleiche Höhe von Land und Wasser störte mich. Warum gruben sich Flüsse ein Bett, wenn sie sich einfach über dem ganzen Grün austoben konnten?

Wenn in den Anden mehr Schnee als normal liegt, dann werden die pulsierenden grünen Wälder mit Kaffee getränkt. Schon allein aus diesem Grund möchte ich nicht am Amazonas leben, dazu kommen noch andere Gründe, wie zum Beispiel Insekten.

Ich schaute hinab und dachte an all die Tiere in einer zeitlosen Ewigkeit unter den Bäumen und an ihre unverbrüchliche Verbindung mit allem, was man spüren kann, und vielem, das man nicht spüren kann. Als Junge hatte ich Tiere in den Wäldern gesehen, wie sie schwer atmeten, lauschten, witterten, die scharfen Augen unterschiedslos auf tausend Dinge richteten, bis aus dem Hintergrund plötzlich eine Gefahr oder ein Lockmittel auftauchten. Ich beneidete die Milliarden unbewußter Kreaturen unter mir, bis auf den Umstand, daß sie aus unermeßlichen Flüssen Kaffee saufen müßten.

Nachdem ich ohne Zwischenfall in Boa Esperança gelandet war, verbrachte ich den späten Nachmittag und den Abend mit Auftanken, aß schnell und schlief dann nahe der Tür zum Frachtraum ein. Obwohl ich auf meiner Pistole schlief, wußte ich, daß ich das nicht müßte. Ich war ganz allein, nur Bäume leisteten mir Gesellschaft: die Savanne mit ihren kleinen Bäumen, die hier und da wuchsen, sah aus wie ein bankrotter Golfplatz. Die Sterne leuchteten, und die Nacht war still, bis auf den Wind, der wie der ständige Wind über dem Ozean wehte.

Ich hatte Kopfschmerzen, was nun durchaus verständlich sein mochte, nachdem ich einen Kopfschuß abbekommen hatte, doch trotzdem verbot ich mir, darüber nachzudenken, da ich nicht vom Plan abgehen konnte. Das Gras duftete wunderbar, die Sterne erstreckten sich von Horizont zu Horizont, und der Wind wehte sacht. Ich schlief, wohl wissend, daß ich mir, wenn ich wieder erwachte, vorkäme, wie wenn ich schon eine Ewigkeit aus New York weg wäre.

Und so war es auch, als ich aufwachte. Mein früheres Leben war verschwunden. Wenn ich nie wieder eine einzelne Person sähe, die sich daran erinnern könnte, woran ich mich erinnerte, woher könnte ich dann wissen, daß ich das Ganze nicht nur geträumt hätte? Papier, dadurch. Zeitgenössische Berichte und Aufzeichnungen, die Arbeit Unparteiischer. Doch nicht nur, daß diese kein reales Bild zeichnen könnten, ich hätte niemals Zugang zu ihnen.

Im Licht des frühen Morgens saß ich da, gänzlich und für immer aus dem Zusammenhang gerissen, und ließ die Beine aus der Flugzeugtür baumeln. Das war gar nicht so schlecht, und überhaupt, es gab kein Zurück. Ich hatte alles arrangiert, um bis ans Ende meiner Tage in friedlichem Luxus zu leben, was schon ziemlich komisch wirkte, insofern, als ich den größten Teil meines Lebens Luxus verabscheut und keinen Frieden gekannt hatte, weswegen mir der Krieg zwar irrsinnig, doch als der wahre Stand der Dinge vorgekommen war und die Jahre, in denen kein Krieg tobte, als eine große Illusion.

Ich fragte mich, ob ich mich wohl wieder verlieben würde. Frauenschönheit animierte mich noch immer, wenngleich nicht mehr so sehr wie zu der Zeit, da ich jung gewesen war. Im Gegensatz zu vielen Männern meines Alters begehrte ich jedoch keine Zwanzigjährigen, denn die weckten in mir sehr starke Vater- und Beschützergefühle, und mit ihnen zu verkehren wäre nicht in Frage gekommen (außer Marlise). Ich dachte, ich würde schließlich vielleicht eine alte Matrone heiraten, die die Figur eines 1927er Packard hätte. Immerhin war ich beinahe alt genug, selber eine Matrone zu sein, obgleich ich physisch gut in Schuß und stark wie ein Affe war.

Wie ich so mit den Beinen über der Savanne baumelte, trat unter dem Flugzeug ein sonderbares, häßliches Geschöpf hervor, blieb stehen, drehte sich zu mir um und erstarrte verwundert. Es war wohl ein kleiner Ameisenbär. Er war etwa so groß wie ein Hund in einem Cartoon, gelbbraun mit einem Hauch Rosa, und hatte einen Riesenrüssel. Wie ein winziges prähistorisches Mammut war er angetrampelt gekommen, und er wich nicht von der Stelle, starrte mich mit der Miene eines Geschöpfes an, das denken konnte. Wahrscheinlich war ich der erste Mensch, den es je gesehen hatte, in der ersten C-54, und er war der erste kleine Ameisenbär, den ich je zu Gesicht bekommen hatte.

»Hallo«, sagte ich zu ihm. Vielleicht maß ich ihm meine eigenen Gefühle bei, doch ich spürte, daß er Zuneigung empfand. Ich wußte, er war bloß ein Ameisenbärjunges, das weder Englisch sprach noch verstand. Ich kam auf den Einfall, daß ich diesen Ameisenbären doch adoptieren könne, aber ich wußte nicht, was ich ihm zu fressen geben sollte. Natürlich wußte ich ja, womit ich ihn füttern müßte – das war einfach. Doch wußte ich nicht, woher ich jeden Tag vier Pfund Ameisen in meine Wohnung kriegen sollte, oder ob ich das überhaupt wollte. »Wo sind denn deine Eltern?« fragte ich, da sie nirgends zu sehen waren.

Er wandte den Kopf und blickte scheu drein. Ich war angerührt von seiner Bescheidenheit, seiner Sanftheit, seiner Unschuld und seinem Zutrauen. Es war klar, daß er noch nie einem Jaguar, einem Jäger oder einer Hyäne begegnet war, und das würde er hoffentlich auch nicht. Inzwischen war mir unablässig eine Träne nach der andern übers Gesicht gelaufen. »Entschuldigung«, sagte ich und wischte mir mit dem Ärmel meines blutverschmierten Hemdes übers Gesicht »Mich hat's gepackt.« Da war ich also, in einer leeren Savanne, den Kopf in ein blutiges Hemd gewickelt, und entschuldigte mich bei einem Ameisenbär.

Das kleine Geschöpf wandte sich ab und hoppelte über das Gras davon. Ich ließ die Motoren an und hob ab, stieg hinauf in einen klarblauen Himmel.

Bis auf ein Klappern, das sich immer wieder störend bemerkbar machte, verlief der Flug ohne Zwischenfälle. Die unbefestigten Start- und Landestreifen waren unsanft mit den Rädern und Beinen umgesprungen, und wenn man nach Inusu das Fahrwerk ein- und ausfuhr, war es, als lausche man, wie im Frühjahr das Eis auf dem See bricht. Ich hatte nur noch drei Landungen und zwei Starts vor mir. Obgleich das Fahrgestell nicht gut klang, hörte es sich doch so an, als wäre noch ein bißchen Leben in ihm.

Um 13 Uhr kam ich in Alto Parnaíba an, landete mit einem Plumps und verfiel in die übliche Routine, nicht annähernd genug zu essen (denn ich hatte nur noch sehr wenig übrig), eine Unmenge warmes Wasser zu trinken und stundenlang zu arbeiten, um Treibstoff in die Tragflächen zu pumpen.

Als ich fertig war, sah ich aus wie glühende Kohlen. Vielleicht weil ich mich gut fühlte, nachdem ich so gerackert hatte, beschloß ich, statt in Alto Parnaíba zu schlafen, zum vorletzten Zwischenstopp weiterzufliegen. Dann würde ich am Morgen ans Ziel kommen, wo ein schwerer Lkw wartete, und mein neues Leben würde allen Ernstes beginnen.

So startete ich denn um dreiviertel Vier und landete, Stunden später, gerade als es dunkel wurde. Ich war müde, und die Landung war brutal. Ich aß meine letzten Rationen auf und begann mit dem Auftanken. Erschöpft, schon fast halluzinierend, pumpte ich sechs Stunden lang, manchmal so langsam wie ein Betrunkener, dabei sagte ich mir immer, daß dies das letzte Mal sei, daß ich auftanken müsse.

Irgendwann um Mitternacht nahm der Wind zu, und ich spürte, wie von der Seite große Regentropfen hergetrieben wurden. In der Ferne wurde der schwarze Himmel ab und zu von einem zuckenden Blitz erhellt, der sich seitlich über einen niedrigen Verbrennungsraum ausbreitete, unter einer finstern Wolkendecke. Gut, dachte ich, daß ich nicht da hindurch muß. Der Regen setzte die Gerüche des Bodens frei, und der Wind trug sie dick und schnell aus dem Innersten des Gewitters, wie es schien, herbei.

Obwohl der Wind nicht so stark war, daß man das Flugzeug hätte festbinden müssen, mußte ich doch wach bleiben für den Fall, daß das Gewitter in meine Richtung zöge. Nach so wenig Schlaf und so viel Plackerei war das sehr schwer. Ich mußte mir die Zeit vertreiben, ohne zu träumen, denn ein Wachtraum hätte sehr schnell in Schlaf gemündet. Und doch hatte ich nur wenig Ablenkungen. Ich besaß keine Laterne und traute mich nicht, die Elektrik des Flugzeugs anzuzapfen, um die Kabine zu beleuchten, weil ich soviel Energie wie möglich für den Start brauchte. Deshalb konnte ich mich nicht einer Briefmarkensammlung zuwenden oder eine Zeitschrift lesen. Und ich wußte, wenn ich zu dem Gewitter am Horizont hinsähe, würde ich wie von einer hin und her pendelnden Taschenuhr hypnotisiert.

Ich ging in die Nacht hinaus, bis ich an einen der kleinen Bäume stieß, die hier und da auf dem Grasland standen. Auf den kletterte ich hinauf, bis er mein Gewicht nicht mehr aushielt und brach. Dann schleppte ich ihn zurück zum Flugzeug und zerbrach ihn in viele kleine Stückchen, die ich unter der Tragfläche aufschichtete.

Wenngleich sich Düsentreibstoff relativ schwer entzündet, brauchte man für die Motoren der C-54 Benzin mit hoher Oktanzahl, das anders war. Trotzdem riskierte ich ein Feuer unter dem Teil der Tragfläche, in dem sich kein Tank befand. Der Abstand zwischen der Tragfläche und der Flammenspitze an ihrem höchsten Punkt betrug gut einen Meter, Die Tragfläche war aluminiumverkleidet, und die Hitze, die nicht reflektiert wurde, zerstreute sich, ohne Schaden anzurichten, durch die leitende Masse der Tragfläche.

Ich füllte einen Topf mit Wasser und stellte ihn auf die Glut inmitten der noch immer brennenden Zweige. Seit Tagen hatte ich mich nicht rasiert oder gewaschen, und Haare und Bart waren blutverklebt, wie unter einer Schlammkruste. Bald hatte ich zwei Liter trübes heißes Wasser. Ich tauchte eine Tasse hinein und ließ es eine Weile sich setzen, bevor ich es mit einer Flasche deutschen Duschgels verwendete, das aus Kastanien hergestellt war und dicken Schaum wie Schlagsahne erzeugte. Mit diesem Zeug seifte ich mir Haare und Gesicht ein, bis ich dem Zuckerwerk ziemlich ähnlich sah, das Marshmallow heißt. Es enthielt viel Menthol, und je länger es an einem blieb, desto mehr brannte es, und desto besser fühlte es sich an, so daß ich einen kleinen Umweg machte und mir erst einmal wieder die Zähne putzte, nachdem ich das schon viele Male an diesem Tag getan hatte und wenigstens zweimal nach dem Essen, bestehend aus Schweinefleisch surprise à la US-Army mit verdorrtem Gemüse und Schokoladenkuchen aus dem Ersten Weltkrieg.

Die Zahnpasta war weiß wie ein Schwan, und die Riesenmenge, die ich auf meine lädierte Zahnbürste gehäuft hatte, sprühte in Kaskaden aus meinem Mund, wie Feuerlöschschaum. Ich muß sagen, ich amüsierte mich gewaltig bei meiner Säuberungsorgie. Dann merkte ich, daß mich jemand beobachtete, und ich drehte mich um.

Hinter mir stand ein bleicher, winziger Bauer ohne Schuhe, zerlumpt, der aussah, als würde er gerade einen Herzstillstand erleiden. Er wollte wegrennen, doch war vor Angst gelähmt. Man konnte das Herz in seiner Brust schlagen sehen. Er muß mich wohl für eine Art Kobold gehalten haben.

»Nein nein«, sagte ich. »*Ecce homo, ecce homo.*« Ich sprach kein Portugiesisch und erst recht nicht die unverständlichen Dialekte des ländlichen Nordens. »Rasieren«, sagte ich. »*Rasoio.*« Ich hob mein Rasiermesser hoch und begann mich zu rasieren, dabei hielt ich meinen Signalspiegel auf Armeslänge weg. Das beruhigte ihn. Teufel rasieren sich nicht, das weiß jedes Kind.

»Heißes Wasser«, sagte ich, als ich mit dem Rasieren fertig war und

anfing, mir die Haare auszuspülen. Es war herrlich, und als es schließlich geschafft war, stand ich vor ihm und sah aus wie einer dieser
neuen Investmentbanker in New York, mit angeklatschten Haaren,
5000-Dollar-Anzügen, britischen Hosenträgern und Brillen mit haar-
dünnem Gestell. Warum tun sie das? Jahrzehntelang waren Investmentbanker äußerlich von Harvard-Dozenten nicht zu unterscheiden. Glauben diese jungen Leute denn, daß angeklatschte Haare und
solche, na ja, Angeber-Anzüge früher in der Wall Street akzeptabel
waren? Sie ziehen sich jetzt an wie früher Gigolos und Gangster.

Der Bauer zeigte auf mein Flugzeug, breitete die Arme aus und
lachte verwundert. Ich deutete das als ›Was zum Teufel machst du
denn hier mit diesem riesigen Flugzeug um ein Uhr früh am Ende der
Welt‹, also sagte ich: »Et tu Brute?«, doch er verstand es nicht.

Ich versuchte ihm, auf italienisch, einen Teil meiner Lebensgeschichte zu erzählen. Die wenigen verwandten Wörter, die er erkannte, gaben wahrscheinlich eine außerirdische Erzählung ab, und er
lachte in völlig unpassenden Momenten. Woher hätte er denn auch
nur die leiseste Ahnung davon haben können, wovon ich da redete?
Ich stellte alles pantomimisch dar, Constances Kaffeetänze, wie ich
Dickey Piehands Auto gestohlen, Mr. Edgar getötet und die Sänger in
Rom getroffen hatte. Dann bediente er sich derselben Methode, um
mir seine Geschichte zu erzählen, und die ging, soweit ich feststellen
konnte, so: Er sei in einem Provinzzirkus Clown gewesen, der, nachdem seine Frau von einem Ochsen aufgespießt worden sei, den Zirkus
verlassen habe, um Elektriker zu werden. Er träume davon, nach
Deutschland zu gehen. Er habe ein Radio – oder er wolle ein Radio.
Das reimte ich mir zusammen, als er an einem imaginären Kasten
Knöpfe drehte und lächelnd den Kopf neigte, um das Ohr daran zu
halten.

»Zehn Radios«, sagte ich. »Fünfzig Radios, bloß für dich.« Ich
kletterte ins Flugzeug und holte zwei Goldbarren heraus, die ich ihm
dann gab. »Schmelz sie ein«, erklärte ich ihm, wie es langsam schon
zur Gewohnheit wurde. »Beseitige die Nummern und die Siegel.« Er
war wohl fassungslos, weil er, als er begriff, daß ich sie ihm geben
wollte und ihn dadurch unverzüglich zum reichsten Mann machte,
dem er je begegnet war, eine Wende in seinem Leben spürte und

versuchte, mir die Hände zu küssen, doch ich ließ das nicht zu. Schließlich humpelte er in die Nacht davon, kaum imstande, seinen neuen Reichtum zu tragen.

Da vorn in den Wolken herrschte Krieg, da tobten Blitze, als sollte die Welt untergehen, und vergeblich kämpfte das Tageslicht gegen die lastende Dunkelheit. Trotz der stechenden, windgepeitschten Tropfen, der gar nicht so weit entfernten Donnerschläge und der in der stürmischen Luft auf und ab schwankenden Tragflächen taumelte ich in meinen Sitz und konnte nur mit Mühe die Augen offenhalten. Um zwei Uhr morgens war das Feuer rosig von der weißen Asche, die der Wind in die Nacht blies, Schicht um Schicht, in stärkeren Böen.

Meine Augen hatten sich sehr gut an die Dunkelheit gewöhnt, und ich sah ganz deutlich, wie aus der Richtung, in die der Bauer verschwunden war, ein unruhiger Lichtschein herankroch. Das Licht kam von den Scheinwerfern einer Reihe von zwanzig oder dreißig Autos oder Lastwagen, die zu mir her angerast kamen. Zweifellos hatte dieser Idiot sich und das Gold vor dem ganzen Dorf zur Schau gestellt. Obgleich sie vielleicht friedfertige Leute waren, spielte das doch keine Rolle. Wahrscheinlich hatten sie die ganze Nacht Kaffee getrunken, und so beladen wie das Flugzeug war, war mein Leben nichts wert. Ich war müde, und das Gewitter tobte, doch ich mußte in die Luft.

Ich schloß die Tür hinter mir, rannte nach vorn, stieß mir den Kopf, fiel auf den Pilotensitz und begann die Motoren zu starten. Wenn die Lastwagen auf die Landepiste kämen, könnte ich nicht abheben, oder, schlimmer, ich könnte nicht mehr anhalten, und während ich mich und jedes Fahrzeug, das mir in den Weg käme, verbrannte, würden die Flammen die Nacht im Umkreis von fünfzig Meilen erhellen. Was wußten diese Leute nur? Sie brächten es fertig, noch auf die Bahn einzubiegen, während ich auf sie zugerast käme und es längst kein Zurück mehr gäbe.

Ich arbeitete, so schnell ich konnte, doch es dauert seine Zeit, vier Motoren anzulassen, und in den schrecklichen Augenblicken des Wartens beobachtete ich, wie die, perspektivisch verkürzte, Lichterkette, den Konturen der Straße folgend, auf und ab tanzte und durch das Dunkel und den Regen näher kam.

Innen rechts, lief... innen links, lief... außen rechts, lief. Der außen links jedoch sprang nicht an. Er drehte sich, er hustete, und er stotterte. Ich regulierte das Treibstoffgemisch. Der Motor spuckte eine riesige weiße Rauchwolke aus. »Komm schon!« schrie ich, und versuchte es noch einmal. »*Los*, komm schon!« Er drehte sich entschlossen, hustete wieder, stotterte und stotterte, und dann kam er. Bald wirbelten seine vielen Messerklingen schneller, als das menschliche Auge sehen kann, und als ich Gas gab, hoben mich der Lärm und die Vibration vom Sitz.

Die Bremsen gelöst. Das Flugzeug neigte sich nach vorn und begann zu rollen. Voll mit Treibstoff und einer Metallfracht beladen, die Motoren heiß bei maximalen U. p. M., hätte es einen furchtbaren Anblick geboten, wenn es in die Lastwagen hineingerast wäre. Und wenn da dreißig Lastwagen wären, und auf jedem, wer weiß, zehn Leute oder bloß halb soviel? Zwei Drittel von ihnen würde ich töten oder zum Krüppel machen – hundert Menschen.

Gleich müßte ich entscheiden, ob ich das Licht anmachen sollte oder nicht. Wenn ich das Licht einschaltete, würde der Konvoi sehen, daß ich sehr schnell dahinrollte. Vermutlich würde er dann nicht auf die Piste einschwenken.

Ich betätigte den Schalter. Nun, wußte ich, könnten die Leute auf den Lastwagen zwei große blendende Lichter sehen, die in einer parallelen, doch versetzten Spur auf sie zurasten. Sie wären doch nicht so wahnsinnig, auf die Startbahn einzubiegen.

Und ob. Und ob. Zwar kam nicht das Leitfahrzeug, doch eines aus der Mitte, und die anderen folgten sofort und ohne zu zögern. Ich rollte viel zu schnell, um noch anhalten zu können. Hätte ich versucht anzuhalten, wäre ich in sie hineingerast, aber trotzdem zu langsam, um über sie drüber zu springen, wie eine perfekt gezielte Bowlingkugel in Zeitlupe.

So drückte ich wie wild auf die Gashebel, und meine Augen gingen von den Lichtern vor mir zu den Instrumenten. Ich würde es nicht schaffen. Ich blinkte mit den Scheinwerfern. Diese Idioten antworteten mit der Lichthupe! Was dachten sie sich wohl dabei?

Da wurde mir, wie vom Blitz getroffen, klar, daß bei dem starken Wind, den das Gewitter brachte, meine Eigengeschwindigkeit völlig reichte, um abzuheben. So schnell ich konnte, zog ich den Knüppel zurück, und ich erhob mich in die Luft.

Doch das Flugzeug war so schwer beladen, daß der Steigwinkel nahezu flach war. Es blieben nur noch Sekunden bis zu einer Kollision. Ich fing an, das Fahrwerk einzuziehen. Normalerweise ließ sich das Fahrgestell nur langsam einfahren, dazu war es beschädigt. Es gab alle möglichen ungewohnten Geräusche von sich, als es eingezogen wurde. Plötzlich war ich direkt über dem ersten Lastwagen, der nach links abgebogen war, um dem Zusammenprall auszuweichen.

Mit einem gewaltigen dumpfen Schlag traf das linke Rad das Dach des Fahrerhauses, und die rechte Tragfläche ging hoch. Ich wollte ausbalancieren, doch die linke Tragfläche ging zu weit hoch, weil das Fahrwerk wie ein Hühnerbein abgebrochen war. Ich hob die rechte Tragfläche an, die dem Boden bis auf wenige Meter nahe gekommen war, und nachdem ich über die anderen Lastwagen weg war, stieg ich, wieder gerade, empor.

Noch nie war ich geradewegs in das Zentrum eines Gewitters geflogen, denn die P-51 hat die Geschwindigkeit und Wendigkeit, allem auszuweichen, und weder Bombenangriffe noch Jagdflüge wurden bei unmöglichem Wetter geflogen. Die von Blitzen durchzuckten schwarzen Baumwollballen, die vor mir lagen, waren mir neu. Ich war wach, doch hatte ich weder das Selbstvertrauen noch den Zorn, der anschwillt, wenn der Kampf naht. Aber ich hatte keine Angst. Die Ungeheuerlichkeit des Gewitters wirkte als Gegenmittel gegen alle Furcht, und wenn es bloß deshalb war, weil man unmöglich vor allem Angst haben konnte, und wie es näher kam, dehnte es sich aus, bis es nur noch dieses Gewitter gab.

Alles, was ich tun konnte, war steigen. In Alto Parnaíba war kein Treibstoff mehr, und meine Tanks hatten nur genug Treibstoff für einen direkten Flug durch das Unwetter. Ich wußte, ich würde gegen die Wand prallen, doch hoffte, es wäre über den Blitzen.

Aus den Löchern in den Windschutzscheiben spritzte Wasser und lief über das Instrumentenbrett. Schließlich könnte sein Gewicht die C-54 hinunterziehen, und ich könnte nichts dagegen tun. Bei 4500 Metern kam ich wieder in die Wolken. Draußen war es turbulent gewesen, doch sobald das Flugzeug einmal in den Wolken war, sank es sogleich 1200 Meter hinab, gefangen in einer Luftsäule, die wie ein Kolben gen Boden drückte. Ich kam mir vor wie im Sturzflug, auch wenn die Nase schräg nach oben gerichtet war, und ich konnte mein Heil nur darin suchen, mich langsam durch den Abwind vorwärtszubewegen.

Schließlich kam das Flugzeug in 3000 Meter Höhe in relativ ruhige Dunkelheit hinaus, die nur mehrere Male in einer Minute wie von einer Blitzlichtlampe erhellt wurde, wenn ein Blitz durch die Wolken zerstreut wurde. Die Tragflächen vibrierten, die Motoren ächzten, und Wasser spritzte durch die Windschutzscheiben. Als die Blitze den Himmel zerrissen hatten, daß ihre Linien an zersprungenes Glas erinnerten, waren sie weniger schrecklich als jetzt, da das ganze All sich wie Magnesium färbte.

Das Flugzeug wurde hochgehoben, sank, stampfte und schlingerte so heftig, daß ich mir vorkam, als wäre ich im Innern eines Knochens im Maul eines Terriers, der eine Atropinspritze bekommen hatte. Die Kabine klirrte wie verrückt. Riemen und Gurte schlugen gegen die Schotten wie Peitschen. Ich sah, wie sich Schrauben in ihren Löchern drehten, und beobachtete an meinen vielen Meßgeräten, wie die Nadeln ausschlugen, unisono hin und her gingen wie die Rockettes. Gerade eben hatte ich noch volle Benzintanks, und keine Zehntelsekunde später war ich völlig leer. Den einen Augenblick befand ich mich auf Meereshöhe, im nächsten auf 12 000 Meter.

Die Vibration war so schlimm, daß meine Augen in den Höhlen zu hüpfen begannen. Ich hatte keine Ahnung, wieviel Zeit vergangen war oder welche Höhe ich erreicht hatte, ja nicht einmal, ob ich nach oben gerichtet wäre. Ich fror bitterlich, Wasser spritzte mir ins Gesicht, und meine Muskeln waren vom Kampf mit dem Steuerwerk verkrampft. Doch als das Flugzeug klapperte und wackelte und ich im Begriff war, die Kontrolle darüber zu verlieren, vielleicht in Rückenlage zu geraten und am Boden zu zerschellen, bekam ich, wie immer, langsam Spaß an der Sache.

Ich vernahm Musik, einen einzelnen Ton, der wie aus dem Nichts erklang und unglaublich lange ausgehalten wurde. Ich hatte ihn früher schon gehört, wenn ich im Sturzflug ein anderes Flugzeug verfolgte, das verzweifelt zu entkommen suchte, und aus meinen Geschützen die Patronenhülsen flogen wie Abfälle von einer Fräsmaschine. Dort im Gewitter, in der Waschküche, war wieder einmal nichts von mir übrig, während ich auf Wellen purer Gewalt dahinschwebte.

Ich hatte nichts dagegen. Ich spürte weder Schmerz noch Angst. Von Kammer zu Kammer sank ich immer tiefer in das Dunkel des Lebens und das Licht der Seele. Alles in allem war es eine bemerkenswert sanfte Angelegenheit, und je größer die Gewalt wurde, mit der alles auseinanderflog, desto stärker spürte ich die Gegenwart absoluter Ruhe. Das ist ein Gefühl, wie wenn man nach Hause kommt. Ich wollte, das Flugzeug solle doch auseinanderbrechen, doch in einer Höhe von 6400 Metern traten wir aus einer unendlichen Wolkenmasse hinaus und schwebten in einen klaren Himmel hinein, der nicht im Irrsinn der Blitze leuchtete, sondern in der Gelassenheit der Sterne.

Trockene Luft strömte in die Kabine herein, und trotz des Motorengedröhns herrschte Stille. Unten blitzten die Wolken in zufälligen Synkopen weiß auf. Ich nahm Sauerstoff, fand meinen Kurs und setzte meinen Flug mit mondheller Geschwindigkeit fort.

Erst als der Morgen dämmerte, wurde ich richtig wach. Fröstelnd und matt war ich stundenlang in Gedanken und Träumen versunken gewesen. Obwohl ich oft eingeschlafen und dann aufgeschreckt war, weil das Flugzeug hochzog oder im Steilflug niederging, schaffte ich es irgendwie, den Kompaß auf Kurs zu halten. Als die Sonne schließlich in die Kabine schien und ich wieder zur Besinnung kam, stellte ich fest, daß dieses Navigationswunder daher rührte, daß das Wasser, das über das Instrumentenbrett herunterlief, das halbe elektrische System kurzgeschlossen hatte. Die ganze Nacht hindurch hatte sich der Kompaß gewissenhaft an das Magnetfeld des Armaturenbretts gehalten. Egal, wohin ich das Flugzeug wandte, er zeigte immer das gleiche an.

Ich hatte absolut keine Ahnung, wo ich war. Obwohl die Sonne mehr oder weniger dort aufgegangen war, wo sie sollte, war doch davor der Himmel weit links von mir und ein wenig hinter mir hell geworden. Das Gebiet unten sah eher wie das Landesinnere aus als die Küstenebene. Quer über den ganzen Horizont schwebten, den

Schwimmblasen von Quallen gleich, dicke Wolken am heiterblauen Himmel, dunkle Regenschleier im Schlepptau. Doch alles war meistens sonnig und geradezu deprimierend grün, kaum ein Fluß war in Sicht, und nicht eine einzige Straße konnte ich sehen. Der Amazonas war es nicht; dazu war's viel zu hügelig.

Obgleich ich nicht mal mehr für eine Stunde Treibstoff hatte, dachte ich, daß vielleicht alles gutginge, wenn ich nach Osten flöge, daß ich die Küste sichten und dann feststellen würde, daß mein Ziel in greifbarer Nähe sei. So flog ich denn eine halbe Stunde lang weiter auf der Suche nach der dünnen blauen Linie, die meine Rettung wäre, doch sie tauchte nicht auf. Da ich bestenfalls noch für zwanzig Minuten Treibstoff hatte, wurde mir klar, daß ich geschlagen war.

Unter mir breitete sich das Land in einem endlosen Teppich gewellter grüner Hügel aus, in dem vereinzelt Felsen zutage traten. In den Furchen der Hügel flossen Bäche oder Flüßchen, doch nichts, was für eine Notlandung eben oder breit genug gewesen wäre. Am besten dürfte es wohl sein, wenn ich auf einem Höhenrücken oben hereinkäme, doch da die Höhenrücken mit großen Bäumen bedeckt waren, versprach ich mir nicht viel davon.

Sogar ein Flugplatz hätte vielleicht nicht ausgereicht, da ein Großteil des Fahrwerks fehlte oder klemmte. Während des Krieges hatte ich gesehen, wie Bomber versuchten, auf einem Rad und einer Tür zu landen, und es gibt keinen schrecklicheren Anblick als den eines Flugzeugs, das langsam auf einem Flügelende landet und in Flammen aufgeht.

Sollte ich den Absturz überleben, so dürfte ich wohl die Wildnis nicht überleben. Und selbst wenn, so dürfte ich wohl das Gold verlieren, und zwar entweder ans Unterholz oder an jemanden, der es fände, noch bevor ich zurückkehren könnte. Da wäre nun wohl das Beste, was mir passieren könnte, wenn ich unversehrt meine Wohnung in Rio de Janeiro erreichen würde und noch einmal ganz von vorn anfangen müßte, in einem fremden Land, wo ich weder ein Wort der Sprache noch einen einzigen Menschen kannte. Obzwar das einer Niederlage gleichkäme, fühlte ich mich doch sogleich jünger.

Als ich nur noch für zehn Minuten Treibstoff in den Tanks hatte, sah ich eine Straße, einen dieser frisch gehauenen orangefarbenen Streifen, die sich wie ein Lichtstrahl durch unendliches Grün erstrecken. Die gewellte Landschaft hatte aufgehört, war am Rande der grünen See zur Ruhe gekommen. Zur Regenzeit war der Lehm wahrscheinlich unpassierbar, und so weit das Auge reichte, war die Schneise leer.

Ich flog darüber lang, denn ich hatte mich damit abgefunden, daß ich, wenn mein Treibstoff alle wäre, darauf landen würde, so gut es ging, wobei ich hoffte, den Rumpf in einen engen Schlitz hineinzubringen, nachdem die Bäume beide Tragflächen abgesäbelt hätten. Aus der Luft vermochte ich nicht zu sehen, daß die Straße Gefälle hatte, doch das wurde klar, als zwei Meilen weiter rechts ein Fluß in Sicht kam, wo eine Felsnase in einer Stufe in dem allmählich abfallenden Gelände hinunterging. Der Fluß trat aus einer grünen Berme und einem Baumdickicht heraus, stürzte in blendendweißem Fall hinunter und bog dann um fünfundvierzig Grad von der Straße ab.

Obwohl dieses Flüßchen nicht breiter als die Straße war, dachte ich, es würde sich einer Landung gegenüber vielleicht nachsichtiger zeigen, also flog ich ein paar Minuten darüber entlang und hielt nach einer Lichtung Ausschau, doch der geradeste und breiteste Teil war am Anfang, gleich nach dem Wasserfall.

In einer Kurvenlage von 180 Grad begann ich hinunterzugehen. Ich glaubte nicht, daß ich lebendig da herauskäme, doch wenigstens wußte ich, daß der Fluß weiß und frisch war und daß er schnell dahinfloß.

Als ich sank, entdeckte ich, daß ich ihn unterschätzt hatte. Er war breiter, als er von oben ausgesehen hatte. Wenn ich es riskierte, kopfüber in den Wasserfall zu stürzen, könnte ich vielleicht das Flugzeug über das Wasser hineinbringen und die Hindernisse an den Ufern überwinden. Ich entschied mich dazu, obwohl ich nicht viel Platz hatte.

Außenbords links fing der Motor an auszusetzen, daher wußte ich, der Sprit ging zur Neige. Ich fuhr die Landeklappen aus, wohl wissend, daß sie, sobald das Flugzeug aufs Wasser aufträfe, wie eine Bremse wirken und mich und alles andere im Flugzeug mit einer Wucht nach vorn schleudern würden, die mich wahrscheinlich töten würde. Doch ich hatte keine Wahl. Auch wenn ich im letzten Augenblick noch die Klappen eingeholt hätte, wäre die Geschwindigkeit doch zu groß gewesen, und ich wäre gegen die Felswand hinter dem Wasserfall gekracht.

Ich hatte zuviel damit zu tun, das Flugzeug aufzusetzen, um denken zu können. Der Schaum am Grunde des Wasserfalls glich Schnee, und als das Flugzeug aufsetzte, war die Wucht nicht so groß, wie ich erwartet hatte, weil das Wasser so voller aufgewühlter Luft war. Das Flugzeug glitt schneller, als ich dachte, was alarmierend war. Im Nu ging es durch den Fall und zerschellte am Felsen dahinter.

Ich war noch bei Bewußtsein, als das Cockpit voll Wasser lief. Die Nase der C-54 zeigte leicht nach oben, weil der Wasserfall das Heck runterdrückte.

Ich schnallte den Gurt auf und trieb ganz leicht davon. In allen Fenstern war noch Glas, also schwamm ich zur Tür im Rumpf, doch die war fest verklemmt. Sicher müßte ich ertrinken, mit einer Geste stolzer Ergebenheit blickte ich auf, und dabei sah ich einen Riß im Rumpf, direkt über mir, in der Decke des Flugzeugs war eine geräumige Öffnung.

Ich stieß mich kräftig mit den Beinen ab und flog hindurch in eine Kammer aufgewühlten Wassers, wo ich so wenig Auftrieb hatte, daß ich kaum schwimmen konnte. Ich atmete ein paarmal ein, auch wenn ringsum keine Luft war, und als ich an die Oberfläche hochkam, kriegte ich keine Luft mehr und war vom Tosen des hinabstürzenden Wassers wie betäubt. Die Kammer hinter dem Fall glich der Brandung an einem frischen Herbsttag. Da drin herrschte nur Halbdunkel, und man kriegte nahezu keine Luft.

Ich versuchte hinauszuschwimmen, doch der Kolben aus Wasser stieß mich mit unwiderstehlicher Gewalt nach unten, drückte mich auf den Grund und schleuderte mich dann zurück. Ich stieß mit dem Kopf gegen einen Teil des Flugzeugs und trieb wieder an die Oberfläche, genauso langsam wie beim ersten Mal.

Soviel Wasser, wie in die Kammer fiel, soviel Wasser mußte ausgestoßen werden. Der Ausgang war nicht auf dem Boden, so mußte es entlang der Seiten gehen. Ich tauchte hinunter, dicht an der Wand, und auf halbem Wege spürte ich eine starke Strömung. Je mehr ich ihr folgte, desto schneller wurde ich, bis ich nicht mal mehr schwamm. Bald war ich so schnell, daß ich mich zusammenrollte und die Hände um den Kopf legte, aus Angst, gegen ein Hindernis geschleudert zu werden. An etwas Festes prallte ich nicht, sondern vielmehr wurde ich aus dem Wasser und in die Luft geschleudert. In dem Augenblick, da ich durch die Luft flog, atmete ich ein, fiel wieder in die Gischt, tauchte auf, breitete Arme und Beine aus und wurde, wie üblich, rasend schnell von den kühlen Fluten eines Flusses dahingetragen, der mich gerettet hatte.

Die beste Schule

(Falls du es noch nicht getan hast,
leg bitte die vorhergehenden Seiten wieder
in das ameisensichere Kästchen.)

In São Conrado stellte ich fest, daß das, was ich geschrieben hatte, nicht in das ameisensichere Kästchen ging. Hoch oben auf dem Hang, wo der Wind durch die Seiten fuhr, hatte ich versucht, sie wieder hineinzustopfen, doch ich befürchtete, sie könnten dabei ins Meer fallen, und so waren meine Bemühungen nur halbherzig. Die Seiten wie eine Rosenblüte an die Brust gepreßt, wankte ich in der Felswand dahin, gelangte auf die Straße und ging in ein Café am Strand, wo ich nicht einmal fünf Meter von einer Kaffeemaschine entfernt saß, schwer atmend, schweißgebadet, und mich abmühte, das Manuskript in das Kästchen zu bekommen. Durch den Kaffeegeruch war ich so in Rage, daß ich zu nichts imstande gewesen wäre. Auf der Heimfahrt im Bus versuchte ich es wieder, doch zitterte ich noch immer wegen des Kaffees, und ließ es schließlich bleiben.

Ich schwimme auf einem Floß von Sorgen, die mit jedem Tag zunehmen. Vor langer Zeit hätte ich gedacht, daß ich, wenn ich mein Leben als unscheinbarer Versager endete – ein *armer* unscheinbarer Versager –, wenigstens frei gewesen wäre. Doch die Probleme sind wahre Peiniger: sie werden durch deine Niederlage angestachelt, wie Hunde, die ganz wild werden, wenn ihre Beute in die Knie geht.

Am nächsten Tag, nach langem, unruhigem Schlaf, zog ich mir den Bademantel an, ging zum Schreibtisch und versuchte, vor Verzweiflung zitternd, die São-Conrado-Seiten in das ameisensichere Kästchen zu bekommen. Ich bot meine ganze Kraft auf und schaffte es nicht. Wenn ich sie verknittert hätte, wäre es vielleicht gegangen, doch lieber würde ich sterben, als ein sauberes Blatt Papier zu zerknittern.

»Na schön«, sagte ich in dem Versuch, mich zu trösten, »es ist doch ganz einfach. Ich gehe in den Laden, wo ich das ameisensichere Kästchen gekauft habe, und kaufe ein neues, größeres.« Das wäre sowieso viel besser, als alles hineinzustopfen, weil es sonst ein Alptraum würde, die Seiten wieder rauszukriegen, und wenn der Inhalt unter genausoviel Druck stünde wie ich, könnten die Nähte aufgehen, was gefährlich ist, weil manche Ameisen sehr klein sind, und andere, obzwar nicht klein, in ihrer Jugend doch winzig sind.

Ich gab mir einen ganzen Tag, um ein neues und größeres Kästchen aufzutreiben. Für mich bedeutet Einkaufen eines der physisch und emotional anstrengendsten Dinge auf der Welt. Das kommt daher, daß ich ein wenig unflexibel bin und alles ziemlich genau nehme. Zum Beispiel beschließe ich, daß ich eine Krawatte mit einem bestimmten Muster und einer bestimmten Farbe haben möchte – wie sie in der weltweiten Geschichte der Krawattenmode bis dato unbekannt waren – und dann den Rest meines Lebens damit zubringe, danach Ausschau zu halten. Ich werde mir eine Million Krawatten ansehen, und nie werde ich die finden, die ich will. Dann füge ich meiner blühenden Sammlung noch ein tiefes Bedauern und eine große Enttäuschung hinzu, wie eine verlorene, unerwiderte Liebe, die ich mit mir herumtrage. Ich kann nun einmal auf Dinge nicht verzichten, ich kann's einfach nicht. Wenn sie, wie Constance, beseelt sind und einen eigenen Willen haben und mich wegstoßen, muß ich mich damit abfinden. Doch ich habe nicht das Recht, die Dinge aufzugeben, die stumm und still und für immer unerreichbar sind ... Ich habe nicht das Recht, sie fallenzulassen.

Wenn ich an einem Tag tatsächlich etwas brauche, dann gnade mir Gott. Ich gehe von einem Geschäft zum andern, belege das Telefonnetz mit Beschlag und laufe, gänzlich bar jeglichen Blutzuckers, in den Straßen hin und her. Und ich wußte, ein gutes ameisensicheres Kästchen aufzutreiben wäre gar nicht so einfach, da ich das ursprüngliche 1955 oder 1956 gekauft hatte.

Eines Morgens ging ich sehr früh, die Läden hatten noch nicht einmal eine Viertelstunde geöffnet, in das Schreibwarengeschäft, wo ich vor dreißig Jahren das erste Kästchen gekauft hatte. In über einem Vierteljahrhundert hatte sich nichts verändert. Anfangs als ich nach

Rio gekommen war, ging ich immer hierher, um das, was ich an Schreibwaren brauchte, einzukaufen, doch wie es mit vielen Einrichtungen der Fall ist, bei denen man am Anfang einkauft, da man in eine fremde Stadt gezogen ist, brachte ich es, nachdem ich nicht mehr hinging, mit der Zeit der Unwissenheit und Naivität in Verbindung, da ich für beinahe alles das Doppelte bezahlte.

Frühmorgens wandeln die Kaufleute noch still, wie im Schlaf einher. Sie erwarten und wollen wenig. Als erster Kunde war ich daher halb unsichtbar. Der Ventilator lief, bewegte Luft, in der der Geruch bedruckten Papiers und geölten Leders hing. Hinten produzierte ein Vervielfältigungsapparat Handzettel, und neben der Registrierkasse schlief auf einer hölzernen Sitzstange ein Papagei.

Das war das Handelsreich eines Mannes, der in der Routine drinsteckte wie in einem Ärmel, als wäre er darein eingenäht. Wahrscheinlich war seit dem Augenblick, da das Leben für ihn endgültig alles Funkeln verloren hatte, nichts mehr verändert worden. Die Regale waren halbleer, der Warenbestand veraltet und mit Staub bedeckt. Dennoch führte er bestimmte Posten – Notenpulte, Zeigestöcke, Briefmarkenbefeuchter –, die ihn in die Lage versetzten, am Rande des Geschäftsviertels zu überleben. Die verblichenen Farben, die diese Dinge umgaben – grün, braun und beige –, hatten sich eher so entwickelt, als daß sie ausgesucht worden wären, zeichneten als seine Maler und Designer doch die Oxydation und die Sonne, die durch die Vorderfenster hereinflutete. Absichtlich oder vor weniger als zwanzig Jahren war nichts an den Platz gekommen, wo es jetzt lag.

Ein kleiner alter Mann mit zentimeterdicken Brillengläsern und Haaren wie Salz und Pfeffer trat langsam auf mich zu. »Kann ich Ihnen behilflich sein?« fragte er, lustlos wie ein Hund in einem Fischladen.

»Ja«, erwiderte ich, denn auch wenn ich zeitig aufgestanden war und nur wenig geschlafen hatte, war ich doch so eifrig wie immer, wenn ich wütend war. »Ich suche ein großes ameisensicheres Kästchen.«

»Ein was?«

»Ein ameisensicheres Kästchen. Ein großes.«

»Was ist ein ameisensicheres Kästchen?«

»Es ist ein Kästchen«, erklärte ich ihm, »in das eine Ameise nicht hineinkann.«

»Von so etwas habe ich nie gehört.«

»Ich habe eines«, sagte ich triumphierend, »und ich habe es hier in diesem Laden gekauft.«

»Wann?«

»Neunzehnhundertfünfundfünfzig oder -sechsundfünfzig.«

»Ich frag mal meinen Vater«, sagte der Mann, als er sich umdrehte.

Nach gedämpftem Murmeln aus den entfernten Winkeln des Hinterzimmers, ein Geräusch, wie es wohl Klosterhallen vertraut sein muß, kam ein Mann, viel älter als ich, langsam auf mich zu. Seine Brille, doppelt so dick wie die seines Sohnes, war so stark, daß er, wäre er ein Astronom gewesen, kein Fernrohr gebraucht hätte.

»Ich hab früher solche ameisensicheren Kästchen verkauft«, sagte er, »in den zwanziger Jahren. Haben Sie damals eines gekauft?«

»Nein, ich habe erst vor kurzem eines gekauft, Mitte der fünfziger Jahre.«

Er überlegte einen Augenblick, dabei schlief er mit offenen Augen. »Das muß eines der letzten gewesen sein, die wir hatten. Welche Farbe hat es?«

»Grünliche Leinwand, Rosenholz, Messingbeschläge und scharlachrote Einlegearbeit.«

»Ach ja«, sagte er langsam. »Das war wohl das letzte, das wir verkauft haben. Als die Leute auf Expeditionen an den Amazonas gingen, konnten wir nicht genug davon vorrätig haben. Wir hatten sie«, sagte er und hob einen Arm, um das Ausmaß anzudeuten, »bis an die Decke gestapelt. Wir hatten welche für Männer, für Frauen, sogar für Kinder. Große, kleine. Alles!«

»Und da ist keines mehr da?« fragte ich. »Wenn Sie selber eines haben und es die richtige Größe hat, würde ich liebendgern mein kleineres dafür eintauschen und die Differenz bezahlen.«

»Keines mehr da. So was war für eine andere Zeit. Die Leute haben sich um andere Dinge gekümmert. Die Welt war anders. Sie werden gar nicht mehr hergestellt. Keiner will welche.«

»*Ich*, ja.«

»Warum machen Sie sich soviel Kopfzerbrechen? Wenn jetzt so was gemacht würde – und die Leute denken nicht mehr an Ameisen –, wäre es aus Plastik.«

»Ich denke aber an Ameisen.«

»Es wäre eine neue Farbe auf dieser Erde.«

»Es gibt aber doch noch Ameisen, genauso wie früher.«

»Jetzt ist alles anders.«

»Ich aber nicht. Ich bin nicht anders. Ich habe mich nicht geändert.«

»Nein?« fragte er.

»Nein.«

»Warum nicht?«

»Ich kann nicht«, sagte ich. »Ich kann sie nicht verlassen.«

»Wen?«

»Alle, die ich zurückgelassen habe.«

»Wenn es Ihnen Spaß macht«, sagte er. »Aber es bleibt dabei, ich habe kein einziges ameisensicheres Kästchen. Es gibt keinen Laden auf der ganzen Welt, wo Sie eines kriegen können.«

In den vergangenen achtzig Jahren war es mir gelungen, noch in jeder dunklen Kammer ein Licht zu finden. Doch als ich auf einmal hörte, daß keiner mehr ein ameisensicheres Kästchen herstellte, daß es keinen kümmerte, daß so etwas fremd und vergessen war, deutete das für mich auf das Ende hin.

Wie völlig natürlich, erwartet und unter gewissen Umständen vielleicht sogar bewundernswert hatte es, als ich jung war, geschienen, ein ameisensicheres Kästchen zu kaufen. Jetzt dagegen, wenn ich dem Astronomen glauben soll, denkt keiner an Ameisen. Gibt es dabei jetzt eine Ameise weniger auf der Welt als dazumal? Wahrscheinlich ist die Ameisenpopulation sogar um etliche Billionen gewachsen, und dennoch denkt keiner daran, ein ameisensicheres Kästchen zu verwenden.

Es ist, wie wenn alle Ameisen irgendwie ausgerottet worden wären, und doch sind sie überall. Wenn der Präsident Frankreichs von seinem Frühstückstablett eine Brioche fallen ließe und diese unbemerkt unter sein Bett rollte, würden die Ameisen des Élysée-Palastes aus verborgenen Adern unter dem Mosaikparkett und Damast hervorströmen und in hellen Scharen herbeikommen, um Anspruch darauf zu erheben.

Das ist nun kein Frankreich eigentümliches Leiden, denn so sie wollten, könnten die Ameisen im Büro des US-Präsidenten im Weißen Haus auf dem Schreibtisch tanzen oder in den Hermelingewändern von Queen Elizabeth ein Nickerchen halten. Sie können überallhin, weil sie so winzig sind, daß sich kaum jemand die Mühe macht, sie zu töten. Das ist nun keine fixe Idee von mir (ich habe überhaupt keine fixen Ideen). Es ist bloß, wenn man etwas einigermaßen Wichtiges besitzt, dann bewahrt man es doch in einem ameisensicheren Kästchen auf, oder?

Die Hälfte der Zeit, da wir uns einbilden, die Dinge wendeten sich zum Guten, wird es tatsächlich immer schlechter. Glanzleistungen werden einzig darum von späteren Generationen mißverstanden, weil Unmengen auf ihrem häßlichen Vormarsch sind. Zum Beispiel war Lindberghs Flug wahrhaft bedeutend. Ein Mann, aufrichtig und furchtlos, hat vollbracht, was noch nie vollbracht worden war, wo kapitalkräftige Syndikate mit mehrmotorigen Flugzeugen und viel größerer Macht gescheitert waren und Ausflüchte machten. Mit einem einzigen Motor, einem kleinen, aber genial konstruierten Flugzeug und ohne Furcht vollbrachte er, was sie nur planen konnten. Es war nicht so sehr, daß er über den Atlantik flog, sondern daß er alleine flog.

Und jetzt ist er beinahe vergessen, da tagaus tagein die Concorde in wenigen Stunden den Atlantik überquert, während die Passagiere schweigend vor Champagner und Kaviar sitzen. Ist es nicht besser, Lindbergh zu sein und schlaflos dunkle Nächte über dem Atlantik zu durchleiden, als ein Tycoon mit Seidenkrawatte, der schneller als der Schall dahinfliegt und nicht einen Gedanken daran verschwendet?

Die Welt läßt unsichtbar das hinter sich, was groß ist und was sie liebt. Neue Lieben werden geboren, und dann werden auch sie vergessen. In diesem viel zu schnellen, feigen Vorwärtsstürmen hat Hingabe keinen Platz, Beständigkeit keinen Wert, findet Liebe keine größere Anerkennung als Achtlosigkeit. Das gefällt mir nicht. Anscheinend ist nur noch ein einziges ameisensicheres Kästchen da, und das habe ich, doch leider ist es nicht groß genug, um alles zu fassen, was ich auf dem Herzen habe.

So drehe ich denn, wie du sehen kannst, nun um und steuere, indem ich auch die Rückseite jedes Blattes beschreibe, wieder auf den Anfang zu. Das hat mich ein wenig schwindlig gemacht, weil ich mir vorkomme, als besäße ich eine Zeitmaschine. Wenn's nur so wäre. Dann würde ich mich zu jenem vollkommenen Abend im Juni zurückbringen und auf die beiden Herren aus Mr. Edgars privatem Eisenbahnwaggon warten. Wenn sie durch den Wald kämen, würde ich jedem eine Kugel aus der Winchester verpassen und sie dann den Abhang in den Sumpf hinunterstoßen. Und dann wäre ich zum Essen nach Hause gegangen, außerstande, das Ganze zu erzählen, viel zu aufgeregt, um sprechen zu können.

Das ameisensichere Kästchen ist wirklich wunderschön. So etwas wird heute nicht mehr hergestellt, und selbst wenn, dann könnte man ihnen doch nie und nimmer das Alter verleihen, daß sie das Leuchten ihres Leidens erreichten, oder sie dahin bringen, daß sie jeweils wüßten, was darinnen wäre und wo sie gewesen wären, oder sie sechzig Jahre absoluter unbeseelter Geduld lehren. Freilich hat es vielleicht nur den Himmel gesehen, als es im Regal am Fenster stand, doch hat es vielleicht zwanzig Jahre in diesem Regal gestanden, kannte genau die Nuancen in den Wolken oder die stillen, dunklen Jahre in einer Schublade oder die Brisen, die über die kühlen Fliesen wehten, da es Nächte auf dem Fußboden verbrachte.

Du bist mein kleiner Verbündeter gewesen, immer auf der Hut, und bist den Berg hinaufgerannt, um mir vom Friseur Warnungen zu überbringen, und hast auf Schritte an der Tür gelauscht. Auch wenn du, da ich dies schreibe, noch ein Kind bist, wird sich dein frühreifes Verständnis solcher Dinge vervollkommnen. Nie wirst du eine Waffe finden, an die du dich nicht schnell und leicht gewöhnst. Schon jetzt verstehst du dich darauf, des Nachts auf leisen Sohlen zu gehen, unerwartet einzutreffen, dich niemals überraschen zu lassen.

Ich kann mir nicht vorstellen, ein Kind in diesen Dingen nicht zu unterweisen, doch muß ich dich um Verzeihung bitten, nicht nur, weil sie so früh Kummer bedeuten, sondern auch, weil ich dich zu dem, was du weißt, gebracht habe, indem ich dich zu mir gebracht habe. Wenn und falls die Zeit kommt, wird das, was du von mir gelernt hast, dir hoffentlich das Leben retten, und du wirst meine Erinnerung zu deiner eigenen machen, wie ich meine Vorstellung von dir als Mann zu meiner eigenen mache.

Das Gold liegt im Wasser, wo es auch hingehört: im fließenden Wasser, alles auflösenden Wasser, da immerfort Sauerstoff und Sprühnebel zusammenstoßen, eine kühle Wolke, die da die Felswände und den Zeitbegriff abscheuert.

In sicherer Hut liegt es hinter dem Aufruhr aus Wasser. Die reißende Strömung und der starke Rückstrom können es nicht forttragen, und der Fluß wird niemals austrocknen, aus dem einfachen Grund, weil das Einzugsgebiet seiner Zuflüsse unermeßlich grün ist. Vor vielen Jahren schon wurden die Teile des Flugzeugs, die flußabwärts gespült werden konnten, fortgerissen, um niemals wieder aufzutauchen, oder, falls doch, um jedem, der sie zufällig sähe, nur Rätsel aufzugeben.

Ich bin mehrmals wieder dort gewesen und bin bei Nacht in den Fluß geschlüpft. Mit einer ausziehbaren Aluminiumstange habe ich nahe der Rückströmung herumgestochert und habe den Rumpf gefunden, was von den Tragflächen noch übrig ist und das Heck. Das Gewicht des Goldes und der Motoren hat das Flugzeug an Ort und Stelle gehalten, und da liegt es nun.

Wenn du willst, kannst du es haben. Weil ich Marlise versprochen habe, dir nie davon zu erzählen, und weil diese Memoiren auch in andere Hände fallen können, kann ich dir nicht genau sagen, wo das Gold ist. Ich wage es nicht, mein Versprechen zu brechen. Und überhaupt, zu wissen, daß es am Grunde eines Wasserfalls liegt, reicht noch lange nicht, denn ich habe meine Schilderung so abgewandelt, daß der tatsächliche Standort ein Geheimnis bleibt. Befindet sich der in Brasilien oder in einem anderen Land? Handelt es sich wirklich um einen Wasserfall? Sei aufgeschlossen, und nimm meine Beschreibung als Konstrukt, als Code.

Übrigens, Funio, weißt du noch, wo wir die Enten sahen? Wir haben etwas gegessen, das wir von der Mama aus zu Hause, oder wenn sie dabei war, nicht essen durften, und es war unser Geheimnis. Wir haben es seitdem des öfteren diskutiert. An dem Tag habe ich die Luftpistole mitgebracht, und ich ließ dich damit schießen. Die Gelegenheit und der Ort haben sich deinem Gedächtnis eingeprägt, und ich habe mehrere Male bekräftigt, daß du dich daran erinnerst.

Das wär's. Das Abziehbild ist komplett. Das Ganze ist gar nicht so seltsam, wirklich nicht: reiche Leute bereiten ihren Kindern oft solche Überraschungen, bloß daß es sich bei dem Geschenk statt um Gold im Wasser gewöhnlich um ein Nummernkonto bei einer Züricher Bank handelt. Wenn die Finanzbeamten könnten, wie sie wollten, dann hockten sie wahrscheinlich als Fliegen an den Wänden der Kinderzimmmer oder als Frösche versteckt zwischen Steinen in Forellenbächen, während Väter ihren Söhnen und Töchtern diese Nummern in Ritualen mitteilen, die, ohne daß die Kinder es ahnen, den Code in ihr Gedächtnis einprägen wie ein Brandeisen in Wachs. Die Hälfte der Leute, die ich in Harvard kannte, hatten eine Nummer, doch das war damals, da alles anders war, da praktisch jeder dort – außer mir – reich war.

Du wunderst dich vielleicht, warum ich mich dagegen entschied, das, was ich rechtmäßig gestohlen hatte, zu bergen. Du könntest sogar sagen, daß ich es verdient habe – auf die sonderbare Art und Weise, in der ich verdiene, was ich verdiene, tue, was ich tue, und erfahren habe, was ich erfahren habe.

Und genau das ist der Punkt. Das war der Lohn, den ich nicht wollte, und nur dadurch, daß ich ihn nicht einkassierte, konnte ich mit mir im Einklang leben. Nicht weil ich es gebraucht hätte, habe ich etwas genommen, sondern weil ich förmlich dazu getrieben war, und hätte ich nicht vermocht, es auszuschlagen, hätte ich auch weiterhin soviel gelitten wie früher. Wie sich die Dinge entwickelten, habe ich's genommen und gelassen, und indem ich es ausschlug, habe ich ein bißchen weniger gelitten. Es stimmt schon, daß ich in dem Augenblick, da ich merkte, daß ich zu schwach wäre, es selber zu holen, mich irgendwie anders besonnen habe, doch auch wenn ich auf wundersame Weise wieder zu Kräften gekommen wäre, hätte ich mich ganz bestimmt wieder anders besonnen.

Was ich tue, habe ich immer getan, nicht weil ich etwas brauchte, sondern um einen Verlust aufzuwiegen, um ein Gleichgewicht herzustellen, etwas wiedergutzumachen, Dinge in Ordnung zu bringen. Aus Geld habe ich mir nie sonderlich viel gemacht, auch wenn es zuzeiten aufregend war, eine große Menge davon zu besitzen. Und es ist meine feste Überzeugung, daß Gold, das in fließendem Wasser verloren ist, etwas richtiggehend Gottgefälliges an sich hat, wie wenn es sich dabei um eine von den Harmonien der Natur handelte, wie wenn Goldsucher, die es aus Gebirgsbächen herausholen, ein Ungleichgewicht schafften, das wiedergutzumachen ich geboren war.

Wie dem auch sei, deiner Mutter und mir ist es auch ohne ganz gut gegangen. Ja, mit dem Gold wäre es mit ihr nicht zum Aushalten gewesen. Als wir uns kennenlernten, hat sie mich doch tatsächlich bei der Hand genommen und zum Schaufenster eines Juweliergeschäfts geführt, wo sie gierig und schmeichlerisch auf ein Paar goldene Riesenohrringe zeigte. Sie waren so groß, daß dazwischen ein Draht war, der durch die Haare und über den Kopf ging, weil kein Ohrläppchen eine solche Last ohne Unterstützung ausgehalten hätte.

Hätten wir Geld gehabt, hätte sie sich mittlerweile ein halbes dutzendmal das Gesicht liften lassen und ihr Leben und das meine mit Äußerlichkeiten vergeudet. Derlei habe ich über die Jahre bei Stillman & Chase häufig genug miterlebt, und als ich mit Constance verheiratet war, habe ich gelernt, mich davon fernzuhalten. Die meisten sagenhaft reichen Leute, Funio, werden Idioten.

Manche sind von Anfang an Idioten, doch von denen, die keine sind, unterliegen 70 bis 80 Prozent, schätze ich, später. Sie reden sich törichterweise ein, daß sie besser seien als andere, und sich überlegen über andere vorzukommen, raubt einem die Intelligenz und Vitalität. Ich weiß zwar nicht genau, warum das so ist, doch habe ich es viel zu oft erlebt, um anders darüber zu denken.

Einfach und glücklich lebten wir von meinem kleinen Einkommen als Lehrer an der Marineakademie und ihrem Gehalt als Kassiererin in der Bank. Es war ein Leben, so gut, wie ich es mir nur gestattete. Und vielleicht weil ich niemals wollte, daß Marlise meine Buße teile, tat ich mein Bestes, ihr zu verzeihen, als ich alt wurde und sie noch so jung war.

Obgleich ich dein Vater bin, so bin ich doch nicht dein leiblicher Vater. Dein leiblicher Vater war, biologisch gesehen, ein Akrobat. Doch das ist ohne Belang. Ich habe dich wie einen Sohn geliebt, und du bist auf eine Weise anhänglich gewesen, die ich über die Maßen bewundere. Nun magst du dein väterliches Erbe beanspruchen, oder du kannst es wie ich halten und in aller Stille ohne es auskommen.

Ich weiß nicht, wann ich sterben werde oder wie alt du dann sein wirst oder wie lange es dauern wird, bis du das hier findest. Aber ich bin der Aussicht so nahe, die unendlichen Ebenen des Todes zu überblicken, und ich muß einiges in Ordnung bringen, solange ich noch lebe und die Wahrheit sagen kann.

Deine Mutter stand immer unter dem Eindruck ihrer eigenen Schönheit und wollte mit ihresgleichen zusammen sein. Das ist der Grund, warum du, im biologischen Sinne, nicht mein Sohn bist. So sehr mich das auch geschmerzt hat, so war es doch unmöglich, sie nicht zu lieben – noch eine Frau, die ich liebte und die mich nicht liebte. Ironie des Schicksals, ich liebte sie um ihrer Schönheit willen. Und außerdem liebte ich die Art und Weise, wie sie Englisch sprach.

Es fiel schwer, dem zu widerstehen, was das Blut heischte, wonach mich verlangte, so oft mit ihr zu schlafen, wie ich nur konnte, so daß ich meine eigenen Unzulänglichkeiten mildern könne, indem ich diese mit all ihrer Wunderbarkeit paarte: den statuenhaften Zähnen, weißer als ein Iglu, den blitzenden grünen Augen, ihrem Haar, das die Farbe von Blut und Gold hatte, ihrer unaufhörlichen Vitalität. Die ganze Natur trieb mich zu ihr hin und sie von mir weg. Sie berührte mich, und ihre Gedanken schweiften umher. Sie floh vor mir, wie jede Frau, die ich geliebt habe, und trank Kaffee.

Kaffee. Wenn ich zurückblicke, empfinde ich weder Scham noch Bedauern über den Kampf, den ich gegen den Kaffee geführt habe, doch zuweilen frage ich mich, warum ich es sein mußte, warum ausgerechnet ich dazu ausersehen war. Ich bin nicht dazu geboren, einen Mann aus einem fahrenden Zug zu werfen oder einen Massenmörder über einer Schicht verrottender Hähnchen aus der Imbißstube zu erwürgen oder deutsche Flieger über dem Mittelmeer abzuschießen oder Soldaten auf Lastwagen, die nach Berlin unterwegs waren, auszulöschen oder das Schicksal eines im Rollstuhl sitzenden Neunzigjährigen zu besiegeln, indem ich ihm einen Briefbeschwerer über den Schädel haue. Was verleitete mich wohl dazu? War es nur der Kaffee? Ich hasse ihn. Er hat die Welt erobert. Schon vor langer

Zeit habe ich gegen ihn verloren. Mir blieb nichts anderes übrig, als bis zu meinem Tode gegen ihn vorzugehen, doch besiegen kann ich ihn nie. Wie viele Menschen auf dieser Welt haben auch nur die leiseste Ahnung davon, daß er der Handlanger des Bösen ist? Nur wenige. Die übrigen gehen munter ihren Geschäften nach, selig lächelnd in seinem Bann. Bestenfalls meinen sie, er sei neutral, weder gut noch böse, sondern nur ein heißes Getränk. Wenn ich versuche, sie darüber aufzuklären, finden sie meine Sorge zum Lachen, was mir ins Herz schneidet. Bloß Smedjebakken wußte Bescheid. Die anderen begreifen es nicht. Sie können's nicht begreifen. Doch während sie gefangen sind, bleibe ich frei.

Wie ich schon oft gesagt habe, bin ich in dieser Sache unvoreingenommen. Es geht nur um Tatsachen, und die Tatsachen *trompeten* meine Ansicht geradezu heraus. Warum wohl, könnte man meinen, gilt Kaffee bei den Olympischen Spielen offiziell als Dopingmittel? Es gibt keine Hoffnung. Als Handelsware unter den Nationen wird der Kaffee nur vom Öl übertroffen. Allein in Brasilien werden jährlich 750 000 Tonnen davon verbraucht. In Rio und São Paulo erhalten die Büroangestellten während der Arbeit Kaffee, was erklärt, warum unsere Stromrechnung manchmal eine Milliarde und einen halben Dollar beträgt und warum ich Briefe bekomme, die »Sehr geehrter Herr Verstorbener« adressiert sind.

Es ist nicht richtig, stundenlang auf dem Kaffee herumzuhacken, und das mache ich ja auch nicht, so will ich denn meine diesbezüglichen Erörterungen abschließen, indem ich zum Kern meiner Argumente gegen ihn komme. Der Kaffee ist böse, weil er den inneren Rhythmus stört, der es einem Mann oder einer Frau erlaubt, die Schönheit in allen Dingen zu begreifen. Er bringt das Metronom auf Trab, das im Herzen schlummert, bis das Herz loshämmert wie eine entgleiste Lokomotive. Er macht das Auge blind für alles, was zart ist, und verschließt die Seele wie ein Verschlußschieber am Maschinengewehr.

Wir sind alle vollkommene Uhren, welche die Gottheit eingestellt hat zu ticken, wenn, noch vor der Geburt, das Herz in seinen lebenslangen Tanz ausbricht. Wenn du das bezweifelst, wie kommt es dann, daß ein Carioca in Ruhe anfängt, mit den Fingern zu trommeln, und wie kommt es dann, daß eine Komposition aus Tönen und Intervallen uns zum Weinen bringen kann, und wie kommt es dann, daß Männer und Frauen, wenn sie mit Leib und Seele verschmelzen, sich bewegen, tanzen, rhythmisch zusammenkommen, wie in der Ebbe, der Flut und den wiegenden Meereswogen?

Dieser Drang, dieser Takt, dieser universelle Rhythmus ist das Gewaltigste, was ich kenne. Er setzt alle Berechnung und Gier außer Kraft, anmutig geht er an beinahe jedem denkbaren Kummer vorbei, und vielem, was sonst, ohne seine hartnäckigen, makellosen Synkopen, überhaupt keinen Sinn zu machen scheint, verleiht er Harmonie und Bedeutung. Doch wenn das Metronom des Herzens angetrieben und das sachte Pulsieren der Seele vorwärtsgepeitscht wird, kommen Dunkelheit und Elend wie ein Gewittersturm über uns.

Ich kenne das, auch wenn ich nie Kaffee getrunken habe. Ich weiß das, weil ich nie zugelassen habe, daß der Rhythmus geändert wird, und ich werde es auch nie zulassen. Diesem Übel will ich einfach nicht erliegen.

An einem windstillen Morgen Anfang Juni 1914 brannte die Sonne den Dunst aus der Croton Bay hinweg und färbte das silberne Wasser blau, da sich, zart wie Engel, Reiher auf dem Hudson niederließen, wobei sie unendlich lange über der Oberfläche dahinglitten, ehe sie aufsetzten. Wie Wolken oder Bürstenstriche ragten riesige Bäume in wirrem Durcheinander an den Ufern auf, dabei umfingen sie im gekräuselten grünen Blattwerk mehr schwarze Leere, als das Herz sich vorstellen kann, und doch schien die Sonne von hinten hindurch, von Morgen her. Im Wald waren Unmengen von Vögel, und die Blumen darin standen in voller Blüte, denn der Juni ist dazu bestimmt, vollkommen zu sein.

Es war noch zu zeitig für Züge, zu spät aber für Angler, und auch noch nicht die Zeit, daß der Wind den Wasserspiegel des Flusses in Pailletten für die Sonne aufgebrochen hätte, aber aus dem Dunkel der Bäume tauchte ein Kind auf, ein Junge, der hurtig das Gleisbett erklomm, die Schienen überquerte und ans Wasser ging. Seine Augen waren reglos und stumpf aus Mangel an Schlaf, sein Gesicht angespannt und nahezu ausdruckslos und seine Kleider blutbefleckt. Er ging über den Sand bis zur westlichsten Landzunge und stand da, den linken Fuß an einen großen Stein gleich unter der Wasseroberfläche gestützt.

So weit sich das Tappan Zee und die Croton Bay erstreckten, Länge wie Breite,... kein Laut, kein Kräuseln, sondern nur ein dichter Teppich wilder Farben, die die soeben aufgegangene Sonne aufrührte. Mit der rechten Hand griff er in die Hosentasche und holte eine schwere Goldmünze heraus. Er sah sich beide Seiten und den Rand an und hob dann den Arm nach hinten, setzte zum Wurf an und schleuderte diese Münze mit aller Kraft in die Luft. Die Sonne streifte sie nicht, während sie flog, und als sie in die ruhigen Wasser des Hudson fiel, wurde sie lautlos verschlungen.

Hast du dich je gefragt, was für eine Art Leben jemand führt, wenn er, nachdem er um alles in der Welt sterben wollte, noch 70 Jahre oder länger zu leben hat? Nun weißt du's. Doch darum habe ich dies hier nicht geschrieben. Es ist ja nicht der Sinn einer Elegie, die Vergangenheit wiederaufleben oder Revue passieren zu lassen, der Zweck eines Bekenntnisses, ein Unrecht wiedergutzumachen, im Zusammenfügen einer verbogenen Kindheit soll auch der Mann nicht Heilung finden, der eine Reise in die Erinnerung unternimmt. Nein. Das Ziel kann nicht Heilung sein, sondern nur ein Hoheslied auf die Wahrheit. Was ich erzählt habe, das habe ich nicht einfach so erzählt, daß ich eine Tasse Kaffee trinken kann. Ich habe es aus dem Grunde erzählt, aus dem ein Sänger ein Lied singt oder ein Geschichtenerzähler eine Geschichte erzählt: wenn man einmal dorthin gekommen ist, von wo es keine Rückkehr mehr gibt, dann ist da etwas, das einen Aus- und Rückschau halten läßt, das einen staunen läßt darüber, wie stark doch die kleinsten Zufälle ein Leben voller Annehmlichkeit, Grausamkeit und Überraschung prägen. Denn die ersten Lieder sind die zartesten und die schönsten, sie währen ewig, und sie bilden den Prüfstein des Glaubens.

Ich bin durch die beste Schule gegangen, nämlich die der Liebe zwischen Eltern und Kind. Obgleich die Welt nun einmal konstruiert ist, um Ruhm, Erfolg und Stärke zu dienen, liebt man seine Eltern und seine Kinder trotz ihrer Fehler und Schwächen – zuweilen sogar noch mehr gerade wegen ihrer Fehler und Schwächen. In dieser Schule lernt man, daß das Maß aller Dinge nicht Macht heißt, sondern Liebe; nicht Sieg, sondern Gnade; nicht Triumph, sondern Vergebung. Auch lernt man, und das manchmal, wie ich, sehr früh, daß die Liebe den Tod überwinden kann und daß dabei Erinnerung und Anhänglichkeit gefragt sind. Erinnerung und Anhänglichkeit. Um die Liebe lebendig zu erhalten, muß man willens sein, hartnäckig und irrational und treu zu sein, das ganze Leben als ein Gedankengebäude zu formen, eine Metapher, eine Fiktion, einen Plan zur Glaubensausübung. Ohne dies lebt man wie ein Tier und hat nichts als ein wundes Herz. Mit alledem ist dein Herz zwar gebrochen, aber doch voll, und man kämpft bis zuallerletzt.

Obschon mein Leben interessanter und ereignisreicher und ich ein besserer Mensch hätte sein können, kann ich nach all den Jahren, denke ich, doch sagen, daß ich treu gewesen bin.

Die ganze Zeit hat mich mein Herz nichts geheißen, als zu lieben und zu beschützen. Die Botschaft ist durch alle Krisen und Wendungen hindurch stark genug gewesen, und sie hat sich nie geändert. Schützen und schützen und nochmals schützen. Ich bin dazu geboren, die, die ich liebe, zu schützen. Und möge Gott mir auch weiterhin die Wege weisen, sie zu schützen und ihnen zu dienen, selbst wenn sie nicht mehr sind.